PARA ALÉM DO LEVIATÃ

István Mészáros

PARA ALÉM DO LEVIATÃ

Crítica do Estado

organização, prefácio e notas
John Bellamy Foster

tradução
Nélio Schneider

© Boitempo, 2021
© The Estate of István Mészáros, 2021
Traduzido do original em inglês *Beyond Leviathan: Critique of the State*

Direção-geral Ivana Jinkings
Edição e preparação Tiago Ferro
Coordenação de produção Livia Campos
Assistência editorial Carolina Mercês e Pedro Davoglio
Tradução Nélio Schneider e Maria Izabel Lagoa (Apêndice IV)
Revisão Carmen T. S. Costa
Capa Ronaldo Alves
Diagramação Mika Matsuzake
Fotos Acervo Boitempo (p. 351-5), Ivana Jinkings (p. 356-61)
e Murillo van der Laan (p. 363-82)

Equipe de apoio Artur Renzo, Camila Nakazone, Débora Rodrigues, Elaine Ramos, Frederico Indiani, Higor Alves, Ivam Oliveira, Jéssica Soares, Kim Doria, Luciana Capelli, Marcos Duarte, Marina Valeriano, Marissol Robles, Marlene Baptista, Maurício Barbosa, Pedro Davoglio, Raí Alves, Thais Rimkus, Tulio Candiotto

CIP-BRASIL. CATALOGAÇÃO NA PUBLICAÇÃO
SINDICATO NACIONAL DOS EDITORES DE LIVROS, RJ

M55p

Mészáros, István, 1930-2017
Para além do leviatã : crítica do Estado / István Mészáros ; organização, prefácio e notas John Bellamy Foster ; tradução Nélio Schneider. - 1. ed. - São Paulo : Boitempo, 2021.
Tradução de: Beyond leviathan : critique of the State
Apêndice
ISBN 978-65-5717-098-4 (capa normal)
ISBN 978-65-5717-103-5 (capa dura)

1. Ciência política. 2. Estado. I. Foster, John Bellamy. II. Schneider, Nélio. III. Título.

21-73405

CDD: 320.1
CDU: 321.01

Camila Donis Hartmann - Bibliotecária - CRB-7/6472

A publicação desse livro recebeu o apoio da Fundação de Amparo à Pesquisa do Estado de São Paulo (FAPESP), processo nº 2019/04880-1, Fundação de Amparo à Pesquisa do Estado de São Paulo (FAPESP). As opiniões, hipóteses e conclusões ou recomendações expressas neste material são de responsabilidade dos autores e não necessariamente refletem a visão da FAPESP.

É vedada a reprodução de qualquer
parte deste livro sem a expressa autorização da editora.

1ª edição: outubro de 2021

BOITEMPO
Jinkings Editores Associados Ltda.
Rua Pereira Leite, 373
05442-000 São Paulo SP
Tel.: (11) 3875-7250 / 3875-7285
editor@boitempoeditorial.com.br
boitempoeditorial.com.br | blogdaboitempo.com.br
facebook.com/boitempo | twitter.com/editoraboitempo
youtube.com/tvboitempo | instagram.com/boitempo

Para Donatella

Sumário

Apresentação, por *Ivana Jinkings* 11
Prefácio, por *John Bellamy Foster* 15
Introdução 49

PARTE I – DOS LIMITES RELATIVOS AOS LIMITES ABSOLUTOS: O ANACRONISMO HISTÓRICO DO ESTADO

Capítulo 1 – O anacronismo histórico e a necessária superação do Estado 63
Capítulo 2 – A liberdade é parasita da igualdade 89
Capítulo 3 – Da igualdade primitiva à igualdade substantiva – via escravidão 97
Capítulo 4 – A crise estrutural cada vez mais profunda do capital e o Estado 123
Capítulo 5 – O ciclo histórico do capital está se fechando 139

PARTE II – A MONTANHA QUE *DEVEMOS* CONQUISTAR: REFLEXÕES SOBRE O ESTADO

Capítulo 6 – O Estado montanhoso 161
Capítulo 7 – O fim da política liberal democrática 175
Capítulo 8 – O "fenecimento" do Estado? 181
Capítulo 9 – A ilusória limitação do poder do Estado 187
Capítulo 10 – A afirmação da lei do mais forte 193
Capítulo 11 – Eternizando pressupostos da teoria do Estado liberal 203
Capítulo 12 – O canto do cisne não intencional de Hegel e o Estado-nação 213
Capítulo 13 – A ordem sociometabólica do capital e o Estado em falência 227
Capítulo 14 – Um obstáculo do tamanho do Himalaia: conclusão da parte II 245

PARTE III – UTOPIAS ANTIGAS E MODERNAS

Capítulo 15 – Da caverna de Platão até a luz mortiça de *As leis* 249

Capítulo 16 – Igualdade no espelho quebrado da justiça: o significado
da *Politeia* aristotélica 281

Capítulo 17 – Acumulação primitiva de capital e o mundo da *Utopia* de
Thomas More 301

Capítulo 18 – Maquiavel e Campanella rumo a Giambattista Vico 319

Capítulo 19 – De Bacon e Harrington a Thomas Paine e Robert Owen 333

Capítulo 20 – Tomásio e o princípio esperança de Bloch 345

CADERNO DE FOTOS 351

APÊNDICES

I. Plano original dos três volumes de *Para além do Leviatã* 385

II. Limites históricos da superestrutura jurídica e política 387

III. Igualdade substantiva e democracia substantiva 401

IV. Como poderia o Estado fenecer? 407

Sobre o autor 459

Obras de István Mészáros 459

Apresentação

Este é o décimo sexto livro de István Mészáros que a Boitempo publica. Um livro póstumo, editado a partir de seus originais e de anotações que fez ao longo das pesquisas sobre o Estado. As obras desse marxista húngaro radicado na Inglaterra, um dos maiores filósofos que a tradição materialista histórica produziu, marcam profundamente a trajetória da editora. Não tenho como escrever uma apresentação a frio.

Conheci Mészáros em junho de 2002, quando veio ao Brasil para o lançamento de *Para além do capital*[1], originalmente publicado em inglês em 1995. Antes, havíamos trocado algumas cartas, a partir de contato feito por Ricardo Antunes, coordenador da coleção Mundo do Trabalho, amigo e principal incentivador daquela publicação. Não era a primeira visita de Mészáros ao país – ele estivera aqui em 1983 – nem o primeiro livro publicado em português. *A teoria da alienação em Marx* teve edição pela Zahar em 1981. *A obra de Sartre: busca da liberdade*; *Filosofia, ideologia e ciência social* e *O poder da ideologia* foram publicados pela editora Ensaio em 1991, 1993 e 1996, respectivamente. A Ensaio – então dirigida por José Chasin – cumpriu importante papel na divulgação das ideias de Mészáros nos anos 1990.

A tradução de sua obra magna (1.104 páginas, em capa dura, esgotada seis meses após a publicação) foi um marco na história da Boitempo. E também o início de uma bela e profunda amizade. Desse ano em diante, István passou a se hospedar em minha casa todas as vezes que veio ao Brasil – até 2007, sempre acompanhado de Donatella[2]. Uma relação que se estendeu às nossas famílias: o casal Mészáros esteve com minha mãe e irmãos em Belém, sua filha e neta hospedaram-se em minha casa em diferentes ocasiões.

Foi numa vinda ao Brasil, em junho de 2011, que Mészáros mencionou pela primeira vez a ideia de publicar um livro sobre o Estado. Disse que o escrevia

---

[1] István Mészáros, *Para além do capital: rumo a uma teoria da transição* (trad. Paulo Cezar Castanheira e Sérgio Lessa, São Paulo, Boitempo, 2011).

[2] Donatella (Morisi) Mészáros, sua companheira. Nascida na Itália, em 1936, viveu com István de 1955 a 2007, data em que faleceu na Inglaterra, vítima de câncer.

há tempos – convencido por Donatella de que o Estado moderno seria o grande entrave à igualdade substantiva –, e pretendia dedicar os últimos anos de vida a esse tema "vitalmente importante para o nosso futuro".

Desde *Para além do capital* havia uma lacuna teórica a ser preenchida em relação a essa matéria, entendida por ele como força determinante dos conflitos de classe. Partindo de Thomas Hobbes e seu *Leviatã*[3], postulando a atual necessidade de uma teoria marxista do Estado, dialogando crítica e afetivamente com Norberto Bobbio, contrapondo-se às ideias de Max Weber – cujo propósito não declarado seria "a legitimação e a justificação apologética do Estado capitalista e de sua ilegalidade enquanto violência" –, debatendo prioritariamente com Hegel, mas também com pensadores como Ernest Barker, John Austin e Jeremy Bentham, Mészáros traça um panorama das grandes teorias sobre a matéria para "compreender a verdadeira natureza do Estado".

Os primeiros arquivos chegaram em 2013. Uma versão ampliada de textos preparados para serem apresentados em conferências no Brasil – que, no ano seguinte, como gostava de fazer, ele decidiu antecipar como publicação avulsa[4]. O plano geral da obra, em três volumes [p. 385][5], estava pronto em 2015 e previa publicações em 2017, 2018 e 2019. Em carta dessa época, ele destacou:

> Como você verá no índice, este livro é constituído de três partes, correspondendo a três volumes, com aproximadamente 250-300 páginas cada. O primeiro dá uma ideia da natureza da obra como um todo, apresentando uma abordagem radicalmente diferente dos graves problemas do Estado. Para que, caso eu morra antes de completar o todo, vocês possam usá-lo, se quiserem, e continuar com essa tarefa absolutamente necessária. Acredito que você poderá publicar o primeiro volume na primavera de 2017. Posso enviar-lhe o texto completo do primeiro volume no final de agosto. O segundo poderia ser publicado em 2018 e o terceiro em 2019. Se eu ainda estiver vivo, irei ao lançamento do terceiro volume. Antes, não viajo para lugar nenhum.[6]

Mészáros retomava assim, em tempo integral, o plano interrompido após a publicação de sua obra fundante. O Estado seria para ele muito mais que uma construção histórica para sustentar (e manter) as bases da dominação política; o problema fundamental para o futuro e para a sobrevivência da humanidade consistiria em suplantar o Estado em sua totalidade. Não é a tarefa política imediata que move nosso

---

[3] Thomas Hobbes, *Leviatã: ou matéria, forma e poder de uma república eclesiástica e civil* (trad. João Paulo Monteiro, São Paulo, Martins Fontes, 2014).

[4] István Mészáros, *A montanha que devemos conquistar: reflexões acerca do Estado* (trad. Maria Izabel Lagoa, São Paulo, Boitempo, 2015).

[5] Todas as referências a páginas entre colchetes nesta apresentação se referem ao presente volume.

[6] Mensagem de István Mészáros a Ivana Jinkings, em 9 out. 2015.

filósofo, embora em nenhum momento ele a subestime. Extinguir o Estado equivale a transformá-lo, a modificar seu caráter de classe até atingir o que Marx chamou de "fenecimento do Estado"[7]. Mas fenecer, para Mészáros, é vencer um processo de conquista de um espaço e de um metabolismo que deve ser transformado em outro.

Em agosto de 2015, ele revelou, entusiasmado, qual seria o título da trilogia (até então tratada apenas como "A crítica do Estado"): *Para além do Leviatã*. Durante meses, foi mantido como um segredo nosso, desconhecido até mesmo da equipe da editora. O primeiro volume seria anunciado em novembro daquele ano, com lançamento mundial em português, pela Boitempo. Chegamos a aprovar juntos a arte da capa que agora envolve esta edição, que ele, infelizmente, não viveu para ver publicada.

Em março de 2016, István escreveu-me dizendo que precisava ter uma conversa e não poderia ser por telefone nem carta. Pediu-me para ir até a cidade onde estava morando, na costa inglesa. Algumas semanas depois, tomei um avião para Londres e, de lá, um trem para Ramsgate. Mészáros me aguardava na estação. Foram dez dias inesquecíveis, uma verdadeira imersão no universo meszariano. Rodamos a cidade e seu entorno, comemos ostras, tomamos vinho, conversamos muito. Em casa, era ele quem servia todas as refeições e insistia para que eu nem sequer lavasse a louça (no que foi solenemente desobedecido).

Pude acompanhar sua rotina, o processo de trabalho, a forma como organizava suas anotações – primeiro, rabiscando em pequenos papéis nos quais inseria algumas frases apenas, referências bibliográficas, excertos, lembretes de temas a pesquisar. Esses bilhetes eram substituídos por rascunhos um pouco maiores, que ele classificava em pastas [p. 359]. Depois dessa etapa, eram escritos os esboços mais completos, ainda à mão, que iriam tomar a forma final de texto no computador.

Uma tarde fomos a Rochester, cidade onde os Mészáros viveram, para a visita periódica ao posto de saúde em que ele tratava dos resquícios de um câncer, supostamente sob controle. Estivemos ainda na casa onde ele e Donatella moraram, que àquela altura estava à venda. O cenário era familiar: os mesmos móveis de quando eu os havia visitado, anos antes. Mas sem as flores, as vozes altas, a boa comida e a alegria daqueles tempos.

· Os dias passaram voando. Horas antes de meu retorno, Mészáros desenhou, à mão, um mapa indicando como ir às livrarias próximas ao hotel onde me hospedaria por um dia em Londres [p. 361], enquanto eu tentava convencê-lo a me deixar presenteá-lo com um relógio "inteligente" (desses que vêm com botão de emergência ligado a uma pessoa próxima ou a uma central 24 horas). "Não precisa", garantiu ele. Fiz então com que prometesse convocar a faxineira, que limpava a casa mensalmente, a ir pelo menos uma vez por semana. Tudo arranjado, fomos de carro à estação. Tomei o trem para Londres sem imaginar que aquele seria o último encontro com meu querido amigo.

---

[7] Ver Karl Marx, *Crítica do Programa de Gotha* (trad. Rubens Enderle, São Paulo, Boitempo, 2012).

14 *Para além do Leviatã*

Cerca de um mês antes de sua morte, em 1º de outubro de 2017, Mészáros escreveu:

> Estou trabalhando muito bem. Terminei uma seção importante e estou começando a escrever a penúltima. Se tudo correr bem, espero terminar a última no início de novembro. Certamente você poderá contar com o texto completo em meados de novembro. Assim, o volume inicial poderá ser publicado nos primeiros meses de 2018.[8]

Essas partes, no entanto, não foram localizadas. Durante meses, Giorgio, seu filho caçula, fez buscas nos computadores, *pen drives*, rascunhos. Em vão. Fomos aos poucos montando o arquivo ao juntar partes enviadas à Boitempo com capítulos remetidos à Monthly Review, editora que o publica nos Estados Unidos. Coube a John Bellamy Foster, seu amigo de longa data e importante interlocutor, a composição final deste volume, tal como Engels fez com os Livros II e III de *O capital*, de Marx. Devemos a Foster a publicação desta obra da forma mais fiel possível ao plano original.

Agradeço igualmente os esforços de Giorgio Mészáros e o empenho decisivo de Ricardo Antunes para que a tradução brasileira fosse publicada no mesmo ano da chegada do acervo de Mészáros doado à Unicamp. Todas as providências para a vinda desse acervo, que contou com apoio da Fapesp, tiveram a inestimável colaboração de Murillo van der Laan, autor da maioria das fotos do caderno iconográfico. E como este é um empreendimento intelectual e editorial coletivo, manifesto gratidão também ao tradutor Nélio Schneider, à editora Isabella Marcatti, que se ocupou dos originais até o início da preparação dos textos, à equipe da Boitempo (em especial, Carolina Mercês e Livia Campos) e, por último – mas não menos importante –, um reconhecimento aos editores Tiago Ferro e Mika Matsuzake pela paciência e dedicação para que este livro, que eles receberam como "o mais importante lançamento de 2021", saísse a contento.

Antes de encerrar esta apresentação, preciso esclarecer o motivo pelo qual viajei a Ramsgate, em 2016. Mészáros decidiu incumbir-me de criar e dirigir um prêmio internacional com o nome de Donatella. Honrada (e em parte assustada), aceitei a convocação, e, nos meses que se seguiram, discutimos bastante os termos e a abrangência dessa iniciativa. Agora, que finalmente podemos entregar aos leitores este volume, assumo com a Boitempo o compromisso de tornar realidade o desejo de meu velho amigo, anunciando publicamente, assim que possível, as bases do Prêmio Internacional Donatella e István Mészáros. Espero que faça jus a seu pensamento e incomparável compromisso com a humanidade.

Ivana Jinkings

---

[8] Mensagem de István Mészáros a Ivana Jinkings, em 15 ago. 2017.

Prefácio

No dia 19 de setembro de 2012, István Mészáros me escreveu:

> Há outro livro que eu gostaria muito de escrever e estou trabalhando nele o quanto permitem minhas forças. Como você sabe, trata-se do meu projeto de longa data sobre o Estado, e alguns resultados parciais dele já foram incorporados aos meus livros, incluindo *Para além do capital* e *Estrutura social e formas de consciência*. Provavelmente ainda será preciso dedicar de seis a nove meses ao estágio estritamente preparatório, mas espero ter algo para lhe mostrar em julho do próximo ano, quando você vier à Inglaterra.[1]

Três anos depois, em 10 de outubro de 2015, ele indicou: "Após dez anos de redação preparatória, elaborei a estrutura completa de todo o extenso livro sobre o Estado. (Alguma coisa dele você viu no grande volume dos meus arquivos.)". Naquela altura, o livro consistia em "quase duzentos pequenos 'artigos'", com extensão de várias centenas até poucos milhares de palavras[2]. Esse manuscrito, do tamanho de um livro, ou o que ele chamou de a "segunda versão" de sua obra sobre o Estado, oferece uma análise teórica extraordinariamente detalhada sobre o problema do Estado, que percorre toda a história da teoria política desde Platão e Aristóteles até o tempo presente. A essa segunda versão se seguiria, em seu plano, uma "terceira versão", que seria a redação final de seu livro *Para além do Leviatã: crítica do Estado*[3].

---

[1] Carta de István Mészáros a John Bellamy Foster, 19 set. 2012, correspondência pessoal.

[2] Carta de István Mészáros a John Bellamy Foster, 10 out. 2015, correspondência pessoal.

[3] Mészáros costumava se referir a seus esboços escritos à mão como a "segunda versão" de sua obra sobre o Estado (nenhuma primeira versão ficou preservada), enquanto o livro pronto seria a "terceira versão", conforme ele escreveu para mim no dia 9 de julho de 2017: "Se tudo correr bem, conseguirei terminar o último capítulo do primeiro volume lá pelo fim do ano em curso.

16   *Para além do Leviatã*

A obra *Para além do Leviatã* foi originalmente projetada para ter entre seiscentas e setecentas páginas[4]. O primeiro esboço do livro inteiro, feito no formato de um sumário preliminar em dezembro de 2015, determinou que o livro seria subdividido em três partes: "O desafio histórico", "A dura realidade" e "A alternativa necessária", contendo ao todo doze capítulos[5]. Mas, no ano seguinte, a escala de *Para além do Leviatã* se expandiria, com cada uma das três partes passando a ser visualizada como um volume separado, os capítulos, a ter o tamanho de partes, e as subseções dos capítulos, o tamanho de capítulos. O primeiro volume, *Para além do Leviatã: crítica do Estado, parte 1: O desafio histórico*, estava quase completo quando Mészáros faleceu em decorrência de um acidente vascular cerebral, no dia 1º de outubro de 2017. É esse volume que agora é publicado com o título da obra toda. O manuscrito anterior contendo a segunda versão, composto principalmente de materiais que originalmente formariam a base do segundo e terceiro volumes de *Para além do Leviatã*, será publicado, subsequentemente, em um volume só e terá o título de *Crítica ao Leviatã: reflexões sobre o Estado*. Essas obras juntas, somadas às seções relevantes de seus livros anteriores, constituem toda a crítica sistemática do Estado feita por Mészáros, uma das grandes contribuições à história da teoria política.

A origem do plano de Mészáros de escrever uma obra relevante sobre o Estado data de várias décadas antes dos últimos cinco anos de sua vida, nos quais ele se ocupou principalmente com esse projeto. Em 1970, ao completar *A teoria da alienação em Marx*, livro que recebeu o prêmio Deutscher Memorial, ele passou a se concentrar naquilo que chamou de "a crise estrutural do capital" – articulada em sua preleção em memória de Deutscher intitulada "A necessidade do controle social", proferida em janeiro de 1971 e no prefácio à terceira edição de *A teoria da alienação em Marx*, no mesmo ano[6]. Seu plano nesse período – depois de lançar seu livro sobre *O conceito de dialética em Lukács*

Em seguida, 'vou respirar fundo' e mergulhar no segundo volume. Já tenho a segunda versão do segundo e terceiro volumes. Porém, tudo ainda está muito caótico. Só considero aceitável sempre a terceira versão. Se tudo correr bem mais uma vez, o segundo e terceiro volumes deverão estar prontos em dois ou três anos, isto é, em meados de 2020" (carta de István Mészáros a John Bellamy Foster, 9 jul. 2017, correspondência pessoal).

4   Carta de István Mészáros a John Bellamy Foster, 10 out. 2015, correspondência pessoal.

5   Carta de István Mészáros a John Bellamy Foster, 8 dez. 2015, correspondência pessoal.

6   István Mészáros, *Marx's Theory of Alienation* (Londres, Merlin Press, 1975), p. 10 [ed. bras.: *A teoria da alienação em Marx*, trad. Nélio Schneider, São Paulo, Boitempo, 2016, p. 13 e 15]; Idem, *The Necessity of Social Control* (Isaac Deutscher Memorial Lecture) (Londres, Merlin Press, 1971), reimpresso em István Mészáros, *The Necessity of Social Control* (Nova York, Monthly Review Press, 2015), p. 23-51. Todas as referências subsequentes ao artigo "A necessidade do controle social" serão baseadas nesse livro de 2015, no qual a preleção de 1971 foi incluída [Em português, cf. *A necessidade do controle social* (trad. Mario Duayer, São Paulo, Ensaio, 1987), também publicado em István Mészáros, *Para além do capital* (trad. Paulo Cézar Castanheira e Sérgio Lessa, São Paulo,

(1972), e sobre *A obra de Sartre* (1979), bem como *O poder da ideologia* (1989) – era completar sua grande obra teórica, *Estrutura social e formas de consciência*, que acabou sendo publicada em dois volumes: *A determinação social do método* e *A dialética da estrutura e da história*, em 2010 e 2011, respectivamente[7]. Contudo, ele foi forçado a postergar por muitos anos seu trabalho decisivo em *Estrutura social e formas de consciência* para se ocupar da questão da crise estrutural do capital e das condições de transição para o socialismo em *Para além do capital: rumo a uma teoria da transição* (1995), sua imensa obra de cerca de mil páginas, pela qual ele é hoje especialmente conhecido[8].

Para além do capital é, como indicam seu título e subtítulo, uma teoria da necessidade de transcender a relação do capital, uma crítica direcionada a sociedades contemporâneas tanto capitalistas quanto pós-revolucionárias do tipo soviético. Contudo, na perspectiva de Mészáros, transcender o capital necessariamente implica transcender as três modalidades: capital, trabalho e Estado. Portanto, já naquele estágio, seu projeto global se estendia necessariamente à crítica do Estado e à questão que integrava a perspectiva de Marx sobre "como poderia o Estado fenecer". *Para além do capital* explorou também as seguintes questões: "A atualidade histórica da ofensiva socialista" e "O sistema comunal", ambas concernentes ao Estado[9]. Foram precisamente essas discussões que constituiriam as principais influências sobre Hugo Chávez, quando ele traçou o curso estratégico da Revolução Bolivariana na Venezuela, levando-o a chamar Mészáros de "*señalador de caminos* [indicador de caminhos ou pioneiro]" do socialismo do século XXI[10]. Em um capítulo de *A dialética da estrutura e da história*, intitulado "Conceitos-chave na dialética

---

Boitempo, 2012), p. 983-1.011. Cf. também István Mészáros, *A crise estrutural do capital* (trad. Francisco Raul Cornejo, São Paulo, Boitempo, 2009) – N. E.].

[7] István Mészáros, *Lukács's Concept of Dialectic* (Londres, Merlin, 1972) [ed. bras.: *O conceito de dialética em Lukács*, trad. Rogério Bettoni, São Paulo, Boitempo, 2013]; Idem, *The Power of Ideology* (Nova York, New York University Press, 1989) [ed. bras.: *O poder da ideologia*, trad. Paulo Cézar Castanheira, São Paulo, Boitempo, 2004]; Idem, *The Work of Sartre: The Search for Freedom* (Brighton, Harvester, 1979) [ed. bras.: *A obra de Sartre: busca da liberdade e desafio da história*, trad. Lólio Lourenço de Oliveira e Rogério Bettoni, São Paulo, Boitempo, 2012]; Idem, *Social Structure and Forms of Consciousness*, v. 1: *The Social Determination of Method* (Nova York, Monthly Review Press, 2010) [ed. bras.: *Estrutura social e formas de consciência I: A determinação social do método*, trad. Luciana Pudenzi, Francisco Raul Cornejo e Paulo Cezar Castanheira, São Paulo, Boitempo, 2009] e v. 2: *The Dialectic of Structure and History* (Nova York, Monthly Review Press, 2011) [ed. bras.: *Estrutura social e formas de consciência II: A dialética da estrutura e da história*, trad. Rogério Bettoni, São Paulo, Boitempo, 2011].

[8] István Mészáros, *Beyond Capital: Towards a Theory of Transition* (Nova York, Monthly Review Press, 1995) [ed. bras.: *Para além do capital: rumo a uma teoria da transição*, trad. Paulo Cezar Castanheira e Sérgio Lessa, São Paulo, Boitempo, 2011].

[9] Ibidem, p. 460-95 e 673-770 [ed. bras.: p. 787-860 e 861-95].

[10] Hugo Chávez dedicou um exemplar dos escritos de Simón Rodríguez a Mészáros em Caracas no dia 10 de setembro de 2001, com a inscrição "*István, señalador de caminos*".

18 *Para além do Leviatã*

de base e superestrutura", Mészáros dedicou a terceira seção, "Costumes, tradição e lei expressa: limites históricos da superestrutura jurídica e política", à descrição da evolução da lei e do Estado[11].

Depois de completar *Para além do capital*, Mészáros pôde retomar a tarefa de terminar *Estrutura social e formas de consciência*, o que fez enquanto escrevia alguns trabalhos menores, decorrentes de seus envolvimentos econômicos e políticos, entre os quais *O século XXI: socialismo ou barbárie* em 2001, *O desafio e o fardo do tempo histórico* em 2008 (com sua análise sobre "A alternativa ao parlamentarismo"), e *A crise estrutural do capital* em 2010[12]. O segundo volume de *Estrutura social e formas de consciência*, com o subtítulo *A dialética da estrutura e da história*, foi concluído em 2011. Mas também nessa ocasião houve outro impedimento para que ele retomasse o trabalho havia muito planejado sobre o Estado: a produção de uma edição expandida de *A obra de Sartre*[13]. Em razão disso, só em 2012 ele começou para valer sua grande obra de crítica do Estado.

Rumo a uma teoria histórica do Estado

Na introdução a *Para além do Leviatã*, Mészáros ressalta que "todas as principais teorias do Estado foram produzidas em períodos históricos de grande turbulência, desde Platão, Aristóteles e Agostinho, passando por Maquiavel e Hobbes, até Jean-Jacques Rousseau e G. W. F. Hegel, bem como, é claro, até Marx, V. I. Lênin e seus camaradas, como Rosa Luxemburgo e Antonio Gramsci" [p. 52][14]. No entanto, todas as teorias importantes sobre o Estado anteriores ao materialismo histórico, cujas formas modernas foram escritas nas fases de ascensão do desenvolvimento burguês, sempre vislumbraram algum tipo de ajuste corretivo – não

---

[11] István Mészáros, *Social Structure and Forms of Consciousness*, v. 2, cit., p. 85-141 [ed. bras.: p. 65-104]. "Como poderia o Estado fenecer?", de *Para além do capital*, e "Costumes, tradição e lei expressa: limites históricos da superestrutura jurídica e política", de *A dialética da estrutura e da história*, formam, respectivamente, os apêndices IV e II deste volume. O título original ("Costumes, tradição e lei expressa") foi omitido no seu plano de inclusão desse texto como apêndice em *Para além do Leviatã*, e somente o subtítulo foi usado.

[12] Idem, *Socialism or Barbarism* (Nova York, Monthly Review Press, 2001) [ed. bras.: *O século XXI: socialismo ou barbárie*, trad. Paulo Castanheira, São Paulo, Boitempo, 2003]; Idem, *The Challenge and Burden of Historical Time* (Nova York, Monthly Review Press, 2008) [ed. bras.: *O desafio e o fardo do tempo histórico: o socialismo do século XXI*, trad. Ana Cotrim e Vera Cotrim, São Paulo, Boitempo, 2007]; Idem, *The Structural Crisis of Capital* (Nova York, Monthly Review Press, 2010) [ed. bras.: *A crise estrutural do capital*, trad. Francisco Raul Cornejo, São Paulo, Boitempo, 2009].

[13] Idem, *The Work of Sartre: Search for Freedom and the Challenge of History* (2. ed. ampliada, Nova York, Monthly Review Press, 2012) [ed. bras.: *A obra de Sartre*, cit.].

[14] Todas as referências a páginas de citações entre colchetes neste prefácio se referem ao presente volume.

importando o quanto tenha parecido radical em seu respectivo contexto histórico – das existentes "estruturas de comando [impostas] ao processo de tomada de decisão societal", o que também se aplica às grandes teorias utópicas do Estado. Em contraste, a abordagem do Estado "de inspiração marxiana" representou uma nítida ruptura com tudo o que veio antes, por sua insistência na necessidade de "'fenecimento do Estado' – ou erradicação total do Estado – de dentro da modalidade da reprodução sociometabólica" [p. 52]. Isso porque era impossível ir "além do capital" (e além de sua base no trabalho e na classe alienados) sem ir igualmente além do Estado, como forma de "expropriação constante dos processos globais de tomada de decisão da humanidade" [p. 52]. Só que suplantar o Estado capitalista jamais seria suficiente, porque ele poderia ser restaurado; era necessária a sua *erradicação* [p. 142]. A estrutura de *Para além do Leviatã* é constituída por esse desafio de desenvolver uma completa *crítica do Estado*, explorando toda a história da teoria do Estado, prevendo delinear sua origem, seu desenvolvimento e o falecimento final do Estado como *forma* da necessidade social inescapável de uma estrutura global de comando.

É crucial entender a radicalidade da crítica do Estado de Mészáros, que difere das teorias liberais do Estado, bem como das abordagens críticas social-democratas que se esforçam por operar dentro dos parâmetros estabelecidos pela teoria liberal-democrática hegemônica. Nesse tocante, é significativo que a segunda versão do manuscrito esboçado por Mészáros tenha início com uma resposta ao artigo escrito por seu grande amigo, o filósofo italiano e "socialista liberal" Norberto Bobbio, com o título "Existe uma teoria marxista do Estado?"[15]. A resposta de Bobbio foi que não haveria uma teoria do Estado completamente elaborada em Karl Marx nem na teoria marxista subsequente, por mais perspicaz que tenha sido em alguns aspectos. Por causa disso, ele fala da "não existência ou inadequação de uma ciência política marxista" do ponto de vista do tratamento do Estado socialista. "Marx pode até ter pretendido escrever uma crítica da política junto com a crítica à economia, mas nunca a escreveu", tampouco o fizeram os teóricos marxistas subsequentes. Na visão de Bobbio, Marx e os teóricos marxistas, como Lênin, Luxemburgo e Gramsci, desenvolveram críticas do Estado capitalista a partir do ponto de vista do "sujeito" humano, mas suas análises mostraram de fato uma falta de consideração pelas "instituições" concretas e pela natureza do Estado sob o socialismo. Além

---

[15] Norberto Bobbio, "Is There a Marxist Theory of the State?", *Telos*, v. 35, n. 4, 1978, p. 5-16. Frações do tratamento que Mészáros deu a Bobbio em seu segundo manuscrito foram incorporadas na parte 2 de *Para além do Leviatã* [cap. 9]. Ademais, alguns aspectos desse texto se basearam em passagens publicadas anteriormente em *Para além do capital*, tratando das ideias de Bobbio em *O futuro da democracia*, a respeito da extensão dos direitos, e nas críticas de Mészáros a esse tema a partir do ponto de vista da incontrolabilidade do capital. Cf. István Mészáros, *Beyond Capital*, cit., p. 712-3 [ed. bras.: p. 831-2]; Norberto Bobbio, *The Future of Democracy* (Londres, Polity, 1991) [ed. bras.: *O futuro da democracia: uma defesa das regras do jogo*, trad. Marco Aurélio Nogueira, Rio de Janeiro, Paz e Terra, 1986].

20 *Para além do Leviatã*

disso, na opinião de Bobbio, o argumento marxiano do "fenecimento" do Estado careceria de qualquer significação contemporânea[16]. Bobbio pontuou esse argumento da escassez de reflexões marxianas sobre o Estado com uma citação do marxista italiano Lucio Colletti, denunciando a "falta de uma teoria do Estado socialista ou da democracia socialista como alternativa à teoria ou às teorias do Estado burguês e da democracia burguesa". Isso foi acompanhado da crítica a um artigo de Louis Althusser que, de acordo com Bobbio, apontou para o fato de que a obra de Marx se converteu em "um escudo entre a realidade e os pesquisadores, não sendo, portanto, um auxílio, mas um obstáculo"[17].

Mészáros tinha muito respeito por Bobbio e o considerava um grande amigo e um pensador crítico [p. 187][18]. Não obstante, na medida em que argumentava que uma teoria marxiana do Estado em princípio nem sequer seria possível, diminuindo a importância da lei e das instituições e sendo, portanto, inerentemente autoritário, Bobbio, de acordo com Mészáros, traiu sua visão profundamente arraigada de que o Estado enquanto entidade moderna era um fenômeno exclusivamente liberal- -democrático [p. 188-89][19]. Ainda assim, esse ponto de vista político, em especial na fase descendente do capitalismo, ficou desprovido de bases firmes, na medida em que evitou todo e qualquer relato histórico/genético do Estado e de sua evolução. As abordagens liberal-democráticas do Estado que o associam ao império da lei (e do direito) deixaram de reconhecer a ilegalidade do próprio Estado, isto é, as frequentes transgressões das leis que lhe são próprias em uma situação em que não há autoridade superior a ele. A abordagem liberal deu ênfase a uma "*teoria da lei* representada como *a teoria (ou filosofia) do Estado*". Essa teoria se manifestou

---

[16] Norberto Bobbio, "Is There a Marxist Theory of the State?", cit., p. 8.

[17] Ibidem, p. 5 e 11.

[18] A importância de Bobbio e Ernest Barker, cujas ideias são discutidas nos parágrafos seguintes, foi fortemente enfatizada por Mészáros em algumas discussões que tive com ele, nas quais descreveu esses pensadores como representantes um tanto distintos da concepção liberal moderna do Estado. Mészáros expressou com frequência seu grande respeito e sua afeição por Bobbio. Ele escreveu: "Visitei Bobbio pela última vez em Turim poucos meses antes de ele morrer e conversamos durante horas naquele encontro inesquecível" (carta de István Mészáros a John Bellamy Foster, 13 jan. 2015, correspondência pessoal). Em outra ocasião, observou: "Bobbio foi um grande e querido amigo meu por muitos anos. Eu o visitei poucas semanas antes de ele morrer. Estávamos bem conscientes de nossas diferenças, mas havia um amplo terreno comum para nossa crítica à ordem estabelecida. Leo Valiani (o chefe do movimento guerrilheiro do Norte da Itália que capturou e julgou Mussolini) igualmente foi um amigo próximo e querido. Estive com ele em Milão pouco antes de ele morrer. [...] Eles foram pessoas notáveis. Ambos eram 'senadores vitalícios na Câmara Alta italiana'" (carta de István Mészáros a John Bellamy Foster, 24 jun. 2017, correspondência pessoal).

[19] Norberto Bobbio, *The Future of Democracy: A Defence of the Rules of the Game* (Cambridge, Polity, 1987), p. 24-5. A associação liberal exclusiva do Estado com o império da lei significa que sua análise é completamente incapaz de compreender o Estado fascista [cap. 10].

Prefácio 21

de forma idealizada na assim chamada democracia representativa, apoiada por direitos legais – se bem que esses direitos sejam constantemente violados sempre que infringem as modalidades do capital [p. 190]. Tal visão liberal hegemônica normalmente evitou toda a questão da "*might-as-right* [lei do mais forte]" como praticada pela sociedade capitalista, incluindo seu sistema de comando político no Estado – ou então procurou, de modo contraditório, legitimar o Estado existente e a frequente transgressão "emergencial" das próprias regras, como na alegação de Max Weber de que o Estado é a entidade que detém um *monopólio do uso legítimo da força física* dentro de dado território[20]. Durante a fase descendente do capital, as teorias liberais do Estado sempre procuraram dissimular ou diminuir a importância da realidade classista, deixando, assim, permanentemente fora de alcance qualquer abordagem realista do Estado.

Mészáros argumentou que, de fato, por trás das intermináveis investigações dos variados direitos, leis e instituições da forma estatal hegemônica estava a pobreza da concepção liberal-democrática contemporânea do próprio Estado, que só foi capaz de responder à pergunta "o que é o Estado?" de modo sumamente circular, a-histórico, contraditório e autolegitimador [p. 194-96][21]. Nesse tocante, as principais teorias do Estado burguês, desenvolvidas durante a fase ascendente do capitalismo, entre as quais se revestem de suma importância o *Leviatã*, de Hobbes, e *A filosofia do direito*, de Hegel, situavam-se muito acima das demais teorias liberais do Estado quanto à força e à profundidade [p. 179].

Essa crítica das abordagens liberais contemporâneas do Estado também ficou evidente na resposta de Mészáros à obra do renomado teórico político inglês Ernest Barker, que, a partir de 1928, ocupou a cadeira de ciência política (financiada pela Fundação Rockefeller) na Universidade de Cambridge[22]. Aqui, Mészáros se concentrou na introdução escrita por Barker à própria tradução do livro de Otto Gierke, *Natural Law and the Theory of Society* [Direito natural e a teoria da

---

[20] Max Weber, *From Max Weber* (Oxford, Oxford University Press, 1946), p. 78. Em suas anotações, Mészáros fez referência à "apologia weberiana da *violência* (declamadoramente) interiorizada (isto é, a ser interiorizada), a serviço da apologética da ordem reinante" (István Mészáros, *Uncatalogued Archival Notes, Mészáros Family Papers, George Mészáros Collection* [Notas de arquivo não catalogadas, Papéis da família Mészáros, Coletânea George Mészáros], bloco 5:8-9. Observação: ao organizar as imagens de 92 páginas de anotações de arquivo destinadas a compor *Para além do Leviatã*, em sua maior parte escritas à mão, George Mészáros as dividiu em oito blocos para envio. Isso serve de base para o sistema de referências adotado aqui e será usado para distinguir as várias seções dessa parte da coletânea dos escritos de Mészáros. Os números após os dois pontos indicam a posição de páginas/fotos em particular dentro de um determinado bloco.

[21] Bobbio argumentou que "o termo 'Estado' é abstrato demais" e, em razão disso, evitou a questão mais ampla. Norberto Bobbio, *The Future of Democracy*, cit., p. 114.

[22] Ernest Barker, "Introduction", em Otto Gierke, *Natural Law and the Theory of Society, 1500 to 1880* (Cambridge, Cambridge University Press, 1934), p. ix-xci. Ver também, neste volume, p. 197.

22   *Para além do Leviatã*

sociedade], na qual Barker, remontando à tradição do direito natural, oferece uma apresentação particularmente clara da típica concepção liberal moderna do Estado contemporâneo como consumação da lei.

Para Barker, "o Estado é essencialmente lei e a lei é a essência do Estado", definidos por sua relação mútua. O Estado é simplesmente um grupo, ou uma associação, como outra qualquer, gerada pela sociedade por meio de reunião voluntária, só que com o propósito específico e mais elevado de promover a lei, com base na autoridade superior ou soberania conferidas a ele[23]. Logo, nas palavras de Barker, o Estado é "*constituído* por e sob essa *constituição* [o ato legal ou os atos legais que estabelecem sua autoridade soberana] e, por essa razão, [...] o Estado existe para cumprir o propósito legal ou jurídico para o qual foi *constituído*"[24]. Mészáros objetou que definições "circulares" como essa excluem todas as questões de poder, classe e as atuais distinções concretas entre Estado e sociedade, bem como todas as questões relativas à produção [p. 197]. Nega-se a "materialidade do Estado" em favor de uma concepção idealizada que deixa de considerar todas as análises historicamente embasadas, incluindo as das grandes teorias burguesas do Estado que emergiram do século XVI ao XIX[25].

Não obstante, um "socialista liberal" como Bobbio, que tentou formular uma teoria política social-democrática fundada nos princípios do liberalismo, continuamente levantou questões cruciais a respeito do que era necessário para controlar o capital. Ele tentou montar um sistema de direitos universais a serem introduzidos de modo irreversível para reprimir o império do capital por meio do Estado, da lei e do direito. Chegou ao ponto de procurar estabelecer os direitos de gerações futuras contra a tendência de destruição ambiental própria do capital[26]. Contudo, mesmo estando correto em insistir na necessidade de igualdade substantiva, estava equivocado, insistiu Mészáros, em pensar que o capital pode ser controlado. "O capital – por sua natureza e suas determinações internas – é *incontrolável*. Portanto, investir as energias de um movimento social na *tentativa de reformar* um sistema substantivamente *incontrolável* é um empreendimento muito mais infrutífero que o trabalho de Sísifo."[27]

Embora ressaltasse desse modo a debilidade das teorias liberais contemporâneas do Estado, Mészáros não foi buscar respostas nem na velha nem na nova esquerda, o que o levou a "seguir por um caminho solitário"[28]. No caso da velha esquerda, sua crítica ao papel continuado do capital nas "sociedades

---

[23] Ibidem, p. xxviii.
[24] Idem, ênfase acrescida.
[25] Carta de István Mészáros a John Bellamy Foster, 23 dez. 2015, correspondência pessoal.
[26] István Mészáros, *Beyond Capital*, cit., p. 712-3 [ed. bras.: p. 832].
[27] Ibidem, p. 713 [ed. bras.: p. 832].
[28] Carta de István Mészáros a John Bellamy Foster, 13 jan. 2015, correspondência pessoal.

pós-revolucionárias exercido no e por meio do Estado" frequentemente a colocou em conflito com o marxismo oficial, como foi o caso do Partido Comunista Italiano. Ao mesmo tempo, Mészáros rejeitou as oscilações irracionais entre idealismo voluntarista e estruturalismo pessimista (mais tarde seguidas pelo pós-estruturalismo e pelo pós-modernismo) da nova esquerda britânica. Embora estivesse mais próximo da assim chamada visão "instrumentalista" do Estado, associada a Ralph Miliband, Mészáros entendeu que tal análise é irreversivelmente inadequada, já que nem começa a abordar a questão da ordem capitalista de reprodução sociometabólica, dentro da qual toda a questão do Estado teria de ser vista. Consequentemente não se encontra na obra de Mészáros nenhum tratamento dos debates marxistas sobre a Estado capitalista nas décadas de 1960-1980, girando em torno da questão da autonomia relativa do Estado associada à obra de figuras como Nicos Poulantzas e Ralph Miliband, ou então concernente à relevância da teoria gramsciana da hegemonia. Nesse tocante, Mészáros preferiu simplesmente apontar para as duras lições representadas por líderes políticos como François Mitterrand e Tony Blair, para não mencionar Margaret Thatcher e Ronald Reagan.

O real desafio de uma teoria do Leviatá teria de ser entendido em termos da existência do capital como um sistema orgânico, no qual as várias partes reforçam o todo e, por isso, só pode ser transcendido pela longa e árdua batalha para criar um sistema alternativo de reprodução sociometabólica. Como escreveu Mészáros, em uma proposta mais antiga para o livro *Para além do capital*, a um editor britânico: "Talvez mais do que qualquer outra coisa, a falta de uma análise – social, econômica, política e ideológica – abrangente dos desenvolvimentos pós-guerra prejudicou a 'nova esquerda' em suas tentativas de oferecer uma alternativa viável às formas tradicionais de ação política. As discussões teóricas tenderam a ser fragmentárias, parciais e afetadas por modismos efêmeros"[29]. Ao refutar a tendência posterior para o desarmamento teórico da esquerda em favor de um indeterminismo popular, Mészáros rejeitou todas as tentativas de pôr de lado a metáfora marxiana de base e superestrutura. Em vez disso, adotou posição semelhante à de Raymond Williams, a de que essa relação deve ser percebida de uma maneira *histórica e não determinista*, que ainda assim reconhece a materialidade do Estado[30].

Por estar preocupado principalmente com o problema da erradicação da própria forma estatal como elemento crucial para a luta socialista, Mészáros não se inspirou na bibliografia do período posterior à Segunda Guerra Mundial, na qual a

---

[29] Extraído de uma proposta de livro referente a *Para além do capital,* apresentada à New Left Books, citada em carta de István Mészáros a John Bellamy Foster, 13 jan. 2015.

[30] István Mészáros, *The Dialectic of Structure and History*, cit., p. 130 [ed. bras.: p. 68]; Raymond Williams, *Problems in Materialism and Culture* (Londres, Verso, 1980), p. 31-49 [ed. bras.: *Cultura e materialismo*, trad. André Glaser, São Paulo, Ed. Unesp, 2011, p. 43-68].

24 *Para além do Leviatã*

análise se ocupou de forma preponderante com o modo de travar lutas dentro dos parâmetros do Estado capitalista, mas nas teorias que visavam ao "fenecimento" final do Estado, associadas à *Crítica do Programa de Gotha*, de Marx, e a *Estado e revolução*, de Lênin[31]. Diferentemente da maioria da esquerda ocidental, Mészáros se ocupou da concepção da "atualidade histórica da ofensiva socialista" que buscava ir além do capital, além do Leviatã e além do trabalho alienado.

O que nas discussões socialistas era chamado de "fenecimento do Estado" não se tratava, para Mészáros, de "uma 'fidelidade romântica ao sonho irrealizável de Marx', como algumas pessoas procuram desabonar e descartá-la". Em vez disso:

> Na verdade, o *fenecimento do Estado* não se refere a algo misterioso ou remoto, mas a um processo perfeitamente tangível que deve se iniciar já em nosso próprio tempo histórico. Isso significa, em uma linguagem franca, a reaquisição progressiva dos poderes alienados de decisão pelos indivíduos em seu empreendimento de mover-se em direção a uma sociedade socialista genuína. Sem a reaquisição desses poderes – à qual não apenas o Estado capitalista, mas também a inércia paralisadora das práticas de reprodução material bem resguardadas se opõem fundamentalmente –, não é possível conceber nem o novo modo de controle político da sociedade como um todo por seus indivíduos nem a operação cotidiana *não conflitual/adversa* e, portanto, *coesiva/planejável* das unidades produtivas e distributivas particulares pelos "produtores livremente associados" e autoadministrados.[32]

Considerando as coisas a partir desse ponto de vista, que nega a permanência do Estado – concebido como uma forma de tomada de decisão hierárquica ou como estrutura de comando imposta por meio de variadas alienações à população subjacente –, fazia-se necessária uma teoria totalmente nova do Estado em termos marxistas: uma que abrangesse a origem, o desenvolvimento e a erradicação final do Estado. Disso resulta que Mészáros aceitou em considerável medida as alegações de Bobbio e outros de que ainda não havia emergido uma teoria marxista plenamente desenvolvida do Estado. Uma teoria desse tipo só poderia ser formada de maneira significativa, em termos históricos, depois de tratar das principais teorias do Estado e das relações materiais subjacentes a elas desde os tempos antigos até o presente. Por essa razão, a estrutura teórica de *Para além do Leviatã* se ocupou da evolução histórica e da crítica do Estado e da lei, com foco em pensadores-chave como Platão, Aristóteles, Cícero, Agostinho,

---

[31] Mészáros planejou tratar dessas duas obras no terceiro volume de *Para além do Leviatã*. Ver apêndice I deste livro. Cf. a visão de Mészáros sobre a *Crítica do Programa de Gotha* em István Mészáros, *O desafio e o fardo do tempo histórico*, cit., p. 264 e 328.

[32] István Mészáros, *The Challenge and Burden of Historical Time*, cit., p. 327-8 [ed. bras.: p. 290].

Maquiavel, Thomas More, Francis Bacon, Tomás Campanella, Giambattista Vico, James Harrington, Hobbes, Cristiano Tomásio, Adam Smith, Immanuel Kant, Jean-Jacques Rousseau, François-Noël Babeuf, Thomas Paine, Robert Owen, Johann Gottlieb Fichte, Hegel, Henry Maine, Ernst Troeltsch, Otto Gierke, Weber, Barker, Bobbio e Robert Nozick; bem como Marx, Engels, Lênin, Luxemburgo, Gramsci, Max Horkheimer, Ernst Bloch, Sartre, Ernesto Cardenal, Chávez e outros[33]. Só assim seria possível dar conta da maneira como surgiram o Estado, a sociedade civil, a lei, a soberania, a dominação de classe e o poder, bem como as forças de resistência que apontaram para (ou anteciparam) a transcendência revolucionária do Estado. Nenhuma abordagem que simplesmente teve início pelo Estado contemporâneo ou mesmo o Estado pré-moderno é suficiente, já que o Estado-Leviatã continha características que transcendiam formações sociais particulares e foram herdadas em parte de formações históricas prévias. Portanto, a via para a crítica do Estado passava pelas "leis de Hidra" e pelos guardiões noturnos de Platão, pelo tratamento que Aristóteles deu à igualdade, pelo *Príncipe* de Maquiavel, pela *Utopia* de More, pelo *Leviatã* de Hobbes, pela propriedade comunal de Tomásio, pela vontade geral de Rousseau, pela paz perpétua de Kant e pela filosofia do direito de Hegel.

Ora, tudo isso constituiu uma tentativa de aclarar o problema histórico do Estado. Em contraste com todas as teorias abrangentes anteriores do Estado, a de Mészáros visava a seu fenecimento como centro de comando do capital, bem como à erradicação do capital vista como necessidade absoluta, já que, em última análise, tratava-se, como dissera Marx, de uma questão de "ruína ou revolução"[34]. Os cataclismos ambientais e militares provocados pelos Estados-Leviatã atuais estão "fadados a destruir a humanidade" no fim das contas, caso não seja desenvolvido

---

[33] Alguns desses pensadores foram tratados apenas ou principalmente nas partes da segunda versão que Mészáros destinou para o segundo e o terceiro volumes de sua obra, que será publicada futuramente como *Crítica ao Leviatã: reflexões sobre o Estado*. Talvez a ausência mais notável entre os teóricos políticos tratados em *Para além do Leviatã* seja a de John Locke, que, na visão de Mészáros, foi ofuscado por seu predecessor Hobbes.

[34] Karl Marx e Friedrich Engels, *Ireland and the Irish Question* (Moscou, Progress Publishers, 1971), p. 142. Em 2013, Mészáros afirmou o seguinte: "Se eu tivesse de modificar hoje as famosas palavras de Rosa Luxemburgo sobre 'socialismo ou barbárie', eu teria de acrescentar: 'Barbárie, se tivermos sorte'. Porque o extermínio da humanidade é a ameaça em evolução. Pois enquanto falharmos em resolver nossos graves problemas que se estendem sobre toda a dimensão da nossa existência e a relação com a natureza, esse perigo permanecerá em nosso horizonte". István Mészáros, em entrevista a Eleonora de Lucena, "Barbarism on the Horizon", *MR Online*, 31 dez. 2013. Disponível em: <https://mronline.org/2013/12/31/meszaros311213-html/>. Acesso em: 30 jun. 2021 [cf. a entrevista original a Eleonora de Lucena, "'Chávez e China são os destaques do século 21', diz o filósofo Mészáros", *Folha de S.Paulo*, 17 nov. 2013. Disponível em: <https://www1.folha.uol.com.br/ilustrissima/2013/11/1372042-chavez-e-china-sao-os-destaques-do-seculo-21-diz-o-filosofo-meszaros.shtml>. Acesso em: 30 jun. 201].

26 *Para além do Leviatã*

um modo alternativo de reprodução sociometabólica [p. 60]. Por essa razão, a humanidade não tem escolha, a não ser buscar a crítica do Estado, visando à prática revolucionária de ir além do Leviatã.

Biografia de Mészáros

Mészáros nasceu no dia 19 de dezembro de 1930, na Hungria, durante a ditadura de Miklós Horthy[35]. Foi criado por sua mãe com a ajuda da avó materna. Sua mãe trabalhava em uma fábrica de aviões, montando motores. Após falsificar sua data de nascimento, Mészáros começou a trabalhar aos doze anos na mesma fábrica, fazendo roscas em parafusos para aviões de madeira. Supostamente aos dezesseis anos, foi classificado como trabalhador masculino adulto e, em consequência, passou a ganhar um salário bem maior que o de sua mãe, que trabalhara durante muito tempo como mão de obra especializada na fábrica; essa injustiça o fez se dedicar por toda a vida à causa da igualdade de gênero. As condições da fábrica eram brutais. Em certa ocasião, não lhe pagaram o salário, mas o compensaram com um pedaço de queijo de porco (embutido cozido de suíno) cheio de pelos, que ele acabou vomitando na neve. Naquele momento, decidiu dedicar sua vida a combater a desigualdade e a injustiça.

A fase inicial da vida de Mészáros incluiu uma audição na Ópera Nacional da Hungria, com ninguém menos que Otto Klemperer aconselhando-o a persistir como cantor, e um período jogando futebol com o célebre Ferenc Puskás, muitas vezes considerado um dos maiores jogadores de futebol de todos os tempos.

Desde jovem, Mészáros se sentiu atraído pelo socialismo, aprendido em livros que encontrou em sebos. Sentiu-se especialmente atraído pela obra de György Lukács. Em 1949, quando emergiu o Estado do tipo soviético na Hungria, ele obteve uma bolsa de estudos na prestigiada Universidade Eötvös Loránd, em Budapeste, onde Lukács lecionava estética. Poucos meses depois, quase foi expulso por defendê-lo publicamente, pois Lukács tinha oficialmente caído em desgraça na atmosfera stalinista extremista daquela época e fora atacado de forma contundente por Mátyás Rákosi, secretário do Partido Comunista Húngaro. Porém, a moção de expulsão feita pelo diretor foi rejeitada pelo conselho da universidade. Em 1950, Mészáros escreveu uma crítica ao banimento pelo governo da clássica peça

---

[35] Estas notas biográficas sobre Mészáros foram extraídas diretamente de John Bellamy Foster, "Notes from the Editors", *Monthly Review – István Mészáros (1930-2017)*, v. 69, n. 7, dez. 2017. Ver também Terry Brotherstone, "A Tribute to István Mészáros (1930-2017)", *Critique*, v. 46, n. 2, 2018, p. 327-37; Idem, "Obituary: István Mészáros, Hungarian Marxist Political Philosopher Who Taught at St. Andrews", *The Scotsman*, 18 nov. 2017; István Mészáros, em entrevista a Joseph McCarney e Chris Arthur, "Marxism Today", *Radical Philosophy*, v. 62, outono 1992, p. 27-34.

húngara de 1930, *Csongor és Tünde* [Csongor e Tünde], de Mihály Vörösmarty, que estava sendo encenada no Teatro Nacional e fora denunciada como "aberração pessimista"[36]. A defesa meticulosa da peça por Mészáros foi publicada em duas edições consecutivas da revista literária *Csillag*. O ensaio recebeu o prestigiado prêmio Attila József de 1951, levando à reincorporação da obra de Vörösmarty ao repertório do Teatro Nacional e Lukács a nomear Mészáros seu assistente no Instituto de Estética da Universidade de Budapeste.

De 1950 a 1956, participou ativamente dos debates culturais e literários do país como membro da Associação dos Escritores Húngaros. Seu ensaio "O caráter nacional de arte e literatura", de 1956, foi escolhido como o tópico central da plenária presidida pelo compositor Zoltán Kodály, do Círculo de Petőfi, um grupo ao qual se credita o lançamento das bases intelectuais e políticas da revolta húngara de outubro a novembro daquele ano. Também editou a revista *Eszmélet* [Consciência], cofundada por Kodály, Lukács e outras figuras da liderança cultural.

Em 1955, Mészáros se encontrou com a italiana Donatella Morisi em Paris. Eles se casaram em 14 de fevereiro de 1956, com Lukács presente na cerimônia. (István e Donatella tiveram três filhos: Laura, Susie e Giorgio, nascidos respectivamente em 1956, 1960 e 1962.) Mészáros obteve o grau de doutor em filosofia em 1955. Sua tese, orientada por Lukács, traz o título *Sátira e realidade*. Lukács designou Mészáros como sucessor no Instituto de Estética e lhe solicitou que fizesse as preleções inaugurais sobre estética como professor adjunto de filosofia. Porém, no fim de 1956, Mészáros foi forçado a deixar a Hungria com a família em decorrência da invasão soviética. Eles saíram às pressas, levando, entre poucos pertences, apenas dois livros: o seu próprio sobre estética e o *Fausto*, de Goethe. Mészáros e Lukács permaneceram próximos e tiveram contato frequente até a morte do segundo em 1971[37].

Depois de deixar a Hungria, a família residiu na Itália, onde Mészáros foi docente na Universidade de Turim (1956-1959); nesse período, publicou (em italiano) a obra *A revolta dos intelectuais na Hungria* (1958). A isso se seguiu uma série de cargos docentes no Reino Unido: no Bedford College, em Londres (1959-1961), na Universidade de St. Andrews, na Escócia (1961-1966) e na Universidade de Sussex (1966-1972; 1976-1995), onde ocupou a cadeira de filosofia[38]. Em 1971, recebeu o prêmio Deutscher Memorial por *A teoria da alienação em Marx*. No ano seguinte, assumiu o cargo de professor sênior de filosofia na Universidade de

---

[36] Mihály Vörösmarty, *Csongor és Tünde* (trad. P. Zollman, Budapeste, Merlin International Theatre Budapest, 1996).

[37] É muito provável que o livro sobre estética que ele disse ter levado ao deixar a Hungria seja sua tese, *Sátira e realidade*.

[38] Em 1964, ele escreveu sua obra sobre Attila József, também publicada em italiano: István Mészáros, *Attila József e l'arte moderna* (Milão, Lerici, 1964).

York em Toronto, onde permaneceu por três anos antes de retornar a Sussex. No Canadá, se tornou uma *cause célèbre* de as autoridades se recusarem a lhe conceder um visto, alegando que representava "risco para a segurança". Muitas figuras influentes, de todo o espectro político, tanto no Canadá quanto no Reino Unido, protestaram a seu favor. Por fim, o visto foi concedido e o ministro do Exterior canadense renunciou[39].

Em 1995, quatro anos depois de se aposentar da Universidade de Sussex, Mészáros publicou sua grande obra, *Para além do capital*, que, nas palavras de Daniel Singer, traz esta poderosa mensagem: "O que deve ser abolido não é a sociedade capitalista clássica, mas o império do capital como tal", o que exige transformações societais mais radicais e fundamentais[40]. A publicação foi seguida de uma série de livros em que continuou desenvolvendo sua análise, incluindo *O desafio e o fardo do tempo histórico*, que ganhou o cobiçado prêmio Libertador ao Pensamento Crítico (também conhecido como prêmio Bolívar) – decidido por um júri internacional e apresentado a ele em 14 de setembro de 2009 por Hugo Chávez, que se referiu a Mészáros na ocasião como "um dos mais brilhantes pensadores deste planeta"[41].

Em 2007, Donatella Mészáros (Morisi), com quem István Mészáros compartilhou uma "íntima união" por 52 anos e a quem dedicou a maior parte dos seus livros, morreu de câncer. No ano seguinte, ele também foi diagnosticado com um câncer de bexiga "grau 3" agressivo[42]. Suas batalhas contra o câncer continuaram com maior e menor intensidade pelo resto de sua vida, mas não o impediram de produzir uma efusão extraordinária de trabalho crítico criativo, culminando em seu inacabado *Para além do Leviatã*, interrompido por sua morte. Ele atribuiu grande importância ao poema "Não vás tão docilmente [nessa noite linda]", de

---

[39] Donald C. Savage, "Keeping Professors Out", *Dalhousie Review*, v. 69, n. 4, 1990, p. 511-2; "Profs Might Help Mészáros", *The Ubyssey*, v. 54, n. 8, 6 out. 1972. Disponível em: <https://open.library.ubc.ca/collections/ubcpublications/ubysseynews/items/1.0126452#p2z-3r0f:mezaros>. Acesso em: 30 jun. 2021.

[40] Daniel Singer, "After Alienation", *The Nation*, 10 jun. 1996. Disponível em: <https://www.thenation.com/article/archive/after-alienation/>. Acesso em: 30 jun. 2021.

[41] Observações do presidente Hugo Chávez ao apresentar o prêmio Libertador ao Pensamento Crítico (prêmio Bolívar) a István Mészáros, em 14 de setembro de 2009.

[42] Cartas de István Mészáros a John Bellamy Foster, 28 jul. 2007 e 12 maio 2008, correspondência pessoal. Além do câncer, ele tinha problemas cardíacos. Na carta de 2012, na qual disse que estava se dedicando em tempo integral a escrever o que viria a ser *Para além do Leviatã*, afirmou: "Tive muitos problemas com minha saúde [recentemente]. Dessa vez principalmente com meu coração, porque os vasos sanguíneos (quatro deles) que foram substituídos por uma grande cirurgia em 1998 estão ficando obstruídos de novo e, é claro que, na minha idade, não se pode cogitar outra cirurgia cardíaca. Felizmente o câncer ainda está sob controle e prosseguirei enquanto puder" (carta de István Mészáros a John Bellamy Foster, 19 set. 2012).

Dylan Thomas, com seu verso insistente: "Clama, clama contra o apagar da luz que finda"[43]. Para Mészáros, esse poema assumiu uma importância *social*.

Em carta escrita no dia 25 de julho de 2017, apenas dois meses antes de sua morte, ele deu a boa notícia da publicação de uma tradução italiana de *Para além do capital*, escrevendo: "Temos um provérbio na Hungria que diz: 'Uma andorinha só não faz verão'. Espero que muitas andorinhas sigam o meu *Para além do capital* em italiano"[44].

Mészáros e Chávez

Mészáros estava firmemente comprometido com as lutas anti-imperialistas. Assim, se aliou a quem lutava pela transformação socialista nas Filipinas, na Nicarágua, na Venezuela, no Brasil e em outros lugares. Argumentou que, na fase descendente do capitalismo, havia uma "igualação decrescente da taxa de utilização", referindo-se à corrida até o fundo do poço em termos de salários e condições de trabalho, reforçada por um sistema global de competição monopolista[45]. Em 1978, editou e escreveu a introdução a um livro que consiste em treze ensaios do grande historiador e teórico político filipino Renato Constantino, intitulado *Neo-Colonial Identity and Counter-Consciousness: Essays in Cultural Decolonisation* [Identidade neocolonial e contraconsciência: ensaios sobre decolonização cultural], no qual Constantino desenvolveu o conceito de contraconsciência como poderosa filosofia de libertação cultural[46]. Ele também mostrou grande interesse pelos desenvolvimentos e pelas lutas em torno do Estado no Brasil, apoiando vários movimentos socialistas daquele país. Porém, sua contribuição mais singular a lutas no Sul global foi o papel que desempenharia com seu forte apoio estratégico à Revolução Bolivariana na Venezuela.

Ao completar a versão final de *Para além do capital*, Mészáros comentou extensamente, no capítulo intitulado "A atualidade histórica da ofensiva socialista", o panfleto escrito por Chávez em 1993, intitulado *Pueblo, sufragio y*

---

[43] István Mészáros, *Notas de arquivo não catalogadas, Papéis da família Mészáros, Coletânea George Mészáros*, bloco 5:6; Dylan Thomas, "Do Not Go Gentle Into that Good Night". Disponível em: <https://poets.org/poem/do-not-go-gentle-good-night>. Acesso em: 30 jun. 2021 [ed. bras.: "Não vás tão docilmente", em *Poesia da recusa*, org. e trad. Augusto de Campos, São Paulo, Perspectiva, 2006; disponível em: <https://www.revistaprosaversoearte.com/dylan-thomas-poemas/>; acesso em: 30 jun. 2021].

[44] Carta de István Mészáros a John Bellamy Foster, 25 jul. 2017.

[45] István Mészáros, "Barbarism on the Horizon", cit.

[46] Ver Renato Constantino, *Neo-Colonial Identity and Counter-Consciousness* (org. István Mészáros, Londres, Merlin Press, 1978); introdução reimpressa em István Mészáros, "Neo-Colonial Identity and Counter-Consciousness", *Journal of Contemporary Asia*, v. 30, n. 3, 2000, p. 308-21.

30   *Para além do Leviatã*

democracia [Povo, sufrágio e democracia]⁴⁷. Naquela ocasião, Chávez se encontrava preso, após liderar um golpe malsucedido em resposta aos eventos do Caracazo de 1989 na Venezuela, durante os quais o governo assassinou milhares de manifestantes que protestavam. Em uma notável análise política, Chávez escreveu: "O povo soberano deve se transformar no *objeto* e no *sujeito* do poder. [...] Para os revolucionários, essa opção não pode ser negociável". Argumentou que o poder eleitoral poderia ser usado de modo revolucionário, protegido por movimentos sociais poderosos, para assegurar a forte presença daquela "soberania popular, cujo exercício permanecerá daqui para a frente realmente nas mãos do povo". Isso, no entanto, exigiria uma "distribuição policêntrica do poder, deslocando-o do centro para a periferia". A ênfase precisa ser posta em transferir a tomada de decisões, de modo a estabelecer "a autonomia das comunidades e municipalidades particulares", trazendo à vida todos os principais meios da democracia direta, de tal modo que "a democracia baseada na soberania popular se constitui como a *protagonista* do poder. É precisamente nessas fronteiras que temos de traçar os limites de avanço da democracia bolivariana. Então deveremos estar muito perto do território da *utopia*". Mészáros de imediato identificou a natureza rousseauniana revolucionária da crítica de Chávez ao Estado, que, nas palavras de Mészáros, apontava para o tipo de "transformação radical que pressagia, desde o início, a perspectiva de 'fenecimento do Estado'", e, em consequência, aponta para a "soberania do trabalho"⁴⁸.

As páginas referentes a Chávez escritas por Mészáros em *Para além do capital* foram traduzidas para ele enquanto se encontrava na prisão. Chávez ficou surpreso com o fato de alguém na Inglaterra ser capaz de escrever de modo tão perceptivo sobre suas visões políticas. O relacionamento que se desenvolveu a partir daí é mais bem expresso pelas palavras do próprio Mészáros, em carta endereçada a mim, de 16 de fevereiro de 2015:

> Até 2001, não tive contato pessoal com ele [Chávez] além de uma mensagem em um cartão de Natal bolivariano que ele me enviou em 1995, época em que estava livre. Por uma estranha coincidência, esse cartão foi datado com sua caligrafia em "19 de dez[embro] de 1995", data do meu 65º aniversário. Naquele tempo, é claro que ele não dispunha de uma cópia em espanhol de *Para além do capital*, mas pode estar ciente de sua publicação em inglês [isto é, ele poderia estar familiarizado com partes da edição em inglês]. Pois um grupo de professores da Universidade de Caracas – que simpatizava com seu movimento – reunia-se regularmente (em intervalos irregulares) e

---

⁴⁷   Hugo Chávez, *Pueblo, sufragio y democracia* (Yara, MBR-200, 1993), p. 5-6; István Mészáros, *Beyond Capital*, cit., p. 710-1 [ed. bras.: p. 829-31].

⁴⁸   István Mészáros, *Beyond Capital*, cit., p. 711 [ed. bras.: p. 830-1].

o discutia, e também encontraram um pequeno editor de esquerda (Vadell Hermanos) disposto a publicá-lo, o qual – é claro – não tinha dinheiro para um tradutor. Assim, eles mesmos começaram a traduzi-lo da melhor maneira que podiam. Contaram para mim que a tradução era "bem-intencionada, mas não muito boa", exceto no que se referia a um dos membros [Eduardo Gasca], que era professor de estudos literários e também um poeta muito bom, um mestre nas duas línguas. Em 1997, esse professor (cujo velho pai militante socialista acabara de falecer) disse para os demais: "Este livro restaurou a minha fé no futuro do socialismo; eu mesmo farei uma tradução completa de graça – também por meu pai", e ele o fez[49]. Em 1999, quando essa maravilhosa tradução estava concluída, pediram-me que escrevesse uma introdução especialmente para a edição latino-americana em espanhol e eu completei essa introdução especial – cerca de 10 mil palavras, não publicada em inglês – em janeiro de 2000[50]. Foi assim que esse livro chegou a ser publicado por Vadell Hermanos em 2001, e também a tradução para o português do Brasil [pela Boitempo] em 2002.

Com imenso sucesso eleitoral, Chávez foi instalado na Presidência em 2000. Eu ainda não tivera contato pessoal com ele. Eu nunca buscara essas coisas com pessoas politicamente poderosas. No entanto, em 2001, o ministro da Cultura de seu governo – naquele tempo o grande pintor [Manuel Espinoza], cujas palavras sobre meus comentários às linhas que Attila József escreveu a nosso respeito, os "que escutam fielmente as leis" (em nossa relação com a natureza), recentemente citei para você em um e-mail – me convidou para uma conferência, e eu aceitei. A conferência teve lugar em Caracas, no Fórum Cultural da Cúpula do Parlamento Latino-Americano sobre Dívida Social e Integração Latino-Americana, de 10 a 13 de julho de 2001. Fiz minha palestra sobre "O desafio do desenvolvimento sustentável e a cultura da igualdade substantiva", contida também nas páginas 12-29 de *A necessidade do controle social*, como você sabe. Ele ficou sabendo que eu estava lá e mandou três vezes um carro me buscar no salão em que eu estava palestrando e participando das discussões. Só pude ir na terceira vez, depois que minha cota de participação na conferência fora cumprida. Foi quando me encontrei com ele pela primeira vez no palácio de Miraflores, e foi assim que teve início uma grande amizade pessoal.

Em setembro do mesmo ano, um distinto corpo acadêmico me convidou para fazer uma palestra em sua conferência internacional em Caracas. Fiz uma palestra sobre a crise econômica mundial, publicada também em meu livro *O desafio e o fardo do tempo histórico*. Naquela ocasião, Chávez e eu passamos muito mais tempo juntos

---

[49] Idem, *Más allá del capital* (trad. Eduardo Gasca, Caracas, Vadell Hermanos, 2001).

[50] Entrementes essa introdução à edição em espanhol latino-americano foi traduzida para o inglês (a versão original em inglês se perdeu) por Brian M. Napoletano e Pedro Urquijo, sendo publicada em *MR Online* como: István Mészáros, "The Historical Challenges Facing the Socialist Movement", *Monthly Review Essays*, 26 mar. 2021. Disponível em: <https://mronline.org/2021/03/26/the-historical-challenges-facing-the-socialist-movement/>. Acesso em: 23 set. 2021.

(horas e horas). Naquela época, ele não só tinha uma cópia em espanhol de *Para além do capital*, mas também [havia] lido a maior parte dele, com muitos comentários à margem e sublinhados em toda parte. Foi quando me deu a coletânea de escritos do professor de Bolívar, Simón Rodríguez. Você tem uma imagem dela. Depois disso, encontramo-nos bem poucas vezes, não só em Caracas, mas uma vez também em Londres, quando ele fez uma visita oficial – após um dia inteiro de negociações – e estivemos longo tempo juntos em um hotel chique de Londres, onde ele e sua equipe estavam hospedados, conversando por várias horas e consumindo um jantar bem ruim (e, sem dúvida, muito caro) de hotel de luxo. Ao sair, na porta do seu quarto de hotel, ele me abraçou e disse: "István, cuide bem da sua saúde, precisamos de você". Na maioria dessas ocasiões, Donatella esteve comigo; ela também gostava muito dele, tendo grande admiração por sua integridade e total dedicação a seu povo. Quando ela morreu, em junho de 2007, por coincidência nos mesmos dias em que faleceu a esposa de Raúl Castro, Chávez fez um discurso público muito emocionante sobre ambas, como grandes mulheres revolucionárias e camaradas de vida de seus maridos.

Em cada visita minha à Venezuela, inclusive depois da morte de Donatella, passamos horas e horas juntos conversando, usualmente em combinação com um jantar em seu apartamento no Miraflores. Na última vez, ele chegou a dizer: "Da próxima vez que você vier, iremos embora daqui por duas semanas". Poucos dias também já teria sido maravilhoso. Como você sabe, em janeiro de 2013, ele pediu que eu fosse vê-lo e eu lhe prometi fazer isso em novembro de 2013, em combinação com meu compromisso já assumido no Brasil, como já havia feito em algumas ocasiões. Em resposta, ele me enviou a mensagem de que se alegrava com isso. Porém, como você também sabe, sua saúde se deteriorou muito e ele morreu em março de 2013, uma grande tragédia para todos nós. Sua morte me afetou mais do que qualquer outra coisa desde a morte de Donatella. É assim que posso resumir muito sucintamente a maravilhosa relação de amizade e solidariedade que tive a felicidade de partilhar com ele nesse período crítico da história humana.[51]

Dois elementos estratégicos da obra de Mészáros se mostrariam essenciais para Chávez e para o curso da Revolução Bolivariana[52]. O primeiro deles foi a concepção, extraída de Marx, do capital como sistema de reprodução sociometabólica, um sistema integrado autorreforçador de relações reprodutivas complexas, que não pode ser simplesmente abolido ou modificado pouco a pouco, mas tem de ser substituído por um metabolismo orgânico alternativo baseado em relações

---

[51] Carta de István Mészáros a John Bellamy Foster, 16 fev. 2015, correspondência pessoal.

[52] Os três parágrafos a seguir foram adaptados de John Bellamy Foster, "Chávez and the Communal State: On the Transition to Socialism in Venezuela", *Monthly Review*, v. 66, n. 11, abr. 2015, p. 9-10.

comunais[53]. O segundo elemento foi o quadro de referência necessário de "O sistema comunal e a lei do valor", na forma em que foi descrito no capítulo 19 de *Para além do capital*, no qual Mészáros forneceu as bases estratégicas para a institucionalização revolucionária de um sistema de "relações sociais comunais", mediante o qual a população reabsorve o governo soberano em si mesma: um novo tipo de Estado ou sistema comunal, chave para a transição rumo ao socialismo. Tal passagem do poder para o povo constituía, ao mesmo tempo, uma maneira de tornar a revolução, nos termos de Mészáros, "irreversível", visto que o povo defenderia com a vida o que lhe pertence[54]. Na Lei Orgânica da Comuna, aprovada na Venezuela em 2010, os eleitos pelas assembleias comunais não são representantes, como no governo representativo burguês, mas delegados ou porta-vozes, *voceros*[55]. Ao tratar do intercâmbio comunal, Mészáros enfatizou a criação de um intercâmbio direcionado ao uso de valores e às necessidades básicas em oposição ao intercâmbio de *commodities*, como maneira de estabelecer relações intercomunais, uma ideia a ser expandida em escala internacional por meio da Aliança Bolivariana para os Povos de Nossa América (Alba).

Foi em 2005, em um momento-chave da luta pela construção de um socialismo do século XXI na Venezuela, que Chávez, radicando sua análise na obra de Mészáros, começou a urgir a construção imediata de uma economia e um Estado comunais.

> O "ponto arquimédico", expressão tomada do maravilhoso livro de István Mészáros, um sistema comunal de produção e de consumo – é isso que estamos criando, sabemos que estamos construindo isso. Temos de criar um sistema comunal de produção e consumo – um novo sistema. [...] Lembremos o que disse Arquimedes: "Dê-me um ponto de intervenção [um lugar onde apoiar o pé] e moverei o mundo". Esse é o ponto a partir do qual se pode mover o mundo hoje.[56]

---

[53] Cf. um resumo desse aspecto do pensamento de Mészáros em John Bellamy Foster, "Foreword", em István Mészáros, *The Necessity of Social Control*, cit., p. 1-21.

[54] István Mészáros, *Beyond Capital*, cit., p. 758-68 [ed. bras.: p. 881]; Idem, *The Challenge and Burden of Historical Time*, cit., p. 251-3 [ed. bras.: p. 228]. Esse entendimento de que a população defenderia a revolução fez com que Chávez armasse o povo, criando um sistema disseminado de milícias que abrangeu uma porção bem ampla da população. Ver Misión Verdad, "Civic-Military Union", *Internationalist 360°*, 7 maio 2020. Disponível em: <https://libya360.wordpress.com/2020/05/07/civic-military-union-the-chavista-paradigm-that-defined-the-latest-events-in-the-war-against-venezuela/>. Acesso em: 30 jun. 2021.

[55] Marta Harnecker, *A World to Build* (Nova York, Monthly Review Press, 2015), p. 74-7; *Leyes del Poder Popular*, 57 (Ley Orgánica de las Comunas, Artículo 35). Disponível em: <https://mronline.org/wp-content/uploads/2018/07/Ley_Organica_de_las_Comunas.pdf>. Acesso em: 30 jun. 2021.

[56] Hugo Chávez, citado em Michael A. Lebowitz, *The Socialist Alternative: Real Human Development* (Nova York, Monthly Review Press, 2010), p. 80-1; István Mészáros, *Marx's Theory of Alienation*, cit., p. 76-7 [ed. bras.: p. 76-7].

Para Mészáros e Chávez, essa revolução social permanente era o meio de criar novos seres humanos associados e criativos, capazes de fazer uma cultura própria, uma economia própria, uma história própria e suas necessidades coletivas e individuais. Como Mészáros formulou em 2007, em seu artigo "Bolívar e Chávez: o espírito da determinação radical",

> é hoje verdade, como era no tempo de Bolívar, que não se pode encarar o funcionamento sustentável do *macrocosmo* social da humanidade sem ultrapassar os antagonismos internos de seus *microcosmos*: as células adversas/conflituosas constitutivas de nossa sociedade sob o modo de controle sociometabólico do capital, já que um macrocosmo coeso e socialvemente viável só é concebível com base nas células constitutivas correspondentes e humanamente recompensadoras das relações interpessoais.[57]

Isso exige igualdade substantiva na estrutura celular da sociedade: família, comunidade e estruturas comunais[58].

Em janeiro de 2007, Chávez apresentou a estratégia geral do socialismo para o século XXI no contexto da Revolução Bolivariana da Venezuela, introduzindo a concepção do "'triângulo elementar do socialismo' – a unificação orgânica de propriedade social, produção social e satisfação de necessidades sociais [comunais]". Como indicou Michael Lebowitz,

> uma vez mais, o passo teórico de Chávez pode ser retraçado até *Para além do capital*, de Mészáros. Inspirando-se em Marx, Mészáros defendera a necessidade de entender o capitalismo como um sistema orgânico, uma combinação específica de produção-distribuição-consumo, na qual todos os elementos coexistem simultaneamente e se apoiam reciprocamente. Ele afirmou que o fracasso dos experimentos socialistas do século XX ocorreu porque se deixou de ir além "do círculo vicioso da relação do capital", da combinação de circuitos "todos entrelaçados e mutuamente reforçadores" que, desse modo, consolidam "a dialética perversa do sistema perdulário incurável do capital". Em suma, a falta de êxito (ou esforço) em suplantar todas as partes "da totalidade das relações reprodutivas existentes" se referia ao fracasso em ir "além do capital".[59]

---

[57] István Mészáros, *The Structural Crisis of Capital*, cit., p. 124 [ed. bras.: p. 96].

[58] Idem, *Beyond Capital*, cit., p. 187-223 [ed. bras.: p. 206-15].

[59] Michael Lebowitz, *The Socialist Alternative*, cit., p. 24-5 e 85. Lebowitz desempenhou um papel crucial ao interpretar esse aspecto da análise de Mészáros para Chávez por solicitação deste. Essa história é contada em Michael Lebowitz, *The Socialist Imperative: From Gotha to Now* (Nova York, Monthly Review Press, 2015), p. 111-33 (livro dedicado a Chávez).

Na concepção de Mészáros, os êxitos iniciais das revoluções políticas na Venezuela e na Bolívia foram produto de sua ruptura com o Estado-Leviatã, dando início a convenções constitucionais que reescreveram as constituições de seus países para aumentar o poder da população. Mesmo antes de seu encontro com a obra de Mészáros, Chávez tinha remontado à tradição bolivariana e, por meio do professor de Bolívar, Simón Rodríguez, a Rousseau, desafiando a forma dominante de governo representativo[60]. Essa crítica foi aprofundada pela leitura que Mészáros fez do argumento de Rousseau, enfatizando que aspectos do poder Executivo poderiam ser delegados, ao passo que o poder Legislativo tem de permanecer inteiramente com o povo soberano. Chávez formulou isso da seguinte maneira: "Por socialismo entendemos democracia sem limitações. [...] É daí que vem nossa firme convicção de que a melhor e mais radicalmente democrática opção para derrotar a burocracia e a corrupção é a construção de um Estado comunal que seja capaz de testar uma estrutura institucional alternativa, enquanto reinventa a si mesmo permanentemente"[61]. Em 2010, isso tomou a forma da "Lei Orgânica da Comuna", seguida das chamadas urgentes de Chávez em seu último discurso "*Golpe de timón* [Mudança de curso]" em 20 de outubro de 2012, a expandir as comunas como a essência da revolução e sua irreversibilidade[62].

Em 2010, Chávez e Mészáros tiveram uma longa discussão sobre a necessidade de uma nova Internacional, como necessidade absoluta para o desenvolvimento do socialismo em nível global, por causa das tentativas em curso dos Estados Unidos e de seus aliados europeus de "recolonizar o mundo". Eles concordaram que essa nova organização seria chamada "Nova Internacional" e não "Quinta Internacional", para quebrar a série de Internacionais que enfatizaram a unidade doutrinária a ponto de solapar a causa socialista. Chávez pediu a Mészáros que fizesse o esboço de um documento seguindo a linha das discussões entre ambos; Mészáros o redigiu naquele mesmo ano com o título "Reflexões sobre a Nova Internacional"[63]. Chávez pretendia levar a cabo uma iniciativa global com o auxílio desse texto após sua próxima eleição. Contudo, sua enfermidade no ano seguinte e sua morte em 2013 impediram qualquer ação. Mészáros publicaria as "Reflexões sobre a Nova Internacional" em *A necessidade do controle social*, em 2015. Além de expor toda a dialética de um sistema alternativo de reprodução sociometabólica que iria além

---

[60] Ver István Mészáros, *Beyond Capital*, cit., p. 710 [ed. bras.: p. 829]; Idem, *The Structural Crisis of Capital*, cit., p. 126-30 [ed. bras.: p. 98-9].

[61] Hugo Chávez, "Onwards Toward a Communal State", *Venezuela Analysis*, 21 fev. 2010 (postado em 25 fev. 2010). Disponível em: <http://venezuelanalysis.com>. Acesso em: 30 jun. 2021; István Mészáros, *Beyond Capital*, cit., p. 709 [ed. bras.: p. 830-1].

[62] Hugo Chávez, "Strike at the Helm", *Monthly Review*, 20 out. 2012. Disponível em: <https://monthlyreview.org/commentary/strike-at-the-helm/>. Acesso em: 30 jun. 2021.

[63] István Mészáros, *The Necessity of Social Control*, cit., p. 199, 215 e 314. A discussão apresentada aqui é parcialmente baseada em conversas que tive com Mészáros sobre o assunto.

36 *Para além do Leviatã*

do capital e do socialismo, o documento delineia a Nova Internacional como uma organização "com o *amplo princípio geral e o objetivo emancipador fundamental de uma transformação socialista da sociedade*", enquanto rejeita qualquer "*prescrição doutrinária* quanto aos modos particulares sustentáveis de instituir as *medidas práticas e os modos de ação*". O objetivo era maximizar as tradições revolucionárias vernáculas em resposta a condições históricas particulares, e "criar um modo operacional" que seria "*cooperativamente agregador e coesivo*, em vez de fragmentador"[64].

Foi nesse contexto de lutas revolucionárias relativas ao Estado na Venezuela e em outros lugares que Mészáros começou, em setembro de 2012, a despender suas energias em tempo integral com sua volumosa obra *Para além do Leviatã: crítica do Estado*.

Categorias da crítica ao Leviatã

Para além do Leviatã necessariamente se baseia em um conjunto de categorias que permitem a Mészáros engajar-se nos problemas fundamentalmente diferentes associados à crítica ao Estado, buscando sua transcendência histórica. Algumas delas foram desenvolvidas pela primeira vez em *Para além do capital*, tais como: 1) sua ênfase no *sistema do capital* como uma categoria mais ampla, que se estende para além do sistema capitalista como tal; nesse sistema, a relação do capital (incluindo a exploração fundamental do trabalho) se mantém dominante por meio do Estado, até em sociedades pós-revolucionárias; 2) seu conceito de *reprodução sociometabólica*, que vê sistemas sociais relativamente estáveis como ordens orgânicas (mesmo quando alienadas), nas quais todos os elementos se reforçam mutuamente; e 3) sua noção de *mediações de segunda ordem*, que explica como os sistemas alienados de *reprodução sociometabólica* são estruturados, mesmo que de um modo contraditório e destrutivo, para criar um todo social improvisado. Todos esses conceitos foram explicados em outro lugar[65].

---

[64] Ibidem, p. 215-7. Sobre tradições revolucionárias vernáculas, ver Teodor Shanin (org.), *Late Marx and the Russian Road* (Nova York, Monthly Review Press, 1983), p. 243-75.

[65] Sobre esses conceitos, ver John Bellamy Foster, "Preface", em István Mészáros, *The Necessity of Social Control*, cit., p. 9-21; John Bellamy Foster, "Preface", em István Mészáros, *The Challenge and Burden of Historical Time*, cit., p. 11-6 [ed. bras.: "Apresentação", em István Mészáros, *O desafio e o fardo do tempo histórico*, cit., p. 13-8]. Em certo ponto, Mészáros indica que o capital, entendido como estrutura de comando direcionada para a acumulação de riquezas, "precede o capitalismo em milhares de anos". Nessa perspectiva, "o capitalismo é um alvo relativamente fácil nesse empreendimento, porque, em certo sentido, se pode abolir o capitalismo por meio da sublevação revolucionária e a intervenção no nível da política, por meio de expropriação do capitalismo. Pôs-se um fim ao capitalismo, mas nem sequer se tocou no poder do capital ao fazer isso". István Mészáros, "Marxism Today: An Interview with István Mészáros", *Monthly Review*,

Prefácio 37

No centro de toda a obra de Mészáros está o conceito de *igualdade substantiva*, em contraste com o de igualdade formal, e com qualquer noção (inerentemente contraditória) de igualdade parcial. É a igualdade substantiva que constitui, para Mészáros, a característica definidora do socialismo como um sistema de reprodução sociometabólica que requer, para sua realização, uma ordem social que transcende o capital, que transcende Leviatã e que transcende o trabalho (alienado). Assim, a questão da igualdade substantiva permeia toda a sua análise e fica especialmente evidente em *Para além do Leviatã* quando discute Aristóteles, Hobbes, Babeuf, Kant e Marx. Em *Para além do Leviatã*, o conceito de igualdade substantiva é tratado diretamente no apêndice II, "Igualdade substantiva e democracia substantiva". No entanto, ele é discutido de modo mais completo, estendendo-se a questões de trabalho, opressão das mulheres e desigualdade/conflito internacional, no capítulo 5 de *Para além do capital*, "A ativação dos limites absolutos do capital"[66].

O Estado é uma forma hierárquica e repressiva da necessária *estrutura de comando política global*, que todas as sociedades precisam ter de alguma forma [p. 99; p. 225]. No caso do Estado, que se encontra acima e está alienado da sociedade, uma estrutura de comando política hierárquica é necessária pela falta de coesão das *células constitutivas* das sociedades de classes, nas quais os seres humanos são alienados uns dos outros na e por meio da produção, e por força das relações de classe, que se estendem a todas as formas sociais. Em contraste, uma sociedade socialista de igualdade substantiva requer um *microcosmo* diferente ou um conjunto de células constitutivas organicamente conectadas a um *macrocosmo* diferente ou a uma estrutura de comando política global baseada em relações comunais, radicada em produtores associados, poder constituinte e formas de intercâmbio comunal.

Do princípio ao fim de sua análise, Mészáros adota a perspectiva da *materialidade do Estado*, reconhecendo que o Estado deve ser visto como historicamente situado em relação à produção e à reprodução sociometabólica como um todo[67]. Como produto da sociedade de classes, o Estado necessariamente é um sistema de poder classista de cima para baixo. Contudo, o que Marx chamou de "superestrutura jurídica e política" não deve ser simplesmente identificada com o Estado, mas engloba também elementos da sociedade civil, isto é, a política como um todo[68]. Não há sociedade capaz de funcionar sem algum tipo de estrutura de

---

v. 44, n. 11, abr. 1993. Ver também Terry Brotherstone, "A Tribute to István Mészáros (1930-2017)", *Critique – Journal of Socialist Theory*, v. 46, n. 2, 2018, p. 335-6.

[66] István Mészáros, *Beyond Capital*, cit., p. 187-210 [ed. bras.: p. 216-345].

[67] Carta de István Mészáros a John Bellamy Foster, 23 dez. 2015, correspondência pessoal; István Mészáros, *Beyond Capital*, cit., p. 109-10 [ed. bras.: p. 120-2].

[68] Carta de István Mészáros a John Bellamy Foster, 23 dez. 2015, correspondência pessoal; Karl Marx, *A Contribution to a Critique of Political Economy* (Moscou, Progress Publishers, 1970), p. 20 [ed. bras.: *Contribuição à crítica da economia política*, trad. Maria Helena Barreiro Alves, São Paulo, Martins Fontes, 2011, p. 5].

38 *Para além do Leviatã*

comando política, ainda que, em uma sociedade socialista baseada na igualdade substantiva, as bases necessárias de uma estrutura de comando política alternativa, para além do Leviatã, emanariam da base da sociedade ou das células constitutivas comunais/coletivas dentro do microcosmo que formam a base do controle social do macrocosmo.

No caso do sistema do capital, as células constitutivas da sociedade são formadas por capitais individuais, na forma de corporações e proprietários ricos que dominam a classe trabalhadora (e outras classes e grupos subalternos) por meio da relação capital-trabalho, enquanto se empenham em incessante concorrência intercapitalista. Daí derivam as insuperáveis *tendências centrífugas* do capitalismo, que o tornam *incontrolável* [p. 113-15]. Embora o Estado constitua a força destinada a dar estabilidade à ordem capitalista, o capital continua sendo a principal força extra-Estado acima da sociedade como um todo, frequentemente subsumindo o Estado com sua dinâmica de poder. O crescimento dos capitais monopolistas e da produção global apenas aprofundou essas condições de *incontrolabilidade* na fase descendente do capital, levando à crise estrutural do capital [p. 115; p. 136].

Enquanto o Estado, particularmente os Estados-nação, conseguiu conter temporariamente as tendências centrífugas e a incontrolabilidade do capital dentro de certos parâmetros de um domínio classista coordenado, a globalização da produção trouxe a incontrolabilidade do capital para o primeiro plano. Ademais, não houve possibilidade de criação de um Estado capitalista transnacional, que transcendesse a concorrência entre os próprios Estados – um fato reconhecido sobretudo por Hegel –, tendo como resultado o capitalismo apontando para guerras cada vez mais destrutivas. As contradições entre forças políticas e econômicas internamente e entre relações de poder políticas globais levaram a conflitos tanto interna quanto externamente dentro do Estado capitalista e reiteraram as asserções da lei do mais forte, a despeito de suas alegações do império da lei.

No período ascendente do sistema do capital, essas contradições eram passíveis de correção, isto é, o sistema tinha a qualidade da *corretividade* ou a capacidade para o *ajuste corretivo*, mesmo que isso se desse na forma de mediações de segunda ordem alienadas. Na fase descendente do capital, a capacidade do Estado de impor ajustes corretivos diminuiu, produzindo uma tendência para antagonismos cada vez mais catastróficos [p. 145; p. 239][69].

---

[69] A argumentação de Mészáros sobre a *corretividade* ou o *ajuste corretivo* foi desenvolvida de modo sistemático no esboço chamado de "segunda versão" (*Crítica ao Leviatã: reflexões sobre o Estado*), ainda que seja crucial para toda a sua perspectiva. Em suas anotações, ele indica que a "corretibilidade" está estreitamente relacionada com o planejamento. Está associada com "a inter-relação (dialética) entre desenvolvimento metabólico-material e determinação corretiva do

Durante toda a história do Estado, em várias formações classistas, foram feitas vãs tentativas de estabelecê-lo sobre bases *irreversíveis*, seja pela via das leis de Platão (que continuamente se reproduziam em muitas cabeças de Hidra incontroláveis), seja pelo meio-termo de Aristóteles, o republicanismo de Maquiavel, a soberania absoluta de Hobbes, a paz perpétua de Kant ou a classe universal de Hegel. Em cada caso, no entanto, a estrutura classista da sociedade, que constitui a própria base do Estado, contradisse todas essas noções de irreversibilidade e sinalizou para a contínua luta de classes e a guerra. Mészáros escreveu que "as pessoas frequentemente ignoram que a condição fundamental da soberania do Estado (seu aspecto falsamente alegado como democrático) é a necessária opressão classista do trabalhador"[70]. Sob o capitalismo, o Estado moderno tem por objetivo "a seguinte determinação qualificadora vital já nesse estágio: sua *irreversibilidade histórica*"[71]. Porém, dada a natureza antagonística do sistema do capital, o tipo de "irreversibilidade" alcançada dentro dos limites do capital apenas significou que sua estrutura hierárquica, repressiva (legitimada por suas leis de Hidra) continuamente se reforçaria, a despeito das crescentes contradições, destituída de mudança epocal desencadeada a partir de baixo. Em nenhuma parte isso era tão evidente quanto no conceito de justiça, já que "desde a Grécia Antiga" a questão da justiça foi "tratada (até pelos grandes filósofos) como a *justificação* do *injustificável*. Daí a mudança (imediata) de [considerações de] *igualdade* para as de *'justiça'*"[72].

Somente uma ordem sociometabólica alternativa, para além do capital, para além da classe, para além do trabalho (alienado) e para além do Leviatã, poderia conseguir o que as várias construções estatais não lograram, a saber, um sistema de reprodução sociometabólica baseado na *irreversibilidade* genuína, visto estar radicada no impulso para a igualdade substantiva[73]. Nesse caso, as células constitutivas não necessitam de um Estado para garantir um período limitado de irreversibilidade histórica, mas o próprio povo, organizado em base coletiva, é fiador da política. Nessa sociedade, a grande massa do povo defenderá o que finalmente ganhou, a saber, um modo de produção associativo, baseado na erradicação do capital e de seu Estado-Leviatã. Nem é preciso dizer que não há como conseguir isso tudo de uma vez. Haverá muitas montanhas a escalar e derrotas a suportar ao longo do caminho. Contudo, se a luta

---

Estado". István Mészáros, *Notas de arquivo não catalogadas, Papéis da família Mészáros, Coletânea George Mészáros*, bloco 2:10.

[70] Carta de István Mészáros a John Bellamy Foster, 11 jun. 2017, correspondência pessoal.

[71] István Mészáros, *Notas de arquivo não catalogadas, Papéis da família Mészáros, Coletânea George Mészáros*, bloco 2:7.

[72] Ibidem, bloco 1:6.

[73] Em sintonia com a análise de Mészáros, Chávez procurou tornar a Revolução Bolivariana irreversível, deslocando o poder para o povo, por meio da promoção de comunas. Ver John Bellamy Foster, "Hugo Chávez and the Communal State", cit., p. 2-3.

40   Para além do Leviatã

pela igualdade substantiva não estiver no cerne do movimento em cada estágio, a humanidade não avançará de jeito nenhum.

É nesse ponto que Mészáros levantou a questão da *temporalidade*. Na *Filosofia do direito* de Hegel – o "canto do cisne não intencional" que levou a termo seu sistema dialético –, a temporalidade ou a mudança histórica foi atribuída estritamente ao passado, em conformidade com os requisitos da economia política liberal [p. 217, p. 221]. Contudo, tanto em Mészáros quanto em Marx, não havia a possibilidade de suplantar "o desafio e o fardo do tempo histórico"[74]. A temporalidade pode se mover de modos inteiramente contraditórios em dado momento histórico, representando escalas temporais históricas muito diferentes: tempo cósmico e tempo humano, a oposição de tempo revolucionário e não revolucionário, a variação entre imperativos de curto e longo prazos e os diferentes ritmos impostos pelas relações sociais e forças produtivas[75]. O Estado do sistema do capital procurou prevalecer em todas as épocas contra o tempo revolucionário, em sintonia com um sistema que, nas palavras de Marx, constantemente procurou reduzir a humanidade a uma "carcaça do tempo"[76]. Logo, a luta contra o sistema do capital era, na visão de Mészáros, uma luta por sua temporalidade restrita em todos os níveis, que se apoiava, em última análise, no controle que ele tem do tempo disponível. Isso exige, no fim das contas, uma "ruptura epocal"[77]. Sem uma sociedade de produtores associados, sem socialismo, não poderá haver cumprimento genuíno do planejamento necessário da mudança qualitativa em nome da cadeia de gerações humanas que transcendem "o necessário abuso do tempo cometido pelo capital [...] a todo custo e em todos os domínios"[78].

O "fenecimento do Estado", como isso veio a ser conhecido no âmbito da teoria marxista, ou a erradicação completa do Estado como estrutura de comando hierárquica acima da sociedade foi, para Mészáros, uma maneira negativa de expressar a revolução completa contra o sistema alienado do capital e o poder vindouro da comunidade humana associada[79].

---

[74] István Mészáros, *The Challenge and Burden of Historical Time*, cit., p. 366-80 [ed. bras.: p. 364-80].

[75] Idem, *Notas de arquivo não catalogadas, Papéis da família Mészáros, Coletânea George Mészáros*, bloco 1:10 e 2:9.

[76] Karl Marx e Friedrich Engels, *Collected Works*, v. 6 (Nova York, International Publishers, 1975), p. 127 [ed. bras.: Karl Marx, *Miséria da filosofia*, trad. José Paulo Netto, São Paulo, Boitempo, 2017, p. 61]; István Mészáros, *The Challenge and Burden of Historical Time*, cit., p. 43 [ed. bras.: p. 40-4].

[77] István Mészáros, *Notas de arquivo não catalogadas, Papéis da família Mészáros, Coletânea George Mészáros*, bloco 2:9.

[78] Idem, *The Challenge and Burden of Historical Time*, cit., p. 269 [ed. bras.: p. 242].

[79] Idem, *The Necessity of Social Control*, cit., p. 180; ver o apêndice IV deste volume.

Algumas notas editoriais sobre o texto

Como já foi dito, Mészáros não chegou a completar *Para além do Leviatã*. Este é o texto do primeiro volume inacabado do que seria um livro de três volumes. Os três últimos capítulos e a conclusão do primeiro volume não chegaram a ser escritos (diferentemente da última parte do capítulo originalmente planejado com o título "De Kant e Lessing a Tomásio e o princípio esperança de Bloch", que foi reconstruído aqui a partir do esboço escrito à mão chamado de "segunda versão"). As partes I e II que o leitor tem em mãos já haviam sido publicadas em sua maior parte, ao passo que os manuscritos terminados da parte III estavam em boas condições (exceto as citações), mas houve pontos em que algumas questões editoriais significativas se evidenciaram durante a estruturação do livro.

O capítulo 4 do presente texto, "A crise estrutural cada vez mais profunda do capital e o Estado", não pôde ser encontrado em lugar algum. Como Mészáros indicou que essa parte do livro estava feita, concluí, depois de examinar os conteúdos, que ela deveria ser baseada na palestra "Crise estrutural necessita de mudança estrutural", proferida no Brasil em junho de 2011 e em Londres no mês seguinte, e publicada pela *Monthly Review* em março de 2012. Fiquei ainda mais convencido disso porque ele próprio incluiu esse texto em sua coletânea de 2015 intitulada *A necessidade do controle social*, situando-o antes do que formaria a parte II de *Para além do Leviatã*, também incluída naquele livro. Por essa razão, adaptei-o (meramente modificando-o da forma de palestra para a de um capítulo) e dei-lhe o título pretendido para o livro. Mészáros sem dúvida nenhuma teria feito algumas mudanças direcionadas para a questão do Estado em sua versão final desse capítulo, mas me abstive de fazer quaisquer mudanças substantivas aqui (e no restante do livro). Na forma em que se apresenta agora, o capítulo 4 representa um elo crucial em sua cadeia lógica.

A parte II deste livro, "A montanha que *devemos* conquistar", foi escrita expressamente para compor a parte II do primeiro volume de *Para além do Leviatã*, mas foi publicada em 2015 como seção de conclusão de *A necessidade do controle social*[80]. Seguiu-se aí o padrão adotado por Mészáros em seus últimos anos. Sabendo que não teria muito tempo de vida, ele solicitou que a *Monthly Review* e a Monthly Review Press publicassem as duas primeiras partes de *Para além do Leviatã* na medida em que as fosse completando. No entanto, o processo de incorporar "A montanha que *devemos* conquistar" em *A necessidade do controle social* não fazia parte do plano original de *Para além do Leviatã*. Por isso, adicionei ao presente texto como capítulo separado (capítulo 6: "O Estado montanhoso") a introdução escrita para aquele fim.

---

[80] E como volume autônomo na edição brasileira de *A montanha que devemos conquistar* (São Paulo, Boitempo, 2015). (N. E. B.)

No que se refere aos três últimos capítulos de seu plano original para este volume, não havia vestígio do capítulo sobre a "A busca da verdade sob o Iluminismo escocês", além de anotações esparsas sobre Adam Smith, a quem ele se referiu como "um dos maiores representantes do Iluminismo escocês", e que ele via como emergindo da tradição do direito natural[81]. É bem possível que ele tenha pretendido combinar reflexões sobre Smith a esse respeito com o tratamento dado por Adam Ferguson à sociedade civil e ao Estado, mas não havia nada nas anotações deixadas que confirme isso[82]. Tampouco havia indício do que ele pretendia tratar no capítulo final não escrito, "Utopias pessimistas da ordem inescapável do capital". Quanto ao penúltimo capítulo destinado a *Para além do Leviatã*, "De Kant e Lessing até Tomásio e o princípio esperança de Bloch", não foi possível encontrar nenhuma abordagem de Kant-Lessing entre as anotações de Mészáros nem em sua obra publicada, embora houvesse muita coisa sobre o próprio Kant. No entanto, a abordagem de Tomásio e Bloch pôde ser localizada na redação chamada de "segunda versão", da qual foi extraída. Ela é fornecida aqui como capítulo conclusivo do livro, intitulada simplesmente "Tomásio e o princípio esperança de Bloch".

O capítulo de Mészáros sobre Tomásio e Bloch, que trata da interpretação que Bloch faz de Tomásio, é significativo em alguns aspectos, fazendo dele uma conclusão apropriada de *Para além do Leviatã*. De suma importância se reveste aqui o compromisso de Tomásio, indo além das limitações impostas por sua época, com uma sociedade baseada no princípio do "*honestum da* eticidade", fundado na concepção do "amor racional", que Tomásio derivou da moralidade epicurista. Tomásio argumentou que a paz interior, baseada no amor racional, só poderia ser associada com a paz exterior quando radicada na justiça substantiva que emana da *propriedade comunal* [p. 347-48][83]. Para Mészáros, assim como para Bloch, Tomásio representou a forma revolucionária da tradição do direito natural e do Iluminismo do século XVII, bem como uma forte "defesa *comunal*" e uma moralidade radical, manifesta no papel de liderança que desempenhou na oposição à tortura e aos

---

[81] Idem, *Notas de arquivo não catalogadas, Papéis da família Mészáros, Coletânea George Mészáros*, bloco 7:2.

[82] A questão referente a Adam Ferguson apareceu de passagem em nossas discussões, em relação ao impacto de Ferguson sobre Hegel, como indicado no livro de György Lukács, *O jovem Hegel e os problemas da sociedade capitalista* (trad. Nélio Schneider, São Paulo, Boitempo, 2018), p. 530-6; ver também Adam Ferguson, *An Essay on the History of Civil Society* (Edimburgo, T. Caddel, 1773). Para Mészáros, Smith punha a ênfase em "manter *políticos* (proletários) fora de seu sistema *natural* de cunho idealista". István Mészáros, *Notas de arquivo não catalogadas, Papéis da família Mészáros, Coletânea George Mészáros*, bloco 2:12 e 3:9.

[83] Thomas Ahnert, "Introdução", em Christian Thomasius, *Institutes of Divine Jurisprudence* (Indianapolis, Liberty Fund, 2011), p. xx-xxiii; Ernst Bloch, *Natural Law and Human Dignity* (Cambridge, MA, Harvard University Press, 1986), p. 293-314.

julgamentos de bruxaria na Alemanha do seu tempo [p. 349][84]. Em Tomásio foi possível perceber uma revolta iluminista contra os poderes alienados da Igreja e do Estado, que prefigurou o posterior surgimento da abordagem socialista dos direitos humanos baseada na igualdade substantiva e na propriedade comunal. De fato, a ênfase dada por Tomásio à propriedade comunal (e, implicitamente, à classe) permitiu que ele transcendesse em parte aquilo a que Mészáros se referiu, em suas anotações, como a "'ilusão iluminista' [de cunho idealista de] reivindicar a 'soberania para o povo' e seu fracasso necessário por razões materiais, *de antagonismo de classes*"[85].

A análise de Mészáros se baseia aqui diretamente em Bloch, em cuja erudição nessa área ele confiava plenamente, e não no conhecimento direto de Tomásio ou de Epicuro – do qual Tomásio extraiu sua concepção radical de moralidade e direito natural[86]. Parece provável que, preparando a versão final da abordagem de Tomásio *via* Bloch, Mészáros tenha mergulhado mais profundamente na obra de Tomásio. Contudo, de muitas maneiras, essa argumentação tinha tanto a ver com o princípio esperança de Bloch quanto com Tomásio. Fundamental aqui foi a reinterpretação extraordinariamente radical que Bloch fez da tradição iluminista, permitindo a transcendência de formas mais reificadas do pensamento

---

[84] Ernst Bloch, *Natural Law and Human Dignity*, cit., p. 302-9. Sobre a corajosa oposição muito importante de Tomásio aos julgamentos de bruxaria, ver Christian Thomasius, *Essays on Church, State, and Politics* (Indianapolis, Liberty Fund, 2007), p. 207-54. É claro que Mészáros identificou as contradições na tradição do direito natural, particularmente em seus usos tardios de cunho mais apologético. É o que ele observa em suas anotações: "Igualmente não devemos esquecer, no campo da teoria social e política, as abordagens que postularam um '*estado de natureza*' original para o desenvolvimento da humanidade e, nas concepções sobre o Estado, os defensores do 'direito natural'. Tudo isso pode levar a conclusões muito problemáticas; às vezes até à afirmação do diametralmente oposto ao real estado de coisas, inclusive no caso de pensadores de grande importância. Foi o caso de Hegel (citar exemplo) e Kant (de novo citar exemplo e notas de rodapé)". István Mészáros, *Notas de arquivo não catalogadas, Papéis da família Mészáros, Coletânea George Mészáros*, bloco 8:11.

[85] Ibidem, bloco 6:9.

[86] Ernst Bloch, *Natural Law and Human Dignity*, cit., p. 10-6, 288-9 e 308. Mészáros não explorou diretamente as raízes epicuristas da filosofia de Tomásio. Porém, na época em que estava trabalhando na introdução a *Para além do Leviatã*, em seu último ano de vida, incluiu em suas anotações uma orientação a si mesmo para estudar vários livros relacionados com Epicuro por minha recomendação, incluindo a seção de Bloch sobre Epicuro em seu livro *On Karl Marx* [Sobre Karl Marx], a obra de Benjamin Farrington, *The Faith of Epicurus* [A fé de Epicuro] (Nova York, Herder and Herder, 1971), a de John Bellamy Foster, *Marx's Ecology* [A ecologia de Marx] (Nova York, Monthly Review Press, 2000) e o capítulo sobre Epicuro em John Bellamy Foster e Brett Clark York, *The Critique of Intelligent Design* [A crítica do desígnio inteligente] (Nova York, Monthly Review Press, 2008). István Mészáros, *Notas de arquivo não catalogadas, Papéis da família Mészáros, Coletânea George Mészáros*, bloco 3:4.

44 *Para além do Leviatã*

burguês quando este emergiu em sua fase ascendente e se manteve em sua fase descendente[87].

Não havia nada mais caro ao coração de Mészáros que a seguinte afirmação de Bloch em *O princípio esperança*:

> Ao cobrir de vergonha o otimismo indolente, o conhecimento não cobre de vergonha também a esperança urgente do final feliz. Pois essa esperança está fundada no impulso humano para a felicidade e dificilmente poderá ser destruída, e com suficiente clareza ela sempre foi um motor da história. [...] O mais renitente inimigo do socialismo não é apenas, como é compreensível, o grande capital, mas igualmente a quantidade de indiferença, a ausência de esperança; se não fosse assim, o grande capital estaria isolado.[88]

Em sua análise de Bloch e Tomásio no capítulo 20, Mészáros deixou claro que se opunha resolutamente ao que considerava como os aspectos reacionários e debilitadores do ataque generalizado de Max Horkheimer e Theodor Adorno ao pensamento iluminista e à versão de teoria crítica de ambos. No conflito entre Adorno/Horkheimer e Bloch, Mészáros se posicionou firmemente ao lado de Bloch, acreditando que sua obra tinha mostrado como construir sobre os elementos revolucionários do Iluminismo e o princípio esperança que ele engendrou, refutando a crítica generalizada de Adorno e Horkheimer ao Iluminismo. Para Bloch, o Iluminismo, a despeito de todas as suas fraquezas, contribuiu para estabelecer uma dialética revolucionária de continuidade e mudança, sem a qual um movimento para a frente seria impossível. Nesse sentido, como constatou Mészáros, Bloch, valendo-se de sua incomparável erudição na tradição iluminista, "naturalmente [...] acabou com eles [Horkheimer e Adorno]"[89].

---

[87] A referência de Mészáros ao "princípio esperança" no título do capítulo sobre "Tomásio e o princípio esperança de Bloch" constituiu uma alusão clara ao *magnum opus* de Ernst Bloch, *O princípio esperança* (trad. Nélio Schneider e Werner Fuchs, Rio de Janeiro, EdUERJ/Contraponto, 2005, 3 v.); Mészáros fora particularmente influenciado por *Natural Law and Human Dignity* [Direito natural e dignidade humana], mas também se inspirou em *O princípio esperança*. Ele escreve sobre o próprio Bloch e sua relação com Hegel no esboço chamado de "segunda versão" ou *Crítica ao Leviatã: reflexões sobre o Estado*.

[88] Ernst Bloch, *O princípio esperança*, cit., v. 1, p. 430 e 432; Terry Brotherstone, "A Tribute to István Mészáros", cit., p. 337.

[89] Carta de István Mészáros a John Bellamy Foster, 23 dez. 2015, correspondência pessoal. Mészáros tinha em mente, por exemplo, a rejeição por Bloch (e Lukács) da tentativa de Horkheimer de criar um *continuum* entre a revolução burguesa no seu aspecto mais radical e o incêndio do *Reichstag* por Hitler. Ernst Bloch, *Natural Law and Human Dignity*, cit., p. 170-3; István Mészáros, "Bloch on Horkheimer and Lukács", em *Crítica ao Leviatã* (esboço chamado de "segunda versão" de *Para além do Leviatã*, manuscrito inédito).

Nesse ponto, é importante entender as divisões muito profundas que emergiram dentro da ampla tradição da Escola de Frankfurt e do marxismo ocidental, entre aqueles que retornaram do exílio após a Segunda Guerra Mundial para residir na Alemanha Ocidental sob a autoridade da ocupação norte-americana (que aportou verbas para a restauração do Instituto de Pesquisa Social), notadamente Adorno e Horkheimer, e aqueles que optaram pela Alemanha Oriental, como fizeram Bloch e Bertolt Brecht, ou decidiram residir na Hungria, como Lukács[90]. Ademais, alguns dos representantes da vasta tradição da Escola de Frankfurt que permaneceram nos Estados Unidos após a Segunda Guerra Mundial, como Herbert Marcuse e Paul Baran, também foram extremamente críticos ao que consideraram um "voltar atrás" de Horkheimer e Adorno[91]. As controvérsias tampouco eram de menor importância. Estavam relacionadas com a questão da viabilidade da dialética revolucionária que emergiu do Iluminismo crítico e chegou à maturidade no marxismo.

Mészáros articulou sua oposição a Horkheimer e Adorno em *O poder da ideologia* e em outros escritos, nos quais criticou Adorno incisivamente pelos ataques desdenhosos, polêmicos, ao estilo da Guerra Fria, contra Lukács no fim da década de 1950, em uma publicação, *Der Monat*, criada pelo Exército dos Estados Unidos na Alemanha Ocidental e financiada pela Agência Central de Inteligência (CIA), num momento em que Lukács se encontrava em prisão domiciliar por afrontar o regime repressivo no Oriente[92]. É como disse Lukács mais tarde, em tom de acusação:

> Uma parte considerável da *intelligentsia* alemã, inclusive Adorno, fixou residência no "Grande Hotel Abismo", que descrevi em minha crítica de Schopenhauer como "um belo hotel, equipado com todas as comodidades, à beira de um abismo, do nada, do absurdo. E a contemplação diária do abismo entre as excelentes refeições ou os entretenimentos artísticos só pode aumentar o gozo das sutis comodidades oferecidas.[93]

---

[90] Rodney Livingstone, Perry Anderson e Francis Mulhern, "Presentation IV", em Ernst Bloch et al., *Aesthetics and Politics* (Londres, Verso, 1977), p. 142-3. Martin Jay, *Adorno* (Cambridge, MA, Harvard University Press, 1984), p. 44-7; Martin Jay, *The Dialectical Imagination* (Boston, Little Brown and Company, 1973), p. 201-2 [ed. bras.: *A imaginação dialética*, trad. Vera Ribeiro, São Paulo, Contraponto, 2008].

[91] Ver Paul Baran e Herbert Marcuse, "The Baran Marcuse Correspondence", *MR Online*, 1º mar. 2014. Disponível em: <https://monthlyreview.org/commentary/baran-marcuse-correspondence/>. Acesso em: 30 jun. 2021.

[92] Rodney Livingstone, Perry Anderson e Francis Mulhern, "Presentation IV", cit., p. 143; Theodor Adorno, "Reconciliation Under Duress", em Ernst Bloch et al., *Aesthetics and Politics*, cit., p. 151-76; István Mészáros, *The Power of Ideology*, cit., p. 91-130 [ed. bras.: p. 152-202].

[93] György Lukács, *The Theory of the Novel* (Londres, Merlin Press, 1971), p. 22; István Mészáros, *The Power of Ideology*, cit., p. 91-130 [ed. bras.: p. 157]. Para Lukács, tanto Horkheimer quanto Adorno

Não está claro que outras nuanças o próprio Mészáros poderia ter adicionado a sua crítica de Horkheimer e Adorno na redação final de "Tomásio e o princípio esperança de Bloch". Não obstante, esse capítulo aponta para uma aguda divergência dentro do pensamento (e da teoria crítica) marxista, separando uma abordagem que desafiou sistematicamente o marxismo clássico, rejeitando suas raízes críticas no Iluminismo em nome de uma dialética negativa questionável, de outra que procurou trazer em sua esteira tudo o que a história oferece para forjar as bases necessárias da práxis revolucionária para o século XXI.

Ao lado dessas questões referentes a capítulos que tiveram de ser adaptados durante a edição de *Para além do Leviatã*, aflorou uma quantidade de problemas mais técnicos na preparação da publicação final do livro. Em seu plano original, Mészáros dividiu cada volume no que era chamado de "capítulos", os quais eram subdivididos em seções com títulos. Estas, por sua vez, eram subdivididas em subseções numeradas. Isso refletiu o método de apresentação usado em *Para além do capital* e em outras obras. No caso do que seria o primeiro volume de *Para além do Leviatã*, ou o texto corrente, haveria três "capítulos", cada um deles tão longo quanto uma parte inteira na maioria dos livros, enquanto as seções tinham com frequência a extensão de capítulos na maioria dos livros. Reconhecendo o problema que isso criava, Mészáros me deu a entender que poderíamos desviar desse formato e chamar os capítulos de partes e as seções, de capítulos, dando títulos às subseções. De fato, ele me encorajou a dar títulos às subseções numeradas ao publicar capítulos na *Monthly Review*, o que fiz em algumas ocasiões com sua aprovação[94]. Assim, em função da legibilidade, transformei os capítulos em partes e as seções dos capítulos, em capítulos, atribuindo títulos às subseções dos capítulos previamente numeradas e agora convertidas em seções de capítulos. Diferentemente dos capítulos 6 e 14, todos os títulos de partes e capítulos são do próprio Mészáros, ao passo que os títulos das seções dos capítulos foram invariavelmente dados por mim (na parte I, capítulos 2 a 5, os títulos de seções chegaram a ser submetidos à aprovação de Mészáros).

Os apêndices II-IV foram todos listados por Mészáros como pretendidos para o livro. Os apêndices II e III foram listados desse modo no plano geral para o livro, ao passo que o IV foi separado para ser acrescentado como adendo ao livro nas anotações do esboço chamado de "segunda versão".

---

faziam parte desse Grande Hotel Abismo. Como Martin Jay observou, o último "Horkheimer congelou as condições do presente em um padrão que se repete infinitamente sem saída aparente. [...] A religião, mais que a ação social, era vista como o principal repositório de esperanças no que Horkheimer chamou de 'o totalmente outro'". Martin Jay, *Marxism and Totality* (Berkeley, University of California Press, 1984), p. 219.

[94] Carta de István Mészáros a John Bellamy Foster, 23 dez. 2015, correspondência pessoal.

Foi aplicado ao texto apenas um copidesque mínimo, principalmente aos capítulos da parte III, que ainda não haviam sido publicados. Em todo o livro, mas especialmente na parte III, havia inconsistências no uso de citações, às vezes com fontes citadas de maneira incompleta no esboço do texto e citações que precisaram ser verificadas. Isso foi feito em quase todos os casos recorrendo às edições originais que Mészáros utilizou e assegurando acurácia e consistência. Muitos detalhes nas citações tiveram de ser preenchidos no processo.

Como indicado, deixei o texto como ele saiu da caneta de Mészáros, sem alterações substantivas e notas extensas. Quando necessário, ainda que raramente, usei colchetes para indicar uma inserção feita no texto por mim por uma questão de clareza. Quando uma nota editorial se fez necessária, ela foi inserida como nota de rodapé e marcada como nota do editor, ou (N. E.).

Alguns itens do livro apareceram em publicações anteriores. Os seguintes trechos da parte I foram previamente publicados em edições da *Monthly Review*: introdução (fevereiro de 2018); capítulo 3 (setembro de 2016); capítulo 4 (março de 2012); capítulo 5 (dezembro de 2017). O capítulo 1 foi postado on-line como ensaio da *Monthly Review* (novembro de 2018). A parte II foi previamente publicada em *The Necessity of Social Control*[95]. O apêndice II foi tomado da seção 3.3 de *Estrutura social e formas de consciência II*[96]. O apêndice IV veio do capítulo 13 de *Para além do capital*[97].

Última observação

István Mészáros foi um amigo muito próximo e muito querido, e tivemos uma longa relação de trabalho. Entendíamos ambos que eu assumiria a responsabilidade de editar, introduzir e publicar *Para além do Leviatã* se ele não vivesse para completar o livro. Em suas últimas horas, foi lida para ele uma carta em que reitero isso, prometendo-lhe publicar toda a sua crítica do Estado, tanto o volume que está diante do leitor quanto o esboço escrito à mão chamado de "segunda versão", contendo partes do que originalmente seriam o segundo e terceiro volumes de uma obra de três volumes. Esse esboço manuscrito será publicado separadamente dentro de poucos anos com o título *Crítica ao Leviatã: reflexões sobre o Estado*.

John Bellamy Foster

---

[95] István Mészáros, *The Necessity of Social Control*, cit., p. 231-98.
[96] Idem, *Estrutura social e formas de consciência II*, cit., p. 92-104.
[97] Idem, *Para além do capital*, cit., p. 561-604.

Introdução

Por que Leviatã? As leitoras e os leitores deste livro podem muito bem levantar essa questão.

A resposta é muito simples, mas também penosamente difícil. Ela é simples no sentido de que o Estado – a despeito da grande variedade de formas como se constituiu na história, desde o assim chamado despotismo oriental e dos antigos impérios até o moderno Estado liberal – só pode ser o Leviatã que impõe seu poder estruturalmente enraizado a toda tomada de decisão societal. É óbvio que esse tipo isolado de solução, imposto pelo Estado, para as questões vitais da reprodução social significa, na realidade, expropriar e usurpar as energias vitais de tomada de decisão do corpo social como um todo.

Em contrapartida, a resposta também é extremamente difícil, pois essa forma alienada de tomada de decisão há muito estabelecida em toda parte representa um desafio fundamental para o futuro, em oposição absolutamente inevitável à sua dominação perene. É difícil porque, em nossa época, tendo em vista as mudanças objetivamente consumadas que, no curso da história, produziram os poderes de destruição total agora prontamente disponíveis, é preciso encontrar um modo de desenredar a humanidade de práticas arbitrárias de tomada de decisão ainda mais perigosas – potencialmente autoaniquiladoras em sentido literal – do Estado-Leviatã. Sem isso, não há esperança de sobrevivência da humanidade.

Certamente, jamais se enfrentou um desafio desse tipo e de tamanha magnitude em toda a história. Porque, para não apenas deter os desenvolvimentos antagônicos destrutivos, mas também revertê-los de uma forma *positiva*, no interesse de um modo de existência *historicamente sustentável* no futuro, os seres humanos devem mudar, como diz Marx, "de alto a baixo suas condições de existência industrial e política e consequentemente *toda a sua*

50 *Para além do Leviatã*

maneira de ser"[1]. E essa mudança é inconcebível sem um período apropriado de transição, conscientemente regulada, da ordem existente para uma outra *qualitativamente* diferente.

Trata-se de uma tarefa que não pode ser cumprida dentro dos limites paralisantes do quadro necessariamente hierárquico e antagônico do domínio político-militar, como muitas vezes erroneamente se projeta. A fim de tornar essa tarefa factível e historicamente viável, ou seja, possível também a longo prazo, o que se requer é uma transformação radical do nosso próprio *metabolismo social*, o que equivale a dizer: uma transformação social radical que afetará profundamente nossa modalidade de tomada de decisão, tanto nas *células constitutivas elementares* ou nos microcosmos da nossa ordem reprodutiva social, como no plano mais abrangente das *interdependências globais*.

É a inseparabilidade dessa necessária inter-relação entre as células constitutivas elementares da reprodução social e as determinações mais amplas de relevância global que acabam sendo a razão pela qual é impossível ir "para além do Leviatã" no domínio *político-militar*, sem ao mesmo tempo superar radicalmente o poder metabólico social do capital como tal, em seu fundamento *material*. A mesma determinação se mostra acertada também no sentido inverso. Isso quer dizer que é impossível ir "para além do capital" dentro da ordem reprodutiva material da nossa sociedade sem superar o desafio vital das energias de tomada de decisão do Leviatã, estruturalmente enraizadas e impostas em toda parte, como se constituíram na história em uma grande variedade de *formações estatais*, e que se afirmam mais do que nunca nos dias de hoje. Em outras palavras, os imperativos estruturais que tornam possível ir "para além do capital" como a força reprodutiva material da sociedade e "para além do Leviatã" como tomador de decisões político-militares em toda parte são inseparáveis.

As pessoas gostam de citar palavras chocantes do *Leviatã* de Thomas Hobbes, dizendo que descrevem o que supostamente é o "estado de natureza" original de toda a humanidade, para o qual o próprio Estado político-militar constituiria a resposta global correspondente. Muito próximas às palavras do dito "*bellum omnium contra omnes*" – isto é, da "guerra de todos contra todos" –, a ideia que transmitem é esta: "A vida do homem é solitária, pobre, sórdida, embrutecida e curta"[2].

Entretanto, como o próprio Hobbes deixa muito claro: "Pensa-se obviamente que nunca existiu tal tempo nem uma condição de guerra como esta, e acredito

---

[1] Karl Marx, *The Poverty of Philosophy* (Londres, Lawrence & Wishart, n.d.), p. 123 [ed. bras.: *Miséria da filosofia*, trad. José Paulo Netto, São Paulo, Boitempo, 2017, p. 132. Destaques de Mészáros].

[2] Thomas Hobbes, *Leviathan* (Londres, Penguin, 1985), p. 186. Todas as citações seguintes dessa obra são tiradas desta edição, que é a mais acessível [ed. bras.: *Leviatã*, trad. Alex Marins, São Paulo, Martin Claret, 2005, p. 98. Os destaques nas citações são todos de Mészáros].

que jamais tenha sido *geralmente assim*, no mundo inteiro. Mas há muitos lugares onde *atualmente* se vive assim"[3]. Além disso,

> mesmo que *jamais* tivesse havido um tempo em que os *indivíduos* se encontrassem numa condição de guerra *de todos contra todos*, em todos os tempos *os reis e as pessoas dotadas de autoridade soberana*, por causa de sua independência, vivem em constante rivalidade, e na situação e atitude de gladiadores, com as armas apontadas, cada um de olhos fixos no outro. Seus fortes, guarnições e canhões guardando as fronteiras dos seus reinos e constantemente com espiões no território dos seus vizinhos, o que constitui *uma atitude de guerra*.[4]

Naturalmente, Hobbes ofereceu sua visão da *todo-poderosa formação estatal do Leviatã* como a única força legítima capaz de se contrapor a todas as suas predecessoras e rivais em potencial. Oportunamente examinaremos nos devidos detalhes tanto os méritos como os aspectos problemáticos de sua grande obra. O aspecto diretamente relevante neste momento é sua enérgica condenação da *guerra perene*, conhecida da história e agravada em sua época pela guerra civil, para a qual ele esperava encontrar alternativa. Assim, ele escreveu, no interesse da paz, que: "As leis naturais são imutáveis e eternas, pois a injustiça, a ingratidão, a arrogância, o orgulho, a iniquidade, a acepção de pessoas e as restantes jamais podem ser tornadas legítimas. Jamais poderá ocorrer que *a guerra preserve a vida e a paz a destrua*"[5]. E com o intuito de dar ainda mais ênfase, um pouco adiante acrescentou o seguinte:

> Todos os homens concordam que a paz é uma boa coisa e, portanto, que também são bons o caminho ou meios da paz, os quais, conforme mostrei, são a justiça, a gratidão, a modéstia, a equidade, a misericórdia e as restantes leis naturais, ou seja, as virtudes morais. E concordam também que seus vícios, por serem opostos, são maus. A ciência da virtude e do vício é a filosofia moral. A verdadeira doutrina das leis naturais, portanto, é a verdadeira filosofia moral.[6]

Dessa maneira, a teoria radical do Estado, publicada por Hobbes em 1651, foi anunciada por seu autor como baseada sobre o mais firme dos fundamentos filosóficos, em termos de oposição à guerra em seu grau máximo de justificação moral. E, de fato, foi decretado por ele que a guerra é categoricamente contrária às leis da natureza. O fato de, quase 370 anos depois da publicação do *Leviatã*

---

[3] Ibidem, p. 187 [ed. bras.: p. 99].
[4] Ibidem, p. 187-8 [ed. bras.: idem].
[5] Ibidem, p. 215 [ed. bras.: p. 121].
[6] Ibidem, p. 216 [ed. bras.: p. 122].

52   *Para além do Leviatã*

de Hobbes, a humanidade ser constantemente compelida a confrontar-se com o perigo da guerra em sua forma de autodestruição total potencialmente avassaladora só sublinha a gravidade desses problemas.

Lei universal

Em termos de registro cronológico, todas as principais teorias do Estado foram produzidas em períodos históricos de grande turbulência, desde Platão, Aristóteles e Agostinho, passando por Maquiavel e Hobbes, até Jean-Jacques Rousseau e G. W. F. Hegel, bem como, é claro, até Marx, V. I. Lênin e seus camaradas, como Rosa Luxemburgo e Antonio Gramsci.

Isso é bem compreensível, pois todas as importantes teorias do Estado, incluindo aquelas que aceitaram plenamente a manutenção de seu papel de comando global contraditoriamente autolegitimador, procuraram incrementar a capacidade do Estado de enfrentar seus problemas naqueles períodos de severas crises históricas, às quais ofereceram uma resposta[7]. Assim, pelo menos na fase ascendente do desenvolvimento de sua sociedade, até as teorias do Estado escritas do ponto de vista da ordem vigente foram teorias críticas nesse sentido limitado, historicamente específico, mas claramente identificável, apesar do apoio problemático dado aos processos de tomada de decisão gerais antagonísticos da própria ordem reprodutiva de espoliação classista. O mesmo argumento vale para as várias teorias utópicas da política e da sociedade que – a seu modo, mesmo que muitas vezes bastante oblíquo – ofereceram, em seu conjunto, a manutenção criticamente modificada de alguma estrutura de comando sobreposta à tomada de decisão social, como veremos no capítulo 3. Em contraste, a abordagem inspirada por Marx seguiu uma atitude crítica radicalmente diferente, visando ao "fenecimento do Estado" – ou à erradicação total do Estado – de dentro da modalidade da reprodução sociometabólica, no lugar da expropriação constante dos processos globais de tomada de decisão da humanidade.

Um dos problemas cruciais a esse respeito teve a ver com as revoltas periódicas inevitáveis e com as subsequentes reversões no exercício continuado das leis estatais estabelecidas. Obviamente, essas revoltas e suas reversões precisam ser muito bem tratadas em toda teoria do Estado. Se não for assegurada de alguma maneira a continuidade da tomada de decisão política global, a manutenção da reprodução social se tornará impossível sob as condições dos intercâmbios materiais e culturais antagônicos que prevaleceram na história e, de fato, prevalecem ainda hoje.

---

[7]   Naturalmente, teorias apologéticas do Estado de cunho cegamente reacionário, caracteristicamente predominantes na fase descendente da ordem sociometabólica, excluem a si mesmas desse contexto.

Introdução 53

Uma das grandes ideias de Platão, há 2 mil anos, foi enfatizar o requisito de assegurar a necessária continuidade em questão. Ele percebeu antes de todos que a lei não pode ser considerada propriamente lei a não ser que seu caráter seja *universal*, no sentido de sua completa *incontestabilidade* legítima. Empreendeu então o estabelecimento desse requisito fundamental em um de seus diálogos mais importantes, e de longe o mais extenso sobre o Estado: *As leis*.

No fim dessa obra, ao descrever nos mínimos detalhes o projeto do Estado utópico de sua cidade ideal Magnésia, o principal interlocutor formula o argumento autocrítico, segundo o qual "o que ainda falta às nossas leis [é] um modo certo de naturalmente nelas implantar essa *qualidade de irreverslvel*"[8]. Enquanto requisito, isso é absolutamente vital na teoria passada do Estado, não importando qual seja o grau de êxito de sua implantação pelos pensadores, em particular sob suas circunstâncias históricas dadas. Platão de modo algum se encontra sozinho em sua enérgica defesa de algum tipo de irreversibilidade. Muitos séculos mais tarde, Maquiavel sublinharia exatamente o mesmo requisito, ao insistir que o que verdadeiramente qualifica um príncipe para a grandeza não é o quanto ele é poderoso no curso de sua vida, mas *o quanto* sua criação é *duradoura* como quadro político global[9].

Em *As leis*, Platão propôs, como sua solução em Magnésia, a instituição do que ele chama de "Conselho Noturno" de guardiões, com o intuito de assegurar a estipulada *permanência* do seu Estado ideal e suas leis. Argumenta assim a respeito dos Estados existentes e rejeitados por ele: "Num tal Estado como esse em que não há guardiões que sejam destros quer com as palavras quer com as ações e detentores do competente conhecimento da virtude, seria surpreendente – eu o pergunto – que esse Estado, completamente desprotegido como é, fosse vítima do mesmo destino que acomete muitos Estados existentes atualmente?"[10]. Ao mesmo tempo, como condição necessária de sucesso, Platão defende que os membros do Conselho Noturno – projetado por ele como uma espécie de salvaguarda constitucional – devem ser "cuidadosamente selecionados e apropriadamente treinados e, após seu treinamento, colocados na acrópole do país, e desta feita finalmente constituídos como guardiões semelhantes aos quais em nossas vidas jamais vimos outros no que diz respeito à excelência na tarefa de preservar"[11]. Ele também estipula a necessidade de encontrar "o conhecimento da unidade" (no domínio multifacetado da virtude) que possibilita "distingui-la, e distinguindo-a, sondar e organizar todo o resto sinopticamente"[12].

---

[8] Platão, *The Laws* (trad. Trevor J. Saunders, Londres, Penguin, 1970), p. 517 [ed. bras.: *As leis,* trad. Edson Bini, 2. ed. São Paulo, Edipro, 2010, p. 498].

[9] Ver, sobre o tema, *O príncipe* e os *Discursos* de Nicolau Maquiavel.

[10] Platão, *The Laws*, cit., p. 523 [ed. bras.: *As leis*, cit., p. 504].

[11] Muitos séculos depois, no *Eforado*, de Fichte, a instância última de tomada de decisão, os "éforos" de sua instituição de salvaguarda da constituição, visam cumprir função similar.

[12] Platão, *The Laws*, cit., p. 524 [ed. bras.: *As leis*, cit., p. 505].

Entretanto, a grande ironia é que a estipulação de Platão permanece mera estipulação. Nunca nos foi dito e – dado o caráter impreciso das próprias exigências da irreversibilidade da lei, bem como de sua própria garantia – Platão nunca nos poderá dizer o que poderia ser esse "*conceito central único*". Só conseguimos *detalhes procedurais* – um traço bastante problemático constantemente recorrente das teorias do Estado que pretendem muito mais com tais dispositivos, também depois de Platão e até nossos dias – a respeito de como os membros do conselho deveriam ser selecionados, educados, alojados, a que hora do dia deveriam se reunir etc. Porém, jamais recebemos a menor indicação de um "conceito central único" que poderia servir como princípio orientador prático de uma regulação estatal sustentável, "embutido nas leis e garantindo sua irreversibilidade".

Naturalmente, não deveríamos ficar surpresos com esse fracasso histórico, apesar de Platão ter consciência da grande importância do princípio que ele próprio formulou. Pois em qualquer ordem reprodutiva social de cunho antagonístico, para não mencionar a sociedade escravista da Grécia Antiga, não pode haver nada embutido nas leis capaz de garantir por si só a própria irreversibilidade. Não só a situação complicada da Grécia Antiga, mas também incontáveis constituições posteriores, que mais cedo ou mais tarde necessariamente alternaram com suas reversões, comprovam amplamente essa verdade pura e simples no curso da história. Assim, tivemos de esperar um tempo muito longo até que as condições requeridas para fazer com que a lei assumisse um caráter verdadeiramente universal emergissem objetivamente na história que se desdobrava na realidade. Fomos condenados a esperar muito tempo por isso uma vez que suas condições de realização só podiam se tornar exequíveis por meio das ações de seres humanos *autodeterminados* que *autonomamente* fariam suas leis *para* e *por* si mesmos, indo além das determinações antagonísticas de sua ordem sociometabólica há muito estabelecida e de suas correspondentes formações estatais.

As cabeças da Hidra

No curso da história real, um dos aspectos mais problemáticos da lei foi – e mais do que nunca continua sendo – a *multiplicação sem fim* de seus estatutos e de suas determinações reguladoras. Como resultado disso, podemos testemunhar até hoje a criação de uma *selva legal* cada vez mais densa na teoria estatal, plenamente sintonizada com a ordem social antagonística existente e com suas instituições políticas. A lei mesma não consegue ser um obstáculo a isso. O fato desalentador é que, para cada um de seus elementos, pode ser formulado todo um conjunto de "contraelementos" que, por sua vez, também podem ser "refutados", potencialmente *ad infinitum*, na pseudolegitimidade da lei institucionalmente assegurada e sancionada.

Esse modo de conceituar as práticas estatais exigidas, na forma de uma selva legal cada vez mais densa, ajudou a tornar a modalidade da reprodução social cada vez mais complicada em termos políticos, com frequência em função de produzir maior *transparência*. Contudo, invariavelmente tal prática foi seguida pelo interesse de preservar a *desigualdade substantiva* estabelecida na sociedade por milhares de anos, em vez de facilitar sua avaliação crítica significativa e seu referimento definitivo ao passado. A tendência atual continua a impelir inequivocamente na direção de tornar a selva legal tão densa que só possa ser penetrada pelos profissionais ativos, cujo trabalho profissionalmente exercido e santificado é tornar aquela selva cada vez mais densa. Os parlamentos que conhecemos em todo o mundo são uma prova cabal disso.

A dificuldade aparentemente insuperável referente a esse problema é que ele não pode ser solucionado nos termos da própria lei, ou seja, em seus próprios termos de referência. Pois a *causa* do necessário fracasso nesse ponto é que a lei assim institucionalizada foi constituída – legitimada e consolidada constitucional, circular e egoisticamente – por meio da *exclusão* da classe subordinada da sociedade da elaboração da lei desde o início, e reproduzida, bem como fortalecida do mesmo modo desde então.

A única exceção parece ocorrer quando, em situações de grande emergência ou de uma crise revolucionária de envergadura, algumas formas de "*assembleias constitucionais*" são temporariamente estabelecidas. Entretanto, a despeito de seus êxitos na melhoria das condições materiais do setor mais pobre da população em alguns países, elas até agora conseguiram ostentar um sucesso de duração muito limitada, se é que podem mostrar algum, quanto à mudança da determinação estrutural da sociedade classista. É compreensível que o próprio "requisito de constitucionalidade" herdado – ao qual obedientemente se conformam as assembleias constitucionais em questão, a despeito do fato de que, em sua circularidade autolegitimadora primordial, as constituições tradicionais sempre sustentaram a ordem sociometabólica estabelecida – represente o perigo mais facilmente explorável nesse sentido. Para citar apenas um exemplo importante: a exploração cínica da legalidade pretendida é evidenciada pelas atividades completamente ilegais e com frequência até violentas da "oposição constitucional" subversiva *dentro* da Venezuela desde a morte do seu presidente revolucionário, Hugo Chávez. O aspecto mais revelador disso é que tais forças subversivas são sustentadas de todos os modos pelo Estado-Leviatã da América do Norte – em muitos países do mundo, bem distante de um comportamento constitucionalista, universalmente *intervencionista* –, do que oferece testemunho eloquente a história de vários países latino-americanos, profeticamente antecipado por Simón Bolívar e José Martí.

A multiplicação sem fim, contraditoriamente autolegitimadora dos estatutos legais e das medidas reguladoras na história, é tanto mais problemática e reveladora

Para além do Leviatã

por ter sido identificada e criticada há milhares de anos, já na Grécia Antiga, absolutamente em vão. Mais uma vez foi Platão que levantou sua voz crítica contra a intrusão da Hidra – criatura mítica que conseguia fazer crescer *várias cabeças* quando uma delas era cortada – na lei, por meio da multiplicação perversamente desenhada e da emenda de leis e medidas reguladoras sem serventia. Ele condenou tal prática com veemência, comparando-a com uma doença, nos seguintes termos:

> Tratam-se sem conseguir nenhum resultado, a não ser tornar seus padecimentos *mais variados e maiores*, e sempre com a esperança de que, se alguém lhes aconselhar um remédio, ficarão sãos graças a ele. [...] É que na verdade tais homens são as pessoas mais encantadoras que há quando estabelecem leis sobre as questões que há pouco analisamos e *as corrigem*, sempre na convicção de que encontrarão um termo [...], sem perceberem que, na realidade, estão *apenas tentando cortar as cabeças da Hidra*.[13]

Nos milhares de anos que se passaram desde a época de Platão, incontáveis cabeças de Hidra foram cortadas e continuam a ser cortadas, fazendo com que cada uma delas se multiplique, como já acontecia na Grécia Antiga. Não é de surpreender, portanto, que, nos Estados imensamente burocratizados do nosso tempo, a lei vai se tornando cada vez mais embaraçada e impenetrável. É claro que isso serve perfeitamente à privação continuada dos direitos da classe subalterna da população no quadro autoritário generalizado de tomada de decisão do Estado-Leviatã, onde todas essas práticas estão hierarquicamente enraizadas no domínio material e são arbitrariamente autolegitimadas no campo político.

Essa forma de determinação representa um problema muito grande para o futuro. Pois, como mencionado, a realização da emancipação da humanidade é inconcebível sem um período apropriado de *transição conscientemente regulada* da ordem existente para uma outra *qualitativamente* diferente. E isso tem implicações necessárias à passagem do nosso presente sistema social com seu Estado-Leviatã e suas leis, mantido por um sustentáculo jurisprudencial de cunho apologético, para um sistema social fundamentalmente diferente, visualizado por Marx e seus camaradas.

O Estado existiu e dominou a reprodução social por milhares de anos. Seria, por conseguinte, muito ingênuo projetar sua abolição ou seu desaparecimento a curto prazo, e mais ainda de imediato. A tarefa não é projetar a linha do tempo de seu fenecimento ou de sua erradicação, mas indicar as condições que devem ser

---

[13] Platão, *The Republic*, iv. p. 425-6, em Francis Cornford (org.), *The Republic of Plato* (Oxford, Oxford University Press, 1945) [ed. bras.: *A república*, trad. Pietro Nassetti, São Paulo, Martin Claret, 2003, p. 119-20].

cumpridas para chegar à mudança exigida por meio da *reestruturação qualitativa* do metabolismo social, de acordo com a realidade histórica do nosso tempo.

Para tornar essa tarefa exequível, certamente desempenhará um papel importante a elaboração de uma *jurisprudência crítica*, em nítido contraste com o tipo apologético do Estado atualmente existente. Para a ideia marxiana, vislumbrar o fenecimento do Estado era factível não como algum tipo de *evento* que se autorrealiza espontaneamente, mas como uma *intervenção estratégica* das mais *ativas* e almejada de modo coerente, desde o começo identificando o *Estado existente* com suas leis a serviço da perpetuação da *desigualdade substantiva* como o *alvo crítico* urgentemente necessário da mudança radical.

Isso equivale à necessidade de transferir para o corpo social também a totalidade dos poderes expropriados pelo Estado-Leviatá no curso da história. Para essa tarefa crucial, a jurisprudência crítica pode contribuir de maneira significativa durante o inevitável período de transição, mas jamais da mesma forma dominante, como a lei tradicional se afirmou no passado. A tarefa da reestruturação qualitativa mencionada há pouco só é concebível por meio da *ativação* das *grandes massas* da população – isto é, de todos os produtores estabelecidos e potenciais da sociedade – para assumirem o controle total das determinações reprodutivas de sua sociedade, desde as células constitutivas elementares do sistema socialista assim constituído até as interdependências globais mais abrangentes e realmente factíveis de alto grau de complexidade. Nesse sentido, a jurisprudência crítica recebe objetivamente o *mandado* de sustentar à sua maneira a tão necessária transformação sociometabólica radical. Em outras palavras, o significado fundamental da intervenção estratégica conscientemente regulada, também nos termos da jurisprudência crítica, só pode ser o de facilitar a *erradicação progressiva do Estado* em todas as suas dimensões e corporificações institucionais do processo de reprodução social.

A utopia de um Leviatá global

"Globalização" é um desdobramento contraditório, ainda que de qualquer modo inexorável, da *realidade* no plano *material*. Porém, ela é totalmente destituída de sustentabilidade no plano *político*. Pois os *Estados-nação* do capital, historicamente constituídos, continuam a combater-se mutuamente, mesmo que ideologistas apologéticos idealizem a globalização, como se ela pudesse ser levada a termo de forma harmoniosa e universal dentro do quadro *antagonístico* do sistema do capital. A inegável realidade, todavia, é que os Estados-nação fazem guerra uns com os outros, seja diretamente, seja *por procuração*. Eles adotam a modalidade da guerra por procuração quando o confronto direto e franco entre os poderes dominantes do mundo, por exemplo, entre Estados Unidos e Rússia, traria o risco de destruição total dos países em guerra, junto com o resto da humanidade. E, por enquanto, o Estado-nação mais poderoso do mundo, a China, está relativamente pouco envolvido em tais intercâmbios antagonísticos. Porém, o que acontecerá quando o necessário confronto em torno dos recursos materiais estratégicos limitados do nosso planeta se tornar mais agudo? Quem pode garantir que, em tais condições, que estão longe de ser hipotéticas, as guerras por procuração não se converterão em guerra global direta de destruição total? Porque a verdade indigesta é que não pode haver um Estado do sistema do capital *como um todo*, porque o Estado só pode ser um Estado-Leviatã estruturalmente enraizado e hierarquicamente dominante em confronto não só com a própria classe social subalterna, mas também com outro Estado-Leviatã. A despeito de todas as tentativas de projetar o contrário, a ideia de uma globalização harmoniosa sobre a base dos antagonismos do capital é uma *ficção autocontraditória*. Não admira que às vezes ela esteja associada à *fantasia-pesadelo* de um "*Estado coercitivo global*" seriamente defendido, como veremos no decorrer deste livro.

Devemos acrescentar aqui também o problema da *etnicidade* em colisão antagonística, às vezes combinada até mesmo com o reavivamento de antagonismos religiosos historicamente muito persistentes. Porém, mesmo sem essa dimensão do antagonismo religioso, as contradições dos confrontos étnicos são insolúveis, em termos globais, para as formações do Estado-Leviatã do capital, na medida em que testemunhamos suas recorrentes explosões no mundo contemporâneo. O modo tradicional de lidar com confrontos étnicos – mediante a *violência repressiva* imposta pelo Estado-nação mais poderoso – é impensável como medida global historicamente sustentável no futuro. No passado, até mesmo um Estado-nação razoavelmente grande podia ser subjugado como uma "entidade étnica" subalterna, desde que a potência vencedora fosse suficientemente forte para manter sua posição de modo contínuo. Entretanto, sob as condições da guerra com armas de "destruição mútua assegurada", a manutenção desse tipo de dominação – bastante comum no passado imperialista – torna-se proibitivamente perigosa, em um mundo política e militarmente globalizado.

Comparados com as conflagrações devastadoras em grande escala no Oriente Médio, que já duram várias décadas, com sua inegável dimensão de guerra por procuração, os conflitos étnicos e religiosos entre cristãos armênios e islamitas azeris, em Nagorno-Karabakh, são menores. Esse conflito diz respeito a uma parte relativamente pequena do território do Azerbaijão, que, no entanto, é habitada por uma esmagadora maioria de cristãos armênios, que agora reivindicam sua independência – não reconhecida pelo próprio Azerbaijão. A gravidade do problema é ilustrada pelas dezenas de milhares de pessoas que perderam a vida durante alguns dos confrontos armados, que seguidamente se renovam, entre essas duas comunidades étnicas hostis.

Na esteira de um desses conflitos particularmente violentos, uma equipe de televisão foi até a região montanhosa em disputa de Nagorno-Karabakh e entrevistou um velho pastor armênio, perguntando-lhe a quem pertencia a terra na área em que ele estava pastoreando seu rebanho. O velho pastor respondeu com grande sabedoria: "A terra pertence às ovelhas".

Entretanto, a pergunta bem mais difícil de responder é esta: "Quando o Leviatá começará a entender essa resposta?". E a única resposta possível é esta: *nunca*. Pois entender a verdade elementar e a sabedoria expressas naquela resposta é incompatível com a natureza do Leviatá.

Contudo, esse tipo de pergunta exigirá uma resposta racionalmente sustentável em algum momento do futuro não muito distante. Mas uma resposta racionalmente defensável só será viável "para além do Leviatá"! Porque Leviatá conviveu recorrentemente com esses conflitos e os explorou em causa própria. Isso sempre fez parte do seu *modus vivendi* normal.

O risco de uma conflagração global

O Estado-Leviatá está falhando não apenas em um aspecto. Consideremos aqui, para terminar, o aspecto mais perigoso dos confrontos globais não resolvidos. A controvérsia a esse respeito é estampada regularmente nas manchetes dos noticiários por causa dos adversários da guerra, que questionam a legitimidade e a segurança das armas nucleares de destruição em massa existentes. Recentemente, na eleição presidencial norte-americana, os debates em torno dessa controvérsia assumiram a forma da seguinte pergunta: "Quem tem o *dedo mais seguro* para soltar bombas nucleares contra o adversário?". Que terrível ironia falar em "dedo seguro" destinado a iniciar o extermínio total da humanidade!

O mesmo tipo de pergunta foi feito na Grã-Bretanha à primeira-ministra recém-designada, Theresa May: se ela estaria disposta a apertar o botão nuclear. E ela respondeu que *orgulhosamente* poderia dizer que *sim*, que ela apertaria aquele botão sem hesitar, sempre que esse ato fosse esperado dela como primeira-ministra do país. Em contraste, o líder da oposição foi execrado por responder *não* à mesma pergunta dirigida a ele algum tempo antes.

É óbvio que, no que se refere a essa temática crucial, o Leviatá a cargo dos Estados dominantes *está brincando com fogo*. O fogo com o qual ele brinca é *o fogo nuclear capaz de destruir tudo*!

Certamente esse tipo de brincadeira não é incompatível com a natureza do Leviatá. Pelo contrário, sempre foi inseparável de sua natureza na modalidade de almejar algum tipo de *aventureirismo*. Isto porque não houve como impor limites internos ao Leviatá em sua determinação de obter o controle total no domínio político-militar almejado. No passado, o Estado-Leviatã individual podia recorrer ao aventureirismo extremo até que algum outro Estado-Leviatã, ainda mais poderoso, prevalecesse contra ele. A violência destrutiva acabou decidindo essas questões até mesmo em confrontos entre os impérios mais poderosos.

Hoje a situação é muito diferente no sentido mais relevante do termo. Certamente, tendo em vista os antagonismos sociais persistentes do sistema do capital, não se pode renunciar ao modo tradicional de dirimir disputas pela guerra. O Leviatã historicamente constituído não conhece outro modo de resolver problemas. Entretanto, achar autoasseguração na "segurança" da "destruição mútua assegurada", como defendida pelos "pensadores estratégicos" do capital no domínio político-militar, é a mais perigosa forma de aventureirismo que se pode conceber. Porém, em contraste com os confrontos violentos do passado, incluindo as duas guerras mundiais do século XX, uma guerra global no futuro não pode mais contar com um vencedor no fim. Só pode haver o próprio fim.

Dessa forma, diante de todos esses problemas que devemos ter mente, o grande dilema é o seguinte: ou a humanidade conseguirá, no futuro próximo, criar as condições sob as quais a reprodução social se tornará sustentável dentro do quadro da tomada de decisão racionalmente planejada e administrada da nossa *casa planetária* ou a violência endêmica, inseparável dos Estados-Leviatã historicamente constituídos, certamente destruirá a humanidade.

A crítica radical do Estado no espírito marxiano é necessária sobretudo por essa razão. Ela deve ser almejada no interesse de ir "para além do Leviatã".

István Mészáros
18 de março de 2017

PARTE I

DOS LIMITES RELATIVOS AOS LIMITES ABSOLUTOS: O ANACRONISMO HISTÓRICO DO ESTADO

1

O anacronismo histórico e a necessária superação do Estado

O Estado, como o conhecemos, foi constituído no decurso de muitos séculos. Em sua realidade atual, ele nos confronta com as determinações historicamente específicas do sistema do capital, como um modo estruturalmente articulado e integrado de tomada de decisão global, com seus poderes fundamentais e com suas necessárias limitações.

A despeito de todas as tentativas – e dos correspondentes interesses estabelecidos – empenhadas na *eternização* desse modo de tomada de decisão social global, para o qual dizem que "não pode haver alternativa", o Estado é *inerentemente histórico*, não só no que se refere ao *passado*, a sua base de determinação e articulação objetivas, mas também com relação ao *futuro*, que circunscreve sua viabilidade histórica, ou a ausência dela, nos termos das necessidades e dos desenvolvimentos que daí se desdobram.

Ao tratar as sérias questões das formações do Estado do nosso tempo, é de importância vital manter tudo na perspectiva histórica apropriada, resistindo à tentação de limitar nossa atenção simplesmente às vicissitudes do Estado capitalista. Como Marx sublinhou claramente, o capital não inventou a produção e a exploração do mais-trabalho[1]. Do mesmo modo, o capital não inventou o Estado nem a necessidade inevitável de encontrar, em todas as formas de sociedade, alguma modalidade de tomada de decisão global, em sintonia com os requisitos prevalecentes do metabolismo social.

A necessidade de encontrar e assegurar um *modo sustentável de tomada de decisão global* é muito mais fundamental do que a *forma* que esse modo pode ser articulado pelo Estado, inclusive em escala mais ampla. A necessidade de um modo sustentável de tomada de decisão global é requisito *insuperável* para a humanidade,

---

[1] Karl Marx, *Capital*, v. 1 (Nova York, International Publishers, 1967), p. 235 [ed. bras.: *O capital: crítica da economia política*, Livro 1: *O processo de produção do capital*, trad. Rubens Enderle, São Paulo, Boitempo, 2013, p. 309].

64   *Para além do Leviatã*

em comparação com a forma historicamente limitada em que esse modo pode ser institucionalizado e imposto pelo Estado. Por essa razão, é inevitável que inverter a ordem de prioridades afeta profundamente nossa compreensão da natureza de todo o complexo de questões relacionadas. Pior ainda, limitar nossa abordagem à dimensão historicamente específica do Estado dos dias de hoje equivaleria a distorcê-la irremediavelmente.

O que deve ser enfaticamente sublinhado no presente contexto é que nosso interesse primordial consiste na natureza e nas múltiplas transformações do Estado em geral em suas determinações epocais. Algumas das formas de existência do Estado se originaram *milhares de anos* antes do capitalismo. Esse fato tem graves implicações para a apreensão das características inerentes e as necessárias limitações do Estado. Nesse tocante, é preciso lembrar que o capitalismo, para usar a expressão de Marx, "*em escala histórica, data quase de ontem*"[2]. De acordo com isso, em nossa avaliação crítica dos problemas agudos do Estado contemporâneo, devemos avaliar não só as contradições políticas agora claramente identificáveis, mas também um conjunto de relações históricas entranhadas e multidimensionais. Pois, as relações complexas em questão são caracterizadas por uma *interação dialética materialmente fundada*, na qual *mudanças* e perspectivas realmente exequíveis de desenvolvimento não podem ser explicadas de forma inteligível, sem que se leve totalmente em conta também as *continuidades* subjacentes.

Nesse sentido, quando se tem em mente também as continuidades significativas, as determinações estruturais fundamentais do Estado *como tal* adquirem importância seminal. É em virtude das determinações *estruturais* fundamentais do complexo global das reciprocidades dialéticas e dos intercâmbios dinâmicos entre os vários fatores da continuidade e descontinuidade sociais, inseparáveis da base material sempre historicamente formada, que o Estado pode desempenhar seu papel de tomada de decisão global também *trans-historicamente*, dentro de limites muito bem definidos. Isso é assim, não importando quão sérias são as especificidades históricas inexoravelmente surgidas que devem ser postas em jogo sob as circunstâncias em mudança constante.

Desse modo, tomando um exemplo crucial, sob as condições do modo capitalista de reprodução social, é de suma importância a compulsão *diretamente econômica* dos produtores de determinar efetivamente a relação de opressão de classe continuada entre capital e trabalho, como uma característica *qualitativamente nova*, especificamente social em termos de história, da tomada de decisão global, quando comparada com o passado escravista e feudal. De fato, paradoxalmente, no domínio *político*, essa novidade *economicamente* dominante ajuda a criar a falsa aparência de um "*sistema democrático*" – ideologicamente racionalizado e idealizado.

---

[2]   Ibidem, p. 269 [ed. bras.: p. 341. Destaques de Mészáros].

Contudo, a verdade do assunto realçado pelas continuidades epocais revela-doramente persistentes e inseparável de todas as formações políticas antagonísticas é que o Estado capitalista, a despeito de toda a automitologia "democrática", *nunca*, em toda a sua história, conseguiu abandonar a afirmação *hierárquica* de exploração *autoritária* do seu domínio, posta em vigor sem cerimônias. Ele sempre protegeu vigorosamente – e tinha de proteger – com todas as forças de que dispunha *o poder de tomada de decisão da classe dominante*. Em nosso tempo, esse poder compete às "personificações do capital" (nas palavras de Marx) por estar *politicamente* – e até *militarmente* – assegurada a *propriedade* dos meios de produção que controlam a reprodução do metabolismo social em sua totalidade. Não causa nenhuma surpresa que isso obviamente tem de ser apresentado como em plena consonância com a "constitucionalidade" e "soberania" inquestionável, no melhor interesse de todos.

No entanto, a circunstância de que o Estado como tal sempre foi capaz de cumprir seu papel e afirmar seu poder durante várias eras até o presente, inclusive nos termos de suas determinações mais problemáticas, necessariamente autoritárias, não quer dizer que ele será certamente capaz de fazer isso indefinidamente, como proclamam os apologistas da ordem estabelecida. Longe disso. O Estado como tal e, é claro, todas as formações particulares do Estado são *inerentemente históricos* dentro dos seus limites globais estruturalmente articulados, e *fatalmente contra-históricos* (ou seja, manifestando a forma mais contraditória de historicidade) além desses limites.

Sem dúvida o Estado é histórico em sua constituição objetiva materialmente fundada e em sua determinação estrutural. A exemplo de todas as instituições humanas, o próprio Estado é historicamente produzido e mantido no curso das eras. Porém, justamente por isso, o Estado também está inevitavelmente *sujeito* às condições exigidas para tornar a si próprio *historicamente viável e sustentável* (ou não, quando começa a se encaminhar para a falência). O poder de tomada de decisão global tem de se envolver com as condições *necessariamente em mudança* da natureza historicamente moldada (incluindo a ecológica, relacionada em um sentido bem literal, com a natureza vital) de modo a assegurar as determinações permanentes do processo de reprodução social.

Isso significa, em outros termos, que o Estado enquanto o "Soberano" histo-ricamente constituído não está simplesmente na posição de impor à reprodução social, pela força, certas *necessidades históricas* em sintonia com as determinações materiais e estruturais prevalecentes do seu tempo. O Estado com certeza pode fazer isso como *um dos lados* da equação, de acordo com as condições e forças institucionais objetivamente identificáveis que por acaso prevaleçam sob dadas circunstâncias históricas.

Ao mesmo tempo, no entanto, e inevitavelmente, o Estado também é *necessariamente submisso* em um sentido contrário ao das *necessidades históricas* recém-reveladas. Isso é evidente não só quando ele *perde a sintonia* com as necessidades e condições emergentes, materialmente constituídas de sua especificidade histórica limitada – como na crise imediata de alguma formação estatal *particular*[3] –, mas tanto mais nos desafios enfrentados por suas características mais profundas, *epocalmente definidas*, e por suas determinações estruturais objetivas pelas quais afirmou seu poder durante eras; a saber, nas demandas feitas à sua capacidade abrangente enquanto *Estado como tal.*

É nesse sentido que o Estado como foi constituído na história torna-se *em nosso tempo* um *anacronismo histórico* opressivo, sob as circunstâncias de sua fase *descendente* de desenvolvimento *em dada época*. Essa mudança elementar não representa uma tendência passageira, mas uma fase *irreversivelmente* descendente de desenvolvimento, que ocorre quando o *modus operandi* do Estado, normalmente posto em vigor como algo natural, não só perde sua legitimação histórica, mas também se torna *contra-histórico* no interesse do Estado *como tal* – e não simplesmente dessa ou daquela formação particular do Estado –, *necessariamente ao falhar* no cumprimento de suas funções costumeiras de tomada de decisão global e de correção de forma historicamente viável.

As condições *que mudam conforme a época* e que, no longo prazo, *necessariamente prevalecem*, características dessa fase descendente do capital, não são simplesmente *contingências históricas* a serem superadas com certa facilidade por meio da adoção de algumas *medidas* adequadas pelo Estado, como – por exemplo – a troca das tradicionais práticas do Estado democrático liberal[4] por alguma forma ditatorial de governo, como a tomada de poder fascista por Mussolini na Itália, experimentada no passado relativamente recente da história europeia. Trata-se de *necessidades históricas* qualitativamente novas precisamente em face do seu caráter *epocalmente definido*, que sublinha a *crise estrutural séria da política como um todo* e a crise do modo tradicional de tomada de decisão global nos termos das determinações do Estado, em última análise, sempre autoritárias.

As incômodas necessidades históricas em questão, como se tornaram manifestas no domínio político, não são inteligíveis de modo algum em e por si mesmas, ao contrário do modo como são, via de regra, fixadas no interesse de conservar o esquema de avaliação e prática social legitimador do Estado. Pois, na realidade, a crise estrutural da política em nosso tempo equivale, à sua maneira, à *crise estrutural da ordem sociometabólica do capital* como um todo. Consequentemente, as *determinações epocais* dessa crise estrutural combinada suscitam a necessidade de

---

[3] Por exemplo, o Estado liberal ou o Estado fascista ou, nesse tocante, também o Estado do tipo soviético pós-revolucionário.

[4] Associado com o governo liberal de Giovanni Giolitti na Itália, em 1922.

soluções epocais, a serem conscientemente adotadas na ocasião oportuna em sintonia com as *necessidades históricas* que as instigam.

1. Formações políticas antagonísticas

O denominador comum materialmente fundado de *todas* as formações políticas antagonísticas, desde as tentativas mais antigas de construção de impérios até os "sistemas democráticos" dos dias de hoje, é a produção baseada na exploração de uma classe e a extração de mais-trabalho. Todos os sistemas políticos antagonísticos estão estruturalmente embutidos em alguma espécie de monopólio social de propriedade capaz de controlar efetivamente o modo dado de produção material e reprodução social. Sem essa forma de embasamento material, os sistemas políticos em questão seriam totalmente incapazes de se manter.

É compreensível que as formações políticas antagonísticas não sejam constituídas com o fim de eliminar ou suplantar o antagonismo de classes. Já que estão materialmente embasadas nas modalidades antagonístico-classistas de controle do processo de reprodução social e da correspondente extração espoliadora de mais-trabalho, elas têm de *preservá-las* como sua própria *base substantiva*. E elas podem fazer isso, sustentando a seu modo o monopólio da propriedade que assegura a produção – sob sua forma de viabilidade historicamente factível a qualquer tempo – em sua prevalência estrutural dada. Isso tem de ser feito não importando o grau de antagonismo com que a predominância exploradora de classe da ordem existente seja contestada pelas pessoas que realizam as necessárias tarefas produtivas. O papel *principal* da dominação antagonística deve estar, portanto, direcionado às forças sociais que podem vir a contestar o monopólio que assegura a produção dos meios sustentáveis de reprodução social, historicamente, sob as condições dadas.

Sem dúvida, controlar politicamente a ordem sociometabólica, que está materialmente estruturada de modo antagonístico, não tem como não ser antagonístico em sua determinação mais íntima. É claro que as formas particulares do controle político antagonístico podem e de fato têm de variar, das formas ditatoriais extremas às formalmente democráticas, de acordo com as circunstâncias historicamente em mutação. Do mesmo modo, como demonstram os registros históricos, até as configurações classistas particulares de dominação e subordinação estruturais variam, em sintonia com o desdobramento das mudanças históricas, das formas escravistas e feudais às burguesas. Porém, a *substância* da produção exploradora de classe e da extração de mais-trabalho tem de permanecer, associada à usurpação do poder global de tomada de decisão feita no interesse de uma classe.

Além disso, o impacto do modo de tomada de decisão global antagonisticamente embutido e assegurado não pode, por sua própria natureza, ser restringido à dimensão *interna* de dominação, como exercida sobre a classe estruturalmente subordinada de uma determinada sociedade. Essa modalidade de tomada de decisão autoimposta com sua *ilimitabilidade soberana* tem de projetar *para fora* suas aspirações de dominação. E, é claro que, por uma questão de princípio, absolutamente nenhuma força exterior pode ser admitida como força que limita legitimamente o poder autoafirmador das formações políticas antagonísticas estabelecidas sem ser percebida como *violadora* dessa "Soberania", sendo, portanto, devidamente punida[5].

É claro que as sofisticadas teorias e justificações políticas e jurídicas elaboradas em causa própria, visando a esse efeito, surgiram em um estágio relativamente tardio do desenvolvimento histórico. No entanto, a prática social antagonística e destrutiva de assegurar a expansão territorial – das conquistas tribais limitadas ao estabelecimento de vastos impérios – à custa de algum adversário ou inimigo remonta a tempos imemoriais.

Nesse sentido, deparamos um *antagonismo duplo*: o *interno* e o *externo*, sendo este último orientado para a dominação externa, que seria inconcebível sem que fosse assegurada, por meio da dominação interna *primordial*, a necessária estabilidade capaz de propiciar conquistas externas. Assim, as dimensões interna e externa da autoafirmação de todas as formações políticas antagonísticas são inseparáveis. De acordo com isso, não só a *repressão interna* da classe estruturalmente subordinada, mas também a *guerra* em escala essencialmente *ilimitável* têm de ser endêmicas a esse modo usurpador da tomada de decisão global antagonística, da qual a maioria esmagadora da sociedade deve ser *substantivamente* excluída.

Isso é assim, mesmo que, pelas pretensões *formalmente* "*legitimadas*" da "consensualidade" não existente, algumas guerras de incalculável poder destrutivo – como a relativamente recente Guerra do Vietná ou a bem mais recente Guerra do Iraque, com suas justificativas cínicas – sejam "legalmente" impostas à sociedade, como demonstrado pelo subsequente contorcionismo jurídico dos apologistas do Estado. Ao mesmo tempo, dado o predomínio da ideologia dominante, a consciência histórica em geral é afetada negativamente *em todo e qualquer país* que se encontra sob o impacto da apologética do Estado. Em parte, isso é assim porque a guerra pode atuar, e com frequência atua, de forma mistificadora sobre a memória histórica. Por essa razão, há muito a ser *esclarecido* e *retificado* na consciência histórica da humanidade, mesmo que, em *termos epocais*, a modalidade antagonística do poder de tomada de decisão global por meio das formações políticas conhecidas se converta em *anacronismo histórico* na fase irreversivelmente descendente do desenvolvimento sistêmico opressor de classe da humanidade.

---

[5] Ver, por exemplo, a discussão dos argumentos de amplo alcance de Hegel sobre o Estado-nação em diferentes partes deste estudo.

2. A crise epocal do Estado

A dimensão epocal absolutamente fundamental desses problemas – concernente à determinação estrutural antagonística que historicamente não se sustenta mais e à correspondente imposição do processo de reprodução social pelo Estado – foi conceituada pela primeira vez na história por Karl Marx. Isso se tornou possível sob as condições dos renovados levantes revolucionários em toda a Europa nos anos de 1840, que se seguiram à estabilidade relativa após as guerras napoleônicas. Naquele tempo, Marx percebeu claramente que milhares de anos de antagonismo de classes materialmente entranhado e politicamente consolidado não podem ser superados sem a suplantação radical do próprio Estado. Essa é a razão pela qual Marx defendeu, no fim de sua vida, o fenecimento do Estado, a despeito de todos os desapontamentos na evolução do movimento da classe trabalhadora que vieram à tona do modo mais desanimador possível no período de debates a respeito do Programa de Gotha.

Aqueles que negam sua incessante convicção a respeito do necessário fenecimento do Estado desde o tempo de sua mais antiga crítica ao Estado estão, cientes disso ou não, em desacordo completo não só com esse aspecto de sua concepção, mas com todo o seu pensamento. Porque a visão marxiana de que o capital ingressou em sua fase descendente de desenvolvimento, *epocalmente irreversível*, aplicou-se e continua a aplicar-se não só à economia cada vez mais destrutiva em sua relação direta com a natureza – do que Marx tinha plena consciência, bem mais do que qualquer outra pessoa do seu tempo[6] –, mas também ao sistema do capital em sua totalidade. Na visão dele, a fase descendente de desenvolvimento do capital em sua totalidade era irreversível em um sentido efetivamente epocal, independentemente de quão difícil e contraditória a plena consumação do processo histórico global, em todas as suas dimensões, se comprovaria ser.

Assim, não faria sentido isentar as formações políticas antagonísticas de tal consideração. Pois, inseparável da ordem reprodutiva diretamente material do capital, também a dimensão política ingressara em uma fase descendente epocalmente irreversível do curso histórico de sua operação. Com efeito, nenhum dos lados jamais teria podido se sustentar por si só sem o poder de apoio do outro.

---

[6] Uma excelente obra pioneira da esquerda socialista publicada a respeito desse tema é o livro de John Bellamy Foster, *Marx's Ecology: Materialism and Nature* (Nova York, Monthly Review Press, 2000) [ed. bras.: *A ecologia de Marx: materialismo e natureza*, trad. Maria Tereza Machado, Rio de Janeiro, Civilização Brasileira, 2005]; ver também John Bellamy Foster e Brett Clark, *The Ecologic Rift: Capitalism's War on the Earth* (Nova York, Monthly Review Press, 2010). Cf. uma réplica recente com fortes argumentos e rica documentação no livro de Ian Angus, *Facing the Anthropocene: Fossil Capitalism and the Crisis of the Earth System* (Nova York, Monthly Review Press, 2016).

70   *Para além do Leviatã*

Além disso, nas circunstâncias emergentes, os crescentes antagonismos materiais não poderiam ser controlados pela ordem vigente sem a correspondente transformação das medidas corretivas que se tentou impor *via* Estado por meio da articulação do imperialismo moderno globalmente cada vez mais beligerante, como pudemos testemunhar nas três últimas décadas do século XIX. O "Chanceler de Ferro", conde Otto von Bismarck, foi uma das figuras mais dominantes daquelas décadas dramáticas. E não hesitou em aliciar apoio da classe trabalhadora em seu país, para afirmar as aspirações imperialistas alemãs, com a traiçoeira colaboração secreta de Ferdinand Lassalle, que desempenhou o papel infame de dividir o movimento da classe trabalhadora alemã.

Assim, o fenecimento do Estado enquanto perspectiva que se desdobra contraditoriamente surgiu no horizonte histórico não como necessidade de derrubar o Estado capitalista, uma ideia ingenuamente superficial defendida por muitos que foram diretamente criticados por Marx. Em resposta à destrutividade fatal e à crescente intensidade própria do sistema do capital em sua totalidade, o desafio histórico se apresentou como a necessidade absolutamente vital de suplantar de modo radical todas as formas concebíveis da modalidade antagonística e alienada de tomada de decisão política global imposta pelo Estado. O poder destrutivo claramente identificável do capital no domínio material não podia ser derrotado em seus próprios e limitados termos de referência, apenas em sua esfera materialmente produtiva. Como mencionado, a sustentabilidade epocal do poder de tomada de decisão global do Estado e a preponderância material do modo de controle sociometabólico do capital estavam de pé juntos, e só poderiam cair juntos. É isso o que propôs a tarefa emancipadora fundamental – e continua a propô-la para o futuro, até que tenha sido exitosamente cumprida.

Como salientei na preleção que proferi ao receber o prêmio Deutscher Memorial, intitulada "A necessidade do controle social"[7], a crítica da própria *destrutividade* do capital, epocalmente irreversível, foi argutamente enfrentada nos escritos de Marx em um estágio bem inicial. Já no tempo em que criticou sarcasticamente Feuerbach por sua caracterização e sua idealização vazias da "natureza", Marx realçou o dano ecológico inevitável produzido pela indústria capitalista na natureza realmente existente. E, na mesma obra do início de sua produção, *A ideologia alemã*, ele sublinhou energicamente que a mudança estrutural fundamental da ordem reprodutiva social defendida por ele era concernente a um interesse histórico vital. Foi assim que Marx desenvolveu essa ideia já naquele momento em diferentes contextos, com intensidade crescente:

---

[7] Essa preleção foi escrita em 1970 e proferida na London School of Economics em 26 de janeiro de 1971.

No desenvolvimento das forças produtivas advém uma fase em que surgem forças produtivas e meios de intercâmbio que, no marco das relações existentes, causam somente malefícios e não são mais forças de produção, mas *forças de destruição*.[8]

Essas forças produtivas, sob o regime da propriedade privada, obtêm apenas um desenvolvimento unilateral, convertem-se para a *maioria* em *forças destrutivas*.[9]

Chegou-se a tal ponto, portanto, que os indivíduos devem apropriar-se da totalidade existente de forças produtivas, não apenas para chegar à autoatividade, mas simplesmente para *assegurar a sua existência*.[10]

O capitalismo experimentou uma crise econômica profunda durante os anos de 1850 e início dos anos de 1860. Tanto que até mesmo os editoriais do principal órgão teórico burguês, *The Economist*, eram escritos em tom de alarme e até de abatimento[11]. No entanto, enquanto se davam conta desse tom alarmado e até estavam tentados a alegrar-se com ele por algum tempo, um aviso de cautela era apropriado do lado socialista da cerca. Assim, Marx escreveu o seguinte, em carta a Engels:

Não há como negar que, pela segunda vez, a sociedade burguesa experimentou o seu século XVI, um século XVI que, assim espero, há de lhe tocar o dobre fúnebre do mesmo modo que a trouxe ao mundo. A tarefa propriamente dita da sociedade burguesa é a criação do mercado mundial, pelo menos em seus contornos, e da produção baseada nesse mercado. Visto que o mundo é redondo, esse processo parece ter sido consumado com a colonização da Califórnia e da Austrália e com a abertura da China e do Japão. Para nós, no entanto, a **questão** difícil é esta: no continente [europeu], a revolução é iminente e, ademais, logo assumirá um caráter socialista. Ela não será necessariamente **esmagada** neste *cantinho do mundo*, visto que o *movimento da* sociedade burguesa ainda é **ascendente** *em um terreno muito mais amplo*?[12]

É claro que essa ressalva era absolutamente necessária. No entanto, a questão crucial foi e sempre será que as reviravoltas políticas e econômicas potencialmente

---

8   Karl Marx e Friedrich Engels, "The German Idology", em *Collected Works*, v. 5 (Nova York, International Publishers, 1975), p. 52 [ed. bras.: *A ideologia alemã*, trad. Rubens Enderle, Nélio Schneider e Luciano Cavini Martorano, São Paulo, Boitempo, 2007, p. 41].

9   Ibidem, p. 73 [ed. bras.: p. 60].

10   Ibidem, p. 87 [ed. bras.: p. 73].

11   Naturalmente, Marx e Engels eram ávidos leitores do jornal *The Economist*.

12   Carta de Marx a Engels de 8 de outubro de 1858, em Karl Marx e Friedrich Engels, *Collected Works*, v. 40 (Londres, Lawrence & Wishart, 1983), p. 347 [tradução a partir do texto em inglês. Destaques de Mészáros].

72   *Para além do Leviatã*

emergentes e, em determinadas circunstâncias históricas, realmente prevalecentes, não eliminam a tendência histórica fundamental da fase descendente epocal do sistema do capital, mesmo que elas modifiquem significativamente suas condições de desdobramento e afirmação definitiva. A dificuldade inevitável, materialmente fundada nesse ponto, é que, na história realmente existente, não encontramos somente *tendências*, mas inevitavelmente também *contratendências*. E é claro que elas necessariamente interagem umas com as outras.

O que, em última análise, decide a questão é a *natureza inerente* às próprias tendências e contratendências históricas objetivas e o *caráter e a modalidade* de suas inevitáveis interações, que estão longe de poderem ser definidos como arbitrários ou fantasiosos. Visto que estamos falando da realidade materialmente fundada de tais interações, sua *reciprocidade* é caracterizada pelas *determinações objetivas*, inseparáveis de suas considerações históricas *estruturalmente relevantes*. Em outras palavras, as tendências e contratendências históricas não podem ser simplesmente apresentadas em uma relação de igualdade entre si, independentemente de seu *peso* relativo tanto estrutural como historicamente determinado, equivalente à sua *natureza inerente*. É isso que, em sua reciprocidade, acarreta um *impacto diferencial* correspondente de uma sobre a outra. E é isso que, de fato, torna algumas delas historicamente mais sustentáveis que outras, ou até faz com que algumas sejam absolutamente insustentáveis com relação à viabilidade histórica que se requer delas, não importando quanto sejam capazes de dominar uma certa ordem – com sua preponderância *contra-histórica* imposta repressivamente pelo Estado – sob as circunstâncias prevalecentes.

Captar essas difíceis relações históricas de acordo com sua verdadeira importância teórica e prática só é possível dentro do sistema conceitual de uma *dialética objetiva* materialmente fundada. Pois ignorar essa fundação material vital e descartar totalmente a dialética resultará unicamente, em termos teóricos, em tautologias vazias e, no domínio da prática social estrategicamente relevante, em nada além de irremediável desorientação. Assim, não foi nada acidental que a fatal deposição de armas feita pelo movimento social-democrata alemão, que culminou em sua desastrosa capitulação diante do imperialismo na eclosão da Primeira Guerra Mundial, foi teoricamente preparada pelo assalto neokantista ao pensamento dialético, levado a cabo por [Friedrich] Lange, [Eugen] Dühring[13] e outros, nas últimas décadas do século XIX, em completa afinidade com a subsequente promoção do revisionismo bernsteiniano.

---

[13] Engels deixou claro no prefácio de seu livro contra Dühring que a razão pela qual escreveu era que "já havia gente se preparando para difundir essa doutrina entre os trabalhadores numa versão popularizada" [Friedrich Engels, *Anti-Dühring*, trad. Nélio Schneider, São Paulo, Boitempo, 2015, p. 29].

O anacronismo histórico e a necessária superação do Estado   73

Essa operação foi conduzida com grande cinismo e hipocrisia. Os proponentes da sabedoria neokantista estavam, na aparência, esbravejando contra Hegel, mas seu verdadeiro alvo era a dialética revolucionária de Marx, que havia demonstrado as contradições insustentáveis da ordem estabelecida e estava causando um impacto considerável sobre o movimento da classe trabalhadora. Era isso que tinha de ser rejeitado pelos apoiadores da ordem estabelecida, ainda que tivesse de ser feito sob o disfarce de uma simulação pró-trabalhadores. Essa linha de ação foi adotada porque a exposição dialética marxiana das *contradições sistêmicas* do capital era concernente à crítica *materialmente vital* da ordem reprodutiva estabelecida da sociedade e de sua formação estatal. Aí está a razão pela qual a dialética tinha de ser completamente excluída pelos adversários de Marx, buscando dar uma aparência de credibilidade à própria posição.

Cito de uma carta de Marx:

> O que Lange diz sobre o método hegeliano e sobre a aplicação que faço dele é realmente infantil. Em primeiro lugar, ele não entende nada do método de Hegel e, em segundo, em consequência, muito menos ainda da minha aplicação crítica dele. [...] O senhor Lange se admira que Engels, eu etc. levamos a sério o cachorro morto Hegel, quando Büchner, Lange, dr. Dühring, Fechner etc. concordaram em dizer que eles – pobres coitados – já o enterraram há muito tempo.[14]

Nesse sentido, foi a aplicação materialista e radicalmente crítica da dialética aos antagonismos da ordem social existente que deveria ser eliminada pelos apologistas neokantistas da sociedade. Eduard Bernstein também enalteceu a mesma abordagem. Desprezou os princípios fundamentais da teoria de Marx (incluindo, em destaque, a ideia de qualquer *revolução social ou política*), sob o pretexto de que tais ideias não passam de "tábuas" de um "*palanque dialético*"[15] e que, na "sociedade moderna", elas não poderiam fazer sentido algum. Em seu livro de nível teórico espantosamente baixo, no mesmo espírito de insolência insultante com que desprezou a teoria revolucionária de Marx como nada além de "palanque dialético", Bernstein também rejeitou Marx como "pensador dualista"[16] e "escravo de uma doutrina"[17], enquanto hipocritamente elogiou da boca para fora seu "grande espírito científico"[18], sem indicar ao que de fato corresponderia esse "espírito científico" em um "mascate escravo de uma doutrina" na "sociedade moderna" idealizada. Além

---

[14] Carta de Marx a Kugelmann de 27 de janeiro de 1870, em Karl Marx e Friedrich Engels, *Collected Works*, v. 43 (Londres, Lawrence & Wishart, 1988), p. 528 [tradução a partir do texto em inglês].

[15] Eduard Bernstein, *Evolutionary Socialism* (Nova York, Schocken Books, 1961), p. 213.

[16] Ibidem, p. 209.

[17] Ibidem, p. 212.

[18] Ibidem, p. 213.

74 *Para além do Leviatã*

disso, ao adotar uma atitude paternalista arrogante em relação aos trabalhadores, Bernstein ainda pretendeu assumir a *razão moral elevada*, ao dizer: "Exatamente por esperar muito das classes trabalhadoras, eu censuro com muito mais rigor tudo o que tende a corromper seu juízo moral"[19] – e fez isso enquanto almejava cinicamente a traição moral da causa do socialismo.

Essas foram *respostas* sumamente reveladoras à crise social e política inseparável da fase epocal descendente do desenvolvimento do sistema do capital. Pois a *alternativa* histórica antagônica e *hegemônica* ao capital, o *trabalho*, tinha de ser impedida pelo próprio suposto "braço político" de assumir uma posição radical contra o sistema. Essa foi a função primordial do "socialismo evolutivo" propagandeado sem base nenhuma na realidade por Bernstein e seus seguidores. No fim, sua abordagem foi bem-sucedida, não por aproximar o falsamente postulado "socialismo evolutivo", por minimamente que seja, de sua realização, mas, pelo contrário, por destruir completamente a social-democracia alemã.

O ponto importante, em termos tanto teóricos como práticos, a ser salientado é que a própria resposta acomodativa nefasta de Bernstein etc. e o objeto de sua ação de desarme – a saber, as forças que estavam começando a se mobilizar no período de que estamos falando para enfrentar o anacronismo histórico do domínio do capital e de seu Estado repressivo – não podem ser entendidos apropriadamente em uma relação de um para um. Na verdade, há uma razão muito boa para que todos falem simplesmente em "*reciprocidade*" – e, é claro, por via de regra concebida em termos fantasiosos como "reciprocidade mutuamente equilibrada" – com relação às tendências e contratendências históricas levarem necessariamente a tautologias vazias em teoria, associadas com apologias sociais mais ou menos dissimuladas. Essa razão é que a adoção de tal abordagem ignora intencionalmente, na relação em questão – a despeito de suas determinações objetivamente dadas –, o momento ou fator de "*importância preponderante*", chamado por Marx de "*übergreifendes Moment*".

No mundo real, a resposta adotada contra seu adversário não pode reconfigurar arbitrariamente a natureza inerente à tendência histórica à qual ela deve responder. A resposta é a *resposta*, não alguma entidade ou algum complexo que se autoconstitui por inteiro e se autofundamenta tanto material quanto politicamente. Na condição de contratendência vinculada a seu tempo, que emerge de circunstâncias históricas bem determinadas, ela deve enfrentar os problemas ou perigos representados por aquilo ao qual ela é chamada a contrariar com os próprios recursos e modos de ação possível. Porém, a contratendência é, em primeiro lugar, necessariamente *dependente* das determinações objetivas da tendência à qual deve responder. Ela não pode apagar à vontade as necessidades

---

[19] Idem.

históricas dadas e estabelecer a própria necessidade incontestável sobre algum fundamento absoluto.

Com certeza, *alguns* contramovimentos podem sempre ser projetados pela ordem vigente até em uma situação de crise revolucionária extremamente grave que a ameaça. A ordem vigente tem a seu favor os imensos recursos materiais da reprodução social – que podem ser usados de diferentes maneiras contra seus oponentes – e o violento poder repressivo do Estado. Porém, tudo isso está muito longe de ser conclusivo. Pois, no caso da fase epocalmente descendente de desenvolvimento do sistema do capital, a questão real é, e necessariamente continua sendo, se as *contramedidas* de uma resposta adotada sob as condições dadas são *sustentáveis* não só para o momento, mas para um futuro *historicamente viável*.

Como sabemos da crônica histórica, a resposta do capitalismo do fim do século XIX à crise que se intensificava foi o estabelecimento do *imperialismo monopolista*, ou seja, a instituição de uma forma de imperialismo que tinha de ser bem diferente de suas antecessoras históricas no passado em um sentido crucial. Pois o novo imperialismo tinha de se reconstituir sobre *fundamentos produtivos materiais* cada vez mais *monopolistas*. Ao mesmo tempo – acumulando perigos explosivos no plano militar em escala totalmente imprevisível –, o sistema imperialista monopolista do capital foi completamente incapaz de superar os atritos militares habituais entre o punhado de poderes estatais dominantes que inevitavelmente tinham de desafiar uns aos outros, como algo inerente à natureza das formações estatais nacionais estabelecidas.

A pergunta ainda não respondida é a seguinte: essa resposta à fase epocalmente descendente de desenvolvimento do capital – tanto no campo material como no domínio político legitimado pelo Estado – é historicamente viável? Como tivemos de aprender com a amarga experiência histórica, as determinações objetivas fundamentais do imperialismo monopolista no domínio material, associadas ao fracasso sistêmico em superar os antagonismos necessários das formações estatais nacionais no plano político, acarretaram, em dado momento, a necessária erupção de *duas guerras mundiais* com suas consequências devastadoras, incluindo o extermínio de centenas de milhões de pessoas. Um recorde histórico inegável.

Assim, a resposta do sistema do capital à sua fase epocalmente descendente de desenvolvimento histórico – caracterizada pela *destrutividade* cada vez mais intensa – foi *fatalmente autocontraditória*. Pois a insustentável *destrutividade* sistêmica que sinalizou perigosamente o início da própria fase epocalmente descendente do desenvolvimento e trouxe ao palco histórico a *necessária alternativa hegemônica* ao domínio do capital foi "contra-atacada" pelo capital, mediante uma *escalada antes inimaginável da destrutividade*, tanto no domínio da reprodução material, com seu impacto incontrolável sobre a natureza, como no plano militar

76   *Para além do Leviatã*

e da repressão pelo Estado, prenunciando o perigo bastante real da autodestruição total da humanidade na eventualidade de outra guerra global. É óbvio que *nada* pode ser historicamente menos viável que isso.

3. Um Estado global coercitivo?

Contudo, não se pôde abandonar a defesa de uma solução para esses problemas por meio de alguma modalidade de *repressão* pelo Estado, nem mesmo quando as condições objetivas do intercâmbio social em escala global inevitável exigiriam, pelo contrário, uma reavaliação crítica radical da viabilidade de seu êxito. Pois, em nosso tempo, sem dúvida o requisito para a *viabilidade histórica* de longo prazo inclui no seu conceito a necessidade da *sustentabilidade global*.

No passado mais remoto, é claro que essa restrição não se impunha. Conquistas imperialistas e ações repressivas do Estado podiam ser almejadas sem levar em consideração suas implicações globais. E, mesmo no início da fase epocalmente descendente do desenvolvimento do sistema do capital, vastas áreas do planeta, com populações imensas, ainda eram deixadas para trás em um sentido materialmente produtivo. Por algum tempo, elas ofereceram ao imperialismo monopolista um escopo amplo para afirmar sua contratendência e prolongar o tempo de vida do sistema do capital.

Sem dúvida, no plano militar, a dimensão *proibitiva* dos intercâmbios antagonísticos da humanidade surgiu com as armas nucleares, logo após a Segunda Guerra Mundial. Porém, mesmo a *destrutividade material* no domínio industrialmente produtivo, que afeta também a natureza em uma escala potencialmente irreversível[20], ainda estava muito distante do que se tornou como resultado do irrompimento da *crise estrutural* do sistema do capital por meio da ativação dos seus *limites absolutos*. Assim, em nosso tempo, tornou-se *totalmente proibitiva* a recusa de abandonar a perspectiva da destruição militar em escala potencialmente global, como árbitro de última instância dos antagonismos globais necessariamente persistentes e até intensificados. De acordo com isso, nenhuma solução para as contradições antagonísticas da humanidade pode ser considerada *racional* sem que o necessário requisito de sua *viabilidade histórica* seja simultaneamente combinado com sua *sustentabilidade global*.

No entanto, não obstante o caráter absolutamente proibitivo da destruição permanente, os promotores dos interesses estabelecidos desafiam até a exigência mais elementar de racionalidade. Em vez de *atentar para as causas* dos antagonismos

---

[20] Trata-se do perigo, agora apreensivamente realçado, com referência à ameaça crescente ao próprio sistema Terra sob as condições do "*antropoceno*".

globais, a fim de superá-los em termos substantivos em sua base sociometabólica, eles defendem a escalada da *repressão* pelo Estado como o "remédio" prescrito para suas *consequências*, no espírito da fábula que manda "colocar o gênio de volta na garrafa", e fazer isso inclusive em termos globais. Assim, a noção perniciosa de "*imperialismo liberal*" – que tem o pretexto de agir contra os assim chamados "Estados falidos" – foi defendida de modo sumamente irresponsável em tempos bastante recentes, como será discutido no fim do capítulo 2. No mesmo sentido, um autor proeminente no campo da economia política burguesa, Martin Wolf, de forma arbitrária utilizou a noção autojustificadora de "comunidade global" – em nome da qual as violações mais brutais dos direitos humanos elementares são cometidas pelo imperialismo estadunidense e seus "complacentes aliados" –, insistindo que "a comunidade global também necessita da *capacidade* e da *vontade de intervir* onde os Estados falharam totalmente"[21].

Dessa maneira, são defendidas a intervenção e a repressão violenta por parte do Estado, a despeito de suas consequências potencialmente catastróficas. E ninguém sabe dizer até que ponto pode ir seu endosso agressivo. Pois até a concepção-pesadelo de um "*Estado coercitivo global*" é advogado em nome da própria – vejam só! – "racionalidade". Assim, lemos na introdução à edição do *Leviatã* de Hobbes, de autoria de G. C. A. Gaskin, publicada pela Oxford University Press, que "seria *racional* formar um Estado mundial ou, como se poderia acrescentar, em último caso uma Organização das Nações Unidas com *poderes coercitivos soberanos*"[22].

Essa noção de "racionalidade", completamente absurda, foi adotada por Gaskin a partir do artigo de Howard Warrender sobre Hobbes publicado na *Encyclopedia Americana*. Naturalmente, na raiz dessa "racionalidade" perniciosa está a fantasia beligerante de que a repressão global pelo Estado, exercida pelos Estados Unidos, seria permanentemente capaz de cumprir o papel do "poder coercitivo soberano". É claro que ninguém deve duvidar do fato de que muitos hoje acreditam nessa noção desastrosa em diversos círculos estatais poderosos de tomada de decisão, especialmente nos Estados Unidos. Em torno do fim do último milênio, os propagandistas agressivos do poder irrestrito dos Estados Unidos diziam que o século XX foi o "*século norte-americano*" e que, a partir de então, todo o novo milênio será o "*milênio norte-americano*". Isso traz à lembrança as projeções de *sir* Winston Churchill de que o *Império Britânico* – o qual ele presidia naquele tempo – manteria sua glória "pelos próximos mil anos".

---

[21] Martin Wolf, *Why Globalization Works? The Case for the Global Market Economy* (New Haven, Yale University Press, 2004), p. 320.

[22] G. C. A. Gaskin, "Introduction", em Thomas Hobbes, *Leviathan* (Oxford, Oxford University Press, 1991), p. xlii-xliii.

78   *Para além do Leviatã*

Porém, há algumas questões preocupantes que devem ser enfrentadas nos termos do projetado "Estado Coercitivo Global":

1. Como seria possível conseguir a assombrosa soma de recursos materiais exigida, tanto em escala *global* como em base *contínua*, para esse "Estado Coercitivo Global", em um tempo em que experimentamos a não admitida *bancarrota* dos Estados capitalistas mais poderosos; no caso dos Estados Unidos, essa bancarrota se aproxima da cifra de *20 trilhões* de dólares;

2. Não seria *absolutamente proibitivo* o *custo* de sua ação destrutivamente coercitiva, da qual ficaram evidentes algumas amostras relativamente pequenas – já em sua magnitude proibitiva – no Vietnã, Afeganistão e Iraque? Bem antes da humilhante derrota na Guerra do Vietnã, o general Eisenhower fez ouvir sua crítica aos gastos militares inexoravelmente crescentes e que representam um desperdício catastrófico. Ele fez isso numa época em que "*o buraco negro econômico*" nos Estados Unidos ainda estava muito distante da agora inegável cifra astronômica;

3. Acima de tudo, quando os teóricos da repressão agressiva por parte do Estado começarão a *admitir* que o *significado primordial de Soberania* – baseada no *fundamento objetivo* de sua determinação necessária – é o *domínio interno* necessário sobre os membros estruturalmente subordinados de um dado Estado-nação? Qualquer projeção de Soberania *para fora*, com o propósito de reprimir o antagonismo *interestatal* encontrado e representado por algum outro Estado, deve ter a *dominação interna assegurada* como precondição de sua ação potencialmente exitosa. Além disso, ela não pode ter essa dominação interna simplesmente de acordo com a "*Teoria política do individualismo possessivo*"[23]. Todo o assim chamado "*individualismo* possessivo" no domínio da Soberania tem de ser constituído como predomínio *repressor de classe* sobre aqueles que foram estruturalmente privados da propriedade do controle da produção. Sem isso, ele não fará sentido.

Assim, é totalmente destituída de sentido a suposição de que o "Estado Coercitivo Global" *politicamente* projetado – situado nas Nações Unidas ou onde quer que seja – poderia exercer as funções coercitivas que foram projetadas para ele, sem atentar para e eliminar os *antagonismos internos* que certamente serão

---

[23] Ver C. B. Macpherson, *The Political Theory of Possessive Individualism* (Oxford, Oxford University Press, 1962) [ed. bras.: *A teoria política do individualismo possessivo*, trad. Nelson Dantas, Rio de Janeiro, Paz e Terra, 1979].

gerados no nível da reprodução material de países particulares. Pois o requisito elementar nesse ponto é a superação radical do *antagonismo interno repressor de classe* substantivamente embutido e hierarquicamente consolidado na ordem sociometabólica estabelecida.

4. As barreiras estruturais diante da igualdade

Por um tempo bastante longo na história, pareceu ser possível desprezar a oposição ao antagonismo social, desde que a imposição autoritária da ordem pudesse prevalecer. Na França, por exemplo, os plebeus do Terceiro Estado[24], constituídos, no estágio inicial do desenvolvimento capitalista, predominantemente pelas forças burguesas – que, por algum tempo, foram bem-vindas junto aos outros dois estados na Assembleia Consultiva Nacional[25], o clero e a nobreza –, puderam ser facilmente ignorados pelo poder monárquico autoritário mediante a não convocação dessa Assembleia, de 1614 até a explosão da Revolução Francesa, em 1789. Ironicamente, no entanto, na época da Revolução, grandes massas de trabalhadores incharam consideravelmente as fileiras do Terceiro Estado, criando com isso problemas imensos para o futuro. Com efeito, aquelas grandes massas desempenharam um papel seminal na fase inicial da Revolução Francesa.

Alguns dos grandes vultos intelectuais do Iluminismo do século XVIII tentaram oferecer uma solução para os crescentes problemas sociais e políticos sem defender uma mudança social importante. Isso foi possível graças à sua visão paradoxal de que a promoção da razão estava comprometida com um sistema natural de igualdade e justiça mediado pelo poder produtivo material do capital. Assim, Adam Smith, por exemplo, argumentou energicamente a favor dessa visão iluminista:

> Já que cada indivíduo procura, na medida do possível, empregar seu capital em fomentar a indústria *doméstica* e dirigir de tal maneira essa atividade que seu produto tenha o máximo valor possível, cada indivíduo necessariamente se esforça por aumentar ao máximo possível a renda anual da sociedade. Geralmente, na realidade, ele não tenciona promover o interesse público nem sabe até que ponto o está promovendo. Ao preferir fomentar a indústria doméstica e não a indústria estrangeira, ele tem em vista apenas a própria segurança; [...]. Ao perseguir os próprios interesses, o indivíduo

---

[24] *"Le Tiers État."*
[25] Os *"États Généraux"* ["Estados Gerais"].

muitas vezes promove o interesse da sociedade de modo muito mais efetivo do que quando tenciona realmente promovê-lo.[26]

Graças a essa crença firme na harmonia entre interesse individual a serviço de si mesmo e a própria natureza nos termos do bem público em geral, Adam Smith não hesitou em *excluir* não só os políticos individuais, mas até as instituições políticas existentes da administração benéfica para todos do sistema produtivo, que, a seu ver, não deveria sofrer interferência. Ele argumenta da seguinte maneira:

O estadista que tentasse orientar pessoas particulares sobre como devem empregar seu capital não somente se sobrecarregaria com uma preocupação altamente desnecessária, mas também assumiria uma autoridade que seguramente não pode ser confiada nem a uma pessoa individual nem mesmo a *alguma assembleia ou conselho*, e que em lugar algum seria tão perigosa como nas mãos de uma pessoa com insensatez e presunção suficientes para imaginar-se capaz de exercer tal autoridade.[27]

No entanto, com a irrupção da Revolução Norte-Americana e da Revolução Francesa, ficou claro que não bastou marginalizar a velha ordem política. Algo muito diferente teria de ser posto em seu lugar também no domínio político em vista da intensificação dos antagonismos de classes. Pois, na própria Revolução Francesa, as grandes massas de trabalhadores – que constituíam a maioria da sociedade – começavam a afirmar os próprios interesses de classe com os inevitáveis conflitos com a burguesia.

Nesse sentido, com o desdobramento da Revolução Francesa, havia se tornado, no mínimo, extremamente problemático o modo tradicional de tratar esses problemas em tempos de importantes crises na história – isto é, substituindo um tipo de *pessoal dominante* por outro, por exemplo, o tipo proprietário de escravos por sua variante feudal, sem mudar radicalmente a modalidade estruturalmente consolidada da própria opressão de classe. E aquela dimensão social fundamental da necessidade de mudança social que poderia envolver positivamente as grandes massas do povo trabalhador *nunca* mais desapareceu dos antagonismos sociais. Pelo contrário, revoluções importantes ocorridas nos séculos XIX e XX continuaram a reativá-la, cada vez mais perto de uma escala verdadeiramente global, a despeito de reveses e derrotas temporários.

---

[26] Adam Smith, *The Wealth of Nations* (Nova York, Random House, 1965), p. 423 [ed. bras.: *A riqueza das nações*, trad. Luiz João Baraúna, São Paulo, Nova Cultural, 1996, p. 438. Destaques de Mészáros].

[27] Idem [ed. bras.: idem. Destaques de Mészáros].

O anacronismo histórico e a necessária superação do Estado   81

Antes da Revolução Francesa, o mais radical dos intelectuais franceses, Jean-Jacques Rousseau, já tentara salientar a irreprimível dimensão socioestrutural do antagonismo em questão. Caracterizou de modo extremamente sarcástico o estado de coisas existente entre a ordem vigente e aqueles que sofriam por causa dela:

> Os termos do contrato social entre esses dois estados do homem podem ser resumidos em poucas palavras: "Você precisa de mim, porque eu sou rico e você é pobre. Façamos, portanto, um acordo. Eu lhe darei a honra de servir-me, desde que você me transfira o pouco que tem em compensação pelo esforço que eu preciso fazer para dar-lhe ordens".[28]

A parte mais importante da solução proposta por Rousseau foi a adoção da *vontade geral* como caminho para regular a tomada de decisão fundamental em conformidade com a promoção da razão que poderia contrapor-se à destrutividade antagonística. A ideia advogada por ele permaneceu de longe a parte mais seriamente discutida e defendida de sua visão até nossos dias, a despeito de toda a deturpação. Rousseau também deixou absolutamente claro que não se poderia sustentar por si só a ideia de *Liberdade* contra aqueles que estavam ignorando a demanda por igualdade social. De fato, ele até afirmou categoricamente que a *"liberdade não pode existir sem a igualdade"*[29]. O grande *Libertador* da América do Sul do domínio espanhol, Simón Bolívar, afirmou de modo convincente, em suas ações, a crença na igualdade no espírito de Rousseau, a despeito da feroz oposição movida pelo interesse social estabelecido, inclusive de parte dos que estavam a seu lado.

Como sabemos, Rousseau já estava morto quando eclodiu a Revolução Francesa. Mesmo assim, ele havia prenunciado sua vinda ao advertir: "Tal revolução parece-me infalível. Todos os reis da Europa trabalham concertadamente para acelerá-la"[30]. No entanto, também na teoria de Rousseau permaneceu o grave problema de que o antagonismo social fundamental em questão era inseparável da propriedade privada controladora da produção, que *excluía* a esmagadora maioria das pessoas. Foi isso que exigiu uma resposta *estruturalmente* diferente daquela que podia ser fornecida inclusive pelo sistema teórico radical desse pensador.

As premissas fundamentais do sistema de Rousseau foram a aceitação da *propriedade privada* como fundamento sagrado da sociedade civil e a *"condição média"* – seu modo de introduzir a igualdade social – como a única forma válida,

---

[28] Jean-Jacques Rousseau, *The Social Contract and Discourses* (Londres, J. M. Dent, 1913), p. 281 [ed. bras.: *Tratado sobre a economia política*, trad. Sérgio Bath, São Paulo, Imprensa Oficial do Estado, 2003, p. 37].

[29] Ibidem, p. 45 [ed. bras.: *Do contrato social*, trad. Lourdes Santos Machado, São Paulo, Nova Cultural, 1997, p. 127].

[30] Ibidem, p. 40 [ed. bras.: *Do contrato social*, cit., p. 117].

82 *Para além do Leviatã*

a seu ver, de *distribuição* adequada à propriedade privada sagrada. Rousseau formula seu argumento nos seguintes termos:

> É certo que o *direito à propriedade* é o mais sagrado de todos os direitos da cidadania, sendo até *mais importante* em alguns aspectos do que a *própria liberdade*. [...] A propriedade é o verdadeiro fundamento da sociedade civil e a garantia real dos empreendimentos dos cidadãos: pois se a propriedade não pudesse responder por ações pessoais, nada seria mais fácil do que evadir-se de deveres e rir-se das leis.[31]

No que se refere à "condição média", de acordo com Rousseau, sua necessidade era inerente aos requisitos da própria vida social. Assim ele formulou esse ponto:

> Sob maus governos essa igualdade é somente aparente e ilusória; serve só para manter o pobre na sua miséria e o rico, na sua usurpação. Na realidade, as leis são sempre úteis aos que possuem e prejudiciais aos que nada têm, de onde se segue que o estado social só é vantajoso aos homens quando *todos eles têm alguma coisa e nenhum tem demais*.[32]

O que faltou à nobre visão de Rousseau foi uma noção defensável do *dinamismo autoexpansionista* incontrolável do capital (que foi mais bem compreendido por Adam Smith e outros economistas políticos burgueses) e das necessárias *relações materiais de poder* que necessitavam acompanhar a autoexpansão preponderante do capital. Em consequência, toda conversa a respeito da "condição média" ingenuamente equitativa cedo ou tarde só poderia ser descartada pelo desenvolvimento histórico real como fantasia utópica. Pois nunca era suficiente – nem poderia ser, mesmo que remotamente suficiente no futuro – defender, não importando quão genuínas fossem as boas intenções, uma *distribuição* mais equitativa da riqueza, sem definir claramente a modalidade de sua *produção*. Nesses assuntos, a questão da *produção* sempre desempenha o papel do anteriormente discutido "momento ou fator de importância preponderante" (o *übergreifendes Moment* de Marx). Isso porque a produção que se aceita sem contestação facilmente prejulga a distribuição que pode ser admitida em favor de sua própria perpetuação.

5. Igualdade formal *versus* igualdade substantiva

No tempo em que o grande filósofo iluminista alemão Immanuel Kant se debatia com esses problemas, bem depois da eclosão da Revolução Francesa, a explosão

---

[31] Ibidem, p. 27 [ed. bras.: *Tratado sobre a economia política*, cit., p. 28. Destaques de Mészáros].
[32] Ibidem, p. 22 [ed. bras.: *Do contrato social*, cit., p. 81, n. 5. Destaques de Mészáros].

O anacronismo histórico e a necessária superação do Estado   83

social e a violência militar engolfaram não só França, mas também boa parte da Europa, com a tendência temível de tomá-la por completo. Assim, Kant ofereceu sua alternativa ao permanente derramamento de sangue nestes termos:

> A comunidade mais estreita ou mais ampla de todas as nações da Terra progrediu de tal maneira que a violação da lei e do direito em um lugar da Terra é sentido em todos. Diante disso, a ideia de um *direito cosmopolita ou mundial* não é nenhum modo fantasioso e *utópico* de ver o direito, mas um complemento necessário do código não escrito, tanto do direito de Estado como do direito internacional, para fazer dele um direito público dos homens em geral. Somente sob essa condição podemos nos comprazer de estar continuamente nos aproximando da *paz perpétua*. O que proporciona essa garantia é nada menos que a grande artista natureza (*natura daedala rerum*), em cujo curso mecânico transparece visivelmente uma *teleologia*: fazer prosperar a *concórdia por meio da discórdia dos homens, mesmo contra a vontade deles*. [...] A relação e a integração desses fatores no fim (o fim moral) que a *razão prescreve diretamente* são muito sublimes na teoria, mas *axiomáticas* e bem-fundadas na prática, por exemplo, com respeito ao conceito do *dever de paz perpétua* promovido por aquele *mecanismo*.[33]

Desse modo, Kant foi perspicaz ao sublinhar que sua solução para as contradições aparentemente insanáveis não era, de sua parte, nada parecida com um devaneio ou o assentimento a um mundo utópico irrealizável. Ele insistiu que, a seu ver, estávamos de fato testemunhando, em uma forma paradoxalmente violenta, *a teleologia da natureza* (uma espécie de Providência) visando ao *fim moral* prescrito pela própria razão contra – mas, de uma maneira estranha, precisamente *mediante* – os fins egoístas almejados pelos indivíduos uns contra os outros. Assim, ele estendeu a razão – qualificada dessa maneira – ao domínio moral e o fez com referência não só à ideia da teleologia da natureza, mas também ao *mecanismo* da natureza projetado para promover o *dever da paz perpétua*. Adotando o espírito de Rousseau em um sentido bem estrito, Kant tentou precisamente abraçar a ideia da vontade geral, desde que pudesse ser remediado o que ele chamou de seu caráter "impotente na prática". Foi dessa forma que Kant tentou alcançar aquela transformação com seu complemento à demanda da razão:

> A *natureza* vem em auxílio da *vontade geral* fundada na razão, venerada, mas *impotente na prática*, e precisamente mediante aquelas *inclinações egoístas*, de modo que

---

[33] Immanuel Kant, "Eternal Peace", em *The Philosophy of Kant: Immanuel Kant's Moral and Political Writings* (Nova York, Random House, 1949), p. 448-9 [ed. bras.: *À paz perpétua*, trad. Marco Zingano, Porto Alegre, L&PM, 2008. Tradução a partir do texto em inglês. Destaques de Mészáros].

84 *Para além do Leviatã*

só o que se precisa é *organizar bem o Estado* (o que de fato está dentro da capacidade humana) e direcionar essas forças *uma contra a outra* de tal modo que *uma equilibre a outra* em seu efeito devastador ou até a suprima. Em consequência, o resultado para a razão é *como se* as duas forças egoístas fossem *não existentes*. Desse modo, o homem, mesmo que não seja moralmente bom, é forçado a ser um *bom cidadão*.[34]

Naturalmente, os desenvolvimentos históricos reais se recusaram a adaptar-se ao esquema nobre, mas totalmente utópico de Kant, a despeito do alegado "mecanismo natural", que supostamente converte as forças direcionadas umas *contra* as outras em um resultado que efetivamente as *equilibra*, visando à *boa cidadania* universalmente prevalecente em harmonia com o fim moral. A guerra e a destruição militar continuaram por décadas, inclusive no contexto francês e europeu pós-revolucionário, entre 1795, ano em que Kant escreveu seu artigo sobre a paz perpétua, e o fim das guerras napoleônicas, e elas *nunca* deram a impressão de deixar de exercer influência cada vez mais forte sobre as atividades humanas até nossos dias. Pois, alguns anos após a Primeira Guerra Mundial, as pessoas continuaram a falar sobre ela em um sentido genuinamente crítico, mas muito ingênuo, como tendo sido "*a guerra para acabar com todas as guerras*". Porém, a realidade brutalmente instrutiva foi que, *duas décadas* depois, as forças antagonisticamente divididas da humanidade estavam lutando umas contra as outras em mais uma *guerra global*. E, em nosso tempo, em vez da garantia da "paz perpétua", a certeza da autodestruição total da humanidade – com as armas nucleares, químicas e biológicas de destruição em massa – foi o único elemento que se acrescentou aos perigos explosivos da nossa ordem sociometabólica antagonística, sujeita à estrutura de comando final do nosso Estado historicamente anacrônico, na eventualidade de outra guerra global.

No esquema do próprio Kant, tudo permanece dentro do *domínio político*, não obstante as nobres exortações morais do filósofo alemão e o mecanismo teleológico da natureza postulado por ele. O que deixava todos esses esquemas completamente sem perspectiva era o fato de as *determinações estruturais materiais* da ordem reprodutiva social estabelecida não poderem ser submetidas a qualquer *crítica substantiva* no interesse de uma mudança qualitativa sustentável.

Essa foi a razão por que a "lei cosmopolita ou mundial" projetada – reavivada no século XX, inclusive em algumas variantes institucionais, a exemplo da Liga das Nações – permaneceu precisamente "um modo fantasioso e *utópico* de se ver o direito", a despeito da negação eloquente desse fato pelo próprio Kant. Pois, na realidade, até as leis decretadas com a maior solenidade possível podem ser – e, via de regra, de fato são – torcidas e reviradas com a maior facilidade, postas a

---

[34] Ibidem, p. 452-3 [ed. bras.: p. 50. Tradução a partir do texto em inglês. Destaques de Mészáros].

serviço de interesses diametralmente opostos, sempre que as *determinações materiais* subjacentes o exigem.

A contradição insuperável nesse ponto foi – e ainda é – a supressão fantasiosamente prevista da dimensão *material* dos antagonismos sociais e a tentativa de transformá-los em determinações e diferenciações meramente *formais*, sob a autoridade presumida da lei estipulada.

Kant já havia articulado com muita clareza essa linha de abordagem, associada a uma analogia incorretamente presumida com uma espécie de ordem "natural" assombrosamente desigual. As palavras com que tenta justificar o injustificável são estas:

> O bem-estar de uma pessoa pode depender em grande medida da vontade de outra pessoa, exatamente do mesmo modo que os pobres dependem dos ricos e aquele que é dependente tem de obedecer ao outro como uma criança obedece a seus pais, ou a esposa obedece ao marido ou, então, exatamente do mesmo modo que um homem dá ordens a outro, que um homem serve e outro paga etc. No entanto, todos os *sujeitos* são *iguais* entre si *perante a lei* que, como declaração da *vontade geral*, só pode ser uma. Essa lei concerne *à forma e não ao conteúdo do objeto* com respeito ao qual eu possa ter um direito.[35]

Certamente ninguém em seu juízo perfeito pediria às mulheres de hoje que obedecessem a seus maridos da forma que Kant presumiu que fosse correto; nem de fato ordenaria aos membros da classe estruturalmente subordinada a "obedecer aos ricos que lhes pagam", no espírito da visão kantiana virada de cabeça para baixo da ordem reprodutiva material. Porém, podemos falar hoje da *realidade substantiva* da igualdade legalmente proclamada de homens e mulheres em nossa sociedade? Ou poderíamos considerar, mesmo que por um momento, justas e apropriadas as monstruosas desigualdades substantivas em todos os domínios de nossa sociedade apenas porque a lei as abençoa?

Tragicamente, no entanto, Kant provou estar certo ao dizer que o sistema da lei imposto pelo Estado prevaleceu – e continua a prevalecer – no sentido de que a "igualdade dos cidadãos como sujeitos" reconhece apenas a *"forma e não o conteúdo"* das questões vitais a respeito das quais uma solução radicalmente diferente constitui um imperativo absoluto. É por isso que a "igualdade dos cidadãos" ainda se reduz ao "direito igual" de periodicamente jogar um pedaço de papel dentro da urna eleitoral, por meio do qual os eleitores *abdicam* de seu poder de tomada de decisão em favor da ordem vigente.

---

[35] Ibidem, p. 418 [tradução a partir do texto em inglês. Destaques de Mészáros].

86   *Para além do Leviatã*

Assim, Kant foi bem-sucedido em "remediar" o "caráter ineficaz na prática da vontade geral de Rousseau", esvaziando-a do seu conteúdo material e convertendo-a em um dispositivo meramente formal da lei pretensamente equitativa. Nessa linha, espera-se que nós também esqueçamos que, de acordo com o próprio Rousseau, "as leis sempre são úteis aos que possuem e prejudiciais aos que nada têm", como visto[36]. Assim, Kant não teve nenhuma dificuldade em decretar o seguinte: "A *igualdade geral* dos homens como sujeitos em um Estado coexiste muito facilmente com a *suprema desigualdade* nos graus das posses que eles têm"[37].

6. O poder substantivo de tomada de decisão

Porém, chegamos aqui a uma questão absolutamente fundamental para nosso tempo. Formular essa questão de importância seminal em termos de posses materiais desigualmente distribuídas, como costumam fazer autojustificando-se até mesmo alguns dos maiores pensadores do Iluminismo, como visto com o exemplo de Immanuel Kant, é o mesmo que "*pôr o carro à frente dos bois*", de modo que ele não pode – e justamente não deveria – mover-se para a frente de jeito nenhum. Pois o modo como as posses materiais são repartidas entre os indivíduos, bem como pelas classes sociais, é necessariamente *dependente* de um conceito muito mais fundamental de *posse*. E essa posse abrangente se afirma também como o poder capaz de distribuir a grande variedade de posses materiais entre as pessoas.

É esse conceito fundamental de posse que tem a primazia em relação a essas questões, atingindo diretamente também o âmago do tema da igualdade significativa, em contraste com a redução tanto da posse substantiva como da igualdade substantiva a determinações *formais* tendenciosamente exploradoras de classe por parte dos indivíduos sociais. Esse conceito absolutamente decisivo só pode ser definido assim: *posse do poder de tomada de decisão* pelos indivíduos sociais em um sentido *substantivo*, e não meramente formal, a respeito de todos os assuntos de suas vidas.

No curso da história, como a conhecemos, prevalecendo em sua modalidade antagonística da reprodução sociometabólica, esse poder *substantivo* fundamental de tomada de decisão foi alienado do organismo social e exercido, em última instância, pela estrutura de comando do Estado, de um modo necessariamente *usurpador*. Na condição de estrutura de comando global sobreposta de maneira inevitavelmente hierárquica – para perpetuar a ordem sociometabólica antagonística estabelecida –, o Estado *não podia nem pode* operar de outra forma, não importando quanto possam

---

[36] Jean-Jacques Rousseau, *The Social Contract and Discourses,* cit., p. 22 [ed. bras.: *Do contrato social,* cit., p. 81, n. 5].

[37] Immanuel Kant, *The Philosophy of Kant,* cit., p. 417 [tradução a partir do texto em inglês. Destaques de Mészáros].

ser destrutivas as consequências, até mesmo *guerras globais*. E permanece a verdade trágica de que a *posse substantiva do poder de tomada de decisão nunca* foi devolvida aos indivíduos sociais; nem mesmo quando o proclamado "*novo tipo de Estado*" prometeu fundar sua legitimação social radicalmente diferente sobre essa base.

De maneira significativa, Kant falou dos "*graus* de posses que os homens têm", afirmando ao mesmo tempo a plena compatibilidade de sua "*suprema desigualdade*" com a vontade geral de Rousseau, esvaziada de seu conteúdo material. No entanto, o requisito dos *graus* se aplica apenas ao tipo de posses materiais desiguais defendido por Kant e outros. O problema real que resulta absolutamente insuperável pelo dispositivo reducionista formal de Kant – ou mesmo por qualquer outro –, incluindo a mais fomentada ficção do "Estado democrático equitativo" e sua urna eleitoral, é que *não pode haver graus da mais vital das posses* em questão. Porque esse tipo absolutamente fundamental de posse é equivalente ao *poder substantivo de tomada de decisão* pelos indivíduos sociais a respeito de todos os assuntos de suas vidas. É isso que foi alienado, ao longo da história, do organismo social desde a constituição de *órgãos separados de tomada de decisão global* na grande variedade de formações do Estado.

Na verdade, ou *temos* ou *não temos* esse poder *substantivo* – isto é, que não seja uma formalidade vazia e nula na realidade – de tomada de decisão. Falar apenas de seus *graus* é autocontraditório, como seria se tentássemos fazer o mesmo no caso de "graus de igualdade substantiva". Pois, se temos somente algum *grau* de tomada de decisão substantiva, levanta-se inevitavelmente a pergunta: quem tem o restante? E o significado dessa pergunta na forma de uma resposta evidente por si mesma é que, quem quer que o tenha, *não somos nós*! De fato, na realidade não o temos porque – por uma questão da determinação *sistêmica* estruturalmente consolidada da nossa ordem sociometabólica *antagonística* – o *próprio Estado usurpa esse poder de tomada de decisão*, em sua modalidade sobreposta de operar como a *estrutura de comando global* da tomada de decisão social. Além disso, o que torna as coisas ainda mais difíceis nesse tocante é a necessidade, historicamente determinada, segundo a qual a usurpação do poder de tomada de decisão global pelo Estado não é um processo arbitrário de "excessos estatais" que pode ser corrigido por alguma intervenção iluminada no próprio *domínio político*. Pela duração de sua necessidade histórica – definida pelo próprio desenvolvimento histórico em progresso como uma "necessidade *evanescente*"[38] –, o Estado *tem o mandado* para ser o usurpador da tomada de decisão global de parte das *determinações antagonísticas estruturalmente consolidadas* da nossa ordem sociometabólica historicamente constituída. É isso que

---

[38] "*Eine verschwindende Notwendigkeit*", em Karl Marx, *Grundrisse*, cit., p. 832 [ed. bras.: *Grundrisse. Manuscritos econômicos de 1857-1858: esboços da crítica da economia política*, trad. Mario Duayer e Nélio Schneider, São Paulo, Boitempo, 2011, p. 706].

88   *Para além do Leviatã*

precisa ser radicalmente alterado em seus *fundamentos causais*, se quisermos enxergar uma solução historicamente viável para nossos antagonismos com potencial para a destruição total.

Todas as formações estatais na história reivindicaram esse poder de tomada de decisão global a respeito de assuntos *substantivos*, de um *modo* correspondentemente *substantivo*, não importando quais sejam a racionalização e a legitimação ideológicas "formalmente equitativas" de suas ações. É também característico de todas as formações estatais na história que as violentas confrontações antagonísticas com as fronteiras dos seus rivais fossem endêmicas a seu modo definitivo de tomada de decisão. O capital não inventou as guerras, do mesmo modo que não inventou a exploração do mais-trabalho. Mas ele, com certeza, criou as condições para as *guerras globais absolutamente proibitivas*, e isso não só na forma dos armamentos agora de fácil acesso, com poder de destruição total, mas principalmente por meio da *globalização materialmente invasiva* de suas estruturas reprodutivas, que não pode ser igualada por nenhuma formação estatal global. O anacronismo histórico do próprio Estado sobre a base material persistentemente antagonística do sistema do capital é o concomitante necessário de tais desenvolvimentos.

No período entre as duas guerras mundiais do século XX, ainda era possível sonhar com a eficácia de algum tipo de liga das nações kantiana a serviço da "paz perpétua", mas não por muito tempo. Agora, os "realistas do poder" só conseguem projetar a solução-pesadelo de um *Estado coercitivo global.*

Há outro modo de superar radicalmente essa destrutividade antagonística quando sua perpetuação sob a legitimação estatal imposta se torna suicida para a humanidade? Essa é a questão absolutamente vital que pede uma resposta urgente em nosso tempo.

2
A liberdade é parasita da igualdade

A *base explicativa* final da *tomada de decisão política* separada/alienada no decurso da história – em outros termos, sua *fundamentação causal* trans-historicamente recorrente e reimposta – é a *expropriação do mais-trabalho na sociedade de classes*. Essa tem de ser a *precondição* estruturalmente consolidada, imposta a todo custo e assegurada de todos os modos possíveis, da reprodução permanente de todas as sociedades desse tipo. Acontece que a mesma determinação também é a razão principal pela qual, em tempos de *crises periódicas* maiores e até de "*derrubada*" de qualquer uma das formas de sociedades desse tipo, prevalece somente a "*troca de pessoal*". Esse é o caso até quando a *forma* dada (por exemplo, a feudal) é *transmutada* em outra *forma* (a saber, a burguesa), enquanto retém sua *substância exploradora de classe* – isto é, expropriadora de mais-trabalho.

Assim, testemunhamos as transformações da forma *escravista* para a forma *feudal* e da *feudal* para a *capitalista*. Também *no interior* das formações capitalistas, temos sido confrontados com mudanças de uma variedade de formas *ditatoriais* para outras politicamente *democráticas* ou, de maneira reveladora, na direção contrária. Altamente sugestivo nesse último aspecto é o tipo de "vaivém" periódico de mudança entre a *democracia* e *ditaduras* mais ou menos duradouras. Pois, a despeito das costumeiras justificações e racionalizações ideológicas da democracia, não se pode permitir que algo interfira significativamente no processo de reprodução social *substantivamente explorador de classe* sob a distribuição discriminatória privilegiada de mais-trabalho, característica de todas as formações sociais em que interesses e antagonismos de classes devem prevalecer. No curso do desenvolvimento histórico, em certos momentos torna-se necessário adotar algumas contingências políticas promissoras que apontem na direção de uma mudança potencialmente substantiva. No entanto, via de regra, elas têm de ser retiradas sempre que ameaçam o predomínio da modalidade antagonística classista da expropriação de mais-trabalho.

90   *Para além do Leviatã*

O gênio filosófico de Aristóteles, por exemplo, é capaz de oferecer uma ampla paleta de descrições classificadoras da *Politeia* (isto é, modos de governo politicamente exercido ou "constituição" no sentido moderno), mas nenhuma *explicação causal*, qualquer que seja, referente a *por que* e *como* elas são geradas e *por que* diferem ou mudam. Obviamente, em sua época, na Grécia Antiga, não era possível ter uma concepção das formações de classe exploradoras de mais-trabalho que deviam prevalecer também no domínio político.

De modo similar, o gênio filosófico de Hegel pôde caracterizar o desenvolvimento histórico nos termos de um progresso/desdobramento da *liberdade* (ligado por definição, em sua filosofia, ao desdobramento e ao progresso da *Razão*), mas nenhuma explicação, qualquer que seja, do seu *porquê*, a não ser a assunção declamatória dos "caminhos de Deus", a *thaeodicaea* [teodiceia] do *Weltgeist* [Espírito do Mundo]. Nos dois casos, notamos a total ausência determinada pela classe de qualquer simpatia pela *igualdade substantiva*.

A *relação substantiva* entre igualdade e liberdade é um dos maiores problemas na própria história, bem como em suas conceituações na filosofia. Não causa surpresa que, na filosofia idealista, essa relação vital seja apresentada de maneira sumamente problemática. No entanto, não importando quanto ela tenha de ser tendenciosamente ignorada ou transfigurada sob as formas prevalecentes do interesse de classe, na verdade, a chave para a compreensão do "*progresso da liberdade*" projetado em termos idealistas é a consecução, *que se desdobra em termos objetivos/materiais*, do *tipo e do grau de igualdade* historicamente emergentes. Pois, em qualquer de suas formas historicamente identificáveis, a "liberdade" é necessariamente *parasitária* na forma realmente dada e na margem de *igualdade*. Em outras palavras, a natureza e o grau alcançáveis da própria liberdade são *factíveis* – e, nessa linha, também realmente significativos – na *margem* mais ou menos limitada da forma e do grau alcançados (ou, de qualquer modo, *alcançáveis* sob as condições dadas) da igualdade substantiva, materialmente factível e historicamente sustentável. Enfatizar essa condição é e permanece sendo uma consideração absolutamente vital tanto em relação à avaliação do passado histórico como tendo em vista nosso futuro.

É da maior relevância lembrar, nesse sentido, o discurso de Ciro, o Grande, aos "comuns", como registrado em crônica por Xenofonte. Essas foram as palavras mais notáveis do jovem guerreiro e futuro rei da Pérsia:

> Persas, vós que nascestes e crescestes no mesmo país em que nós [nobres] nascemos, que possuís corpos em nada inferiores aos nossos, é preciso que tenhais almas tão boas quanto as nossas. Contudo, embora sejais esse tipo de homens, na pátria não gozais de igualdade conosco, excluídos que estais não por nós, mas pela necessidade de prover vossa subsistência diária. Mas agora, com a ajuda dos deuses, tomarei providências

para que a tenhais; e vós, se quiserdes, podereis pegar em armas como as que temos, assumir conosco os mesmos riscos e, se alguma coisa nobre e boa resultar disso, ser dignos das mesmas recompensas.[1]

Não é preciso dizer que são as circunstâncias históricas objetivas que devem dar a última palavra e não Ciro, o Grande, não obstante a sua grandeza. Pois em sua sociedade, como em todas as sociedades de classes, a questão crucial sempre foi: o que acontece com a posição social e economicamente subordinada do povo quando os "comuns", considerados iguais por decreto do futuro rei, como eram de fato iguais em sua humanidade substantiva, reconhecida de forma apropriada por Ciro, tivessem de voltar da guerra para casa? A "liberdade" e o privilégio concedidos a eles anteriormente, igualando-se aos de seus nobres, eram tanto requeridos – em função do sucesso militar – como condicionados pela igualdade substantiva objetivamente disponível e pelos próprios limites das condições dadas. Mas não podiam ser *generalizados* como a normalidade historicamente factível de sua sociedade como um todo. Muito pelo contrário. Quando retornassem da guerra, os "comuns" teriam de ser inseridos novamente na estrutura dominante exploradora de classe de sua sociedade e continuar a produzir não só a própria "subsistência diária", mas também a de seus "nobres", como exigido pela modalidade prevalecente de extração de mais-trabalho.

1. Uma lógica radicalmente diferente como necessidade objetiva

Outro aspecto vital da questão da modalidade objetivamente prevalecente de produção e apropriação de mais-trabalho concerne à questão histórica da *primitiva comunalidade igualitária*, mencionada por Marx em seus *Grundrisse*. Cito Marx:

> A história mostra, pelo contrário, a *propriedade comunal* (por exemplo, entre os hindus, os eslavos, os antigos celtas etc.) como a forma original, uma forma que cumpre por um longo período um papel significativo sob a figura de propriedade comunal[2].

---

[1] Citação extraída de Xenofonte, *Cyropaedia: the Education of Cyrus* (trad. Henry Graham Dakyns, Everyman, 2009). Disponível em: <https://www.gutenberg.org/files/2085/2085-h/2085-h.htm>. Acesso em: 6 jun. 2021 [tradução do inglês].

[2] Karl Marx, *Grundrisse*, (Londres, Penguin, 1973), p. 88 e 103 [ed. bras.: *Manuscritos econômicos de 1857-1858: esboços da crítica da economia política*, trad. Mario Duayer e Nélio Schneider, São Paulo, Boitempo, 2011, p. 43. Destaques de Mészáros].

92 *Para além do Leviatã*

É absolutamente falso pôr a troca no interior da propriedade comunal como o elemento constitutivo original.[3]

É compreensível que seja relativamente fácil imaginar a primitiva comunalidade igualitária no nível da necessidade imposta diretamente pela natureza como a "distribuição/partilha equitativa de carência e miséria", quando o imperativo da sobrevivência tem de prevalecer e condicionar o comportamento humano. No entanto, assim que entra em cena um excedente crescente (e a consciência correspondente de crescimentos ulteriores viáveis desse excedente), ele vem acompanhado de um conflito a respeito da apropriação diferenciada (e a expropriação sumamente desigual) do excedente disponível pela força – capaz de ser institucionalizada desse modo.

Assim, paradoxalmente, as *novas modalidades de excedente cada vez maior* na história são inauguradas em detrimento da comunalidade igualitária. Isso acontece, primeiramente, em benefício dos que obtêm *controle* sobre os *processos reguladores* e os *institucionalizam* de uma forma muito distante de ser igualitária/comunal. E então, conjuntamente, a *lógica separada/alienada* da própria instituição controladora *segue seu curso* por um longo *período histórico.* Isto é, esse curso dura enquanto a *própria lógica institucional* sumamente desigual for capaz de seguir, afirmando seu poder de todas as maneiras até atingir *o limite histórico de sua viabilidade.*

Contudo, não pode haver possibilidade alguma de sua *permanência absoluta,* tendo em vista as determinações e limitações correlatas de *fatores objetivos.* (Menciono muito rapidamente alguns deles: a capacidade condicionante dos recursos planetários disponíveis, com seu imperativo último da viabilidade ecológica; as mudanças que se desdobram na ciência franqueando caminhos alternativos de reprodução produtiva; o desenvolvimento da consciência moral e política; os antagonismos socialmente gerados e deflagrados; a radicalização econômica, política e social etc.) Em seu devido curso, esses graves fatores objetivos exigem a instituição de uma *lógica social radicalmente diferente*, que afeta profundamente também a viabilidade reguladora das formações estatais historicamente constituídas, ou seja, eles exigem a instituição conscientemente controlável de uma lógica *historicamente sustentável*, em contraste com as formas conhecidas de institucionalização mais ou menos *cega* e violentamente autoimposta/alienada da exploração de classe, como ocorre sob o domínio do capital antagonisticamente imposto e cancerosamente expansionista.

Nesse sentido, é necessário frisar a importância vital de reconhecer plenamente tanto as *potencialidades objetivas* para uma *alternativa positiva* como os *limites* da

---

[3] Ibidem, p. 103 [ed. bras.: p. 56]. [Modificação conforme o texto em inglês de "sistema comunal (*Gemeinwesen*)" para "propriedade comunal (*Gemeineigentum*)" – N. T.]

ordem espoliadora há muito estabelecida *que se desdobram* historicamente, incluindo em nosso tempo os *limites absolutos* do sistema de capital ainda dominante.

2. A determinação formal fetichista do trabalho social

O *determinante fundamental* nessa relação crucial entre as formações políticas e a expropriação de mais-trabalho é a *produção* de riqueza social e historicamente prevalecente (e, é claro, cambiante) e a *modalidade* em que sua apropriação/expropriação pode ser *garantida* em uma base *continuada* – tão estável quanto possível em sintonia com as circunstâncias históricas dadas. Esse tipo de desenvolvimento traz consigo a ativação necessária do desdobramento e da união das forças dos *costumes, da tradição e da legalidade* a serviço do processo *global* (abrangente) de *tomada de decisão*, voltado para a *apropriação expropriadora* do tipo histórico dado. A reprodução social não funcionaria de modo adequado sem isso. O complexo global desse conjunto de relações constitui a base explicativa das transformações *epocalmente* significativas, bem como da inteligibilidade das fases *ascendente* e *descendente* de seu desenvolvimento.

Para entender a dinâmica da mudança histórica, é importante focar a necessária correlação dos constituintes econômicos e políticos internos e externos/internacionais. *Internamente,* as diferentes formações estatais desempenham um papel crucial na imposição da exigida dominação de classe. Ao mesmo tempo, a dimensão *internacional* desse conjunto de relações é igualmente importante. Isso é claramente visível já nas fases mais incipientes do desenvolvimento das formações políticas, manifestando-se na *autoafirmação territorial primitiva* de base material por alguma unidade social ou tribo que gera antagonismos em função dos recursos exigidos, mesmo em uma escala muito limitada, e se estende continuamente até as formas de autoafirmação e expansão *construtoras de impérios*, com limites, em última análise, inevitáveis, como fica claramente demonstrado pelo destino de *todos* os impérios do passado, não importando quão grandes foram durante algum tempo de sua história.

Com o desenvolvimento do poder do capital na história europeia, *mudanças expressivas* aconteceram com base no que pode ser trazido com maior eficácia para o domínio economicamente explorável. O que é, nesse sentido, sumamente importante é a mudança histórica que diz respeito à *alienabilidade da terra*, em contraste com sua proibição no passado feudal mais distante, acarretando mudanças significativas nas formações políticas. Essa mudança seminal está paradigmaticamente embutida na transição do que foi chamado de *"nulle terre sans Seigneur"* (isto é, "não há terra sem dono", como decretado pelo senhor feudal autoritário que possuía até mesmo o "direito de decapitar seus servos recalcitrantes") para "*l'argent n'ait pas de maître*" (isto é, "o dinheiro não tem dono"). Essa transição exigiu processos legislativos e executivos radicalmente diferentes, em um quadro de referência qualitativamente redefinido de tomada de decisão política global. No devido curso, as mesmas considerações têm de ser aplicadas à "*emancipação da usura*", convertendo-a no respeitável *juro*, em contraste com sua condenação passada até mesmo pela autoridade suprema da Igreja e seus vários sínodos, embora a emancipação da usura (naturalmente a serviço da expansão e acumulação do capital) tenha vindo a acarretar, em um futuro não muito distante, o resultado irônico da redução significativa do poder político da própria Igreja[4].

Uma vez que a modalidade dominante de expropriação de mais-trabalho adquire a forma da *comoditização universal* (e alienabilidade/lucratividade universal, que tem de incluir terra e usura/juro), ela deve provocar a igualação universal das mercadorias oferecidas no mercado e, com isso, uma forma completamente espúria de "*universalidade*" e "*igualdade*". Porém, essa transformação deve excluir de modo absoluto tanto a *universalidade real* (isto é, determinações reais universalmente compartilhadas de *humanidade*) como a *igualdade substantiva*. Daí sua *determinação formal necessariamente fetichista*, sob o pressuposto da necessidade absoluta de garantir a *subordinação estruturalmente consolidada* do trabalho ao poder de mando do capital.

Dessa forma, deparamos uma "igualdade" totalmente falsa, encrostada por *determinações de classe econômicas* sumamente desiguais (isto é, comando e controle em poder do capital e santificados por sua propriedade) que precisam ser *sustentadas* – como seu avalista definitivo – pelas *formações estatais do capital*. A atividade política relacionada com o poder de controle social efetivo pela classe subordinada está, por conseguinte, limitada ao plano *formal*, sendo *invalidada* até mesmo nesse plano em tempos de *grandes crises*. É muito importante lembrar, nesse sentido, a *reincidência periódica* de formas autoritárias – e, o que é pior, ditatoriais extremas – de dominação política.

3. O novo metabolismo social

A *força positiva contrária* às determinações do capital não pode ser realizada sem uma *reconstituição* radical da *dialética histórica* que foi desvirtuada e atrofiada pelos imperativos fetichistas da ordem sociometabólica estabelecida, correspondendo à necessidade incorrigível de sua comoditização universal, equiparação quantitativa e autoexpansão ilimitável. Em contraste com as determinações redutoras e

---

[4] Ver a discussão desses problemas em meu livro *A teoria da alienação em Marx*, publicado originalmente em 1970.

empobrecedoras da comoditização universal, a *qualidade* enquanto *substantividade humana* (que emerge dos recursos enriquecedores da *necessidade humana* historicamente desenvolvida) precisa ser trazida para o primeiro plano e manter seu lugar como *princípio norteador* vital.

Esse tipo de mudança requer o *controle* efetivo e a alocação do *mais-trabalho* real e potencial não como *quantidade* que cresce sempre cegamente – predeterminada pelo único imperativo praticável do capital, que é o da autoexpansão ilimitável/ incontrolável, não importando quanto sua destinação seja *devastadora* –, mas como a que atende plenamente às *necessidades emancipatórias qualitativas*, conscientemente buscadas, dos produtores livremente constituídos da sociedade.

A *virada qualitativa radical* aqui indicada significa a *transformação substantiva* da produção de mais-trabalho por meio do princípio norteador vital do *tempo disponível* livremente dedicado a ele por *todo e qualquer indivíduo*, associado à sua distribuição genuinamente equitativa. Esse tipo de *universalidade real* materialmente fundada está unicamente capacitada para a *determinação qualitativa*. A universalidade genuína se qualifica por englobar *cada um* dos indivíduos da sociedade, com seu *tempo disponível* contendo incomparavelmente mais recursos (em contraste com o "tempo de trabalho necessário" do capital), dedicado à realização de seus objetivos humanos. Em outras palavras, significa a *autodeterminação e ação autônoma* da totalidade dos indivíduos sociais particulares, correspondendo às suas sumamente variadas e autênticas necessidades humanas. Somente sobre tais bases qualitativas podemos visar à reconstituição – *pelos* próprios indivíduos *para si mesmos* – dos princípios norteadores fundamentais e da estrutura operacional historicamente sustentável do *novo metabolismo social*.

Naturalmente, tudo isso necessariamente implica a realização efetiva da *igualdade substantiva* e a correspondente superação do Estado *como tal* (e não simplesmente do Estado capitalista) em sua substância historicamente constituída como a *estrutura de comando global antagonística separada do processo de tomada de decisão*. Pois todas essas estruturas de comando antagonísticas, e não apenas as formações estatais do capital, são, por sua natureza mais íntima, diametralmente opostas à igualdade substantiva dos seres humanos.

Ao mesmo tempo, é preciso voltar a enfatizar energicamente que as contradições destrutivas das formações políticas como constituídas na história não podem ser remediadas *dentro dos limites* do próprio domínio político, como foi tentado *necessariamente sem êxito* no passado. A crônica histórica do *reformismo* fala com eloquência a esse respeito.

É impensável superar os *antagonismos* das formações políticas conhecidas sem remover seu *denominador comum* – isto é, a apropriação espoliadora de mais-trabalho – de sua base material. E com esse fim, o próprio *metabolismo sociorreprodutivo* deve ser radicalmente reconstituído em sua totalidade, o que demanda em nosso tempo a *erradicação total do capital* e das formações estatais do processo sociometabólico que lhe correspondem.

Assim, *universalidade real* e *igualdade substantiva* estão inseparavelmente combinadas na necessária reconstituição do metabolismo social, de tal modo que *todos os indivíduos* devem ser capazes de dedicar *equitativamente* o seu *tempo disponível* à realização de seus *objetivos sociais compartilhados*, de acordo com suas *necessidades humanas* criativamente satisfeitas. Sem a igualdade substantiva de todos os seres humanos, o exercício genuíno do *tempo disponível* não poderia prevalecer e persistiriam as já conhecidas acusações hostis de "nivelar por baixo" e da "distribuição equitativa da miséria".

Nesse sentido, as determinações da igualdade substantiva tampouco podem ser separadas da realidade criativa do tempo disponível. Formações políticas antagonísticas, incluindo o Estado capitalista moderno, são *hierárquicas* em sua substância mais íntima e, por conseguinte – mesmo que desejassem agir de outra maneira –, não teriam como não se opor a toda e qualquer ideia de *igualdade substantiva*. Sob condições históricas bem determinadas, elas podem até conceder *igualdade formal* visando assegurar a reprodução das próprias regras e de seus privilégios estruturalmente consolidados, em pleno acordo com a ordem sociometabólica antagonisticamente estruturada. Porém, a manutenção de seu papel de estrutura de comando político global do metabolismo social dado, antagonisticamente estruturado, zelando pela continuidade do exercício espoliador hierarquicamente consolidado das funções reprodutivas da sociedade, é a condição predominante de sua operação. Essa é a razão pela qual elas também devem ser *erradicadas*, juntamente com os processos materiais subjacentes à produção e distribuição *antagonísticas* de mais-trabalho historicamente prevalecentes.

3
Da igualdade primitiva à igualdade substantiva – via escravidão

Diferentemente da *igualdade primitiva materialmente fundada* e estritamente determinada, a realização da igualdade substantiva universalmente compartilhada só é factível em um nível altamente desenvolvido de progresso social/econômico que deve ser combinado com a regulação *não hierárquica* (e com isso *não antagonística*) *conscientemente buscada* de um metabolismo sociorreprodutivo *historicamente sustentável*, ou seja, um metabolismo social radicalmente diferente, em contraste com *todas* as fases do desenvolvimento histórico até hoje, incluindo, é claro, a *igualdade primitiva espontânea* do passado distante, enraizada nas graves *restrições materiais* da necessidade natural diretamente imposta e da luta pela sobrevivência. Pois o horizonte da consciência da humanidade foi drasticamente reduzido e cerceado sob as graves determinações da igualdade primitiva. A *sustentabilidade histórica* é, por conseguinte, totalmente inconcebível em conjunção com tais determinações. Esse tipo de "materialidade", a despeito de sua inquestionável substantividade, enquanto associada com a correspondente "espontaneidade" cerceada, obviamente não basta para alcançar a sustentabilidade histórica. Outras condições têm de ser conquistadas na ocasião oportuna, de modo a serem capazes de converter a *potencialidade* da igualdade substantiva materialmente fundada em *realidade* historicamente viável.

Porém, o requisito da *materialidade* é essencial no caso do ser humano, cujo substrato existencial fundamental é a *natureza* objetivamente determinada. A condição seminal da materialidade com relação à igualdade só pode ser descartada ou apagada da existência – como regra, de um modo reveladoramente discriminador e a serviço de uma determinada classe – por alguma concepção filosófica *idealista* que *pregue* a laudabilidade de algum tipo de igualdade (por exemplo, "aos olhos de Deus" ou "perante a lei") e ao mesmo tempo negue, em defesa de uma ordem social sumamente desigual, a capacidade de realizar a igualdade substantiva materialmente corporificada.

A dolorosa verdade desse assunto é que a importância vital da *materialidade* e de seus *requisitos reguladores* não pode ser superestimada no que concerne ao

98   *Para além do Leviatã*

desenvolvimento histórico real da humanidade – o qual, no fim, prevalece ou leva à destruição. As determinações mais profundas do desenvolvimento histórico universal neste planeta são sempre *objetivas*, mesmo que seus portadores sejam indivíduos humanos particulares, que podem estar muito bem exercendo seu papel sob determinações deturpadoras de uma *falsa consciência*. Pois a falsa consciência em questão não é uma consciência individualisticamente imaginária/arbitrária, como foi caracteristicamente deturpada por Max Weber, em sua projeção do "demônio privado" que domina todos os indivíduos, um ente totalmente fictício, mas sumamente apologético em termos sociais – visto que ele foi decretado como sendo absolutamente insuperável. Pelo contrário, ela corresponde a interesses objetivos bem determinados, sob as condições do desenvolvimento histórico materialmente antagonístico. Trata-se de um tipo de desenvolvimento histórico característico de todas as formações sociais em que a estrutura de comando global de tomada de decisão – por uma grande variedade de razões identificáveis – está alienada do organismo social como um todo e é corporificada em um órgão político separado e imposto, que apresenta uma variedade correspondentemente grande no decurso da história, incluindo o nosso tempo.

1. Materialidade antagonística

As principais formas de *materialidade antagonisticamente perpetuada* no decurso da história são:

1. Sociedades primitivas *possuidoras de escravos*, controladas pela força militar;
2. *Servidão feudal*, na qual o domínio antagonístico predeterminado e até sancionado pela religião continua a ser imposto, onde e quando necessário, pela força;
3. "*Escravidão assalariada*" (nas palavras de Marx), que se perpetua por meios diretamente materiais/econômicos sob o domínio do capital, não importando quanto este seja "avançado", sendo salvaguardada, em última análise, pela força política/militar.

Em todas as três articulações fundamentais dessas formas, a escravidão está *estruturalmente consolidada* e é peremptoriamente *hierárquica* com relação à realidade objetiva do processo social real de tomada de decisão. É o caso até mesmo do terceiro tipo de escravidão, a *escravidão assalariada*, a despeito dos pretextos *pseudoigualitários* da "democracia" política, limitada ao nível *formal/eleitoral* mais ou menos vazio.

Naturalmente, em todos os três tipos de escravidão, o *controle global* da materialidade vital do *processo sociometabólico* de reprodução permanece *divorciado* dos produtores. Ao mesmo tempo, as funções produtivas reais têm de ser, não obstante, exercidas por aqueles que não estão no controle global dos papéis objetivamente atribuídos a eles, ao passo que os que *de facto* controlam o sistema são incapazes de cumprir as tarefas reprodutivas necessárias, sem as quais a sociedade como um todo entraria em colapso. A contradição objetiva dessa estrutura reprodutiva é flagrantemente óbvia, mesmo que, na fase histórica da escravidão assalariada, seja idealizada pelo lado privilegiado como a "mão invisível" benevolente e não seja percebida como uma contradição insustentável por aqueles que se encontram na outra ponta.

De qualquer forma, essa modalidade de controle do metabolismo material de reprodução social no decurso da história não pode ser senão *objetivamente antagonística* em seu núcleo central, com seus perigos de potencial instabilidade e até de convulsão. No interesse de sua sustentabilidade permanente, o esquema *hierárquico global estruturalmente consolidado* do complexo social, no qual os produtores estão inseridos, deve ser *predeterminado* desde o início por meio de *determinações classistas materiais* e deve ser *politicamente salvaguardado* em vista do futuro. A consolidação material – contra a qual as pessoas podem se rebelar *e o fazem* – não tem como prover *por si só* a *garantia última* de sua perpetuação exitosa.

Esse *hiato* objetivo traz consigo a *necessidade de um mandante e avalista de última instância* na forma de uma certa *estrutura de comando política global* da sociedade. Essa estrutura de comando se articula na história como poder "soberano" capaz de impor, contra toda a recalcitrância, os requisitos potencialmente ameaçados da consolidação estrutural/hierárquica materialmente espoliadora.

De maneira significativa, nesse sentido, até no estágio da escravidão assalariada capitalista – quando a *modalidade primária* de extração de mais-trabalho e de sua expropriação discriminadora enquanto mais-valor em expansão é a dependência material *econômica* dos trabalhadores, determinada pela classe e com pretensões de ser "neutra", combinada com a aparência enganadora de sua "igualdade política" e mesmo "liberdade" –, formas de controle político *diretamente autoritárias* (e até extremamente ditatoriais) têm de ser impostas à sociedade de tempos em tempos, em períodos de grandes crises, pela força das armas, no interesse de proteger o metabolismo sociorreprodutivo capitalista.

Assim, como consequência imediata da Primeira Guerra Mundial, o almirante semifascista Miklós Horthy foi imposto à Hungria pelos "Estados democráticos" dos Estados Unidos, da Grã-Bretanha e da França, que eram os mais avançados em termos capitalistas[1], muito antes da "marcha contra Roma" de Mussolini ou

---

[1] Ver Leo Valiani, *Memorie di un patriota: Mihály Károlyi* (Milão, Feltrinelli, 1958), sobre o presidente da República húngara após o colapso do Império austro-húngaro em 1918. Ver também o livro seminal de Leo Valiani, *The End of Austria-Hungary* (Nova York, Knopf, 1973).

Para além do Leviatã

da dominação de Hitler na Alemanha, com sua tentativa de se impor aventurescamente ao mundo. Vemos desenvolvimentos similares na ditadura militar do general Augusto Pinochet no Chile, fabricada pelos Estados Unidos, que derrubou o presidente democraticamente eleito Salvador Allende (lembremos o papel direto desempenhado por Henry Kissinger[2]), em combinação com o apoio sumamente ativo dado pelos Estados Unidos a outras ditaduras, no Brasil e em diversas regiões da América Latina, como algo normal. A consolidação material deve ser, por conseguinte, complementada e salvaguardada pelo avalista último até do mais repressivo dos mecanismos políticos/militares, não importando quão "democrática" seja sua justificação ideológica. Uma ordem sociorreprodutiva antagonística não pode se sustentar sem isso. As condições absurdamente idealizadas da escravidão assalariada capitalista – à qual "não pode haver alternativa" – não constituem exceção a essa garantia autoritária última. Esse fato lança uma sombra escura sobre as projeções liberais de "controlar os excessos do Estado", mesmo que provenham da intenção genuína de alguns filósofos políticos liberais.

No entanto, a tendência objetiva do desenvolvimento histórico no sentido de instituir uma ordem sociometabólica viável de igualdade substantiva – materialmente fundada – não pode ser negada. A demanda por ela acabou por se fazer sentir no palco da história de forma sumamente dramática na época da Revolução Francesa, e teve de ser reconhecida até mesmo por defensores da ordem burguesa, pelo menos de forma parcial, como a "igualdade diante da lei". Porém, é claro que a demanda por igualdade por uma via duramente contestada remonta na história a incontáveis séculos de priscas eras. Até um filósofo do quilate de Aristóteles se viu forçado a descartar tal demanda com observações desdenhosas. De fato, a despeito de seu gênio filosófico, ele foi capaz de fazer pronunciamentos grotescos sobre o tema da igualdade social, chamando os *escravos* de sua época de *ferramentas falantes*. Diante disso, é óbvio que o interesse de classe pode produzir uma irracionalidade desconcertante até entre os maiores gênios da filosofia.

2. A realização histórica da igualdade substantiva

É claro que a realização histórica da igualdade substantiva conscientemente buscada depende da produção real de suas condições materiais no sentido mais abrangente possível. A defesa da realização de tal empreendimento histórico monumental seria apenas um ilusório "deveria ser assim", se suas condições tivessem de ser postuladas na forma da "Graça Divina" ou do feito de algum misterioso "Espírito do

---

[2] Ver, sobre esse assunto, Christopher Hitchens, *The Trial of Henry Kissinger* (Nova York/Londres, Verso, 2002).

Mundo", que é como encontramos muito do desenvolvimento histórico projetado nas concepções filosóficas idealistas do passado.

Na realidade, porém, esse não é o caso no que se refere à questão da igualdade substantiva. Pois a base natural humana do processo histórico em desdobramento rumo à realização da igualdade substantiva é, ela própria, uma realidade inevitavelmente material. Isso pode ser visto em seu sentido sumamente abrangente na medida em que todos os seres humanos compartilham objetivamente a comunalidade de seu substrato natural fundamental, com sua potencialidade criativa extremamente variada. Somente as condições reguladoras metabólicas desiguais produzidas pelo ser humano, que emergem de interesses estabelecidos que se autoperpetuam, podem *desvirtuar* essa igualdade natural fundamental quando compartilhada na realidade institucionalizada *socialmente discriminadora*, que cumpre os requisitos espoliadores predeterminados da consolidação da estrutura hierárquica estabelecida, e que, em seguida, é conceituada de modo ultrajante em relação aos membros da classe subordinada, inclusive como condição subumana de "ferramentas falantes". De fato, devido aos mesmos interesses de classe estabelecidos, a classe de pessoas reprimida socialmente pôde ser conceituada na forma do racismo mais absurdo ainda em um estágio muito posterior ao da Grécia Antiga de Aristóteles, quando o grande filósofo dialético racional Hegel chegou a contradizer o próprio democratismo epistemológico verdadeiramente pioneiro ao falar daquilo que chamou de "caráter africano", fazendo referência aos escravos de seu tempo[3].

Em contraste com Aristóteles, encontramos em Hegel uma justificação muito mais sofisticada do injustificável. Isso é bem compreensível não só porque, com a Revolução Francesa, a demanda por igualdade – no caso de François Noël Babeuf e sua "Sociedade de Iguais" até pela igualdade materialmente substantiva – irrompeu com grande força no palco histórico, mas também porque o próprio Hegel apoiou ardentemente suas partes constituintes *antifeudais*. No entanto, dado o seu horizonte classista, conscientemente compartilhado em um sentido positivo com a obra de Adam Smith, Hegel não foi capaz de enxergar nenhuma forma de ordem sociopolítica que pudesse ser contrária à substância espoliadora da classe burguesa emergente e tenha se consolidado no período pós-revolucionário. Seu discurso, por conseguinte, centrou-se na ideia da *liberdade* que se desdobra no plano histórico mundial, relegando o problema da *igualdade* ao domínio do que ele descreveu, em tom de desprezo aberto e negatividade sumária, como "*a tolice do entendimento*"[4], contrastando-a nitidamente com o domínio idealizado *da Razão mesma*.

---

[3] Ver minha abordagem desse problema no livro *Estrutura social e formas de consciência II: A dialética da estrutura e da história* (trad. Rogério Bettoni, São Paulo, Boitempo, 2011), cap. 5: "Kant, Hegel, Marx: necessidade histórica e o ponto de vista da economia política".

[4] Ver G. W. F. Hegel, *The Philosophy of Right* (Oxford, Oxford University Press, 1952), p. 130 [Cf. Hegel, *Princípios da filosofia do direito*, cit., §200, p. 198].

102   *Para além do Leviatã*

Desse modo, a *materialidade* sumamente problemática em termos sociais e antagonística pôde desaparecer do que Hegel considerou o horizonte propriamente filosófico. O problema e dilema subjacentes tiveram de ser transfigurados na inquestionável idealidade de Razão e liberdade, que atingem seu ponto alto na história e se tornam eternamente inseparáveis no esquema hegeliano, graças aos préstimos postulados da identidade "sujeito-objeto". Ao mesmo tempo, as formas estruturalmente prevalecentes do *antagonismo material* – tanto o *interno,* socialmente espoliador, quanto o *internacional,* necessariamente beligerante – puderam ser organicamente incorporadas nesse relato monumental do desenvolvimento histórico do mundo, caracterizado por Hegel como "os caminhos de Deus", a *theodicaea* do "Espírito do Mundo"[5].

Por certo Hegel não chegou a negar a potencialidade do antagonismo social, como já estava descrito na grande obra de Adam Smith. Porém, em sua *Filosofia do direito,* ele pôs de lado os perigos explosivos que poderiam surgir da situação reconhecidamente difícil de um necessitado "excesso de população", recorrendo à solução-fantasia da *expansão colonial idealizada* da Europa para o além-mar, fantasiosamente projetada para durar eternamente. Além disso, a dimensão do *antagonismo internacional* também apareceu na concepção de Hegel desde o tempo dos seus escritos mais antigos e sempre foi enunciada de um modo igualmente não problemático. Assumiu a forma da afirmação resoluta não só da *necessidade factual das guerras,* mas simultaneamente também a forma da *laudabilidade positiva* destas, defendidas por ele como meio de evitar a *estagnação moral.* Assim, de uma passagem de cinco linhas da obra da juventude sobre o *Direito natural,* repetida por Hegel literalmente na *Filosofia do direito,* escrita muito depois, aprendemos que, graças à necessidade da guerra purificadora, "a saúde ética dos povos é mantida"[6].

Nesse sentido, Hegel estava bastante consciente das dimensões fundamentais do antagonismo material inseparável da desigualdade substantiva estruturalmente consolidada. Porém – dado o seu horizonte de classe –, teve de proclamar a plena consonância daquelas com o espírito do Espírito do Mundo, cuja obra plenamente realizada neste mundo só poderia ser questionada, a seu ver, pela "juventude imatura" e impaciente, mas não pelo "homem maduro"[7]. Essa é a razão pela qual, na grandiosa concepção histórica de Hegel – articulada nos termos da "*astúcia da Razão*" (*List der Vernunft*) do Espírito do Mundo, que se valeu de indivíduos histórico-mundiais, como Alexandre, o Grande, Júlio César,

---

[5]   Idem, *The Philosophy of History* (Nova York, Dover, 1956), p. 457 [ed. bras.: *Filosofia da história,* trad. Maria Rodrigues e Hans Harden, 2. ed., Brasília, Editora da UnB, 2008, p. 373].

[6]   Idem, *The Philosophy of Right,* cit., § 324, p. 210 [ed. bras.: p. 298].

[7]   Ver a discussão desse problema por Hegel em sua *Filosofia do Espírito.*

Lutero e Napoleão, como *meras ferramentas* para seus propósitos escusos –, a ideia *de liberdade* teve de substituir a *igualdade materialmente substantiva*.

Esse tipo de ferramenta histórico-mundial nas mãos do Espírito do Mundo podia sem dúvida ser chamado de "*ferramenta falante*", e de fato eram ferramentas de um tipo mais nobre que falavam com eloquência. Aristóteles teria ficado perplexo com tal mudança de significado quando visse seu pupilo, o grande Alexandre, definido dessa maneira. Contudo, graças ao esquema global de Hegel em nome do "Espírito do Mundo absolutamente astucioso" (expressão dele), a ordem burguesa desigual recentemente estabelecida pôde obter seu selo ideal de aprovação, não restando ninguém para ser responsabilizado por suas contradições. Nem mesmo pelo sofrimento parcialmente reconhecido de um necessitado[8]. Pois quem ousaria exigir que fosse recriminada a sabedoria do próprio Espírito do Mundo no auge de sua *theodicaea* plenamente realizada? Isso seria a maior de todas as contradições filosóficas concebíveis.

Em termos de emancipação humana, a demanda por igualdade está inextricavelmente associada à substantividade material. A igualdade *formal* no campo do domínio político sem uma *substantividade* material estruturalmente equivalente de tomada de decisão, mesmo que em termos históricos comparativos ela possa ser considerada significativa em contraste com o passado feudal ou o passado escravista antigo, seria antes vazia e passível de anulação – como de fato acontece em sua operação real – inclusive nos próprios termos de referência limitados. Thomas Hobbes não hesitou em chamar a substantividade sem materialidade de contradição em termos. Foi assim que ele formulou a questão:

> "*Substância*" e "*corpo*" significam a mesma coisa. *Substância incorpórea*, portanto, [é uma expressão com] palavras que, quando reunidas, se destroem uma à outra, tal como se alguém falasse de um *corpo incorpóreo*.[9]

Nesse sentido, qualquer alegação no sentido de ter realizado a igualdade dos trabalhadores no domínio da emancipação social e política ao conceder-lhes alguns direitos formais, enquanto na realidade se nega a eles – com base no monopólio estruturalmente prejulgado e assegurado dos meios de produção em poder das personificações do capital – a *substância material* de controle do metabolismo sociorreprodutivo, é exatamente o mesmo que falar de "*corpo incorpóreo*", isto é, uma contradição em termos.

---

[8] G. W. F. Hegel, *The Encyclopaedia Logic* (Indianapolis, Hackett, 1991), p. 284; Idem, *The Science of Logic* (Nova York, Humanity, 1969), p. 746.

[9] Thomas Hobbes, *Leviathan* (Oxford, Oxford University Press, 1909), p. 303. Destaques de Hobbes [ed. bras.: *Leviatã*, trad. Alex Marins, São Paulo, Martin Claret, 2005, p. 284].

3. O idealismo e o problema da materialidade

Não é preciso dizer que não se pode acusar Hegel de cometer tal inconsistência lógica grosseira, com a exceção de sua fala sumamente deplorável e grotescamente racista sobre o "caráter africano". No caso desse filósofo, os problemas residem em outra parte, com consequências de amplo alcance para sua concepção histórica como um todo. Pois, ao deslocar o problema do progresso histórico da questão substantiva e materialmente tangível da *igualdade*, com suas determinações objetivas de progresso histórico potencial e real, para o *postulado ideal* da *liberdade*, como *propósito auto-objetificador* misteriosamente preordenado, Hegel é compelido a procurar uma *entidade supra-humana* correspondentemente ideal em relação à qual os seres humanos reais – não importando sua grandeza nos termos do processo histórico mundial hegeliano descrito – só podem aparecer como *meras ferramentas* e *instrumentos* astuciosamente usados. É assim que o dinamismo que se desdobra do desenvolvimento histórico é convertido na misteriosa e absoluta *List der Vernunft* do Espírito do Mundo (absoluta "astúcia da Razão" explicitamente admitida como tal pelo próprio Hegel), fazendo, desse modo, com que os dois conceitos fundamentais da *Razão* e da *liberdade* sejam associados por decreto na arquitetônica idealista monumental da filosofia hegeliana[10].

Em uma das obras filosóficas iniciais de Hegel, *Jenaer Realphilosophie* [Filosofia real ienense], o dilema da "desigualdade dos pobres" aparece por um momento fugaz e ganha uma solução logicamente consistente, mas *completamente irreal*. Ele descreve o pobre em sua miserável existência *alienada* (palavras de Hegel) entrando na catedral e visualiza para ele uma "segunda alienação" – puramente imaginária – de sua existência alienada real. E então, o jovem Hegel proclama que, graças à postulada segunda alienação, pela qual o pobre descrito faz desaparecer mentalmente sua existência real como um floco de nuvem no horizonte distante, em sua catedral-consciência ele "*é igual ao príncipe*" (*er ist dem Fürsten gleich*). Porém, é claro que as condições reais de vida do pobre não sofrem modificação alguma. Mais tarde, em sua vida, "o homem maduro Hegel" não oferece tais cenários e soluções – curiosamente compassivos, mas absolutamente imaginários. Em vez disso, como já foi mencionado, descarta com consistência lógica a demanda por igualdade social como "a tolice do entendimento"; a saber, o tipo de tolice legitimamente condenada nos termos do esquema categorial hegeliano por emanar da faculdade inferior do raciocínio humano.

O desdobramento histórico efetivo das condições de igualdade humana real possui seu "corpo" identificável e sua "substância" no sentido hobbesiano. Sua entidade ou seu sujeito autoevidente é o ser humano realmente existente no

---

[10] G. W. F. Hegel, *The Encyclopaedia Logic*, cit., p. 284.

Da igualdade primitiva à igualdade substantiva – via escravidão 105

decurso da história. Em consequência, o desenvolvimento histórico assume uma forma tangível, independentemente de quanto possa ser antagonística a tendência real rumo à realização de suas potencialidades objetivas. Em contraste, projetar o desenvolvimento histórico nos termos da "liberdade como tal", divorciado de sua necessária conexão com a igualdade humana materialmente substantiva, é um ato inevitavelmente idealista/mistificador. Sua alegada conceitualidade auto-objetificadora necessita não só de um misterioso "primeiro motor" newtoniano, mas também um que, no caso de Hegel, continue a movê-lo o tempo todo, até a consumação final dos "caminhos de Deus", de sua *theodicaea*. Assim, a progressão histórica visada pode ser descrita na moldura ampla da *Filosofia da história* de Hegel somente como uma espécie de progressão lógico-conceitual, mesmo que sua apresentação venha acompanhada de um rico – mas especulativamente seletivo e idealisticamente preordenado, bem como prejulgado – material ilustrativo de cunho histórico.

Assim, Hegel nos oferece os três estágios principais do progresso histórico da seguinte maneira:

1. No mundo oriental, somente *um* – o governante/déspota – é livre;
2. Na Antiguidade grega clássica, *alguns* homens são livres;
3. Na Era Moderna, correspondendo à Europa como "o fim absoluto da história universal", o "*homem como homem*" ou "*homem como tal*" é livre[11].

Quanto à base explicativa desse desenvolvimento histórico de "*um*", passando por "*alguns*", e chegando ao lógico-genérico "*homem como tal*", a resposta autoevidente de Hegel é esta: o próprio Espírito do Mundo. Porém, é claro que a ideia de que o "*homem como tal*" é livre não significa que, no fim das contas, "*todos os homens são livres*". Longe disso. Dependência estrutural e subordinação precisam ser mantidas como reguladores da ordem social. Assim, a "universalidade" projetada do "homem como tal", privada de conteúdo histórico humano substantivamente identificável, é *pseudouniversalidade*. De fato, não pode ser diferente do que está nas conceitualizações filosóficas da ordem sociometabólica do capital, quando o fetichismo da comoditização universal – a única "universalidade" praticável, perversa, que invade tudo – exige uma igualização meramente formal do valor de troca autoexpansivo, subjugando o valor de uso e a necessidade humana.

Por essa razão, de modo algum causa surpresa que os maiores pensadores da burguesia, de Kant a Hegel, foram obrigados a se debater em vão com o conceito da "*universalizabilidade*". Em sua mais profunda concepção filosófica, eles apenas conseguiram visualizá-la em um *domínio separado, de outro mundo*, com sua

---

[11] Idem, *The Philosophy of History*, cit., p. 104 [ed. bras.: p. 93].

106 *Para além do Leviatã*

apregoada *substância moral ideal*. No caso de Kant, essa visão foi articulada em sua *Crítica da razão prática* como o reino do misterioso "*mundo inteligível*", ao qual se diz que também pertencem os seres humanos, tornando-os, desse modo, livres e moralmente responsáveis por suas motivações e ações. E Kant claramente declarou que, na arquitetônica de sua concepção filosófica global, "a *primazia da razão prática*" ocupou o lugar fundante de importância indiscutível. Contudo, tanto Kant como Hegel tentaram identificar de certo modo a ultramundanidade (*other-worldliness*) moral assim concebida com seu *postulado* ideal nesta Terra. No caso de Kant, com a obra benéfica como o "dever-ser" do "político moral", posto em nítido contraste com o "moralista político" rejeitado, e, no caso de Hegel, com o solenemente apregoado, mas totalmente irrealizável, "*Estado ético*" antagonístico preservador de classes. Assim, de modo similar a Kant, na concepção global de Hegel – desde a fase mais inicial de sua fala sobre "impulso ético" e a "totalidade ética" até a síntese final de suas ideias em *Filosofia do direito* e em *Filosofia da história* –, o lugar fundante na arquitetônica foi ocupado por uma razão política idealizada. Esta constituiu a própria versão da "primazia da razão prática".

4. A identificação circular da liberdade e da razão

Em seu significado fundamental, o progresso histórico da liberdade afirmado por Hegel concernia às principais formações estatais no decurso da história como realçado em sua relevante obra filosófica. E, nesse sentido, a formação estatal *última* do "*mundo germânico*" – o que de modo algum correspondia simplesmente à Alemanha, mas aos Estados-nação dominantes da Europa em geral – equivalia plenamente ao destino final postulado dos "caminhos de Deus". Ele diz isso com todas as letras na *Filosofia da história*, bem como na *Filosofia do direito*.

A grande dificuldade, nesse tocante, é que, na base das soluções idealisticamente transfiguradas da *ultramundanidade* recém-mencionada, como oferecidas pelos grandes filósofos clássicos da burguesia, encontramos determinações muito reais, de fato candentes e dolorosamente lesivas, receptivas a soluções muito diferentes. Os antagonismos estatais que oprimem a humanidade e que, em nosso tempo, são sumamente ameaçadores não podem ser sanados por meio de um apelo, por mais nobre que seja, ao "reino inteligível" ultramundano de Kant nem pela defesa dos postulados ideais de algum "Estado ético" imaginário. Pois eles emergem das contradições insuperáveis da *mundanidade autoimposta* da própria política antagonística, corporificada no *órgão separado* do poder estatal alienante, estruturalmente consolidado, exercendo o controle global em sua realidade histórica. Esse órgão de controle é *necessariamente* o inimigo da *igualdade substantiva* por uma questão de determinação estrutural-hierárquica objetiva profunda. Isso não pode se alterado por nenhum apelo ao ideal de algum "político moral" com seu puro "dever-ser" da "paz perpétua" kantiana, em um mundo real de intermináveis guerras destrutivas e autodestrutivas, nem pela projeção ainda mais fantasiosa da "justificação dos caminhos de Deus na Terra" no e por meio do "Estado ético" hegeliano.

De seus escritos mais antigos até os mais recentes, Hegel sempre se preocupou intensamente com os problemas da política. Sua concepção como um todo seria totalmente inimaginável sem isso, mesmo que, na década de 1840, os "jovens hegelianos" – por razões deles, como também faz Lukács quase um século mais tarde em uma de suas maiores obras, *O jovem Hegel*, escrita em defesa da dialética contra um dogmatismo sectário – tenham tentado frisar as potencialidades mais radicais da obra do velho mestre[12].

Como jovem filósofo, Hegel projetou, para dar suporte à sua visão, o monstro benevolente Briareus, conectando-o com as próprias ideias sobre a defendida "totalidade ética" e o "impulso ético" para a obtenção de um resultado bastante mítico a ser levado a termo por algo como o "Deus da Nação". E mesmo que mais tarde Briareus tenha desaparecido de seus escritos e o "Deus da Nação" sido transmutado no "Espírito do Mundo", a visão que Hegel tinha de algum tipo de solução ética para problemas bastante reais – de fato francamente antagonísticos – do mundo sempre permaneceu em evidência. Dada a sua rejeição categórica da igualdade substantiva materialmente fundada, ele pôde oferecer apenas uma concepção de Estado idealista eticamente justificada. E isso só podia ser articulado nos termos de uma identificação *circular* de *liberdade* e *Razão*, porque a demanda universalmente válida por igualdade – cuja dimensão formal, quando muito, havia sido recém-incorporada no decreto da Revolução Francesa referente aos "Direitos Universais do Homem e do Cidadão", num tempo em que algumas forças radicais claramente identificáveis estavam pressionando por muito mais que isso – tinha de ser descartada pela classe de Hegel como absolutamente inadmissível.

A identificação de liberdade e Razão é necessariamente *circular* porque tem de resguardar e "suplantar" (no triplo sentido de "*Aufhebung*") a base de suas determinações antagonísticas não mencionáveis em termos sociais. Na realidade, a "liberdade como tal" não pode ter um significado dentro dos próprios termos de referência autodelimitados. É preciso que seja liberdade *para* fazer ou *realizar algo*, a fim de adquirir um conteúdo humanamente significativo. E isso tem de ser vinculado com alguma condição concretamente contestada de igualdade ou desigualdade humana. Até a concepção unilateralmente limitada de "liberdade em relação a" deve ser definida nos termos de algo que promove ou restringe a igualdade humana.

---

[12] György Lukács, *The Young Hegel* (Cambridge, MIT, 1975) [ed. bras.: *O jovem Hegel e os problemas da sociedade capitalista*, trad. Nélio Schneider, São Paulo, Boitempo, 2018].

108 *Para além do Leviatã*

No entanto, encontramos no desenvolvimento filosófico de Hegel a ausência, determinada por sua classe, da igualdade historicamente em progresso e materialmente identificável – mesmo que, na realidade mesma, ela seja incisivamente contestada e "invalidada" pelos poderes dominantes – em comparação com o passado mais distante. Contudo, a *tendência que se desdobrava objetivamente* é evidenciada não só pelos escritos de alguns grandes pensadores pré-revolucionários que apontam na direção da demanda por igualdade em erupção, como Rousseau, bem conhecido de Hegel, mas também pelos confrontos reais da própria Revolução Francesa, a despeito das limitações, determinadas pela classe, do resultado alcançado. Como Marx sublinhou enfaticamente, as determinações de classe corporificadas no Estado burguês emergente começaram a assumir uma forma legal repressiva contra os trabalhadores já em um estágio bastante inicial da Revolução Francesa. Assim, ele escreve, de modo sumamente significativo, a esse respeito:

> Já no início da tormenta revolucionária, a burguesia francesa ousou despojar novamente os trabalhadores de seu recém-conquistado direito de associação. O decreto de 14 de junho de 1791 declarou toda coalizão de trabalhadores como um *"atentado à liberdade e à Declaração dos Direitos Humanos"*, punível com uma multa de 500 libras e privação, por um ano, dos direitos de cidadania ativa. Essa lei, que por meio da *polícia estatal* impõe à luta concorrencial entre capital e trabalho obstáculos convenientes ao capital, sobreviveu a revoluções e mudanças dinásticas. *Mesmo o regime do Terror a manteve intocada.* Apenas muito recentemente ela foi riscada do *Code Pénal* [código penal].[13]

Nesses desenvolvimentos em curso, Hegel naturalmente conseguiu reconhecer alegremente os constituintes antifeudais das transformações emergentes, mas foi absolutamente incapaz de compreender a necessidade da igualdade objetivamente implicada nisso, em termos de uma superação sociomaterial do novo tipo de dominação de classe.

De modo correspondente, Hegel apenas pôde dizer que o "triunfo da liberdade" consistiu na emergência do Estado germânico como correspondendo à idealidade do "Estado ético" do Espírito do Mundo, apregoado sobre a base de que tal Estado, afinal, é *"organizado racionalmente"*. E quando teve de provar que, no mundo moderno do Espírito do Mundo enfim realizado, o "homem como tal é livre", ele só conseguiu fazer isso – uma vez mais devido à necessária ausência da

---

[13] Karl Marx, *Capital*, v. 1 (Nova York, International Publishers, 1967), p. 741 [ed. bras.: *O capital: crítica da economia política*, Livro 1: *O processo de produção do capital*, trad. Rubens Enderle, São Paulo, Boitempo, 2013, p. 812-3. Destaques de Mészáros].

louvável igualdade materialmente tangível do seu pensamento – alegando que o Estado ético germânico racionalmente organizado é livre de um modo plenamente adequado porque *"está racionalmente fundado no princípio da liberdade"*. Assim, nos termos da liberdade do "homem como tal", da liberdade plenamente realizada do Estado como tal, a determinação definidora de "organizado racionalmente" e de "estar fundado racionalmente no princípio da liberdade" tem de coincidir e constituir o *"círculo dos círculos"*, enaltecido de modo eloquente por Hegel nessa linha, não só em sua volumosa obra *Ciência da lógica*, mas também em um de seus trabalhos mais importantes, *Fenomenologia da mente* (*The Phenomenology of Mind*), ou – como a mesma obra-prima é vertida em outra tradução para o inglês – *Fenomenologia do espírito* (*The Phenomenology of Spirit*).

5. O círculo dos círculos hegeliano

Paradoxalmente, esse círculo dos círculos não foi uma falha lógica, mas a maior realização filosófica concebível do ponto de vista sociorreprodutivo do capital. Pois, enquanto deixava sem mencionar o não mencionável socialmente determinado pela classe, tornou possível a elaboração de uma concepção dialética profunda, mesmo que tenha sido em uma forma sumamente abstrata, devido à necessária falta dos termos de referência correlatos. Na verdade, pode-se argumentar que *Razão* e *liberdade* representam verdadeira e não falaciosamente o mesmo no desenvolvimento histórico, desde que as complementemos com sua *base real* da materialidade objetivamente desdobrada da *igualdade humana*, em última análise irreprimível. Desse modo, não há necessidade de algum *motor supra-humano* separado e misterioso.

Sem dúvida, do ponto de vista sociometabólico do capital isso não pôde ser admitido. Essa é a razão pela qual foi preciso que uma dialética lógico-metafísica – como se pairasse no ar purificado, movendo-se do anteriormente mencionado *"um"* da estipulada história mundial que se autorrealiza especulativamente, passando pela categoria intermediária do logicamente consistente *"alguns"* até a finalidade filosófica abstrata do *"homem como tal"* e da *"liberdade como tal"* – tomasse o lugar da materialidade e do progresso real historicamente identificáveis, transfigurando, desse modo, algumas relações inconvenientes de classes em termos idealistas e, ainda assim, moralmente significativos, graças à *validade lógico-estrutural* da progressão dialética projetada.

Nessa linha, muitas verdades objetivas especulativamente transfiguradas puderam ser articuladas em diferentes domínios da experiência humana, desde a lógica e a estética até um conhecimento histórico enciclopédico e à dimensão estritamente legal das ideias e práticas legitimadoras do Estado no passado mais

110 *Para além do Leviatã*

ou menos remoto. Até mesmo a insistência absoluta de Hegel na necessária *determinação ética* do Estado defendido tem sua *validade relativa*, desde que seja enfaticamente qualificado com referência à base material da sociedade realmente existente. Pois o intercâmbio social humano historicamente sustentável é inconcebível sem a aceitação plenamente compartilhada de certas determinações reguladoras abrangentes de importância vital e moralmente louváveis. Porém, é claro que as determinações normativas exigidas podem e devem ser estabelecidas, não por algum Espírito do Mundo supra-humano, mas pelos membros *substantivamente iguais* da humanidade, sobre a base de sua modalidade radicalmente diferente de reprodução sociometabólica não antagonística, para além dos Estados político-militares separados, estruturalmente impostos, constituídos na história.

Hegel estava absolutamente certo ao enfatizar que, para ser capaz de falar sobre o desenvolvimento histórico, era preciso algum parâmetro para expressar certo progresso na história rumo a uma condição racionalmente sustentável. Nesse caso, o dito parâmetro, pelas razões já mencionadas da idealização do Estado, só poderia ser a própria liberdade. O problema, no entanto, é que a "liberdade como tal" necessita de algum parâmetro que permita sua aplicação apropriada ao progresso, ou, pelo contrário, ao retrocesso do desenvolvimento societal real.

Ninguém pode negar nem por um momento a importância da liberdade para a realização das potencialidades humanas. Mas esse requisito só pode significar, no caso do ser humano – cujo substrato existencial fundamental é a natureza, como foi discutido –, a satisfação objetiva das condições de *autorrealização* da humanidade, incluindo obviamente as condições culturais/intelectuais apropriadas às próprias condições históricas emancipadoras materialmente asseguradas. Assim, o progresso na história não pode ser medido abstratamente pela generalidade da *"liberdade como tal"* ou da "liberdade em si", não importando quão coerente ela seja com a determinação igualmente genérica da *"racionalidade como tal"*.

A questão vital da emancipação e do progresso humanos em sua relação com o requisito reconhecidamente necessário da liberdade não é a inseparabilidade de liberdade e razão, independentemente de quanto concordemos com sua inseparabilidade sem cair na armadilha do círculo hegeliano. Em vez disso, a questão crucial é o *progresso real na substantividade da liberdade*. Apenas isso pode prover o parâmetro apropriado para o processo emancipador. Em outras palavras, o progresso na substantividade da liberdade significa o *progresso* historicamente identificável *nas condições objetivas de sua realização*, que equivale à realização desdobrada na história da *igualdade substantiva da humanidade*.

6. O Estado e a "astúcia da Razão"

Ao "círculo dos círculos" dual de Hegel – isto é, o homem como tal é livre quando o Estado está racionalmente fundado no princípio da liberdade, e o Estado é eticamente realizado em sintonia com a sabedoria da "astúcia da Razão" do Espírito do Mundo quando estiver constituído sobre a base racional combinada de liberdade e Razão –, não há mais anexada nenhuma ilusão utópica burguesa pré-revolucionária. Hegel não tem nenhuma simpatia pelas ideias democráticas radicais de Rousseau a respeito de uma tomada de decisão política por meio da "vontade geral". Portanto, no período pós-revolucionário, combinado com o tumulto das guerras napoleônicas, só lhe ocorrem termos sarcásticos para se referir ao nobre postulado kantiano da "paz perpétua". De algum modo, Hegel até percebe a circunstância irônica de que os lados militarmente em guerra se encontram, em termos sociais reais, todos do lado burguês, a despeito de seus confrontos armados. Nesse sentido, embora enalteça Napoleão de modo extremamente entusiástico, como um dos maiores indivíduos histórico-mundiais escolhidos pelo Espírito do Mundo como a ferramenta para cumprir seus propósitos, Hegel não encontra dificuldade para incluir também o notório "colonizador britânico" – Grã-Bretanha, arqui-inimiga de Napoleão, chamada por ele de *pérfida Albion* – sob o Estado ético germânico idealizado.

É claro que nesse caso não se trata de concepções pessoais errôneas filosoficamente corrigíveis, mas das contradições de um período histórico particularmente contraditório, mesmo que não estejam restritas àquele período, em vista de sua longa história prévia, bem como de seu desenvolvimento histórico subsequente até nosso tempo, em grande parte no mesmo espírito. Como vimos, censurar o Espírito do Mundo pelas contradições e pelos fracassos de sua apregoada ordem insuperável, instituída pela instrumentalidade de suas ferramentas humanas histórico-mundiais, seria bastante ultrajante, na visão de Hegel. E isso está longe de ser tão arbitrário quanto possa parecer. Pois o "Grande Projeto" do Espírito do Mundo desenhado por Hegel corresponde a uma ordem realmente existente. A ordem sociometabólica da *irresponsabilidade institucionalizada,* no sentido contraditório em que, numa ordem como essa, a responsabilidade *pode* – e também *deve* – ser tornada estritamente *parcial,* limitada aos *microcosmos* centrifugamente operados do sistema. Porém, não pode haver *responsabilidade global* como questão de determinação estrutural fundamental da ordem sociometabólica do capital.

Hegel não é o único grande pensador burguês que idealiza essa condição e contradição sistêmica insuperável. Devemos nos lembrar, nesse aspecto, da notável projeção feita por Adam Smith da mesma ausência necessária de responsabilidade global em seu postulado – igualmente mítico – da "mão invisível", da qual se espera que, de forma benevolente, ponha tudo em ordem no fim. A grande diferença

112 *Para além do Leviatã*

é que Adam Smith rejeitou peremptoriamente a ideia de qualquer *interferência política* na atividade – ideal por sua determinação natural mais profunda – da "mão invisível", denominando essa ordem reprodutiva socioeconômica espontânea de "o sistema natural da liberdade e justiça completas"[14].

Em contraste, Hegel situou a história firmemente acima da "natureza" e precisou encontrar o sujeito supra-humano que reafirma politicamente a sua concepção de história mundial. De modo correspondente, ele não pôde excluir o Estado e seus funcionários do seu esquema em um período histórico de grande crise revolucionária e colapso da velha ordem reprodutiva. Pois esse colapso – envolvendo profundamente o Estado correspondente, que estava longe de ter sido racionalmente "constituído sobre o princípio da liberdade" – foi seguido por colisões políticas e militares extremas, agravadas pela sensação de perigo de que as forças sociopolíticas radicais, orientadas para a igualdade materialmente ancorada, pudessem de fato prevalecer.

Por esse motivo, Hegel insistiu que o Estado "é a ideia divina tal qual ela existe no mundo"[15]. Ele também deixou claro que "a história universal vai do leste para o oeste, pois a Europa é o fim da história universal e a Ásia é o começo", afirmando, ao mesmo tempo, sua alegação perversamente "universal" sobre a *validade absoluta* da formação estatal colonizadora germânica definitiva, em um sentido sumamente despudorado[16]. Nessa linha, ele escreveu que "é o *destino inevitável* dos impérios asiáticos serem subjugados pelos europeus, e a China, cedo ou tarde, terá também que se *submeter a esse destino*"[17].

Assim, a parcialidade interna e internacionalmente antagonística e espoliadora tinha de prevalecer para sempre na ordem divinamente instituída e sancionada do Espírito do Mundo como a *universalidade* inalterável do Estado germânico plenamente realizado, *preordenado* desde o início pela *temporalidade circular* eternizada do Espírito Absoluto. Pois, na visão de Hegel:

> Os princípios das sucessivas fases do espírito que anima os povos – em uma sequência necessária de níveis – são apenas momentos do desenvolvimento de um único espírito universal que, por meio deles, se eleva e completa na história, até se tornar uma *totalidade* abrangente em si. [...] o espírito é imortal; para ele não há passado nem futuro, apenas um *agora essencial*. [...] A vida desse espírito atual é um *círculo*

---

[14] Adam Smith, *The Wealth of Nations* (Edimburgo, Adam and Charles Black, 1863), p. 273 [ed. bras.: *A riqueza das nações*, trad. Luiz João Baraúna, São Paulo, Nova Cultural, 1996, v. II, p. 100].

[15] G. W. F. Hegel, *The Philosophy of History*, cit., p. 39 [ed. bras.: p. 40].

[16] Ibidem, p. 103 [ed. bras.: p. 93].

[17] Ibidem, p. 142-3 [ed. bras.: p. 125].

de estágios [...]. Os estágios que o espírito parece ter já ultrapassado, ele ainda possui em sua *profundidade atual.*[18]

7. Monopólio e concorrência como círculo vicioso (global)

É inconcebível encontrar uma solução para essas contradições objetivas materialmente constituídas e mantidas dentro do esquema antagonístico do sistema do capital. Pois *nenhuma* dimensão de seus antagonismos estruturais duplos – isto é, nem a dimensão *interna*, opressora de classes, nem a *internacional*, interminavelmente beligerante e militarmente destrutiva – é capaz de ser suplantada *por si só*, sem suplantar, ao mesmo tempo, a outra. A ideia louvada por Hegel de que guerras devem ser travadas porque desse modo "*a saúde ética dos povos é preservada*" é uma racionalização ideológica apologética travestida de desejo ético. A razão real pela qual guerras são travadas é que não se admite limites ao sistema do capital orientado para a expansão, tornando com isso o imperativo estrutural do antagonismo internacional sistemicamente insuperável, a despeito de seus perigos máximos. De modo similar, o antagonismo interno da exploração de classes é insuperável porque as determinações estruturais fundamentais da ordem sociometabólica do capital são constituídas de tal modo que o *controle* do processo sociorreprodutivo – graças ao monopólio dos meios de produção em poder das personificações do capital – é *radicalmente alienado dos* e *imposto aos* próprios produtores, em função do valor de troca sempre em expansão.

Visto que as duas dimensões sistêmicas do antagonismo interno e internacional *ficam em pé ou caem juntas*, encontrar uma solução historicamente sustentável para esses antagonismos estruturais supremamente destrutivos torna necessário superar o *esquema estrutural global* do próprio sistema do capital. Quando, no entanto, os interesses estabelecidos dominantes do sistema são compartilhados por seus pensadores, não importando de que estatura sejam, as soluções por eles propostas – quer mantenham conscientemente ou apenas contornem os antagonismos insuperáveis em questão –, mesmo na melhor das hipóteses, só podem resultar em corretivos "*deus ex machina*" completamente fantasiosos para a total falta de responsabilidade na operação da ordem sociometabólica dada. Daí que os corretivos por eles postulados tenham de ser atribuídos a algo como a "mão invisível" ou a "astúcia da Razão", de caráter supra-humano.

Na ordem sociorreprodutiva do capital, o *monopólio*, pela própria natureza, é destrutivo e, em última análise, tende a destruir tudo, por surgir da centrifugalidade autoexpansionista antagonística do sistema do capital. A dimensão *interna*

---

[18] Ibidem, p. 78-9 [ed. bras.: p. 72].

114   *Para além do Leviatã*

do monopólio dos meios de produção – em sua origem atribuída, por meio da sanguinária "acumulação primitiva", à classe privilegiada das personificações do capital – é a *condição necessária primordial* para a operação de um sistema desse tipo. Em consequência, ela tem de ser mantida *a todo custo* pelo Estado, até pela força ditatorial sumamente agressiva das armas, sempre que essa condição primordial for ameaçada. E visto que a centrifugalidade autoexpansionista antagonística dos microcosmos sistêmicos do capital não possui constituintes objetivos *inerentemente limitadores*, a condição necessariamente espoliadora interna precisa contar com uma dimensão complementar que a promova, a saber, com o igualmente necessário impulso sistêmico *internacional* rumo à dominação *monopolista* que açambarca tudo – precisamente com o desígnio perverso da dominação global, e isso não só no caso de Hitler – por meio da atividade político-militar do Estado capitalista.

Assim, de modo algum é acidental que o clímax do desenvolvimento histórico do capital tenha assumido a forma do *imperialismo monopolista*, responsável por duas guerras mundiais devastadoras no século XX, e igualmente responsável por incontáveis *"guerras por procuração"*, mais ou menos camufladas desde então, restringidas a esse modo, unicamente por causa do medo da autoaniquilação total da humanidade por meio das armas de destruição em massa. Nesse tipo de desenvolvimento socioeconômico e político encontramos, como um aspecto contraditório e perigoso, a congruência profana de *monopólio e concorrência*.

A concorrência, em contraste com o monopólio, revelou-se como um dos elementos mais dinâmicos e de vários modos positivo do sistema do capital em sua história. Em princípio, sua potencialidade positiva pode ser aplicada também de modo não antagonístico no futuro. No entanto, na ideologia capitalista, a concorrência tende a ser idolatrada sem as necessárias ressalvas. O problema agudo nesse ponto é que, em nosso tempo, devido à ativação de alguns limites sistêmicos absolutos da ordem sociometabólica do capital[19], as determinações estruturais antagonísticas são articuladas na forma da *reciprocidade perversa* de monopólio e concorrência. Ela é perversa porque, em vista da centrifugalidade antagonística subjacente, em uma escala que se amplia cada vez mais – devido à concentração e à centralização crescentes do capital –, concorrência e monopólio constituem um *círculo vicioso*. Por isso – em uma forma idolatrável que está longe de ser benevolente –, o impulso irreprimível na direção do monopólio produz uma concorrência cada vez mais agressiva, e a concorrência intensificada, por sua vez, produz o imperativo do monopólio ilimitável, com seus perigos de destruição total.

Além disso, também muito distante das projeções idílicas da globalização benevolente, quanto mais globalmente interconectado se torna o sistema

---

[19] Ver sobre isso o capítulo 5 – "A ativação dos limites absolutos do capital" – do meu livro *Para além do capital.*

Da igualdade primitiva à igualdade substantiva – via escravidão   115

reprodutivo material do capital, tanto mais perigoso é esse *círculo vicioso*, em vista da *necessária* ausência de um Estado *global* controlador. Pois, sem os Estados-nação agora existentes e corretivos até certo ponto em seu contexto limitado, a reciprocidade perversa de monopólio e concorrência produziria a incontrolabilidade total, inclusive dos países capitalistas em particular. E graças à perversa reciprocidade sistêmica de monopólio e concorrência, a "implacável concorrência" em nosso horizonte pelos recursos materiais estratégicos do planeta – que impõe também a estúpida devastação da natureza – só pode aumentar esse perigo.

8. Os antagonismos interestatais insuperáveis do capital

Um dos problemas mais difíceis de tratar, referente às formações estatais historicamente constituídas, é seu insuperável *antagonismo interestatal*, que traz consigo, em nosso tempo, o espantoso desperdício de recursos gerado pelo incontrolável gasto militar em toda parte, em um mundo de grande miséria, que afeta milhões de pessoas.

Só na Grã-Bretanha, uma das principais questões da disputa política diz respeito à planejada renovação da frota de submarinos nucleares Polaris, ao custo inicial de dezenas de bilhões de libras que, via de regra, ainda se multiplica no decorrer da construção. E é claro que isso é combinado com cortes maciços – por meio da reforma parlamentar do sistema de seguridade social do Estado de bem-estar – no nível de vida de milhões de trabalhadores. E os submarinos Polaris, com suas armas nucleares, constituem apenas um dos itens do gasto militar perdulário ubíquo. Quando se calcula o desperdício em armamentos em termos globais, ele chega a um montante anual de quase *2 trilhões* de dólares, enquanto centenas de milhões de pessoas precisam sobreviver com menos de dois dólares por dia. E, para sublinhar a assombrosa irracionalidade da ordem sociorreprodutiva estabelecida – considerada o sistema ideal de "cálculo racional" por Max Weber e muitos outros –, o fato cinicamente ocultado é que todos os principais Estados capitalistas estão irremediavelmente falidos (os próprios Estados Unidos em aproximadamente 20 trilhões de dólares) e, no entanto, continuam a sujeitar sua população a tais ditames econômicos e políticos. Acrescentando a tudo isso a justificativa oficial para essa magnitude quase astronômica de gasto militar – essa "justificativa" é articulada pela afirmação de que, em nosso "mundo perigosamente incerto", a verdadeira LOUCURA [em inglês, MAD], isto é, "o equilíbrio da *mutually assured destruction* [destruição mútua assegurada]", proporciona a "segurança" e a "garantia de sobrevivência": uma racionalização cínica em vez da tentativa de *remover as causas* dos antagonismos profundamente arraigados –, pode-se dizer que a irracionalidade material e politicamente determinada da ordem vigente do capital é inigualável.

116   *Para além do Leviatã*

É sumamente importante lembrar, nesse ponto, que, no passado, a *sanção última* do capital era a guerra, quando as regras da concorrência não conseguiam produzir pelos meios econômicos os resultados condizentes com as condições históricas cambiantes de acordo com as tendências monopolistas em progresso. Exatamente do mesmo modo que a ideia do "livre mercado", bem como a projeção da "soberania dos Estados" (grandes ou pequenos), sempre foi uma ficção. Hegel foi suficientemente honesto para declarar, de maneira combinada com a justificativa pressuposta, que "os pequenos Estados têm garantida a sua existência, de certa forma, graças aos outros; por isso, *não são* Estados propriamente *autônomos*, e não têm *que passar pela prova de fogo da guerra*"[20]. Ele, de fato, chegou a admitir que as guerras travadas tinham, a seu ver, o efeito benéfico de reforçar a função de dominação interna do Estado. E fez isso enaltecendo as "guerras felizes que *impediram perturbações internas* e consolidaram o *poder interno do Estado*"[21].

Mais tarde, as ilusões a respeito da soberania do Estado universal tiveram de ser, obviamente, postas de lado sem cerimônia – decretando-se abertamente as virtudes da "diplomacia da canhoneira" – mediante a afirmação implacável das relações de poder reais, levando um punhado de grandes Estados – por direito (isto é, "*de iure*" e não só "*de facto*") – a dominar todos os outros. Nessa linha, a trajetória do imperialismo monopolista não pôde ser explicada de modo inteligível sem as interdeterminações antagonísticas do sistema do capital orientado para a expansão. A dominação imperialista e sua racionalização apologética podiam muito bem andar de mãos dadas. O Império Britânico findou sua longa história há poucas décadas, após coexistir de maneira feliz com teorias políticas *liberais* por duzentos anos e, em contrapartida, sujeitar completamente os teóricos políticos liberais.

No entanto, a questão espinhosa em nosso tempo é: o que acontece com a viabilidade histórica do sistema do capital se ele perder sua *sanção última* de *resolver pelas vias de fato, na escala exigida*, seus imperativos autoexpansionistas, em vista do *perigo agora suicida* de outra guerra global, expondo também com isso o caráter ficcional da *soberania estatal equitativa* que, no passado, podia ser tornada aceitável pelos "argumentos" da *força materialmente imposta*?

Certamente o conceito de igualdade não pode ser aplicado nem à "soberania do Estado" nem ao Estado em geral. Entender como *equitativo* um sistema de comando global de controle sociometabólico que, por sua determinação mais profunda, tem de ser *estruturalmente consolidado* e *hierárquico* só poderia representar uma contradição em termos. Bastante similar à "substância incorpórea" e ao "corpo incorpóreo" rispidamente rejeitados por Hobbes.

---

[20]   G. W. F. Hegel, *The Philosophy of History*, cit., p. 456 [ed. bras.: p. 373].
[21]   Idem, *The Philosophy of Right*, cit., p. 210 [ed. bras.: p. 299. Destaques de Mészáros].

Da igualdade primitiva à igualdade substantiva – via escravidão   117

Em nosso tempo, a invalidação cega da igualdade compõe o quadro com intensidade ainda maior. Pois, mesmo se as relações *interestatais* antagonísticas puderem ser vistas como equitativas – para isso seria necessário excluir a força dinâmica objetivamente prevalecente da ordem reprodutiva competitiva e monopolisticamente autoexpansionista –, ainda assim a racionalidade hierárquico-estrutural do sistema de comando do Estado, como está constituída *internamente* na história, seria diametralmente oposta a qualquer ideia de igualdade substantiva. E essa determinação questiona a *realidade global* do próprio Estado, com seus insuperáveis antagonismos internos e interestatais, que emergem dos requisitos estruturais fundamentais, inseparáveis da anteriormente discutida reciprocidade perversa de monopólio e concorrência no sistema do capital.

Assim, não é surpreendente depararmos, na modalidade ainda dominante da tomada de decisão política global, a afirmação de que não se pode renunciar à defesa da sanção última do capital, que é a de "resolver pelas vias de fato", ou seja, pela guerra, seus imperativos autoexpansionistas. Nem mesmo quando a racionalidade mais elementar é forçada a antever consequências totalmente catastróficas por essa via. Porém, quando se ignora isso, a ideia insana de "garantir segurança pela Destruição Mutuamente Assegurada" – não só com armas de destruição em massa nucleares, mas também químicas e biológicas – é alçada ao pináculo de "*pensamento estratégico*". E quem pode realmente garantir que as "guerras por procuração" travadas nas últimas décadas não se converterão em uma guerra global que destruirá tudo? Pois as guerras relativamente limitadas travadas no presente não apenas são insuficientemente compensadoras para cumprir o requisito da "sanção última" de que o capital sente falta como podem muito bem se tornar *contraprodutivas*, não só por não serem bem-sucedidas em realizar seu papel original – o realinhamento brutal das relações de poder em sintonia com as condições históricas cambiantes –, mas exatamente devido a seu impacto destrutivo sobre a natureza, diretamente ecológico e devastadoramente ávido por recursos.

Se até o perigo de destruição da humanidade pode ser ignorado desse modo pelo Estado contemporâneo, quais são as perspectivas de um desfecho historicamente sustentável? Em determinado ponto de sua história, o liberalismo e a social-democracia tentaram introduzir algumas mudanças significativas no processo político global de tomada de decisão – a social-democracia prometendo até mesmo a realização do "*socialismo evolutivo*" –, mas os esforços de ambos falharam. A realidade prosaica do liberalismo solene acabou se convertendo em *neoliberalismo agressivo* e a social-democracia não se envergonhou de voltar as costas a seu antigo credo, tomando partido, na maioria dos países, do neoliberalismo completamente retrógrado. Assim, a anteriormente projetada reformabilidade estrutural do Estado provou ser uma ilusão irremediável.

118 *Para além do Leviatã*

O grande problema de fato é que o Estado só é compatível com aqueles tipos de reforma que *reforçam* seu esquema estrutural global e se contrapõem com grande eficácia a tudo o que possa interferir nos imperativos autoexpansionistas fundamentais da ordem sociometabólica do capital. Melhoramentos legislativos *formais* são perfeitamente aceitáveis, desde que não acarretem o perigo de uma mudança social de cunho estrutural. Kant já formulou isso de modo muito claro:

> A *igualdade geral* dos homens como sujeitos em um Estado coexiste muito facil- mente com a *suprema desigualdade* nos graus das posses que eles têm. [...] Daí que a igualdade geral dos homens também coexiste com grande desigualdade de direitos específicos que podem ser muitos.[22]

É claro que os "direitos específicos" em questão são formulados para proteger a propriedade privada. Pois defender o esquema estrutural da ordem existente a todo custo é a função primordial do Estado. Adam Smith formulou essa ideia de modo igualmente claro e o fez em termos que hoje soam sumamente embaraçosos: "Enquanto houver propriedade não pode haver governo, pois a finalidade deste é assegurar a riqueza e defender os ricos dos pobres"[23].

Além disso, a dificuldade da mudança significativa é intensificada ainda mais pelo caráter *global* do próprio problema. Pois o imperativo autoexpansionista do capital, combinado com a reciprocidade perversa de monopólio e concorrência, não está restrito a algum país em particular, no qual ele poderia ser sanado. Ele caracteriza a totalidade da *ordem sociometabólica* dominante do capital e de suas formações estatais, exigindo soluções globais para os *antagonismos sistêmicos* ineren- tes a ela. O sistema do capital foi erigido sobre três pilares de sustentação: capital, trabalho e Estado. Os três não só estão profundamente interconectados em países particulares, mas também são totalmente inimagináveis em nosso tempo sem suas interconexões globais de amplo espectro. E isso requer a alternativa socialista como transformação global.

Outra questão fundamental a destacar o caráter global da alternativa necessária diz respeito às limitações de introduzir uma mudança sociopolítica de maior enver- gadura *dentro* do esquema limitado de qualquer Estado revolucionário particular ou de quaisquer Estados revolucionários particulares, enquanto os Estados da ordem social do capital que os rodeiam forem capazes de exercer seu poder subversivo contra os Estados particulares em questão, como aconteceu no passado. Não só a

---

[22] Immanuel Kant, *The Philosophy of Kant: Immanuel Kant's Moral and Political Writings* (Nova York, Random House, 1949), p. 418 [tradução a partir do texto em inglês. Destaques de Mészáros].

[23] Citação de *Lectures on Justice, Police, Revenue and Arms* [Preleções sobre justiça, polícia, renda e armas], em Adam Smith, *Moral and Political Philosophy* (Nova York, Random House, 1948), p. 291.

Revolução Russa e a Revolução Chinesa foram submetidas às selvagens intervenções armadas subversivas dos Estados capitalistas hostis, mas já a Comuna de Paris de 1871 teve de sofrer as devastadoras consequências da solidariedade de classe do chanceler Otto von Bismarck com o governo contrarrevolucionário francês quando libertou os prisioneiros de guerra franceses capturados pelo exército alemão, a fim de derrotar o inimigo de classe comum. De fato, a solidariedade de classe burguesa foi até formalmente institucionalizada em outubro de 1873, por meio da "Liga dos Três Imperadores", da Alemanha, Rússia e Áustria-Hungria, explicitamente projetada contra qualquer futuro "distúrbio europeu" causado pela classe trabalhadora.

Naturalmente, pudemos testemunhar desde então, no último século e meio, incontáveis exemplos de subversão contrarrevolucionária promovida por poderes imperialistas *em todo o mundo* contra tentativas socialistas de transformar a sociedade. Tampouco devemos esperar algo além da intensificação de tais esforços à medida que se aprofunda a crise sistêmica do capital. No entanto, a hostilidade e a subversão inevitáveis promovidas por Estados capitalistas acarretam também o perigo de que os socialistas adotem estratégias, em última análise, autoderrotistas, como o fortalecimento acrítico do poder do Estado, que cria seu próprio círculo vicioso de repressão estatal internamente exercida, como aconteceu sob o stalinismo. Lênin frisou de modo convincente e profético que todo país que reprime outro país não pode ser livre. Assim, advogou para as minorias nacionais "o direito de autonomia ao ponto da secessão", criticando incisivamente Stálin – que as degradou à condição de "regiões limítrofes exigidas para manter o poder da Rússia" – como um "valentão grão-russo". As trágicas consequências, também para a repressão interna, são bastante conhecidas.

Todas as formas de Estado constituídas na história são parte do problema, não a solução por si mesmas, em vista da atividade necessariamente entrelaçada de suas determinações autoafirmativas internas e internacionais. Não pode haver "socialismo em um só país" também por causa disso. A questão crucial é a transferência de todos os poderes de tomada de decisão, incluindo os exercidos pelo Estado, para o organismo social. O sistema dos antagonismos internos e interestatais do capital só pode ser superado em conjunto. Essa é a razão pela qual Marx frisou desde um período muito inicial da formulação de sua concepção revolucionária que o Estado precisa "fenecer". E ele permaneceu fiel a essa concepção até o fim.

9. A materialidade necessária da igualdade substantiva

Após o choque da Revolução Francesa e das guerras subsequentes, os desenvolvimentos do início do século XIX trouxeram a estabilização da ordem

120   *Para além do Leviatã*

burguesa. Naturalmente, as ilusões burguesas pré-revolucionárias tiveram de ser descartadas. Mesmo assim, condizendo com as circunstâncias dos antagonismos pós-revolucionários imediatos, a ideia da igualdade permaneceu, de certo modo, "no ar". Chegou até a assumir uma forma sumamente desconcertante mediante a proclamação da mais alta honraria militar na Alemanha na forma da Cruz de Ferro "socialmente equitativa", mantida como tal desde 1813 até hoje.

Em sua especificidade histórica economicamente mais poderosa (e, na ocasião dada, também de longe a mais devastadora), a mais desigual das ordens burguesas conseguiu se firmar bem cedo no século XIX. Não havia como cogitar a concessão de igualdade real à classe subordinada do anterior "terceiro Estado", que desempenhou papel vital no êxito relativo da própria Revolução Francesa. Somente no domínio político *formal*, totalmente em sintonia com os requisitos materiais do metabolismo sociorreprodutivo burguês, foi aceitável alguma forma de igualdade, graças aos esforços reformadores limitados de seus principais defensores liberais, de Jeremy Bentham a John Stuart Mill e outros. Até o inglês que derrotou Napoleão e por algum tempo foi o primeiro-ministro conservador da Grã-Bretanha, o duque de Wellington, pôde concordar com isso, como de fato tiveram de pedir-lhe que o fizesse na época da Lei de Reforma parlamentar inglesa de 1831-1832, que foi bastante limitada. Pois a ordem estruturalmente consolidada de desigualdade de classes, associada à imposição do Estado igualmente espoliador de classes, não sofreu nenhuma alteração significativa com esses ajustes jurídicos.

No entanto, foi possível observar algum progresso na direção da igualdade real, mesmo que tenha sido pontuado por graves antagonismos e reveses desanimadores. Dele resultou que não foi mais possível justificar abertamente de nenhum modo a imposição político-militar da escravidão. A flagrante contradição de acreditar que a posse de escravos pelos "pais fundadores" era compatível com as metas da Revolução Norte-Americana de 1776 foi corrigida mais adiante na Guerra Civil dos Estados Unidos, e também a servidão foi abolida em todo o mundo. E isso de modo algum foi o fim da história. As pressões por transformações revolucionárias continuaram em 1848-1849, e em 1871, e mais tarde romperam até mesmo a "corrente do imperialismo" em diversos lugares, não só por meio da Revolução Russa e da Revolução Chinesa, mas também pondo fim à dominação *colonial tradicional* na Índia e no Sudeste Asiático, bem como na África.

Sem dúvida, a mais poderosa forma de escravidão instituída em toda história – a *escravidão assalariada* do capital – permanece em vigor. Porém, ela precisa camuflar seu papel como se estivesse em total consonância com os requisitos fundamentais da liberdade e da Razão. Por quanto tempo poderá prevalecer essa mistificação? Essa é a difícil questão. Costumava ser genuinamente afirmado e aceito pelos movimentos sociais mais radicais do século XX que o esclarecimento político-ideológico apropriado poderia eliminar a justificativa e o poder da

Da igualdade primitiva à igualdade substantiva – via escravidão   121

escravidão assalariada. Os problemas, no entanto, são muito mais difíceis. Pois as balizas históricas reais são definidas, em nosso tempo, como a transformação necessária da ordem sociometabólica existente da *desigualdade substantiva* em uma ordem radicalmente diferente de *igualdade substantiva*. Nenhuma mudança social e política ocorrida no passado poderia se comparar, nem mesmo remotamente, com a monumentalidade dessa tarefa. Pois isso exige a reconstituição total do modo de controlar a reprodução material e cultural de nossas condições de existência, desde as menores células e dos menores microcosmos constitutivos da atividade produtiva até a regulação não hierárquica conscientemente planejada das mais abrangentes interdependências globais.

Como mencionado, a verdade é que, em toda a história, a *liberdade* foi *parasitária* da base e do potencial mais ou menos limitado objetivamente disponível de *igualdade* do seu tempo. Devemos lembrar que Ciro, o Grande, já havia concedido direitos emancipadores relativos a seus "comuns" para que participassem plenamente das campanhas militares empreendidas, inclusive enfatizando sua *igualdade real* – ao dizer com veemência surpreendente que a consideração que ele tinha por sua igualdade se aplicava também a suas almas – com os privilegiados "nobres" guerreiros. E isso tudo aconteceu há quase 2.500 anos antes da época de Hegel.

O grande desafio para o nosso tempo é converter as novas potencialidades historicamente sustentáveis da igualdade substantiva em realidade humanamente autorrealizadora. Inevitavelmente, no entanto, isso exigirá a *erradicação total* do Estado como conhecido na história – constituído na forma de inimigo estruturalmente consolidado, necessariamente hierárquico da igualdade substantiva – de nossa ordem sociometabólica cada vez mais destrutiva.

4

A crise estrutural cada vez mais profunda do capital e o Estado

Quando se enfatiza a necessidade de uma mudança estrutural radical, é preciso deixar claro, desde o começo, que não se trata de um chamamento para uma utopia irrealizável. Pelo contrário. A característica primária que define as teorias utópicas modernas é precisamente a projeção de que o melhoramento pretendido por elas nas condições de vida dos trabalhadores poderia ser muito bem alcançado dentro do *quadro de referência estrutural existente* das sociedades criticadas. Assim, por exemplo, Robert Owen, de Nova Lanark, que tinha uma parceria de trabalho, em última análise, insustentável com o filósofo liberal utilitarista Jeremy Bentham, tentou a realização geral de suas reformas sociais e educacionais esclarecidas nesse espírito. Ele queria o *impossível*. Como sabemos, o princípio moral "utilitarista" altissonante do "maior bem possível para o maior número possível de pessoas" nada logrou desde sua defesa por Bentham. O problema para nós é que, sem uma avaliação apropriada da natureza da crise econômica e social de nosso tempo – o que, neste momento, não pode ser negado pelos defensores da ordem capitalista, mesmo que rejeitem a necessidade de uma grande mudança –, a probabilidade de sucesso nesse tocante é negligenciável. A falência do "Estado de bem-estar" exatamente no punhado de países privilegiados em que ele foi instituído no passado oferece uma lição sóbria a esse respeito.

1. Definindo a crise estrutural

A natureza epocal da crise de nosso tempo e o fracasso dos órgãos estabelecidos em reconhecê-la podem ser compreendidos em um artigo recente escrito pelos editores do diário oficial da burguesia internacional, o *Financial Times*. Ao falar da perigosa crise financeira de 2007-2008 – reconhecida assim pelos próprios editores agora –, eles concluem seu artigo com estas palavras: "Os dois lados [os democratas e os republicanos dos Estados Unidos] devem ser

124 *Para além do Leviatã*

considerados culpados por um vácuo de liderança e deliberação responsável. Trata-se de uma falha séria de governança e ela é mais perigosa do que acredita Washington"[1]. Essa é toda a sabedoria editorial que obtemos sobre a questão substantiva do "endividamento soberano" e dos crescentes déficits orçamentários. O que torna o editorial do *Financial Times* ainda mais vazio do que o "vácuo de liderança" deplorado pelo jornal é o sonoro subtítulo do artigo: "Washington deve parar de fazer pose e começar a governar". Como se editoriais desse tipo pudessem significar mais do que uma pose em nome de "governar"! Pois a questão grave em jogo é o endividamento catastrófico da "casa do poder" do capitalismo global, os Estados Unidos da América, onde só a dívida do governo (sem acrescentar o endividamento corporativo e privado individual) já chega a bem mais que *14 trilhões de dólares* – uma cifra que resplandeceu em grandes números luminosos na fachada de um edifício público de Nova York, indicando a tendência irresistível de aumento da dívida.

O ponto a ser enfatizado é que a crise que temos de enfrentar é uma crise estrutural profunda e que se aprofunda cada vez mais, exigindo a adoção de corretivos estruturais de grande alcance para encontrar uma solução sustentável. É preciso salientar também que a crise estrutural de nosso tempo não se originou em 2007, com o "estouro da bolha imobiliária nos Estados Unidos", mas pelo menos quatro décadas antes. Falei disso nesses termos já em 1967, bem antes do estouro de maio de 1968 na França, e voltei a escrever em 1971, no prefácio à terceira edição de *A teoria da alienação em Marx*, que os eventos e desenvolvimentos em desdobramento "sublinharam de forma dramática a intensificação da crise estrutural global do capital"[2].

Nesse ponto, é necessário aclarar as diferenças relevantes entre tipos ou modalidades de crise. Não é indiferente se uma crise na esfera social pode ser considerada uma *crise periódica/conjuntural* ou algo bem mais fundamental que isso. Pois é óbvio que a maneira de lidar com uma crise estrutural fundamental não pode ser conceituada nos termos das crises periódicas ou conjunturais. A diferença crucial entre os dois tipos nitidamente contrastantes de crise é que as periódicas ou conjunturais se desdobram e são mais ou menos resolvidas com êxito dentro do quadro de referência estabelecido, ao passo que a crise fundamental afeta integralmente o próprio quadro de referência.

---

[1] "Breaking the US Budget Impasse", *Financial Times*, 1º jun. 2011.

[2] [István Mészáros, *A teoria da alienação em Marx* (trad. Nélio Schneider, São Paulo, Boitempo, 2016), p. 15.] Ver minha entrevista à revista *Debate Socialista* de 2009, republicada como "As tarefas à nossa frente", em *The Structural Crisis of Capital* (Nova York, Monthly Review Press, 2010), p. 173-202 [ed. bras.: *A crise estrutural do capital*, trad. Francisco Raul Cornejo, São Paulo, Boitempo, 2009, p. 135-55].

Em termos gerais, essa distinção não é simplesmente uma questão de aparente severidade dos tipos contrastantes de crises. Pois uma crise periódica ou conjuntural pode ser dramaticamente severa – como ocorreu com a "grande crise econômica mundial de 1929-1933" –, mas também pode ser solucionada dentro dos parâmetros do sistema dado. E, do mesmo modo, mas no sentido oposto, o caráter "não explosivo" de uma crise estrutural prolongada, em contraste com as "grandes tempestades" (nas palavras de Marx) mediante as quais crises conjunturais periódicas podem descarregar e se resolver sozinhas, pode levar a estratégias fundamentalmente mal concebidas como resultado da interpretação equivocada da ausência de "tempestades"; como se sua ausência fosse uma evidência nítida da estabilidade indefinida do "capitalismo organizado" e da "integração da classe trabalhadora".

Não há como exagerar a ênfase de que uma crise em nosso tempo não é inteligível sem referência ao amplo quadro de referência social global. Isso quer dizer que, visando esclarecer a natureza da crise persistente e em aprofundamento por todo o mundo hoje, temos de concentrar a atenção na crise do sistema do capital em sua integralidade, pois estamos experimentando uma crise estrutural que abrange tudo.

A novidade *histórica* da crise atual se torna manifesta em quatro aspectos principais:

1. Seu *caráter* é *universal*, em vez de estar restrito a uma esfera particular (por exemplo, a financeira ou a comercial, ou afetando este ou aquele ramo particular da produção, ou sendo aplicado mais a um tipo de trabalho do que a outro com sua gama específica de habilidades e graus de produtividade etc.);
2. Seu *alcance* é verdadeiramente *global* (no sentido literal e mais ameaçador do termo), em vez de restrito a um conjunto particular de países (como foram todas as principais crises no passado);
3. Sua *escala de tempo* é extensa, contínua – se preferir: *permanente* –, em vez de limitada e *cíclica*, como foram todas as crises anteriores do capital;
4. Em contraste com as erupções e os colapsos mais espetaculares e dramáticos do passado, seu *modo* de se desdobrar pode ser chamado de *progressivo*, desde que acrescentemos a ressalva de que não se pode excluir nem sequer as convulsões mais veementes ou violentas no que concerne ao futuro: isto é, quando se esgotar a força da maquinaria complexa que agora está ativamente empenhada na "gestão da crise" e no "deslocamento" mais ou menos temporário das crescentes contradições.

126   *Para além do Leviatã*

Nesse quesito é necessário formular alguns pontos gerais sobre os critérios da crise estrutural, bem como sobre as formas em que sua solução pode ser vista:

- Formulando a questão em termos simples e gerais, a crise estrutural afeta a *totalidade* de um complexo social, incluindo todas as relações, com suas partes ou subcomplexos constituintes, e também com outros complexos com os quais está articulado. De forma diferente, uma crise não estrutural afeta apenas algumas partes do complexo em questão e, em consequência, independentemente da severidade com que atinge as partes afetadas, ela não pode ameaçar a sobrevivência continuada da estrutura global.
- De modo correspondente, o deslocamento das contradições só é factível enquanto a crise for parcial, relativa e internamente manejável pelo sistema, exigindo apenas mudanças – mesmo que grandes – *no interior* do próprio sistema relativamente autônomo. Pela mesma razão, a crise estrutural põe em questão a própria existência de todo o complexo concernido, postulando seu transcendimento e sua substituição por algum complexo alternativo.
- O mesmo contraste pode ser expresso em termos dos limites que qualquer complexo social particular venha a ter em sua imediatidade, em qualquer momento, se comparado com aqueles além dos quais ele não pode ir. Assim, uma crise estrutural não está relacionada aos limites *imediatos*, mas aos limites *finais* de uma estrutura global[3].

Portanto, em um sentido bastante óbvio, nada pode ser mais sério do que a crise estrutural do modo de reprodução sociometabólica do capital, que traça os limites definitivos da ordem estabelecida. Porém, mesmo que sejam profundamente sérios em seus parâmetros gerais totalmente importantes, diante deles pode não parecer que a crise estrutural tenha essa importância decisiva quando comparada às vicissitudes dramáticas geradas por uma crise conjuntural importante. Pois as "tempestades" mediante as quais as crises conjunturais se descarregam são paradoxais no sentido de que, em seu modo de se desdobrar, elas não só se descarregam (e se impõem), mas também se resolvem, na medida em que isso é factível nas circunstâncias dadas. Elas podem se comportar dessa forma precisamente por seu caráter parcial, que não põe em questão os limites últimos da estrutura global estabelecida. Ao mesmo tempo, porém, e pela mesma

---

[3]   Esse trecho foi extraído da seção 18.2.1 de István Mészáros, *Para além do capital: rumo a uma teoria da transição* (trad. Paulo Cézar Castanheira e Sérgio Lessa, São Paulo, Boitempo, 2012), p. 795-7.

A crise estrutural cada vez mais profunda do capital e o Estado   127

razão, elas só conseguem "resolver" de um modo estritamente parcial e também temporalmente muito limitado os problemas estruturais profundamente arraigados subjacentes – que necessariamente se reafirmam repetidamente na forma de crises conjunturais específicas. Ou seja, até que a próxima crise conjuntural apareça no horizonte da sociedade.

Em contraste, tendo em vista a natureza inevitavelmente complexa e prolongada da crise estrutural, que se desdobra no tempo histórico em sentido *epocal* e não episódico/instantâneo, a questão é decidida pela inter-relação cumulativa da totalidade, mesmo sob uma falsa aparência de "normalidade". Isso acontece porque na crise estrutural tudo está em jogo, implicando os limites finais – que abrangem tudo – da ordem dada, da qual não é possível existir um exemplar particular "simbólico/paradigmático". Sem entender as conexões e implicações sistêmicas globais dos eventos e desenvolvimentos particulares, perdemos de vista as mudanças realmente significativas e os níveis correspondentes de intervenção estratégica potencial para afetá-los positivamente no interesse da transformação sistêmica necessária. Por essa razão, nossa responsabilidade social demanda uma consciência crítica intransigente da inter-relação cumulativa emergente, em vez de procurar por reafirmações confortadoras no mundo da normalidade ilusória, até que a casa desabe sobre nossas cabeças.

2. Sartre e a viabilidade do capitalismo avançado

É necessário sublinhar que, durante quase três décadas após a Segunda Guerra Mundial, a expansão econômica bem-sucedida nos países capitalistas dominantes gerou, inclusive entre alguns dos intelectuais mais importantes da esquerda, a ilusão de que a fase histórica do "capitalismo de crise" havia sido superada, dando lugar ao que chamaram de "capitalismo avançado organizado". Isso pode ser ilustrado pela citação de algumas passagens da obra de um dos maiores intelectuais militantes do século XX, Jean-Paul Sartre. No entanto, é fato que a adoção da ideia de que, ao superar o "capitalismo de crise", a ordem estabelecida se converte por si mesma em "capitalismo avançado" criou alguns dilemas importantes para Sartre. Isso é tanto mais significativo porque ninguém pode negar sua busca plenamente comprometida por uma solução emancipatória viável e sua grande integridade pessoal. Aqui é importante lembrar que, na importante entrevista que ele concedeu ao grupo italiano Manifesto – depois de delinear sua concepção das implicações negativas insuperáveis da sua categoria explicativa da institucionalização inevitavelmente prejudicial do que ele chamou de "grupo fundido" no livro *Crítica da razão dialética* –, ele teve de chegar a esta dolorosa conclusão: "Embora eu reconheça a necessidade de uma *organização*,

128 *Para além do Leviatã*

devo confessar que não vejo como podem ser resolvidos os problemas com que se confronta qualquer *estrutura estabilizada*"[4].

A dificuldade é que os termos da análise social de Sartre estão dispostos de tal maneira que os vários fatores e as várias correlações que, na realidade, estão juntos, constituindo diferentes facetas do *mesmo complexo societal*, são descritos por ele na forma de dicotomias e oposições sumamente problemáticas, gerando, desse modo, dilemas insolúveis e a derrota inevitável das forças sociais emancipatórias. Isso aparece claramente no intercâmbio entre o grupo Manifesto e Sartre:

> *Manifesto*: Quais são precisamente as bases sobre as quais se pode preparar uma alternativa revolucionária?
> *Sartre*: Repito, sobre a base da "*alienação*" mais do que das "*necessidades*". Em suma, sobre a reconstrução do *indivíduo* e da *liberdade* – a necessidade dela é tão premente que nem as mais refinadas *técnicas de integração* podem se dar o luxo de descartá-la.[5]

Desse modo, em sua avaliação estratégica de como superar o caráter opressivo da realidade capitalista, Sartre estabelece uma oposição totalmente insustentável entre a "alienação" dos trabalhadores e suas "necessidades" supostamente satisfeitas, tornando bem mais difícil enxergar um desfecho positivo viável na prática. E aqui o problema não reside simplesmente no fato de ele conceder demasiada credibilidade à explicação sociológica elegante, mas extremamente superficial das assim chamadas "*técnicas refinadas de integração*" em relação aos trabalhadores. Infelizmente, o problema é bem mais sério.

De fato, o problema realmente perturbador em jogo aqui é a avaliação da viabilidade do próprio "*capitalismo avançado*" e do postulado da "integração" da classe trabalhadora a ele associado, que Sartre chegou a compartilhar naquela época em grande medida com Herbert Marcuse. Pois, na realidade, a verdade da questão é que, em contraste com a integração indubitavelmente factível de alguns trabalhadores particulares na ordem capitalista, a classe do trabalho – o antagonista estrutural do capital, que representa a única *alternativa hegemônica historicamente sustentável* ao sistema do capital – não pode ser integrada no quadro de referência alienante e explorador da reprodução societal do capital. O que torna isso impossível é o antagonismo estrutural subjacente entre capital e trabalho, que emana como necessidade intransponível da realidade classista da dominação e subordinação antagonística.

---

[4] A entrevista de Sartre ao grupo italiano Manifesto foi publicada como "Masses, Spontaneity, Party [Massas, espontaneidade, partido]", em Ralph Miliband e John Saville (orgs.), *The Socialist Register 1970* (Londres, Merlin Press, 1970), p. 245.

[5] Jean-Paul Sartre, "Masses, Spontaneity, Party", cit., p. 242.

A crise estrutural cada vez mais profunda do capital e o Estado   129

Nesse discurso, até a plausibilidade mínima do tipo de falsa alternativa de Marcuse/Sartre entre alienação contínua e "necessidade satisfeita" é "estabelecida" sobre a base da compartimentalização descarriladora das interdeterminações estruturais globalmente arraigadas e insustentáveis por serem suicidas, que de fato servem de premissa necessária para a viabilidade sistêmica elementar da única e exclusiva ordem metabólica societal reinante do capital. Em consequência, é extremamente problemático separar "capitalismo avançado" das assim chamadas "zonas marginais" e do "terceiro mundo". Como se a ordem reprodutiva do postulado "capitalismo avançado" pudesse se sustentar por *qualquer extensão de tempo*, quanto menos *indefinidamente* no futuro, sem a exploração em curso das mal interpretadas "zonas marginais" e do "terceiro mundo" dominados pelo imperialismo!

É necessário citar aqui a relevante passagem na qual esses problemas são verbalizados por Sartre. O trecho revelador em questão, na entrevista ao Manifesto, é este:

> *O capitalismo avançado*, em relação à consciência que tem de sua condição e a despeito das enormes disparidades na distribuição da receita, consegue satisfazer as necessidades elementares da maioria da classe trabalhadora – faltam, é claro, as *zonas marginais*, 15% dos trabalhadores nos Estados Unidos, os negros e os imigrantes; faltam os idosos; falta, em escala global, o *terceiro mundo*. Porém, o capitalismo satisfaz certas necessidades primárias e também satisfaz certas necessidades que ele criou artificialmente: por exemplo, a *necessidade de ter um carro*. É essa situação que me levou a revisar minha "teoria das necessidades", já que, em uma situação de *capitalismo avançado*, essas necessidades já não estão mais em oposição sistemática ao sistema. Pelo contrário, elas se tornam em parte, sob o controle desse sistema, um instrumento de *integração do proletariado* em certos processos engendrados e guiados pelo lucro. O trabalhador se exaure em produzir um carro e ganhar dinheiro suficiente para comprar um; essa *aquisição* lhe dá a *impressão* de ter satisfeito uma *"necessidade"*. O sistema que o explora simultaneamente lhe proporciona uma meta e a possibilidade de alcançá-la. Por essa razão, a consciência do caráter intolerável do sistema não precisa mais ser buscada na impossibilidade de satisfazer necessidades elementares, mas, acima de tudo, na consciência da alienação – em outras palavras, no fato de que *esta vida não vale a pena ser vivida e não tem sentido*, de que esse mecanismo é ilusório, de que essas necessidades são artificialmente criadas, de que elas são falsas, de que elas são exaustivas e só servem ao lucro. Porém, unir a classe sobre essa base é *ainda mais difícil*.[6]

Se aceitarmos no sentido literal essa caracterização da ordem "capitalista avançada", a tarefa de produzir consciência emancipadora não só é *"mais difícil"*,

---

[6]   Ibidem, p. 238-9.

130   *Para além do Leviatã*

mas absolutamente *impossível*. Porém, a base dúbia sobre a qual podemos chegar a essa conclusão *apriorística* imperativa e pessimista/autoderrotista – prescrita das alturas da "nova teoria das necessidades" formulada pelo intelectual, ou seja, o abandono das "necessidades aquisitivas artificiais" pelos trabalhadores, exemplificadas com o veículo motorizado, e sua substituição pelo postulado inteiramente abstrato, propondo-lhes que "*esta vida não vale a pena ser vivida e não tem sentido*" (um postulado imperativo nobre, mas bastante abstrato, efetivamente contradito na realidade pela necessidade tangível dos membros da classe trabalhadora de assegurar as condições de sua existência economicamente sustentável) – é a *aceitação* de um conjunto de *afirmações* insustentáveis e a *omissão* igualmente insustentável de algumas características determinantes vitais do sistema realmente existente do capital em sua *crise estrutural* historicamente irreversível.

Para começar, é extremamente problemático falar de "capitalismo *avançado*" – quando o sistema do capital como modo de reprodução sociometabólica se encontra em sua *fase descendente de desenvolvimento histórico* e, por essa razão, é apenas *capitalisticamente* avançado, mas em nenhum outro sentido, sendo capaz de sustentar-se somente de um modo ainda mais *destrutivo* e, por essa razão, em última análise, também *autodestrutivo*. Não menos insustentável é esta outra afirmação: a caracterização da *maioria esmagadora da humanidade* – mediante a categoria da pobreza, incluindo os "negros e os imigrantes", os "idosos" e, "em escala global, o terceiro mundo" – como pertencente às "*zonas marginais*" (em afinidade com os "*outsiders*" de Marcuse). Pois, na realidade, é o "mundo capitalista avançado" que constitui a *margem* privilegiada do sistema global totalmente insustentável no longo prazo, com sua impiedosa "negação elementar de necessidades" à maior parte do mundo, e não o que é descrito por Sartre em sua entrevista ao Manifesto como as "zonas marginais". Até mesmo em relação aos Estados Unidos, a margem de pobreza é muito subestimada em meros 15%. Aliás, a caracterização dos veículos motorizados dos trabalhadores como nada além de puras "necessidades artificiais" que "só servem ao lucro" não poderia ser mais unilateral. Pois, em contraste com muitos intelectuais, nem mesmo os trabalhadores particulares relativamente bem de vida, para não mencionar os membros da classe do trabalho como um todo, dispõem do luxo de encontrar um posto de trabalho vizinho ao seu quarto.

Ao mesmo tempo, ao lado das surpreendentes omissões, algumas das mais graves contradições e falhas estruturais faltam na descrição que Sartre faz do "capitalismo avançado", esvaziando virtualmente todo o conceito de significado. Nesse sentido, uma das mais importantes necessidades substantivas, sem a qual nenhuma sociedade – passada, presente ou futura – poderia sobreviver, é a necessidade de trabalho. E isso tanto para os indivíduos produtivamente ativos – abraçando todos eles em uma ordem social plenamente emancipada – quanto para a sociedade em geral, em sua relação historicamente sustentável com a natureza. A falha necessária

A crise estrutural cada vez mais profunda do capital e o Estado   131

em resolver esse problema estrutural fundamental, que afeta *todas* as categorias de trabalho não só no "terceiro mundo", mas até nos países mais privilegiados do "capitalismo avançado", com sua taxa de desemprego perigosamente crescente, constitui um dos *limites absolutos* do sistema do capital em sua totalidade. Outro problema grave que sublinha a inviabilidade histórica presente e futura do capital é a mudança calamitosa de rumo para os *setores parasitários* da economia – como uma especulação aventureira produtora de crises que aflige (como uma questão de *necessidade objetiva,* muitas vezes apresentada de maneira equivocada como falha *pessoal* irrelevante para o sistema) o setor financeiro e a *fraudulência* institucionalizada/legalmente suportada intimamente associada a ela – em contraste com os ramos produtivos da vida socieconômica requerida para a satisfação da necessidade humana genuína. Essa é uma mudança que se encontra em um contraste ameaçadoramente cortante com a fase ascendente do desenvolvimento histórico do capital, na qual o dinamismo expansionista sistêmico prodigioso (incluindo a Revolução Industrial) ocorreu, preponderantemente, graças às conquistas produtivas socialmente viáveis e passíveis de aprimoramento. A tudo isso devemos acrescentar os fardos econômicos *maciçamente perdulários* impostos à sociedade de modo autoritário pelo Estado e pelo complexo industrial/militar – tendo a indústria de armas permanente e as guerras correspondentes como parte integrante do perverso "crescimento econômico" do "capitalismo avançado organizado". E, para mencionar apenas mais uma das implicações catastróficas do desenvolvimento sistêmico "avançado" do capital, devemos ter em mente a usurpação ecológica global proibitiva do nosso modo de reprodução sociometabólica que não se sustenta mais em nosso mundo planetário finito, com sua exploração predatória dos recursos materiais não renováveis e a destruição cada vez mais perigosa da natureza[7]. Dizer

---

[7]   A gravidade desse problema não pode mais ser ignorada. Para entender sua magnitude, basta citar uma passagem de um livro excelente que oferece um relato abrangente do processo de destruição planetária em curso como resultado da ultrapassagem de alguns limiares e limites proibitivos postos em relevo pela ciência ecológica: "Esses limiares já foram ultrapassados em alguns casos e em outros casos logo serão ultrapassados se o negócio seguir seu rumo costumeiro. Ademais, isso pode ser atribuído em todo e qualquer caso a uma causa primária: o padrão corrente de desenvolvimento socieconômico global, isto é, o modo capitalista de produção e suas tendências expansionistas. O problema inteiro pode ser chamado de 'a fenda ecológica global', referindo-se à ruptura global da relação humana com a natureza que emerge de um sistema alienado de acumulação de capital sem fim. Tudo isso sugere que o uso do termo 'antropoceno' para descrever uma nova época geológica que toma o lugar do holoceno é tanto uma descrição de um novo fardo que recai sobre a humanidade quanto o reconhecimento de uma imensa crise – um potencial evento terminal na evolução geológica que poderia destruir o mundo como o conhecemos. Em contrapartida, tem havido uma grande aceleração do impacto humano sobre o sistema planetário desde a Revolução Industrial e particularmente desde 1945 – ao ponto que os ciclos biogeoquímicos, a atmosfera, o oceano e o sistema Terra como um todo já não podem mais ser vistos como amplamente impermeáveis à economia humana. Por outro lado, o curso atual que o mundo tomou poderia ser

132 *Para além do Leviatã*

isso não é "ser sábio após o evento". No mesmo período em que Sartre deu sua entrevista ao Manifesto, escrevi o seguinte:

> Outra contradição básica do sistema capitalista de controle é que ele não pode separar "avanço" de *destruição*, nem "progresso" de *desperdício* – ainda que as resultantes sejam catastróficas. Quanto mais o sistema destrava os poderes da produtividade, mais ele libera os poderes de destruição; e quanto mais dilata o volume da produção tanto mais tem de sepultar tudo sob montanhas de lixo asfixiante. O conceito de *economia* é radicalmente incompatível com a "economia" da produção do capital, que necessariamente causa um duplo malefício, primeiro por usar com desperdício voraz os *limitados recursos* do nosso planeta, o que é posteriormente agravado pela *poluição e pelo envenenamento* do meio ambiente humano, decorrentes da produção em massa de lixo e efluentes.[8]

Assim, as *afirmações* problemáticas e as omissões seminalmente importantes da caracterização que Sartre faz do "capitalismo avançado" enfraquecem bastante o poder de negação de seu discurso emancipador. Seu princípio dicotômico que repetidamente afirma a "irredutibilidade da ordem cultural à ordem natural" sempre está à procura de soluções nos termos da "ordem cultural" no nível da consciência do indivíduo, por meio do "*trabalho* intelectual comprometido *da consciência sobre a consciência*". Ele apela à ideia de que a solução requerida consiste em aumentar a "consciência da alienação" – isto é, nos termos de sua "ordem cultural" –, descartando, ao mesmo tempo, a viabilidade de fundar a estratégia revolucionária sobre a *necessidade* pertencente à "ordem natural". É dito que a necessidade material já está satisfeita para a maioria dos trabalhadores e, de qualquer modo, constitui um "mecanismo ilusório e falso" e um "instrumento de integração do proletariado".

Sartre com certeza está profundamente preocupado com o desafio representado pela questão de como aumentar "a consciência do caráter intolerável do sistema". Porém, um ponto que inevitavelmente deve ser considerado é que a própria alavanca indicada como condição vital do sucesso – o poder da "consciência da

---

descrito não tanto como o aparecimento de uma nova época geológica estável (o antropoceno), como um holoceno final ou mais ominosamente, um quaternário final, um evento terminal, que é um modo de se referir às extinções em massa que frequentemente separaram eras geológicas. Diz a ciência que limites planetários e pontos de inflexão que levam à degradação irreversível das condições de vida na Terra logo poderão ser atingidos com a continuação dos atuais negócios como de costume. O antropoceno pode ser a cintilação mais breve no tempo geológico, que logo se apaga". John Bellamy Foster, Brett Clark e Richard York, *The Ecological Rift: Capitalism's War on the Earth* (Nova York, Monthly Review Press, 2010), p. 18-9.

[8] Ver minha palestra pelo prêmio Deutscher Memorial, "A necessidade do controle social", proferida na London School of Economics, 26 jan. 1971. Destaques no original. Reimpressa em Mészáros, *Para além do capital*, cit., p. 983-1.011.

A crise estrutural cada vez mais profunda do capital e o Estado   133

alienação", enfatizado por Sartre – precisaria muito de algum suporte objetivo. Se não for assim, e mesmo que se ponha de lado a referida fraqueza da alavanca, que é sua circularidade autorreferencial, a ideia de que algo *pode* prevalecer contra o caráter intolerável do sistema" está fadada a ser dispensada como defesa *cultural* nobre, mas inefetiva. Isso é problemático até nos termos de referência do próprio Sartre, o que é indicado por suas palavras bastante pessimistas, nas quais ele mostra a necessidade de derrotar a realidade material e culturalmente destrutiva e estruturalmente arraigada "desse conjunto miserável que é o nosso planeta", que é "horrível, feio, mal determinado, sem esperança".

De modo correspondente, a questão primária é concernente à demonstrabilidade – ou não – do caráter *objetivamente intolerável* do próprio sistema. Pois, se a intolerabilidade demonstrável do sistema está ausente em termos *substantivos*, como proclamado pela noção da capacidade do "capitalismo avançado" de satisfazer as necessidades materiais, exceto nas "zonas marginais", então o *"longo e paciente trabalho de construção da consciência"*, defendido por Sartre, permanece quase impossível[9]. É essa fundamentação objetiva que precisa ser (e, na atualidade, pode ser) estabelecida nos termos de referência abrangentes que lhe são próprios, exigindo a desmistificação radical da destrutividade crescente do "capitalismo avançado". A *"consciência* do caráter intolerável do sistema" só pode ser construída sobre essa *fundamentação objetiva* – que inclui o sofrimento causado pela falha do capital "avançado" em satisfazer de fato a necessidade elementar de alimento não só nas "zonas marginais", mas em incontáveis lugares, como fica claramente evidenciado pelos tumultos por alimentos em muitos países –, de modo a ser capaz de superar a dicotomia postulada entre a ordem cultural e a ordem natural.

Em sua fase *ascendente*, o sistema do capital afirmou com êxito suas realizações produtivas sobre a base de seu dinamismo expansionista interno – ainda sem o imperativo do impulso monopolista/imperialista de dominação mundial militarmente assegurada, próprio dos países mais avançados em termos capitalistas. Contudo, dada a circunstância historicamente irreversível de ingressar na fase *produtivamente descendente*, o sistema do capital se tornou inseparável da necessidade cada vez mais intensificada de extensão militarista/monopolista e distensão do seu quadro de referência estrutural. No plano produtivo interno, isso levou, no devido tempo, ao estabelecimento e à operação criminosamente perdulária de uma "indústria de armas permanente" e às guerras necessariamente associadas a ela.

De fato, bem antes da irrupção da Primeira Guerra Mundial, Rosa Luxemburgo identificou claramente a natureza desse desenvolvimento monopolista/ imperialista fatídico no plano destrutivamente produtivo ao escrever o seguinte, em *A acumulação do capital*, sobre o papel da produção militarista maciça:

---

[9]   Jean-Paul Sartre, "Masses, Spontaneity, Party", cit., p. 239.

134   *Para além do Leviatã*

Em última análise, o próprio capital controla esse movimento automático e rítmico da produção militarista por meio da legislação e de uma imprensa cuja função é moldar a assim chamada "opinião pública". É por isso que, de início, essa província particular da acumulação capitalista parece ser capaz de expansão infinita.[10]

De outro ângulo, a utilização cada vez mais perdulária de energia e recursos materiais estratégicos vitais acarreta não só a articulação mais e mais destrutiva das determinações estruturais autoafirmadoras do capital no plano militar (que nunca foi sequer questionado pela "opinião pública" legislativamente manipulada, que dirá regulado de modo apropriado), mas também a usurpação cada vez mais destrutiva da natureza devido à expansão do capital. De forma irônica, mas de modo algum surpreendente, essa mudança de direção do *desenvolvimento histórico regressivo* do sistema do capital como tal trouxe consigo algumas consequências amargamente negativas para a organização internacional do trabalho.

De fato, essa nova articulação do sistema do capital nas últimas três décadas do século XIX, com sua fase imperialista monopolista inseparável de sua ascendência global plenamente expandida, inaugurou uma nova modalidade de dinamismo expansionista (sumamente antagonístico e, em última análise, insustentável) para formidável benefício de um punhado de países imperialistas privilegiados, postergando assim o "momento da verdade" que acompanha a *crise estrutural* irreprimível do sistema em nosso tempo. Esse tipo de desenvolvimento imperialista monopolista inevitavelmente proporcionou um grande impulso à possibilidade de expansão e acumulação militarista de capital, não importando o preço a ser pago no devido tempo pela destrutividade cada vez maior do novo dinamismo expansionista. De fato, o dinamismo monopolista com suporte militar teve de assumir a forma de precisamente duas *guerras globais* devastadoras, bem como a implícita aniquilação total da humanidade em uma potencial *Terceira Guerra Mundial*, somando-se à perigosa destruição em curso da natureza que se tornou evidente na segunda metade do século XX.

Em nosso tempo, estamos experimentando a crise estrutural cada vez mais profunda do sistema do capital. Sua destrutividade é visível em toda parte e não mostra sinais de diminuição. Pensando no futuro, é crucial o entendimento de como conceituamos a natureza da crise, visando a uma solução para ela. Pela mesma razão, também é necessário voltar a examinar algumas das principais soluções projetadas no passado. Aqui, não é possível fazer mais que mencionar com brevidade estenográfica as abordagens contrastantes que foram oferecidas, e indicar, ao mesmo tempo, o que aconteceu de fato com elas.

---

[10]   Rosa Luxemburgo, *The Accumulation of Capital* (Londres, Routledge, 1963), p. 466.

A crise estrutural cada vez mais profunda do capital e o Estado 135

Em primeiro lugar, devemos lembrar que o filósofo liberal John Stuart Mill teve o mérito de considerar quanto pode ser problemático o crescimento capitalista sem fim, sugerindo como solução o "estado estacionário da economia". Naturalmente, esse "estado estacionário" sob o sistema do capital não poderia passar de um desejo ilusório, por ser totalmente incompatível com os imperativos da expansão e acumulação do capital. Até hoje, quando tanta destrutividade é causada pelo crescimento não qualificado e a alocação sumamente perdulária de nossa energia vital e de nossos recursos materiais estratégicos, a mitologia do crescimento é constantemente reafirmada, acoplada à projeção ilusória de "reduzir nossa emissão de carbono" lá pelo ano 2050, enquanto, na realidade, nos movemos na direção oposta. Assim, a realidade do liberalismo acabou se convertendo na destrutividade agressiva do neoliberalismo.

Destino similar coube à perspectiva social-democrata. Marx formulou claramente suas advertências a respeito desse perigo em *Crítica do Programa de Gotha*, mas elas foram totalmente ignoradas. Aqui também a contradição entre o prometido "socialismo evolutivo" bernsteiniano e sua realização em toda parte acabou sendo contundente. Não só em virtude da capitulação dos partidos e governos social-democratas diante do engodo das guerras imperialistas, mas também por meio da transformação da social-democracia em geral – incluindo o New Labour britânico – em versões mais ou menos francas do neoliberalismo, abandonando não só a "estrada do socialismo evolutivo", mas até mesmo a implementação de uma reforma social significativa.

Ademais, uma muito propagandeada solução para as cruéis desigualdades do sistema do capital foi a prometida difusão mundial do "Estado de bem-estar" após a Segunda Guerra Mundial. No entanto, a realidade prosaica dessa alegada conquista histórica acabou sendo não só a falha completa em instituir o Estado de bem-estar em qualquer parte do assim chamado "terceiro mundo", mas também a liquidação em curso das conquistas relativas do Estado de bem-estar do pós-guerra – nos campos da segurança social, do atendimento à saúde e da educação – até no punhado de países capitalistas privilegiados em que foram instituídas no passado.

E é claro que não podemos desconsiderar a promessa de realizar a fase superior do socialismo (por Stálin e outros) mediante a derrubada e a abolição do capitalismo. Pois, tragicamente sete décadas após a Revolução de Outubro, a realidade acabou sendo a restauração do capitalismo em uma forma neoliberal regressiva nos países da ex-União Soviética e do Leste Europeu.

O denominador comum de todas essas tentativas falhas – a despeito de algumas diferenças importantes entre elas – é que todas buscaram alcançar seus objetivos dentro do quadro de referência estrutural da ordem sociometabólica estabelecida. No entanto, como nos ensina a dolorosa experiência histórica, nosso problema não é simplesmente "a derrubada do capitalismo". Pois até na medida

136 *Para além do Leviatã*

em que esse objetivo pode ser alcançado, está fadado a ser apenas uma conquista muito instável, pois tudo que pode ser *derrubado* também pode ser *restaurado*. A questão real – e muito mais difícil – é a necessidade de *mudança estrutural radical*.

O significado tangível dessa *mudança estrutural* é a *completa erradicação do próprio capital do processo sociometabólico*. Em outras palavras, a erradicação do capital do processo metabólico da reprodução societal.

O próprio capital é um modo de *controle* que abarca tudo, o que significa que ou ele controla tudo ou ele implode como sistema de controle reprodutivo societal. Como consequência, o capital como tal não pode ser controlado em alguns de seus aspectos enquanto deixa intacto o restante das coisas. Todas as tentativas de medidas e modalidades de "controlar" as várias funções do capital de modo duradouro falharam no passado. Tendo em vista sua *incontrolabilidade estruturalmente arraigada – que significa que não há instrumento concebível dentro do quadro de referência estrutural do próprio sistema do capital* mediante a qual o sistema pudesse ser posto sob controle duradouro –, o capital deve ser completamente *erradicado*. Esse é o sentido central da obra da vida de Marx.

Em nosso tempo, a questão do controle – por meio da instituição da *mudança estrutural* em resposta à nossa crise estrutural cada vez mais profunda – se torna urgente não só no setor financeiro, devido aos trilhões de dólares desperdiçados, mas em toda parte. Os principais jornais financeiros capitalistas se queixam de que "a China está sentada em cima de 3 trilhões de dólares em moeda corrente", voltando a projetar ilusoriamente soluções que passam por "fazer melhor uso daquele dinheiro". Porém, a sóbria verdade é que o endividamento total e cada vez pior do capitalismo chega a dez vezes mais do que valem os "dólares não usados" da China. Aliás, mesmo que o enorme endividamento corrente pudesse ser eliminado de alguma forma, embora ninguém saiba dizer como, o problema real permaneceria: como ele chegou a ser gerado e como se pode assegurar que não volte a surgir no futuro? É por isso que a dimensão produtiva do sistema – a saber, a própria relação do capital – tem de ser fundamentalmente mudada, a fim de superar a *crise estrutural* por meio de uma *mudança estrutural* apropriada.

A dramática crise financeira que experimentamos nos últimos três anos é apenas um dos aspectos da tripla destrutividade do sistema do capital:

1. No campo militar, com as intermináveis guerras do capital desde o início do imperialismo monopolista nas últimas décadas do século XIX e de suas armas de destruição em massa cada vez mais devastadoras nos últimos sessenta anos;
2. A intensificação mediante o óbvio impacto destrutivo do capital sobre a ecologia, que afeta diretamente e atualmente põe em risco o fundamento natural elementar da própria existência humana;

A crise estrutural cada vez mais profunda do capital e o Estado   137

3. No domínio da produção material, um desperdício em constante crescimento, devido ao avanço da "produção destrutiva" no lugar da "destruição criativa" ou "destruição produtiva" elogiada no passado.

Esses são os graves problemas sistêmicos de nossa *crise estrutural*, que só pode ser resolvida por meio de uma *mudança estrutural* abrangente no sistema de reprodução sociometabólica a qual não exclua o Estado.

5

O ciclo histórico do capital está se fechando

Não estamos longe de registrar o centenário do primeiro discurso inaugural do presidente Franklin Delano Roosevelt. Com efeito, já se passaram cinco sextos do tempo até o memorável centenário. No entanto, as mudanças levadas a termo em todas essas décadas estão muito distantes daquelas expectativas esperançosas originais solenemente proclamadas e por longo tempo sinceramente acreditadas.

O presidente Roosevelt assumiu o cargo no período em que ocorreu o que se costumou chamar de a "grande crise econômica mundial", datada de 1929-1933. Seu primeiro discurso, proferido em 4 de março de 1933, prometia uma mudança radical na economia mundial, não como um melhoramento conjuntural limitado para durar talvez poucos anos, mas como uma mudança profundamente arraigada e permanente. A resposta que se concebeu foi uma forte expansão desimpedida do capital, a ser impulsionada de modo significativo pelo programa do "New Deal" nos Estados Unidos – formulado por Roosevelt quando era candidato à Presidência, anunciado por ele em 2 de julho de 1932 e obviamente um enorme fator para sua eleição esmagadoramente vitoriosa.

De fato, a expansão econômica pareceu operar de maneira quase prodigiosa nos Estados Unidos da segunda metade de 1933 até os primeiros meses de 1937. No entanto, na segunda metade de 1937, a economia do país voltou a estagnar e, em 1938, o país experimentou uma *profunda recessão*, em que o desemprego cresceu de 14% em 1937 para 19% em 1938. Compreensivelmente, no entanto, a irrupção da Segunda Guerra Mundial "*resgatou*" a economia dos Estados Unidos de sua recessão, trazendo para o país uma expansão produtiva maciça e duas décadas de crescimento exitoso também após o fim do conflito global, no período da reconstrução pós-guerra em toda a Europa e em outras partes do mundo.

O projeto original do presidente Roosevelt para uma economia capitalista vigorosa defendeu explicitamente a remoção dos dispositivos "artificiais" de proteção pelos ainda existentes impérios britânico e francês. Ele deixou absolutamente claro,

140   *Para além do Leviatã*

já em seu primeiro discurso, que "não pouparia esforços para restaurar o comércio mundial mediante o *reajustamento econômico internacional*"[1]. E, no mesmo espírito, poucos anos depois, deixou evidente que defendia o direito "de comerciar em uma atmosfera *livre de competição injusta e dominação por monopólios nacionais ou internacionais*"[2]. Durante a Segunda Guerra Mundial, o presidente Roosevelt também afirmou que era contra não só que os britânicos continuassem a governar a Índia após a guerra, mas também que a França mantivesse seus territórios na Indochina e suas colônias no Norte da África[3].

Assim, o presidente Roosevelt acreditou genuinamente que encerrar os tradicionais impérios criaria as condições para um desenvolvimento econômico saudável em todo o mundo. E projetou a liderança da nação não como resultado da dominação militar colonialista, mas em virtude das características inerentes aos princípios contidos no tipo de progresso econômico dos Estados Unidos, como norteado pela alegada "atmosfera livre de concorrência injusta e dominação pelos monopólios nacionais e internacionais". Rumo ao auge da expansão exitosa do país sob o New Deal, ele chegou até a falar com exaltação da obra do "*destino*" nestes termos: "Uma civilização melhor que aquela que sempre conhecemos está reservada para a América do Norte e, por meio do nosso exemplo, talvez para o mundo. Aqui o destino parece estar se demorando bastante"[4].

No entanto, em contraste com essas expectativas, os desenvolvimentos do pós-guerra – nesse período, o presidente Roosevelt já havia falecido – não trouxeram "uma atmosfera livre de monopólios nacionais ou internacionais", mas a afirmação das novas relações de poder de continuidade do imperialismo sob dominação dos Estados Unidos. De acordo com essas condições, a economia mundial se caracterizou pela prevalência da sumamente desigual *taxa diferencial de exploração* da força de trabalho global, sendo que, na economia capitalista muito mais avançada dos Estados Unidos, o trabalho ocupou nesse aspecto uma posição consideravelmente melhor.

O historiador e pensador político filipino Renato Constantino nos deu um exemplo contundente desse modo pavoroso de exploração que impõe a seu país salários estarrecedoramente baixos, próprios da taxa diferencial. Em suas palavras:

---

[1]   Todas as citações dos discursos do presidente Roosevelt foram extraídas do volume editado por B. D. Zevin, *Nothing to Fear: The Selected Addresses of Franklin Delano Roosevelt, 1932-1945* (Londres, Hodder & Stoughton, 1947).

[2]   "Annual Message to Congress [Mensagem anual ao Congresso]", Washington D. C., 11 jan. 1944.

[3]   Ver a carta de Roosevelt a Cordell Hall, 24 jan. 1944.

[4]   Franklin D. Roosevelt, "Address on the Fiftieth Anniversary of the Statue of Liberty [Pronunciamento no quinquagésimo aniversário da Estátua da Liberdade]", Nova York, 28 out. 1936.

O ciclo histórico do capital está se fechando   141

A Ford Philippines Inc., que se estabeleceu aqui somente em 1967, já está [quatro anos depois] na 37ª posição do rol das mil maiores corporações das Filipinas. Em 1971, ela relatou um retorno sobre o patrimônio de 121,32%, sendo que seu retorno global sobre o patrimônio em 133 países no mesmo ano foi de somente 11,8%. Ao lado de todos os incentivos extraídos do governo, os altos lucros da Ford se deveram principalmente à mão de obra barata. Enquanto nos Estados Unidos, a tarifa horária para o trabalho qualificado no ano de 1971 estava em quase 7,50 dólares, a tarifa para um trabalho similar nas Filipinas estava em apenas 0,30 dólares.[5]

O mais significativo nesses assuntos, no entanto, é que, a partir do início da década de 1970, passamos a experimentar *o aprofundamento da crise estrutural do sistema do capital*, em vez da expansão desimpedida originalmente projetada da economia mundial para benefício de todos. O antagonismo secundário do sistema do capital entre unidades concorrentes rivais contribuiu por um longo período histórico para a expansão e, por seu turno, também foi sustentado em grande medida pela expansão continuada. É por isso que ele pôde até ser idealizado em nome da expansão irrestrita, ignorando sua natureza e suas consequências. Com o início da *crise estrutural* ou *sistêmica do capital*, no entanto, as coisas mudaram não só para pior, mas para muito pior.

Assim, a despeito do crescente envolvimento direto do Estado capitalista na economia, inclusive na forma de injetar, em suas operações de resgate, trilhões de dólares e outros fundos no buraco sem fundo das empresas capitalistas falidas, os problemas se multiplicaram. Ao mesmo tempo, ideólogos neoliberais do capital hipocritamente continuaram a glorificar as virtudes insuperáveis do "sistema da livre empresa" e até a ficção da "retração dos limites do Estado", quando, na realidade, estivemos cambaleando de uma crise para a outra desde a década de 1970. Em nosso tempo, no entanto, em contraste com 1939, a potencialidade de uma *guerra global* não é capaz de "resgatar" o sistema do capital de sua crise estrutural cada vez mais profunda, devido ao perigo de suicídio que representa. Assim, não se pode mais ignorar o antagonismo primário entre capital e trabalho – que representa também a alternativa hegemônica positiva do trabalho à modalidade de reprodução social do sistema.

---

[5]   Renato Constantino, *Neo-Colonial Identity and Counter-Consciousness: Essays in Cultural Decolonization* (Londres, Merlin Press, 1978), p. 234. Naturalmente, esse tipo de taxa diferencial de exploração absurdamente alta – de 25 para 1 nas Filipinas no fim da década de 1960 e início da década de 1970 – não podia durar para sempre. Com o desdobramento da crise estrutural do sistema do capital, desde o início da década de 1970, a taxa diferencial original teve de ser convertida em *equalização descendente da taxa diferencial de exploração*, que afetou negativamente também as classes trabalhadoras nos países capitalistas mais avançados, incluindo os Estados Unidos.

Ciclo de fechamento do capital

Com a crise estrutural do *sistema do capital* como um todo e de modo algum apenas do *capitalismo*, o ciclo histórico expansionista pelo qual o capital pôde dominar a humanidade por um período muito longo está se fechando perigosamente. Esse fechamento traz consigo o perigo da destruição total da humanidade no interesse do império absurdamente prolongado do capital. Por diversas vezes tentei destacar, desde a década de 1970, as diferenças fundamentais entre o capitalismo, historicamente limitado a poucos séculos, e o quadro de referência muito mais fundamental do sistema do capital, concentrando-me ao mesmo tempo nos graves perigos que se manifestam nos desenvolvimentos históricos em curso[6].

Ao frisar a diferença fundamental entre o sistema do capital como um todo e a fase histórica limitada do capitalismo integrada ao sistema global do capital, é importante entender que o sistema do capital não está limitado apenas ao capitalismo. Não há como sublinhar com força suficiente que a forma de produção da empresa privada capitalista, com suas "personificações do capital" (nas palavras de Marx) na forma de capitalistas individuais, pode ser e foi derrubada, por exemplo, pela Revolução de Outubro na Rússia, em 1917, mas não o sistema do capital em sua totalidade. É esse sistema que precisa ser totalmente *erradicado* por meio de um processo fundamental de reestruturação e substituído por uma ordem metabólica socialista radicalmente diferente. Do mesmo modo, o Estado capitalista pode ser e foi derrubado, mas não o Estado *como tal*. O Estado *como tal* também deve ser *completamente erradicado* e substituído por uma modalidade

---

[6] Ver, quanto a isso, minha preleção em Memória de Isaac Deutscher, intitulada "A necessidade do controle social", proferida na Escola Londrina de Economia e Ciência Política no dia 26 de janeiro de 1971; meu artigo "Political Power and Dissent in Postrevolutionary Societies [Poder político e dissensão em sociedades pós-revolucionárias]", *New Left Review*, mar.-abr. 1978; meu extenso estudo "Il rinnovamento del Marxismo e l'attualità storica dell'offensiva socialista [A renovação do marxismo e a atualidade histórica da ofensiva socialista]", publicado em *Problemi del Socialismo*, fev.-abr. 1982, p. 5-141; e meu livro *Beyond Capital: Toward a Theory of Transition* [Para além do capital: rumo a uma teoria da transição], no qual trabalhei durante 25 anos, publicado pela primeira vez em 1995 na língua inglesa. Naturalmente, *Beyond Leviathan* [Para além do Leviatã] foi concebido no mesmo período. No entanto, sua base material tinha de ser articulada primeiro em *Para além do capital*, em contraste com as teorias idealistas que se concentrariam na política e no Estado. No entanto, os problemas do Estado quanto à sua materialidade estão claramente indicados nos trabalhos recém-mencionados, bem como em *The Power of Ideology* [O poder da ideologia], publicado pela primeira vez em 1989 em língua inglesa. Eles também esclarecem a diferença entre a materialidade do Estado *como tal* e a "superestrutura legal e política". Pois, considerar o próprio Estado apenas como uma superestrutura constitui uma interpretação totalmente equivocada da posição marxiana. Marx nunca teve dúvidas quanto à *materialidade* – de fato sólida e repressiva – do Estado *como tal*. Obviamente o Estado tem sua *dimensão superestrutural*, legitimamente caracterizada como a "superestrutura jurídica e política". Porém, o Estado como tal não pode ser simplesmente reduzido a uma superestrutura.

O ciclo histórico do capital está se fechando 143

qualitativamente diferente de *controle global* verdadeiramente *autônomo* de tomada de decisão na sociedade pelas pessoas mediante a reconstituição qualitativa do próprio metabolismo social.

O fato histórico desconcertante é que tudo o que pode ser *derrubado* também pode ser *restaurado*. De fato, o capitalismo privado e o Estado capitalista têm sido tanto derrubados como restaurados. Restaurados, por exemplo, na ex-União Soviética, por Mikhail Gorbatchov e seus aliados. E eles não tiveram de restaurar o próprio sistema do capital porque já o tinham consigo na forma das "personificações do capital" burocráticas pós-capitalistas dominantes, cujo papel era impor a extração máxima *politicamente* regulada de mais-trabalho, em contraste com a extração *primordialmente econômica* de mais-trabalho na forma de mais-valor sob o capitalismo. Pois as transformações pós-capitalistas historicamente limitadas do capitalismo – como as que foram empreendidas a partir de outubro de 1917 – são perfeitamente compatíveis com o domínio continuado da ordem metabólica do sistema do capital, visto que a *derrubada política* do Estado capitalista sem a erradicação da própria estrutura hierarquicamente consolidada do Estado não implica nenhum tipo de reestruturação socialista fundamental.

Essa é uma lição elementar para o futuro. Com efeito, a diferença entre sistema do capital e capitalismo é vitalmente importante para nós, não em relação ao passado, mas quanto ao presente e ao futuro. Pois o nosso grave problema é o perigo representado para a sobrevivência da humanidade não simplesmente por esta ou aquela forma particular de formações estatais do capital conhecidas até hoje, mas por cada uma de suas variações concebíveis também no futuro, que terão de surgir se a ordem sociometabólica do capital não for reestruturada de um modo socialista historicamente viável. É preciso enfatizar também que a ideia de um "Estado coercitivo global", não importando quem o patrocine, beira a insanidade.

Rompendo os limites da natureza

Sem dúvida, as personificações do capital de qualquer matiz têm de resistir a todo custo ao inevitável fechamento do ciclo histórico de seu sistema, no interesse de prolongar seu domínio. Pois as determinações sociais globalmente perceptíveis que apontam na direção desse fechamento histórico são tão irresistíveis quanto estreitamente entrelaçadas, de modo que os ajustes tradicionalmente impostos e os corretivos do Estado não são mais efetivos contra elas.

Vejamos os principais fatores que indicam o inevitável fechamento do ciclo histórico do sistema do capital, que demandam ao mesmo tempo uma alternativa viável.

Talvez a realização global mais óbvia – mesmo que extremamente problemática –, cujo poder de destruir todas as coisas não pode ser negado nem mesmo pelos

144   *Para além do Leviatã*

piores apologistas do capital, é a capacidade dos Estados dominantes de aniquilar a humanidade por meio de uma conflagração militar global. Evidentemente, essa realização problemática por meio das armas de destruição em massa, que hoje é absolutamente operacional, não existiu em eras passadas. No entanto, apareceu para nós com sua finalidade ameaçadora ao mesmo tempo que o fechamento do ciclo histórico do capital. Como sabemos, em nosso tempo, os assim chamados "pensadores estratégicos" da dominação político-militar não hesitam em recomendar e ativamente "planejar o impensável", enquanto alguns presidentes e primeiros-ministros decretam que, com seus "dedos seguros" politicamente confiáveis, não hesitariam em apertar o *botão nuclear* na eventualidade de um confronto global.

Por essa via, os defensores fervorosos do sistema do capital confiam seu destino à segurança e viabilidade das armas de destruição em massa – que abrangem também armamento químico e biológico –, bem como à segurança pressuposta de forma infundada da "destruição mútua assegurada". A alternativa seria, é claro, enfrentar e superar positivamente as *causas* dos antagonismos letais que por acaso são inseparáveis da natureza do próprio sistema do capital, especialmente na fase descendente do seu desenvolvimento global. Porém, precisamente porque esse *antagonismo sistêmico* é inerente à ordem sociometabólica do capital, as medidas tradicionalmente impostas pelos Estados rivais na forma da violência extrema não podem mais ser usadas sob as condições da destruição potencialmente total da humanidade neste planeta. Seria um preço alto demais a se pagar, até em vista dos requisitos mais elementares da racionalidade.

Defender a "destruição mútua assegurada" como dissuasão automática postulada constitui uma estratégia fundamentalmente irracional. Sua única "racionalidade" consiste em promover os sólidos interesses estabelecidos do "complexo industrial-militar", nas memoráveis palavras do general Eisenhower. A alternativa exigida e factível à "destruição mútua assegurada" só pode ser a elaboração de uma ordem sociometabólica qualitativamente diferente. Uma nova ordem que não esteja sobrecarregada de antagonismos sistêmicos devidos a interesses estabelecidos. Colocar em operação tal metabolismo social qualitativamente diferente é o único caminho para assumir o controle sobre e, na ocasião oportuna, eliminar completamente as armas de destruição em massa que nos ameaçam. Em contraste, a incompatibilidade radical de dar atenção às *causas* do antagonismo dentro da ordem política e econômica estabelecida, em vista de suas determinações sistêmicas insuperavelmente antagonísticas, sinaliza o inevitável fechamento do ciclo histórico do capital.

Outra determinação literalmente vital em escala global diz respeito aos *recursos materiais limitados* de nosso planeta. É claro que esse também é um desenvolvimento histórico, levado a termo pela disseminação do modo capitalista cada vez mais avançado de produção industrial pelo globo inteiro, com mais de 7 bilhões de pessoas, em contraste com o passado tão recente, como foi justamente o período imediatamente anterior à Segunda Guerra Mundial. Hoje é inevitável que se considere a satisfação das necessidades de *quatro imensos complexos econômicos capitalistas* – os Estados Unidos, a Europa, a China e a Índia –, em contraste com poucas décadas passadas, quando um punhado de países capitalistas dominantes conseguia extrair benefícios impressionantes para si mesmos dos recursos materiais e dos serviços do "mundo subdesenvolvido", tratado como o pretenso "*Hinterland*" legítimo da própria expansão. Como resultado dessas mudanças, agora também as classes trabalhadoras da China e da Índia começaram a reivindicar uma parcela menos miserável, em comparação ao passado, dos próprios produtos, a ser usada por eles mesmos.

É natural que, de todo esse complexo de problemas, os apologistas do capital percebam apenas que aumentou em demasia a necessidade de recursos materiais limitados do planeta e até isso afirmam de uma forma grosseiramente distorcida, sob o título ideologicamente revelador de "explosão populacional". Com certeza ninguém deveria negar a crescente relevância desses fatores, muito menos a legitimidade absoluta da necessidade das pessoas. Porém, é necessário destacar também algumas determinações sociais e econômicas que inevitavelmente exigem, novamente, uma mudança estrutural fundamental em nossa ordem sociorreprodutiva. Elas indicam algumas condições seriamente agravantes quanto ao modo de alocar e utilizar os recursos disponíveis para a satisfação das necessidades de contingentes cada vez maiores que trabalham e reivindicam os recursos materiais limitados do planeta como resultado da conquista econômica do mundo pelo capital.

Basta mencionar aqui duas condições agravantes de suma importância: 1) o imperativo perverso da *expansão incontrolável do capital* orientado para o *valor de troca*, em detrimento do *valor de uso*, provocando *escassez artificial*; 2) o predomínio da *produção destrutiva* e o concomitante *desperdício*, combinados com a automitologia da "destruição criativa", que piora na *fase descendente* do desenvolvimento sistêmico do capital.

Em relação a essas duas principais determinações agravantes, o corretivo óbvio viável seria uma intervenção estratégica *positivamente planejada* na economia, com o intuito de maximizar o *valor de uso* socialmente exigido e, ao mesmo tempo, observar o mais estrito controle do *desperdício*. Porém, esse tipo de *economia racionalmente planejada* – que é inconcebível sem a *igualdade substantiva* como sua base social – é totalmente incompatível com a modalidade há muito estabelecida da produção capitalista.

Além disso, temos de acrescentar aqui, ao problema *geral* da necessidade crescente dos recursos materiais do planeta – incluindo o requisito elementar da água –, a *dificuldade especial* que surge da demanda por recursos materiais *estratégicos* entre os gigantescos complexos capitalistas concorrentes. Na ausência de

146 *Para além do Leviatã*

uma distribuição racionalmente planejada desses recursos em escala global, isso só pode levar a confrontos *beligerantes* entre Estados rivais, com consequências potencialmente devastadoras. A esta altura, por vários séculos, o sistema produtivo capitalista se preocupou muito pouco com a *economia* no sentido de *economizar*, que é o sentido original do termo. No entanto, no futuro é certo que a reprodução social exigida se tornará totalmente impensável sem a aplicação consciente dos princípios norteadores de uma economia apropriadamente planejada e responsavelmente economizadora. Assim, também nesse sentido observamos o inevitável fechamento do ciclo histórico do sistema do capital.

Ao menos mais um problema deve ser enfatizado aqui: a *incompatibilidade ecológica* do modo de reprodução sociometabólica do capital com as demandas racionalmente sustentáveis do nosso tempo. Isso está sendo expresso de modo muito claro hoje precisamente pela denominação de uma nova era geológica para indicar o impacto extremamente problemático – de fato sumamente perigoso – da humanidade sobre nosso planeta. Essa *nova era geológica* é chamada de *antropoceno*, e corresponde ao período em que alguns dos danos definitivos do sistema do capital foram infligidos ao nosso globo, mais ou menos nos últimos cem anos. Entre esses danos, foram apontados desde os resíduos de explosões nucleares até os permanentes e prejudiciais depósitos plásticos em nossos oceanos.

Naturalmente, a incompatibilidade ecológica do capital com as demandas pela existência historicamente sustentável no longo prazo vai muito além de uns poucos itens incontestáveis e definitivos que marcam a nova era geológica, mesmo que sua taxa de crescimento possa ser reduzida ou detida completamente. À lista extensa de danos ecológicos temos de acrescentar, entre outros, não só a poluição química e a erosão do solo, mas também o que com frequência se discute em conferências sobre "aquecimento global": a crescente acidez em nossos oceanos, bem como a grave ruptura da biodiversidade e o tratamento irresponsável do lixo nuclear a serviço do lucro. De fato, a condição agravante anteriormente mencionada da *produção destrutiva*, no interesse de sustentar as metas de crescimento descontrolado e a lucratividade desmedida, está estreitamente conectada com a inimizade entre capital e sustentabilidade ecológica. Assim, também nesse domínio absolutamente vital, a dolorosa evidência indica o fechamento do ciclo histórico do sistema do capital. Um fechamento irreversível, já que o sistema do capital, devido às suas mais profundas determinações estruturais, não é capaz de corrigir nenhum dos perigosos desenvolvimentos identificados, mesmo que tente extrair lucro deles em alguns casos, como, por exemplo, "impostos sobre o carbono" grotescamente propagandeados como suposta solução para o aquecimento global.

Quais são as perspectivas para o futuro sob essas circunstâncias? Essa é uma questão muito difícil. Pois, em conexão com todas as determinações identificáveis no fechamento do ciclo histórico do capital, descobrimos poderosos interesses

O *ciclo histórico do capital está se fechando*   147

estabelecidos inseparáveis do modo de controle global característico do Estado Leviatã. O apelo racional para mudar representaria, nesse aspecto, uma ingenuidade. Poderes globais de tomada de decisão estruturalmente consolidados tendem a recorrer ao *aventureirismo* quando não conseguem prevalecer de outra maneira. A evidência histórica de incontáveis séculos tende a confirmar esse modo de responder a desafios fundamentais pelos Estados rivais quando as apostas se elevam.

A marcha da insensatez

Em relação ao inevitável aventureirismo do Estado Leviatã, é relevante distinguir entre o imperativo ímpio das funções de comando necessariamente afirmadas do Estado em situações perigosas e o papel de implementá-las pelos próprios quadros de comando. Como mencionado, em relatos filosóficos idealistas do desenvolvimento histórico, exemplificados pelo mais monumental deles, concebido por Hegel, aquele que comanda o Estado tende a assumir um papel um tanto misterioso, sob a designação excelsa de "pessoa histórico-mundial" – como Alexandre, o Grande, Júlio César, Lutero e Napoleão, repetidamente enaltecidos por Hegel –, na forma de instrumentos astuciosamente usados pelo "Espírito do Mundo" para seus próprios desígnios e propósitos, ocultos dos indivíduos históricos em questão.

Em sua caracterização do destino paradoxalmente infeliz de tais indivíduos, Hegel nos diz o seguinte:

> Eles nunca tinham descanso, a vida toda era trabalho e esforço, toda a sua natureza era apenas a sua paixão. Alcançando o objetivo, eles caem como vagens esvaziadas do grão. Morrem cedo como Alexandre, são assassinados como César ou exilados para a Ilha de Santa Helena como Napoleão.[7]

No entanto, a pergunta sobre *por que* as personalidades histórico-mundiais têm de sofrer um destino tão infeliz nas suas diferentes circunstâncias históricas permanece envolta em completo mistério. A afirmação de que elas *cumpriram* o desígnio oculto do Espírito do Mundo e, por conseguinte, podem cair "como vagens esvaziadas do grão" parece ser a resposta ubiquamente válida, graças à própria natureza do esquema explicativo hegeliano. As personalidades histórico--mundiais não podem estar erradas nem mesmo quando estão devastadoramente erradas, pois, ao procederem como procedem, mesmo que suas ações provoquem desastres, elas estarão cumprindo de fato o propósito inquestionável do Espírito do

---

[7]   G. W. F. Hegel, *The Philosophy of History* (Nova York, Dover, 1956), p. 31 [ed. bras.: *Filosofia da história*, trad. Maria Rodrigues e Hans Harden, 2. ed., Brasília, Editora da UnB, 2008, p. 33-4].

148   *Para além do Leviatã*

Mundo. Nessa linha, até o feito mais *irresponsável* buscado por eles, é *responsável* e até *ideal*, uma vez que traz à existência a fase histórico-mundial exigida de eventos e desenvolvimentos associada a suas corporificações objetivas.

As formas *institucionais* particulares e os *instrumentos* por meio dos quais as personalidades histórico-mundiais prevalecem ou falham – no caso dos três indivíduos citados por nome na última citação de Hegel, Alexandre, César e Napoleão, que atuaram dentro da forma institucional específica do *Estado antagonístico* por meio do qual afirmaram o próprio papel – não são mencionados de forma alguma, muito menos criticados pelo grande filósofo alemão, porque se diz que *eles próprios* são os *instrumentos*. De fato, não se diz que eles são instrumentos de uma formação particular potencialmente questionável do Estado, mas que são instrumentos do próprio Espírito do Mundo, cujo desígnio *último* é a instituição *eticamente insuperável* (e, por conseguinte, absolutamente inquestionável) do Estado germânico. Este não pode ser considerado um *instrumento* em seu sentido humano. Pois está dito que ele não é nada menos sublime que "a ideia divina tal qual existe no mundo"[8].

O grande problema quanto a isso é que, no mundo realmente existente, o requisito da ação militar bem-sucedida no interesse da *formação antagonística particular do Estado* representada pelas pessoas que estão no comando cedo ou tarde as induz, como pessoas que têm de tomar decisões – isto é, como personalidades histórico-mundiais de Hegel –, a assumir *riscos extremos* e a *ir além do próprio poder* em *aventuras* perigosas, até que um poder estatal maior rebata seus esforços com violência. Antes desse embate fatal, parece *não haver limites* a seu poder de comando. Elas devem ter a ousadia de assumir até os riscos mais extremos, não porque "toda a sua natureza era apenas a sua paixão", mas porque isso é ditado pelo *imperativo* objetivamente exigido pelo Estado, de ser bem-sucedido em função do Estado que elas comandam, e de sobrepujar seus adversários ou inimigos mediante os estratagemas extremos escolhidos.

Não há dúvida de que a personalidade histórico-mundial hegeliana mais próxima do nosso tempo, Napoleão, foi uma figura histórica destacada. Winston Churchill o caracterizou como "o maior homem de ação nascido na Europa desde Júlio César"[9]. Na verdade, ele foi bem mais que isso. Foi um grande líder e comandante militar, assim como um gênio organizador com uma visão específica do Estado. Napoleão se saiu vitorioso em 58 de 65 imensos confrontos militares que travou, com frequência contra forças muito superiores. Até o duque de Wellington, o rival militar inglês que acabou derrotando Napoleão em Waterloo por ter a seu lado unidades militares bem mais poderosas, quando lhe perguntaram quem foi o

---

[8]   Ibidem, p. 39 [ed. bras.: p. 40].
[9]   Winston Churchill, *A History of the English Speaking Peoples*, v. 3 (Londres, Cassel, 1956), p. ix.

maior líder militar daquela época, respondeu: "Nesta época, em épocas passadas, em qualquer época: Napoleão"[10]. Além disso, o Code Napoléon [Código Napoleônico], instituído por ele na França em 1804, representou uma grande vantagem em relação a seus rivais por ser o mais coerente em eliminar resquícios feudais no domínio da lei. E, contudo, foi Napoleão que empreendeu a desastrosa aventura russa em 1812 e foi responsável pela aniquilação quase completa do próprio exército. Além disso, foi ele que tentou até mesmo *restaurar a escravidão* nas colônias francesas da América Latina como uma maneira de assegurar a vitória militar, embora esse esquema social absurdamente retrógrado, sem sombra de dúvida, fosse contrário à sua concepção de Iluminismo político.

Milênios antes disso, Alexandre, o Grande, parecia ser invencível. No entanto, ele também assumiu alguns riscos extremos que quase destruíram seu exército. Isso aconteceu quando ele escolheu seguir com seu imenso exército a rota que atravessava o deserto de Macran, embora houvesse rotas alternativas, e sofreu perdas catastróficas. No fim,

> após sessenta dias no deserto, os sobreviventes [...] tinham visto milhares morrerem em torno deles, talvez a metade de seus companheiros soldados e quase todos os vivandeiros. Se 40 mil pessoas seguiram Alexandre pelo deserto, talvez somente 15 mil tenham sobrevivido para ver Kerman. Todas essas cifras são conjeturas, mas não há equívoco quanto à condição dos homens. Há unanimidade em que nem mesmo a soma total de todos os sofrimentos pelos quais passou o exército na Ásia pode ser comparada com as privações de Macran.[11]

E isso não é tudo. Pois no curso do desenvolvimento histórico real até o nosso tempo, algumas condições mudaram radicalmente nesse ponto e jamais para melhor. Alexandre, o Grande, e Napoleão quase aniquilaram os próprios exércitos em consequência das ações que escolheram, o que fez com que aventureiramente fossem além do poder que presumiram ter. Porém, isso era o pior que podiam fazer. Hoje a situação é incomensuravelmente pior. Pois, independentemente de qual seja o lado do confronto social que as pessoas no comando estejam representando – um lado progressista ou um lado fatalmente retrógrado –, se resolverem se exceder, poderão *destruir completamente a humanidade* e potencialmente até mesmo a totalidade das condições de vida neste planeta.

Isso está longe de representar um perigo hipotético. Em 1963, o líder soviético Nikita Khrushchov instalou em Cuba mísseis balísticos avançados de seu país, capazes

---

[10] Elizabeth Longford, *Wellington: Pillar of State* (Nova York, Harper and Row, 1972), p. 413, citado em Andrew Roberts, *Napoleon the Great* (Londres, Penguin, 2014), p. 809.

[11] Robin Lane Fox, *Alexander the Great* (Londres, Penguin, 1975), p. 398-9.

150 *Para além do Leviatã*

de fazer chover ogivas nucleares sobre os vizinhos Estados Unidos da América. Ele se inspirou na funesta concepção errônea de que, fazendo isso, seria capaz de proteger a própria ilha de Cuba, que estava sendo tangivelmente ameaçada pelos Estados Unidos, mesmo após a invasão da Baía dos Porcos. A consequência da ação de Khrushchov, no entanto, foi que *o mundo inteiro* esteve na iminência de uma potencial devastação nuclear, até que aqueles mísseis balísticos foram retirados de Cuba e embarcados de volta para a União Soviética. Não é preciso dizer que ninguém pode excluir hoje a recorrência, em alguma forma, de uma autoexterminação potencial similar da humanidade como resultado de alguma tomada de decisão aventureira. É lógico que ninguém jamais deveria ter tanto poder. No entanto, o fato é que alguns o têm. E esse tipo de perigo certamente persistirá enquanto o Estado Leviatã sobreviver em alguma de suas formas concebíveis.

Igualdade substantiva e uma nova ordem sociometabólica

Como vimos, há oitenta anos o presidente Franklin Delano Roosevelt prometeu ao mundo "uma civilização melhor do que aquela que sempre conhecemos" – em conjunção com o projeto de um desenvolvimento econômico desimpedido em toda parte e com o fim do imperialismo –, pois "aqui o destino parece estar se demorando bastante"[12]. Na realidade, no entanto, poucos meses depois da morte do presidente Roosevelt, logo após sua merecida terceira eleição para a Presidência, seu ex-vice-presidente e sucessor automático, Harry Truman, detonou sobre Hiroshima e Nagasaki armas atômicas de destruição em massa, causando a morte instantânea de 130 mil pessoas, na maioria civis. Ao mesmo tempo, contrariando as anteriores expectativas esperançosas prognosticadas, milhões de pessoas em todo o mundo foram condenados a permanecer presos às suas anteriores condições de pura miséria. Além disso, o imperialismo poderia continuar na mesma velha civilização de antes, mesmo sob novas relações de poder internacional, tendo os Estados Unidos como força econômica, política e militar dominante.

No entanto, a substituição de um poder imperialista dominante por outro, redefinindo com isso a relação internacional de forças entre os anteriores países imperialistas, não significou que o desenvolvimento histórico como um todo pudesse ser interrompido em termos *epocais*, no que se refere ao metabolismo social da reprodução em geral, em total subordinação ao Estado imperialista que acabara de se tornar dominante[13]. Esse tipo de reducionismo político absurdo

---

[12] Franklin D. Roosevelt, "Address on the Fiftieth Anniversary of the Statue of Liberty", cit.

[13] Ver, sobre esse ponto, o excelente livro de Paul Baran, *The Political Economy of Growth* (Nova York, Monthly Review Press, 1957) [ed. bras.: *A economia política do desenvolvimento*, trad. S. Ferreira da Cunha, Rio de Janeiro, Zahar, 1964], no qual ele frisa acertadamente que "a afirmação

é próprio apenas de alguma fantasia imperial reacionária pseudoteórica. No mundo realmente existente, toda modalidade de reprodução sociometabólica possui seus *limites históricos* objetivamente definidos em *termos epocais* abrangentes. É nesse sentido epocal fundamental que o *ciclo histórico* do sistema do capital como um todo está se fechando perigosamente em nossa época histórica. E esse fechamento tem implicações objetivas de amplo alcance para *cada Estado*, independentemente de seu tamanho ou posição mais ou menos dominante na ordem internacional, incluindo todas as variantes conhecidas e factíveis do sistema pós-capitalista do capital.

Políticos no topo da pirâmide do Estado estabelecido tendem a repetir sua visão de que "*não há alternativa*". Isso foi dito por Margaret Thatcher e Mikhail Gorbatchov em uníssono até serem obrigados a descobrir que, afinal, tem de haver alternativa para ambos[14]. De certo modo, essa afirmação da "não alternativa" chega a ser verdadeira, mesmo que não do modo como presumem os políticos de alto escalão com base em sua posição institucionalmente definida (e limitada). As mudanças, nesse aspecto, sob as circunstâncias do inevitável fechamento do ciclo histórico do capital são seminalmente importantes.

A função primária da forma político-militar institucionalmente articulada de controle da sociedade foi por muitos séculos a de prover proteção e aperfeiçoamento da ordem sociometabólica estabelecida, da qual ela foi parte integrante – tanto constitutiva quanto autoconstitutiva. Essa é a razão pela qual as tentativas periódicas feitas no passado de alterar radicalmente essa ordem metabólica tiveram de assumir, de início, a forma de algum tipo de "derrubada revolucionária" da própria estrutura político-reguladora estabelecida. Pois elas tiveram de tentar "abrir a porteira", por assim dizer, para uma mudança radical nas próprias *relações de classes* sociomateriais, desde as revoltas dos escravos e os levantes camponeses até as revoluções francesa, russa e chinesa.

No entanto, a consolidação de suas conquistas iniciais se mostrou, em geral, bastante limitada. Isso tinha de ser assim porque a *inertia* das *determinações estruturais* herdadas – da qual a própria forma política institucionalizada era parte integrante, dada a sua inserção estrutural hierárquica autoconstitutiva – militou contra o êxito duradouro. Esse é o motivo pelo qual o desenvolvimento histórico evidencia a tão conhecida tendência dessas tentativas revolucionárias de se converterem em alguma forma de mera *troca de quadros*, reproduzindo as determinações

---

da supremacia norte-americana no mundo 'livre' implica a redução da Grã-Bretanha e da França (para não falar de Bélgica, Holanda e Portugal) ao *status* de sócios minoritários do imperialismo norte-americano" (p. vii).

[14] Ver, nesse tocante, as epígrafes que abrem a parte II do meu livro *Para além do capital* [p. 345 da ed. bras.].

152 *Para além do Leviatã*

estruturais de dominação e subordinação mesmo que haja uma mudança significativa, por exemplo, da ordem *feudal* para a ordem *burguesa* do Estado.

A emergência do Estado capitalista moderno altera a forma, mas não a substância das determinações de classe da dominação e subordinação estruturais. Sob as condições da *fase ascendente* da ordem sociometabólica do capital, os desenvolvimentos materialmente produtivos puderam avançar dinamicamente rumo a sua consumação global conquistando tudo. No entanto, a *fase descendente* traz consigo algumas mudanças negativas graves, que se mostram irreversíveis a partir da base social do capital, acelerando o fechamento do ciclo histórico do capital em nosso planeta, com seus recursos inevitavelmente limitados. No domínio material, tais mudanças acarretam a consequência da *produção destrutiva* devastadora, devido ao imperativo sistêmico inalterável da expansão sem fim do capital, com seu impacto, em última análise, catastrófico sobre a natureza. Ao mesmo tempo, no plano político-militar, seu resultado é a *destrutividade militar imperialista monopolista*, com o perigo da autoaniquilação total da humanidade. E a única coisa que o Estado Leviatã do capital pode fazer com suas armas de destruição em massa – que ele continua a "modernizar" e multiplicar – é *impor* a destrutividade total à humanidade, mas não *a impedir*. Assim, a erradicação completa do Estado Leviatã é uma necessidade vital em nosso tempo, no espírito visualizado por Marx, por graves razões. Esse é o curso que precisa ser seguido após o longo desvio destrutivo sofrido pela humanidade desde as últimas décadas do século XIX, sob as condições do imperialismo monopolista.

É aqui que podemos observar a verdade paradoxal do "não há alternativa", repetidamente declarada por algumas lideranças políticas, como algo restrito ao domínio político. Certamente não há alternativa no sentido proposto por eles, já que é impossível elaborar a alternativa sociorreprodutiva tão necessária em e por meio da estrutura político-militar das determinações do Estado. Pela natureza inerente aos temas fundamentais em questão, a alternativa historicamente sustentável só pode ser uma *ordem sociometabólica* radicalmente diferente. Pois os requisitos da sustentabilidade implicam uma ordem sociorreprodutiva com seu modo de tomada de decisão global conscientemente articulado – *autonomamente planejado e exercido* –, no lugar da usurpação autoritária do poder, em todas as suas variantes historicamente conhecidas, pelo Estado Leviatã antagonístico hierarquicamente consolidado e imposto. Sem instituir – irredutivelmente na forma da *igualdade substantiva* – e também salvaguardar tal ordem contra a restauração dos interesses materiais e políticos estabelecidos do longo passado explorador de classe, é impossível assegurar uma saída do ciclo histórico do capital.

Tudo isso precisa ser corrigido até no mundo das ideias, antes que uma ordem de igualdade substantiva possa ser assegurada. A esse respeito, concentremos nossa atenção na dimensão crucialmente importante da reestruturação da sociedade que

O *ciclo histórico do capital está se fechando*   153

envolve diretamente o problema da igualdade substantiva. Pois até mesmo um dos maiores filósofos idealistas de toda a história, Hegel, pôde desprezar a demanda por igualdade em favor de interesses estabelecidos, em termos como estes:

> Os homens são feitos desiguais pela *natureza*, na qual a *desigualdade está em seu elemento*, e na sociedade civil o *direito à particularidade* está muito longe de anular essa *desigualdade natural*, tanto que a produz *a partir do espírito* e a alça até uma desigualdade de habilidade e recursos [riqueza], e mesmo de uma capacidade *moral e intelectual*. Opor a esse direito uma demanda por igualdade *é loucura do entendimento* que toma como real e racional sua *igualdade abstrata* e seu "dever-ser".[15]

De fato, o oposto é verdadeiro quanto a tudo que foi afirmado aqui por Hegel sobre a desigualdade natural em relação aos seres humanos. A *diferença*, certamente, está muito em evidência na natureza, mas converter a diferença natural em *desigualdade* é reveladoramente arbitrário quando as *instituições sociais* são responsáveis por ela. Porém, a injustificável legitimação ideológica hegeliana da desigualdade historicamente estabelecida na sociedade em nome da própria natureza surge porque algumas forças sociais fizeram forte pressão a favor dela no decurso do tumulto revolucionário francês. É isso que Hegel tinha de rejeitar, mediante firme alegação, em nome da validade absoluta de suas categorias filosóficas.

Em contraste com os antagonismos específicos da Revolução Francesa, um século e meio antes, na época em que Thomas Hobbes estava redigindo seu *Leviatã*, a demanda por igualdade substantiva não pôde aparecer com seu poderoso desafio social na agenda histórica. Na concepção filosófica hobbesiana, não havia necessidade de assumir uma posição retrógrada diante da igualdade e aliciar a natureza para pretensamente depor a seu favor. Pelo contrário, por razões filosóficas bem específicas, Hobbes conseguiu tornar absolutamente clara sua visão da *plena consonância* da natureza com a igualdade humana. Ele o fez nestes termos:

> A natureza fez os homens tão *iguais*, quanto às faculdades do corpo e do espírito que, embora por vezes se encontre um homem manifestamente mais forte de corpo ou de espírito mais vivo do que outro, mesmo assim, quando se considera tudo em conjunto, a diferença entre um e outro homem não é suficientemente considerável para que qualquer um possa com base nela *reclamar qualquer benefício* a que outro não possa também aspirar tal como ele. Porque quanto à força corporal o mais fraco

---

[15] G. W. F. Hegel, *The Philosophy of Right* (Oxford, Oxford University Press, 1952), p. 130 [tradução a partir do texto em inglês. Ed. bras.: *Filosofia do direito*, trad. Paulo Meneses et al., São Leopoldo/São Paulo, Unisinos/Loyola, 2010, § 200, p. 198].

154 *Para além do Leviatã*

tem força suficiente para matar o mais forte, quer por secreta maquinação, quer se aliando a outros que se encontrem ameaçados pelo mesmo perigo. Quanto às faculdades do espírito (pondo de lado as artes que dependem das palavras e especialmente aquela capacidade para proceder de acordo com regras gerais e infalíveis a que se chama ciência; a qual muito poucos têm, é apenas numas poucas coisas, pois não é uma faculdade nativa, nascida conosco, e não pode ser conseguida – como a prudência – ao mesmo tempo que se está procurando alguma outra coisa), encontro entre os homens *uma igualdade ainda maior do que a igualdade de força*. Porque a prudência nada mais é que experiência, que *um tempo igual igualmente* oferece a todos os homens, naquelas coisas a que *igualmente* se dedicam.[16]

Nos capítulos especificamente dedicados a Hobbes e Hegel[17], veremos a razão pela qual adotaram visões diametralmente opostas no contexto de suas teorias do Estado. O que precisa ser enfatizado no presente contexto é que o estabelecimento da igualdade substantiva, que apareceu pela primeira vez como demanda que pressionava para tornar-se realidade social durante a Revolução Francesa, sendo violentamente derrotada na sua sequência, nunca poderá ser retirada da nossa própria agenda histórica. Pois a elaboração e a operação socioreprodutiva efetiva da ordem sociometabólica exigida – fundamentalmente diferente – é insustentável sem ela. Depende dela nosso sucesso ou nosso fracasso em assegurar uma saída sustentável do ciclo histórico do capital que se fecha perigosamente.

Saindo do ciclo do capital que se fecha

A despeito dos inegáveis perigos em nosso horizonte, é possível assegurar essa saída do ciclo histórico do sistema do capital que inevitavelmente se fechará? É uma pergunta penosamente difícil, mas inevitável. No presente estágio histórico, mesmo com o "princípio esperança" ao nosso lado, essa pergunta vital só pode receber uma resposta condicional e experimental.

Por volta do fim da Segunda Guerra Mundial, refletindo sobre as angustiantes vicissitudes dos anos da guerra destrutiva, Jean-Paul Sartre escreveu uma grande peça teatral de um só ato, traduzida para o inglês com o título *No Exit!* [*Entre quatro paredes*]. Ele quis transmitir por meio dela a sensação de impotência

---

[16] Thomas Hobbes, *Leviathan* (Oxford, Oxford University Press, 1909; reimpressão da edição de 1651), p. 183 [ed. bras.: *Leviatã*, trad. João Paulo Monteiro e Maria Beatriz Nizza da Silva, São Paulo, Nova Cultural, 1997, p. 107].

[17] Os capítulos mencionados aqui ficaram incompletos e serão publicados no segundo volume de *Para além do Leviatã* – (N. E.).

O ciclo histórico do capital está se fechando   155

absolutamente paralisante que parecia dominar as pessoas sob as condições da guerra aparentemente incontrolável.

De início, Sartre pensou em converter o palco em um abrigo antiaéreo que tivera as rotas de fuga bloqueadas. Mas então percebeu que, em uma situação como essa, a força da *solidariedade* entre as pessoas enterradas naquele abrigo poderia começar a operar, urgindo-as a cooperar *para achar uma saída*. E isso solaparia o significado que Sartre pretendia transmitir com sua peça. Assim, graças a uma brilhante ideia dramática, situou sua peça no *inferno*, do qual não havia como escapar. E este é o teor da mensagem que ele pretendeu transmitir, vindo da boca de uma das três pessoas presas na armadilha fatal:

> Pois bem! É agora. O bronze aí está, eu o contemplo e compreendo que estou no inferno. Digo a vocês que tudo estava previsto. Eles previram que eu havia de parar diante desta lareira, tocando com minhas mãos esse bronze, com todos esses olhares sobre mim. Todos esses olhares que me comem. (*Volta-se bruscamente*) Ah! Vocês são só duas? Pensei que fossem muitas, muitas mais. (*Ri*) Então, isto é que é o inferno? Nunca imaginei... Não se lembram? O enxofre, a fogueira, a grelha... Que brincadeira! Nada de grelha. *O inferno... são os outros.*[18]

Essa foi a soma que frisou o antagonismo irreconciliável entre três pessoas, cuja má consciência definiu a relação infernal entre elas no decorrer da peça por meio de suas trocas, com que se atormentavam mutuamente, emprestando seu significado apavorante às instigantes palavras sartrianas: "*O inferno são os outros!*"[19]. Essas palavras se referem, em termos gerais, a "outras pessoas", onde quer que estejam, que trouxeram e também poderão trazer no futuro a guerra sobre outras pessoas e sobre si mesmas, empenhando-se de modo incontrolável em atos infernais similares e aprisionando as outras, bem como a si mesmas, no inferno, em consequência dos próprios atos.

Essa visão foi concebida por Sartre, em sua peça inquietante, apenas alguns meses antes de Harry Truman ordenar a destruição instantânea da população de Hiroshima e Nagasaki em nome da democracia e da liberdade. Por várias décadas depois disso, Sartre continuou a lutar com fervorosa determinação e coragem contra o perigo muito real de o inferno nuclear ser imposto à Terra. Em todas essas

---

[18] Da cena final da peça de Sartre intitulada *Entre quatro paredes* [*Huis clos*, em francês, e *No Exit!*, em inglês]. [Tradução e adaptação de Carlos Gregório; disponível em: <http://oficinadeteatro. com/component/ jdownloads/finish/5-pecas-diversas/128-entre-quatro-paredes?Itemid=0>. Acesso em: 13 jul. 2021.]

[19] Ver, nesse aspecto, meu livro *The Work of Sartre: Search for Freedom and the Challenge of History* (Nova York, Monthly Review Press, 2012) [ed. bras.: *A obra de Sartre: busca da liberdade e desafio da história*, trad. Lólio Lourenço de Oliveira e Rogério Bettoni, São Paulo, Boitempo, 2012].

156 *Para além do Leviatã*

décadas, as palavras angustiantes de advertência contra os atos do inferno trazidos por pessoas a este mundo, pelas ubíquas "outras pessoas", sempre puderam ser depreendidas por trás dos infatigáveis protestos de Sartre, mesmo que nem sempre tivessem sido literalmente ditas.

Determinações impunes do Estado continuam a ser responsáveis também hoje por incontáveis atos infernais, quando justificativas injustificáveis podem ser urdidas à vontade por toda parte em contradições autolegitimadoras sem fim. A Arábia Saudita reacionária, feudal em muitos aspectos, pode continuar a bombardear, impune, inúmeros alvos civis no Iêmen, inclusive hospitais claramente assinalados pela organização Médicos sem Fronteiras, e o infernal armamento destrutivo é fornecido, para tais atos infernais, pelos principais "países democráticos", violando os próprios compromissos internacionais. E, quando isso vem a público, eles conseguem replicar cinicamente que "não há evidência suficiente" de que os saudits estão usando as armas contra alvos civis. Os países democráticos podem fazer isso e sair impunes porque eles são o juiz e o júri também em relação ao que pode ser considerado "evidência suficiente", definida pela própria visão.

O mesmo tipo de autocontradição autolegitimadora consegue prevalecer em geral contra as infernais armas de destruição em massa. O complexo industrial-militar pode ser criticado em certas ocasiões, mas seus produtos altamente lucrativos – para os quais o Estado destina verbas oriundas de impostos pagos, em sua maioria, pelo povo trabalhador – não podem ser seriamente questionados. Os Estados dominantes não podem sequer cogitar a possibilidade de abandonar tais armas. Certa vez, uma liderança política britânica da ala esquerda do Partido Trabalhista, Aneurin Bevan, declarou que ele "não entraria nu na câmara de negociação" – isto é, se a questão acirradamente debatida do desarmamento nuclear britânico fosse adotada como política do partido – e, por conseguinte, ele a rejeitou como futuro ministro das Relações Exteriores. Desse modo, Bevan traía a natureza reacionária de sua visão, que tinha como certa a permanente desigualdade discriminadora da política internacional de poder. E ele não pode ser considerado exceção nesse ponto. Em seus acordos internacionais, os políticos dos Estados dominantes concordam em reduzir seu arsenal nuclear em poucas centenas de bombas e, ao mesmo tempo, ordenam a fabricação de milhares delas pelo próprio complexo industrial-militar. Assim, milhares dessas armas nucleares estão disponíveis para ser disparadas sobre nosso planeta, enquanto não mais que duzentas delas seriam suficientes para a destruição completa da humanidade, de acordo com avaliação científica relevante.

É claro que é perfeitamente verdadeiro que alguns dos principais Estados são menos dominados pelos interesses estabelecidos do próprio complexo industrial--militar do que outros. Mas isso é irrelevante no presente contexto. É improvável que algum dos Estados dominantes vá renunciar por iniciativa própria a suas armas nucleares, não só em vista do papel dessas armas de destruição em massa, agora reconhecido de modo geral, de afirmar a força militar na estrutura internacional de poder, mas também pelo próprio medo plausível de ficar mais exposto à destruição nuclear pelo desarmamento nuclear unilateral. Assim, é provável que os enormes arsenais nucleares agora existentes estejam conosco no futuro próximo. Ao mesmo tempo, como o ciclo histórico do capital está chegando mais próximo de seu fechamento, os antagonismos econômicos e sociais internos e internacionais que estão se intensificando deverão acarretar perigos cada vez maiores. E, visto que a globalização materialmente fundada inexoravelmente avança sob as presentes circunstâncias, as determinações político-militares antagonísticas baseadas na nação só poderão agravar os antagonismos sistêmicos. O melhor que se pode esperar a esse respeito é que os Estados dominantes não se envolvam em um confronto direto fundamental, com suas consequências catastróficas.

Esses desafios não podem ser resolvidos dentro dos limites paralisantes do esquema necessariamente hierárquico e antagonístico do domínio político-militar. Para encontrar uma solução, como mencionado anteriormente, exige-se uma transformação radical da nossa modalidade de tomada de decisão, que afetará tanto as células constitutivas da nossa reprodução social na mesma proporção quanto o nível mais abrangente das interdependências globais. E o princípio norteador fundamental desse tipo de transformação só pode ser a adoção universal do princípio positivo do trabalho produtivo, com base na igualdade substantiva, inseparável da erradicação total das *formações estatais hierárquicas* e *necessariamente antagonísticas*.

Há cerca de dois séculos, Goethe descreveu, em seu *Fausto*, com formidável ironia sutil, os momentos finais de seu herói, que havia sido modelado por ele, de certo modo, com base na grande figura histórica de Paracelso, que aparece em momento anterior desse capítulo. Nessa cena final, o herói de Goethe, cegado pela *Sorge* [aflição] por ter se recusado a se entregar a ela, equivocadamente saúda o barulho dos Lêmures – que na verdade estão cavando sua sepultura – como o ruído bem-vindo da escavação do canal, representando a realização de seu grande projeto social e sua autorrealização, pela qual ele está destinado a perder a aposta para Mefistófeles, o diabo. Estas são as últimas palavras de Fausto:

> Do pé da serra forma um brejo o marco
> Toda a área conquistada infecta;
> Drenar o apodrecido charco,
> Seria isso a obra máxima, completa.
> Espaço abro a milhões – lá a massa humana viva,
> Se não segura, ao menos livre e ativa.
> Fértil o campo, verde; homens, rebanhos,
> Povoando, prósperos, os sítios ganhos,
> Sob a colina que os sombreia e ampara,

158 *Para além do Leviatã*

Que a multidão ativa-intrépida amontoara.
Paradisíaco agro, ao centro e ao pé;
Lá fora brame, então, até à beira a maré.
E, se para invadi-la à força, lambe a terra,
Comum esforço acode e a brecha aberta cerra.
Sim! Da razão isto é a suprema luz,
A este sentido, enfim, me entrego ardente:
À liberdade e à vida só faz jus
Quem tem de conquistá-las diariamente.
E assim, passam em luta e em destemor,
Criança, adulto e ancião, seus anos de labor.
Quisera eu ver tal povoamento novo,
E em solo livre ver-me em meio a um livre povo!
Sim, ao Momento então diria:
Oh! Para enfim – és tão formoso!
Jamais perecerá, de minha térrea via,
Este vestígio portentoso! –
Na ima presciência desse altíssimo contento,
Vivo ora o máximo, único momento.[20]

No *Fausto* de Goethe, a Divina Providência resgata o herói do poeta das garras do diabo Mefistófeles. Nós não podemos contar com tal solução em nossas referências ao significado contemporâneo legitimamente atualizado do Paracelso histórico. A razão da ironia compreensível de Goethe, descrevendo também o erro fatal de Fausto em sua autorrealização fantasiosa, por mais nobre e merecida que seja a favor de seu herói, deve ser eliminada no mundo realmente existente. Sob as condições descritas por Goethe, não era possível para Fausto-Paracelso alcançar seu sonho histórico. Em sua grandeza, Goethe comunicou isso. Inclusive em nosso tempo ainda permanecem os pontos de interrogação anteriormente indicados. Isso é assim porque a realização histórica da magnitude implicada na tomada de decisão humana positivamente orientada e verdadeiramente autônoma demanda necessariamente o fundamento da igualdade substantiva. Isso é factível unicamente sob a condição de que se articule plenamente o movimento de massa radical exigido no espírito da solidariedade globalmente extensiva. Combinada com a igualdade substantiva, essa é a única base sobre a qual a crítica necessária do Estado Leviatã pode ser bem-sucedida em termos historicamente sustentáveis.

---

[20] Johann Wolfgang von Goethe, *Fausto: uma tragédia – segunda parte* (trad. Jenny Klabin Segall, São Paulo, Editora 34, 2011), p. 599-602.

PARTE II

A MONTANHA QUE *DEVEMOS* CONQUISTAR: REFLEXÕES SOBRE O ESTADO[1]

---

[1] A parte II a seguir é uma versão expandida de algumas palestras sobre o Estado proferidas no mês de novembro de 2013 em quatro universidades brasileiras. Publicada em *A montanha que devemos conquistar* (trad. Maria Izabel Lagoa, São Paulo, Boitempo, 2015).

6

O Estado montanhoso

Sob as condições da crise estrutural cada vez mais profunda do sistema do capital, os problemas do Estado inevitavelmente se avolumam constantemente. Pois, no modo há muito estabelecido dos processos globais de tomada de decisão, espera-se que o Estado traga a solução para muitos problemas que escurecem nosso horizonte, mas ele falha em fazer isso. Pelo contrário, medidas tentadas pelo Estado para remediar a situação – desde perigosas intervenções militares com o intuito de lidar com graves colapsos financeiros em escala monumental, incluindo operações de resgate do capitalismo privado empreendidas mediante um crescente endividamento do Estado da ordem de trilhões de dólares – parecem agravar os problemas, a despeito de vãs asseverações em sentido contrário.

As difíceis questões que precisam ser respondidas hoje são estas: o que está acontecendo na nossa casa planetária nos atuais tempos críticos? Por que as medidas estatais tradicionais para remediar os problemas não conseguem produzir os resultados esperados? O Estado, como ele foi historicamente constituído, é capaz de resolver nossos agudos problemas ou o Estado como tal se tornou um dos fatores que mais contribui para piorar esses problemas e para sua insolubilidade crônica? Quais são os requisitos para uma alternativa radicalmente diferente? Haverá quaisquer perspectivas viáveis para o futuro, se não for possível instituir uma maneira substantivamente diferente de controlar o metabolismo social contra a preponderância das determinações do Estado que estão falhando perigosamente? Existe alguma saída do círculo vicioso no qual fomos confinados pelas determinações estruturais incorrigíveis do capital visando ao controle sociometabólico no domínio reprodutivo material e dentro do quadro de referência de suas formações estatais necessárias?

Todas essas questões são penosamente difíceis de responder à luz dos desenvolvimentos passados. Pois a função corretiva vital das formações estatais historicamente constituídas do capital sempre foi a manutenção e o fortalecimento dos imperativos autoexpansionistas materiais irreprimíveis do sistema, e estes continuam os mesmos inclusive em nosso tempo histórico, no qual agir dessa forma equivale ao suicídio da humanidade. Portanto, o desafio atual demanda uma crítica radical do Estado em seus termos fundamentais de referência, no modo como a modalidade historicamente estabelecida de tomada de decisão global afeta mais ou menos diretamente a totalidade das funções reprodutivas societais, desde os processos produtivos materiais elementares até os domínios culturais mais mediados. Ao mesmo tempo, é preciso enfatizar que a crítica será viável somente se trouxer consigo uma alternativa historicamente sustentável. Em outras palavras, não basta "apagar o quadro", por assim dizer, na forma de simplesmente rejeitar a modalidade existente dos processos globais de tomada de decisão do capital. Somente os apologistas do sistema do capital com seus interesses próprios podem acusar os que defendem a alternativa socialista de reivindicar uma "anarquia sem lei utópica". Nada mais distante da verdade. De fato, o sucesso contínuo alegado complacentemente da modalidade passada de práticas estatais é precisamente o que se revela falso quando examinado mais de perto. Pois o que costumava funcionar dentro do quadro de referência mais limitado dos Estados-nação no passado deixa muito a desejar em um mundo em que as estruturas materiais fundamentais do metabolismo social do capital estão calibradas para sua integração global sem seu equivalente factível no plano político legitimador do Estado.

A centrifugalidade da ordem social antagonística do capital

A questão real é que os processos globais de tomada de decisão das formações estatais do capital, por sua natureza – devido à base sociometabólica da reprodução material sobre a qual foram historicamente constituídas –, podem representar apenas o paradigma da imposição alienada no seu modo operacional incorrigível. Para imaginar qualquer coisa que contraste significativamente com isso, seria necessário postular uma base sociometabólica substantivamente diferente para os processos globais de tomada de decisão da ordem social estabelecida. Pois dada a necessária centrifugalidade de seus microcosmos materiais, dos quais se espera que assegurem as condições da reprodução societal como um todo – e considerando que eles o fazem precisamente por meio de suas determinações estruturais antagonísticas –, as formações estatais do sistema do capital jamais poderiam cumprir as funções corretivas e estabilizadoras que são requeridas delas e, desse modo, prevalecer contra tendências potencialmente disruptivas, sem impor a si mesmas todas as resistências com que deparam como um corpo de tomada de decisão global alienado por excelência. Esse é o caso independentemente de estarmos falando do quadro de referência institucional liberal-democrático ou de quaisquer formações estatais abertamente ditatoriais do capital. Como órgãos separados/alienados de controle político global, sobre todos eles pesa a exigência irresistível de afirmar "a lei do mais forte" no interesse de cumprir suas funções anuladoras e corretivas de legitimação do Estado, como seguiremos discutindo aqui.

Nessa linha, longe de ser culpada de defender alguma "anarquia sem lei utópica", a alternativa socialista tem a ver com a concepção global e o estabelecimento prático de um modo qualitativamente diferente de intercâmbio societal, um modo em que as células constitutivas ou os microcosmos do metabolismo social dado podem realmente ser coerentes em um todo historicamente sustentável. A realidade da "globalização", muito idealizada em nosso tempo, está fadada a permanecer uma tendência perigosamente unilateral, prenhe de antagonismos materiais explosivos, enquanto as células constitutivas ou os microcosmos da nossa casa planetária estiverem internamente dilacerados pelas contradições em última análise irreconciliáveis de sua centrifugalidade prevalecente. Pois a centrifugalidade característica das determinações mais centrais do sistema do capital como tal carrega consigo os imperativos estruturalmente arraigados da expansão antagonística do capital e de sua defesa separada/alienada legitimadora do Estado. Como consequência, dada sua função absolutamente decisiva no processo de reprodução social global, o tipo de defesa legitimadora do Estado do metabolismo social estabelecido não é capaz de assumir nenhuma outra forma além da imposição a todo custo. E isso equivale, sempre que necessário, à mais violenta afirmação dos interesses das forças em conflito no nível da tomada de decisão política/militar global no domínio das relações interestatais.

Naturalmente, a verdade mais perturbadora nesse tópico é que "a Lei" instituída pelas formações estatais do capital sobre a base material antagonística dos microcosmos constitutivos que lhe são próprios não tem como funcionar nem interna nem internacionalmente, e realmente não funciona. Ela funciona *de facto* apenas mediante a afirmação de si própria como força – ou "lei do mais forte" – que se levanta e prevalece como imposição legitimadora do Estado contra toda potencial resistência e recalcitrância. Nesse sentido, a Lei impõe a si mesma com base em decretar categoricamente a própria viabilidade constitucional em sua simbiose com a relação de forças estabelecida e continuará a prover sua legitimação do Estado com a mesma pretensão categórica radicada na força, até que haja uma mudança mais expressiva na própria relação de forças. Em consequência, a proclamação constitucional e a imposição legalmente incontestável da "lei do mais forte" podem continuar, quer sejam feitas à maneira ditatorial mais cruel ou com a "face sorridente" das formações estatais liberal-democráticas do sistema do capital. Porém, a despeito de todas as tentativas de perenizar a-historicamente o Estado, a imposição da lei do mais forte à sociedade não pode prosseguir para sempre. A hora da verdade chega quando os limites absolutos do sistema do capital são acionados em uma forma historicamente determinada, minando a necessária viabilidade corretiva das formações estatais do sistema em todas as

164 *Para além do Leviatã*

suas formas dadas e concebíveis. Pois os Estados do sistema do capital não são nem um pouco inteligíveis em si e por si próprios, mas tão somente como a exigida complementaridade corretiva aos defeitos estruturais de outro modo ingovernáveis de seu modo de reprodução sociometabólica orientado para a expansão. E esse imperativo estrutural de expansão só pode ser impulsionado pelo processo de acumulação exitoso enquanto consegue prevalecer em seus termos materiais de referência, confrontando a natureza sem destruir a própria humanidade. Isso quer dizer que os limites intransponíveis das formações estatais estabelecidas não residem simplesmente em um nível politicamente corrigível, como o discurso jurisprudencial tradicional tenta em vão justificar. Trata-se dos limites absolutos do modo em última análise suicida do controle sociometabólico do capital, acionado pela crise estrutural do sistema global.

É evidente que tais considerações não podem ingressar no horizonte do capital no nível de suas determinações reprodutivas materiais centrifugais incorrigíveis, nem no das racionalizações ideológicas legitimadoras do Estado de suas práticas reguladoras de cunho político. Isso torna extremamente problemáticas as modalidades historicamente bem conhecidas de imposição da lei do mais forte em nome "da Lei", acompanhadas de suas idealizações jurisprudenciais. Nesse sentido, a lei, como imposição alienada aos indivíduos que constituem a sociedade como um todo, não pode funcionar *de jure*, a saber, como lei correta e propriamente. Em contraste, a única lei que pode funcionar como lei (no sentido *de jure* irrealizável na base material do capital) e de fato tem de funcionar no interesse da coesão como exigência absoluta de qualquer controle sociometabólico historicamente sustentável em um mundo verdadeiramente globalizado em nosso futuro é "a lei que damos a nós mesmos". Não é uma questão de contrapor o "império da lei" como o quadro de referência regulador necessário do intercâmbio societal a algum imperativo abstrato de *moralidade* infundada. Esse tipo de contraposição vem a ser a escapatória conveniente do liberalismo e do utilitarismo quando, em vista de suas idealizações inconfessas dos antagonismos inseparáveis da realidade dos Estados-nação, não conseguem preencher as categorias da "lei universal" e da "lei internacional" com conteúdo real. Nenhuma oposição entre lei e moralidade a serviço de si mesma se sustenta em qualquer base racional.

A real oposição que precisa ser afirmada resolutamente é entre a lei *autonomamente determinada* pelos indivíduos livremente associados em todos os níveis de suas vidas, desde suas atividades produtivas mais imediatas até as exigências reguladoras mais elevadas de seus processos culturais e globais de tomada de decisão societal, de um lado, e a lei *imposta* a eles, de outro. Tal imposição só pode ocorrer por meio da *codificação apologética* da relação de forças estabelecida por um organismo separado, seja ele o mais "democrático" em seu sentido *formal legitimador do Estado*. De modo correspondente, a oposição errônea entre moralidade e lei deve ser rejeitada não só como escapatória liberal/utilitarista. Também encontramos essa oposição apologética disseminada entre os vários adeptos mais ou menos abertamente autoritários da *"realpolitik"* e, dessa vez, às custas da moralidade que é impensadamente condenada pelos "realistas do poder" como "meramente moralizante". Nos dois casos, a oposição errônea de lei e moralidade pode ser rejeitada somente com base em uma ordem metabólica socialista *substantivamente equitativa*, baseada no tipo de microcosmos produtivos nos quais os indivíduos podem fazer – e fazem – *a lei para si mesmos*. Porém, só é possível conceber essa ordem mediante a *erradicação* do capital do processo sociometabólico, suplantando, desse modo, a necessária *centrifugalidade* das células constitutivas há muito estabelecidas do intercâmbio societal.

No mesmo contexto, é necessário considerar a deturpação característica de outra questão de grande importância. Ela é concernente a um juízo apriorístico repetidamente afirmado em um sentido condenatório raso contra a "democracia direta" até por alguns que acreditam genuinamente na tradição liberal outrora progressista. E é claro que esse juízo negativo é, ao mesmo tempo, usado de modo circular a favor da alegada validade autoevidente da "democracia representativa", em virtude de seu contraste, por definição, com a "democracia direta", que é condenada. Ademais, espera-se que concordemos com a solidez dessa visão, mesmo que os escritores em questão estejam dispostos a admitir o fracasso real embaraçosamente evidente do tipo de sistema regulador estatal que eles, não obstante, continuam a idealizar. O problema é que, mesmo abstraindo a esmagadora evidência do fracasso da democracia representativa em todos os países, para não mencionar sua transmutação periódica em formas ditatoriais, a posição defendida possui duas debilidades. Em primeiro lugar, padece da quantificação mecânica fetichista de afirmar que, em circunstâncias históricas diferentes das características dos Estados extremamente pequenos – como a democracia ateniense na época de sua *ágora* como fórum de tomada de decisões –, é inconcebível ter algo diferente da democracia representativa. Em segundo, porque quem propõe essa abordagem restringe o próprio problema – novamente no interesse de afirmar uma posição circularmente autorreferencial e autovalidadora – estritamente ao *domínio político/institucional*, embora na realidade ele seja incomparavelmente mais amplo e fundamental do que isso.

A questão crucial se refere à segunda debilidade dessa posição, tendo implicações também para a primeira. Pois é totalmente equivocado debater o *tamanho* do quadro de referência regulatório sem tratar a questão muito mais relevante e fundamental do *tipo* – e, nesse tocante, das *determinações qualitativas* – de estruturas de tomada de decisão e formas de controle correspondentes. O que torna as formações estatais do sistema do capital perigosamente insustentáveis sob as atuais condições históricas é a *centrifugalidade antagonística* das células constitutivas da ordem estabelecida de controle sociometabólico. Esse tipo de quadro de referência

166 *Para além do Leviatã*

regulatório do Estado, tendo em vista suas determinações antagonísticas mais intrínsecas, é inexequível não só em uma escala global abrangente, mas também em qualquer outra escala, não importando o tamanho ao qual ela seja reduzida.

Por essa razão, o desafio real é a superação historicamente sustentável dos antagonismos estruturalmente arraigados nas células constitutivas da ordem social do capital, que são responsáveis pela *centrifugalidade* de suas determinações sistêmicas insanáveis. Essa é a única maneira de prover um tipo alternativo de quadro de referência regulatório aglutinador, que pode ser *lateralmente coordenado* e *cooperativamente estruturado* desde os seus menores microcosmos reprodutivos societais até suas formas de tomada de decisão abrangentes absolutamente inevitáveis no futuro. O que fundamentalmente está em jogo hoje – em todos os domínios, desde os processos reprodutivos materiais elementares até as mais graves colisões potenciais entre Estados que no passado resultaram em guerras catastróficas – requer a *redefinição qualitativa*, em um sentido sustentável na prática, das células constitutivas de nossa ordem social, no sentido de suplantar sua centrifugalidade cada vez mais destrutiva mediante a erradicação do próprio capital do processo metabólico em andamento.

De modo correspondente, o que realmente está em jogo diz respeito à modalidade de *tomada de decisão como tal*, que não deve ser confundida – em uma tendenciosidade a serviço de si própria – com os órgãos e processos de tomada de decisão necessariamente autolegitimadores do próprio *Estado*. Os apologistas da "democracia representativa" querem restringir as soluções de nossos graves problemas à igualdade estritamente *formal* e à *desigualdade substantiva* sumamente óbvia do domínio *político* regulador do Estado, onde não se consegue encontrá-la. É preciso sair desse círculo vicioso autodestrutivo com seus processos alienados de tomada de decisão impostos ao povo. A questão real não é "democracia direta" ou "democracia representativa", mas a regulação efetiva e autorrealizadora de seu modo de existência pelos indivíduos sob as condições da *democracia substantiva*, em contraste com a vacuidade legislativa política da "democracia representativa" facilmente corruptível. E a única maneira viável de tornar a democracia substantiva – e não "representativa" de um modo sumamente remoto e, ao mesmo tempo, naturalmente mais ou menos intensamente ressentido – é instituir uma forma de tomada de decisão em que a *recalcitrância* esteja ausente porque os indivíduos sociais *estabelecem a lei para si mesmos*, de modo a serem capazes de *modificá-la autonomamente* sempre que as circunstâncias em mutação de seus processos metabólicos societais autodeterminados o exigirem. Porém, isso só será possível se as condições globais de sua existência estiverem materialmente fundadas sobre *células constitutivas qualitativamente diferentes* da ordem social do capital, porque a própria centrifugalidade antagonística é relegada ao passado. Essa é a exigência positiva de uma estrutura metabólica societal global verdadeiramente aglutinadora e globalmente sustentável, capaz de superar com suas formações estatais as implicações destrutivas de impor uma *falsa universalidade* – inevitavelmente pela força das armas, como foi fatidicamente experimentado no passado – a seus constituintes materiais antagonísticos internamente cindidos. Conta-se que, em um diálogo com Margaret Thatcher sobre o desarmamento nuclear, Gorbatchov citou um provérbio russo, segundo o qual "uma vez por ano, até mesmo uma arma descarregada pode disparar". Ninguém em sã consciência deveria esperar seriamente das existentes formas de regulação legitimadoras do Estado alguma garantia para o futuro contra as graves implicações disso.

O desafio da igualdade substantiva

As determinações contraditórias desses problemas foram expostas a escrutínio público há bem mais de dois séculos e um quarto, remontando ao tempo das revoluções norte-americana e francesa, que coincidiram com o início da grande Revolução Industrial.

Essa linha de demarcação foi indelevelmente assinalada pelo surgimento do problema da *igualdade substantiva* na agenda histórica sob as condições do próprio tumulto revolucionário. Aos defensores militantes da igualdade substantiva só restou condenar incisivamente, com absoluto desprezo, as evasivas políticas passadas e presentes dessa questão seminal: "Desde tempos imemoriais eles hipocritamente repetem '*todos os homens são iguais*', e desde tempos imemoriais a desigualdade mais degradante e monstruosa pesa insolentemente sobre a raça humana". E eles podiam também aclarar sua preocupação vital de um modo bastante tangível, acrescentando: "Não só precisamos da igualdade de direitos inscrita na Declaração dos Direitos do Homem e do Cidadão, nós a queremos em nosso meio, sob os telhados das nossas casas"[1]. Desse modo, a rejeição das medidas puramente *formais/legais* de toda solução projetada – que afligiu não só naquele tempo, mas continuou a afligir até nossos dias as abordagens tradicionais desses problemas, legitimadoras do Estado – foi combinada com as exigências necessárias de toda e qualquer solução viável na prática mediante a busca de respostas no domínio econômico e social. Naturalmente, ao concentrar a atenção na dimensão tradicionalmente ausente da tomada de decisão política, o papel do próprio Estado ficou sujeito ao escrutínio crítico, mesmo que, na época da Revolução Francesa, somente de forma embrionária. Essa questão crucial só viria a assumir importância predominante um século mais tarde, na concepção marxiana.

---

[1] Ver Philippe Buonarroti, *Conspiration pour l'égalité dite de Babeuf* (Paris, Éditions Sociales, 1957 [Bruxelas, 1828]), p. 297.

168   *Para além do Leviatã*

Olhando para trás na história do pensamento político, descobrimos que a preocupação fundamental das teorias do Estado debatidas, desde Platão e Aristóteles, sempre foram as diferentes *formas* em que as modalidades de tomada de decisão global, rivalizando quanto a benefícios e reveses, podiam ser elogiadas ou criticadas. Uma ou outra forma do Estado – ou das constituições rivais na visão geral de Aristóteles – sempre foi considerada como o modo abrangente necessário de tomada de decisão. O mesmo argumento se aplica às teorias de "Estados ideais" na Grécia antiga e também bem mais tarde. Nesse tocante, pudemos testemunhar uma mudança significativa por volta do fim do século XVIII, quando o Estado como tal começou a ser objeto de reflexão crítica, em contraposição ao questionamento apenas dos méritos relativos de diferentes modos com que o Estado se impõe à vida social como o árbitro último em todas as grandes questões.

De maneira compreensível, as sublevações revolucionárias do fim do século XVIII e início do XIX, bem como o impacto de algumas grandes guerras entre Estados, forçosamente acarretaram não só uma crescente consciência de classes e antagonismos de classe, mas também a crise da própria política e o necessário conhecimento de que as velhas maneiras de lidar com essas crises não funcionariam mais. Em última análise, essa circunstância confrontou os principais pensadores da época com o problema quase proibitivo de tratar a *legitimidade* ou não da lei *em si*. Alguns, como os filósofos românticos, fizeram isso de maneira apologética e retrógrada, conceituando a história de modo sumamente reacionário, querendo girar sua roda para trás. Outros, como Immanuel Kant, projetaram seu nobre, mas totalmente ilusório "dever-ser" de uma *"paz perpétua"*, o que, é claro, foi em vão. No entanto, a solução mais grandiosa, articulada em plena conformidade com o seu horizonte classista burguês, foi oferecida por Hegel, em sua *Filosofia do direito*. De modo correspondente, mesmo identificando os antagonismos sociais fundamentais e potencialmente explosivos e de longo alcance do seu tempo, Hegel, não obstante, reafirmou a legitimidade da lei com a mais sólida justificativa classista. Fez isso nos termos de uma história mundial, apelando a nada menos que a autoridade do *Weltgeist* [Espírito do Mundo]. Porém, ele só pôde oferecer tal resposta em nome de sua grandiloquente *theodicaea*: a "justificação de Deus na história"[2], pagando o preço de arbitrariamente encerrar ao mesmo tempo a própria história, em seu postulado "Europa como o fim da história", com as necessárias guerras nacionais dos Estados "germânicos" europeus, entre os quais Hegel incluiu e exaltou efusivamente a Inglaterra, que construía um império.

---

[2]   G. W. F. Hegel, *The Philosophy of Right* (Oxford, Oxford University Press, 1952), p. 15 [ed. bras.: *Filosofia do direito*, trad. Paulo Meneses et al., São Leopoldo/São Paulo, Unisinos/Loyola, 2010, p. 21].

O liberalismo ingressou no palco da história no mesmo período das sublevações revolucionárias do fim do século XVIII, mas em uma roupagem mais prosaica. Ele sempre pressupôs a validade totalmente não problemática e até autoevidente de sua atitude para com a legislação e a gestão societal como se representasse "o todo da sociedade". Na mesma época, esteve disposto a levar em conta e instituir melhorias, tendo em vista os problemas e conflitos em erupção devidos ao tumulto revolucionário, mas sempre dentro do quadro de referência estrutural estabelecido da ordem existente, sujeitando-o apenas a uma crítica marginal. Nem a dimensão histórica da constituição dos Estados nem sua questionável legitimidade representavam qualquer problema para o liberalismo. As suposições autoelogiosas sem limites em sua abordagem, associadas a uma simpatia parcial por reformas, pareceram ser suficientes para sua autojustificação. Em outras palavras, o liberalismo se caracterizou tanto pela evasiva sistemática diante das questões fundamentais, incluindo a questão da legitimidade de fazer leis em outros termos que não fossem os técnicos/ procedurais, e, de modo positivo, pela defesa de melhoramentos sociais e políticos limitados, incluindo a extensão do direito de voto para eleições parlamentares. Essa combinação "equilibrada" de evasiva diante dos conflitos e reforma estruturalmente admissível – as eloquentes marcas registradas do liberalismo – pode muito bem explicar seu sucesso relativo entre todas as formações estatais do capital no passado. Porém, de modo algum conseguiu alcançar mudanças significativas.

O liberalismo jamais foi capaz de defender uma sociedade *equitativa*; somente uma *"mais equitativa"*, que sempre significou *bem longe de equitativa*. Até em sua fase mais progressista de desenvolvimento, o liberalismo restringiu suas visões reformadoras e seus esforços práticos correspondentes estritamente à esfera da *distribuição* dos bens produzidos – naturalmente com um êxito de duração negligenciável. O liberalismo sempre fechou os olhos para o fato embaraçoso de que uma melhoria significativa rumo a uma sociedade equitativa só poderia resultar de uma mudança fundamental na estrutura da própria *produção*. Isso não poderia ter sido diferente porque a esfera de distribuição estava *estruturalmente predeterminada* pela consignação inalterável da classe do trabalho a uma posição necessariamente subordinada na sociedade, dada a alocação legitimada pelo Estado e protegida com o uso da força dos meios de produção à classe constituída pelas personificações do capital. De modo correspondente, um sistema mais desigual de distribuição do que o sistema estruturalmente arraigado do capital era totalmente inconcebível, o que condenou o esclarecimento liberal, inclusive em seu ponto alto, a uma eficácia puramente marginal. Isso também se aplicou à defesa liberal da "repressão estatal", que sempre teve de ser muito bem acomodada dentro do quadro de referência estruturalmente prejulgado da defesa global inquestionável da ordem reprodutiva societal do capital. E esta tinha de ser – e de fato tem sido – inquestionavelmente legitimada pelo Estado em todas as formas de liberalismo. Por essa razão, não causa surpresa que, simultaneamente à *crise estrutural* em desdobramento do sistema do capital, o liberalismo, que certa vez teve inclinação reformadora, celeremente se metamorfoseou, assumindo a forma sumamente agressiva do *neoliberalismo* apologista do Estado. Foi assim que o momento da verdade transformou o "princípio da maior ventura possível ou da maior felicidade possível" em um dedo acusador apontado para o liberalismo neoliberal em nossa época histórica.

Naturalmente não se tratava de contingências históricas corrigíveis, mas de desenvolvimentos necessários que se desdobravam dramaticamente em conjunção com a ativação dos limites absolutos do capital por meio da maturação de sua crise sistêmica. Por um tempo bem longo, a promessa graciosa de todos os tipos de apologias do capital – desde os postulados insinceros do agora completamente abandonado "socialismo evolutivo" e das teorias de "modernização" para superar o "subdesenvolvimento do terceiro mundo" diretamente até a ficção do "Estado de bem-estar" globalmente instituído, que agora está desaparecendo até do punhado de países privilegiados em que foi instaurado – foi que o *"bolo a ser distribuído" cresceria eternamente*, trazendo felicidade completa a absolutamente todos. A *distribuição* abundante se encarregaria de tudo e, por isso, ninguém deveria se preocupar com os problemas da *produção*. Porém, o bolo simplesmente se recusou a crescer a ponto de equivaler a qualquer variedade da "maior felicidade possível" projetada. A crise estrutural do capital pôs fim a todas essas fantasias. Conta-se que, durante a Revolução Francesa, quando foi relatado a Maria Antonieta que o povo estava passando fome por não ter pão, a malfadada rainha teria respondido: "Que comam brioche". À luz da crise estrutural cada vez mais profunda e suas costumeiras justificativas, Maria Antonieta poderia levar o crédito de haver proposto uma solução infinitamente mais realista do que a dos defensores do sistema do capital em nossa época.

É essencial passar resolutamente da preocupação autoapologética com a distribuição "mais equitativa" totalmente irrealizável – quando, na realidade, a menor porcentagem expropria para si mesma muito mais do que o maior quinhão da riqueza, protegida pelo Estado com o uso da força – para uma mudança radical nas determinações estruturais da produção. Pois as tendências objetivas de desenvolvimento em nosso tempo indicam uma piora nas condições em toda parte, com políticas de austeridade sendo impostas impiedosamente por governos capitalistas à sua população trabalhadora até nos países mais ricos e capitalisticamente avançados. A classe do trabalho é gravemente afetada pelas medidas, às quais precisa ser submetida no interesse de manter a lucratividade de um sistema fetichista e cruelmente desumanizador[3]. Em consequência, o grande desafio da realização de uma ordem

---

[3] Ver Fred Magdoff e John Bellamy Foster, "The Plight of U.S. Workers", *Monthly Review*, jan. 2014, p. 1-22.

social equitativa que irrompeu no palco da história no tumulto revolucionário no fim do século XVIII assombra nosso tempo histórico. A razão disso é que nenhuma solução é factível para nossos problemas, que se agravam cada vez mais, sem a adoção do princípio orientador vital da *igualdade substantiva* como regulador fundamental do processo sociometabólico em um mundo verdadeiramente globalizado.

Porém, naturalmente, nada poderia ser mais estranho à operação do sistema do capital em sua crise estrutural do que a instituição da igualdade real. Ele é constituído como um sistema de hierarquias estruturalmente arraigadas, que tem de ser protegido de todas as maneiras por suas formações estatais. Da parte do capital, a crise estrutural da nossa era aciona a demanda por um envolvimento direto cada vez maior do Estado na sobrevivência continuada do sistema, mesmo que isso vá de encontro à automitologia da "empresa privada" superior. "*Salvem o sistema*", como exigiu em sua capa o *Economist*, semanário apologista do capital com sede em Londres, no ano de 2009, na época da erupção da crise financeira global. É claro que todos os principais Estados capitalistas foram devidamente obrigados a dedicar trilhões a suas operações de resgate.

No entanto, a questão subjacente é bem maior do que as emergências periódicas. A tendência objetiva mais séria do desenvolvimento nesse ponto no domínio da economia política, remontando ao fim da década de 1960, é a "*equalização das taxas diferenciais de exploração*"[4], que afeta profundamente as condições

---

[4] Ver a discussão desse problema em minha conferência ao receber o prêmio Deutscher Memorial em 1971, intitulada "A necessidade do controle social", em István Mészáros, *The Necessity of Social Control* (Nova York, Monthly Review Press, 2015), p. 23-51. Cito aqui uma passagem relevante da seção 7 (p. 47): "A realidade das diferentes taxas de exploração e de lucro não altera em nada a própria lei fundamental: isto é, a crescente *equalização* das taxas diferenciais de exploração como *tendência geral* do desenvolvimento do capital mundial. [...] Por ora, basta salientar que 'capital social total' não deve ser confundido com 'capital nacional total'. Quando este último sofre os efeitos de um enfraquecimento relativo de sua posição no sistema global, tenta inevitavelmente compensar suas perdas com o aumento de sua taxa de exploração específica sobre a força de trabalho diretamente sob seu controle – de outro modo terá sua competitividade ainda mais comprometida na estrutura global do 'capital social total'. Sob o sistema de controle social capitalista, não pode haver outra forma de escapar de tais 'distúrbios e disfunções de curto prazo' a não ser pela intensificação das taxas específicas de exploração, o que só pode conduzir, tanto em termos locais como globais, a uma explosiva intensificação do antagonismo social fundamental a longo prazo. Aqueles que pregaram a 'integração' da classe trabalhadora – pintando o 'capitalismo organizado' como um sistema que obteve sucesso na dominação radical de suas contradições sociais – identificaram irremediavelmente mal o sucesso manipulador das taxas diferenciais de exploração (que prevaleceram na fase histórica relativamente 'livre de distúrbios' da reconstrução e expansão do pós-guerra), como um *remédio estrutural* básico. Na realidade não era nada disso. A frequência sempre crescente com que os 'distúrbios e as disfunções temporárias' aparecem em todas as esferas de nossa existência social e o completo fracasso das medidas e instrumentos manipulatórios concebidos para enfrentá-los são uma clara evidência de que a crise estrutural do modo capitalista do controle social assumiu proporções generalizadas". [István Mészáros, *Para*

172 *Para além do Leviatã*

de vida das classes trabalhadoras até nos países capitalistas mais privilegiados. Exibindo o verdadeiro significado de "globalização", essa é uma tendência objetiva insanável – uma genuína lei da economia política –, inseparável do imperativo da acumulação lucrativa do capital em escala global. De modo correspondente, a parcela inconstante do trabalho na riqueza social global forçosamente indica uma tendência declinante inevitável por meio da exploração incrementada em toda parte, incluindo os antigos beneficiários da colonização e do imperialismo. Fiel à natureza da ordem sociometabólica estabelecida, não poderia haver uma tendência mais *perversa* do desenvolvimento global, afirmando-se como uma das maiores ironias da história moderna, depois de prometer maior igualdade por meio da "taxação progressiva", do que as desigualdades crescentes devidas à *equalização declinante da taxa diferencial de exploração*, na qual todas as formações estatais do sistema do capital estão profundamente implicadas com suas políticas ativamente implementadas. E dado o aprofundamento da crise estrutural do sistema, o papel das formações estatais do capital só poderá piorar nesse campo, como ocorrerá nos planos militar e ecológico.

A montanha diante de nós

Tendo em vista todas essas considerações, uma crítica radical do Estado no espírito marxiano com suas implicações de longo alcance para o fenecimento do próprio Estado constitui uma exigência literalmente vital de nosso tempo. O Estado, como foi constituído sobre a base material antagonística do capital, não pode fazer nada além de proteger a ordem sociometabólica estabelecida, defendendo-a a todo custo, sem considerar os perigos para o futuro da sobrevivência da humanidade. Essa determinação representa um obstáculo do tamanho de uma montanha que não pode ser contornada pela tentativa de transformação positiva muito necessária de nossas condições de existência. Pois, sob as circunstâncias em desdobramento da crise estrutural irreversível do capital, o Estado se afirma e se impõe como a montanha que *devemos* escalar e conquistar.

Certamente, isso não poderá ser uma escalada recreativa para fins de lazer. A razão fundamental nesse tocante é que os graves problemas que despontam da realidade política do Estado, mesmo quando assumem a forma de guerras devastadoras, são apenas parte do desafio. O sistema do capital tem três pilares interconectados: capital, trabalho e Estado. Nenhum deles pode se eliminar por conta própria. Eles tampouco podem ser simplesmente abolidos ou suplantados.

---

além do capital: rumo a uma teoria da transição (trad. Paulo Cézar Castanheira e Sérgio Lessa, São Paulo, Boitempo, 2012), p. 1.007 e apêndice IV deste livro.]

As variedades particulares do Estado capitalista podem ser suplantadas e também restauradas, mas não o Estado como tal. Os tipos particulares das personificações historicamente dadas do capital e do trabalho assalariado podem ser juridicamente abolidos e restaurados, mas não o capital e o trabalho como tais, nem seu sentido substantivo de constituição como encontrado na ordem sociometabólica do capital. Devemos nos lembrar sempre da sóbria verdade de que tudo o que pode ser superado também pode ser restaurado. E isso foi feito. A *materialidade do Estado* está profundamente radicada na base sociometabólica antagonística sobre a qual todas as formações estatais do capital foram erigidas. Ela é inseparável da materialidade substantiva tanto do capital como do trabalho. Somente uma visão combinada de sua *tripla inter-relação* torna inteligíveis as funções legitimadoras do Estado do sistema do capital.

Assim, os problemas agora em jogo no plano da tomada de decisão política global como estão sendo necessariamente geridos pelo Estado não poderão ser resolvidos sem que se dê atenção à sua base sociometabólica mais profunda. E, nesse sentido mais amplo e mais fundamental, não é suficiente *escalar* a montanha em questão, visando unilateralmente à superação do Estado capitalista como resposta à destrutividade que se desdobra em cada esfera de nossa vida social sob as condições da crise estrutural cada vez mais profunda do capital. Tais problemas não são passíveis de uma solução viável dentro de seus termos de referência institucionais limitados. A perigosa montanha que confronta a humanidade é a totalidade combinada das determinações estruturais do capital, que deve ser *conquistada* em todas as suas dimensões profundamente integradas. O Estado é, naturalmente, um constituinte vital nesse conjunto de inter-relações, tendo em vista seu papel direto agora avassalador na modalidade necessária de tomada de decisão global. A política muitas vezes desempenhou um papel fundamental, dando início a grandes transformações sociais no passado. É preciso manter isso conosco também em um futuro previsível. Porém, a montanha deverá ser – e só poderá ser – *conquistada* em todas as suas dimensões quando os antagonismos estruturais profundamente assentados nas raízes das contradições insolúveis do Estado forem postos sob controle historicamente sustentável.

7
O fim da política
liberal democrática

Consideremos em primeiro lugar uma citação muito reveladora de um distinto primeiro-ministro britânico, *sir* Anthony Eden, que pertencia à ala liberal-democrática do Partido Conservador e desempenhou um papel honroso – com Winston Churchill e Harold Macmillan –, opondo-se à conservadora política do "apaziguamento de Hitler" na década de 1930.

Ninguém deveria ter qualquer dúvida sobre a exatidão dessa citação, porque ela é plenamente endossada por outro primeiro-ministro da mesma orientação política, *sir* Edward Heath, que sempre enfatizou com orgulho que teve sua inspiração política em "Winston Churchill, Anthony Eden e Harold Macmillan", e por esse motivo se opôs firmemente até o fim de sua vida ao conservadorismo da ala de direita de Margaret Thatcher[1]. De fato, no momento de sua entrada no Parlamento, Heath foi uma das principais figuras e um dos autores do manifesto conservador do pós-Segunda Guerra Mundial intitulado "One Nation Politics" [Política de uma nação], que hoje é adotado e promovido da forma mais inescrupulosa pelo New Labour Party [Novo Partido Trabalhista][2].

As circunstâncias mencionadas nessa carta são muito mais importantes do que um evento histórico particular, não importa quão dramático tal evento possa ser. Pois, nesse caso, nós nos confrontamos com uma verdadeira linha de demarcação que indica o fim de uma longa tradição histórica e o colapso de seu modo habitual de administração dos conflitos internacionais com os métodos de diplomacia conspiratória legítima, perseguidos em nome da ideologia liberal

---

[1] Ver Edward Heath, *The Course of My Life: My Autobiography* (Londres, Hodder & Stoughton, 1998), p. 29. Harold Macmillan também se refere em tom sarcástico às políticas de privatização de Margaret Thatcher como "vender a prataria da família".

[2] Mesmo em sua origem no século XIX essa noção remonta ao primeiro-ministro Benjamin Disraeli, o promotor da "One Nation Conservatism" [Conservadorismo de uma nação], que foi nomeado conde de Beaconsfield pela rainha Victoria em 1876.

176　*Para além do Leviatã*

de cunho democrático então genuinamente realizada e defendida com êxito, mas, nesse momento, temporalmente ultrapassada. As circunstâncias em questão falam por si mesmas. E elas são as seguintes.

Em 21 de outubro de 1955, pouco antes do clamoroso colapso da aventura de Suez, o primeiro-ministro conservador Anthony Eden disse ao então futuro primeiro-ministro Edward Heath – naquele momento líder da bancada de seu partido, cujo trabalho era "açoitar"[3] seus membros do Parlamento para que mantivessem a linha de apoio ao governo – que seu grande sucesso político em realizar a iminente invasão militar de Suez pela Grã-Bretanha, França e Israel atingiu "a mais elevada forma da arte de governar"[4]. Nada menos que isso! Foi bem assim que esse resultado sem dúvida costumava ser considerado e aclamado no passado. O evento foi descrito por Edward Heath em sua autobiografia desta maneira:

> Entrei na Sala do Gabinete, como de costume, pouco antes do previsto para a sessão do Gabinete começar, e encontrei o primeiro-ministro de pé ao lado de sua cadeira, segurando um pedaço de papel. Ele estava com os olhos brilhantes e cheio de vida. O cansaço parecia de repente ter desaparecido. "Temos um acordo!", exclamou. "Israel concordou em invadir o Egito. Vamos então enviar nossas próprias forças, apoiadas pelos franceses, para afastar os adversários e recuperar o Canal." Os norte-americanos não seriam informados sobre o plano.[5]

Como se viu, a aventura militar preparada pela intriga secreta entre Grã-Bretanha e seus parceiros fracassou vergonhosamente em decorrência da oposição norte-americana sob a Presidência do general Eisenhower. Logo depois, *sir* Anthony Eden teve de desistir completamente da política com a costumeira desculpa de "problemas de saúde".

O que Eden chamou de "a mais elevada forma da arte de governar" deveria merecer grande louvor político porque esse acordo infame foi preparado da boa e velha maneira "diplomática", nos bastidores, combinada ao mesmo tempo com "negociações" para o consumo público (somadas à hipocrisia diplomática secreta levada a cabo em Nova York) com o habitual pretexto cínico de evitar precisamente qualquer conflito militar na questão do Canal de Suez. No entanto, Eden e companhia cometeram o grande erro de presumir que seriam capazes de impor o *fait accomplie* [fato consumado] como "a mais elevada forma da arte de governar" também à administração norte-americana. Eles estavam iludidos. Pois, como Paul Baran corretamente enfatizou em seu inovador livro sobre as

---

[3]　Aqui, Mészáros faz um trocadilho intraduzível com o cargo político Chief Whip [líder da bancada] e o verbo *to whip* [chicotear, açoitar]. (N. T.)

[4]　Edward Heath, *The Course of My Life*, cit., p. 169.

[5]　Idem.

relações de poder no pós-guerra, "a afirmação da supremacia dos Estados Unidos no mundo 'livre' implicou a redução da Grã-Bretanha e da França (para não falar de Bélgica, Holanda e Portugal) ao *status* de sócios minoritários do imperialismo norte-americano"[6].

Dessa forma, a linha histórica de demarcação, que se afirmou na forma do colapso humilhante da aventureira guerra de Suez, destacou a realidade nua e crua das *relações de poder* que não podiam mais ser embelezadas nem pela ilusão liberal--democrática nem por seus pretextos hipócritas. As velhas formas não poderiam funcionar por mais tempo, não importando qual poder tentou assumir o papel de impor as suas aspirações internacionalmente dominantes sobre o resto do mundo em nome das historicamente anacrônicas aspirações liberal-democráticas – ou seja, democráticas e universalistas apenas em termos *formais*.

Naturalmente, apesar do fracasso conspiratório britânico, nada foi realmente resolvido naquele momento em termos *substantivos* sobre as verdadeiras causas do conflito de Suez e sobre algumas das profundas contradições inseparáveis da então bem-sucedida dominação colonial do Norte da África, que continuam a aflorar no nosso tempo, mesmo que, em 1955, um novo poder imperial tenha conseguido chamar à razão os "sócios minoritários do imperialismo norte--americano". Tampouco se deveria negar, em subserviência às novas relações de poder internacionais, que a linha histórica de demarcação em questão também pôs em relevo que os pretextos *democráticos formais* que visam à continuidade da dominação neocolonialista, mascarados de generosidade e progresso democráticos liberais, tornaram-se *anacronismos históricos* destrutivos. Os protestos dramáticos em erupção, não apenas na forma da "primavera árabe", mas *em todo o mundo*, clamam por mudanças *substantivas* fundamentais. E clamam não apenas por algum reajuste *no âmbito* das relações de poder estabelecidas, o que deixaria tudo substancialmente do mesmo jeito, como aconteceu no passado. Muito longe disso. Na verdade, os manifestantes exigem uma mudança radical no *âmbito estrutural do exercício do poder em si* – incluindo o Estado moderno – e, assim, uma mudança substancial da *dominação* da classe trabalhadora hierarquicamente enraizada na e imposta pela ordem social e política do capital para uma ordem alternativa de autodeterminação genuína.

Sem dúvida, as então bem-sucedidas variantes predominantes de concepções de Estado democrático liberal diferiam apenas no que dizia respeito *internamente* a suas aspirações menos autoritárias em relação aos tipos de dominação de classe

---

[6] Paul Baran, *The Political Economy of Growth* (Nova York, Monthly Review Press, 1957), p. vii. Ver ainda minha discussão sobre o assunto – incluindo a irônica desconsideração por parte de Roosevelt das fantasias de contenda do Império Britânico de Churchill – em meu livro *O século XXI: socialismo ou barbárie?* (trad. Paulo Cezar Castanheira, São Paulo, Boitempo, 2001), cap. 2: "A fase potencialmente fatal do imperialismo", p. 33-79.

178 *Para além do Leviatã*

abertamente opressivos do Estado. E elas fizeram isso justamente no interesse de garantir o apoio nacional mais geral para as suas aventuras internacionais – e até mesmo para a mais implacável construção imperial. Em termos de dominação *externa*, estavam perfeitamente felizes em recorrer, com todos os meios à disposição, até mesmo à imposição mais violenta de seu domínio, onde quer que pudessem fazê-lo, como *Estados-nação* hipócritas e *colonizadores* exploradores. Isso constituiu a perversa *normalidade* da ordem social antagônica sobre a qual argumentei, há muito tempo, o seguinte:

> Crescimento e expansão são necessidades internas do sistema capitalista de produção e, quando os limites locais são atingidos, não há outra saída além de reajustar pela violência a relação de forças existente. No passado, a estabilidade interna relativa dos principais países capitalistas – Grã-Bretanha, França e Estados Unidos – era inseparável de sua capacidade de *exportar* a agressividade e a violência *geradas internamente* por seus sistemas. Seus parceiros mais fracos – Alemanha, Itália e outros –, após a Primeira Guerra Mundial, encontraram-se em meio a uma grave crise social, e só a promessa fascista de um reajuste radical da relação de forças estabelecida pôde trazer uma solução temporária aceitável para a burguesia, mediante o desvio das pressões da agressividade e da violência internas para os canais de uma preparação maciça para uma nova guerra mundial. Os países capitalistas menores, em contrapartida, simplesmente tiveram de subordinar-se a uma das grandes potências e seguir as políticas ditadas por elas, mesmo pagando o preço de uma instabilidade crônica.[7]

A afirmação global irreprimível do domínio

A difícil questão para nós é: quanto tempo pode a perversa normalidade de uma ordem socioeconômica e política antagônica, com sua irreprimível tendência de afirmação global de seu domínio, manter a dominação sem destruir a própria humanidade? Esse é o tamanho da montanha que *devemos* escalar e conquistar.

Um dos mais graves problemas de nosso tempo é a crise estrutural da política democrática liberal e as soluções viáveis defendidas do ponto de vista dos Estados existentes. Para onde quer que olhemos, e apesar de quaisquer soluções que nos sejam oferecidas, suas características definidoras comuns sempre mostram

---

[7] István Mészáros, *Marx's Theory of Alienation* (Londres, Merlin Press, 1975), p. 310 [ed. bras.: *A teoria da alienação em Marx*, trad. Nélio Schneider, São Paulo, Boitempo, 2016, p. 283].

as contradições e as limitações dos Estados-nação historicamente constituídos. Esse é o caso também quando a justificativa utilizada para as políticas desenvolvidas está repleta da retórica da universalmente louvável "democracia" e da inevitável "globalização", atrelada à projeção de respostas em conformidade com tais determinações. Ao mesmo tempo, as soluções reivindicadas são, explícita ou implicitamente, sempre baseadas no pressuposto de que a alienação da tomada de decisão política em geral, há tempos historicamente estabelecida, materializada nos Estados modernos, deve manter-se permanentemente a única estrutura possível de gestão social em geral.

Como sabemos, Marx tinha uma visão radicalmente diferente sobre essa questão. Sua concepção sobre a necessária transformação socialista da ordem social é, na verdade, inseparável de sua crítica do *Estado enquanto tal*, e não simplesmente do Estado capitalista. Essa abordagem é explicitada por meio de sua defesa e antecipação não apenas da grande transformação do Estado estabelecido, mas de seu completo *fenecimento*. Sobre esse assunto, assim como sobre tantos outros, ele ofereceu uma concepção fundamentalmente diferente até mesmo dos maiores e mais representativos pensadores da burguesia.

A dolorosa circunstância é que desde a época em que Marx formulou sua visão sobre o imperativo de mudança social historicamente sustentável, abarcando de todas as maneiras o conjunto da sociedade, não pudemos ver qualquer sinal do fenecimento do Estado. Antes, observamos o contrário. No entanto, essa circunstância não deve desviar a atenção da validade fundamental da posição defendida por Marx. Isso porque as mais íntimas determinações e contradições destrutivas do sistema do capital em sua crise estrutural que se aprofunda são hoje inteligíveis e superáveis apenas se for plenamente levado em conta o papel preponderante das formações modernas do Estado na forma abrangente de tomada de decisões no processo sociometabólico sob o domínio do capital. Nenhuma solução historicamente sustentável é concebível sem isso. Não é, portanto, nenhum exagero dizer que a continuidade da importância histórica do quadro teórico marxiano depende da capacidade de realização (ou não) de sua preocupação com o fenecimento do Estado.

Hobbes e Hegel

No curso da história moderna, os gigantes intelectuais da burguesia produziram duas obras verdadeiramente grandiosas sobre o Estado, as quais nunca foram igualadas, e muito menos superadas, desde sua criação. São elas o *Leviatã*, de Thomas Hobbes, concebida em meados do século XVII, e a *Filosofia do direito*, de Hegel, criada no primeiro terço do século XIX. Naturalmente, nenhum dos dois tinha o menor interesse nas projeções do liberalismo. De fato, o próprio Hegel proporcionou uma crítica contundente às ilusões liberais[8], que falaciosamente transfiguraram a capacidade de realização dos *privilégios parciais* defendida por seus beneficiários – muito longe de serem universais – em pretensões totalmente insustentáveis de *validade universal*. Mas é claro que o horizonte conceitual desses dois grandes pensadores foi circunscrito por suas diferentes, ainda que muito potentes, idealizações do Estado-nação.

Voltaremos oportunamente a Hobbes e Hegel como inigualáveis ápices das teorizações burguesas do Estado. Neste ponto será suficiente indicar um contraste impressionante. O contraste em questão é claramente visível entre as apreciações teóricas substantivas hobbesiana e hegeliana das questões vitais envolvidas em avaliar os problemas do Estado, com toda a sua complexidade e relevância para o funcionamento da sociedade de suas épocas, e em nosso tempo, a desorientação autoilusória que acometeu até mesmo alguns políticos democratas liberais relativamente progressistas, como *sir* Anthony Eden – para não mencionar seus colegas *neoliberais* e *neoconservadores* –, na busca por políticas capazes de produzir apenas desastres, e fazer isso em nome da "mais elevada forma da arte de governar".

---

[8] Ver, a esse respeito, especialmente a crítica afiada de Hegel à constitucionalidade inglesa e suas palestras sobre a filosofia da história, em diversos lugares. Idem [ed. bras.: idem].

8

O "fenecimento"
do Estado?

Marx nunca abandonou sua visão de que a mudança radical necessária da ordem sociometabólica do capital é inconcebível sem a total superação do poder preponderante das formações estatais do sistema reprodutivo material estabelecido. Nem mesmo quando os desdobramentos dos acontecimentos históricos apontavam, de modo desencorajador, na direção oposta.

É igualmente importante ressaltar que, ao mesmo tempo – e pela mesma razão de permanecer fiel ao reconhecimento pleno dos requisitos de viabilidade sócio-histórica *da época* – que enfatizava a necessidade do "fenecimento" do Estado, ele também deixou bem claro que imaginar a *abolição* do Estado por qualquer forma de conspiração ou mesmo por algum *decreto* de base jurídica mais ampla só poderia ser uma quimera voluntarista. Ele jamais deixou de insistir nisso.

Nesse sentido, a viabilidade real da mudança social radical defendida tinha de ser concebida por Marx como decorrente de desdobramentos historicamente sustentáveis de processos sociais apropriados, explicando-os em sua realidade tangível à medida que se consolidavam de acordo com a transformação dialética mediadora de seus requisitos objetivos e subjetivos multifacetados. Os obstáculos e constrangimentos enormes que emanam das relações de poder existentes como associados ao papel do Estado na preservação e potencial desenvolvimento do sistema do capital como um todo não podem ser simplesmente eliminados da existência, contrariamente da forma em que não só seus oponentes em primeira linha anarquistas, mas também alguns de seus amigos e companheiros de longa data projetaram o curso dos acontecimentos e as estratégias a serem seguidas. É por isso que Marx não se cansava de insistir em suas declarações prenunciando as perspectivas de desenvolvimento no terreno da ação política e tomada de decisão *global* – sem as quais, isso deve ser firmemente ressaltado, nenhuma ordem sociometabólica concebível poderia funcionar de forma alguma – que o futuro não apenas *deve*, mas também *só pode* trazer com ele o *fenecimento*

182 *Para além do Leviatã*

do Estado. Assim, ambos os termos "pode" e "deve" tiveram de permanecer pontos cruciais em qualquer orientação socialista historicamente sustentável, qualquer que seja a tentação de excluir um ou outro como experimentamos até o presente momento.

É bem conhecido que, ao lado de seu plano de escrever um trabalho relativamente curto sobre a dialética, um dos projetos importantes que Marx esperava realizar, particularmente em seus primeiros anos, era uma visão teórica geral dos problemas espinhosos do Estado. No entanto, como resultado de seu envolvimento cada vez mais profundo na crítica radical à economia política, o que exigiu um esforço monumental – que até mesmo consumiu dolorosamente sua saúde –, esse projeto cada vez mais se afastou de seu horizonte.

Mas essa é apenas uma explicação parcial, ainda que compreensível em termos estritamente pessoais. Muito mais importante a esse respeito foi que o próprio desenvolvimento histórico objetivo após a onda revolucionária do fim da década de 1840 recuou e, posteriormente, também resultou na relativa estabilização da ordem social do capital no "cantinho do mundo"[1] europeu, após as graves crises econômicas do fim da década de 1850 e durante a década de 1860, nas quais Marx e Engels depositaram tanta esperança em relação à possibilidade de uma mudança fundamental da sociedade.

Além disso, essas crises econômicas e políticas da Europa trouxeram consigo não só a explosão social que se manifestou na Comuna de Paris de 1871, mas também a derrota militar e a repressão selvagem dos participantes da Comuna, e, simultaneamente, o fortalecimento da solidariedade da classe burguesa contra o "inimigo comum"[2].

Inevitavelmente, tudo isso teve um grande impacto sobre as perspectivas de desenvolvimento do movimento da classe trabalhadora com o qual Marx estava também intimamente associado em termos pessoais, como um intelectual militante e líder político da articulação organizacional do movimento, a Primeira Internacional. Os incipientes desenvolvimentos tomaram o rumo dos movimentos particulares da classe trabalhadora, que começaram a ocupar terreno político-institucional em seu contexto nacional, mas isso aconteceu ao preço de abandonarem alguns de seus princípios revolucionários originais por uma questão de operar dentro do quadro legal e de orientação burguesa do seu Estado capitalista.

---

[1] Carta de Karl Marx a Friedrich Engels, 8 out. 1858, em Karl Marx e Friedrich Engels, *Selected Correspondence* (Moscou, Progress Publishers, 1975), p. 103-4.

[2] Ver minha discussão desses problemas, especialmente em relação ao papel de Bismarck na derrota da Comuna de Paris, no artigo "Reflections on the New International", incluído no meu livro *The Necessity of Social Control* (Nova York, Monthly Review Press, 2015).

Crítica do Programa de Gotha

Esse problema se apresentou de forma mais aguda na Alemanha, com o *Programa de Gotha*, que foi escrito com o propósito de promover a unificação da ala radical do movimento com os conciliadores oportunistas da classe trabalhadora alemã. Os "eisenachianos" constituíam a ala radical, ao passo que os "lassalleanos" – cuja inspiração esteve por muito tempo "provavelmente em entendimento secreto com Bismarck", como Marx corretamente deu a entender já em 1865[3] – tentavam integrar o movimento da classe trabalhadora na estrutura regulatória do Estado estabelecido. Para se contrapor a isso, Marx produziu, em abril (ou início de maio) de 1875, a devastadora *Crítica do Programa de Gotha*[4], que apontou não apenas as contradições internas desse programa, mas também as perspectivas desastrosas para o futuro do movimento socialista caso adotasse a estratégia anunciada por tal unificação sem princípios. Mas tudo isso de nada adiantou e a fatídica unificação seguiu em frente.

Naquelas circunstâncias históricas, a acomodação política prevaleceu, induzindo os participantes da classe trabalhadora a "seguir a linha da menor resistência" em suas relações com a ordem dominante. O desenvolvimento tomou esse curso também graças às perspectivas recém-abertas para a expansão do capital, favorecidas pelo desenvolvimento imperialista, tendo a Alemanha de Bismarck como a concorrente mais poderosa no cenário internacional. Por essa razão é compreensível que, por muito tempo ainda, o *fenecimento* do Estado não entrava em cogitação, mesmo que sua necessidade tivesse de ser reafirmada, como de fato foi feito por Marx em sua *Crítica*. As tendências objetivas do desenvolvimento favoreceram a abertura de uma via que levou à reafirmação mais agressiva do poder do capital, paralisando por um prazo dolorosamente longo as aspirações socialistas baseadas em princípios do movimento da classe trabalhadora, como foi percebido por Marx. Significativamente, ele concluiu a *Crítica do Programa de Gotha* com estas palavras resignadas: "*Dixi et salvavi animam meam*" [Disse e salvei minha alma].

Naturalmente a crítica radical de Marx foi ocultada da opinião pública pela liderança do novo partido por sessenta anos. Quando, por fim, foi autorizada a publicação, duas décadas depois da Comuna de Paris – e, mesmo assim, apenas como resultado da enérgica intervenção de Engels, que ameaçou revelá-la ele mesmo caso seu pedido continuasse a ser negado –, não havia mais nenhuma maneira de reverter o curso fatídico dos acontecimentos. Àquela altura, as coisas já haviam ido longe demais. De forma esclarecedora, o próprio Engels insistira já em 1875,

---

[3]   Carta de Karl Marx a Friedrich Engels, 18 fev. 1865, em Karl Marx e Friedrich Engels, *Selected Correspondence*, cit., p. 153-5.

[4]   Karl Marx, *Crítica do Programa de Gotha* (trad. Rubens Enderle, São Paulo, Boitempo, 2012).

em sua carta a August Bebel, que pertencia à ala eisenachiana do partido na época de sua unificação, que o caminho a ser seguido pela reorientação defendida pela classe trabalhadora alemã inevitavelmente significava que "o princípio de que o movimento dos trabalhadores é um *movimento internacional* está, para todos os efeitos, *completamente desautorizado*"[5]. As graves implicações desse julgamento profético para o movimento pego na armadilha de um beco sem saída tragicamente escolhido foram clamorosamente confirmadas com a eclosão da Primeira Guerra Mundial, quando a social-democracia alemã vergonhosamente identificou-se com a aventura da guerra imperialista de seu Estado.

Marx sempre enfatizou claramente que a grande transformação histórica do futuro é inconcebível sem o permanente trabalho revolucionário daquilo que ele chamou de *"organismo de crítica prática"*, ou seja, a classe trabalhadora internacional organizada. No entanto, mais ou menos simultaneamente com o impacto negativo do Programa de Gotha na Alemanha, e da mesma forma desencorajadora, também a Primeira Internacional passou por uma grande crise e teve de parar de funcionar em 1875. É claro que teorizar sob tais condições a respeito da proximidade do "fenecimento do Estado" seria, para dizer o mínimo, muito ingênuo. Os desenvolvimentos imperialistas nas últimas duas ou três décadas do século XIX colocaram na ordem do dia confrontos cada vez mais agressivos para a redefinição radical das *relações de poder* entre as forças internacionais dominantes. E isso significou não o enfraquecimento, mas, pelo contrário, o imperativo do *fortalecimento* de seus Estados.

Nem é preciso dizer que estavam além do horizonte de Marx as imensas consequências destrutivas dos empreendimentos imperialistas que se desdobraram e suas implicações militares correspondentes, que resultaram a seu tempo até mesmo em duas *conflagrações globais* e, no plano econômico, em um *monopolismo* profundamente arraigado e cada vez mais dominante. A teorização adequada do novo imperialismo, com seu impacto necessário sobre a natureza das formações estatais do capital, ficou para a época de Lênin. E mesmo então, ela necessariamente seria afetada por especificidades históricas transitórias, levando consigo conotações um tanto otimistas ao definir o imperialismo, tendo em vista seus diversos antagonistas estatais letalmente beligerantes, como a "fase última do capitalismo". A formação subsequente do *imperialismo hegemônico global*, tendo os Estados Unidos da América como potência esmagadoramente dominante, foi constituída apenas após a Segunda Guerra Mundial, e até agora também obteve sucesso na gestão de seus negócios, sem uma colisão mundial dos Estados capitalistas potencialmente conflitantes. Além disso, outra maneira radicalmente diferente de controlar a

---

[5] Carta de Friedrich Engels a August Bebel, 18-28 mar. 1875, em Karl Marx e Friedrich Engels, *Selected Correspondence*, cit., p. 272-7.

modalidade de reprodução sociometabólica que surgiu na história bem além do horizonte de Marx foi o sistema econômico e político de tipo soviético, com a extração máxima *politicamente regulada* do trabalho excedente sob o domínio de sua formação de Estado, em contraste com a extração *primordialmente econômica* do mais-trabalho como *valor excedente.*

O desafio atual: o Estado e o sistema global do capital

Em vista de todas essas considerações, podemos lembrar o seguinte:

> Já que o capital, durante a vida de Marx, estava muito distante da sua moderna articulação como um sistema verdadeiramente global, sua estrutura geral de comando político, como sistema de Estados globalmente interligados, era muito menos visível em sua precisa mediaticidade. Não é, portanto, de modo algum surpreendente que Marx nunca tenha tido sucesso em sequer rascunhar os meros esboços de sua teoria do Estado, apesar de este receber um lugar muito preciso e importante no seu sistema projetado como um todo. Hoje a situação é absolutamente diferente, à medida que o sistema global do capital, sob uma variedade de formas muito diferentes (na verdade contraditórias), encontra seu equivalente político na totalidade das relações interdependentes entre Estados e no interior deles. É por isso que a elaboração da teoria marxista do Estado hoje é ao mesmo tempo possível e necessária. Na verdade, é vitalmente importante para o futuro das estratégias socialistas viáveis.[6]

---

[6]   Ver István Mészáros, "How Could the State Wither Away?", em *Beyond Capital: Towards a Theory of Transition* (Nova York, Monthly Review Press, 1995), p. 460-95 [ed. bras.: "Como poderia o Estado fenecer?", em *Para além do capital: rumo a uma teoria da transição*, trad. Paulo Cezar Castanheira e Sérgio Lessa, São Paulo, Boitempo, 2011, p. 597-8. Reimpresso como apêndice IV deste volume].

9
A ilusória limitação
do poder do Estado

Podemos afirmar, com certeza, que existe uma teoria marxista adequada do Estado na literatura mais recente?

Sobre esse assunto, permitam-me citar Norberto Bobbio, que nos deixou um corpo teórico muito valioso sobre o direito, desenvolvido por ele na melhor tradição do liberalismo original, a seu tempo indubitavelmente progressista. Além disso, Bobbio, como um estudioso, não era apenas um apaixonado antifascista. Ele também professou profunda simpatia de cunho reformista social pelos mais desfavorecidos pela sociedade capitalista e consistentemente expressou solidariedade a eles. Isso é claramente testemunhado por muitas de suas esclarecedoras intervenções nos debates políticos do pós-guerra e por seu papel legislativo como senador vitalício, sob a Presidência de Sandro Pertini, no velho Partido Socialista Italiano, que foi liderado por um longo período por Pietro Nenni, bem antes de sua corrupção por Berlusconi e sua desintegração sob Bettino Craxi. Sempre considerei Norberto Bobbio um amigo muito querido e um grande aliado da nossa causa.

A resposta de Bobbio para a pergunta "Existe uma teoria marxista do Estado?" – título de um de seus proeminentes artigos – é um enfático *não*. Ele afirmou essa visão algumas vezes até com um sarcasmo contundente, como, por exemplo, quando comentou o debate entre John Lewis e Louis Althusser:

> Lewis escreveu que "o homem faz a história". Althusser solta um panfleto contra ele, alegando que tal não é o caso. "*Ce sont les masses qui font l'histoire* [São as massas que fazem a história]." Desafio qualquer um a encontrar um cientista social fora do campo marxista que possa apresentar seriamente um problema desse tipo.

E Bobbio acrescenta em nota de rodapé:

> Das duas afirmações, a de Lewis pelo menos tem o mérito de ser clara, ainda que geral, e de ter um objetivo polêmico preciso: dizer que a história é feita pelos homens

188 *Para além do Leviatã*

significa dizer que ela não é feita por Deus, pela providência etc. A afirmação de Althusser, por outro lado, que pretende ser uma proposição científica, é igualmente geral, mas pouco clara. De fato, não é preciso ser um admirador da filosofia analítica para considerar a proposição sem sentido, uma vez que, para dar-lhe sentido, seria necessário definir o que são as massas, o que significa "fazer" e o que é história – um empreendimento extremamente simples![1]

Naturalmente, as últimas palavras são carregadas de cortante ironia. Bobbio seria o último a negar as grandes dificuldades teóricas envolvidas na solução satisfatória de tais problemas. Na verdade, ele tende a argumentar no sentido oposto, colocando a ênfase nas dificuldades avassaladoras. De qualquer modo, Bobbio também está correto em afirmar que alguns marxistas italianos, que declaram que há uma teoria totalmente desenvolvida do Estado nos escritos de Marx, continuam a repetir vinte páginas do texto marxiano – de *A guerra civil na França*, como Umberto Cerroni faz em sua *Teoria política e socialismo* – e não conseguem explicar a realidade do Estado. Em seu extremamente popular *Qual socialismo?*[2], Bobbio oferece a mesma posição negativa sobre os problemas debatidos do socialismo – na forma de uma multiplicidade de perguntas sem respostas conclusivas[3] – como em seu artigo anteriormente citado da revista *Telos*.

Não obstante, não se pode negar a valorização por parte de Bobbio do próprio Marx como pensador dialético. Isso é claramente visível em um importante artigo publicado em uma de suas mais importantes coleções de ensaios: *De Hobbes a Marx*[4]. Num artigo desse volume, intitulado "A dialética em Marx", publicado pela primeira vez em 1958, ele destaca uma questão vital a respeito da relação entre a lógica hegeliana e a teoria hegeliana do Estado. No espírito da própria preferência pela concepção democrática liberal do Estado, Bobbio cita Marx em pleno acordo: "A lógica não serve para demonstrar o Estado, mas o Estado serve para demonstrar a lógica". Desse modo, Marx descreve, de fato, o processo de

---

[1] Norberto Bobbio, "Is There a Marxist Theory of the State?", *Telos*, v. 35, n. 4, 1978, p. 11.

[2] Idem, *Quale Socialismo* (Torino, Einaudi, 1976) [ed. bras.: *Qual socialismo?*, trad. Iza de Salles Freaza, 4. ed., Rio de Janeiro, Paz e Terra, 2002].

[3] Às vezes, Bobbio até admite: "Eu não tenho nenhuma resposta precisa para toda essa questão". Ver ibidem, p. 106.

[4] Ver Norberto Bobbio, *Da Hobbes a Marx* (Napoli, Morano, 1965). Em outro importante artigo, intitulado "Studi hegeliani", contido no citado volume de ensaios (p. 165-238) e publicado pela primeira vez em Belfagor em 1950, a atitude de Bobbio é muito mais negativa em relação a uma concepção dialética da história, sugerindo que, na "filosofia da história" de Marx, encontramos um *desfecho* escatológico hegeliano da história em si (ibidem, p. 211), quando na verdade Marx contrasta a "*pré-história* da humanidade" com o início da "*história real*", como resultado da transformação emancipadora radical da sociedade atualmente dominada pela alienação.

mistificação da realidade, que consiste em converter uma posição empírica em uma proposição metafísica[5].

Ao mesmo tempo, de um modo um tanto conflitante, Bobbio comenta: "Em minha opinião, o que conta sobre o marxismo na história do pensamento é a teoria materialista da história"[6]. Aqui também, apesar de concordar com Marx em sua crítica a Hegel e indicar sua simpatia para com a dialética marxista enquanto rejeita a dialética da natureza, Bobbio não dá nenhum sinal de aprovar até mesmo em princípio a concepção marxista do Estado, embora nesse ensaio de 1958 seu raciocínio seja explicitado com base em considerações metodológicas controversas que, devido a nossas limitações aqui, não podem ser discutidas agora.

Por que a categoria "Estado" é tratada criticamente na teoria marxiana

Essa questão vai muito além de uma controvérsia histórica particular; ela também destaca um problema teórico mais fundamental. Pois mesmo se concordarmos com Bobbio sobre a ausência de uma teoria marxista apropriada do Estado até o presente momento, existe algo muito problemático em relação a sua posição geral, a qual ele compartilha com a tradição liberal em geral. É de grande relevância a esse respeito o fato de Bobbio *afirmar* com convicção a não existência da teoria marxista do Estado, mas, sendo assim, nunca investigar *por que* ela não existe. De fato, Bobbio simplesmente *estipula* – tanto pela forma como defende o próprio ponto de vista como também ao *tomar partido* totalmente pela concepção democrática liberal do Estado – que a teoria marxista do Estado não só *não existe*, como também *não pode existir* de modo algum. E, dessa maneira, não há necessidade de fazer a pergunta *por que*, de crucial importância, pois *afirmação* e *estipulação* – baseadas na *assunção* da validade permanente do Estado democrático liberal – resolvem o assunto como algo óbvio.

Essa posição é firmemente expressa na rejeição categórica de Bobbio a *qualquer* alternativa à *democracia representativa*, o que significa, obviamente, também o correspondente repúdio a Rousseau. Naturalmente, a rejeição da ideia marxista do *fenecimento do Estado* é um corolário necessário de tudo isso. Bobbio na verdade adota as ideias de Adam Smith sobre as limitações exigidas do poder do Estado, em nítido contraste com a ideia da universalidade ideal do "*Estado ético*" plenamente adequado de Hegel. Paradoxalmente, no entanto, em conflito não reconhecido com alguns dos próprios princípios, Bobbio abraça a posição até mesmo da ala conservadora da teoria democrática liberal representada por Luigi Einaudi, o

---

[5] Norberto Bobbio, *Da Hobbes a Marx*, cit., p. 251.
[6] Ibidem, p. 263.

190 *Para além do Leviatã*

primeiro presidente da República italiana no pós-guerra[7]. Não surpreende que, nessa abordagem, a questão do *porquê* tampouco seja posta em relação aos fundamentos constitutivos e objetivos e, consequentemente, à viabilidade futura (ou não) do próprio Estado democrático liberal.

No entanto, sem uma explicação *histórica/genética* e sem um prognóstico do passado, presente e futuro, não pode haver *nenhuma teoria validamente sustentável* do Estado, de fato, de qualquer Estado. Só pode haver sua *pressuposição* e – no que diz respeito ao futuro – sua mais ou menos peremptória *afirmação*, complementada por uma teoria (ou filosofia) do *direito*. Tal *teoria do direito*, representada como *teoria (ou filosofia) do Estado*, pode explicar apenas a *modalidade* de *funcionamento* do quadro legal *dado* – como, por exemplo, o funcionamento parlamentar da "democracia representativa" – e fazer isso de uma forma mais idealizada. Esse é o caso até mesmo quando os representantes da abordagem liberal estão dispostos a defender a "restrição da interferência excessiva do Estado na sociedade civil", tendo seus esforços em geral muito pouco ou nenhum sucesso.

Essa relação indica uma grande preocupação que, via de regra, é obscurecida ou até mesmo completamente ignorada. Pois a investigação dos problemas do Estado é frequentemente *identificada com*, ou, em termos mais precisos, *reduzida a* teorias de *lei* e *direito*. Em alemão, como se sabe, a mesma palavra "*Recht*" abrange tanto a lei como o direito. Na verdade, a *Filosofia do direito* de Hegel também é sua *Filosofia do Estado*, e essa obra é traduzida às vezes de um modo, às vezes de outro. O problema sério a esse respeito é que a identificação do Estado com a lei e o direito distorce fundamentalmente, racionaliza e justifica apologeticamente a *realidade de fato existente do Estado* ao projetar – explícita ou implicitamente – a *coincidência ideal* de lei legítima na coincidência de "lei" e "Estado", que está longe de ser obviamente inquestionável. Pois o Estado realmente existente – incluindo, claro, o moderno "Estado democrático" capitalista – é caracterizado não só por *lei e direito*, mas também pela absolutamente destrutiva *ilegalidade* e assim pela diametralmente oposta *lei legítima*.

Ilegalidade internacional e idealismo liberal

Em algumas circunstâncias de crises particularmente agudas, isso é reconhecido até mesmo por teóricos liberais do direito. Mas mesmo quando ocorre, esse reconhecimento embaraçoso acontece de uma maneira caracteristicamente unilateral, sem

---

[7] "Qualquer um que tenha lido os escritores na tradição liberal de Locke a Spencer, ou os grandes liberais italianos de Cattaneo a Einaudi, sabe que sua principal preocupação sempre foi a de restringir o Estado, para salvar a sociedade civil (no sentido marxiano) da interferência excessiva." Norberto Bobbio, "Is There a Marxist Theory of the State?", cit., p. 10-1.

A ilusória limitação do poder do Estado   191

examinar os pressupostos questionáveis da própria estrutura liberal defendida apesar de sua crise. Um ótimo exemplo disso é um livro politicamente bem-intencionado, mas teoricamente bastante duvidoso, de Philippe Sands, intitulado *Lawless World: America and the Making and Breaking of Global Rules* [Mundo sem lei: a América estabelecendo e quebrando regras globais][8]. O que torna o livro de Sands sobre as graves violações recentes do direito internacional bastante inadequado é que o autor simplesmente postula a *excepcionalidade* da ilegalidade do Estado sem investigar as *causas* subjacentes que tornam a própria ilegalidade do Estado a *regra recorrente* em períodos de *grandes crises*. Quando Sands tenta explicar o que chama de "um dos *grandes enigmas* da vida política britânica moderna"[9] – o que, nesse caso, longe de ser enigmático, efetivou-se na total subserviência do primeiro-ministro britânico às aventuras militares ilegais do imperialismo norte-americano no governo George W. Bush no Afeganistão e no Iraque, no que diz respeito ao direito internacional, expostas e honrosamente condenadas pelo autor de *Lawless World* –, ele está disposto a cogitar seriamente como ideia explicativa o "idealismo" de Blair e sua "bem-intencionada" atitude em relação à política internacional[10]. Porém, é claro que a ilegalidade do Estado, condenada por alguns teóricos liberais do direito em nome da lei, prossegue com força total na arena internacional, mesmo depois de Bush e Blair cederem seus postos aos sucessores. E não há nada de *enigmático* nisso.

---

[8]   Philippe Sands, *Lawless World: America and the Making and Breaking of Global Rules* (Londres, Penguin, 2005).

[9]   Ibidem, p. 230-1.

[10]   Ibidem, p. xix.

10
A afirmação da
lei do mais forte

A verdade subjacente mais profunda e a determinação causal dessas questões – válidas para *todos os Estados*, incluindo o habitualmente idealizado "Estado democrático moderno" – é que "*o direito é a base do poder (right is might)*" porque "*o poder é que estabelece o direito (might is right)*", e não o contrário, como é infundadamente postulado até mesmo por alguns defensores genuínos da teoria liberal. Naturalmente, a *modalidade* particular de afirmar, por meio da legislação do Estado, o suposto imperativo para a imposição e legitimação da *lei do mais forte* muda historicamente. Mas as determinações fundamentais permanecem as mesmas, enquanto o próprio Estado existir sob *qualquer* forma.

Isso é verdade também nas *fases* particulares – mudando "de um lado para o outro" de tempos em tempos, do Estado capitalista moderno, dominado, por exemplo, de modo democrático liberal, bonapartista, imperialista colonialista, nazifascista, neoconservador etc. Além disso, o sistema do capital pós-revolucionário também produziu suas fases historicamente variadas de formações mais ou menos diretamente autoritárias de Estado, de Stálin a Khrushchov e de Gorbatchov e Iéltsin a Putin, ou as formas denominadas de "democracias dos povos" de Rákosi a Gomulka e Kádár, ou, em outro contexto, as formas reguladoras de Estado sob Tito. Naturalmente, as variedades chinesas historicamente distintas, desde a época de Mao até o presente, devem ser também lembradas nesse contexto.

Nem Marx nutriu qualquer ilusão sobre o caráter viável da formação estatal de transição no que concerne à "lei do mais forte" herdada. Ele visualizou essa formação com a orientação explicitamente afirmada de transformar "poder em direito" (*might into right*). Marx deixou isso muito claro ao falar sobre a *ditadura do proletariado* transitória precisamente na sua *Crítica do Programa de Gotha* enquanto também salientava vigorosamente o necessário fenecimento do Estado.

A fórmula *apologética do Estado* de Max Weber, que atribui "o monopólio da violência" ao Estado – muitas vezes saudada como uma grande ideia –, é na verdade uma pseudoexplicação superficial e uma evasão cínica do problema real em si. Ela está no mesmo nível de outra ideia profunda de Weber, que grotescamente afirma que o Estado é a "criação de juristas ocidentais". Nenhuma das duas proposições tem qualquer valor explicativo mínimo relacionado às condições em que a formação do Estado moderno passa a existir e historicamente muda suas formas de instituição de medidas de consenso democráticas liberais em um determinado estágio de desenvolvimento para a adoção de regras francamente ditatoriais de controle[1]. Os sérios problemas referentes a *por que* o Estado *deve recorrer* à violência quando o faz e, ainda mais importante, *até que ponto* um sistema de gestão da sociedade como esse, exercido pelos processos de tomada de decisão política alienados, pode ser sustentado historicamente permanecem *"mistérios"* completos (ou "enigmas", como ingenuamente sugere Philippe Sands, citado no capítulo anterior), mesmo quando é propagandeada a ridícula sugestão weberiana, que pretende explicar a realidade antagônica do Estado como as dores do parto do cérebro de juízes ocidentais mais ou menos embriagados.

Violência do Estado e direito do Estado

No passado, a idealização em causa própria do Estado democrático liberal relegou o problema de sua violência ao domínio do *"Estado despótico"*. Isso continuou a ser feito também mais tarde, quando alguns teóricos liberais do Estado estavam dispostos a reconhecer a violência (é claro, a violência estritamente marginal) nos próprios Estados como "aberração", "excessos" ocasionais do Executivo, "caráter excepcional" de emergência ou "fracasso" administrativo e afins, todos devendo ser devidamente corrigidos pelas futuras "restrições estatais" ilusoriamente projetadas pela teoria política liberal.

Sob o impacto de contradições e antagonismos aguçados, no século XX, a noção de *"Estado despótico"* foi "modernizada" na forma do *Estado totalitário*. Essa definição funcionava como um guarda-chuva conceitual conveniente, mas um tanto absurdo, sob o qual uma boa porção de determinações completamente diferentes – para não dizer diametralmente opostas – podia ser agrupada sem nada explicar, sendo, no entanto, proclamada e sustentada por meio

---

[1] Ver, a esse respeito, a análise que Lukács faz da aceitação pelo próprio Weber da repressão ditatorial, chegando inclusive a concordar inteiramente com as opiniões do general protofascista Ludendorff sobre "o líder". (O general Ludendorff, chefe do Estado-maior do marechal Hindenburg na Primeira Guerra Mundial, foi um dos primeiros apoiadores de Hitler na hierarquia militar alemã.) Abordei esse assunto em meu livro *Social Structure and Forms of Consciousness*, v. 1: *The Social Determination of Method* (Nova York, Monthly Review Press, 2010), p. 433-4 [ed. bras.: *Estrutura social e formas de consciência I: A determinação social do método*, trad. Luciana Pudenzi, Francisco Raul Cornejo e Paulo Cezar Castanheira, São Paulo, Boitempo, 2009, p. 305-7].

da autoevidência definidora/tautológica adotada de afirmação pretensamente "descritiva". Além disso, a pretensão estabelecida como definição para a autoevidência também deveria ser uma *crítica fundamental* das formas "totalitárias" de Estado denunciadas e, ao mesmo tempo, ainda mais problematicamente, a justificativa igualmente autoevidente da posição assumida pelos teóricos "antitotalitários", que se definiram em termos de repúdio autorrecomendado circularmente daquilo que simplesmente rejeitaram.

No sistema filosófico de Hegel, o problema do Estado despótico foi solucionado pelo desdobramento do "Espírito Absoluto" e por sua autorrevelação em termos de desenvolvimento histórico mundial, relegando o despotismo oriental irremediavelmente ao passado e trazendo à luz, ao mesmo tempo, o verdadeiro "Estado ético" como "*a imagem e a efetividade da razão*"[2]. Isto é: afirma-se que o próprio Espírito do Mundo estabelece o verdadeiro reino do *Recht* [direito] no mais completo duplo sentido do termo, abrangendo tanto o Estado como o direito moralmente louvável. Mas é claro que isso não poderia significar o fim da violência, pois Hegel, para crédito de sua consistência intelectual, manteve simultaneamente a idealidade e a realidade inalterável do *Estado-nação*, o que significava para ele também a aceitação moralmente justificada da guerra como a última garantia para a *soberania* do Estado-nação idealizado.

Naturalmente, também na filosofia de Hobbes não se poderia cogitar a superação da violência. Longe disso. Na verdade, em qualquer teoria política orientada para o Estado-nação, o ponto de vista de tal Estado só poderá ser adotado com *consistência* pelos teóricos envolvidos se forem aceitas também as implicações necessárias do Estado-nação para a guerra – considerando as relações *interestatais* antagônicas potencialmente mais destrutivas que devem ser levadas à sua conclusão lógica. Isso só pode ser contradito pelo ilusório *Sollen* kantiano – seu projetado "dever-ser" – da *paz perpétua* postulada, mas em terreno social do capital nunca realizável, descartada com sarcasmo cortante por Hegel.

Monopólio da ilegalidade

Na verdade, o verdadeiro problema não é a *violência genérica,* mas a concreta *ilegalidade do Estado*, socialmente fundamentada e sustentada que emerge regularmente e afirma-se como uma questão de *determinações de crises sistêmicas*. A questão da

---

[2] G. W. F. Hegel, *The Philosophy of Right* (Oxford, Oxford University Press, 1952), p. 222 [ed. bras.: *Filosofia do direito*, trad. Paulo Meneses et al., São Leopoldo/São Paulo, Unisinos/Loyola, 2010, p. 313].

violência, não importando quão grave ela seja, é apenas uma parte do problema mais geral e também muito mais fundamental. A pretensa afirmação descritiva "isenta de valores" sobre o monopólio estatal da violência é apenas uma trivialidade circular no nível descritivo alegado.

O propósito real não reconhecido do pronunciamento weberiano sobre o monopólio estatal da violência é a *legitimação* e a *justificação* apologéticas do Estado capitalista e da *ilegalidade* da violência praticada por ele. Naturalmente, nada poderia estar mais distante das afirmações do autor a respeito da *Wert-Freiheit* [isenção de valores] de seus "tipos ideais". Em seu significado apropriado, a afirmação weberiana estabelece que até a violência do Estado é legítima, uma vez que o próprio Estado não pode ser *responsabilizado* por ninguém por sua ilegalidade e violência, daí seu *monopólio*.

No entanto, em um exame minucioso, tal proposição acaba sendo não apenas vazia, mas absolutamente falsa por duas razões. Primeiro, porque, às vezes – como nos julgamentos dos crimes de guerra de Nuremberg, quando as antigas relações de poder sofreram um merecido choque e revés –, a *isenção de responsabilidade* postulada para o Estado é negada enfaticamente e *com razão*, com consequências óbvias para o pessoal de comando do Estado culpado. E, segundo, porque o pretenso "monopólio da violência", no que se refere à isenção de responsabilidade pelo ato em questão, aplica-se também ao *louco* que mata outro ser humano e recebe como reconhecimento implícito do próprio "monopólio da violência" weberiano a sentença de ser enviado para uma instituição médica ou "manicômio", em vez de ser executado ou condenado à prisão perpétua.

Assim, falar de monopólio da violência, independentemente de ser, de fato, falso enquanto monopólio pretensamente exclusivo, também é uma evasão ideologicamente flagrante e em causa própria do problema essencial. Ou seja, trata-se da evasão apologética do Estado do fato fundamental de que nossa real preocupação é a *ilegalidade do Estado* – mesmo quando ela não se manifesta de forma violenta, mas, sim, por exemplo, como fraude promovida pelo Estado ao proteger legalmente e assim facilitar a evasão fiscal de fato – e a violência não genérica, que pode assumir um número virtualmente infinito de formas mais ou menos diretamente nocivas. De maneira evidente, a prevalência da violência nas práticas do Estado pode ser mais ou menos intensa de acordo com as circunstâncias em evolução. Mas a mudança de modalidade da violência do Estado deveria ser objeto de séria investigação histórica, em vez de ofuscar-se o assunto com a identificação genérica do Estado com seu decretado monopólio da violência.

Ernest Barker sobre o Estado e a lei

Vale a pena citar mais extensamente os pontos de vista de Ernest Barker sobre o Estado e a lei. De forma significativa, como ex-professor de ciência política na Universidade de Cambridge, Barker ainda consta no currículo geral da universidade.

Encontramos na teoria do Estado desse pensador a mais reveladora idealização tanto do Estado como da lei, ao afirmar unidade ideal entre eles em termos de uma misteriosamente proclamada noção de "finalidade". É assim que Barker apresenta esse ponto de vista:

> Cada sociedade nacional é uma *unidade* [...]. Mas cada sociedade é também uma *pluralidade*. É uma rica teia compreendida por *grupos* – religioso e educacional; profissional e ocupacional, alguns para o prazer e alguns para o *lucro*, alguns baseados em vizinhança e alguns em *outras afinidades*; todos tingidos com a cor nacional e ainda assim todos (ou a maioria deles) com a capacidade e o instinto para associarem-se com *grupos* semelhantes em outras sociedades nacionais e, assim, entrarem em alguma forma de conexão internacional. [...] Podemos dizer que o Estado é uma sociedade nacional que se transformou em uma associação legal, ou uma organização jurídica, em virtude de um ato legislativo e um documento chamado de *Constituição*, que dali por diante é a norma e padrão (e, portanto, o "Soberano") de tal associação ou organização. [...] Constituído por e sob essa Constituição, e, portanto, criado por um ato legal (ou uma série de atos), o Estado existe para realizar a *finalidade* legal e política para a qual foi constituído.[3]

A palavra conspicuamente ausente de tal ciência política e sua teoria do Estado é *classe*. Em seu lugar, temos a vaga noção universal de "grupos". O resultado da adoção desse tendencioso "mínimo denominador comum" – por meio do qual os exploradores de classe capitalista da classe do trabalho aparecem como membros de uma "associação voluntária interessada no lucro", e os trabalhadores simplesmente não aparecem – é a genericidade retórica relativa a "grupos" que supostamente compõem a "sociedade nacional". E depois, é claro, somos obsequiados com a circularidade habitual de tais teorias políticas na tentativa de Barker de definir "a constituição do Estado" – da qual tantas outras coisas supostamente dependem – por meio de sua "Constituição", incorrendo em petição de princípio a serviço da apologética social e política. Assim, algumas páginas adiante também ficamos sabendo que:

---

[3] Ernest Barker, "Introduction", em Otto Gierke, *Natural Law and the Theory of Society 1500 to 1800* (trad. Ernest Barker, Boston, Beacon, 1957), p. xxiii.

198 *Para além do Leviatã*

O Estado é essencialmente *lei*, e a *lei é a essência do Estado*. O Estado é essencialmente lei no sentido de que ele existe a fim de garantir uma *ordem correta* das relações entre seus *membros*, expressa na forma de regras declaradas e impostas. A lei como um sistema de regras declaradas e impostas é a essência do Estado da mesma maneira que as suas [do filósofo político] palavras e atos são a essência do homem.[4]

A única preocupação de Barker é postular abstratamente a realidade ilusória do "Estado cumpridor da lei", a saber, a lei britânica idealizada por ele, em contraste com o Estado autoritário – alemão/italiano/fascista. Mas, como acontece com frequência, essa abordagem não está nada interessada em uma análise crítica da origem, natureza e transformação do idealizado "Estado obediente à lei" circularmente assumido no terreno instável das relações de forças estabelecidas temporariamente.

A intenção subjacente e a utilidade prática de tratar o Estado como um "grupo", como os demais "grupos", manifestam-se na forma de Barker *legitimar* o Estado em seu discurso sobre a *"finalidade do Estado"*. Estas são suas palavras:

> Ele [o Estado] é um grupo ou uma associação; e encontra-se em pé de igualdade com outros grupos ou associações. Sua essência ou existência consiste em *sua finalidade*, assim como a essência ou existência de todos os outros grupos consiste na finalidade deles. A finalidade não é só a essência dos grupos contidos no Estado, mas também a essência do próprio Estado. [...] A característica da finalidade do Estado é que ela é a *finalidade específica da lei*. Outras finalidades, na medida em que digam respeito ou afetem essa finalidade, devem necessariamente ser ajustadas a ela. Isso é o mesmo que dizer que outros grupos, na medida em que detêm ou assumem uma posição legal, devem, necessariamente, ser ajustados ao grupo legal que chamamos de Estado. Desse modo, eles não são ajustados *à sua vontade*: eles são ajustados à sua *finalidade*, que é a *lei*. O Estado estaria falhando em atingir sua finalidade e, assim, cumprir o seu dever, se fracassasse em garantir tal ajuste. Mas o ajuste não é uma questão de arbítrio nem é absoluto: ele é controlado pela finalidade do Estado e é relativo a essa finalidade. Rejeitar a teoria da personalidade real dos grupos é não cair na adoração do Estado onicompetente ou absoluto. Trata-se de encontrar a essência do Estado na sua finalidade de lei, e *submetê-lo a sua finalidade*, assim como encontramos a essência de outros grupos também nas finalidades *particulares* deles, e assim como os convertemos também em servos e os ministros de sua finalidade.[5]

Dessa forma, a "finalidade" ilusoriamente idealizada revela sua substância apologética quando Barker afirma que a *finalidade* do Estado é também seu *dever*

---

[4] Ibidem, p. xxviii.
[5] Ibidem, p. lxxxvii.

moralmente louvável de *impor os ajustes necessários* à própria "finalidade". Desse modo, opor pseudodemocraticamente a "finalidade" desencarnada à *vontade* realmente operante, como fez Ernest Barker – enquanto insiste no *dever* do Estado de *impor conformismo* –, não passa de sofistaria apologética. Ao mesmo tempo, a conversa de Barker sobre *"submeter o Estado à sua finalidade"* é totalmente vazia. Na melhor das hipóteses, é apenas uma coleção ilusória de palavras sem conteúdo prático. Pois quem vai legalmente *"submeter* o Estado à sua finalidade", quando todo o discurso é centrado na necessária – e, nas próprias palavras de Barker, constitucionalmente santificada – sujeição de "todos os grupos e associações" à "finalidade" dominadora do Estado, legitimada por ele em nome da *identidade* categoricamente afirmada *do Estado e da lei*, definida como a "essência" mútua destes?

O Estado acima da lei

O problema com todas essas deturpações apologéticas do Estado e da lei é que a difícil questão de justificar a relação que de fato prevalece entre *poder e direito* sob as formações estatais do capital ou é evitada ou mais ou menos conscientemente aceita como a maneira apropriada de gerenciar o intercâmbio social em todos os sistemas possíveis de tomada de decisão política global. Consequentemente, a questão espinhosa da *ilegalidade do Estado* não pode sequer ser considerada, não importa quão grave seja. Pois a mera pressuposição do *poder* como o fundamento legítimo mais ou menos implícito, mas sempre arbitrariamente decretado, do *direito em si* justifica qualquer coisa por definição. Até a supressão mais crua e violenta da *dissidência interna* e sua busca por uma alternativa viável, para não mencionar as guerras desencadeadas contra o *"inimigo externo"* no interesse de exportar temporariamente os antagonismos internos acumulados da ordem sociometabólica estabelecida.

Além disso, ao tratar a lei do mais forte dessa forma apologética e autojustificadora, os campeões da tal ideologia legitimadora do Estado também transformam em um completo *mistério* como e *por que* o "Estado obediente à lei" postulado e por eles moralmente elogiado *torna-se* o tipo de "Estado alemão/italiano/fascista" – criticado por Barker – sob circunstâncias históricas determinadas. Não é possível que os teóricos políticos que assumem o poder como fundamento legítimo e evidente do direito tenham uma resposta para essa embaraçosa questão. Ou eles fecham os olhos para o poder, ignorando a evidência histórica dolorosa, ou, pior ainda, entram em acordo com ele quando tais desenvolvimentos ocorrem, enquanto mantêm suas pretensões de iluminação política, como fez Max Weber. Quanto a isso, não é de modo algum acidental que Weber, sendo "pau para toda obra" – apesar de suas reivindicações liberais –, tenha sido um defensor militar entusiasta dos interesses

200 *Para além do Leviatã*

agressivos do imperialismo alemão durante a Primeira Guerra Mundial e tenha estado em pleno acordo com o culto protofascista ao "líder" do general Ludendorff também no rescaldo dessa guerra.

A relação necessária é entre a *ilegalidade do Estado* enquanto tal e a afirmação da *lei do mais forte* como a modalidade prática de tomada de decisão política global sob o domínio do capital. As formações estatais historicamente dadas do sistema do capital devem se afirmar como *executoras* eficazes das regras necessárias para a manutenção da ordem sociorreprodutiva estabelecida. Naturalmente, "a lei" deve ser definida e alterada em conformidade, a fim de atender às mudanças nas relações de poder e às alterações correspondentes dos antagonismos fundamentais inseparáveis do metabolismo de reprodução social do capital. Essa maneira de impor a legitimidade do Estado é viável por vezes em sintonia com as "normas constitucionais", e outras vezes só por meio da suspensão e violação de todas as normas desse tipo. O desenvolvimento histórico decide qual das duas ocasiões deve prevalecer sob as circunstâncias dadas e, via de regra, mutáveis. Por isso, é totalmente arbitrário postular como *norma* a constitucionalidade ideal ou sua necessária suspensão ou abolição. Ambas vão – ou melhor, *vêm e vão* – juntas com uma regularidade espantosa.

Como, no entanto, a *lei do mais forte* deve sempre levar vantagem, pelo menos como "poderes de reserva" da soberania idealizada, e deve fazê-lo até mesmo sob as circunstâncias menos conflituosas de uma "idade de ouro democrática e livre de problemas", qualquer postulado do "Estado obediente à lei" – ou das formulações democráticas liberais da mesma ideia como "contenção do Estado" em relação à "sociedade civil" – não passa de pura ficção. Assim, a *ilegalidade do Estado*, sendo a afirmação necessária da *lei do mais forte* sob circunstâncias historicamente mutáveis das determinações sempre autolegitimatórias, é inseparável da realidade do Estado como tal. Em outras palavras, a lei do mais forte e a ilegalidade do Estado são em certo sentido sinônimos, em vista de sua *correlação necessária*. Contingente nesse relacionamento necessário é a forma ou modalidade – isto é, a não violenta ou, pelo contrário, até a mais brutal – de afirmação do imperativo da lei do mais forte legitimador do Estado.

Um bom exemplo da relação formalmente mutável, mas contínua, quanto à sua substância entre a ilegalidade do Estado e a lei do mais forte na história britânica foi fornecido pela afirmação sumamente autoritária do poder do Estado em nome da "defesa da democracia", sob a liderança de Margaret Thatcher durante a greve dos mineiros de 1984. Os documentos secretos do Estado, divulgados em janeiro de 2014, em conformidade com a "regra dos trinta anos" de ocultamento legalizado, deixaram bem claro que o governo britânico não apenas mentiu sistematicamente nos meios de comunicação sobre as questões contestadas, negando a política secreta já adotada do fechamento de 75 minas de carvão e o desemprego em massa como resultado

A afirmação da lei do mais forte   201

necessário dessa decisão, mas também recorreu à ação mais ilegal de violência do Estado contra os mineiros e seus partidários, cinicamente violando os próprios estatutos constitucionalmente regulados. O governo de Margaret Thatcher deu ordem à força policial para intervir de forma ilegal e violenta contra os mineiros em greve prolongada, violando, desse modo, não só as regras democráticas professadas em geral, mas, paradoxalmente, até as regras constitucionalmente estabelecidas para a própria polícia visando à "imposição democrática da lei" ideologicamente aceitável. Esse curso dos eventos teve de ser imposto naquelas circunstâncias apesar de a força policial querer se colocar de acordo com suas regras e seus estatutos constitucionalmente prescritos. Naturalmente, a polícia queria fazer isso não para defender a constitucionalidade, mas no interesse de manter um relacionamento mais facilmente controlável com o público em geral, em vez de se expor a ser a parte diretamente responsável pelo amargo antagonismo resultante da ação ilegal e, de fato, inconstitucionalmente ordenada pelo governo "democrático".

O Estado, com seu poder de ilegalidade, estava *acima da lei*, em primeira linha, graças à realidade autolegitimatória da lei do mais forte. Caso contrário, ele não poderia agir de forma ilegal passando por cima até da própria força policial, violando os estatutos constitucionais relevantes quando isso se adequava às circunstâncias em mudança. Estar *acima da lei* – não como uma "aberração", mas pela sempre dada determinação inerente ao Estado do capital, revelada apenas em momentos de grande conflito – é o significado fundamental da *ilegalidade incorrigível do Estado*. A ilegalidade incorrigível do Estado reside na sua constituição mais íntima como *árbitro* soberano sobre a lei e, portanto, *acima da lei*. O resto é consequência ou secundário a isso, incluindo o tecnicismo apologeticamente saudado da "separação dos poderes", dependendo de se o cumprimento das implicações objetivas de estar acima da lei exige modalidades violentas ou não violentas de ação. Os "estados de emergência" podem ser decretados sempre que as condições de crises em intensificação tornarem tal curso de ação a "maneira adequada", mesmo sem qualquer envolvimento militar. As mentiras cínicas e ideologicamente embelezadas enunciadas em nome da "defesa da democracia" não devem ser confundidas com a própria realidade. Na prática do Estado, não surpreende que a vã tentativa de justificar o injustificável acrescente insulto à injúria, primeiro atuando da forma mais ilegal/inconstitucional possível contra os mineiros e depois denunciando-os – nas palavras de Margaret Thatcher – como *"o inimigo interno"*[6].

---

[6]   Margaret Thatcher, "Speech to the 1922 Committee", disponível em: <https://www. margaretthatcher.org/document/105563>. Acesso em: 15 jul. 2021; "Thatcher Was to Call Labour and Minors 'Enemy Within' in an Abandoned Speech", *Guardian*, 2 out. 2014.

Essa não é uma "aberração pessoal", tampouco uma "interferência excessiva na sociedade civil", como argumentariam as tradicionais teorias democratas liberais do Estado. O que importa aqui é a perversa *continuidade objetiva* entre estar acima da lei, graças à posição estruturalmente segura do Estado, e sua capacidade de decretar "estados de emergência" – incluindo até mesmo os modos mais autoritários de ação – em nome da "defesa da democracia". A única maneira de tornar esse tipo de desenvolvimento inteligível é, por incrível que pareça, sublinhar a indissociabilidade estruturalmente determinada da lei do mais forte e da ilegalidade do Estado afirmando-a em nome do Estado de direito. Isso também vale para o caminho escorregadio que parte da alegação da "defesa da democracia", avançando, em seguida, para a decretação dos "estados de emergência", chegando, por fim, à imposição recorrente de formas ditatoriais de governo, como *organicamente* ligados um ao outro. Transformações desse tipo só se tornam compreensíveis sob o mesmo fundamento em que se encontra a indissociabilidade estruturalmente determinada da lei do mais forte e da ilegalidade do Estado como privilégio autolegitimatório do próprio Estado. É por isso que só podemos ignorar por nossa conta e risco a prevalência da ilegalidade do Estado – muitas vezes até mesmo constitucionalmente santificada em teorias do Estado como tal – como a realidade autoritária do Estado, independentemente de quão violenta ou não for a forma em que ela se manifesta sob as circunstâncias históricas em transformação.

No entanto, é uma consideração igualmente importante a esse respeito que, mesmo quando a ilegalidade do Estado assume uma forma sumamente violenta e catastroficamente destrutiva, a contradição manifesta nele não poderia ser explicada simplesmente com referência *apenas ao Estado*. O Estado pode muito bem ser o executor de tal violência, pode chegar ao ponto de deflagrar uma *guerra global* massivamente destrutiva, mas não pode ser identificado como a causa mais profunda de tais eventos *em e por si mesmo*.

Em nossas sociedades, a base causalmente determinante da violência é a ordem sociometabólica do *próprio sistema do capital*. O Estado, com certeza, é *parte integrante* desse sistema como um modo de controle sociometabólico e funciona como o agente ativo tanto da *lei do Estado* como da *ilegalidade do Estado* a serviço da manutenção geral da ordem sociometabólica estabelecida. A responsabilidade do Estado pela promoção e pelo cumprimento dos *imperativos objetivos* do sistema do capital é *colossal*, mas de modo algum *exclusiva*. Essa ressalva é necessária não para isentar o Estado de sua responsabilidade, mas, ao contrário, justamente para possibilitar uma *crítica* genuína e historicamente sustentável dele. Pois, sem *desenredar* uma porção de coisas nesse terreno, é impossível definir as linhas estratégicas *do que deve ser feito*, bem como *do que pode ser feito* quanto à *realidade do Estado* como parte integrante do sistema do capital.

11
Eternizando pressupostos da teoria do Estado liberal

O que precisa ser desenredado não se resume simplesmente a destacar algumas distorções teóricas características e suas motivações subjacentes. É muito mais difícil que isso porque requer um desenredar prático por meio de uma mudança radical da sociedade. Pois as representações teóricas reveladoras dessas questões vitais da vida social nos anais da teoria e filosofia social estão, de fato, firmemente enraizadas nas próprias realidades sociais. As teorias em questão articulam interesses e valores sociais subjacentes de acordo com o ponto de vista da ordem dominante adotada por seus autores ideologicamente motivados, até mesmo em suas críticas parciais ao que eles consideram corrigível na ordem dada. Assim, a necessidade de se desenredar no interesse da transformação historicamente sustentável e as dificuldades estruturalmente arraigadas encontradas na tentativa de fazer isso indicam claramente o entranhamento prático dos próprios problemas na medida em que foram surgindo historicamente, sendo fortalecidos e até mesmo incrustando-se, pela força da inércia social.

Neste ponto de nosso envolvimento no assunto, podemos fazer apenas uma breve referência àquilo que exige, em relação a essas questões espinhosas, uma análise crítica mais completa, em momento oportuno. Pois há toda uma gama de problemas a serem enfrentados, os quais não só permaneceram, mas também tiveram de permanecer enredados em teorias burguesas do Estado, até mesmo na maior delas. Para citar alguns desses problemas, é suficiente pensar na relação entre direito e Estado, direito e lei, Estado e lei, direito e poder, e muitas vezes seu corolário misticamente camuflado, o poder afirmado como direito, em um nível, e, no outro, as pretensões espúrias de autoevidência nas classificações, legislações e codificações defendidas.

Além disso, as mudanças históricas objetivas que resultam em transformações teóricas contrastantes devem ser sempre levadas em consideração. As concepções de Hobbes e Hegel representam uma grande conquista teórica em

204 *Para além do Leviatã*

seu tempo, embora de forma alguma justificáveis como solução permanente para os problemas em jogo, como tão frequentemente é alegado por seus autores. No entanto, essas concepções se tornam extremamente problemáticas em um estágio posterior. Isso porque, num estágio posterior significativamente modificado, alguns antagonismos estruturais recém-articulados na realidade histórica apresentam seus portadores na forma de sujeitos sociais de autoafirmação e, assim, prenunciam a probabilidade – ou pelo menos oferecem a viabilidade prática – de uma solução qualitativamente diferente. Isso inclui, em algum momento, como diretamente relevante para nós, a alternativa hegemônica à ordem sociometabólica do capital incorporada à força histórica do trabalho.

Nesse sentido, compreensivelmente, a contradição habitualmente oculta ou apologeticamente racionalizada entre direito e lei, ou o Estado realmente existente e sua reivindicada aplicação do direito, ou mesmo a relação necessária entre poder e direito, não poderiam representar qualquer problema para Thomas Hobbes sob suas condições de desenvolvimento histórico. Mas é claro que o mesmo tipo de isenção histórica não poderia se aplicar a Hegel, que, numa fase muito posterior, não podia deixar de enfrentar os conflitos proibitivamente difíceis nas raízes dessas questões. E ele o fez com a máxima integridade, não importando quão problemática tenha se tornado a postura por ele adotada, tendo em vista as próprias relações de classe em transformação. Ele as teorizou sem fugir da realidade desafiadora dos novos antagonismos históricos, na medida em que podia percebê-los do ponto de vista que permanecesse em sintonia com o próprio horizonte de classe.

Assim, em seu grandioso esquema das coisas, Hegel produziu – sob a forma de um canto do cisne não intencional – a última grande filosofia burguesa do Estado. Ele o fez ao descrever o "Estado ético" defendido como a superação racionalmente realizada da "sociedade civil" capitalista (não só reconhecendo as contradições desta à própria maneira, mas também preservando-as), como parte integrante, e até mesmo como o clímax do desdobramento do processo histórico mundial[1]. Ele chamou esse processo de *theodicaea*: "Uma justificação dos caminhos de Deus"[2].

---

[1] Nada poderia ser mais do tipo *Sollen* do que isso, embora Hegel tenha se oposto asperamente ao "dever-ser" kantiano, assim como censurou Kant por usar seu "saco das faculdades" (expressão depreciativa de Hegel) para encontrar soluções nele quando precisava delas. Hegel fez isso inclusive nas ocasiões em que cometeu o mesmo pecado, como, por exemplo, quando descartou as demandas por *igualdade* como "*a loucura do entendimento*", em sintonia com o próprio "saco das faculdades", contrastando a "faculdade maior da razão" com a faculdade menor do entendimento. Ver a discussão de Hegel sobre igualdade, natureza e "dever-ser" em *The Philosophy of Right* (Oxford, Oxford University Press, 1952), p. 130 [ed. bras.: *Filosofia do direito*, trad. Paulo Meneses et al., São Leopoldo/São Paulo, Unisinos/Loyola, 2010, p. 198].

[2] Ibidem, p. 15 [ed. bras.:, p. 21, modif.].

Dessa forma, Hegel projetou a realização histórica completamente adequada do *Estado enquanto tal* como "realização completa do Espírito"[3].

John Austin sobre lei e direito

Praticamente no mesmo período histórico da conclusão da filosofia do Estado e do direito de Hegel, não poderia haver contraste maior entre a visão hegeliana e a de um estranho, mas em seu próprio campo de estudo, alguém certamente sumamente notável, o inglês John Austin, teórico utilitarista do direito.

Em seu caso, muita coisa – coisas demais – precisava ser considerada como inquestionavelmente autoevidente no terreno das relações políticas supostas como totalmente legítimas, coisas que, em sua visão, tinham de ser simplesmente classificadas pela jurisprudência e, portanto, não necessitavam de nenhuma análise mais aprofundada e, Deus nos livre, de explicação crítica. Nesse sentido, Austin pôde relegar convenientemente algumas das dificuldades teóricas mais espinhosas e contradições políticas da teoria legal ao domínio das considerações linguísticas, "explicadas" por ele mesmo como meras "ambiguidades" e "confusões". Por isso, não é surpreendente que Austin tenha sido calorosamente reconhecido como um dos mais ilustres antecessores de uma abordagem característica para os problemas da jurisprudência no século XX, favorecido por alguns dos principais filósofos analíticos/linguísticos, como o professor H. L. A. Hart, de Oxford. Nesse espírito, no que diz respeito às questões do direito e da lei, conforme discutido na filosofia do direito na época de Austin sob o termo alemão "*Recht*", esse pensador inglês liberal/utilitarista insistiu no seguinte:

> Uma vez que as mentes mais fortes e mais cautelosas são muitas vezes enlaçadas por palavras ambíguas, sua confusão desses objetos diferentes é um erro perdoável. No entanto, alguns desses escritores alemães são culpados de uma ofensa grave contra o bom senso e o bom gosto. Eles aumentam a bagunça que essa confusão produz com uma má aplicação de termos emprestados da filosofia de Kant. Eles dividem "*Recht*", enquanto formação do gênero ou espécie em "*Recht* no sentido objetivo" e "*Recht* no sentido subjetivo", designando a "lei" com a primeira dessas frases inadequadas.[4]

Austin alegou, ao mesmo tempo, agindo firmemente em causa própria, que: "A confusão de 'lei' e 'direito' é evitada por nossos autores"[5]; contudo, contradizendo-se

---

[3] Ibidem, p. 17 [ed. bras.: p. 24].

[4] John Austin, *The Province of Jurisprudence Determined and the Uses of the Study of Jurisprudence* (Londres, Weidenfeld and Nicholson, 1965), p. 287-8.

[5] Ibidem, p. 288.

206 *Para além do Leviatã*

diretamente, ele teve de admitir, em uma nota manuscrita em conexão com o mesmo juízo, que "Hale e Blackstone foram *enganados* por esse duplo significado da palavra *jus*. Eles o traduzem por *jus personarum et rerum*, 'direitos das pessoas e das coisas', o que é mero jargão"[6].

Naturalmente, Austin só poderia mesmo insultar aqueles que se ocuparam com os problemas do "direito como poder" (*right is might*) ou do "poder como direito" (*might is right*), descartando-os como "zombadores e palhaços superficiais", cujas ideias são "ou um raso truísmo afetado e obscuramente expresso ou completamente falsas e absurdas"[7]. Palavras fortes de um teórico do direito que reivindica para a própria posição nada menos que as virtudes da objetividade analítica estrita e da precisão linguística máxima, orientadas pela busca rigorosa da perfeição lógica e do modelo positivamente louvável e consciente para se proteger contra a intrusão de potenciais distorções valorativas. Em outras palavras, todo o arsenal do estabelecimento da automitologia "livre de ideologia".

Austin, como teórico e filósofo do direito de cunho liberal e utilitarista, se diferenciou em grande medida de seu antecessor mais ilustre, Jeremy Bentham. Essa diferença não se manifestou numa abordagem mais esclarecida dos conflitos sociais que estavam eclodindo e das tentativas de reformas parlamentares inglesas em conexão com eles. Pelo contrário. Embora reconhecendo que "a *idade inovadora* diante de nós" estava igualmente associada a "*interesses sinistros*"[8] e, consequentemente, clamava por medidas legislativas apropriadas, após 1832 – que não foi apenas o ano da reforma, mas também o ano da morte de Bentham –, Austin rejeitou firmemente a extensão do direito de voto promovido por seu vizinho Bentham. Na verdade, ele atribuiu o radicalismo político de Bentham ao que ele considerava a completa ignorância do verdadeiro caráter das classes mais baixas por seu grande antecessor utilitarista, cujas ideias filosóficas principais ele mesmo abraçou.

---

[6] Idem.

[7] Ibidem, p. 285.

[8] Ibidem, p. 390. É muito duvidoso que, ao usar o termo "interesse sinistro" no plural, o menos progressista Austin tivesse a mesma preocupação que Jeremy Bentham, criador do termo. Pois Bentham o usou em 1822 na condenação contundente de Alexander Wedderburn que, além de seus privilégios sociais múltiplos, também foi recompensado com a soma astronômica de 15 mil libras por ano, como procurador-geral e, mais que isso, recebeu mais tarde a remuneração anual de 25 mil libras como ministro da Justiça (Lord Chancellor), com o poder de veto sobre toda a justiça em última instância. Ver Jeremy Bentham, *An Introduction to the Principles of Morality and Legislation* (Londres, Athlone, 1970), p. 15. Esse trabalho fundamental foi impresso originalmente em 1780, alterado em 1789 e complementado pelo autor com "a maior felicidade ou o maior princípio de felicidade" em 1822.

Utilitarismo, lei e Estado

Mas esses problemas não se limitam às reivindicações questionáveis e à posição política mais ou menos progressista de determinados teóricos do direito em uma fase determinada do desenvolvimento histórico. Sem dúvida, Bentham trabalhou com muito mais simpatia para o avanço relativo dos socialmente desfavorecidos do que Austin. Porém, isso não foi o suficiente para lhe permitir superar as principais limitações de sua posição utilitária/liberal comum. Também Bentham operava com o arsenal conceitual político de *enormes pressupostos* sobre a natureza da ordem social *estabelecida*, a qual ele queria melhorar sem alterar em nada o seu arcabouço estrutural fundamental.

Como exemplo, podemos recordar sua caracterização do direito constitucional. É este o seu teor:

> O ramo constitucional [do corpo da lei] é principalmente empregado para conferir a determinadas classes de pessoas *poderes* a serem exercidos para o *bem de toda a sociedade*, ou de partes consideráveis dela, e para prescrever *deveres* às pessoas dotadas de tais poderes. Os poderes são principalmente constituídos, em primeira instância, por leis não coercivas ou permissivas, operando como exceções a certas leis de natureza coercitiva ou imperativa. [...] Os deveres são criados por leis imperativas, dirigidas às pessoas a quem os poderes são conferidos.[9]

A palavra "classes" aparece nesse texto, mas simplesmente como designação geral para indivíduos determinados (como "um cobrador de impostos" ou "um juiz" poucas linhas depois), sem qualquer indicação da verdadeira natureza da *sociedade de classes*. Ao mesmo tempo, o enorme pressuposto de Bentham atribui a razão da própria constitucionalidade em si à ficção tradicional de sua dedicação ao *"bem de toda a sociedade"*, como acabamos de ver. Além disso, a modalidade realmente predominante de distribuição de *poderes* e *deveres* é também ficcionada por Bentham pela mesma razão e como resultado da eliminação de suas reais *determinações de classe*. Pois, na realidade, os poderes e deveres são distribuídos *de modo sumamente desigual* na ordem socioeconômica estabelecida, e não apenas na ordem político/constitucional.

Naturalmente, em tais concepções que *idealizam* a constitucionalidade, não pode haver espaço para o menor indício do fato de que a maioria das constituições emerge *inconstitucionalmente* no curso da história real, em comparação com as diferentes constituições do passado, com as suas reivindicações outrora igualmente idealizadas. E, claro, essas mudanças são estabelecidas por meio de reviravoltas mais

---

[9] Ibidem, p. 307. Os grifos em "poderes" e "deveres" são de Bentham.

208 *Para além do Leviatã*

ou menos violentas das *relações de poder* anteriormente dominantes. Considerações históricas quanto a gênese e transformação são inexistentes nesse tipo de concepção liberal/utilitarista. Não é de surpreender, portanto, que os difíceis problemas do direito internacional e do direito universal recebam um tratamento bastante vazio, com referências genéricas à grande variedade de nações e línguas[10], enquanto as definições legais estabelecidas são tidas como certas e se sustenta que: "O que permanece são as transações mútuas entre *soberanos* como tais, pois o assunto desse ramo da jurisprudência pode ser adequadamente e exclusivamente denominado internacional"[11].

Isso também vale para a visão de John Austin sobre o assunto. É relevante citar aqui a aceitação parcial por sua parte da abordagem de seu antecessor utilitarista. Esta é a forma como Austin comenta a posição de Bentham sobre a lei universal:

> Na opinião do sr. Bentham, ela deve ser confinada dentro de limites muito estreitos. Isso é verdade, se ele pretendia uma jurisprudência universal expositiva, jurisprudência expositiva daquilo que *prevalece* universalmente como lei. Apesar de assumir que os sistemas de todas as nações, no todo ou em parte, se assemelhavam exatamente uns aos outros (ou seja, que todas ou muitas das disposições que podem ser encontradas nos vários sistemas eram exatamente iguais), ainda não podíamos falar delas com propriedade como constituindo uma lei universal: a sanção sendo aplicada *pelo governo de cada comunidade*, e não por um superior comum a toda a humanidade. E isso situa o direito internacional na esfera da moral em vez de na da lei.[12]

Ao mesmo tempo, Austin idealiza "comunidades refinadas" e seus "sistemas de lei amadurecidos"[13] correspondendo, claro, principalmente a seu próprio. Ele acrescenta a isso, no mesmo espírito, que

> são apenas os sistemas de duas ou três nações que merecem atenção: os escritos dos juristas romanos; as decisões dos juízes ingleses nos tempos modernos; as disposições dos códigos franceses e prussianos quanto à estruturação. [...] Se os princípios desdobrados merecem o nome de universal ou não, isso não tem importância. A jurisprudência pode ser universal quanto a seus temas: não menos do que a legislação.[14]

---

[10] Ibidem, p. 294-5.

[11] Ibidem, p. 296.

[12] John Austin, *The Province of Jurisprudence Determined and the Uses of the Study of Jurisprudence*, cit., p. 366-7; destaques de Austin.

[13] Ibidem, p. 269.

[14] Ibidem, p. 273.

Assim, o problema da universalidade legal é deixado em um estado de animação suspenso no vazio, acompanhado apenas de uma indicação apologética de como ficar longe de sua realidade constrangedora pela aprovação de uma referência sumária às relações de poder internas e internacionais em vigor.

Quanto aos problemas da "soberania e sujeição", Austin oferece a mesma concepção, totalmente fictícia, atomista/individualista das relações estabelecidas de dominação e governo em ambos os lados da divisão social, econômica e política. Nesse sentido, somos informados do seguinte:

> Se um *determinado* ser humano superior, que *não* tem um hábito de obediência a outro superior, recebe obediência habitual da *maior parte* de uma dada sociedade, esse superior bem determinado é soberano nessa sociedade, e a sociedade (incluindo o superior) é uma sociedade política e independente. [...] Dessa determinada pessoa ou desse determinado grupo de pessoas os demais membros da sociedade são *dependentes*: os outros membros da sociedade *estão sujeitos* ou àquela pessoa ou a determinado grupo de pessoas. [...] A fim de que uma dada sociedade possa formar uma sociedade política, a generalidade ou a maior parte de seus membros deve ter um *hábito* de obediência a um determinado e comum superior.[15]

Quando Rousseau e outros no mesmo espírito falam da soberania como pertencente ao povo, essa visão tem um significado profundo, apontando na direção da compreensão adequada do próprio problema subjacente, com implicações de grande alcance para o futuro da tomada de decisão historicamente sustentável da sociedade. Em contraposição, o tipo de abordagem liberal/utilitarista de Austin, com sua postura atomista/individualista, só pode produzir ofuscação, até mesmo em seus termos de referência. Pois o próprio postulado pseudoexplicativo do "hábito" dos indivíduos, de um lado, e a alegada "ausência do hábito de obediência", do outro e dominante lado, precisa de alguma explicação a fim de adquirir qualquer significado e credibilidade. Porém, uma vez que as determinações e os antagonismos de classe historicamente condicionados e mutáveis são banidos do discurso legal e político, ou travestidos de motivações individuais e atos e hábitos individualmente recompensáveis ou puníveis de "pessoas" ou "massas e grupos de pessoas", tanto o processo de legislação como seu quadro estruturalmente condicionado se tornam um completo mistério, confundindo as questões debatidas em vez de esclarecê-las, como reivindicam para seu "rigor analítico" os herdeiros de Austin do século XX.

Na mesma linha de confundir determinações individuais e de classe, no interesse de idealizar seu princípio de "felicidade" utilitarista e individualmente

---

[15] Ibidem, p. 194-5; destaques de Austin.

210 *Para além do Leviatã*

agradável como o postulado fundamental de uma ordem política legítima, Bentham cria a ficção da estrutura estabelecida de governo. Ele escreve: "O negócio do governo é a *felicidade da sociedade*, pela punição e recompensa. [...] Já vimos no que consiste a felicidade: o gozo dos prazeres, a segurança contra as dores"[16].

Da mesma forma, quanto ao sentido em que se diz que a "materialidade" é relevante ("ou de importância", como acrescentado em nota de rodapé por Bentham) para a visão utilitarista da regulação da interação social , no que diz respeito às consequências do ato do indivíduo a ser recompensado ou punido, somos obsequiados com este juízo: "Ora, entre as consequências de um ato, sejam elas quais forem, pode ser dito por quem as vê na qualidade de *legislador* que são de natureza material somente aquelas que consistem de dor ou prazer ou aquelas que têm influência na produção de dor ou prazer"[17]. Ao adotar essa linha de raciocínio, massivamente carregada com pressupostos não mencionados, não aprendemos absolutamente nada a respeito da constituição efetiva do próprio processo legislativo, incluindo o modo de atribuir as funções de regulação da sociedade ao "legislador", nem sobre a sumamente desigual distribuição estruturalmente determinada de "prazer e dor" na ordem social e econômica estabelecida. O "negócio do governo", definido como a produção da "felicidade da sociedade" pela punição ou recompensa dos indivíduos por meio da "materialidade de dor e prazer", só pode ser pura ilusão, justamente porque a realidade dos antagonismos de classe e das relações de poder correspondentes que determinam tanto a produção como a distribuição da *materialidade real* entre as classes sociais é totalmente ofuscada. Essa ofuscação é realizada pelos termos individualistas de referência falsamente aceitos tanto pelos legisladores quanto pelas "pessoas individuais" que devem ser ficticiamente "recompensadas ou punidas", graças ao "negócio do governo" idealizado.

O mesmo tipo de orientação individualista e pressuposto correspondente, em detrimento da dimensão abrangente dos problemas determinada pela classe – sem a qual, todavia, não se pode tornar inteligível nenhuma teoria do Estado –, corrompe a filosofia utilitarista liberal em geral. Podemos ver isso claramente exemplificado quando Bentham afirma que: "A *comunidade* é um *corpo fictício* composto de *pessoas individuais* que são consideradas como constituindo-a como se fossem seus *membros*. O interesse da comunidade é, então, o quê? A *soma* dos interesses dos diversos membros que a compõem"[18]. Aqui, mais uma vez nos é oferecido um grande pressuposto e uma distorção, agravada pela sua postura fetichista e afirmação

---

[16] Jeremy Bentham, *An Introduction to the Principles of Morality and Legislation*, cit., p. 74.
[17] Idem.
[18] Ibidem, p. 12.

de quantificação mecânica. Pois em lugar nenhum estão visíveis as considerações *qualitativas* vitais necessárias para a compreensão da relação entre os indivíduos e suas comunidades – e para tornar significativa, precisamente em bases *qualitativas*, a proposição filosoficamente válida segundo a qual "o todo é maior que suas partes".

O tabu absoluto de questionar as bases do Estado

Os princípios utilitaristas de Bentham e suas variantes mais ou menos modificadas exerceram uma influência duradoura sobre o desenvolvimento da teoria política liberal, especialmente no mundo anglo-saxão. No presente contexto, não podemos nos preocupar com seus detalhes. De grande importância, no entanto, é o predomínio dos pressupostos apologéticos do Estado não questionados – e, segundo a própria teoria liberal/utilitarista, inquestionáveis –, com sua justificação presumida. Para citar Bentham novamente, desta vez sobre a validade autoevidente do postulado do princípio moral e político utilitarista fundamental, ele pergunta e responde a própria pergunta sobre esse princípio da seguinte forma: "Isso é passível de alguma prova? Parece que não: pois não se pode provar aquilo que é usado para provar tudo o mais: uma cadeia de provas deve ter seu início em algum lugar. Dar essa prova é tão impossível quanto desnecessário"[19].

Se for verdade que "a cadeia de provas deve ter seu início em algum lugar", ainda permanece a questão: mas *onde*? Pois, se a função do início supostamente válido da cadeia é evitar questionamentos inconvenientes – por serem incompatíveis com a teoria dada –, isso está muito longe de ser justificável.

Deparamos então um problema muito sério, que coloca "fora de ordem" a grande tarefa mencionada anteriormente do desenredamento teórico e prático, sem o qual é impossível compreender a verdadeira natureza do Estado, para não mencionar os problemas de sua tão necessária transformação. No entanto, a tendência característica da teoria liberal/utilitarista (e, claro, de forma alguma só dela) é a utilização de seus múltiplos pressupostos para *excluir* a legitimidade de questionamento ainda mais fundamental, admitindo apenas a aceitabilidade de amenizar alguns detalhes das determinações estruturais gerais da ordem estabelecida, e em tempos de grandes crises, nem mesmo isso. O "início da cadeia" assume, assim, o papel de constituir a *barricada* evidentemente legítima na defesa e na justificação dessa ordem. É dessa maneira que a viabilidade teórica e a viabilidade prática de questionar o *Estado como tal* são condenadas como *tabus absolutos*, porque a realidade estabelecida do Estado encontra-se, e deve permanecer, por definição, além do proclamado "início da cadeia".

---

[19] Ibidem, p. 13.

212 *Para além do Leviatã*

De fato, a verdadeira questão não é qual ponto particular deve ser designado como o "primeiro elemento da cadeia", seu "início". Essa maneira de abordar o assunto só pode ser considerada como uma arbitrariedade falaciosamente/circularmente pretensiosa. O tema adequado em relação ao qual a "suscetibilidade da prova" negada por Bentham deve ser decidida diz respeito à natureza da própria cadeia, sua *exclusão* em causa própria ou, em completo contraste, seu caráter crítico/interrogativamente *inclusivo*. Se, portanto, nas questões vitais do Estado, com suas contradições antagônicas, a configuração atualmente estabelecida dos "elementos da cadeia" é o que está impedindo a investigação crítica necessária, como ocorre na assumida teoria liberal/utilitarista da política, é preciso *sair* da própria cadeia, em vez de aceitar seus *pressupostos*, declarando-os como constituintes do "início necessário da cadeia". Pois *dentro* do quadro estrutural estabelecido das assumidas formações estatais liberais, apenas as características *operacionais* e *processuais* estão abertas a exame, conforme ditado, por definição, em nome do "início da cadeia", mas não a viabilidade e sustentabilidade histórica do *Estado em si*.

Em conclusão a esta seção, também deve-se ressaltar que as mesmas considerações se aplicam a *qualquer* Estado e de modo algum exclusivamente ao Estado democrático liberal. Nenhuma formação de Estado concebível pode se assumir como permanentemente dada e eternamente sustentável em virtude dos elos que escolheu com a cadeia.

12

O canto do cisne não intencional de Hegel e o Estado-nação

A concepção hegeliana de filosofia política aborda as questões substantivas do Estado como tal, e não apenas sua estrutura operacional. Essa é, sem dúvida, uma base comparativa válida para a avaliação de suas realizações.

No entanto, sublinhar essa diferença vital não pode significar que só por isso se deva considerar a filosofia do Estado e do direito de Hegel como representação da soma final dos complexos problemas do domínio político, como reivindicado também pelo grande filósofo alemão. No entanto, ao comparar os méritos relativos das abordagens concorrentes, deve-se enfatizar que, em contraste com a filosofia liberal/utilitarista ou democrática liberal, Hegel examina o próprio Estado como uma realidade histórica substantiva, sem qualquer tentativa de esconder a "sociedade civil" antagônica sobre a qual ele é erigido como seu elemento constitutivo e base material indefinidamente contínua. A teoria liberal/utilitarista, bem como várias outras teorias políticas pós-hegelianas, tendem a se satisfazer ao tratar até mesmo os problemas mais graves do domínio político dentro dos limites operacionais inquestionáveis da formação de Estado dada, excluindo explícita ou implicitamente – como uma questão de admissibilidade evidentemente adequada ou não a um discurso teórico válido sobre o processo legislativo em si – os problemas tanto da origem como da sustentabilidade histórica da realidade do Estado existente como tal.

Sob as circunstâncias dramáticas da época de Hegel, a partir das revoluções norte-americana e francesa, bem como das guerras napoleônicas até a emergência da militância proletária, num primeiro momento embrionária, e sua contínua expansão, os problemas desafiadores do Estado assumem uma intensidade crescente. De fato, o Estado moderno do sistema do capital afirmou um papel cada vez maior no controle global do processo de reprodução social no decurso dos desenvolvimentos históricos posteriores. A nova etapa histórica refletida na filosofia política de Hegel sintetiza, de uma forma bastante paradoxal, tanto um fim quanto um início em relação às classes sociais *em conflito* da época. O fim

214 *Para além do Leviatã*

em questão é a superação histórica das relações de classe feudais nas tempestades revolucionárias do fim do século XVIII, seguida com interesse ardente e compreensão (palavras dele) pelo próprio Hegel. O início, no entanto, representa um assunto muito mais complicado para ele, na medida em que marca o aparecimento das classes trabalhadoras no cenário histórico. Não surpreende, portanto, que encontremos uma compreensão incomparavelmente mais sustentável do fim – o encerramento histórico verdadeiramente irreversível da ordem feudal, manifesta no colapso do antigo regime saudado por Hegel – do que das forças emergentes do novo início histórico.

Não obstante, Hegel tenta sintetizar ambos em sua concepção da relação entre sua "sociedade civil" e o "Estado ético". A realização de tal síntese representa sua grandeza filosófica nesse campo. Ao mesmo tempo, a maneira pela qual ele a realiza, ao subsumir o novo começo sob a aclamada estrutura geral permanente do Estado idealizado – que, em sua opinião, está destinado a reconciliar as contradições da sociedade civil –, marca as limitações históricas de sua abordagem. Pois o grandioso e involuntário canto do cisne de Hegel oferece uma conceituação de ambos ao englobar as forças do começo radicalmente novo sob o domínio do encerramento histórico inalterável em sua filosofia do Estado e do direito. Isso é feito porque fornece a única maneira pela qual a síntese original hegeliana da sociedade civil antagônica e do Estado ético que soluciona antagonismos pode oferecer uma perspectiva compatível com seu horizonte de classe.

De maneira significativa, com a ajuda de um poderoso imaginário poético, Hegel racionaliza de forma categoricamente autojustificadora – como a única postura filosófica viável em geral – a adoção da perspectiva do próprio encerramento histórico quando escreve, no penúltimo parágrafo do prefácio à sua *Filosofia do direito*, sobre a paradigmática "coruja de Minerva":

> De toda maneira, a filosofia chega sempre tarde demais. Enquanto pensamento do mundo, ela somente aparece no tempo depois que a efetividade completou seu processo de formação e se concluiu. Aquilo que ensina o conceito mostra necessariamente do mesmo modo a história, de que somente na maturidade da efetividade aparece o ideal frente ao real e edifica para si esse mesmo mundo, apreendido em sua substância na figura de um reino intelectual. Quando a filosofia pinta seu cinza sobre cinza, então uma figura da vida se tornou velha e, com cinza sobre cinza, ela não se deixa rejuvenescer, porém apenas conhecer. A coruja de Minerva somente começa seu voo com a irrupção do crepúsculo.[1]

---

[1] G. W. F. Hegel, *The Philosophy of Right* (Oxford, Oxford University Press, 1952), p. 12-3 [ed. bras.: *Filosofia do direito*, trad. Paulo Meneses et al., São Leopoldo/São Paulo, Unisinos/Loyola, 2010, p. 44].

Em relação a isso, o problema não é apenas que as forças sociais emergentes do novo começo, evidentemente, não podem estar lá sob as novas circunstâncias "depois que a efetividade completou seu processo de formação e se concluiu". Essa é a consideração secundária a esse respeito porque requer conflitos históricos e confrontos sociais muito complicados, com avanços e retrocessos que as condições permitam, antes que o sujeito social que assume o papel de portador do "novo começo" possa atingir a sua plena maturidade, com a finalidade de realizar sua potencialidade histórica e o correspondente mandato. E isso pode levar de fato muito tempo. Mas está longe de ser legítimo excluir o "rejuvenescimento", em uma base *a priori* em causa própria, em favor de um "*entendimento*" resignante.

A verdadeira questão em jogo aqui é muito mais importante do que a maturidade (ou não) de uma força social a ponto de "completar seu processo", de modo a tornar-se visível a partir da perspectiva da coruja de Minerva. Pois, além das diferenças históricas relativas na determinação da embrionária militância da classe operária já no tempo do jovem Hegel – evidenciadas na grande agitação das próprias explosões revolucionárias, incluindo tentativas como a formação de forças organizacionais que tentaram afirmar-se como, por exemplo, a "*sociedade de iguais*" de Babeuf (e sendo brutalmente reprimidas por isso) –, há também uma dimensão *absoluta – qualitativamente nova –* desse complexo de problemas. Ela consiste na *total impossibilidade* de emancipar as forças da *alternativa hegemônica do capital: o trabalho* – cujos membros constituem, em números absolutos, de longe, a esmagadora maioria da sociedade – na forma tradicional, que sempre resultou em novas forças emergentes, impondo-se como exploradores sociais privilegiados sobre o resto da sociedade. Não há número suficiente de pessoas no restante da sociedade para tornar isso possível. Em outras palavras, a *novidade absoluta e radical* da agitação revolucionária já na época de Hegel, que nunca foi concebível no passado, definiu-se nisto: que a *exploração de classe em si* deve ser relegada para sempre ao passado histórico, afirmando de forma contrastante a elementar exigência do novo começo. E a "coruja de Minerva" não poderia oferecer nenhuma ajuda para isso. Pois a *singularidade qualitativa* da época dessas grandes revoluções foi a de transformar em anacronismo histórico irreversível a solução tradicional dos problemas urgentes, por meio da "*mudança de pessoal*" habitual de uma classe de exploradores para outra. Tal novidade radical na história não podia ser conceitualizada mediante a adoção da perspectiva do *encerramento histórico* em nome da coruja de Minerva. Pelo contrário, também uma visão historicamente sustentável do *presente e do futuro* tinha de ser parte integrante de tal mudança de perspectiva que despontava historicamente.

O fenecimento do Estado como órgão separado acima da sociedade

Mas então, quando se leva a sério as determinações objetivas das mudanças históricas decorrentes, com suas implicações fundamentais para a grande causa da emancipação humana em termos dos imperativos qualitativamente diferentes do "novo começo", nesse caso também a questão da teoria do Estado deve ser profundamente afetada pela necessária mudança de perspectiva. Pois a concepção da *sociedade sem classes* como a real condição da emancipação humana abrangente é *totalmente incompatível* com a existência do Estado – de *qualquer Estado* – como *órgão independente* da tomada de decisão política global no processo de reprodução social. É por isso que a abordagem marxiana dos mesmos problemas teve que, inextricavelmente, ligar a modalidade radicalmente nova de controle sociometabólico *comunal* – sob a gestão *planejada* de suas condições de vida pelos produtores livremente associados, guiados pelo princípio orientador vital da *igualdade substantiva* – à determinação igualmente necessária em destaque sob o nome de fenecimento do Estado. Pois era *inconcebível* ter em vista a necessária transformação radical emancipatória não desta ou daquela classe social em particular, mas de *toda a humanidade* – e a novidade qualitativa que se desdobrou historicamente no grande período revolucionário foi precisamente a *indissociabilidade* dos dois – sem a superação do *Estado como tal*. Não apenas sua "derrubada", como foi muitas vezes projetada em vão, porque tudo o que pode ser derrubado também pode ser restaurado, e com demasiada frequência tem sido, mas o seu *fenecimento* completo e irreversível remetimento ao passado histórico.

A grandeza de Hegel na área de dimensionamento dos enormes problemas do Estado se manifestou em seu esquema monumental de coisas ao proclamar a relação orgânica entre a sociedade civil existente e o Estado ético projetado. Dessa forma, Hegel pôde divisar, em face dos antagonismos sociais que *teve de admitir e o fez*, a solução apresentada na forma de sua representação sistêmica da *realização contraditória* do *encerramento histórico* que, por si só, colocou sob pontos de interrogação a viabilidade da *ordem* – por muito tempo dominante – *da classe exploradora* da sociedade. E, nesse sentido, Hegel conceituou uma linha crucial objetiva de *demarcação histórica* que dramaticamente definiu em sua originalidade a virada do século XVIII para o XIX.

No entanto, o encerramento histórico marcando objetivamente o fim da ordem da classe exploradora como um todo não poderia "realizar-se" (uma das categorias explicativas utilizadas frequentemente de Hegel) *por si só*. Ele também gestava os imperativos objetivos de uma ordem qualitativamente diferente, assumindo a forma de um desafio radical desconhecido na história passada, representando, também, as condições objetivas e subjetivas vitais de uma superação efetiva da ordem da classe exploradora como tal. Assim, *passado, presente e futuro* foram inseparavelmente combinados no novo desafio histórico que se desdobrava. A era revolucionária qualitativa e radicalmente nova, que colocava na agenda histórica, como condição necessária da emancipação do trabalho, a combinação inseparável desse imperativo com a emancipação de toda a humanidade, *já estava lá* na época de Hegel. De fato, isso representou *o maior desafio jamais visto* na história de toda a humanidade.

Com certeza, as forças envolvidas na promoção da mudança não poderiam estar lá *"depois que seu processo de formação se completou"*, como a coruja de Minerva exigiria. As forças históricas relevantes só começaram a embarcar em seu processo de formação por meio de um curso histórico de desenvolvimento – pela própria natureza, necessariamente contestado, profundamente antagônico. Mas o próprio *desafio* era – e continua a ser por todo o caminho até nosso próprio tempo – absolutamente irreprimível, destinado a decidir se a humanidade vai sobreviver ou perecer.

Diante disso, Hegel conscientemente adotou a perspectiva do *passado*, de modo a transformar o *presente* que se desdobrava, em nome de sua definição do cumprimento absoluto da reconciliação autorrealizada do Espírito do Mundo como eterno presente "desde o início"[2], e transformou as três dimensões da própria temporalidade em um *encerramento histórico* permanente. Além disso, ele também *justificou* o presente eternizado do ponto de vista nostálgico da *coruja de Minerva*, projetada como a encarnação paradigmática do fechamento histórico. Ele o fez dessa maneira porque, procedendo assim, forneceu para si a única maneira de conciliar, em sintonia com os próprios interesses de classe, a condenação vigorosa dos privilégios de exploração do passado (especialmente destacados nos seus primeiros escritos)[3] com a variedade transfigurada de dominação de classe em geral santificada pela sua *theodicaea*. E concebeu esta última como a proclamada transcendência imaginária dos antagonismos da sociedade civil graças ao papel supremo do Estado idealizado, que se dizia encarnar nada menos que *"a imagem e a efetividade da razão"*, como vimos. É por isso que a grandiosa filosofia do direito de Hegel e seu projetado "Estado ético", como o cumprimento dos caminhos de

---

[2]   "O racional, o divino, possui o poder absoluto de consumar a si próprio e, *desde o início*, realizou a si próprio: ele não é tão impotente que teria de esperar pelo início de sua realização." G. W. F. Hegel, *The Philosophy of Mind*, (Oxford, Oxford University Press, 1971), p. 62.

[3]   Ver, a esse respeito, o grandioso livro de Lukács, *O jovem Hegel*, escrito em Moscou no fim de 1930, como uma refutação contundente da linha dogmática stalinista, que, virando a verdade de cabeça para baixo, condenou Hegel como "reação conservadora contra a Revolução Francesa". Foi publicado pela primeira vez em alemão em 1948 na Áustria e em inglês, em 1973. Na Áustria, foi publicado com a ajuda e contribuição ativa de Wilhelm Szilasi, que foi designado pelo próprio Husserl como o sucessor de sua cátedra na Universidade de Filosofia, e demitido posteriormente pelo nazista Heidegger [Cf. György Lukács, *O jovem Hegel e os problemas da sociedade capitalista* (trad. Nélio Schneider, São Paulo, Boitempo, 2018)].

218   *Para além do Leviatã*

Deus, só poderiam ser realizados em suas referências resignadas à coruja de Minerva como um canto do cisne não intencional.

Não obstante, no quadro de referência filosófico adotado do Estado e da lei, Hegel começou a explorar com maior consistência e rigor intelectual os requisitos necessários da operação da formação do Estado projetado em uma dada ordem mundial. Nesse sentido, caracterizou como a única realidade de Estado viável o *Estado-nação*, historicamente constituído no mundo, mas dali por diante não transcendível. E inclusive pensou nas mais perigosas implicações de tal formação do Estado – tanto *interna* como *externamente*, em relação às determinações da *soberania* e dos antagonismos sempre recorrentes das *relações interestatais* – para sua conclusão lógica. Assim, insistiu que

> o Estado-nação é o espírito em sua racionalidade substancial e em sua efetividade imediata, por isso *a força absoluta sobre a Terra;* um Estado está consequentemente em face a outros na autonomia soberana. Ser enquanto tal *para outro,* isto é, *ser reconhecido por ele* é sua primeira legitimação absoluta.[4]

Mas é claro que dependia das *relações de poder* realmente predominantes que um determinado Estado pudesse afirmar com sucesso seu "direito de soberania" contra seus vizinhos mais fracos. Hegel não pregou ilusões idealistas sobre esse assunto. Pelo contrário, beirando o cinismo na racionalização e justificação de seus argumentos, abrangendo as implicações necessárias para guerras em grande escala entre os Estados-nação, proclamou:

> Um Estado, por meio de seus sujeitos, tem conexões amplas e interesses multifacetados, e estes podem ser facilmente e consideravelmente lesionados; mas permanece inerentemente *indeterminável* qual dessas lesões deve ser considerada como uma violação específica do tratado ou como uma lesão à honra e autonomia do Estado. A razão para isso é que um Estado pode considerar que sua infinitude e honra estão em jogo em cada uma de suas preocupações, *por mínima que seja,* e estará tanto mais inclinado à suscetibilidade de lesão quanto mais a sua forte individualidade for impulsionada, como resultado de *longa paz interna,* para buscar e criar uma *esfera de atividade no exterior.*[5]

Em linguagem simples, isso significava que o motivo legítimo da guerra poderia ser arbitrariamente decidido "por mínimo que seja", no interesse de combater os efeitos "indesejáveis" da "longa paz interna" por meio da criação de uma

---

[4]   G. W. F. Hegel, *The Philosophy of Right*, cit., p. 212 [ed. bras.: p. 301].
[5]   Ibidem, p. 214. Destaques de Mészáros.

O canto do cisne não intencional de Hegel e o Estado-nação   219

bem-sucedida "esfera de atividade no exterior". Exatamente como temos de fato experimentado nos últimos dois séculos. Na visão de Hegel, o Estado-nação era inseparável da necessidade de guerras peculiarmente legitimadas, que só poderiam zombar do postulado da "paz perpétua" de Kant, dizendo que "a corrupção em nações seria o produto da paz prolongada, para não dizer da 'paz perpétua'"[6]. O direito internacional, com suas reivindicações universais inevitáveis, sempre foi o domínio mais fraco das teorias burguesas modernas da política e da moralidade[7]. Os imperativos objetivos da ordem sociometabólica do capital afirmaram-se sem cerimônia, e suas teorizações justificativas pseudouniversais só poderiam ser mesquinhas e fracas, mesmo no caso de um gigante intelectual como Hegel.

Um período demasiado longo da história após a morte de Hegel – e, no mesmo ano de 1831, também a morte de seu contemporâneo, o notável militar prussiano general Karl von Clausewitz, que notoriamente definiu a guerra como *a continuação da política por outros meios* – parece ter plenamente confirmado sua visão de que o Estado-nação é o *poder absoluto sobre a Terra*, e, portanto, como um absoluto, pode afirmar a sua soberania por meio da necessidade de suas guerras, não importando quão destrutivas sejam. Quarenta anos depois de Hegel e do general Von Clausewitz, o novo imperialismo com seus Estados-nação em disputa letal, com destaque para a Alemanha do prussiano Bismarck, apenas *começou* um período de confrontos militares cada vez mais intensos, trazendo a seu tempo as conflagrações anteriormente inconcebíveis de duas guerras mundiais com incontáveis milhões perecendo por meio de sua devastação[8].

O Estado e o "fim absoluto da história"

Supondo que Hegel esteja certo ao julgar que o Estado-nação constitui o poder absoluto historicamente insuperável sobre a Terra, haveria maneira de sair desse curso fatal de destrutividade que ainda hoje parece prevalecer em mais de um sentido, em diferentes partes do mundo? Se a resposta for não, o canto do cisne não

---

[6]   Ibidem, § 324, p. 209-10 [ed. bras.: p. 298].

[7]   Ver a discussão sobre Bentham e Austin no capítulo 11 deste livro.

[8]   Sobre os motivos sociais, econômicos, políticos e/ou militares profundamente interligados e relativos a esses desenvolvimentos, ver a obra seminal de Harry Magdoff, *The Age of Imperialism: The Economics of US Foreign Policy* (Nova York, Monthly Review Press, 1966). Ver também uma bela coleção de ensaios de autoria de Harry Magdoff em John Bellamy Foster (org.), *Imperialism without Colonies* (Nova York, Monthly Review Press, 2003), por ocasião de seu nonagésimo aniversário. Magdoff completaria cem anos em 2013, e a melhor maneira de homenageá-lo no centenário de seu nascimento é tornar nosso o ensinamento de seus escritos mais importantes sobre o imperialismo moderno.

220 *Para além do Leviatã*

intencional que Hegel nos deixou em sua filosofia do Estado teria de ser também o canto do cisne da própria humanidade.

Obviamente, o Estado-nação domina nossa vida em todos os lugares, apesar das projeções fantasiosas de uma "globalização" benevolente. Na verdade, o grave defeito histórico da ordem sociometabólica do capital, que representa um de seus limites absolutos estruturalmente determinados, é que ele não conseguiu produzir o *Estado político abrangente* do sistema do capital em geral, enquanto prossegue em seu curso irreprimível rumo à *integração global* de suas estruturas reprodutivas *materiais*. Nesse sentido, o Estado-nação permaneceu, até os nossos dias, perigosamente "absoluto". Mas isso não é – e por si só não pode ser – o fim da história. Os limites também a esse respeito se desdobram por meio da modalidade dos desenvolvimentos históricos objetivos.

Os limites da filosofia hegeliana do Estado, da mesma forma, não são simplesmente internos à filosofia, mas *históricos objetivos* e de modo algum evidentes durante o tempo de vida de seu autor. No entanto, eles tornam-se dolorosamente claros quando confrontamos as alegações de validade *atemporal* da concepção hegeliana do Estado com a nossa realidade. A temporalidade hegeliana do Estado é fundamentada, em sua obra, pela noção do já mencionado "eternamente presente", que é paradoxalmente transfigurado em *finalidade absoluta*, graças ao próprio ser racional "completo desde o início", na forma do divino "Espírito do Mundo", evocativamente combinado por Hegel com a inquestionável e autoexplicativa autoridade mitológica da coruja de Minerva. Naturalmente, o agente real da história e do Estado nessa visão não poderia se tratar do ser humano autoconsciente. Tinha de ser o divino Espírito do Mundo[9], com sua "astúcia da Razão". Hegel descreveu os Estados particulares, as nações e os indivíduos como "os *instrumentos inconscientes* e os membros dessa ocupação interna" do Espírito do Mundo[10], e os indivíduos que atuam historicamente foram caracterizados por ele como "*instrumentos* vivos do ato substancial do Espírito do Mundo e, assim, imediatamente idênticos com ele", o qual "lhes é *oculto* e *não lhes é objeto e fim*"[11].

Com certeza, Hegel não estava sozinho com esse ponto de vista. Ele compartilhou seu projeto conceitual geral com toda a tradição filosófica burguesa em sua fase ascendente do desenvolvimento histórico, quando ainda estava preocupado em confrontar os dilemas reais e oferecer a partir do ponto de vista compartilhado dos gigantes do pensamento burguês algumas soluções viáveis e compatíveis a eles, exibindo ao mesmo tempo também as limitações sociais e históricas de tal ponto de vista. Assim, os equivalentes filosóficos que

---

[9] Como vimos (nota 2 deste capítulo), ele sublinhou com ênfase que "o *racional*, o *divino*, possui o poder absoluto para realizar-se e, *desde o início*, se realizou".

[10] G. W. F. Hegel, *The Philosophy of Right*, cit., p. 217 [ed. bras.: p. 307].

[11] Ibidem, p. 218 [ed. bras.: p. 309, modif.].

representam a ausência de autoconsciência nos atores históricos e em suas realizações, definida pelo próprio Hegel como a "astúcia da Razão" (*List der Vernunft*), encontram-se na "providência" de Vico, na "mão invisível" de Adam Smith e no "plano da natureza" providencial de Kant. Todos esses esquemas explicativos, bastante misteriosos e destinados a iluminar a verdadeira natureza dos objetivos históricos, foram postulados com os poderes correspondentes de sua realização. E os poderes postulados eram considerados capazes de se afirmar e de se impor, com legitimidade inquestionável, *contra* as intenções, os desejos, as ideias e os projetos conscientes dos seres humanos historicamente existentes.

Pois mesmo na fase ascendente do desenvolvimento histórico do capital, era totalmente *inconcebível* enxergar a partir do ponto de vista da burguesia – que *teve de* eternizar a "sociedade civil" sob sua dominação constante – um *sujeito coletivo alternativo* e real, materialmente identificável e socialmente eficaz, como o portador das transformações históricas sustentáveis. É por isso que não poderia haver sujeito histórico *transindividual* (comunal) em todas essas concepções de história e de Estado, mas apenas o sujeito *supraindividual* e, consequentemente, também *supra-humano*. Nem mesmo quando Adam Smith pretendeu oferecer algo tangível, sob a forma do mercado, mas teve de indicar como sua misteriosa força reguladora benevolente a "mão invisível".

Hegel só pôde reconhecer como plenamente realizada a temporalidade do próprio passado. Não poderia entrar em cogitação que o presente realmente dado – e idealizado/eternizado – algum dia também se tornaria história passada. Nesse sentido, escreveu: "A história universal vai do leste para o oeste, pois *a Europa é pura e simplesmente o fim da história universal*"[12]. Sendo assim, houve um passado antes de a história viajar do leste para o oeste, mas, depois disso, nunca mais. Consequentemente, a violência e a expansão imperialista dos Estados-nação dominantes jamais poderiam ser remetidas ao passado, porque sua presentidade pareceu estar em perfeita sintonia com a realidade última da autorrevelação do Espírito do Mundo como o "Princípio do Norte" atribuída ao *reino germânico* e ao Estado germânico (não estritamente alemão). Pois o Estado germânico hegeliano incluiu sob suas determinações o altamente elogiado Estado inglês construtor de impérios. E Hegel resumiu a idealidade suprema do que foi alcançado com estas palavras:

O reino dos fatos despoja-se de sua barbárie e de seu arbítrio ilícito, e o reino da verdade despoja-se de seu além e de sua violência contingente, de modo que a *verdadeira reconciliação* se tornou objetiva, que desdobra o Estado *até ser a imagem e a*

---

[12] Idem, *The Philosophy of History* (Nova York, Dover, 1956), p. 103 [ed. bras.: *A filosofia da história*, trad. Maria Rodrigues e Hans Harden, 2. ed., Brasília, Editora da UnB, 2008, p. 93, modif.].

efetividade da razão, no qual a autoconsciência encontra no desenvolvimento orgânico a efetividade de seu saber e de seu querer substanciais.[13]

É aqui que a insustentabilidade histórica da grandiosa concepção de Hegel e seu canto do cisne resignante, com seu apelo nostálgico à coruja de Minerva, que exclui qualquer possibilidade de "rejuvenescimento", torna-se absolutamente impressionante. Pois a unidade postulada dos reinos do fato e da verdade e a solução reconciliadora decretada das contradições subjacentes – por meio da reivindicada autodivulgação da realização do Espírito do Mundo como Razão, ela mesma consubstanciada na ética do Estado, sempre sustentada na relação simbiótica com a sociedade civil burguesa dada – revelam o seu caráter extremamente problemático desde o início. Uma concepção do Estado e da história que foi aclamada como válida não só por muitos dos contemporâneos de Hegel, mas também por seus seguidores muito mais tarde.

Hegel e o Espírito do Mundo como um agente histórico sobre-humano

A filosofia hegeliana da história e do Estado sofreu um grande descarrilamento prospectivo, quando o seu autor optou pela via que ele de fato seguiu em direção a seus limites com consistência lógica infalível. Com profunda intuição digna de um gênio filosófico, em um período de turbulência revolucionária, Hegel percebeu que um "novo começo" havia objetivamente surgido no horizonte histórico, afirmando-se como a *impossibilidade* de resolver as reivindicações históricas mediante a emancipação de apenas uma *parte* da divisão social na velha forma de impô-la sobre o resto da sociedade como o "pessoal mudado". Havia uma alternativa objetiva à forma tradicional, surgindo na mesma situação revolucionária que, longe de ter já "completado sua formação", estava apenas em seu processo embrionário de formação. No entanto, apoiar essa alternativa não apenas *implicaria* logicamente, mas também inevitavelmente *exigiria*, a elaboração necessária de uma perspectiva histórica radicalmente diferente, construída com base na superação sustentável indispensável e historicamente verdadeira, em termos epocais, de todo o antagonismo social fundamental. Escolher esse caminho parecia ser demasiado proibitivo para Hegel, dada a relação real de forças sociais e o rumo dos acontecimentos históricos posteriores à Revolução Francesa.

No entanto, a questão permaneceu: alguém poderia negar que os antagonismos epocais destacados pela agitação revolucionária não existem ou não são importantes, como alguns filósofos românticos fizeram? A posição grotescamente

---

[13] Idem, *The Philosophy of Right*, cit., p. 222-3 [ed. bras.: p. 313-4, modif.].

tendenciosa desses românticos, que assumem a forma de pretensa justificação divina, era inseparável de interesses sociais conservadores, de fato profundamente reacionários. Assim, Friedrich Schlegel, por exemplo, descaradamente argumentou, na mesma época que produziu a concepção histórica de Hegel – a era não só da Revolução Francesa, mas também da Revolução Industrial –, que

> o Criador não reservou para Ele mesmo o início e o fim sozinho, e deixou o resto seguir o próprio curso, mas no meio, e *em cada ponto*, também, do seu progresso, a Vontade Onipotente *pode intervir a seu bel-prazer*. Se quiser, Ele pode instantaneamente parar esse desenvolvimento vital, e de repente fazer o curso da natureza ficar parado, ou, em um momento, dar vida e movimento ao que antes permanecia imóvel e inanimado. De um modo geral, o poder divino pode *suspender as leis da natureza*, interferir diretamente nelas e, por assim dizer, intercalar entre elas alguma operação maior e imediata do Seu poder, como uma exceção no seu desenvolvimento. Porque, assim como no *quadro social da vida civil*, o autor e *doador das leis* pode ocasionalmente deixá-las de lado ou, na sua administração, permitir alguns casos de exceção, pode fazer isso também o Legislador da natureza.[14]

A intenção reacionária por trás das afirmações arbitrárias de Schlegel é bastante óbvia. Torna-se ainda mais clara quando ele traça um paralelo direto entre a "Sabedoria da Ordem divina das Coisas" e a "Ordem divina na História do Mundo e a Relação entre os Estados"[15], a fim de justificar o princípio segundo o qual "o poder emana de Deus" e, portanto, nos proíbe estritamente de "*violar ou forçosamente subverter qualquer direito estabelecido*, seja ele essencialmente sagrado ou santificado apenas por prescrição"[16]. Seria difícil tornar mais transparente a associação dessa posição absurda – que chega ao ponto de negar até mesmo a manutenção da validade das leis naturais elementares – com interesses sociais restauradores cegamente retrospectivos em qualquer época, para não falar em uma época de levantes revolucionários.

Obviamente, esse tipo de beco sem saída não poderia ser tomado por um gênio filosófico de grande integridade como Hegel. Ele percebeu e positivamente endossou as transformações dramáticas em que as condições politicamente repressivas do *Antigo Regime* foram derrubadas pela Revolução Francesa e, portanto, elas devem pertencer ao passado histórico. Mas seus interesses de classe não poderiam permitir que ele ficasse ao lado das novas potencialidades emergentes do desenvolvimento histórico que se desdobrava. É por isso que optou pelo caminho que tanto exibiu

---

[14] Friedrich Schlegel, *The Philosophy of Life, and Philosophy of Language, in a Course of Lectures* (Londres, George Bell & Sons), p. 116.

[15] Ibidem, p. 114, 140, 163 e 186.

[16] Ibidem, p. 328-9.

224 *Para além do Leviatã*

os antagonismos estruturais da própria sociedade civil quanto, ao mesmo tempo, estipulou sua *reconciliação* por meio da grandiosa intervenção do próprio Espírito do Mundo – que, na concepção hegeliana do *"eternamente presente"*, preordenado desde o princípio dos tempos, mas não a qualquer momento "Onipotente a seu bel-prazer", de forma arbitrária e negando o direito natural –, graças a sua instituição mundana do *Estado ético* estabelecido, proclamado pelo próprio Hegel como "a imagem e a efetividade da razão" e "o poder absoluto sobre a Terra".

A abordagem hegeliana constituiu uma visão monumental, mesmo que a longo prazo ela só pudesse levar ao descarrilamento. Pois o caminho escolhido e seguido com grande consistência por Hegel passou a ser um longo caminho. A magnitude da tarefa da emancipação *universal*, que nunca antes apareceu como objetivamente possível no curso do desenvolvimento histórico, foi estranha, mas significativamente incorporada e mantida na concepção hegeliana, de forma compatível com o caminho por ele escolhido. Isso foi possível porque Hegel se recusou a oferecer algum tipo trivial de reconciliação e acomodação terrenas aos antagonismos estruturais descritos em termos prosaicos comuns. Nada menos que a atividade histórica divina supra-humana do Espírito do Mundo, encarnada na aclamada "racionalidade da realidade", poderia igualar-se à magnitude reconhecida dos desafios como foram percebidos e retratados por Hegel. E o próprio trem comandado por ele pôde viajar pelo caminho escolhido por um longo período histórico. De fato, pôde viajar por toda a época moderna da história antagônica, pelo tempo em que combater os mais amplos conflitos sociais permaneceu sob a supremacia – que ainda prevalece em nossa época – dos Estados-nação "soberanos".

No entanto, o descarrilamento por vir, que foi prenunciado desde o início, quando Hegel optou pelo caminho em última instância fatal, ao virar as costas para o "imaturo" novo começo, será inexoravelmente obrigado a "realizar-se" quando o trem da formação do Estado nacional do capital glorificado por Hegel colidir com os para-choques no fim da linha. Mas será um descarrilamento catastrófico que destruirá toda a humanidade ou o próprio trem poderá ser desacelerado a tempo, de modo que apenas sua locomotiva sem condutor seja destruída pelo impacto no fim da linha? Essa é a questão para nós.

O descarrilamento está prestes a acontecer em nosso tempo histórico. O ideal hegeliano da "realização do racional" não pôde ser concretizado, apesar do postulado de Hegel pronunciado na temporalidade ilusória do passado, segundo o qual "o reino da verdade abandonou o mundo do além e sua força arbitrária". Em nítido contraste com isso, a violação real da verdade no interesse de impor o controle sociometabólico do capital sobre as nossas condições de existência é onipresente, e a força arbitrária legitimada pelo Estado é o garantidor último e executor dos requisitos de tal modo de controle. Ao mesmo tempo, a "realização" das potencialidades históricas subjacentes prossegue, mas muito longe de seu sentido hegeliano idealizado. Pelo contrário, assume formas claramente ameaçadoras. Assim, confrontada com os perigos verdadeiros e gravemente realizados, e de fato cada vez mais intensos, de nossa própria situação histórica, a teoria hegeliana da história e do Estado é levada a pôr os pés no chão. Pois a busca irresponsável dos imperativos antagônicos do Estado-nação, que testemunhamos e que continua a resistir em diferentes partes do mundo e que, em sua aclamada configuração atemporal e permanência absoluta, teve de ser idealizada por Hegel, em nossa realidade realmente existente só poderia ser *suicida para a humanidade*. E nenhum postulado concebível de qualquer agente histórico supra-humano imaginário – seja a "mão invisível" de Adam Smith ou o Espírito do Mundo de Hegel, com sua "astúcia absoluta da Razão" – poderia oferecer uma solução reconciliadora para isso.

Por essa razão, sob as condições do aprofundamento da crise estrutural de nosso sistema de reprodução sociometabólico, os problemas que estão em jogo não poderiam ser maiores no atual processo de desdobramento da globalização antagônica do capital, ligados aos interesses dos Estados-nação necessariamente em conflito. Eles trazem à tona uma série de contradições diretamente relacionadas não com os defeitos operacionais e processuais remediáveis de algumas formações particulares de Estado, mas com *a realidade do Estado como tal*. Pois o próprio Estado, da forma como constituído nos últimos cinco ou seis séculos, está fundamentado sobre o capital global em nosso próprio tempo, longe do desenvolvimento material historicamente sustentável, devido à atual modalidade perseguida de reprodução dos imperativos destrutivos inerentes ao sistema do capital.

"Crescer ou perecer" continua na ordem do dia, e o significado de crescimento, no espírito da ordem vigente, é fetichisticamente reduzido – mediante a violação da *verdade* e a absurda imposição da sua transfiguração destrutiva como *falsidade*, não no "*mundo do além*", mas no realmente já existente, por meio da instrumentalidade nua e crua da "*força arbitrária*" legitimada pelo Estado – à sua identidade falaciosamente afirmada com a *devastadora expansão do capital*. E as formações estatais do sistema do capital sustentam esse tipo de desenvolvimento em todos os continentes. Como resultado, a crise social e política gerada estruturalmente e o protesto tão necessário, embora ainda se desdobrando lentamente, são visíveis em todos os lugares em nosso lar planetário, para onde quer que olhemos. As determinações materiais diretas da ordem reprodutiva do capital estão totalmente complementadas pela abrangente estrutura política de comando das formações estatais do capital, constituindo-se, assim, a realidade estruturalmente interligada e enredada, e o círculo vicioso prático do sistema do capital como um todo.

Existe uma saída do labirinto perigoso das contradições antagônicas desse sistema? Onde estão as lacunas a serem expostas e quais são as alavancas eficazes a serem acionadas no interesse da mudança sistêmica necessária? O que deve ser feito e o que pode ser feito nessa conjuntura da história no que diz respeito aos grandes problemas do Estado? Essas são as questões sobre as quais agora devemos nos debruçar.

13

A ordem sociometabólica do capital
e o Estado em falência

A crítica necessária do Estado certamente não pode significar que passaremos a defender a transformação de nossa inevitável modalidade global de reprodução social em algum tipo de comunidade utópica de povoado bucólico. Os socialistas que afirmam a validade do intercâmbio produtivo comunal entre indivíduos livremente associados, entre eles o próprio Marx, são grosseiramente acusados de se entregarem a tais fantasias ociosas. A verdade dessa questão é diametralmente oposta. Pois, o problema mais grave das formações estatais do capital – do qual emergem muitos antagonismos potencialmente letais, demonstrando o fracasso total até mesmo das tentativas mais violentas e agressivas do imperialismo monopolista de resolvê-lo no passado, ao impor pela força das armas um ou dois dos poderes temporariamente mais dominantes sobre o resto deles (como a Alemanha e o Japão na Segunda Guerra Mundial) – é que o capital, devido a suas determinações estruturais mais internas, não pôde produzir o *Estado do sistema do capital em geral*, como mencionado anteriormente. Mas não é possível simplesmente desejar que desapareça esse grande fracasso histórico, para o qual não há solução possível na base material do capital, nem se pode varrê-lo para debaixo do proverbial tapete. O problema em si permanece e, com o passar do tempo, pode apenas agudizar-se, até que uma solução historicamente sustentável seja elaborada para as determinações antagônicas subjacentes. Nesse sentido, longe de orientar-se para um mundo de sonhos de alguma comunidade utópica de povoado bucólico, a crítica socialista radical do Estado deve levar em conta também esse grande problema global, cronicamente não resolvido.

Também nesse tocante, uma solução só poderá ser vislumbrada a partir de uma perspectiva de longo prazo acerca daquele outro caminho que não pôde ser adotado por Hegel. Como sabemos, foi mérito histórico de Marx trazer para o primeiro plano do debate – no período da nova onda revolucionária da década de 1840 – as implicações de longo alcance e os imperativos práticos dessa nova perspectiva que marcou época, elaborando em sua grande obra a base teórica e o

228 *Para além do Leviatã*

horizonte estratégico geral de seu pleno desdobramento internacional prospectivo. Mas é claro que ele não foi de modo algum o primeiro a se engajar apaixonadamente na luta pela realização das metas e dos objetivos defendidos. De fato, meio século antes de Marx, Babeuf e seus camaradas, em sua "conspiração dos iguais", claramente já expressaram alguns dos principais requisitos, e seu movimento foi brutalmente liquidado no rescaldo da Revolução Francesa. Até mesmo a definição marxiana da significativa diferença entre o estágio inicial e o mais elevado de transformação socialista, formulada em sua *Crítica do Programa de Gotha* nos termos do princípio orientador dos fundamentos sociais da necessidade humana, lembra as visões eloquentemente declaradas de Babeuf sobre a igualdade verdadeira:

> A igualdade deve ser medida pela *capacidade* do trabalhador e pela *necessidade* do consumidor, não pela intensidade do trabalho e pela quantidade de coisas consumidas. Um homem dotado de certo grau de força, quando levanta um peso de dez libras, trabalha tanto quanto outro homem com cinco vezes a sua força que levanta cinquenta libras. Aquele que, para saciar uma sede abrasadora, bebe um jarro de água, não desfruta mais do que seu camarada que, ligeiramente sedento, bebe apenas um copo. O objetivo do comunismo em questão é *igualdade de dores e prazeres*, não de *coisas consumíveis e tarefas dos trabalhadores*.[1]

Ademais, o "manifesto dos iguais" de Babeuf e seus camaradas condenou explicitamente e com extrema veemência a exploração e a dominação hipócritas da maioria esmagadora da "raça humana" na ordem efetivamente estabelecida, tal como dividida em "senhores e servos" e "dominantes e dominados". Eles condenaram a ordem social que não tinha vergonha de justificar tal dominação em nome da "igualdade perante a lei" e dos "direitos do homem"[2]. Em outras palavras, eles

---

[1] Ver Philippe Buonarroti, *Conspiration pour l'égalité dite de Babeuf* (Paris, Éditions Sociales, 1957 [Bruxelas, 1828]), p. 297.

[2] "Sob o nome de política, o caos reinou por muitos séculos. [...] A igualdade não passava de uma ficção legal bela e estéril. [...] Desde tempos imemoriais eles hipocritamente repetem '*todos os homens são iguais*' e desde tempos imemoriais a desigualdade mais degradante e monstruosa pesa insolentemente sobre a raça humana. [...] Não só precisamos da igualdade de direitos inscrita na Declaração dos Direitos do Homem e do Cidadão, nós a queremos em nosso meio, sob os telhados das nossas casas. [...] Nós declaramos que não podemos mais aturar o fato de que a grande maioria trabalha e sua para a menor das minorias. [...] Acabemos com esse grande escândalo que nossos descendentes nunca acreditarão ter existido! Desapareçam, por fim, as revoltantes distinções entre ricos e pobres, grandes e pequenos, senhores e servos, *dominantes e dominados*. [...] Os decretos aristocráticos de 1791 e 1795 apertaram suas correntes em vez de quebrá-las. O de 1793 foi um grande passo em direção à igualdade verdadeira, nós nunca havíamos chegado tão perto dela. Mas ela ainda não atingiu o objetivo, nem alcançou a felicidade comum, que é, no entanto, solenemente consagrada como seu grande princípio." Todas essas passagens foram retiradas do trabalho de Philippe Buonarroti, citado na nota anterior.

condenaram a cruel realidade imposta no tempo de Babeuf, a qual permanece a questão candente da dominação do Estado até hoje.

Entretanto, apesar da violenta repressão ao movimento de Babeuf, a nova tendência histórica que emergia da grande agitação revolucionária na virada do século XVIII para o XIX continuou a avançar lentamente e, no devido tempo, assumiu uma variedade de formas bem antes de Marx e das novas explosões revolucionárias na década de 1840. Em seu curso de desdobramento extremamente difícil, devido às relações de poder estabelecidas e o correspondente exercício da repressão por parte das forças dominantes, o avanço dessa tendência por muito tempo só pôde ocorrer por meio de "mudanças capilares" e de maneira clandestina, primeiramente em diferentes partes da Europa. No entanto, com a sobrevivência das sociedades secretas socialistas e por meio de sua defesa apaixonada da igualdade, algum progresso continuou a ser alcançado, o que por sua vez trouxe consigo algumas ramificações sumamente surpreendentes.

Devemos lembrar, a esse respeito, uma conexão social de grande importância não limitada ao início do século XIX, mas que chega ao âmago de nosso presente histórico. Ela apareceu por meio dos desenvolvimentos históricos dramáticos e de longo alcance na Venezuela, sob a presidência de Hugo Chávez Frias. Como todos sabemos, a grande inspiração do presidente Chávez foi *El Libertador* Simón Bolívar, que não apenas derrotou o exército do Império espanhol na América Latina como também libertou os escravos – ao enfrentar violenta oposição de sua própria classe (e mesmo de sua amada irmã, que o descrevia, por isso, como "louco") – várias décadas antes que o problema pudesse ser levantado e parcialmente resolvido na América do Norte. E o próprio Bolívar insistiu que a igualdade era e tinha de ser respeitada como "*a lei das leis*", acrescentando que, "sem igualdade, perecem todas as liberdades, todos os direitos. Por ela devemos fazer sacrifícios". De fato, em seu magnífico discurso ao Congresso de Angostura, destacou a libertação dos escravos como a mais vital de todas as suas ordens e decretos, afirmando: "Deixo para sua soberana decisão a reforma ou revogação de todas as minhas leis e decretos; mas imploro a confirmação da *liberdade absoluta dos escravos*, como imploraria por minha vida e pela vida da República"[3].

O que também é muito relevante nesse contexto é que o lendário professor de Bolívar, muito admirado por ele não apenas em sua infância, mas por toda a sua vida, Simón Rodriguez – alguém que acreditava apaixonadamente na igualdade e que levou Bolívar para Monte Sacro, em Roma, em agosto de 1805, e foi testemunha de seu juramento solene de libertação de seu país do domínio espanhol –, viveu em Paris durante décadas depois de deixar Roma e, como Marx no início dos anos 1840, frequentou sociedades secretas socialistas em Paris,

---

[3] Simón Bolívar, *Selected Works*, v. 2 (Nova York, Colonial Press, 1951), p. 603.

230 *Para além do Leviatã*

voltando à América do Sul apenas em 1823. Assim, a tendência clandestina assumiu também essa forma bastante incomum, ligando continentes distantes e engajando na causa da igualdade real e da correspondente libertação dos escravos uma grande figura histórica, Bolívar, que era supostamente destinado, devido a sua origem social, a lutar no lado oposto da barricada de classe. Obviamente Hegel, que ao falar do assim chamado "caráter africano" propagandeou as mais absurdas visões racistas em sua *Filosofia da história*, nunca esperou que sua divina *List der Vernunft* [Astúcia da Razão] se valesse desses truques sujos e condescendesse com tais "atos subversivos da história".

Igualdade e tempo disponível

Outra dimensão de vital importância dessa mesma tendência, que teve de definir a emancipação humana em termos verdadeiramente universais e em termos substantivamente equitativos, diz respeito à relação entre a forma como reproduzimos nossas condições materiais diretas de vida por meio das horas que dedicamos todos os dias ao trabalho em comparação com as horas que alocamos para outras atividades. Naturalmente, existe um aspecto individual importante quanto a essa questão, que permite aos indivíduos particulares atribuir determinadas porções do seu tempo para *este*, em vez de *para aquele tipo* de atividade. Mas existem algumas precondições sociais vitais em operação antes que os indivíduos possam sequer começar a pensar sobre como alocar seu tempo. Essas precondições são determinadas pelo lugar particular dos indivíduos na ordem social, dando a alguns deles muito mais "liberdade" (*liberty*) – ou "liberdade" (*freedom*) –, enquanto limita com o mesmo golpe a igualdade dos outros. É por isso que Bolívar estava absolutamente certo ao insistir que *"sem igualdade, perecem todas as liberdades, todos os direitos"*.

É claro que a questão fundamentalmente social da alocação do tempo pode ser modificada pelo avanço histórico das forças produtivas da sociedade e dos princípios orientadores adotados que podem ser usados para regular o metabolismo social da reprodução. E não apenas o grau de avanço produtivo historicamente alcançado, mas também os princípios orientadores adotados para o controle metabólico exigem um quadro geral de referência social para adquirir o significado apropriado. Certamente somos limitados pelo grau de avanço produtivo historicamente alcançado. Mas não somos menos limitados – ao contrário, somos mais limitados e, potencialmente, até mesmo mutilados – se não elaborarmos e adotarmos os princípios orientadores apropriados de controle sociometabólico, porque isso poderia anular a realização do grau objetivamente atingido de avanço científico e outros avanços produtivos. E isso é precisamente onde a questão vital do papel do Estado entra em cena. Pois o processo de reprodução social geral, com a multiplicidade de suas ações produtivas materiais e de várias iniciativas de tomada de decisão, deve *coerir* de alguma maneira, caso contrário, a sociedade em questão não poderia sobreviver.

Assim, o funcionamento saudável da sociedade depende, por um lado, da *natureza* dos empreendimentos produtivos materiais, de acordo com as condições históricas específicas que definem e moldam o seu caráter, e, por outro, da *modalidade* do processo *geral* de tomada de decisão política que *complementa* o processo sociometabólico, tal qual ativado na multiplicidade das unidades reprodutivas materiais particulares, ajudando-as a *coerir* em um *todo sustentável*. Sob algumas condições históricas – especialmente sob o domínio do capital como ordem sociometabólica de reprodução – essa coesão é possível somente se a dimensão de controle político geral se constituir como órgão de tomada de decisão *separado/alienado* de algumas das funções mais vitais. Pois as formações estatais do sistema do capital devem agir como *corretivos necessários* – por tanto tempo quanto forem historicamente capazes de cumprir tais funções corretivas – para alguns *defeitos estruturais* identificáveis na própria natureza das *estruturas reprodutivas materiais*. Entretanto, e isso pode não ser suficientemente enfatizado como o outro lado da mesma moeda, a necessidade de *coesão* é uma exigência social *absoluta* e, portanto, não pode desaparecer nem mesmo com o "fenecimento do Estado".

Duas importantes consequências decorrem dessa consideração absolutamente necessária.

1. A crítica radical da formação do Estado do capital em nossa época está diretamente relacionada com o seu – cada vez mais perigoso – fracasso histórico em cumprir suas *funções corretivas* vitais que são requisitadas pelo próprio processo reprodutivo material antagônico. Como resultado, o agora *Estado em falência* (a dolorosa realidade de nosso tempo, a despeito de quantos trilhões são despejados no buraco sem fundo do capital para pagar dívidas) pode apenas pôr em perigo o processo metabólico social geral, em vez de solucionar a crise. Isso ocorre porque o Estado *integra* as determinações estruturais do sistema do capital, e suas necessárias funções corretivas/solucionadoras só podem ser *internas* a ele. Assim, o Estado não pode *eximir-se* da *crise estrutural* em desdobramento do sistema do capital como um todo.
2. A primazia relativa nessa inter-relação inextricável entre as estruturas reprodutivas materiais do capital e suas formações de Estado – que, em um determinado ponto da história, tornou-se um círculo vicioso – pertence às primeiras. É, portanto, impossível vislumbrar o necessário

fenecimento do Estado sem, simultaneamente, confrontar os problemas críticos de alterar radicalmente o processo de reprodução material global. O doloroso fracasso histórico em alcançar qualquer progresso até o momento na direção do fenecimento do Estado tal qual vislumbrado por Marx adquire sua inteligibilidade sobre esse fundamento. E a mesma consideração se aplica não apenas à avaliação do passado em relação às forças que impediram a realização das expectativas originais, mas também às prospecções para o futuro.

Quanto ao primeiro ponto, que acabamos de mencionar, é extremamente relevante que os defensores atuais do "imperialismo liberal" definam arrogantemente os territórios de sua ilusória reconquista colonial como "Estados falidos". Nenhuma explicação é dada sobre o porquê de os assim chamados Estados falidos supostamente terem de fato falido. É simplesmente afirmado, com arbitrariedade declamatória, que tais Estados devem ser considerados Estados falidos. Esse ponto de vista é combinado com a declaração igualmente arbitrária – um total *non sequitur* lógico, convenientemente estipulado pelos proponentes interesseiros dessas "teorias" –, segundo a qual os Estados falidos peremptoriamente condenados devem ser controlados pelos Estados capitalistas dominantes, sem nem mesmo colocar em questão a pergunta elementar da viabilidade prática (em termos de custos materiais e humanos e destruição inevitável) do empreendimento "imperialista liberal" defendido. Espera-se que a introdução da palavra "liberal" resolva todas essas preocupações. E, o que é ainda pior, os "pensadores estratégicos" e seus patrocinadores do alto escalão político, que promovem tal "visão" do futuro da humanidade, também se recusam a admitir que *os Estados realmente em falência são os próprios Estados centrais* – ainda dominantes – do sistema do capital. Um dos sinais mais agudos do verdadeiro fracasso dos Estados centrais é que, com as suas aventuras de guerra contínua, proclamadas em nome dos "direitos humanos", da "democracia" e da "liberdade", eles tentam impor aos "Estados falidos", arbitrariamente denunciados como tais, a modalidade da dominação colonialista direta, historicamente anacrônica e que fracassou dramaticamente ao ser experimentada na história real.

Temos de examinar mais de perto a determinação causal profundamente arraigada desses problemas literalmente vitais do desenrolar de nosso desenvolvimento histórico no fim desta seção. Quanto ao segundo ponto, não há como fugir do círculo vicioso das determinações inerentemente antagônicas do capital – que, em nosso tempo, coloca em risco a sobrevivência da humanidade, não apenas em termos militares, mas também no plano ecológico – sem alterar radicalmente nossa modalidade de controle sociometabólico mediante a *erradicação* completa do capital do processo de reprodução social.

Tempo socialmente disponível

O desafio a esse respeito, que adquiriu proporções monumentais em nosso tempo, foi embrionariamente conceituado um quarto de século antes de Marx, como parte integral da nova tendência perspicaz que levantou a questão da emancipação em termos universais e substancialmente equitativos, estendida a toda a humanidade. Em relação à questão essencial de como nós poderíamos e deveríamos alocar significativamente o nosso tempo – o único e exclusivo tempo de vida dos seres humanos – para os fins apropriados entre as demandas concorrentes, com implicações vitais para a questão mais relevante do "tempo livre" dos indivíduos, a resposta foi dada em um panfleto anônimo, já em 1821, da seguinte forma:

> Riqueza é *tempo disponível* e mais nada. Se todo o trabalho de um país só fosse suficiente para prover o sustento de toda a população, não haveria nenhum *trabalho excedente*, e, consequentemente, nada que pudesse ser acumulado como capital. [...] Uma nação é verdadeiramente rica quando não existe *nenhum juro*, ou quando a *jornada de trabalho* é de seis horas em lugar de doze.[4]

Assim, a categoria crucial de *tempo disponível* é antecipada pelo autor desse panfleto anônimo, além de "nenhum juro", "trabalho excedente" e "jornada de trabalho", defendendo para o futuro – e para a riqueza realmente significativa de qualquer nação – a redução da jornada de trabalho para *seis horas*. Mas é claro que essa perspectiva antecipa ainda hoje um mundo radicalmente diferente. Pois o capital só pode estar interessado na redução do *tempo de trabalho necessário* a serviço da acumulação de capital e da maximização do lucro.

O destinatário desse panfleto anônimo foi o lorde John Russell, uma figura política progressista *whig* (ancestral do conde Bertrand Russell), que já em 1820 nutria simpatia pela reforma social e, posteriormente, também, até certo ponto, pela redução da longa jornada de trabalho. Mas é claro que todo um mundo o separava da perspectiva geral do próprio panfleto. A ideia de fazer do "*tempo disponível*" o princípio orientador para a regulação da reprodução social implicava a criação de uma ordem social radicalmente diferente. Não apenas em 1821, quando foi sugerida, mas pouco menos de duzentos anos depois da ideia original, em nossa época, ela permanece como um grande desafio para o *futuro*, sem o qual o modo

---

[4] Panfleto anônimo de 1821, intitulado *The Source and Remedy of the National Difficulties, Deduced from Principles of Political Economy in a Letter to Lord John Russell* [A fonte e solução das dificuldades nacionais, deduzidas dos princípios de economia política em uma carta ao lorde John Russell], citado em Karl Marx, *Grundrisse* (Londres, Penguin, 1973), p. 397 [ed. bras.: *Grundrisse. Manuscritos econômicos de 1857-1858: esboços da crítica da economia política* (trad. Mario Duayer e Nélio Schneider, São Paulo, Boitempo, 2011), p. 321].

234 Para além do Leviatã

socialista de reprodução sociometabólica não poderia ser considerado historicamente sustentável.

Mas como é possível instituir, na realidade, o princípio orientador de *tempo disponível* como o regulador efetivo do processo de reprodução social? Quem pode legitimamente decidir *quanto tempo disponível* pode ser posto à disposição para ser alocado para as diversas funções produtivas e humanamente realizadoras que podem *legitimamente* reivindicar uma parte adequada disso? De fato, quem pode decidir qual é o montante real tanto da quantidade *como da qualidade* do tempo disponível dos indivíduos particulares e de sua sociedade como um todo? Sob o domínio do capital, isso é inconcebível. Porém, mesmo entre o estágio inferior e o estágio mais elevado de transição da ordem reprodutiva social socialista defendida, o contraste ainda é marcante a esse respeito. Pois o princípio da distribuição do produto social entre os membros da sociedade, de acordo com a sua *contribuição* quantitativamente mensurável para o produto social total, pode ser regulado com relativa facilidade por uma *política geral*, possivelmente até mesmo sob a supervisão de uma autoridade separada instituída como temporária. Mas a maneira apropriada de distribuir a riqueza social "*de acordo com as necessidades dos indivíduos*" – indicada por Babeuf no exemplo de seus homens sedentos que precisam de um jarro de água ou apenas de um copo cheio – clama pelo reconhecimento totalmente equitativo da autoridade da tomada de decisão dos próprios indivíduos sociais sobre o assunto. Pois somente os indivíduos socialmente conscientes podem verdadeiramente julgar o que pode ser considerado o verdadeiro montante, não apenas quantitativo (medido em horas), mas também em um sentido *qualitativo* (referente à *intensidade*) de seu *tempo disponível* livremente acessível, de modo a ser legitimamente alocado pelas pessoas envolvidas para fins produtivos, bem como para a própria realização. E, ao mesmo tempo, esse assunto também envolve decidir a seguinte questão: quais são as verdadeiras *necessidades* humanas – em contraste com os desejos caprichosos e "apetites artificiais", capazes de multiplicação infinita, como a figura monetária inserida em contas bancárias – para serem apreciadas pelos indivíduos sociais sobre uma base substancialmente equitativa? Nenhuma *autoridade separada* pode reivindicar legitimidade para esses assuntos.

Naturalmente, nenhuma dessas questões é compatível na prática com o horizonte do sistema do capital, cujos imperativos materiais objetivos – que devem ser apoiados, e de fato o são, por formações de Estado correspondentes do sistema – pressionam *unicamente* para a redução do *tempo de trabalho necessário*, e, portanto, para a inevitável produção de *pessoas supérfluas*, com o agora oficialmente reconhecido e cinicamente justificado "desemprego estrutural". Pois o aumento potencial da riqueza real por meio da adoção consciente do *tempo disponível* como o regulador geral da produção – em contraste com o imperativo desumanizante da interminável

A ordem sociometabólica do capital e o Estado em falência   235

acumulação do capital – e a imensa quantidade de *tempo livre* gerado pela utilização do tempo disponível quando o dia de trabalho é reduzido para seis horas, ou até mesmo consideravelmente menos do que isso, poderiam apenas funcionar como *dinamite social*, explodindo pelos ares o sistema do capital na ausência de atividade criativa humanamente significativa à disposição dos indivíduos.

Esse princípio orientador da reprodução social é incompatível com o sistema do capital, incluindo suas formações de Estado, com base em três considerações vitais. Primeiro, porque a adoção do tempo disponível clama por uma determinação *qualitativa* do metabolismo social, no lugar da dominação fetichista da quantidade sob as condições de domínio do capital sobre a sociedade. Em segundo lugar, porque esse princípio regulador tem o *fim em aberto*, em seu *apelo para o futuro*, tanto em relação à realização dos objetivos produtivos *genuinamente planejados* da sociedade em geral (sem a qual a humanidade não poderia sobreviver) como em relação às *metas autodeterminadas de realização da vida* dos indivíduos particulares, cujo tempo disponível deve prevalecer para os objetivos escolhidos com base em sua *igualdade substantiva*. E terceiro, porque, mesmo sob as melhores condições, durante a fase ascendente do desenvolvimento sistêmico, as funções *corretivas* necessárias da formação do Estado no capital – em vista da primazia relativa das estruturas reprodutivas materiais sobre a dimensão política em sua inter-relação inextricável há pouco mencionada – não pode *alterar* significativamente o quadro geral em si. Elas só podem ajustar a sua eficácia operacional em sintonia com a *premissa absoluta* inalterável da subordinação estruturalmente enraizada do trabalho. Os defeitos estruturais das determinações materiais diretas devem ser *preservados* mais fortes do que nunca por meio das funções *contraditoriamente corretivas* do Estado, porque o capital não poderia sobreviver sem eles. Isso significa impor, na história, o imperativo destrutivo de uma *dialética atrofiada*, de uma *Aufhebung fracassada* (isto é, de uma "preservação superadora") em última instância insustentável, já que a preservação deve prevalecer *a qualquer custo*, em detrimento da vitalmente necessária *superação*. Daí sua *destrutividade* historicamente em desdobramento e cada vez mais intensa a longo prazo. E nesse sentido, novamente, os imperativos predeterminados do *passado*, com os Estados-nação concorrentes estabelecidos, dominam o *presente*.

Assim, Hegel, que era um grande pensador dialético, no terreno filosófico mais geral pôde destacar mais do que ninguém as *exigências conceituais da Aufhebung*, mas violou seu próprio princípio quando se recusou em reconhecer a *realização atrofiada* da *Aufhebung* necessária sob as condições realmente existentes. Em um sentido paradoxal, ele estava certo ao atribuir à realidade alcançada de seus modernos Estados-nação capitalistas, em sua filosofia da história, a *temporalidade do passado*, insistindo que os Estados germânicos constituíam "*pura e simplesmente o fim da história universal*". Onde ele teve de ser fundamentalmente

236 *Para além do Leviatã*

corrigido por Marx foi no esquema hegeliano – a realidade prosaica de contradições não resolvidas as quais ele só podia enaltecer, santificando-as em nome do "Espírito do Mundo" –, de acordo com o qual a subsunção dos antagonismos da "sociedade civil" sob o ilusoriamente proclamado "Estado ético" representou a *theodicaea*, a *"justificação dos caminhos de Deus"*[5] e, ao mesmo tempo, a etapa final da *"realização completa do Espírito"*[6], como vimos.

Nessa dialética atrofiada, o último garantidor da "realidade positiva" ficticiamente projetada da reconciliação social, o Estado capitalista, tinha de ser idealizado até em seus aspectos mais devastadoramente problemáticos. Assim, até mesmo a tecnologia da guerra moderna teve de ser promovida de forma extremamente surpreendente por Hegel. É difícil de acreditar em nossos olhos quando lemos em sua *Filosofia da história* o tipo de idealização socioapologética dos instrumentos de destruição produzidos em massa, quando ele nos apresenta a "dedução filosófica" da guerra moderna a partir do que, em sua opinião, deve ser explicitamente aceito como o ápice das determinações idealmente mais louváveis: "O *pensamento* e o *universal*".

É assim que Hegel tenta convencer seus leitores, com a ajuda da mais peculiar dedução filosófica sobre a pretensa "forma superior de bravura humana" exibida na guerra moderna de seus Estados-nação idealizados:

> O princípio do mundo moderno, o *pensamento* e o *universal, deu à valentia uma figura superior* de que sua externação parece ser mais mecânica e não aparece como atuar dessa pessoa particular, porém apenas enquanto membro de um todo – igualmente de que ela não é mais dirigida contra as pessoas singulares, porém contra um *todo* hostil em geral, com isso *coragem pessoal não aparece como pessoal. Por causa disso, foi esse princípio que inventou a arma de fogo*, e não foi a invenção contingente dessa arma que transformou a mera figura pessoal da valentia numa figura mais abstrata.[7]

Dessa forma, por meio de sua derivação direta do "princípio do mundo moderno", a contingência material da guerra moderna cada vez mais poderosa, enraizada na expansão global da tecnologia capitalista, adquire não só a sua "necessidade ideal". Ela também é simultaneamente colocada acima de todas as críticas possíveis em virtude de sua adequação completa – "a racionalidade do real" – a esse princípio. E, uma vez que a coragem moralmente louvável como "valor intrínseco"

---

[5] G. W. F. Hegel, *The Philosophy of History* (Nova York, Dover, 1956), p. 15 [ed. bras.: *Filosofia da história*, trad. Maria Rodrigues e Hans Harden, 2. ed., Brasília, Editora da UnB, 2008, p. 21, modif.].

[6] Ibidem, p. 17 [ed. bras.: p. 23].

[7] Hegel, *The Philosophy of Right* (Oxford, Oxford University Press, 1952), p. 212 [ed. bras.: *Filosofia do direito*, trad. Paulo Meneses et al., São Leopoldo/São Paulo, Unisinos/Loyola, 2010, p. 301].

A *ordem sociometabólica do capital e o Estado em falência*   237

foi indissoluvelmente ligada por Hegel ao "fim último absoluto [...], a soberania do Estado"[8], fecha-se completamente o círculo apologético da história, que atinge o seu ponto culminante no Estado germânico "civilizador" do sistema do capital, com sua guerra moderna impiedosamente eficaz "inventada pelo pensamento" em razão de tornar real, de uma forma "impessoal" adequada, "a imagem e a efetividade da razão". Só podemos nos perguntar como Hegel justificaria, em nome de "ser inventado pelo pensamento e pelo universal" em um estágio ainda "mais avançado" do desenvolvimento capitalista, o uso da arma *mais covarde* já produzida na história da humanidade: o *drone*, por meio do qual a destruição é imposta a inúmeras vítimas da agressão imperialista, operado pelo toque de um botão eletrônico a partir de um escritório confortável a milhares de quilômetros de distância das explosões assassinas. E como poderia Hegel atribuir, mesmo com sua dialética atrofiada, tal magnitude de depravação moral à atividade histórica suprema do seu Espírito do Mundo (*Weltgeist*) e de sua "Astúcia Absoluta da Razão"?

A substância e formas de alienação

Compreensivelmente, na abordagem marxiana, tanto as estruturas reprodutivas materiais da "sociedade civil" do capital quanto a correspondente formação de Estado em sua totalidade tiveram de ser submetidas a uma crítica radical em vez de metamorfosear o passado historicamente não mais sustentável no insuperável postulado do "eterno presente" da dialética atrofiada. Dadas as exigências de *emancipação*, não parcial, mas *universal*, em contraste com as modalidades históricas anteriores de "mudança de pessoal", essa tarefa poderia ser alcançada somente ao concentrar a atenção no círculo vicioso das estruturas reprodutivas materiais do capital e as correspondentes formações do Estado. Por conseguinte, a crítica radical tinha de ser dirigida ao *Estado enquanto tal*, não apenas a uma forma historicamente específica do Estado, o que deixaria as determinações estruturais subjacentes de pé. É por isso que o *fenecimento do Estado* teve de ser vislumbrado como um requisito essencial da possível transformação socialista global produtivamente viável, sobre a base do tempo disponível, para além da subordinação estruturalmente enraizada do trabalho e dos antagonismos destrutivos dos Estados-nação, sejam eles "germânicos" ou quaisquer outros.

Uma das grandes sacadas de Marx para a compreensão do desenvolvimento histórico foi resumida nesta analogia formulada por ele: "A anatomia humana é a chave para a anatomia do macaco". Nesse sentido, Marx insistiu que

---

[8]   Ibidem, p. 211 [ed. bras.: p. 300].

238 *Para além do Leviatã*

a sociedade burguesa é a mais desenvolvida e diversificada organização histórica da produção. Por essa razão, as categorias que expressam suas relações e a compreensão de sua estrutura permitem simultaneamente compreender a organização e as relações de produção de todas as sociedades desaparecidas, com cujos escombros e elementos edificou-se, parte dos quais ainda carrega consigo como resíduos não superados, parte [que] nela se desenvolvem de meros indícios em significações plenas etc.[9]

E Marx prosseguiu sublinhando alguns parágrafos adiante que "as categorias expressam as formas de ser, determinações de existência"[10]. A mesma consideração pode ser aplicada, *mutatis mutandis*, aos problemas do Estado moderno e às modalidades de tomada de decisão do corpo social em geral em formações passadas. O assunto é sempre a humanidade em sua história em desdobramento, avançando no insuperável terreno material da natureza que a compele a reproduzir as condições de sua existência dentro de um quadro de regras e regulamentos que podem ser favoráveis ou, ao contrário, sumamente prejudiciais a um avanço objetivamente viável. A importância vital da natureza dos órgãos de tomada de decisão geral, em relação ao modo efetivamente dado ou viável de controlar o metabolismo de reprodução social, entra no cenário histórico nesse ponto.

Não se trata aqui de algum "Estado ideal", embora não seja nem um pouco irrelevante que a projeção de algum sistema regulatório geral ideal tenha sido um tema *teimosamente recorrente* em toda a história do pensamento humano. As concepções passadas do Estado ideal não podem ser discutidas neste momento. O que importa no presente contexto é sublinhar o fato brutal de que, desde a prevalência da exploração de classe, sob qualquer forma, a mais iníqua expropriação e apropriação dos frutos do *trabalho excedente* forneceram a base material, na qual o avanço histórico teve de ser perversamente postulado. Os órgãos regulatórios da tomada de decisão geral – da escravidão e da servidão feudal até a escravidão assalariada capitalista de nosso tempo – tiveram de ser articulados e consolidados em torno da *categoria central* do ser social da humanidade, que deve, obviamente, permanecer a base material do avanço da sociedade e da realização humana também no futuro. Mas, para ser historicamente sustentável no futuro, o uso positivo do tempo disponível da humanidade deve ser libertado de seu invólucro de classe.

Em relação ao passado histórico, o fator decisivo não foi a *forma* particular pela qual o trabalho excedente foi mais iniquamente expropriado pelas classes dominantes e apropriado para seu próprio benefício primordial. Sob o capitalismo, esse processo assumiu a forma de extração e conversão economicamente reguladas de trabalho excedente em mais-valor, e o imperativo correspondente, em última

---

[9] Karl Marx, *Grundrisse*, cit., p. 105 [ed. bras.: *Grundrisse*, cit., p. 58].
[10] Ibidem, p. 106 [ed. bras.: ibidem, p. 58].

análise insustentável e letal, de sua acumulação sempre em expansão como o capital se autoimpondo destrutivamente. Essa forma histórica específica poderia ser alterada sob o sistema de capital pós-capitalista na direção da *extração política* e alocação discriminatória do trabalho excedente, ainda à custa do trabalho. O que sempre importou, e continua a importar enquanto o sistema de expropriação e dominação superimposto do trabalho excedente sobreviver *sob qualquer forma*, é a *substância* em si, que muda sua forma. E o quadro de referência regulatório geral é inseparável disso. A questão fundamental, portanto, em seus termos materiais de referência, é a expropriação e apropriação alienada do *trabalho excedente enquanto tal*, não apenas esta ou aquela forma particular dele, e em termos da estrutura geral de comando político das determinações regulatórias alienadas de hoje, o *Estado enquanto tal*. Ambos *ficam em pé ou caem juntos*. O *tempo disponível* da humanidade não pode ser liberado sem isso. Essa é a montanha que *devemos* escalar e conquistar.

A dialética atrofiada do capital

O problema particularmente grave para o nosso tempo é o necessário e cada vez mais perigoso fracasso dos *corretivos* instituídos pela dimensão política de interação social no passado. Como resultado de tal fracasso crescente, estamos agora submetidos à tentativa de aprisionar tudo no círculo vicioso cada vez mais estreito entre as determinações reprodutivas materiais estruturalmente enraizadas do capital e sua estrutura de comando político geral.

Os corretivos da formação do Estado no capital sempre foram *problemáticos*, mesmo na fase ascendente de desenvolvimento do sistema, mas na fase descendente eles se tornaram cada vez mais *aventureiros*. Sua função, em primeiro lugar, era manter dentro de limites gerenciáveis, isto é, proteger contra excessos internamente destrutivos, a *centrifugalidade inerente* às determinações materiais do capital, manifestas desde os menores "*microcosmos*" das unidades reprodutivas materiais (que devem "seguir o próprio curso"), até as intenções das mais gigantescas corporações transnacionais de dominar tudo. Os *defeitos estruturais*[11] das determinações materiais diretas do sistema do capital nunca poderiam ser superadas sem enfraquecer, e até minar, a eficácia do próprio sistema autoexpansionista, que é, por sua natureza mais íntima, *orientado para a expansão* e *impulsionado pela acumulação*, e, claro, *vice-versa*, de acordo com as circunstâncias prevalecentes. Nesse sentido, os corretivos do Estado sempre foram problemáticos, mesmo na fase ascendente *sistemicamente*

---

[11] Uma discussão mais detalhada sobre esse importante problema pode ser encontrada em meu livro *Estrutura social e formas de consciência II: A dialética da estrutura e da história* (trad. Rogério Bettoni, São Paulo, Boitempo, 2011), nas seções 4.2, 4.3 e 4.4.

construtiva. Pois puderam intervir apenas dentro de limites bem demarcados, já que seu mandato primordial não era a *superação*, mas a *preservação* da *centrifugalidade competitiva do capital*, por causa de seu lado *dinâmico*, que por um longo período histórico constituiu a força material de seu irresistível impulso para a frente e a bem-sucedida demolição de todos os obstáculos que se puseram no caminho, até o ponto da dominação sistêmica global no devido tempo.

Dada a *centrifugalidade insuperável* das unidades reprodutivas materiais do capital, a *coesão*, como a exigência absoluta de *qualquer* ordem sociometabólica, só poderia ser alcançada e mantida no curso da massiva expansão econômica, mantida por meio da correspondente expansão da formação de Estado do sistema *que toma conta de tudo*. Uma vez que essa coesão não poderia ser produzida sobre a base *substantiva* dos microcosmos autoexpansionistas da reprodução material do capital, apenas a *universalidade formal* das determinações *imperativas de Estado* poderia completar o modo da reprodução sociometabólica do capital como um sistema. Porém, mesmo essa única saída era possível somente sobre uma base *estritamente temporária*. Isto é, até que *os limites sistêmicos gerais* desse tipo de reprodução social tivessem de ser atingidos no decurso do desenvolvimento histórico. Então, os limites tiveram de se afirmar com muita força, tanto em termos dos requisitos *materiais* necessários dos microcosmos produtivos *ilimitavelmente* autoexpansionistas do sistema – afetando profundamente *da maneira mais destrutiva a própria natureza* – quanto no plano político totalizante das *relações interestatais globais*, prenunciando a potencialidade da destruição catastrófica na forma de mais uma conflagração militar total como testemunhado por duas vezes no século XX. Com efeito, o impulso autoexpansionista inexorável das estruturas materiais do capital não chega a um ponto de repouso por ser contido dentro de *fronteiras nacionais*.

A projeção ilusória de uma *globalização não problemática*, promovida atualmente de forma mais poderosa pelos Estados Unidos, como o *Estado-nação agressivo* dominante, é a manifestação óbvia dessa contradição. Mas, mesmo que os Estados-nação existentes pudessem ser de alguma forma colocados sob um guarda-chuva comum – por força militar ou por algum tipo de acordo político formal –, isso só poderia ser algo efêmero, deixando as contradições subjacentes não resolvidas. Pois ainda se manteria o defeito estrutural mais íntimo do sistema do capital em seu lugar: *isto é*, a *necessária centrifugalidade autoexpansionista* de seus microcosmos reprodutivos materiais. Em outras palavras, mesmo dessa forma, o sistema do capital permaneceria ainda hoje totalmente desprovido de uma *racionalidade operacional eficaz e coesiva*.

Durante várias décadas, a etapa imperialista monopolista da fase descendente do desenvolvimento sistêmico do capital ainda era capaz de fornecer um "avanço" perversamente corretivo, no sentido de assegurar o triunfo militar temporário do poder ou dos poderes dominantes, embora tal "corretivo" tivesse de assumir uma forma cada vez mais destrutiva por causa de suas guerras cada vez maiores. Assim, o que costumava ser apenas *problemático*, mas ainda afirmável no passado mais distante, começou a tornar-se, nas condições do imperialismo monopolista, cada vez mais *proibitivo*, devido às suas *apostas* cada vez mais altas atreladas a *retornos* necessariamente *decrescentes*. Inevitavelmente, esse tipo de desenvolvimento, com suas crescentes apostas e retornos menores, apontava para a perspectiva de tornar *totalmente insustentável* a afirmação de sanções finais do capital contra o antagonista sistêmico *externamente* denunciado, mas *interno* em suas determinações estruturais centrífugas mais profundas.

Não há como ressaltar com demasiada firmeza que apenas a falsa consciência característica das personificações do capital – que, convenientemente, também fornece a "justificação evidente" e a legitimação do Estado para as guerras visadas – pode deturpar as determinações estruturais *internas* insolúveis e as contradições da ordem social e política estabelecida como ameaças contingentes *externamente produzidas* e militarmente descartáveis de um inimigo a ser subjugado. Aqui, novamente, a *ordem causal* real é apresentada de cabeça para baixo, indicando as *consequências* necessárias das determinações sistêmicas subjacentes, como se tais consequências fossem a *causa real* das guerras periódicas moralmente justificadas em nome da defesa do Estado da "ameaça externa". E, é claro, a conclusão lógica decorrente de tal concepção de "ameaça externa" virada de cabeça para baixo também proclama que as colisões necessárias em questão são perfeitamente controláveis pelos conflitos militares habituais dos Estados-nação "soberanos". Na realidade, porém, as determinações causais e contradições são *internas* à própria natureza do modo inalterável de controle sociometabólico do sistema do capital. Isso ocorre porque a centrifugalidade incorrigível das determinações materiais do capital, em seu irreprimível impulso de extensão e dominação global, não poderia ser contida nem limitada por qualquer fronteira nacional. Consequentemente, mais cedo ou mais tarde, *a própria direção autoexpansionista* irresistível deve assumir a forma de *colisões interestatais*, não importando quão destrutivas possam ser, chegando ao ponto das duas guerras mundiais realmente vividas em nosso passado histórico.

Todavia, uma vez que a perspectiva de destruição total da humanidade entra no horizonte histórico por causa das armas nucleares, químicas e biológicas de destruição em massa, a solução militar dos problemas fundamentais dos antagonismos interestatais – com suas raízes profundamente fincadas na base material centrífuga do capital – torna-se impossível na *escala requerida*. Guerras podem ser visadas, *e de fato são*, em uma escala mais limitada, mas não uma *guerra total*, que no passado pôde subjugar com sucesso o adversário, extraindo dele posteriormente os seus recursos para o benefício do vencedor. Além disso,

242 *Para além do Leviatã*

a inevitável *destrutividade de tudo ao redor*, inseparável de uma guerra total com o uso de armas de destruição em massa, seria tão imensa que nenhum sentido racional poderia ser atribuído à noção de "vencedor". Pois, sob tais condições, não poderia haver vencedores. Haveria apenas *universalmente derrotados*. Assim, mesmo essa longa dimensão estabelecida das *funções corretivas de Estado* – nomeadamente, a sanção final para "impor a soberania pela guerra" no sentido de Estado apologético idealizado por Hegel –, que era tão vital para a viabilidade da ordem centrífuga do capital, perde hoje totalmente a sua praticabilidade e significado. Assim, com a *crise estrutural* do sistema do capital em nossa época, atingimos os limites também a esse respeito.

Naturalmente, os "pensadores estratégicos" neoliberais e neoconservadores mais extremos do imperialismo se recusam a tomar qualquer conhecimento de tais desenvolvimentos e continuam a se entregar às projeções mais absurdas de travar uma guerra no futuro, em algum momento, em nome do abertamente glorificado "imperialismo liberal". Discuti os pontos de vista de alguns deles no passado[12] e não há necessidade de repeti-los aqui. No entanto, o que é particularmente notável em todas essas defesas abertamente imperialistas de dominação militar é que os autores não conseguem entender nem mesmo a diferença fundamental entre a realidade econômica passada das *guerras totais* e as implicações das *guerras* necessariamente *limitadas* – que devem permanecer limitadas, ficando aquém do suicídio coletivo – em nosso tempo. Pois as guerras limitadas não apenas são incapazes de trazer o retorno esperado para o vencedor, nomeadamente, em nossa época, aos militarmente preponderantes Estados Unidos, mas elas são, em termos econômicos, na verdade, *contraprodutivas*. E o são mesmo que nesse momento forneçam altos lucros – ao custo de endividamento catastrófico do Estado e sua falência final – para o complexo militar-industrial nacional/transnacional. É suficiente recordar a esse respeito a soma de mais de 1 *trilhão de dólares* que os Estados Unidos sozinhos tiveram de gastar na guerra do Iraque, para não mencionar todas as outras previstas e alegremente promovidas por esses "pensadores estratégicos". A outrora praticável lógica econômica das *guerras totais* tornou-se totalmente insana como "racionalidade econômica" – mesmo no sentido da "continuação da política por outros meios" do general Karl von Clausewitz – e não pode prevalecer por mais tempo. Pois é simplesmente inconcebível que *qualquer país particular* – não

---

[12] Ver minha discussão do ponto de vista de Robert Cooper sobre "imperialismo liberal" e os chamados "Estados falidos" – descrevendo, na verdade, os antigos territórios coloniais a serem conquistados novamente – em meu livro *The Challenge and Burden of Historical Time* (Nova York, Monthly Review Press, 2008), p. 418-22, originalmente publicado no Brasil em 2007 como *O desafio e o fardo do tempo histórico: o socialismo do século XXI* (trad. Ana Cotrim e Vera Cotrim, São Paulo, Boitempo, 2007), p. 364-8. Cooper foi chamado de "o guru de Tony Blair" pela revista *The Observer*, que promoveu suas ideias.

A ordem sociometabólica do capital e o Estado em falência   243

importa quão poderoso seja em suas aspirações militares imperialistas – possa dominar de forma sustentável o *mundo inteiro*. Ainda assim, esse tipo de lógica é o único "sentido" que poderia ser atribuído às agressivas aspirações edificadoras de impérios propagandeadas por todos esses "pensadores estratégicos" estúpidos, projetando a viabilidade e a recomendabilidade econômica do "esgarçamento imperial" (*imperial overstrech*) contra o "encurtamento imperial" (*imperial understretch*), e criando *slogans* sobre "Estados pré-modernos falidos" e o "Eixo do mal", assim como promovendo ao mesmo tempo a "não saída dos territórios ocupados" e desavergonhadamente glorificando a "morte e destruição", a serem infligidas aos chamados "Estados falidos".

Seria tentador ignorar a defesa de todo esse pesadelo inconsequente devido a sua *total irracionalidade*. Certamente é verdade que as projeções irracionais desses "pensadores estratégicos" não importam em si mesmas. Mas elas são *sintomáticas* de algumas contradições fundamentais que não podem ser ignoradas. A verdadeira preocupação é o círculo vicioso do intercâmbio alienado entre os domínios material/econômico e político do sistema do capital. Esse círculo contrapõe-se a qualquer tentativa de encontrar soluções racionalmente sustentáveis para nossos graves problemas. Pois o intercâmbio recíproco entre os domínios material/econômico e político assume a forma de uma incorrigível dialética atrofiada, porque *um lado* na base material do processo sociometabólico deve dominar o outro – isto é, o valor de troca deve prevalecer sobre o valor de uso, a quantidade sobre a qualidade, o abstrato sobre o concreto, o formal sobre o substantivo, o comando sobre a execução, e claro, o capital sobre o trabalho. Esse tipo de unilateralidade necessária gera soluções correspondentemente unilaterais no domínio político corretivo, não apenas como o papel *facilitador* desempenhado pelo Estado em apoio às gigantescas corporações transnacionais (enquanto cinicamente critica o monopólio), mas também a realização da *expansão imperialista monopolista a qualquer custo* diretamente promovida pelo Estado, incluindo a defesa da guerra total, em vez de limites racionais a serem definidos para a expansão perdulária e inadmissível – além de certa fase histórica, até mesmo totalmente destrutiva – do capital.

Não pode haver uma solução para esse problema fundamental dentro dos parâmetros dos Estados-nação necessariamente antagônicos constituídos por meio do círculo vicioso da *dialética histórica atrofiada* do capital. A chave para remover as *causas* da guerra global pode ser encontrada na necessidade de superar, no plano do *próprio metabolismo social*, a dominação fetichista de um lado pelo outro, que acabamos de mencionar, fundada na dominação estruturalmente enraizada do trabalho pelo capital e sua expropriação das funções vitais de controle geral do metabolismo social.

A base material centrífuga do capital *não podia e não pode* ter uma estrutura de comando global historicamente sustentável. Assim, as várias formações do

244 *Para além do Leviatã*

Estado no sistema do capital têm sido constituídas no curso da história a partir da necessidade de fornecer uma solução – não importa quão contraditória, de fato antagônica – para esse defeito estrutural do metabolismo sociorreprodutivo do sistema, submetendo as unidades incorrigivelmente centrífugas e com alto potencial desintegrador a algum tipo de controle geral. Essa solução poderia ser oferecida sobre a base sistêmica estabelecida só se fosse mantido o caráter *separado/ alienado* das formações do Estado no capital como a estrutura de comando global do sistema, sem *qualquer* perspectiva de integrar as funções materiais reprodutivas e as funções de controle político legitimadoras do Estado. Ao mesmo tempo, as determinações *materiais reprodutivas* do sistema do capital continuaram – e continuam – seu impulso implacável em direção à integração *global*, que *não pode ser igualado* de maneira historicamente sustentável pelas formações do Estado no capital, apesar de toda projeção ilusória da globalização.

Assim, as tendências integradoras como um todo permanecem incorrigivelmente truncadas na base realmente existente do capital, e a dimensão política se mantém caracterizada pela estrutura do comando global antagonicamente confrontador dos Estados-nação. Nesse sentido, o que foi em sua constituição original uma prática corretiva temporária (mesmo que necessária por um longo período histórico) para a centrifugalidade material desintegradora do capital torna-se, em nosso tempo, no plano global, uma catastrófica centrifugalidade que potencialmente *absorve* tudo, necessitando de um corretivo global apropriado. Mas um corretivo global é inconcebível sem que se supere o defeito estrutural da centrifugalidade material e a oposição absoluta do capital a um modo de tomada de decisão em que a escolha autônoma dos objetivos dos indivíduos livremente associados possa ser combinada com uma estrutura reprodutiva global racionalmente planejada e historicamente sustentável, e possa ser verdadeiramente integrada nela.

14

Um obstáculo do tamanho do Himalaia: conclusão da parte II

Esse é o tamanho da montanha que *devemos* escalar e conquistar. Algum tempo atrás falei do "obstáculo do tamanho do Himalaia". Isso parece um verdadeiro eufemismo. Nossa montanha corresponde a muitos Himalaias, um sobre o outro. E não há xerpas nativos a serem explorados para o trabalho duro. Teremos de fazê-lo nós mesmos, e só poderemos fazê-lo se estivermos dispostos a enfrentar os verdadeiros riscos e os reais obstáculos.

As contingências de nossa situação, com destaque para os limites de nossa ordem sociometabólica, não são apenas dolorosas, são inalteravelmente também *contingências globais*, com suas preocupantes implicações. Pois, se a dimensão e os recursos de nosso planeta fossem, digamos, dez vezes maiores do que eles realmente são, a destrutividade do capital poderia continuar por um bom tempo ainda. Mas *eles não são* dez vezes maiores; são do seu real tamanho. Para nos restringirmos ao mais elementar, a dominação e a *destruição da natureza* hoje em curso devem tornar palpavelmente claro que *há um limite para tudo*. E os limites absolutos do capital demonstram sua insustentabilidade em nosso tempo não apenas em relação a essa questão, mas em diversos outros pontos.

Nenhum Estado ideal ou utópico pode ser vislumbrado sob a urgência do tempo. O anseio por soluções ideais constantemente recorrentes no passado pode nos dizer algo irreprimível a respeito das legítimas aspirações da humanidade. Mas elas precisam ser estabelecidas sobre bases mais seguras.

Apesar das acusações que distorcem as coisas, nenhuma reivindicação ideal irrealizável está envolvida na defesa da necessária alternativa socialista. Essa alternativa clama pela exigência tangível de *sustentabilidade histórica*. E isso também é oferecido como o *critério* e a *medida* de seu sucesso viável. Em outras palavras, o teste de validade em si é definido em termos da viabilidade histórica e sustentabilidade prática, *ou não*, dependendo do caso.

246   *Para além do Leviatã*

Naturalmente, nenhuma ordem sociometabólica pode funcionar sem os seus princípios orientadores. De fato, sua sustentabilidade histórica depende da *viabilidade prática* de seus *princípios orientadores rivalizantes*. É por isso que a ordem socialista só pode ser vislumbrada sobre a base material da apropriação *racionalmente planejada* e determinada do *trabalho excedente* produzido por *todos e cada um* dos indivíduos *livremente associados* da sociedade, que concebem e *satisfazem suas aspirações* no espírito anteriormente discutido de seu *tempo disponível*, sobre base de sua *igualdade substantiva*, em plena *solidariedade* uns com os outros e com suas *aspirações socialmente compartilhadas*.

É isso que torna viável a *conquista* da montanha que devemos escalar.

PARTE III

UTOPIAS ANTIGAS
E MODERNAS

15

Da caverna de Platão até
a luz mortiça de *As leis*

Desde a publicação de um livro muito celebrado no século XVI, passou a ser rotina chamar de "*utópicas*" as visões idealizadas da ordem sociopolítica. Como sabemos, foi *sir* Thomas More[1] que deu o título de *Utopia* – significando "lugar nenhum" – a seu livro publicado em 1516. Nessa obra seminal, apresentou uma crítica afiada das condições socieconômicas e políticas de seu tempo, bem como uma imagem idealizada oposta a elas como alternativa praticável projetada no mundo "burlesco" de *Lugar nenhum*.

Os excessos de selvageria da primeira fase do desenvolvimento capitalista foram alvo da crítica do livro de *sir* Thomas More. Eles foram celebremente resumidos na imagem muito vívida, segundo a qual "*ovelhas estão devorando pessoas*". A intenção dessa notável expressão era sublinhar a *absurdidade* completa de qualquer coisa comparável a isso. Porém, o que estava sendo sarcasticamente condenado como *absurdidade* pelo autor de *Utopia* inegavelmente correspondia por inteiro à dolorosa *realidade* das condições que prevaleciam historicamente naquela época.

A desumanidade destacada de maneira tão vívida por *sir* Thomas More devia-se ao *cercamento* da terra comum imposto pelo Estado na sociedade realmente existente, sob as condições da "acumulação primitiva do capital". Esse cercamento foi promovido no interesse da produção altamente lucrativa de lã naquele estágio inicial do desenvolvimento capitalista, sendo que o extermínio de centenas de milhares de seres humanos – uma cifra realmente assombrosa em vista do tamanho da população total do país no início do século XVI – condenados como

---

[1] Paradoxalmente, *sir* Thomas More foi por muitos anos um servo sumamente fiel e um oficial de alto escalão do rei Henrique VIII. Porém, se recusou a aceitar a grave violação da religião cristã cometida pelo rei no interesse de seus casamentos e da expropriação da propriedade da Igreja. Por tal oposição imperdoável à conveniência real, *sir* Thomas More foi executado por ordem do rei Henrique VIII em 1535. Pela mesma razão, quatro séculos depois, em 1935, ele foi declarado santo pela Igreja católica romana.

250 *Para além do Leviatã*

"vagabundos" perigosos foi o resultado concomitante necessário da medida social repressiva do cercamento. Desse modo, a verdade figurada, mas profunda, da expressão "ovelhas estão devorando pessoas" deixou muito clara por sua contundência a brutalidade da transformação socieconômica em andamento.

Nem é preciso dizer que, na verdade, a esmagadora maioria das pessoas denunciadas e eliminadas pela violência estatal como "vagabundos" destrutivos foi impiedosamente escorraçada de seu meio de subsistência produtivo na terra comum. Porém, os interesses assegurados da ordem reprodutiva social capitalista que avançava vitoriosamente e sua formação estatal autoritária tinham de encontrar uma justificativa palatável para a crueldade do extermínio em massa imposto por meio do Estado, e fizeram isso chamando as pessoas em questão de vagabundos destrutivos e parasitas.

Certamente a idealização teórica mais ou menos evidente da ordem sociopolítica retratada não começou com a obra de *sir* Thomas More. Ela remonta a milhares de anos atrás. De fato, no plano da teoria social e política, ela recua até onde conseguimos encontrar formações estatais hierárquicas estruturalmente arraigadas e suas modalidades antagônicas de tomada de decisão global, associadas a uma ordem reprodutiva material antagônica correspondente. Pois todos esses sistemas políticos e socieconômicos, pelas determinações que lhes são inerentes, dominaram impiedosamente as grandes massas da população. É por isso que elas têm de ser idealizadas no mundo da ideologia pelo tempo que tais condições podem prevalecer historicamente.

Para nossos propósitos nesta obra será suficiente recuar na história até as ideias filosóficas sobre o Estado defendidas por Platão e Aristóteles, concebidas por eles há pouco mais de 2.500 anos. Pois, desde então, testemunhamos a mais eloquente *continuidade* do pensamento social e político não só europeu, mas de todo o Ocidente nesse sentido.

Como era de se esperar, devido às relações de classes predominantes e o papel fundamental exercido pelo Estado em salvaguardar sua estabilidade, as teorias do Estado, inclusive dos mais importantes filósofos, via de regra, vislumbraram por um tempo bastante longo a capacidade presumida de remediar, no quadro da tomada de decisão do próprio Estado, as contradições econômicas e políticas que os pensadores conseguiam identificar em suas sociedades. Projetaram esse tipo de solução no interesse da manutenção continuada da ordem que habitualmente se mostrou exitosa em suas sociedades. Isso aconteceu inclusive quando os filósofos em questão foram capazes de enfatizar algumas das graves contradições que tiveram de experimentar. É compreensível que defender a instituição das mudanças fundamentais exigidas como alternativa ao modo de produção e reprodução social existente provou ser proibitivo para eles nos termos de seu quadro conceitual geral.

De acordo com isso, as explicações dadas pelos principais pensadores por milhares de anos mantiveram o próprio Estado como o horizonte global de tomada de decisão, mesmo quando não podiam negar o impacto negativo de uma série de contradições sociais e políticas fundamentais em suas sociedades. De fato, paradoxalmente, os pensadores políticos de destaque aqui referidos continuaram a manter o horizonte ilusoriamente orientado para o Estado, mesmo quando eles próprios eram capazes de fornecer algumas interpretações altamente inspiradas para a irrupção de tão graves contradições. É por isso que Marx pôde sublinhar – em uma de suas *Teses sobre Feuerbach* –, de modo plenamente justificado, que os maiores filósofos do passado "apenas interpretaram o mundo de diferentes maneiras; o que importa é transformá-lo"[2].

Tivemos de esperar milhares de anos antes que a *natureza do próprio Estado* enquanto historicamente constituído em seu caráter imutável e *estruturalmente arraigado de modo necessariamente hierárquico* pudesse ser identificado como uma das *causas que estão na raiz* dos problemas a serem superados, mais do que como uma instância capaz de fornecer a solução historicamente sustentável para elas. Não obstante, essas causas presentes na raiz tinham de ser confrontadas em algum momento da história, pois o caráter e o papel do próprio Estado *impossibilitaram* por incontáveis séculos a solução dos problemas vitais em jogo no avanço social, por meio da modalidade de tomada de decisão inalterável do Estado. É isso que não podia ser levado adiante indefinidamente. Pois o Estado continuou a usurpar o papel de árbitro necessário de todas as questões fundamentais da vida social, desde as condições materiais elementares da reprodução até as questões políticas e culturais mais complexas e confusamente entrelaçadas.

No decorrer do tempo, essa situação se tornou insustentável. Nesse caso, a questão não era "*tornar-se ou não?*", mas "*quando?*", devido às condições históricas em desdobramento em termos dos conflitos sociais inevitáveis e as limitações ecológicas em última instância potencialmente catastróficas que, em algum ponto da história, teriam de se impor. Pois a modalidade global de tomada de decisão do Estado não pôde ser alterada de modo significativo precisamente em vista do *enraizamento estrutural hierárquico* do Estado *como tal* na ordem reprodutiva social antagônica, não importando quão destrutivas fossem as consequências.

As determinações antagônicas insustentáveis a longo prazo, subjacentes a essa relação entre a ordem de reprodução metabólica social fundamental e seu poder de tomada de decisão global pelo Estado, não tinham um caráter limitado temporário e contingente. Pelo contrário, a natureza e o modo de operação estruturalmente

---

[2] Karl Marx, "Teses sobre Feuerbach" (escritas em 1846), em Karl Marx, *Early Writings* (Londres, Penguin, 1974), p. 421-3 [ed. bras.: "1. Ad Feuerbach (1845)", em Karl Marx e Friedrich Engels, *A ideologia alemã*, trad. Rubens Enderle, Nélio Schneider e Luciano Cavini Martorano, São Paulo, Boitempo, 2007, p. 535].

arraigados e necessariamente hierárquicos/autoimpositivos do Estado eram inseparáveis da modalidade historicamente prevalecente da produção e reprodução materiais, que era, ela própria, estruturalmente dominada por *irreconciliáveis antagonismos de classes*. É por isso que a modalidade de tomada de decisão global do próprio Estado, no modo antagônico que lhe é próprio, tinha de corresponder a seu equivalente na ordem reprodutiva material repressiva classista.

Obviamente, esse tipo de intercâmbio contraditório entre a reprodução social e o Estado só podia constituir um verdadeiro *círculo vicioso*, cujas partes constituintes se reforçam reciprocamente – e são forçadas a fazê-lo. Por isso, pensando no futuro, é inevitável que os dois permaneçam em pé ou caiam juntos, uma vez que os antagonismos do Estado e o metabolismo material antagônico da sociedade só poderão ser superados quando ambos forem relegados ao passado de um modo historicamente sustentável. Em outras palavras, o impacto fatalmente negativo de seu círculo vicioso só poderá ser superado mediante a substituição radical tanto do Estado antagonicamente estruturado e arraigado como do metabolismo material explorador e baseado no antagonismo de classes da sociedade, historicamente constituído por milhares de anos.

O Estado socrático ideal

Platão teve uma vida longa e às vezes dramaticamente movimentada, entre 429 e 347 a.C. Certa vez, sucedeu-lhe algo sumamente irônico: embora fosse membro de uma família aristocrática muito distinta e privilegiada e, é claro, apoiadora da escravidão, ele chegou a sofrer a indignidade de ser vendido como escravo na Sicília. Acabou sendo resgatado por Anicéris, que comprou sua liberdade mediante o dispêndio da considerável quantia de vinte minas[3], de acordo com o relato que nos foi transmitido por Diógenes Laércio[4].

Platão registrou não só uma, mas várias visões utópicas do Estado ideal. Duas delas são muito conhecidas – especialmente *A república*, mas também *As leis* –, ao passo que a terceira dificilmente é levada em consideração. Isso é compreensível até certo ponto porque a terceira sobreviveu apenas como um pequeno fragmento, interrompido no meio de uma frase. Não obstante, ela é significativa para nós porque, nessa obra, Platão tentou exemplificar, "no mundo da realidade", o relato socrático do Estado ideal no mesmo espírito com que o concebeu em *A república*.

---

[3] Uma mina equivalia a cem dracmas. Assim, Anicéris teria pagado 2 mil dracmas pela soltura de Platão.

[4] Diógenes Laércio, *Lives and Opinions of Eminent Philosophers*, Livro 3: *Plato* (Londres, Henry G. Bohn, 1853), p. 120 [ed. bras.: *Vidas e doutrinas dos filósofos ilustres III*, trad. Mário da Gama Kury, 2. ed., Brasília, Editora da UnB, 1977, p. 89-90].

Da caverna de Platão até a luz mortiça de As leis   253

Nesse diálogo fragmentário, Platão tentou fazer isso com referência à vitória da Atenas antiga, ocorrida – segundo a *lenda* – 9 mil anos antes do tempo do próprio Platão, sobre a igualmente lendária ilha de *Atlântida*, descrita como parte do reino original do deus Poseidon na mitologia grega.

Encontramos referências a essa visão utópica fragmentária em dois dos diálogos de Platão: no "Timeu" e em "Crítias". Ambos pertencem ao que se costuma chamar de "período tardio" do filósofo, ao qual indubitavelmente pertence também sua obra mais extensa sobre o Estado, intitulada *As leis*. Em contraste, *A república* é o diálogo de destaque sobre o Estado ideal, escrito nos anos designados como o "período médio" de Platão.

No diálogo "Timeu", como em "Crítias", há três participantes além de Sócrates: Crítias, Hermócrates e o próprio Timeu. No início do "Timeu", nos é oferecido o sumário mais sucinto possível do "tema principal" de *A república*, que fora discutido um dia antes pelos mesmos quatro personagens e reiterado com detalhes pelo próprio Sócrates. Como formulado no *Timeu*: "A principal porção do discurso que proferi ontem se referia *ao tipo de forma de governo que a mim parecia revelar-se a melhor e ao tipo de homens que faria dela essa melhor forma possível*"[5].

Todavia, o propósito principal desse diálogo era reafirmar a validade praticável do relato apresentado no dia anterior pelo próprio Sócrates em sua longa narrativa em *A república*. Esse objetivo é verbalizado nas palavras de Crítias, ao explicar que a narrativa socrática o fizera lembrar o que, na infância, havia escutado de seu avô – também chamado Crítias – como história real sobre a Atenas antiga. Estas são as palavras relevantes do Crítias neto:

> Estou pronto agora para narrar toda a minha história, não apenas numa versão concisa, mas com todos os detalhes, como a ouvi. *Transportaremos para o domínio do fato* o Estado e seus cidadãos que para nós descreveste ontem *como se fosse uma fábula*. Na realidade, suporemos que esse Estado corresponde a nosso antigo Estado e diremos que os cidadãos por ti imaginados são, na verdade, nossos próprios ancestrais [...]. A correspondência entre eles se revelará em todos os aspectos e nosso canto não será

---

[5] Platão, *The Dialogues of Plato*, v. 3 (trad. B. Jowett, Oxford, Oxford University Press, 1892), p. 437, destaques de Mészáros [As citações em português baseiam-se em Platão, "Timeu", em *Diálogos*, v. 5 (trad. Edson Bini, Bauru, Edipro, 2010), p. 161-264, aqui p. 162. Sempre que a tradução inglesa e a brasileira divergirem, será reproduzido o sentido da tradução inglesa]. Timeu é apresentado no diálogo que leva o seu nome como "nosso melhor astrônomo, [que] atraiu para si a tarefa de conhecer a natureza do universo" (ibidem, p. 447 [ed. bras.: p. 176]). De fato, de longe a maior parte do diálogo "Timeu" é dedicada à explicação da origem e "natureza do universo" (ibidem, p. 448 [ed. bras.: 27c e 92c, p. 177 e 264]), retratando a concepção platônica do cosmo.

254   *Para além do Leviatã*

desafinado se [ousarmos] asseverar que os cidadãos do teu Estado são os próprios homens que viveram naquela era.[6]

Lamentavelmente, porém, devido ao caráter fragmentário do diálogo apresentado pelo jovem "Crítias", seu relato nunca chega a ser o que ele havia prometido em suas palavras de introdução, a saber, "a história" inteira "com todos os detalhes" como foram contados a ele por seu avô. Não obstante, ficamos sabendo que a narrativa do seu avô dizia respeito ao modo como a Atenas antiga era constituída originalmente, tendo características definidoras muito parecidas com a visão apresentada no dia anterior na narrativa de Sócrates; e ambas correspondem – por algum "acaso sobrenatural"[7], como nos é dito mais tarde pelo jovem Crítias – exatamente à "narrativa de Sólon", o grande legislador e poeta. E, de fato, diz-se que essa nobre constituição capacitara os antigos atenienses a triunfar heroicamente, "9 mil anos antes"[8], sobre o imenso poder dos regentes de Atlântida[9]. Desse modo, ficamos certos não só da viabilidade prática do Estado socrático, mas também do seu altíssimo valor moral. Ao mesmo tempo, também entendemos que o invasor repreensível (por sua insolência), a poderosa ilha de Atlântida, desapareceu completamente no fundo do oceano, em decorrência de terremotos e enchentes que ocorreram logo depois de sua derrota – como por um ato de justiça divina.

---

[6]   Ibidem, p. 447. Destaques de Mészáros [ed. bras.: 26c-d, p. 175].

[7]   Estas foram as palavras de Crítias: "Acabaste de ouvir, Sócrates, numa versão bastante concisa, a história que relatou o velho Crítias [seu avô] do que ouvira de Sólon. E quando discursavas ontem, discutindo a questão das formas políticas e descrevendo certo tipo de homens, fiquei pasmo ao me recordar dos fatos que apresento agora ao considerar por qual *acaso sobrenatural* a tua descrição correspondia, na maioria das partes, tão exatamente à *narrativa de Sólon*" (ibidem, p. 446. Destaques de Mészáros [ed. bras.: 25d-e, p. 174]).

[8]   Platão, "Crítias", 109e, em *Diálogos*, v. 5, cit., p. 265-87, aqui p. 268.

[9]   Na narrativa do avô de Crítias, um sacerdote egípcio relata o seguinte para Sólon: "As realizações do teu Estado são, de fato, múltiplas e grandiosas, revelando-se, como aqui são registradas, maravilhas. Todavia, há uma delas que sobressai entre todas devido a sua grandeza e excelência. É relatado em nossos registros como numa certa época teu Estado deteve a marcha de um exército poderoso, o qual [...] avançava insolentemente com o objetivo de atacar de uma só vez a Europa inteira e a Ásia. [...] Sucedeu de essa potência [...] tentar numa certa oportunidade submeter mediante um só ataque violento tanto teu país, o nosso, quanto a totalidade do território do estreito. Foi então, Sólon, que o poder do teu Estado se fez visível, através de virtude e força, para todo o mundo, pois destacou-se sobremaneira entre todos por seu ardor e poder em todas as artes bélicas; e, atuando em parte como líder dos gregos, em parte tendo que combater sozinho quando foi abandonado por todos os aliados, depois de afrontar os perigos mais extremos e letais, derrotou os invasores, podendo erigir seu monumento da vitória. A consequência disso foi ter *salvado da escravidão* todos aqueles que jamais a haviam experimentado, e *o restante de nós*, que habitamos dentro dos limites das colunas de Hércules, teu Estado não relutou em nobremente libertar" (Platão, *The Dialogues of Plato*, v. 3, cit., p. 445-6. Destaques de Mészáros [ed. bras.: "Timeu", cit., 24d-e, 25b-c, p. 173-4]).

Assim se espera que fiquemos satisfeitos com o caráter ideal do Estado projetado por Sócrates, e isso em dois sentidos. Em um deles, de acordo com as asseverações do jovem Crítias, não pode haver desarmonia entre os dois relatos feitos pelo próprio Platão quando a *"fábula"* de Sócrates é *transportada "para o domínio do fato"*, assegurando com essas palavras que a *República* socrática é um modo *viável na prática* e exitoso de regulamentar a ordem social. E, no segundo sentido vital, também nos é garantido que não pode haver absolutamente nenhum conflito entre o elogiado *sistema de valores* do Estado socrático ideal e o mundo *da realidade* presente nem futuro. Em outras palavras, na visão oferecida por essas duas narrativas, não é possível haver conflito entre a realidade do "é" e o mundo do "deve ser". Assim se sublinha sua validade inquestionável.

A natureza como justificativa

Na filosofia e na teoria social, encontramos com certa frequência o apelo a alguma autoridade superior – uma "Providência Divina" ou "Natureza" –, como pretensa forma de suporte à posição do pensador que está defendendo sua causa. Como vimos, Hegel não apresentou sua concepção do desenvolvimento histórico simplesmente como sua visão do mundo, mas como desdobramento real do *Weltgeist* [Espírito do Mundo], como desdobramento de *sua realidade* na forma em que todos nós experimentamos o curso real da história. Como era de se esperar, também Kant, com seu jeito incisivo, apela para o providencial "grande artífice, que é a natureza" (*"natura daedala rerum"*)[10] para que apoie seus pontos de vista. De fato, em um modo similar de asserção, um dos maiores representantes do Iluminismo escocês, Adam Smith, caracteriza a ordem socieconômica capitalista que ele apoia ardorosamente como "o *sistema natural* da liberdade e justiça perfeitas"[11] .

No mesmo sentido, devemos nos lembrar, na teoria social e política, as abordagens que postularam um *"estado de natureza"* original para o desenvolvimento da humanidade. Não devemos deixar de considerar, nas variadas concepções de Estado, os defensores do *"direito natural"*, independentemente de quão discutível possa ser a ordem legislativa estabelecida sobre esse fundamento. Pois todas essas assunções que recomendam a elas próprias podem levar a conclusões extremamente problemáticas. Às vezes, conduzem a um resultado

---

[10] Immanuel Kant, "Eternal Peace", em *The Philosophy of Kant: Immanuel Kant's Moral and Political Writings* (Nova York, Random House, 1949), p. 448 [ed. bras.: *À paz perpétua*, trad. Marco A. Zingano, Porto Alegre, L&PM, 1989].

[11] Adam Smith, *The Wealth of Nations* (Nova York, Random House, 1937), p. 472 [ed. bras.: *A riqueza das nações*, trad. Luiz João Baraúna, São Paulo, Nova Cultural, 1996, v. II, p. 100].

256 *Para além do Leviatã*

tão dúbio quanto a afirmação de algo diametralmente oposto ao real estado de coisas. Isso é possível até com alguns pensadores bastante importantes. Tomando como exemplo apenas dois dos maiores, consideremos a respeito dessas questões, com muita brevidade, os pontos de vista de Kant e Hegel no domínio da filosofia alemã clássica.

O modo como Hegel usa a *Natureza* com o propósito de autorrecomendação anteriormente mencionado é sumamente revelador do *caráter classista* antagônico – claro que não reconhecido como tal – das determinações estruturais subjacentes que atuam na ordem social, sendo devidamente refletido na teoria social e política, precisamente porque seu curioso postulado da alegada autoridade da "Natureza" em nome de sua rejeição mais preconceituosa da igualdade em termos sociais teve de ser integrado em uma concepção filosófica *idealista* monumental, associada ao "*Espírito do Mundo*". Pois, quando um filósofo materialista – como Thomas Hobbes, por exemplo – apela para a autoridade indiscutível da natureza como apoio a seus pontos de vista, isso parece estar bem sintonizado com sua posição filosófica em geral. Porém, quando a mesma abordagem é adotada por um pensador idealista do quilate de Hegel, cujo quadro de referência último é nada menos que o Espírito do Mundo, é preciso examinar as razões disso. E a resposta se nos apresenta de imediato quando consideramos a passagem hegeliana em questão. Ela tem o seguinte teor:

> Contém a Ideia um *direito objetivo da particularidade* do espírito, direito que não suprime, na sociedade civil, *a desigualdade dos homens* estabelecida *pela natureza* (elemento de desigualdade); pelo contrário, ele a reproduz *a partir do espírito* e eleva-a ao grau de desigualdade de aptidões, de fortuna [riqueza] e até de cultura *intelectual e moral*. A exigência de igualdade que a esse direito se opõe provém do *intelecto vazio* que confunde a sua *abstração* e o seu dever-ser com o real e o racional.[12]

Claramente, a força motivadora do apelo totalmente perverso de Hegel à autoridade da "Natureza" é sua determinação de afirmar arbitrariamente – em sintonia com a conversão falaciosa da inegável diversidade da natureza em desigualdade humana socialmente produzida, o que o capacita a atribuir esta última, como "desigualdade natural" – a pretensa inalterabilidade da própria natureza; que, por seu turno, se supõe que domina para sempre também a "sociedade civil" por alguma espécie de fatalidade natural em todos aspectos, incluindo até a "cultura intelectual e moral". Esse é um modo sumamente ultrajante de raciocinar, que

---

[12] G. W. F. Hegel, *The Philosophy of Right* (Oxford, Oxford University Press, 1952), p. 130. Destaques de Mészáros [ed. bras.: *Filosofia do direito*, trad. Paulo Meneses et al., São Leopoldo/São Paulo, Unisinos/Loyola, 2010, p. 179].

Da caverna de Platão até a luz mortiça de As leis   257

corresponde ao preconceito ideológico extremo e cuja circunstância de ter sido produzido pela pena de um gênio filosófico só piora as coisas.

Como vimos, Thomas Hobbes refutou, cerca de dois séculos antes de Hegel, o raciocínio hegeliano sobre a alegada desigualdade dos seres humanos determinada pela natureza. Vale a pena reproduzir o modo como formulou essa questão:

> A natureza fez os homens tão *iguais*, quanto às faculdades do corpo e do espírito que, embora por vezes se encontre um homem manifestamente mais forte de corpo ou de espírito mais vivo do que outro, mesmo assim, quando se considera tudo em conjunto, a diferença entre um e outro homem não é suficientemente considerável para que qualquer um possa com base nela *reclamar qualquer benefício* a que outro não possa também aspirar tal como ele. Porque quanto à força corporal o mais fraco tem força suficiente para matar o mais forte, quer por secreta maquinação, quer se aliando a outros que se encontrem ameaçados pelo mesmo perigo. Quanto às faculdades do espírito (pondo de lado as artes que dependem das palavras e especialmente aquela capacidade para proceder de acordo com regras gerais e infalíveis a que se chama ciência; a qual muito poucos têm, é apenas numas poucas coisas, pois não é uma faculdade nativa, nascida conosco, e não pode ser conseguida – como a prudência – ao mesmo tempo que se está procurando alguma outra coisa), encontro entre os homens *uma igualdade ainda maior do que a igualdade de força*. Porque a prudência nada mais é que experiência, que *um tempo igual igualmente* oferece a todos os homens, naquelas coisas a que *igualmente* se dedicam.[13]

Por conseguinte, o modo hegeliano de usar, no seu raciocínio sumamente preconceituoso, uma "Natureza" completamente travestida visando à autorreco-mendação, converte o real estado de coisas, no que concerne à igualdade humana real e potencial, em algo diametralmente oposto, a serviço de uma posição social e filosófica extremamente retrógrada. Interesses assegurados de cunho ideológico, cegamente aceitos sem questionamento, constituem o fundamento desse raciocínio. Inevitavelmente, a teoria hegeliana do Estado sofre as consequências disso.

O caso de Kant é um tanto diferente. Naturalmente é verdade que sua visão da igualdade humana contém uma falha fatal por estar baseada em uma visão invertida da ordem reprodutiva da sociedade. Ela é concebida de modo a ignorar completa-mente as determinações sociais estruturalmente arraigadas, exploradoras e por isso necessariamente antagônicas classistas, e, ao mesmo tempo, justifica imperdoavel-mente as desigualdades gritantes da ordem reinante ao simplesmente afirmar, com

---

[13] Thomas Hobbes, *Leviathan* (Oxford, Oxford University Press, 1909), p. 94. Destaques de Mészáros [ed. bras.: *Leviatã*, trad. João Paulo Monteiro e Maria Beatriz Nizza da Silva, São Paulo, Nova Cultural, 1997, p. 107].

258 Para além do Leviatã

pretensão não qualificada, que "os pobres são dependentes dos ricos e aquele que é dependente tem de obedecer ao outro, exatamente do mesmo modo que um tem o comando sobre o outro, que um serve e o outro paga etc."[14]. Aqui foram *completamente invertidas* as *relações de dependência reais* do metabolismo da produção social, estruturalmente arraigadas e impostas em termos classistas. Portanto, a ordem social exploradora classista em que "um serve e o outro paga" não só é cegamente mal retratada, ocultando que o "rico que pode pagar" se encontra em *dependência parasitária* do trabalho daqueles que de fato produzem inclusive as condições materiais elementares de sua subsistência, mas também peremptoriamente assumida, *sem a mais leve crítica*, como inalterável no futuro, de acordo com o autor da *Crítica* tanto da "razão pura" quanto da "razão prática". Isso torna sumamente problemática a própria Razão sublime, por mais magistral que seja sua articulação nas referidas *Críticas*, nos termos de referência que lhe são próprios. Não obstante, a defesa que Kant faz do que chama de "dever moral da paz perpétua", sob as condições históricas das guerras napoleônicas que tomaram conta de toda a Europa por décadas, de modo algum é repreensível. Muito pelo contrário. Pois até hoje, mais de dois séculos após a defesa veemente de Kant, a causa constantemente ameaçada de assegurar e salvaguardar com êxito a paz é absolutamente vital para a sobrevivência da humanidade.

Todavia, o problema surge com a suposição de Kant do que ele chama de "*o curso mecânico da natureza*", projetado por ele com a finalidade de fazer com que "*a teleologia da natureza*" se mostre triunfante. Pois ele apresenta essa *suposição* como a *solução* providencial para as contradições identificadas. De fato, a suposição kantiana é postulada como a solução que se desdobra na história real, pela qual, a seu ver, devemos ser gratos ao benevolente "grande artífice, que é a natureza" (*natura daedala rerum*), que nos provê com nada menos que a "*garantia*" de que alcançaremos no futuro o fim moral da paz perpétua, que é "axiomaticamente" estipulado pela própria Razão. Essa espécie de *má representação desejante* do real estado de coisas não poderia ser mais *infundada*, em vista da perspectiva bem real da potencial autoaniquilação da humanidade com que necessariamente somos confrontados em nosso tempo, em nítido contraste com o bem moral da paz perpétua aprioristicamente projetado e que deveria ser miraculosamente *promovido*, e até *garantido*, pelo "curso mecânico da teleologia da natureza".

Essa representação de motivação nobre, mas palpavelmente equivocada, dos perigosos antagonismos historicamente constatados, incluindo décadas de guerras destruidoras no século XVIII e incontáveis mais até o tempo presente, incluindo duas *guerras globais*, não constitui parte acidental ou corrigível do raciocínio de Kant. Pelo contrário, constitui a *consequência necessária* de sua má concepção

---

[14] Immanuel Kant, *The Philosophy of Kant*, cit., p. 418.

Da caverna de Platão até a luz mortiça de As leis   259

fundamental do *caráter inerente* dos antagonismos em questão. Pois ele reduz – de um modo muito parecido com o que encontramos nas concepções filosóficas burguesas em geral – os antagonismos operantes na realidade a *"propensões e conflitos egoístas" de cunho individualista* que supostamente podem ser corrigidos, ignorando, assim, suas *determinações classistas irreconciliáveis* que *têm de prevalecer* na ordem metabólica social do capital *como se* tivessem o poder de um *"direito natural"* potencialmente destrutivo de tudo o que existe.

De fato, a solução desejada por Kant para as contradições analisadas por ele – a solução projetada em *termos positivos* sobre a base alegada da intervenção benevolente do "grande artífice, que é a natureza" – consta explicitamente na filosofia kantiana como concernente às *"próprias propensões egoístas"*, de tal modo que, *tendo o próprio Estado como quadro de referência*, as referidas propensões e forças egoístas seriam astuciosamente *"direcionadas uma contra a outra"* pelo mecanismo providencial da natureza e, é claro, resultando propensões egoístas *contrabalançadas* (outro desses postulados desejantes ubíquos do universo conceitual burguês), de modo que sua interação regulada pela providência miraculosamente iria "suspender e eliminar os efeitos do contrário devastadores" das propensões egoístas condenadas.

É certo que as "propensões egoístas" individualistas são passíveis desse tratamento e dessa solução, incorporando nessa concepção até uma predecessora filosófica da *"List der Vernunft"* de Hegel, isto é, de sua "Astúcia da Razão", instituída na história mundial pelo "Espírito do Mundo" de um modo muito parecido com aquele que se diz ser realizado pelo mecanismo providencialmente teleológico da natureza no relato kantiano. Em total contraste, no entanto, certamente não são passíveis de tratamento similar os *antagonismos classistas exploradores* materialmente fundados, objetiva e profundamente arraigados em interesses assegurados insuperáveis, estando, portanto, destinados a decidir e presumidamente também a legitimar *"quem manda e quem obedece"* na ordem metabólica social antagônica do capital. E isso representa uma diferença fundamental. Pois, uma vez que as partes constituintes das contradições da sociedade, caracterizadas ao modo kantiano, compreensivelmente são reduzidas sem nenhuma razão aparente a "propensões individualistas egoístas", que em princípio podem ser administradas pelo Estado, nenhum obstáculo real pode ser visualizado à solução totalmente desejante afirmada para elas. Elas até podem ser retratadas, em termos paradoxalmente positivos, como forças dinâmicas absolutamente fundamentais para o desenvolvimento histórico da humanidade, que de outro modo seria inatingível[15].

---

[15] Nesse sentido, Kant declara: "Sem essas qualidades essencialmente feias da não sociabilidade, das quais brota a resistência com que cada qual deve se deparar em suas pretensões egoístas, todos os talentos teriam permanecido germes ocultos. Se vivesse uma existência de pastores arcadianos em harmonia, modéstia e mutualidade, o homem, de natureza pacata como a das ovelhas que apascenta, não revestiria sua existência de um valor maior do que é próprio de seus animais. O homem não preencheria a lacuna da criação no que se refere ao seu fim, à natureza racional. É preciso dar

Tudo isso muda muito de figura quando consideramos de forma objetiva antagonismos sociais determinados pela classe. Pois, em termos de suas determinações intrínsecas estruturalmente arraigadas, eles podem ser devastadores a ponto de prenunciar efetivamente nada menos que a autodestruição total da humanidade por meio de alguma guerra global, travada até o amargo fim com as armas de destruição em massa disponíveis em abundância. E, nesse contexto metabólico social objetivamente fundado, tornam-se totalmente irrelevantes os tradicionais postulados desejantes do *"equilíbrio"* reparador idealizado – que caracteristicamente está bem sintonizado com os requisitos de uma ordem social *desigual estabelecida*.

Definir as contradições e os antagonismos em termos de "propensões egoístas" de cunho individualista até pode dar margem a uma intervenção benevolente a favor da ação de equilibrar com êxito, generosamente garantida pelo "grande artífice, que é a natureza", como Kant nos assegura. Todavia, não há margem de manobra de nenhum tipo para tal intervenção, quando os antagonistas sociais potenciais se confrontam numa colisão global de destruição total – sobre a base material de contradições classistas irreconciliáveis, que correspondem a concepções rivais da ordem metabólica social almejada por elas. Não obstante, essas são as balizas reais últimas concernentes à necessidade literalmente vital da "paz perpétua" em nosso tempo e às "propensões egoístas" de conflitos individuais que podem ser convenientemente equilibrados pelo *"curso mecânico da teleologia da natureza"*.

Outro aspecto crucial da solução apontada por Kant para as contradições identificadas diz respeito diretamente ao Estado *como tal*. Nesse aspecto importante, Kant concebe o Estado como o provedor da solução mais aceitável por poder caracterizar a realização das demandas a que o Estado está sujeito como *"ao alcance da capacidade humana"* e, por isso, em pleno acordo com sua concepção autorrecomendante de *natureza*. Como podemos ver, na análise que Kant faz dessas questões espinhosas, ele não hesita em afirmar resolutamente que, para alcançar o equilíbrio engenhoso das propensões egoístas com o propósito de anular seus efeitos devastadores para a sociedade, basta, conforme suas palavras, *"organizar bem o Estado,* o que de fato está ao alcance da capacidade humana", em contraste, segundo ele, com a falha humana em ser *"um homem moralmente bom"*, devido a sua constituição *natural*[16].

---

graças à *natureza* por seu *caráter beligerante*, por sua *vaidade invejosamente competitiva*, e por seu *desejo insaciável de possuir* ou de *dominar*, porque sem eles todas as excelentes faculdades da humanidade jamais se desenvolveriam" (ibidem, p. 120-1). Destaques de Mészáros.

[16] Kant usa uma imagem muito clara para transmitir essa visão da natureza humana, ao insistir que "não se pode modelar algo absolutamente retilíneo a partir de *uma madeira tão torta como aquela de que é feito o ser humano*. A natureza nos impôs a tarefa de aproximação a essa ideia" (ibidem, p. 123). Destaques de Mészáros.

Portanto, o que era considerado por Kant inicialmente como uma limitação prática da "vontade geral", de resto louvável, é então descrito como propriamente superado porque a "*natureza* vem em auxílio dessa vontade geral reverenciada, mas inefetiva na prática, que está fundada na razão", e ela "direciona as forças egoístas *uma contra a outra*, de tal modo que o resultado para a razão é *como se* ambas as forças egoístas fossem *não existentes*". Disso decorre que, graças à "boa organização do próprio Estado", a serviço do equilíbrio exitoso dos efeitos potencialmente devastadores que surgem das propensões dos indivíduos egoístas, o homem é "*compelido a ser um bom cidadão*" e, por esse meio, o Estado bem organizado compensa também a falha original do homem em ser "um homem moralmente bom"[17].

Infelizmente, o otimismo e a nobre disposição de Kant ao sair em auxílio do que ele chama, como acabamos de ver, de "vontade geral reverenciada, mas inefetiva na prática que está fundada na razão", contornam completamente a principal dificuldade implícita em encontrar uma solução historicamente sustentável para os problemas identificados por meio de algum apelo à suposta autoridade da "*natureza*" providencial, no que diz respeito ao Estado. Pois *nunca se confirmou* a afirmação reveladora de Kant de que, para obter o desfecho historicamente válido exigido, basta "*organizar bem o Estado,* o que de fato está ao alcance da capacidade humana". Isso jamais se confirmou nem nessa obra em particular, em que é categoricamente proclamada, nem em parte alguma.

Na verdade, à luz de nossa experiência histórica real, é bem mais fácil se convencer do *diametralmente oposto* do que foi categoricamente afirmado por Kant sobre a alegada capacidade dos homens de *controlar propriamente o Estado*. Pois, ao contrário do que ele pensava, dizer que, graças ao alegado desfecho positivo, "o homem é *compelido a ser um bom cidadão*", na realidade nem toca a superfície, muito menos a dimensão com potencial sumamente destrutivo e até *catastrófico* do *problema*, representada e imposta pelo caráter do Estado *como tal*, pelo modo como ele foi historicamente constituído. E isso não só porque a defesa do "*bom cidadão*" é um *termo caracteristicamente carregado*, cujo significado – longe de ser uma compensação aceitável por definir o homem como *impedido por sua natureza* de ser "um homem moralmente bom" – pode ser *determinado* de modo sumamente arbitrário *pelo próprio Estado*, prejulgado no interesse de seu modo de operar necessariamente autoimposto.

Na realidade, o Estado, que pelas características intrínsecas de suas determinações objetivas estruturalmente arraigadas *usurpa o controle global da sociedade* – e, de fato, sendo a *alienação* institucionalmente assegurada do poder de tomada de decisão em última instância desde tempos imemoriais, *ele tem de usurpar* o controle global da sociedade –, encontra-se em contraste fatal com a crença kantiana de que

---

[17] Ibidem, p. 452-3. Destaques de Mészáros.

262   *Para além do Leviatã*

"basta *organizar bem o Estado*" para chegar à solução dos antagonismos destrutivos perenes da história conhecida. Em outras palavras, sendo historicamente constituído com vistas à *usurpação hierarquicamente exercida* do controle global da sociedade, no interesse de assegurar e salvaguardar a exploração classista estruturalmente determinada, o Estado *não é controlável de nenhum modo* pelos homens, sem que sejam superadas radicalmente as determinações necessariamente antagônicas da ordem social em *todas* as suas dimensões.

Esse é o ponto em que podemos ver claramente as *consequências desastrosas* de restringir a análise das contradições – indicadas pelo próprio Kant – ao *domínio político.* Pois o impedimento crucial nesse tocante não é a moldura institucional do Estado, da qual se diz que é remediável caso "*bem organizada*" com base na "boa cidadania" – cujos critérios são definidos de modo circular/em interesse próprio pelo Estado. Pelo contrário, na realidade existente, esse impedimento crucial consiste no *metabolismo material antagônico da própria reprodução social.*

Ademais, para piorar as coisas, "isso não foi inventado pelo capital", para usar uma expressão marxiana, mas foi assim por incontáveis séculos antes do domínio do capital e continua a ser assim hoje. De fato, continuará sendo dessa maneira enquanto o órgão de tomada de decisão global da sociedade, fatalmente corporificado pelo Estado, estiver *objetivamente* estruturado de modo *explorador classista*, e, por isso, suas determinações estruturais intrínsecas necessariamente estiverem dominadas por contradições insuperáveis. Os *antagonismos políticos do Estado como tal*, correspondendo à realidade historicamente constituída do Estado até o presente, estão inextricavelmente *fundadas* sobre essas determinações estruturais materialmente irreconciliáveis. Daí que o real determinante não é a moldura organizacional política mais ou menos improvável do Estado; os reais determinantes que fatalmente militam contra a alegada solução kantiana, que defende uma melhor organização no domínio político, são as forças antagônicas estruturalmente arraigadas do metabolismo reprodutivo materialmente fundado da sociedade.

Em todas as eras até o presente, a realidade política do Estado como tal só pode ser explicada de modo inteligível nos termos do metabolismo social historicamente estabelecido, no qual o Estado está profundamente mergulhado. É por isso que não há como enfatizar suficientemente que o Estado e a ordem metabólica social dada ficam em pé ou caem juntos. Encontrar uma solução historicamente sustentável para os seus antagonismos é *inconcebível* sem a *erradicação do próprio Estado de dentro do metabolismo social antagônico*, por um lado. Por outro, é claro que isso significa um engajamento consciente em um processo histórico sustentável de erradicação do Estado como tal, que tem de ser organicamente combinado, *ao mesmo tempo, com uma reestruturação radical do próprio metabolismo social* de um modo *não antagônico.* Esses são os

Da caverna de Platão até a luz mortiça de As leis 263

constituintes necessários de uma dialética histórica objetivamente estruturada e indissociável. Confrontar entre si os dois constituintes vitais dessa dialética objetiva é o único modo de relegar irrecuperavelmente ao passado seu *círculo vicioso destrutivo que se reforça mutuamente.*

A maneira otimista como Kant caracteriza a capacidade do próprio Estado de resolver, em seus termos de referência, as contradições identificadas, é absolutamente acrítica em relação ao Estado. Em seus argumentos sobre essas questões, ficamos sempre restritos ao domínio político do próprio Estado, visando somente a sua *transformação organizacional parcial* para obter o resultado benéfico postulado pelo grande filósofo alemão. O metabolismo social da ordem reprodutiva material estabelecida nunca é nem remotamente submetido ao questionamento crítico exigido. Essa é a razão pela qual Kant tem de supor, em sua elogiada moldura explicativa, tanto a *teleologia providencial* quanto o correspondente *mecanismo* benéfico de uma concepção sumamente problemática de "natureza", para ser capaz de almejar à tão necessária resolução das contradições destrutivas. Espera-se que essas duas *forças quase miraculosas* – a *operação providencial* e seu "*mecanismo natural*" postulado – funcionem da maneira desejada em sua filosofia, *em lugar da crítica* radical absolutamente essencial *do Estado.*

A concepção reveladora que Kant tem de sua elogiada visão da "natureza" providencial em apoio a um Estado não examinado criticamente em sua base sociometabólica inextricável pode ser perfeitamente contrastada com a maneira surpreendente com que Heródoto caracterizou, milhares de anos antes dele, alguns desenvolvimentos sociais e políticos dolorosos, incluindo sobretudo a própria guerra, nos termos da natureza realmente existente. O grande historiador Heródoto de Halicarnasso destacou ironicamente uma mudança fundamental, que se manifestou na forma de uma *inversão completa* do curso normal da natureza na vida humana por meio da deflagração da guerra, com suas consequências longe de serem bem-vindas, nos seguintes termos: "Na paz, os filhos sepultam os pais; na guerra, os pais sepultam filhos. Enfim, aprouve aos deuses que as coisas assim se passassem"[18].

De fato, o contraste contundente entre as duas condições – uma delas originalmente em evidência na sociedade humana e a outra sendo a inversão da

---

[18] Heródoto, *The Histories* (Londres, Penguin, 2013), p. 45 [ed. bras.: *História*, trad. J. Brito Broca, 3. ed. Rio de Janeiro, Nova Fronteira, 2019, livro I, cap. LXXXVII]. Na narrativa de Heródoto, essas palavras foram proferidas por Creso, que de fato tomara a iniciativa de atacar Ciro, o Grande, e fora derrotado por ele. Por conseguinte, as linhas citadas anteriormente sobre a guerra que inverte a ordem original da natureza expressaram, de certo modo, também o arrependimento de Creso, que infligira a si próprio a calamidade da derrota humilhante. E Ciro – não sendo o ocasionador da guerra que os dois exércitos tiveram de travar – perdoou-o devidamente depois de ouvir essas palavras, perfeitamente em sintonia com o espírito generoso historicamente atribuído a ele.

264 *Para além do Leviatã*

primeira, ocorrendo de um modo ou de outro por uma ou outra razão – não poderia ter sido melhor e mais incisivamente formulado do que o fez Heródoto. Em sua incontestável apresentação das condições reais da vida e sua subversão absolutamente desconcertante, o historiador da Grécia deu forte destaque ao impacto divergente do tempo de paz e do tempo de guerra sobre o curso normal das atividades humanas.

A maneira como Heródoto retrata com ironia sutil, mas cortante, o contraste entre o curso óbvio da natureza no que diz respeito ao prazo de vida dos seres humanos e sua completa inversão pela guerra pode com razão ser considerada como equivalente à ordem natural realmente existente, em sua realidade perfeitamente retilínea, não travestida de nenhum modo por interesses assegurados de cunho ideológico. Trata-se, no entanto, de uma ordem natural que passou a ser concebida por uma variedade de razões sociais e políticas de peso, em um estilo caracteristicamente diferente e de fato com frequência tendenciosamente distorcido, com apelos totalmente injustificáveis à autoridade da "natureza" durante vários milênios de desenvolvimento filosófico. Ele foi retratado de um modo desconcertante até por alguns dos maiores filósofos.

A lei e o Estado como superiores e acima de toda contestação

Retornando às teorias do Estado utópico de Platão, é preciso rememorar o modo como o diálogo "Crítias" é interrompido no meio de uma sentença e se torna um fragmento. Estas são as últimas palavras do fragmento preservado:

> Mas Zeus, o deus dos deuses, aquele que *reina pela lei*, posto que possui o dom de perceber tais situações com clareza [como virtude e vício, poder exercido com retidão e sem retidão etc.], observou essa nobre estirpe espojando-se nesse estado abjeto[19] e desejou castigá-la com o objetivo de a tornar mais cuidadosa e harmoniosa. Assim, convocou e reuniu todos os deuses em sua morada, aquela a que honram maximamente por estar situada no centro do universo e contemplar todas as coisas que participam do vir a ser; e os tendo reunido, assim ele falou.[20]

Então, ficamos sabendo que Zeus "reina pela lei", mas não ficamos sabendo o que Zeus, o deus dos deuses e legislador, tinha a dizer aos deuses reunidos em assembleia. Não obstante, está suficientemente claro, a partir dos projetos almejados

---

[19] Ela estava em "estado abjeto" por ter desobedecido às leis originais de Poseidon, a quem se supunha que pertencia a ilha lendária de Atlântida.

[20] Platão, *Dialogues of Plato*, v. 3, cit., p. 543 [ed. bras.: "Crítias", cit., 121b-c, p. 286-7].

Da caverna de Platão até a luz mortiça de As leis   265

por Platão em seu assim chamado "período tardio", que os problemas seminais da lei e do Estado eram centrais para suas preocupações nessa fase de sua vida criativa. Nesse sentido, talvez não seja coincidência, nem uma perda irrecuperável, que "Crítias" tenha sido interrompido e se tornado um fragmento no meio de uma sentença, precisamente no momento em que se esperava que Zeus falasse aos deuses sobre as leis necessárias. Afinal, de longe o mais longo de todos os diálogos do período tardio de Platão traz por título: *As leis* – ao qual retornaremos na próxima subseção deste capítulo.

Um dos diálogos de Sócrates mais negligenciados, representando seus últimos dias, oferece as reflexões do filósofo condenado a respeito da lei e da justiça em diálogo com seu amigo Críton, cujo nome empresta o título ao diálogo. O diálogo em que Críton tenta persuadir Sócrates a se salvar, fugindo disfarçado para a Tessália, vem imediatamente antes do tempo em que o filósofo já condenado à morte teve de beber o veneno fatal. Sócrates rejeita firmemente a solicitação de seu amigo, com argumentos eloquentes sobre o pleno direito das leis e do Estado de executá-lo, mesmo que a punição seja injusta, ainda que, a seu ver, tenha sido injusta não por falha das leis, mas pelas acusações sem fundamento levantadas contra ele, em decorrência das quais ele foi *"injustiçado, não por nós, as leis, mas pelos seres humanos"*[21]. Os argumentos sustentados por Sócrates em defesa não de si mesmo, mas das leis e do Estado, são significativos do começo ao fim e merecem uma citação extensa.

Em seu diálogo, Platão apresenta as "Leis" em estilo dramático, sendo que elas dirigem a palavra diretamente a Sócrates, apontando-lhe os dedos acusadores e falando nestes termos:

> "Dize-nos, Sócrates, o que pretendes fazer? Não estás por meio disso que tentas fazer pretendendo *destruir-nos, nós, as leis e, de fato, todo o Estado*, naquilo que diz respeito a ti? Ou pensas ser possível a existência de um Estado e não ser este *destruído* quando *falta força às decisões nele alcançadas* pelos tribunais e essas são invalidadas e anuladas por indivíduos privados?" O que responderemos, Críton, a essa pergunta e a outras do mesmo feitio? [...] [As Leis prosseguem:] "É esse o *acordo* que celebraste conosco ou havias concordado em *acatar a sentença pronunciada pelo Estado*? [...] Bem, então, uma vez *nascido, alimentado e educado* por nós, poderias, para começar, afirmar que não eras *nosso filho e nosso escravo, tanto tu quanto teus ancestrais*? E se é assim, achas justo *haver entre ti e nós uma relação em pé de igualdade*, de forma que seja o que for que nos dispusermos a fazer a ti, estarias no *direito* de fazer o mesmo conosco? Não havia tal igualdade de direito entre ti e teu pai, como não haveria entre ti e teu

---

[21]   Ibidem, v. 2, p. 156. Destaques de Mészáros [ed. bras.: "Críton", em *Diálogos*, v. 3, trad. Edson Bini, 2. ed., Bauru, Edipro, 2015, 54c, p. 171-87, aqui p. 186].

senhor – se tivesses um – de modo que qualquer que fosse o tratamento que deles recebesses, te verias no direito de dar o troco, insultando-os se fosses por eles insultado, contra-atacando-os se fosses por eles atacado, e assim por diante. E julgas que possuis esse direito de dar o troco para com tua pátria e as leis, de maneira que se nos dispusermos a destruir-te por considerar isso justo, te disporás a, em troca, destruir a nós, as leis e *a tua pátria*, na medida de tua capacidade, alegando que assim agindo o fazes *segundo a justiça*, tu que realmente zelas pela virtude? Será tua sabedoria tal que não percebes que tua pátria é mais valiosa, mais digna de ser reverenciada, *mais sagrada e mais digna* de elevado apreço entre deuses e homens de entendimento do que teu pai, tua mãe e todos os teus ancestrais? E que é teu dever a ela exibir mais veneração, obediência e submissão quando se acha irada do que a teu pai, e que tens o dever ou de *convencê-la* por força da persuasão *ou curvar-te* diante de quaisquer de suas ordens? [...] Nota, Sócrates, que se o que dissemos é verdadeiro, o que te dispões agora a fazer contra nós não é justo. Somos as responsáveis por teu nascimento, te alimentamos, te educamos; concedemos uma parcela de todas as boas coisas ao nosso alcance a ti e a todos os cidadãos. Ainda assim, ao conferir a todo ateniense adulto (que haja observado a administração do Estado e a nós, as leis) a *oportunidade*, proclamamos que, se estiver desgostoso conosco, pode *juntar todos os seus bens e ir para onde queira*. E nenhuma de nós, na hipótese de nós e o Estado não lhe agradarmos, barrará ou proibirá qualquer um de vós *de juntar seus bens* e partir para onde seja do seu agrado, seja uma colônia ateniense ou um país estrangeiro, onde viverá como um estrangeiro. Mas dizemos que todo aquele que aqui permanecer e observar *como administramos justiça e governamos o Estado* no que tange aos demais aspectos terá entrado num *acordo implícito* conosco no sentido de fazer o que *ordenamos*. E afirmamos que aquele que não cumpre nossas ordens incorre *em tripla falta*; primeiramente porque desobedece a nós, que somos as autoras de sua vida; em segundo lugar, porque desobedece a nós, que o alimentamos e, em terceiro lugar, porque, apesar de seu acordo, *nem nos obedece nem nos convence de que estamos erradas*. No entanto, lhe facultamos a oportunidade e não lhe ordenamos brutalmente que faça o que ordenamos; nós lhe apresentamos duas alternativas: *persuadir-nos ou agir como indicamos*. Ele não faz nem uma coisa nem outra. [...] Estás, então, *violando teus compromissos e acordos* que conosco fizeste, embora não foste conduzido a eles por coação ou fraude, e não foste compelido a decidir-te em escasso tempo, mas tiveste para isso setenta anos, durante os quais *poderias ter partido daqui*, se nós não fôssemos do teu agrado e se houvesses considerado injustos os acordos. Tiveste a *tua escolha*.[22]

Não deveria nos surpreender que, à luz do que sabemos sobre desenvolvimentos subsequentes na filosofia política europeia, o próprio Críton nada tenha

---

[22] Ibidem, p. 151-4 [ed. bras.: "Críton", cit., 50a-52e, p. 181-5].

Da caverna de Platão até a luz mortiça de As leis   267

conseguido encontrar a seu favor para contrapor ao discurso de Sócrates retratado com real força dramática por Platão, na submissão eloquente do Sócrates que logo haveria de morrer ao juízo da "tripla falta", pronunciada pelas Leis contra ele. Pois os argumentos expressos dessa maneira curiosa pelo Sócrates condenado de fato reverberaram no mesmo sentido pelas eras de teoria política, mesmo que, em regra, sem qualquer referência a ele. Eles foram perfeitamente integrados não só às concepções filosóficas de Hobbes e Locke sobre a força de comando extremamente problemática do *"consentimento tácito"*, que *por definição* condenou todos os que tentaram dissentir – de modo possivelmente bem justificado por razões sociais e políticas de maior peso – do julgamento do Estado e de suas leis contrárias a eles. De fato, essa e algumas doutrinas políticas afins também foram reafirmadas nas obras muito posteriores de filosofia política, que pretendiam justificar a "face sorridente" talvez ainda mais problemática dos teóricos políticos democráticos liberais sobre seu Estado-Leviatã não reconhecido como tal[23]. É claro que Críton não fazia ideia de nada disso.

Contudo, é necessário sublinhar que os pontos de vista expressos por Sócrates no "Críton", em sua humilde aceitação das duras acusações levantadas contra ele pelas Leis em nome da *segurança do Estado* e de sua proclamada *"justiça"*, representam uma *retratação sem ressalvas* de sua parte, quando comparada com o Sócrates belamente retratado, por exemplo, na *Apologia* de Platão, na qual ele é apresentado como um mártir falsa e injustamente acusado e condenado. E, no entanto, seria precipitado e totalmente injusto considerar esse contraste inegavelmente nítido entre as duas imagens de Sócrates – e talvez bem mais do que apenas um contraste; ou seja, uma verdadeira contradição – simplesmente como uma inconsistência filosófica de Platão.

Certamente estamos falando de uma *contradição real.* E, uma vez mais, muito similar à alegação kantiana anteriormente discutida de uma "natureza" projetada de modo desejante e arbitrário, que nada tem a ver com a natureza realmente existente – e, ademais, fundamentalmente pelas mesmas razões materialmente fundadas –, não se trata de uma contradição *corrigível* dentro do quadro de referência conceitual de Platão, nem deveria ser considerada como algo similar a uma *inconsistência filosófica.* O cerne da questão está encapsulado na sentença paradoxal e contraditoriamente *absolvedora* e, ao mesmo tempo, prontamente *acusatória/autoacusatória*, de acordo com a qual Sócrates foi "injustiçado, não por nós, as leis, mas pelos seres humanos" e, por isso, ele tem de aceitar o veredito de culpado e a pena de morte associados a tal "culpa" pela Lei, uma vez que o próprio

---

[23] A teoria liberal do "Estado democrático" falha ao não reconhecer que muitos dos requisitos autoritários do sistema do capital são providos em abundância, ainda que de forma diferente, pela *tirania do próprio mercado*, que, via de regra, é idealizado pelo liberalismo.

Estado *proclama* desse modo a validade de sua *"justiça"*, por meio de suas sanções legais e, ao fazer isso, *ordena que seja assim*.

Nessa visão, as leis e o Estado estão *por definição* acima de toda e qualquer contestação admissível. É por isso que aceitar o julgamento de indivíduos que discordam – não importando quão firme e profundamente seu dissenso esteja *fundado* em termos objetivos racionalmente defensáveis – tem de ser definido como inadmissível, em contraste nítido com a validade absolutamente inquestionável da lei e da "justiça" *como ordenadas* pelo Estado e pelas Leis *a serviço de si mesmas*. Pois, como nos diz Platão na passagem citada do "Críton", não é possível "a existência de um Estado [...] quando *falta força às decisões nele alcançadas* pelos tribunais e essas são invalidadas e anuladas por indivíduos privados". E, para piorar as coisas, concordar em ser subserviente a essa lei e "justiça" acarreta o necessário consentimento com o princípio político absurdo que *contrapõe os homens à lei* em termos apologéticos, convertendo, assim, a própria lei em uma entidade totalmente misteriosa, ao afirmar que a *vítima* desse sistema autocontraditório, mas peremptoriamente a serviço de si mesmo – que reivindica autoevidência racional para sua legitimação por definição –, é *vítima* "*injustiçada não por nós, as Leis, mas pelos seres humanos*", como vimos ser proclamado por Platão por meio do personagem capitulante de seu Sócrates no "Críton". Isso vem acompanhado da afirmação de que Sócrates "nem nos obedece nem nos *convence de que estamos erradas*" e de que nós lhe demos a *alternativa "de persuadir-nos ou agir como indicamos"*[24], que é absolutamente *vazia*, pois a alegada "alternativa" não é nenhuma alternativa. Já que é o *próprio* Estado *que decide* se foi ou não "*convencido*" do que é *justo ou injusto do ponto de vista das pessoas* que possam vir a desafiar sua proclamada "justiça" e lei, tomando decisões sobre a matéria no interesse *dos próprios comandos*.

Assim, nos termos da total capitulação e retratação feitas pelo Sócrates platônico no "Críton", já estamos confinados ao *domínio político ligado em curto-circuito* milhares de anos antes de Kant. Pois não pode ser submetido a nenhuma crítica o *tabu absoluto* da ordem social materialmente constituída e *baseada no antagonismo de classes* e do seu Estado (mal representado na medida em que são "invalidados e anulados por indivíduos privados") – e, no caso de Platão, de fato uma *sociedade possuidora de escravos*. Pelo contrário, ele tem de ser idealizado não só em "fábula" (nas palavras de Crítias, com sua referência à narrativa socrática de *A república*, como vimos no "Timeu"), mas também quando a fábula é "transportada para o domínio do fato" por meio do conto ainda mais fictício/lendário de uma potência derrotada heroicamente "9 mil anos antes", a ilha de Atlântida.

---

[24] Platão, *Dialogues of Plato*, v. 2, cit., p. 153. Destaques de Mészáros [ed. bras.: "Críton", cit., 51e-52a, p. 183].

Da caverna de Platão até a luz mortiça de As leis 269

Nesse tocante, é extremamente significativo que a *escravidão* em operação no metabolismo social materialmente fundado dessa sociedade precisa ser defendida por Platão até com as "armas" duvidosas da *inconsistência filosófica*. Esse é o contraste sumamente eloquente com a contradição nítida entre as duas imagens de Sócrates, onde Platão é de fato plenamente *consistente* com seu quadro de referência conceitual *idealizador do Estado*. Como Hegel aponta corretamente: "Em seu diálogo *A república*, Platão faz tudo depender do governo e converte a *disposição* – uma *aquiescência* ex animo *com as leis* [isto é, a aceitação plenamente positiva das leis por todos] – em princípio do Estado; por causa disso, dá ênfase principalmente à educação"[25].

A inconsistência surge, no entanto, porque a *escravidão como tal* é retratada em *termos positivos*[26] quando isso convém a Platão, isto é, quando tanto Sócrates na iminência de ser executado quanto qualquer outra pessoa *têm de aceitar* que são *escravos do Estado*. Ao mesmo tempo, em relação à escravidão realmente existente e estruturalmente determinada com base no antagonismo de classes, em um contraste sumamente eloquente, o julgamento platônico é pronunciado em *termos forçosamente negativos*, como *escravidão inadmissível*, quando o sentido oposto convém a Platão, ou seja, quando a vitória sobre um *desígnio escravizador de Estado por um Estado rival* (a "poderosa Atlântida")[27] precisa ser saudada como o maior ato de heroísmo da lendária e para sempre idealizada Atenas antiga. Assim, a *escravidão* estruturalmente arraigada *baseada no antagonismo de classes* como *a base* material necessária do metabolismo social – que naturalmente também prevalecia na *Atenas* contemporânea a Platão – não pode ser submetida a nenhuma crítica real. Nem mesmo à "crítica *implícita*", a despeito do fato de que a base legitimadora do "acordo contratual" a serviço do Estado (sempre proclamado desde Platão e verbalizado por ele como uma acusação contra o Sócrates que vemos no "Críton") seja a concepção do "*acordo implícito*". Também nesse caso, a regra filosófica apologética do Estado sobre "culpa implícita" e "acordo implícito" ou, nesse caso, ao "consentimento tácito" é esta: "Se me convier, fica em pé, mas, se não me convier, é melhor você esquecer".

---

[25] G. W. F. Hegel, *The Philosophy of History* (Nova York, Dover, 1956), p. 449 [Tradução conforme texto em inglês. Cf. ed. bras.: *Filosofia da história*, trad. Maria Rodrigues e Hans Harden, 2. ed., Brasília, Editora da UnB, 2008, p. 368].

[26] "Eras nosso filho e nosso escravo, tanto tu quanto teus ancestrais" (Platão, *Dialogues of Plato*, v. 2, cit., p. 152 [ed. bras.: "Críton", cit., 50e, p. 182]).

[27] Quando Platão louva Atenas, que triunfou heroicamente sobre Atlântida, ele afirma que seu herói lendário "derrotou os invasores, podendo erigir seu monumento da vitória. A consequência disso foi ter *salvado da escravidão* todos aqueles que jamais a haviam experimentado, e *o restante de nós*, que habitamos dentro dos limites das colunas de Hércules, teu Estado não relutou em nobremente libertar" (Ibidem, v. 3, p. 446 [ed. bras.: "Timeu", cit., 24d-e, 25b-c, p. 173-4]).

270 *Para além do Leviatã*

De suma importância é a definição tradicionalmente falsa de "*soberania*" na teoria política baseada no antagonismo de classes – *positiva* na aprovação plena da *derrota do rival externo* que tenta impor algum tipo de *escravidão a um Estado*, incluindo o *Estado-nação* glorificado como "o *poder absoluto* sobre a Terra" por Hegel[28], mas *tendenciosamente ignorante* da escravidão *interna baseada no antagonismo de classes*, embora a dominação total da classe dos escravos seja vital para o metabolismo materialmente fundado da reprodução da sociedade, bem como para o domínio da lei e do Estado na Atenas de Platão. Naturalmente, a questão em si vai muito além da Atenas antiga, já que, *sob o domínio do capital*, ela se metamorfoseia em *escravidão salarial*. Isto é, na mais dura forma de escravidão jamais inventada em toda a história. E, de fato, a escravidão materialmente fundada e estruturalmente arraigada com base no antagonismo de classes representa a *precondição necessária* para afirmar com êxito também a "*soberania*" *externamente* viável do Estado, articulada *contra os Estados rivais*. Por isso, inevitavelmente, a esmagadora maioria dos membros da sociedade *está excluída da soberania*. Na atualidade, a *soberania*, contrária a toda mistificação ideológica, tem de ser usurpada pelo *Estado* de forma inevitavelmente *beligerante*, por meio de suas *personificações* que constituem a estrutura de comando autoritária da classe governante como órgão necessário de *tomada de decisão global da sociedade*. Trata-se de uma estrutura de comando autoritária imposta com *as regras* historicamente variáveis, mas *sempre hierarquicamente arraigadas*, da lei que se autoperpetua e sua autojustificadora "justiça" arbitrariamente proclamada.

A inconsistência filosófica e a autocontradição de operar com um *padrão duplo* – no caso de Platão, com sua visão contraditoriamente positiva e simultaneamente negativa da própria escravidão, e, nos demais casos da teoria sociopolítica que faz apologia de classes, em uma variedade de formas diferentes, mas estruturalmente não menos entrelaçadas – constitui o reflexo do *antagonismo social objetivo* que *deve prevalecer* no *metabolismo social* materialmente fundado. Esse antagonismo *deve* prevalecer objetivamente no *metabolismo social* elementar da sociedade de classes e é precisamente por essa razão que não se pode simplesmente superá-lo dentro do *domínio político legitimador* do Estado. Dentro desse domínio é possível identificar alguns problemas maiores, mesmo sem encontrar uma *solução* para eles, como vimos Platão apontando de modo *admiravelmente perspicaz* a absurda multiplicação de estatutos legais como uma doença, evidente também em nosso tempo na *selva legal* cada vez mais densa de nossos Estados, como mencionado na introdução deste livro com referência à aguda percepção

---

[28] Ver G. W. F. Hegel, *The Philosophy of Right*, cit., p. 212. Destaques de Mészáros [ed. bras.: p. 301].

de Platão. Porém, as razões explicativas para as contradições identificadas na política e na lei permanecem ocultas a ele porque elas *necessariamente surgem* do próprio fundamento sociometabólico efetivamente não criticável. Em consequência, está necessariamente fora de cogitação a possibilidade de realmente suplantar as contradições denunciadas, incluindo sua manifestação na selva legal em constante expansão.

Vimos que Kant teve de restringir, de modo similar, seu diagnóstico e a solução que projetou para as contradições identificadas ao *domínio político ligado em curto-circuito*, proclamando, totalmente em vão, a "melhor organização do Estado" como o remédio para a incontrolabilidade do Estado beligerante. Porém, como sabemos, o problema é muito mais antigo, bem anterior à era kantiana. Pois ficamos presos dentro do *círculo antagônico ligado em curto-circuito* nas obras mais sublimes de filosofia política já na época de Platão, quase dois milênios e meio antes de Kant e Hegel. Um círculo que, naturalmente, não pode ser senão um *círculo vicioso* intransponível dentro dos limites do curto-circuito inevitável que resulta do intocável metabolismo social a serviço de si mesmo e baseado no antagonismo de classes. Pois a lei autoperpetuadora e apologética do Estado e sua injustificável "*Justiça*" têm de ser correspondentemente constituídas desde tempos imemoriais como órgão alienado de tomada de decisão global hierarquicamente arraigado nesse fundamento material.

Considere-se, então, o tamanho da ironia desesperante contida no fato de o grande mártir filosófico, Sócrates, ser forçado a terminar sua vida como defensor da "Justiça" opressiva do Estado, em total submissão à Lei usurpadora, aceitando humildemente que cometeu "tripla falta"[29]. Isso tem de ser assim porque o curto--circuito usurpador alienado do domínio político autojustificador, estando integrado ao fundamento material antagônico da reprodução da sociedade, não pode ser suplantado sem uma crítica radical e uma reestruturação prática fundamental do próprio fundamento sociometabólico. Esse é o único modo de transferir o poder alienado de tomada de decisão global para o próprio organismo social, onde verdadeiramente é o seu lugar.

---

[29] Sócrates aceita o juízo da Lei decretando que ele cometeu "*tripla falta*; primeiramente porque desobedece a nós, que somos as autoras de sua vida; em segundo lugar, porque desobedece a nós, que o alimentamos e, em terceiro lugar, porque, apesar de seu acordo, *nem nos obedece nem nos convence de que estamos erradas*" (Platão, *Dialogues of Plato*, v. 2, cit., p. 153 [ed. bras.: "Críton", cit., 51e, p. 183]). Contudo, nesse quadro da lei e do Estado, bem como de sua "justiça", a lei e o Estado não só são o legislador e administrador autoritário da autoproclamadora e autojustificadora "justiça", mas também os *executores* que impõem, a seu modo, os imperativos sociometabólicos do Estado-Leviatã. Em consequência, o Estado e sua lei não podem ser senão o órgão que comanda arbitrariamente a tomada de decisão global, hierarquicamente arraigado, alienado do organismo social, mesmo que cumpra suas determinações repressivas "com uma face sorridente", como é o caso do Estado democrático liberal.

O Estado e a parábola da caverna

Em sua muito admirada metáfora da caverna, Platão tenta combinar os aspectos epistemológicos com a dimensão ética de sua teoria, vinculando-os organicamente à sua visão de uma "natureza humana" distante de ser igualitária, que corresponde a uma concepção metafísica fundamental da "alma". E, de fato, ele pretende que sua visão do Estado surja do fundamento orgânico da relação profundamente entrelaçada dessas duas partes constitutivas.

A melhor maneira de entrar no núcleo dessa antiga teoria sumamente influente do Estado ideal é começar lendo as palavras do próprio Platão sobre o significado de sua contundente metáfora da "caverna". O orador na primeira pessoa é Sócrates, que conta a longa história a seus amigos; nesse ponto em particular a Glauco, que lhe responde.

É assim que Platão apresenta a caverna em *A república*, no diálogo reportado entre Sócrates e Glauco:

> "Em seguida", eu disse, "compara o efeito da educação e da falta de educação em nossa natureza a uma experiência como a seguinte: imagina seres humanos habitando uma espécie de caverna subterrânea, com uma longa entrada acima aberta para a luz e tão larga como a própria caverna. Estão ali desde a infância, imobilizados no mesmo lugar, com pernas e pescoços sob grilhões, unicamente capazes de ver à frente, seus grilhões os impedindo de virar as cabeças. Imagina também a luz de uma fogueira acesa a certa distância num ponto superior e atrás deles, e entre a fogueira e os prisioneiros, uma vereda acima. Imagina que foi construído ao longo dessa vereda um muro baixo, como o anteparo diante de manipuladores de marionetes acima do qual eles as exibem."
>
> "Eu estou vendo."
>
> "Então também vê que ao longo do muro pessoas carregam todo tipo de artefatos que são erguidos acima do nível do muro: estátuas de seres humanos e de outros animais, confeccionadas de pedra, madeira e todo material. E, como seria de se supor, alguns desses carregadores conversam, ao passo que outros estão calados."
>
> "Descreves uma imagem estranha", ele comentou, "e prisioneiros estranhos."
>
> "*São semelhantes a nós.* Supões, em primeiro lugar, que esses indivíduos veem alguma coisa de si mesmos e entre si além das sombras que a fogueira projeta sobre o muro da caverna à frente deles?"
>
> "E como poderiam, se são forçados a manter suas cabeças imóveis por toda vida?"
>
> "E quanto às coisas que são carregadas? Isso também se aplica a elas?"
>
> "Decerto."
>
> "E se eles pudessem conversar entre si, não achas que suporiam que, ao nomear as coisas que vissem, estariam nomeando as coisas que passam diante de seus olhos?"

Da caverna de Platão até a luz mortiça de As leis   273

"Necessariamente."

"E se sua prisão produzisse um eco que viesse do muro defronte deles? Achas que acreditariam não ser as sombras que passam diante deles quem estivesse falando toda vez que um dos carregadores que caminhasse ao longo do muro emitisse um som?"

"Por Zeus, não acho."

"Por conseguinte, os prisioneiros acreditariam cabalmente que o verdadeiro não seria senão as sombras desses artefatos."

"Isso seria totalmente inevitável."

"Considera, então, de que caráter seria a libertação dessas correntes e a cura dessa insensatez se algo naturalmente assim acontecesse: quando um deles fosse libertado e subitamente obrigado a se levantar, virar o pescoço, caminhar e – erguendo o olhar – fitar a luz, experimentaria dor devido à ofuscação da vista e ficaria incapacitado para ver as coisas cujas sombras vira antes. O que achas que ele diria se lhe fosse dito que o que vira antes era tudo uma *ilusão,* mas que agora, estando ele mais próximo da realidade e voltado para as coisas mais reais, ele vê mais corretamente? E se apontássemos para cada uma das coisas que passam diante dele e lhe perguntássemos imperiosamente o que é cada uma delas, não achas que ele ficaria confuso e que acreditaria que os objetos que havia visto antes eram mais verdadeiros do que os que agora lhe eram mostrados?"

"Muitíssimo mais reais."

"E se alguém o forçasse a fitar a própria luz, seus olhos não doeriam e não daria ele as costas, fugindo na direção das coisas que é capaz de ver, convicto de que são positivamente mais nítidas e exatas do que as que lhe estão sendo mostradas?"

"É o que ele faria."

"E se alguém o arrastasse dali à força, em sentido ascendente, pelo caminho acidentado e abrupto, e não o deixasse escapar enquanto não o tivesse arrastado até a luz do sol, não se sentiria ele atormentado e furioso com essa atitude? E quando mergulhado na luz, seus olhos invadidos pelos raios do sol, não ficaria incapacitado para ver uma só daquelas coisas que agora se diz ser reais?"

"Bem" ele disse, "e imediato estaria incapacitado de vê-las." [...]

"Essa imagem, caro Glauco, deve ser aplicada na sua íntegra ao que dissemos anteriormente. A região revelada deveria ser comparada à morada, que é a prisão, e a luz da fogueira nela ao poder do sol. E se considerares a subida e a contemplação das coisas acima como *a ascensão da alma à região inteligível,* terás captado o que espero transmitir, uma vez que isso é o que queres ouvir. Se isso é verdadeiro ou não, só o deus sabe. De qualquer modo, o que a mim se mostra é que, no domínio do cognoscível, a *Ideia do bem é a última coisa a ser vista*, sendo atingida somente com dificuldade; entretanto, uma vez que alguém a tenha contemplado, será imperioso concluir que é a causa de tudo que é correto e belo em quaisquer coisas, produzindo a luz e sua fonte na região visível e na região inteligível comandando e gerando verdade

274 *Para além do Leviatã*

e entendimento, de sorte que todos que se predispõem a agir com sensatez privada ou publicamente têm dela percepção."

"Ocorreu-me o mesmo pensamento, ao menos na medida do que sou capaz."

"Vem, então, juntar-te a mim nesse pensamento e não te surpreendas que os que atingem esse patamar não estão predispostos a se ocuparem de assuntos humanos, experimentando sempre as almas deles a premência da ascensão e o anelo da permanência acima; com efeito isso é provavelmente o que esperaríamos, se é que efetivamente as coisas se enquadram na imagem acima."

"Certamente é provável."

"E quanto ao que sucede quando alguém abandona a especulação divina para se ocupar das misérias da vida humana? Achas que é surpreendente que, estando ainda sua visão turva e não tendo ele ainda se acostumado com a escuridão que o circunda, se comporte desajeitadamente e pareça totalmente ridículo se for constrangido nos tribunais ou em outra parte a polemizar sobre as sombras da justiça ou sobre as estátuas que projetam as sombras e a disputar sobre as noções pelas quais essas coisas são compreendidas por aqueles que jamais contemplaram a justiça mesma?"

"Nada há de surpreendente nisso." […]

"Todavia, nossa atual discussão, por outro lado", eu disse, "indica que a capacidade de aprender *já está presente na alma de todos* e que o instrumento do aprendizado de cada um é como um olho que não é capaz de ser girado da escuridão para a luz sem que se gire o corpo inteiro. Não é possível girar esse instrumento a partir do que está vindo ao ser (do que está sendo gerado) para o ser sem efetuar um giro axial da alma inteira até que esta se capacite a suportar contemplar o ser e o mais resplandecente entre os seres, a saber, aquele que dizemos que é *o bem*. Não é mesmo?"

"Sim."[30]

Nessa linha, tudo o que Platão necessitava para o estabelecimento do Estado ideal é plenamente harmonizável, tanto em termos de teoria do conhecimento como em termos de ética, por estar fundado na ordem metafísica da alma, porque a "capacidade de aprender *já está presente na alma de todos*", como a alegoria da caverna ilustrou de modo claro e compreensível as difíceis concepções subjacentes. Essa alegoria convincente se fez necessária porque poucas passagens antes a fala de Platão sobre "*o poder da dialética*" – por meio do qual se obtém uma compreensão real da constituição apropriada do Estado ideal, como expresso em *A república* – soou proibitivamente difícil. Estas são as concepções subjacentes cruciais que

---

[30] Platão, *Dialogues of Plato*, v. 2, cit., p. 773-7 [ed. bras.: *A república*, trad. Edson Bini, 3. ed., São Paulo, Edipro, 2019, 514a-518d, p. 323-9. Citação modificada em alguns pontos para corresponder ao texto em inglês].

tinham de ser iluminadas, no entender de Platão, referindo-se às suposições e hipóteses da "geometria e aritmética e ciências afins":

> "Então deves saber também que, embora utilizem figuras visíveis e discursem acerca delas, não é nelas que pensam, mas naquelas coisas às quais se assemelham. Falam do *quadrado em si* e da *diagonal em si*, não da diagonal que traçam, e analogamente quanto às demais figuras. Essas *formas* que eles modelam e traçam, das quais *sombras e reflexos na água são imagens*, eles agora utilizam, por sua vez, como imagens procurando obter uma visão daquelas *realidades* que só podem ser vistas pelo *intelecto*?"
>
> "É verdade", ele disse, "o que dizes."
>
> "Esse, então, é o tipo que, por um lado, descrevi como *inteligível* e, por outro, tal que a alma é constrangida a usar hipóteses na sua investigação, não rumando para um *primeiro princípio* (posto que não pode transpor suas hipóteses), mas usando como imagens aquelas mesmas coisas às quais as sombras na região inferior se *assemelham* e que, em comparação com as sombras e os reflexos delas, possuem maior nitidez e por isso um valor maior."
>
> "Entendo", ele disse, "que aludes ao que acontece na geometria e em ciências a ela aparentadas."
>
> "Então entende também que pela outra subseção do inteligível, entendo aquilo *que a própria razão apreende por meio do poder da dialética*, não considerando essas hipóteses como *primeiros princípios*, mas literalmente como hipóteses, pontos de apoio que servem de ponto de partida rumo a um mundo situado acima das hipóteses e que permita alcançar o *primeiro princípio de tudo*. Uma vez apreendido esse princípio, ela reverta a si mesma e, retendo o que disso resulta, aporta a uma conclusão sem fazer qualquer uso do sensível, mas somente das próprias *formas (ideias), movendo-se de ideias para ideias e terminando em ideias*."
>
> "Eu compreendo", ele disse, "embora não de maneira suficiente, pois creio *que tens em mente uma tarefa e tanto*. Contudo, posso entender que pretendes distinguir o elemento *inteligível* daquilo que *é o elemento estudado pela ciência dialética*, como mais exato do que o elemento estudado pelas chamadas ciências, para as quais suas hipóteses são primeiros princípios. E, embora aqueles que estudam os objetos destas últimas sejam obrigados a fazê-lo por meio do seu *entendimento racional* e não pela *percepção sensorial*, ainda assim, pelo fato de não retornarem a um *primeiro princípio* genuíno, mas partirem de conjeturas, não pensas que eles detêm *autêntico entendimento* delas, embora as coisas mesmas sejam inteligíveis quando captadas em conjunção com um *primeiro princípio*. E tenho comigo que chamarias a disposição mental dos geômetras e outros semelhantes de *intelecção*, mas não de *entendimento*, a intelecção sendo intermediária entre *a opinião e o entendimento*."
>
> "Tua interpretação é maximamente adequada. Temos, então, *quatro dessas disposições na alma*, que correspondem às quatro subseções que indicamos: o *entendimento* para

276 *Para além do Leviatã*

a subseção mais elevada, a *intelecção* para a segunda, *crença* ou *convicção* para a terceira e *percepção de sombras* [conjetura] para a última. Organiza-as numa *proporção*, considerando que participam da *clareza* no mesmo grau que seus objetos participam da *verdade.*"

"Eu entendo", ele disse, "dou meu assentimento e as organizo como dizes."[31]

De acordo com Platão, nessa visão está integrado sem falhas tudo o que é exigido em termos de conhecimento confiável e valores dominantes para o estabelecimento do Estado ideal – a ser governado pelo *Rei Filósofo* assistido pela classe dos *Guardiães* propriamente educados e versados em filosofia. Pois "a capacidade de aprender *já está presente na alma*" e a "*ciência da dialética*" de Platão pode prover acesso ao "mundo inteligível" e às coisas em si mesmas, caracterizadas como as *Formas (Ideias),* em contraste com a costumeira confiança em aparências enganadoras e ilusões sombrias. Em consequência, os regentes efetivos do Estado conseguem captar "*o primeiro princípio de tudo*" o que torna viável controlar as *partes.* É claro que nesse rumo se diz que a combinação de conhecimento plenamente adequado e do sistema de valores correspondente, baseado nas percepções fornecidas pelo "poder da dialética" em seu impulso "de vir a ser", em sintonia perfeita com as categorias e faculdades identificadas por Platão, culmina na capacidade de "suportar contemplar o ser e o mais resplandecente entre os seres, a saber, aquele que dizemos que é *o bem*".

A concepção platônica das categorias e disposições foi imensamente influente no curso do desenvolvimento filosófico desde o tempo de Aristóteles, pupilo direto igualmente influente de Platão, sem interrupções até os comentaristas entusiásticos de sua obra em nosso tempo. Alguns dos maiores filósofos devem muito a seu quadro de referência categorial e a suas visões sobre as correspondentes faculdades humanas de conhecimento, mostrando seu poder às vezes da maneira mais inesperada possível. Como Lukács destacou em uma de suas principais obras: "Hegel ironiza várias vezes o 'saco da alma' de Kant, no qual se encontram todas as diversas 'faculdades' (teórica, prática etc.) e de onde elas devem ser 'tiradas'"[32]. Todavia, às vezes a *Crítica* comete o mesmo "pecado" que ela atribui negativamente a seu adversário. Em consequência, Hegel não hesitou em usar o próprio "saco da alma cheio de faculdades" quando lhe convinha a serviço de sua rejeição extremamente preconceituosa da *igualdade.* Como foi citado neste capítulo, ele condena rispidamente a defesa da *igualdade social,* dizendo que seus apoiadores argumentam a partir da perspectiva da *faculdade inferior do entendimento,* em vez de fazê-lo a

---

[31] Ibidem, p. 772-3 [ed. bras.: *A república,* cit., 510d-511e, p. 319-21].

[32] György Lukács, *History and Class Consciousness* (Londres, Merlin, 1971), p. 140 [ed. bras.: *História e consciência de classe: estudos sobre a dialética marxista,* trad. Rodnei Nascimento, São Paulo, Martins Fontes, 2003, p. 293].

partir da *faculdade superior da razão*, violando, assim, tanto a "desigualdade natural" (falsamente alegada por Hegel) quanto a ordem apropriada de importância entre as faculdades do conhecimento e consequentemente defendendo um "dever-ser" abstrato e totalmente inadmissível[33].

No "período médio" de sua vida, há aproximadamente 2.500 anos, Platão escreveu *A república*, que foi de longe a mais influente de suas obras, contendo cerca de trezentas densas páginas sobre o Estado ideal. Mas ele não se restringiu a isso. Pois no "período tardio" de sua atividade criativa, escreveu sobre o Estado ideal um livro ainda mais extenso, embora bem menos influente do que *A república*, intitulando-o *As leis*. A despeito da grande diferença no impacto dessas duas volumosas obras sobre o Estado ideal, alguns dos problemas levantados em *As leis* são suficientemente importantes para que nos detenhamos neles nas páginas finais desta seção.

Em *As leis*, Platão enunciou, nos mínimos detalhes, o quadro de referência da Lei a ser adotado pelos legisladores também em lugares onde o Estado não pudesse ser regido por um Rei Filósofo. A adoção de um código legal próprio representava para ele uma aproximação factível na prática ao sistema filosoficamente ideal[34]. Em relação às constituições dos Estados conhecidos em sua época, Platão defendia, em *As leis*, um "meio-termo" entre dois tipos fundamentais, ou seja, insistindo em que consistisse em um *"meio-termo entre as constituições monárquica e democrática e a meio caminho entre estas deve estar sempre a nossa constituição"*[35].

Sua maior preocupação era a *segurança* do Estado e a defesa dele contra ser *subvertido* e *derrubado* sob as condições históricas de grandes sublevações e guerras que predominavam em seu tempo. Ele estava convencido de que só uma fundação legal coerentemente articulada que abrangesse todos os aspectos do Estado poderia corrigir as contradições encontradas, capacitando o Estado, desse modo, a *"sobreviver"*[36] no confronto com desafios internos e externos.

Foi assim que Platão ressaltou o rigor absoluto exigido para ser capaz de alcançar essa meta vital:

> Pois, da mesma forma que um navio ao singrar os mares exige contínua vigilância noite e dia, um Estado, quando vive em meio aos *impulsos repentinos de Estados que*

---

[33] G. W. F. Hegel, *The Philosophy of Right*, cit., p. 130 [ed. bras.: p. 179].

[34] Como Platão afirmou na última página de *As leis*, se o quadro legal recomendado ali pelos três interlocutores – o ateniense, representando o próprio Platão, o cretense Clínias e o espartano Megilo – for adotado em um Estado, *"praticamente todos os legisladores atuais concordam sem contestá-lo"*. Cf. Platão, *The Laws* (Londres, Penguin, 1970), p. 530. Destaques de Mészáros [ed. bras.: *As leis*, trad. Edson Bini, 2. ed., São Paulo, Edipro, 2010, p. 511].

[35] Ibidem, p. 229. Destaques de Mészáros [ed. bras.: p. 236].

[36] Ibidem, p. 230. Destaques de Mészáros [ed. bras.: p. 238].

278 *Para além do Leviatã*

o circundam e sob o risco de ser enredado por todas as espécies de *tramas*, requer uma *cadeia ininterrupta de magistrados* dia e noite e noite e dia e guardiões que sucedem guardiões e que sejam, por sua vez, sucedidos, de maneira contínua. [...] [Os membros do comitê executivo do Estado] devem estar atentos às *constantes revoluções* que tendem a ocorrer nos Estados a fim de, se possível, *impedir que ocorram* e, se realmente ocorrerem, assegurar que o Estado possa *detectar e remediar* a ocorrência o mais rapidamente possível. É por isso que o comitê executivo do conselho de Estado deverá deter sempre o controle da convocação e dissolução das assembleias, tanto das assembleias legais regulares quanto das realizadas em *caráter de emergência*.[37]

Ademais, com o intuito de assegurar o Estado *internamente* contra *desavenças, subversão e golpes*, ele enfatizou a necessidade de se precaver contra o que ele chamou de "*igualdade indiscriminada*"[38], em nome de sua ideia de "*justiça*" concebida em termos socioapologéticos, a qual foi reveladoramente adotada também por seu grande pupilo Aristóteles, como veremos em discussão mais detalhada no próximo capítulo. Assim, Platão insistiu que as desavenças que representam imenso perigo para o Estado inevitavelmente surgem dessa "igualdade indiscriminada" e forçosamente devem ser rejeitadas porque "*complacência e tolerância são inimigas da justiça rigorosa*"[39].

Um dos problemas eternamente debatidos na teoria política concerne à dificuldade de decidir o que é preferível: o governo dos homens ou o governo da Lei mesma? A resposta de Platão em *As leis* é dada sem hesitação:

[O ateniense:] Se chamo de servidores das leis aqueles aos quais damos o nome de magistrados, não é pelo simples prazer de cunhar uma expressão nova, mas sim porque acredito que a salvação ou a ruína de um Estado, acima de qualquer outra coisa, se baseia nisso, pois todo Estado que *tem a lei numa condição subserviente e impotente* está à beira da ruína, enquanto que para todo Estado no qual a lei é soberana sobre os magistrados e estes são servidores da lei haverá salvação e todas as benesses que os deuses outorgam aos Estados.[40]

Platão foi muito enfático contra a *subversão política*, deixando bastante claro que:

Todo aquele que *fizer as leis de servas*, colocando-as *sob a autoridade dos seres humanos* e tornar o Estado sujeito a uma facção, atuando ilegalmente em tudo isso *pela*

---

[37] Ibidem, p. 230-1. Destaques de Mészáros [ed. bras.: p. 238].
[38] Ibidem, p. 229. Destaques de Mészáros [ed. bras.: p. 237].
[39] Ibidem, p. 230. Destaques de Mészáros [ed. bras.: p. 238].
[40] Ibidem, p. 174. Destaques de Mészáros [ed. bras.: p. 188].

violência e incitando *à insurreição* deverá ser considerado o pior dos inimigos do Estado em sua totalidade. [...] Todo indivíduo, por menos importância que detenha na comunidade, deverá informar os magistrados, *processando o conspirador* sob a acusação de *transformação violenta e ilegal da constituição*. Essas pessoas deverão ser levadas aos mesmos juízes que julgam os *ladrões dos templos* e todo o procedimento processual do julgamento será idêntico, a *pena de morte* devendo ser imposta pela maioria dos votos.[41]

Considerando todos esses problemas, era preciso demonstrar respeito irrestrito ao que Platão chamou de *"o panteão do Estado"*, com suas implicações de grande alcance e imensa severidade. Em consequência, as ofensas graves contra ele deveriam ser punidas com nada menos que a *pena de morte*. Um dos exemplos momentosos sublinhados por ele foi a violação consciente das regras estabelecidas para a observância própria ou imprópria dos santuários religiosos. Assim, Platão insistiu:

> Mas se ficar provado que o possuidor do santuário privado não se restringiu a meras faltas infantis, mas incorreu em atos de impiedade de pessoa adulta, quer por ter erigido um santuário em *terreno privado* ou por sacrificar *em terreno público* a deuses não incluídos no *panteão do Estado*, será *sentenciado à morte* pelo fato de ter sacrificado em estado de impureza.[42]

Essa era uma matéria de relevância verdadeiramente grande na época de Platão. Como sabemos, na década de 1840, o livro *A sagrada família* de Feuerbach estava na linha de frente dos debates filosóficos, engajado na crítica à teologia e à sociedade. Um debate desse tipo era inconcebível na época de Platão, levando-se em conta a situação religiosa. Todavia, o aspecto ressaltado pelo filósofo grego era de suma importância devido ao vínculo que tinha de ser estabelecido e observado entre o Estado *e a religião dominante*. Um vínculo que mais tarde se tornaria vital para os Estados, bem como para as Igrejas relevantes, por *milhares de anos*.

A abordagem de Platão contida na última citação foi tanto mais importante porque, em seu tempo, a religião grega ainda estava muito distante de se tornar *monoteísta*, isto é, eminentemente adequada a prover o suporte mais poderoso ao Estado, incluindo sua capacidade de ser imposta mais tarde, na era romana, como a *religião obrigatória do Estado*. Não obstante, aponta diretamente nessa direção a norma de Platão referente à devoção devida ao *panteão do Estado*, cuja violação estava vinculada diretamente à mais severa das punições a ser infligida pelo próprio Estado a favor daquele panteão.

---

[41] Ibidem, p. 359-60. Destaques de Mészáros [ed. bras.: p. 360-1].
[42] Ibidem, p. 447 [ed. bras.: p. 435].

280 *Para além do Leviatã*

Na época de Platão, tendo em vista as grandes sublevações e agitações, a questão gravitava em torno da consolidação dos Estados rivais. Tudo o que tem a ver com legislar e promulgar leis devia estar a serviço desse requisito irresistivelmente importante. Na mitologia grega – com seus muitos deuses, que eram promulgadores de leis em desacordo real ou potencial entre eles –, cedo ou tarde teria de acontecer o movimento para alguma espécie de concepção mais ordeira. Em consequência, "*o panteão do Estado*" teria de ser definido e regulado pelas leis mais estritas do Estado também quanto aos deuses que podiam ser legitimamente incluídos nesse panteão, no interesse da necessária estabilidade global. Foi assim que obtiveram sua base comum os imperativos do Estado e a tendência para o monoteísmo religioso – com sua poderosa articulação institucional no devido curso, na forma de uma religião dominante e seus rituais regulados pelo Estado. As normas categóricas proferidas por Platão em *As leis* sobre "*o panteão do Estado*" foram sumamente perspicazes em vista do desenvolvimento em marcha.

Por fim, também é uma questão de considerável relevância que, em *As leis*, Platão é bastante enfático sobre o poder da teologia para salvaguardar o Estado. Assim, em seus esforços para esclarecer, nas últimas páginas dessa obra, os requisitos vitais a serem considerados na seleção dos membros que deviam dar a garantia última da sobrevivência tranquila do Estado, ou seja, do *Concílio Noturno*, ele insiste que

> uma das mais belas coisas é a *doutrina relativa aos deuses* [...]. Jamais devemos escolher como guardião da lei nem enumerar entre aqueles que são aprovados por excelência alguém que não seja simultaneamente divino e laboriosamente instruído nas coisas divinas. [...] Aquele que for incapaz de ter o domínio dessas ciências em associação com as virtudes populares nunca será um *competente magistrado* de todo o Estado, se restringindo a ser um *ministro* de *outros* magistrados.[43]

Nessa linha, de acordo com Platão, mas não só de acordo com ele, a verdadeira filosofia era tida como inseparável da teologia. De fato, muitas pessoas podem até ficar estupefatas quando descobrem que um dos maiores filósofos de todos os tempos, que viveu milhares de anos mais tarde na Alemanha, entre 1770 e 1831, chamado Georg Wilhelm Friedrich Hegel, definiu a filosofia como "*teologia racional*"[44] e, como vimos, repetidamente caracterizou o próprio desenvolvimento histórico como "*theodicaea, a justificação [dos caminhos] de Deus*"[45].

---

[43] Ibidem, p. 526-8. Destaques de Mészáros [ed. bras.: p. 507 e 509, modif.].
[44] Cf. a primeira seção geral de G. W. F. Hegel, *Filosofia da arte*, registrada no manuscrito de P. von der Pforden, de 1826.
[45] G. W. F. Hegel, *The Philosophy of History*, cit., p. 15. Destaques de Mészáros [ed. bras.: p. 21].

16
Igualdade no espelho quebrado da justiça: o significado da *Politeia* aristotélica

Uma das questões sumamente fundamentais da filosofia através dos tempos é a *avaliação e justificação* da relação que prevalece entre os seres humanos particulares, bem como entre as classes a que eles pertencem, em termos de hierarquia social historicamente constituída. Essa questão não pode ser simplesmente ignorada, pois isso entraria em aguda contradição com a necessária preocupação com e pretensão de *validade universal* da filosofia. Contudo, as *relações de poder* realmente dadas na sociedade em geral inevitavelmente interferem nessa matéria. Sem surpresas, portanto: em uma sociedade possuidora de escravos como a da antiga Atenas, seria muito ingênuo esperar a defesa da *igualdade substantiva* mesmo da parte do maior dos filósofos. De fato, nos escritos de Platão, o juízo emitido acerca dessa questão assume uma forma chocante, equivalendo a um insulto funesto quando ele declara que "mesmo que se proclame que *senhores e seus escravos* devem ter igual *status*, a amizade entre eles é *inerentemente impossível*. O mesmo princípio se aplica às relações entre *homens honestos e patifes*"[1].

Aristóteles formula um juízo ainda pior. Pois um patife ainda é um *ser humano*, não importa quão grotesca seja a identificação que Platão faz, nesse tocante, da relação "senhores-escravos" com a relação entre homens honestos e patifes, ao passo que a caracterização dos escravos por Aristóteles os priva até de sua humanidade. Pois ele trata os escravos como nada além de peças vivas de propriedade e ferramentas. Assim a questão é formulada por ele:

> Ferramentas podem ser animadas e inanimadas; por exemplo, um capitão de navio usa um timão inanimado, mas um homem vivo como vigia. [...] Assim, cada peça de propriedade pode ser vista como uma ferramenta que possibilita ao homem viver

---

[1] Platão, *The Laws* (Londres, Penguin, 1970), p. 229. Destaques de Mészáros [ed. bras.: *As leis*, trad. Edson Bini, 2. ed., São Paulo, Edipro, 2010, p. 237].

282   *Para além do Leviatã*

e sua propriedade é um conjunto dessas ferramentas; *um escravo é uma espécie de peça viva de propriedade*; e, como qualquer outro servo, é *uma ferramenta encarregada de outras ferramentas.*[2]

E, obviamente, Aristóteles decreta que tanto os senhores quanto os escravos são *justificadamente* feitos senhores e escravos pela *própria natureza.* Ele afirma que

> o elemento capaz de usar sua *inteligência* para enxergar mais longe é *por natureza governante e por natureza senhor*, enquanto aquele que possui a *força física* para fazer o *trabalho real* é *por natureza escravo,* um dos que é *governado.* Em consequência, há um *interesse comum que une senhor e escravo.*[3]

Nessa linha, para tornar as coisas ainda mais espantosas, depois de negar que o escravo possui inteligência e de assegurar-lhe apenas a força física para "fazer o trabalho real" – como se as permanentes tarefas multifacetadas do escravo pudessem ser cumpridas sem a incômoda e constantemente desafiadora inteligência, que é inseparável da realização daquelas tarefas –, o "*interesse comum*" declarado por Aristóteles é o que existe entre o *senhor humano* dominador e sua "*peça viva de propriedade*" – apropriada e dominada graças às relações de poder estabelecidas pela sociedade. Essa, de fato, é uma concepção absolutamente peculiar de "interesse comum". Revela um *interesse de classe* perversamente transfigurado, que encontramos durante toda a história, igualmente camuflado até nos escritos de alguns dos maiores filósofos, não só de Aristóteles, mas também de Hegel.

Assim, como podemos ver, o problema penosamente difícil da *desigualdade* versus *igualdade* ingressa no horizonte da filosofia já na Grécia antiga, e *imediatamente* encontra ali a sua justificação socioapologética. A proclamada "*racionalidade*" filosófica em relação a esse problema nada oferece, sob as circunstâncias da desigualdade profunda e tenazmente arraigada em termos estruturais – pelo tempo que ela for capaz de dominar a sociedade –, além da *racionalização ideológica* da ordem estabelecida.

Essa é de fato uma questão muito difícil, considerando sua ressonância dada ou potencial entre as grandes massas da população. A preocupação recorrente com a igualdade não pode ser dispensada como irrelevante por causa da conexão demasiadamente óbvia entre *igualdade e justiça.* De fato, achamos que, às vezes e de certa forma, na história da filosofia política, os filósofos em debate até admitem que exista a conexão entre igualdade e justiça. Todavia, em vista do seu caráter

---

[2]   Aristóteles, *The Politics* (Londres, Penguin, 1981), p. 64-5 [Tradução a partir do texto grego. Cf. Aristóteles, *A política* (trad. Mário da Gama Kury, Brasília, Editora da UnB, 1985)].
[3]   Ibidem, p. 57.

Igualdade no espelho quebrado da justiça: o significado da Politeia *aristotélica*   283

altamente complexo e espinhoso[4], requer-se uma considerável ingenuidade filosófica para chegar a algum resultado com a conexão entre igualdade e justiça pela via da tomada de conhecimento e da escamoteação mais ou menos concomitantes em incontáveis séculos por vir, incluindo o tempo presente.

O modo pelo qual essa racionalização ideológica é feita paradigmaticamente já por Platão e Aristóteles assume a forma de uma estoica afirmação de que *desigualdade é realmente igualdade justificável*, porque "*igualdade indiscriminada* para todos equivale a *desigualdade*"[5], como Platão formulou em *As leis*, abrindo o caminho que seria seguido por seu grande pupilo Aristóteles. Por causa disso, ao perceber a inegável conexão entre igualdade e justiça e concomitantemente escamoteá-la mediante a inversão das determinações de valor racionalmente sustentáveis, a filosofia é bem-sucedida em seu domínio *ao justificar* "racionalmente" o *injustificável*.

As palavras de Aristóteles são sumamente reveladoras a esse respeito. É assim que ele argumenta a favor de sua causa:

> Em consequência, pensa-se que *justiça é igualdade*; e ela é, só que não para todas as pessoas, mas só para as que são *iguais*. Também se pensa que a *desigualdade é justa*; e ela é, só que não para todos, mas só para os *desiguais*. Cometemos erros graves ao negligenciar esse "*para quem*" ao determinar o que é *justo*. [...] Assim, como a justiça é relativa a pessoas e se aplica pela mesma lógica às coisas e às pessoas (como indicado na minha *Ética*)[6], esses disputantes, enquanto concordam quanto à igualdade da coisa, discordam quanto às *pessoas para as quais*, e isso principalmente pela razão já afirmada de que estão julgando em causa própria e, por isso, equivocadamente.[7]

O aspecto mais problemático dessa maneira de argumentar é que dar destaque à noção de *pessoas particulares* "para as quais" igualdade ou desigualdade devem ser corretamente consideradas igualdade ou desigualdade justificável faz com que desapareçam completamente as *relações de poder* reais que dominam a

---

4   Sobre as dificuldades implicadas em formar um juízo a respeito dos problemas da igualdade e desigualdade reais – a seu ver, em nítido contraste com a tarefa de fácil cumprimento de distribuir prêmios por sorteio com base em pesos, medidas e números –, Platão não hesita em dizer que: "É preciso ter a sabedoria e o juízo de Zeus" (Platão, *The Laws*, cit., p. 229) [ed. bras.: p. 237]. E algumas linhas adiante, ele oferece sua definição constrangedoramente circular de desigualdade e justiça no contexto em que defende o exercício da "*justiça estrita*" para seu Estado ideal.

5   Idem [ed. bras.: idem].

6   Referência a Aristóteles, *Ética a Nicômaco*, v. 3, em que ele diz que *é justo* dar mais propriedade e privilégios a pessoas que merecem mais e menos a pessoas que merecem menos. Cf. Aristóteles, *Nichomachean Ethics* (Londres, Penguin, 2004), p. 118-20.

7   Aristóteles, *The Politics,* cit., p. 195.

284 *Para além do Leviatã*

ordem estabelecida da sociedade[8]. A definição aristotélica do escravo como "peça viva de propriedade e ferramenta" – e ademais como propriedade *possuída com justiça* pelo senhor e dominador – evita a questão vital de como tal propriedade foi realmente *adquirida*, de um lado, e totalmente negada do lado oposto, tudo em conformidade inquestionável com os requisitos da "igualdade e justiça para os desiguais". Em vez de indicar a *aquisição/expropriação/retenção* contraditória da propriedade com base nas relações de poder prevalecentes, ele nos oferece a mitologia classista arbitrariamente decretada do pretenso "*senhor e dominador por natureza*" e seu equivalente conveniente, a saber, o "*escravo por natureza*", do qual se diz, por isso mesmo, que é dominado em plena conformidade com a *natureza*. E isso ainda está longe de ser suficiente. Outra peça da mitologia classista precisa ser acrescentada a isso e, é claro, nós a recebemos de Aristóteles por meio do seu já citado postulado do "*interesse comum*"[9] entre o senhor que domina e o escravo que é dominado.

Em consequência, os antagonismos sociais reais ou potenciais não podem ser reconhecidos de modo algum porque a completa consonância de igualdade e desigualdade com a justiça pretensamente determinada pela natureza precisa ser assegurada em nome *do bem para todos* no conjunto da sociedade. Aristóteles não pode deixar de reconhecer essa circunstância até explicitamente, no interesse da *justificação ideológica*, ao reconhecer que a noção de "interesse comum" é significativa "*na medida em que*" a relação entre as pessoas "contribui para *o bem viver de cada uma. O bem viver de fato é seu fim principal tanto em termos comunitários quanto individuais*"[10]. Porém, nesse ponto é preciso que entre em cena também a *mistificação ideológica*, de modo a justificar a *desigualdade revoltante* realmente existente entre senhor e escravo, em cujos termos o alegado "bem viver" do lado do escravo significa apenas *mera sobrevivência*, e até esta *precipuamente* tem por fim a dominação continuada do senhor, como Aristóteles precisa admitir. Pois, em suas palavras,

> embora o *escravo natural* e o *senhor natural* realmente tenham o *mesmo interesse*, a dominação do senhor sobre o escravo é exercida *precipuamente* em *benefício do senhor* e só *incidentalmente* em benefício do escravo, porque, se o escravo se deteriorar, a dominação do senhor sobre ele inevitavelmente é arruinada.[11]

---

[8] A concepção de classes sociais antagônicas está totalmente ausente da discussão de Aristóteles sobre a natureza da associação humana. Ele define o Estado como "um *agregado* de cidadãos" (ibidem, p. 168). Isso combina bem com sua maneira de tratar a questão da igualdade/desigualdade apropriada ao acrescentar a cláusula "*para quem*" como qualificativo *pessoal* necessário.

[9] Ibidem, p. 188.

[10] Ibidem, p. 187.

[11] Ibidem, p. 188. Nesse ponto, Aristóteles está falando do irritante fato de que, se o escravo *perecer* (como outra tradução verte o "se deteriorar"), o senhor ficará de mãos vazias.

Igualdade no espelho quebrado da justiça: o significado da Politeia *aristotélica*   285

Assim, enquanto antes a finalidade natural da constituição do próprio Estado era "pelo *bem viver de cada pessoa*", aplicável a ela como "*seu fim principal tanto em termos comunitários quanto individuais*", agora ele tem de ser alterado para o dito ideologicamente racionalizado "por causa *da vida mesma*"[12]. Essa é a razão pela qual e o modo como a concepção de "*justiça*" usada de forma socioapologética precisa vir ao primeiro plano e *invalidar* as reivindicações de *igualdade* real com o intuito de afirmar que a *desigualdade* estruturalmente arraigada demasiado óbvia na constituição do próprio Estado deve ser considerada como a *igualdade verdadeira*. A natureza do "bem" como tal também precisa, por isso mesmo, ser *redefinida* em relação ao Estado de "para o bem de cada pessoa", para representar a pretensa "justiça". De fato, podemos ler em outra página da *Politeia* de Aristóteles que "*no Estado, o bem é justiça*"[13].

Justiça em Platão e Aristóteles como liquidação da ideia de igualdade humana

De maneira compreensível, já na filosofia de Platão encontramos a mesma abordagem de igualdade e justiça. No projeto de Estado utópico detalhado em *As leis* – a despeito da defesa da hierarquia estrita e da escravidão inquestionável –, a reivindicação da "*igualdade apropriada*" é mantida por Platão de modo a *legitimar* o aclamado Estado por sua *idealidade universalizável*. Nesse sentido, Platão insiste que igualdade apropriada é aquela que

> dispensa *mais* ao maior e *menos* ao menor, proporcionando a devida medida a cada um conforme a natureza. [...] De fato, é precisamente isso que constitui para nós a *estrita justiça no Estado*, que é o objetivo que devemos, Clínias, nos empenhar em buscar; essa *igualdade* é o que temos que colimar agora que estamos fundando o Estado que está em seu nascedouro. E quem quer que esteja fundando um Estado em qualquer parte a qualquer tempo deve visar em sua legislação a esse mesmo objetivo – não a vantagem de alguns monarcas despóticos ou de um ou de alguma forma de democracia, mas sim a *justiça sempre*, o que consiste no que acabamos de enunciar, isto é, *a igualdade concedida em toda ocasião aos desiguais segundo a natureza*.[14]

Desse modo, ao definir "igualdade para os iguais" e "desigualdade para os desiguais", por meio da pretensa "justiça" *a ser almejada* (sem indicar os

---

[12] Ibidem, p. 187.
[13] Ibidem, p. 207.
[14] Platão, *The Laws*, cit., p. 230 [ed. bras.: p. 237].

286 *Para além do Leviatã*

critérios cruciais de sua realização factível) como a *medida* reivindicada e *justificada por definição* – naturalmente a serviço da *desigualdade* socialmente muito bem arraigada –, acabamos em uma *circularidade colossal a serviço de si mesma*, visível em juízos filosóficos sobre igualdade e justiça até os nossos dias. Em Platão, o propósito socioapologético subjacente é alcançado com êxito porque a concepção adotada de "justiça" pode ser convenientemente torcida e revirada em sintonia até com os requisitos mais desiguais. Pois *decreta-se* que a "justiça" é a própria *medida última* e, por isso, não necessita de uma medida comprobatória que a sustente. E isso é possível porque a concepção de "justiça", nesse tipo de discurso, pode ser usada sem qualquer qualificação *substantiva*, como de fato também foi usada no clímax histórico desses desenvolvimentos filosóficos, em concepções burguesas de filosofia política e jurisprudência, quando insistem – como vimos, por exemplo, na concepção de Kant – que a lei "concerne *à forma e não à matéria do objeto* em relação ao qual eu possa ter um direito"[15]. Em consequência, graças à falta do requisito das qualificações substantivas, a *"estrita justiça"* de caráter declamatório postulada por Platão equivale na realidade à total *negação da justiça* bem como à *legitimação* arbitrária e apriorística *da injustiça*.

Com a aparência proclamada sem fundamento algum de algo que se pretende que sustente a justiça, Platão nos oferece o requisito desejante de que o juízo do estadista *deveria ser* formado pelo ato de "levar em conta a *real natureza de cada uma*"[16] das pessoas implicadas nos casos em questão. Porém, inclusive esse requisito desejante, visando à viabilidade da lei no Estado ideal projetado, está fadado a não passar de uma fachada a serviço de si mesma, justificando o injustificável. Pois invariavelmente a *"real natureza* de cada uma" é o que convém à manutenção e à dominação continuada da ordem social sumamente desigual estruturalmente já bem arraigada – a *escravidão* classista – em nome de algo nada menos mutável que a *"própria natureza"*. Essa é a *premissa social* absolutamente necessária, com base na qual o juízo do estadista tem de ser formado e inquestionavelmente legitimado de acordo com Platão. Pois se supõe que a dita "real natureza" enquanto justificadora da escravidão seja a *autoridade autoevidentemente última* nessas questões. Isso é também para o discurso aristotélico, em que se declara que tanto os

---

[15] Immanuel Kant, *The Philosophy of Kant: Immanuel Kant's Moral and Political Writings* (Nova York, Random House, 1949), p. 418.

[16] Como afirma Platão, personificado em *As leis* pelo *ateniense*, sobre o estadista idealizado: "Penso que ele deve se esforçar ao máximo para obter *uma compreensão global de seu objetivo*, bem como vê-lo em seus *vários contextos*". Cf. Platão, *The Laws*, cit., p. 521. Destaques de Mészáros [ed. bras.: p. 505]. Sem dúvida, esse é um bom princípio para guiar a conduta do estadista platônico. Porém, ele não é capaz de dar suporte à suposição subjacente de usar a "natureza" como justificativa para a escravidão classista.

Igualdade no espelho quebrado da justiça: o significado da Politeia *aristotélica*   287

senhores quanto seus escravos são senhores e escravos *por natureza* e, por isso, de forma justificada, *dominadores e dominados por natureza* em termos explicitamente estabelecidos, como vimos anteriormente.

Consequentemente, para Aristóteles, a possibilidade da *igualdade humana* está fora de cogitação. E ele é forçado a declarar que essa visão está em plena conformidade com os requisitos da *"justiça"*. Assim, o papel da "justiça", no discurso aristotélico, muito similar ao da concepção platônica, é a *liquidação*, socialmente prejulgada, *da ideia da igualdade*, combinada com a alegada *autoevidência* desse julgamento em seu apelo à autoridade última da própria natureza nessa questão – na alegação feita sem fundamento algum a favor da ordem dominante e suas racionalizações ideológicas.

A cláusula aristotélica *"para quem"*, adicionada para avaliar e justificar a igualdade e a desigualdade em termos das *pessoas* que se pode admitir à condição de uma (igual) ou outra (desigual) como pessoas particulares, ignorando seu pertencimento real às *classes sociais* estruturalmente dominantes (ou não), é o martelo usado para despedaçar o espelho no qual a natureza da *igualdade* – agora transfigurada em *desigualdade* "justamente" inalterável – deve ser fragmentariamente refletida. É assim que a igualdade acaba sendo oferecida a nós em uma forma fatalmente distorcida no espelho necessariamente quebrado da "justiça" irrefutavelmente determinada por classes. Formulando em outros termos, quando se proclama que a igualdade em matérias fundamentais da sociedade é impossível *por natureza* (lembremos o "patife" de Platão e a "ferramenta viva" de Aristóteles), a *justiça tem de sofrer as consequências*. Assim, o papel da *"justiça"* torna-se a *negação categórica da justiça*. E, obviamente, nada pode ser uma matéria social mais fundamental do que a divisão estruturalmente arraigada e salvaguardada da sociedade em classes antagônicas, manifestando-se na história real também na forma de *senhores e escravos*.

Todavia, como vimos, na obra do excelente filósofo inglês Thomas Hobbes, a autoridade da natureza é defendida em sentido diametralmente *oposto*. Em sua visão, diz-se que os seres humanos são *iguais nos termos da própria natureza e, por isso, a legitimidade* da ordem política estabelecida deve ser considerada a partir de uma base muito diferente. Como consequência, não deve nos surpreender que Hobbes tenha submetido a filosofia de Aristóteles à mais incisiva crítica em seu *Leviatã*.

Diretamente relevante para nós nesse ponto é a afirmação do próprio Aristóteles:

> Os de *nobre nascimento*, os *livres* ou os que possuem *riqueza têm toda razão* [isto é, estão plenamente justificados] em reivindicar *honrarias*, já que os membros do Estado devem ser *livres* e ter propriedade *taxável* (*não haveria como fazer um Estado de pobres [necessitados] nem de escravos*). Porém, obviamente é preciso algo mais:

refiro-me à *justiça* e à virtude que é própria de cidadãos. Porque sem esses acréscimos não é possível administrar o Estado. Mais exatamente, enquanto sem população livre e riqueza não pode haver Estado nenhum, sem justiça e virtude ele não pode ser *bem administrado*.[17]

Questionável nessa análise é o tratamento que Aristóteles dispensa aos "pobres" (ou "aos necessitados", em outra tradução), colocando-os *no mesmo nível* dos *escravos*, como *justificativa* do Estado que defende. Colocá-los no mesmo nível só pode ser uma falsa analogia tendenciosamente prejulgada. Pois quando nos referimos aos pobres e necessitados, falamos sobre *graus relativos* de especificidade sócio-histórica e possivelmente também sobre a privação que prevalece em toda parte, necessariamente imposta à sociedade em geral pelas condições extremamente duras da natureza realmente existente[18], não pela concepção socioapologética de "natureza" platônica ou aristotélica, ficticiamente estipuladas e autojustificadoras. Em consequência, sob tais condições não só é *possível*, mas de fato é *inevitável* "fazer um Estado de pobres e necessitados".

Esse caso é *categorialmente* diferente quando se fala de escravos. Pois a concepção do escravo – também em seu uso aristotélico – necessariamente implica seu senhor dominante, ou o que quer que seja a força que domina estruturalmente o tipo específico de escravo, como prevalece em outras partes, a exemplo da forma da "escravidão assalariada" sob a *dominação do capital*. Não faz sentido algum imaginar a sociedade dos escravos *em si e por si só*. E, nesse sentido, Aristóteles está absolutamente certo ao alegar que não se pode fazer um Estado exclusivamente de escravos. Porém, ele usa a *falsa analogia* de tratar o escravo do mesmo jeito que o pobre e o necessitado *precisamente* para poder proclamar, sobre essa base, a necessidade autoevidente do equivalente conceitualmente inevitável do escravo na sociedade estabelecida, *o senhor dominador*. Além disso – novamente graças à mesma falsa analogia entre escravo e pobre –, o que torna plausível a legitimidade global do equivalente do pobre e do necessitado é a dominação do Estado sobre a tomada de decisão da sociedade em consonância com a "justiça" aristotélica, isto é, com os *nobres e os ricos e abastados*.

Na filosofia de Platão, encontramos quatro virtudes fundamentais: "*Coragem, autocontrole* [ou temperança/moderação], *justiça e sabedoria*"[19]. Uma das quatro – a justiça – parece ser "o elemento destoante". Pois as outras três podem ficar restritas a ações e características individuais ou se referir a indivíduos

---

[17] Aristóteles, *The Politics*, cit., p. 208-9.

[18] O tratamento irresponsável, socialmente determinado, da *ecologia*, sob os imperativos da *expansão dissipadora do capital*, oferece um exemplo potencialmente mais destrutivo dessa espécie de relação com a natureza e o Estado para o nosso futuro.

[19] Platão, *The Laws*, cit., p. 523. Destaques de Mészáros [ed. bras.: p. 504].

Igualdade no espelho quebrado da justiça: o significado da Politeia *aristotélica*   289

particulares que se confrontam, por exemplo, com algumas circunstâncias extremas em sua luta contra a dura adversidade da natureza. Em contraste, a justiça é uma *determinação inerentemente social*, inclusive quando designa as ações de indivíduos particulares entre eles mesmos. Nesse sentido, a justiça pode ser considerada uma subclasse da *sabedoria* no domínio relevante, isto é, quando se fala de seu papel na configuração da sociedade e de suas formações estatais historicamente constituídas em conformidade com os requisitos fundamentais da sabedoria prática recomendável.

O que encontramos na qualificação principal feita por Aristóteles em nossa última citação pode ser equiparado ao senso de justiça como *juízo prático sabiamente buscado*, quando ele diz que sem justiça e virtude o Estado não pode ser *bem administrado*[20], mesmo que, num primeiro momento, possa ser estabelecido de alguma maneira e assim, possivelmente, ainda que mal, possa ser administrado em um sentido muito diferente. Porém, é claro que essa qualificação não oferece garantia nenhuma de que aqueles que estão conscientes da diferença em termos gerais entre administrar o Estado e administrá-lo bem, estarão dispostos, na atualidade, a defender as *implicações socialmente recomendáveis* da administração do Estado. Longe disso. Os interesses assegurados da *dominação classista antagônica*, como os privilégios obtidos na sociedade possuidora de escravos, tendem a empurrar até os maiores pensadores na direção oposta, como sabemos da história passada.

Aristóteles e o animal político

Em suas reflexões sobre o propósito da associação humana, Aristóteles fez a famosa declaração de que o Estado existe por natureza. Estas são suas palavras sobre o tema:

> A *associação final*, formada por várias cidades, é o Estado. Para todos os propósitos práticos o processo agora está completo; a *autossuficiência* foi alcançada e, enquanto o Estado surgiu como um meio de assegurar a vida mesma, ele continua a existir para assegurar *o bem viver*. Por isso, *todo Estado existe por natureza*, assim como as *antigas associações* também foram *naturais*. [...] Ademais, *a meta* e *o fim* são a perfeição; e a autossuficiência é tanto fim quanto perfeição.[21]

Suas reflexões sobre o Estado, que provavelmente figuram entre as mais duradouras desse filósofo, prosseguem assim:

---

[20] Aristóteles, *The Politics*, cit., p. 209.
[21] Ibidem, p. 59.

290   *Para além do Leviatã*

Disso decorre que o Estado pertence à classe de objetos que existem por natureza e *o homem é por natureza um animal político*. Quem quer que, por sua natureza e não simplesmente por má sorte, não tiver Estado é *mau demais* ou é *bom demais*, é *sub-humano* ou *super-humano*.[22]

Assim, a profunda percepção de Aristóteles sublinha firmemente o *caráter* inerentemente *social* do ser humano como um *zôon politikón* [animal político] que deve viver *em associação* com outros seres humanos, enfatizando essa condição como uma determinação insuperável da natureza. Nesse sentido, a concepção de "natureza" não é arbitrariamente postulada por Aristóteles porque ele se refere à conexão naturalmente estabelecida do *zôon politikón* com o *mundo animal* e, ao mesmo tempo, contrasta a forma humana de vida associativa com a das *abelhas* e com o que ele chama de os demais *"animais gregários"*[23], destacando como especificidade dos seres humanos sua capacidade de se comunicar entre si em sua associação por meio da *fala*, que os permite diferenciar entre "o que é *útil* e o que é *danoso*, e assim também entre o que é *justo* e o que é *injusto*. [...] É o *compartilhar* de uma *visão comum* nessas matérias que perfaz uma economia doméstica e um Estado"[24].

Todavia, absolutamente problemático já nesse ponto é a afirmação aristotélica de que "o *compartilhar* de uma *visão comum*" pode ser aplicado igualmente à economia doméstica e ao Estado. Na verdade, uma visão comum compartilhada pode ser significativamente aplicada à economia doméstica em termos de *interesses genuinamente compartilhados* pelos membros da economia doméstica, mas pode ser sumamente questionável quando diz respeito ao Estado. No Estado realmente existente, que é constituído sobre a base de classes sociais antagônicas, a alegação aristotélica não é verdadeira. Pois, no caso do Estado historicamente constituído – não só por sua complexidade e ramificações imensamente maiores, se comparado com a economia doméstica, mas também tendo considerado que, de acordo com o próprio Aristóteles, o interesse que o escravo tem em comum com os interesses do senhor é apenas "a vida mesma", nada além de sua *"mera sobrevivência"* e não o *"bem viver"* totalmente diferente do seu senhor[25] –, é bastante arbitrário falar em "*compartilhar* uma *visão comum*" no Estado *como um todo*, no qual encontramos *interesses de classes diametralmente opostos* que devem ser "bem administrados" pelo Estado na condição de estrutura global de comando da sociedade, com sua

---

[22] Idem.

[23] Ibidem, p. 60.

[24] Idem.

[25] De fato, devemos lembrar aqui que até o interesse restrito à *mera sobrevivência* do escravo, como o próprio Aristóteles admite, é "*precipuamente* em benefício do senhor e somente *incidentalmente* em benefício do escravo".

Igualdade no espelho quebrado da justiça: o significado da Politeia aristotélica 291

autoridade/soberania plena (de novo nas palavras de Aristóteles) para acolher ou invalidar/rejeitar completamente os pontos de vista dos que estão sujeitos a ela. De fato, e isso é sumamente eloquente, Aristóteles prefere falar do termo mais "flexível" e muito mais facilmente "extensível", bem como mais prontamente assumido e postulado do *"interesse comum"*, em vez de falar da concepção potencialmente muito mais relevante do "interesse *compartilhado"*.

No entanto, uma vez que a conformidade do Estado com a natureza é estipulada com base na analogia, dita como baseada na natureza, entre economia doméstica e Estado, fica fácil afirmar a inquestionavelmente feliz relação correspondente entre justiça e Estado. Dessa forma, podemos ler, na *Politeia* de Aristóteles, no fim da seção que discute a relação entre Estado e indivíduo, o seguinte: "A virtude da justiça é um traço do Estado; porque justiça é o arranjo da associação política e um senso de justiça decide o que é justo"[26].

Em consequência, os aspectos sumamente problemáticos de administrar os antagonismos (não reconhecidos) inerentes à sociedade de classes por meio da alegada "justiça" de sua formação estatal antagônica são reduzidos por Aristóteles a uma harmonia "bem administrada", graças à conformidade desejavelmente declarada do Estado com a "natureza" por meio de uma analogia questionável com a "economia doméstica natural", sob o órgão do Estado governando de modo apropriado e proclamado como globalmente benéfico – abrangendo a "igualdade desigual". A presença necessária e exitosamente operante da virtude e justiça no Estado não é estabelecida de nenhuma maneira por Aristóteles. Ele simplesmente afirmou que ela é "um traço do Estado" sobre a base de outra afirmação não estabelecida, de acordo com a qual "justiça é o arranjo da associação política", acompanhada da alegação convenientemente declarada de que "um senso de justiça decide o que é justo", quando, na realidade, é o próprio Estado que decide, por meio do seu sistema legal e judicial imposto, o que ele considera justificável ou não para si mesmo.

Por essa via, até a verdade limitada de algumas características naturais encontradas na economia doméstica – como a maior força física bruta dos membros masculinos em comparação com a força física média das mulheres – é tendenciosamente distorcida por Aristóteles, no espírito dos mesmos interesses socioapologéticos de dominação hierárquica, quando ele avidamente metamorfoseia a força física relativa em superioridade social e humana absolutamente inalterável ao escrever "como entre *masculino e feminino*, aquele é *por natureza superior e dominador*, este é *inferior e subjugado*. E isso deve valer para *a humanidade em geral"*[27].

---

[26] Ibidem, p. 61.

[27] Ibidem, p. 68. Essa abordagem produz um juízo ainda mais grotesco ao afirmar o seguinte: "O *propósito da natureza* é fazer com que os *corpos dos homens livres* se diferenciem dos *corpos dos escravos*, estes suficientemente fortes para serem usados em tarefas necessárias, aqueles *eretos* e sem

292 *Para além do Leviatã*

Sob as condições do desenvolvimento histórico subsequente, não menos dilacerado por antagonismos de classes do que na Grécia antiga, a caracterização aristotélica da alegada ordem e hierarquia "naturais" é direta ou indiretamente repercutida. Também o cristianismo a acolheu a seu modo por muito tempo. Dessa forma, por exemplo, o destacado teólogo/filósofo Santo Agostinho fala da necessidade de autoridade e obediência da seguinte maneira:

> São Paulo diz: "Se alguém não cuidar do que é seu e especialmente de sua casa, esse negou a fé e é pior do que o descrente" [1 Timóteo 5,8]. Desse cuidado surge aquela paz do lar que reside na interação harmoniosa de *autoridade e obediência* entre aqueles que vivem ali. Porque aqueles que cuidam dos outros dão as ordens – *o homem à sua esposa, os pais a suas crianças, os senhores a seus servos*. E aqueles que recebem o cuidado devem obedecer – *as esposas a seus maridos, as crianças a seus pais, os servos a seus senhores.*[28]

E isso de modo algum é o fim da história. Pois, como vimos, muitos séculos após Santo Agostinho, encontramos, na filosofia kantiana, a mesma defesa da autoridade e desigualdade injustificáveis, quando ele escreve que "aquele que é dependente deve obedecer ao outro, como *uma criança obedece a seus pais ou a esposa obedece a seu marido*"[29]. E, mais adiante na mesma obra, Immanuel Kant chega ao ponto de negar até mesmo a possibilidade de conceder o direito ao voto a mulheres e crianças[30].

É certo que Aristóteles não tem nenhuma inclinação para formular concepções utópicas do Estado do tipo platônico, como em *A república* e *As leis*. Por uma série de razões bem fundamentadas, incluindo seu entusiástico envolvimento em alguns campos da ciência natural experimentalmente mantidos, especialmente a zoologia[31], ele gostava de manter seus pés mais firmemente no chão. Não obstante, também o que o próprio Aristóteles considera como determinações

---

serventia para aquela espécie de trabalho, mas *bem adequados à vida de cidadão de um Estado*, uma vida que, por seu turno, é dividida entre os requisitos *da guerra e da paz*" (ibidem, p. 69).

[28] Santo Agostinho, *City of God* (Garden City/Nova York, Doubleday, 1958), p. 460.

[29] Immanuel Kant, *The Philosophy of Kant,* cit., p. 418. Destaques de Mészáros.

[30] Ibidem, p. 420.

[31] Ninguém menos que um personagem histórico como Alexandre, o Grande, que fora seu pupilo, ajudou Aristóteles a satisfazer esse interesse. "Diz-se que quando Alexandre se tornou rei, ele usou seu poder para ajudar seu velho tutor a conseguir espécimes: 'Alguns milhares de pessoas por toda a Ásia Menor e Grécia receberam ordens [...] de cuidar para que Aristóteles fosse informado sobre toda e qualquer criatura nascida em qualquer região' (VII, 44)". Cf. Plínio, o Velho, *Natural History: A Selection* (Londres, Penguin, 1991), p. 114, citado em Anthony Gottlieb, *The Dream of Reason: A History of Philosophy from the Greeks to the Renaissance* (Londres, Penguin, 2016), p. 237.

positivas e plenamente realizáveis – de fato, mais que isso: a determinação *única e exclusiva* – que precisam ser instituídas por qualquer dominador que deseja administrar bem um Estado possui um caráter inteiramente utópico. Essas determinações são utópicas, mesmo que de um modo muito diferente da caracterização que Platão faz dos ideais do Estado, como veremos nas páginas finais deste capítulo.

Todavia, antes de discutir esse problema, é importante mencionar algumas preocupações importantes ressaltadas por Aristóteles quanto à relação entre Estado e indivíduo. Em primeiro lugar, sua insistência em que

> é preferível que *a lei domine* do que qualquer um dos cidadãos. E, aprofundando essa linha de raciocínio, temos de acrescentar que, embora seja melhor que *certas pessoas* dominem, essas pessoas deveriam ser designadas como *guardiãs* das leis e como *suas servas*. [...] Por isso, quem demanda que a lei domine está demandando que *Deus e a inteligência* dominem e não outros; ao passo que quem demanda o domínio de um ser humano também está importando *uma besta selvagem*; porque o *desejo* é como uma besta selvagem, e *a raiva perverte os dominadores* e os melhores homens. Daí que *lei é inteligência sem apetição*.[32]

Nesse sentido, o domínio pela própria lei, sem ser subvertida por desejo e paixão, dificilmente poderia ser defendido com maior devoção do que demonstrado aqui por Aristóteles.

A outra preocupação aristotélica mencionada há pouco também é crucialmente importante. As considerações práticas sobre ela são redirecionadas por Aristóteles de sua conexão direta com o Estado e a economia doméstica para um princípio orientador absolutamente fundamental do pensamento dialético em geral, com seu significado sócio-ontológico, bem como metodológico de grande alcance.

Essa preocupação é articulada por Aristóteles em sua *Politeia* no contexto de uma avaliação inovadora das características definidoras do *zôon politikón* e das determinações estruturais globais da única associação inseparável de tal *zôon politikón*, nos seguintes termos:

> O Estado tem *prioridade natural* em relação à economia doméstica e a *qualquer indivíduo* entre nós. Pois *a totalidade* tem de ser *priorizada em relação à parte*. Separem a mão ou o pé do corpo inteiro e eles não mais serão mão ou pé, a não ser de nome, como se poderia falar de uma "mão" ou um "pé" esculpidos em pedra. Essa é a condição da mão lesada, que não tem mais a *capacidade nem a função* que a define. [...] Está claro, então, que o Estado é natural e tem a prioridade em relação

---

[32] Aristóteles, *The Politics*, cit., p. 226.

ao indivíduo. Porque se um indivíduo separado não for plenamente *autossuficiente*, ele estabelecerá com a *totalidade* a mesma relação que as *partes* têm no outro caso. Quem for incapaz de *participar na associação* que chamamos de Estado, como, por exemplo, um animal estúpido, bem como quem for perfeitamente autossuficiente e não tem necessidade nenhuma (por exemplo, um deus), não poderá fazer parte do Estado.[33]

Essa elucidação aristotélica da relação seminalmente importante entre o *todo* e suas *partes* representa uma tremenda noção dialética para qualquer era, sem mencionar que foi feita 2.500 anos antes de nossa época. Tivemos de esperar um longo tempo até encontrar algum filósofo capaz de equiparar-se a ele, e isso aconteceu na virada do século XVIII para o XIX. Pois a maneira como Aristóteles capta essa relação crucial entre o todo e suas partes, a precisa análise conceitual-dialética, com sua relevância metodológica decisiva jamais encontrada na filosofia desde Platão, está inseparavelmente associada a lançar a luz necessária sobre os *aspectos substantivos fundamentais* das questões em jogo. Na obra do grande pensador dialético alemão Georg Wilhelm Friedrich Hegel, testemunhamos a tentativa consciente de fazer a mesma coisa em suas principais obras de síntese. Nesse aspecto, Hegel de fato é devedor direto de Aristóteles, incluindo a centralidade atribuída por ele à relação tanto substantiva quanto metodologicamente crítica entre o todo e suas partes em todos os domínios analisados.

O espelho quebrado de Aristóteles

Agora podemos nos voltar para a utopia de Aristóteles, bastante distante da platônica. Em rápida antecipação, ela pode ser resumida na *idealização aristotélica do caminho do meio*. Porém, ninguém deve imaginar que isso é tão simples e retilíneo como parece. Quando se enfatiza o caráter utópico de algumas importantes ideias aristotélicas, deve-se acrescentar imediatamente não só que elas foram muito influentes na história, mas também que são quase proibitivamente multifacetadas, estendendo-se sobre diversos domínios da vida humana, com o rigor avaliativo ressaltado pelo seu originador.

Quanto à grande influência de Aristóteles por causa da idealização do caminho do meio, não precisamos fazer mais no momento do que lembrar a teoria sumamente radical de Rousseau, do século XVIII, citada anteriormente em favor do caminho do meio. Todavia, é necessário detalhar muito mais o raciocínio multifacetado da utopia aristotélica concernente à questão de como organizar a

---

[33] Ibidem, p. 60-1.

Igualdade no espelho quebrado da justiça: o significado da Politeia *aristotélica*   295

associação única do *zôon politikón* de modo a adequá-la da melhor maneira possível aos requisitos que têm de ser plenamente apropriados tanto às partes quanto ao todo, isto é, tanto aos indivíduos particulares quanto a seu Estado.

Nesse sentido, podemos começar citando um ponto levantado por Aristóteles mediante referência direta à sua *Ética a Nicômaco*[34]. Ele tem o seguinte teor:

> Se estivemos corretos ao afirmar em nossa *Ética* que a virtude é um *meio* e que a vida feliz é uma vida sem impedimento em sua concordância com a virtude, então a *melhor vida tem de ser a vida do meio* que consiste em um meio que está aberto a ser alcançado por todo homem de qualquer espécie. E o mesmo princípio deve ser aplicável à *virtude ou ruindade das constituições e dos Estados*. Porque a constituição de um Estado é, em certo sentido, o modo como ele vive. Em todos os Estados há três segmentos estatais: os de condição muito boa, os de condição muito ruim e, em terceiro, os que se encontram entre esses dois. Por isso, desde que se concorde que a *moderação* e uma *posição intermediária são a melhor coisa*, está claro que, também quando se trata dos bens da fortuna, *possuir uma quantidade média deles é o melhor de tudo*. Essa condição é a que mais facilmente *obedece à razão* e seguir a *razão* é justamente o que é difícil tanto para os *excessivamente* ricos, belos, fortes e bem-nascidos quanto para os *opostos*, os extremamente pobres, os fracos e os seriamente privados de honra. Aqueles tendem mais para a arrogância e para o crime em larga escala, estes estão acima da média propensos aos maus modos e aos pequenos delitos.[35]

Dessa forma, o caminho do meio, em nítida oposição a todos os extremos, é forçosamente recomendado como o mais apropriado para o cumprimento da *virtude* e, ao mesmo tempo, como plenamente em sintonia com a *própria razão*, tanto em vista dos indivíduos quanto do Estado como um todo. E Aristóteles continua sua análise no mesmo espírito, acrescentando:

> Está claro que a melhor parceria em um Estado é aquela que opera por meio das *pessoas de condição média* e também está claro que os Estados em que o *elemento médio é amplo* e se possível *mais forte do que os outros dois juntos* ou de qualquer modo mais forte do que qualquer um dos demais sozinhos têm toda chance de ter *uma constituição bem gerida*.[36]

---

[34] As passagens relevantes dessa ética de Aristóteles indicadas em uma nota de rodapé nesse contexto são: I 10, II 2 e 6, VII 13 e X 7 (Cf. Aristóteles, *Nichomachean Ethics*, cit., p. 22-5, 33-4, 39-43, 185-7, 273-6).

[35] Aristóteles, *The Politics,* cit., p. 266.

[36] Ibidem, p. 267.

O entusiasmo de Aristóteles pela constituição orientada para a camada média do povo é tão grande que, de um modo bastante não realista, ele chega a proclamar que ela obrigatoriamente resultará em uma ordem social/política livre de facções. Isso é formulado desta maneira:

> A superioridade da constituição média fica clara também a partir do fato de que só ela está livre de facções. O último lugar a surgirem facções e divisões entre os cidadãos é onde o *elemento médio* é amplo. E grandes Estados estão mais livres de facções por essa mesma razão, a saber, porque o elemento médio é amplo. [...] Um indício de que o que vínhamos dizendo é verdadeiro pode ser encontrado no fato de que os *melhores legisladores* provieram dentre *os cidadãos da camada média* – Sólon, por exemplo, cuja posição média é revelada em seus poemas, e Licurgo, que não era rei, e Carondas e a maior parte do resto.[37]

Naturalmente, em consonância com seu entusiasmo pelo caminho do meio, Aristóteles argumenta que "*em todos os tempos* o legislador deve se esforçar para incluir *as pessoas da camada média* na constituição"[38]. De fato, ele não hesitou em insistir que tanto o legislador *oligárquico* quanto o legislador *democrático* deveriam fazer isso. Pois, "se ele estiver formulando leis de caráter oligárquico, ele sempre deveria ter em vista as pessoas da camada média; se de caráter democrático, ele deveria também torná-las atrativas aos da camada média. [...] Quanto mais bem mesclada for a constituição, tanto mais ela durará"[39]. Aristóteles também confessa sua preferência relativa pela democracia em confronto com a oligarquia, em razão de sua maior proximidade com a constituição das pessoas da camada média, declarando-a a mais segura de todas com estas palavras: "A constituição das pessoas da camada média está mais próxima da democracia do que a constituição dos poucos, e de todas essas constituições é a mais segura"[40].

Aristóteles está bastante consciente dos problemas que podem surgir e surgem das formas extremas de desigualdade, mais uma vez em consonância com sua preferência pelo caminho do meio, que corresponde ao mesmo espírito com que anteriormente havia ressaltado que "possuir uma *quantidade média* deles é o melhor de tudo". Em outro contexto, recomenda aplicar a mesma regra ainda mais rigorosamente, ao dizer que "prosperidade excepcional em um dos segmentos do Estado deve ser prevenida. [...] Deve ser feito um esforço ou para *mesclar* a população pobre com a rica ou para *aumentar a camada média*; isso

---

[37] Ibidem, p. 268.
[38] Ibidem, p. 272.
[39] Idem.
[40] Ibidem, p. 299.

Igualdade no espelho quebrado da justiça: o significado da Politeia *aristotélica* 297

dissolve as facções que existem devido à desigualdade"[41]. Do mesmo modo, ao falar sobre o requisito das *"salvaguardas constitucionais"*, Aristóteles dá grande ênfase no que ele chama de *"o princípio do caminho do meio"*[42].

Infelizmente, porém, Aristóteles também pode ser posto contra a parede de modo risível por deixar-se levar longe demais em seu entusiasmo pelo caminho do meio. Isso é muito bem ilustrado pelo nítido contraste que ele faz arbitrariamente entre as nações asiáticas e as nações helênicas. É difícil de acreditar no que lemos quando nos vemos diante de uma afirmação feita por Aristóteles a esse respeito. A passagem em questão tem o seguinte teor:

> As nações asiáticas possuem em suas almas tanto intelecto quanto destreza, mas lhes falta espírito; assim, elas permanecem *escravizadas e subjugadas*. A *raça helênica*, ocupando *geograficamente a posição média*, possui ambos em boa medida, sendo tão cheia de espírito quanto inteligente. Em consequência, ela continua a ser livre, vivendo sob as melhores constituições, e dada a uma só constituição, continua a ser *capaz de dominar todos os outros povos.*[43]

Isso é tão ruim quanto a citação de Hegel vista aqui anteriormente, na qual ele decreta que o povo chinês um dia necessariamente será dominado pelo *Estado germânico*. De fato, não seria nenhuma surpresa para nós se ficássemos sabendo que, para formular essa ideia sem fundamento, Hegel tenha se inspirado nessa citação de Aristóteles – do mesmo modo que certamente se inspirou, no sentido mais profundo do termo, na filosofia aristotélica para formular algumas de suas pioneiras concepções.

Certamente, defender a preferência pelo caminho do meio é bem compreensível por representar a rejeição aos extremos em uma forma que parece ser mais praticável do que qualquer alternativa a ela, como, por exemplo, a adoção imediata da *igualdade substantiva*. Porém, ser *"mais praticável"* não torna o defendido "caminho do meio" *praticável* em termos gerais, da mesma forma que alegar que algo é *"mais equitativo"* nem de longe significa que já seja *verdadeiramente equitativo* em termos gerais. E isso não é simplesmente uma questão de radicalismo social. Até um pensador radical gigante como Rousseau ficou profundamente desapontado nesse tocante. Pois, como vimos no capítulo 1, Rousseau argumentou fervorosamente que

> sob maus governos essa igualdade é somente aparente e ilusória; serve só para manter o pobre na sua miséria e o rico na sua usurpação. Na realidade, as leis são

---

[41] Ibidem, p. 326.
[42] Ibidem, p. 330.
[43] Ibidem, p. 410.

298 *Para além do Leviatã*

sempre úteis aos que possuem e prejudiciais aos que nada têm, donde se segue que o estado social só é vantajoso aos homens quando *todos eles têm alguma coisa e nenhum tem demais.*[44]

O necessário fracasso nessa defesa do caminho do meio não se devia apenas à dificuldade inerente a definir a magnitude do "*algo*" de Rousseau e também de seu "*não* [ter] *demais*", mas acima de tudo, ao caráter ilusório de esperar que uma solução viável possa advir de alguma mudança na *distribuição* dos produtos sociais sem alterar radicalmente seu modo de *produção*. Pois o modo de produção e a reprodução social estruturalmente arraigados e dominantes são sempre forçados a operar a seu favor. E isso é um traço comum ao "caminho do meio" defendido e idealizado tanto por Rousseau quanto por Aristóteles. Por isso, não admira que, a despeito de ser reiteradamente defendido por alguns pensadores destacados, estamos tão longe de sua projetada realização global há incontáveis séculos.

Na utopia aristotélica, tudo parecia ser capaz de dar firme suporte ao caminho do meio idealizado. Para começar, ele foi recomendado por Aristóteles por ter sido pavimentado sobre a própria *virtude* comum/média/moderada. E essa condição traria consigo *eo ipso* [por si só] "*vida feliz* sem impedimento" para os indivíduos particulares que compartilham o caminho do meio. Pois se dizia que a fundação de seu "*segmento do Estado*" sobre a virtude harmoniza plenamente também com a *própria razão*, no sentido de a razão ser propriamente *obedecida por eles* devido à ausência de tentações associadas aos extremos. Ademais, dizia-se que os mesmos princípios se aplicam à constituição média correspondente e, felizmente isso é fato, porque "a constituição de um Estado é, em certo sentido, *o modo como ele vive*".

Todavia, dizer tudo isso e chamar as classes sociais de "*segmentos do Estado*" cujas contradições podem ser superadas dentro do domínio político do quadro de referência constitucional idealizado era querer demais. Como consequência, inevitavelmente também a utopia aristotélica que projeta a realização do "caminho do meio" idealizado pelo *zôon politikón* e constitucionalmente assegurado teve de permanecer um mundo de utopia.

Quanto ao espelho quebrado de Aristóteles, é *inconcebível* juntar de novo suas peças. Com certeza, usar a *justiça* como a medida decretada da *igualdade* tinha de ser uma *premissa absoluta* para Platão e Aristóteles. Esse foi seu único caminho para proclamar como *justificável* em nome de uma *natureza* mal concebida a horrível

---

[44] Jean-Jacques Rousseau, *The Social Contract and Discourses* (Londres, J. M. Dent, 1913), p. 19. Destaques de Mészáros [ed. bras.: *Do contrato social*, trad. Lourdes Santos Machado, São Paulo, Nova Cultural, 1997, p. 81, n. 5].

Igualdade no espelho quebrado da justiça: o significado da Politeia *aristotélica* 299

desigualdade da sociedade possuidora de escravos. Na realidade, trata-se do inverso. Pois a medida apropriada da *própria justiça* só pode ser a *igualdade substantiva* em todos os quesitos fundamentais do Estado, principalmente em sua fundação sociometabólica antagônica, que necessariamente deixou de ser reconhecida por Platão e Aristóteles.

17

Acumulação primitiva de capital e o mundo da *Utopia* de Thomas More

Sir Thomas More, investido do título de cavaleiro em 1514 pelo rei Henrique VIII, morreu como mártir por sua fé, por ter se recusado a reconhecer a *supremacia* do rei sobre a Igreja, proclamada por um ato do Parlamento em 1534, e, por isso, condenado por "alta traição". Desde 1935 – quarto centenário de sua execução por ordem do mesmo rei pelo qual havia sido altamente favorecido –, *sir* Thomas More foi reverenciado como santo da Igreja católica romana.

Contudo, nos últimos anos de vida, o próprio More confessou seus sentimentos de culpa e remorso por ter ordenado em nome do Estado a mais severa das punições para algumas pessoas julgadas culpadas de ater-se a crenças religiosas erradas. Essas "pessoas culpadas" foram condenadas pelo poder Judiciário autoritário de *sir* Thomas More em nome do mesmo Estado que o executou em 1535. E o Estado o executou apesar de ter sido servido anteriormente por *sir* More com extrema devoção, sob o mesmo rei Henrique VIII, que, em última instância, foi responsável por sua sentença de morte.

Contradições dessa espécie no mundo da política de modo algum são raras, como revela a crônica da relação conturbada entre Igreja e Estado durante toda a sua longa história. O aspecto singular, no entanto, é que *sir* Thomas More foi também o autor imortal de um livro rigorosamente crítico sobre o Estado e sua política, intitulado *Utopia*, escrito em latim na cidade de Bruxelas, no ano de 1515[1] e publicado em 1516 em Lovaina, tendo Erasmo como editor, o qual era

---

[1] Ironicamente, *sir* Thomas More foi enviado a Bruxelas pelo cardeal Wolsey, do qual More acabaria se tornando rival. Todavia, no tempo em que foi designado para Bruxelas, ninguém podia imaginar o desfecho crítico daquele evento, pois Thomas More acabou escrevendo *Utopia* durante sua estadia naquela cidade. Ademais, em 1523, o cardeal Wolsey quis enviar *sir* Thomas More para a Espanha como embaixador permanente, numa tentativa de livrar-se dele. Porém, More apelou para o rei contra aquela missão, alegando que o clima espanhol seria fatal para a sua saúde. Naquele tempo, *sir* Thomas More gozava plenamente do favor de Henrique VIII. Em consequência, o rei

302   *Para além do Leviatã*

um luminar a guiar as forças intelectuais mais progressistas desse período histórico bastante atribulado.

O livro de Thomas More se tornou imensamente influente no decurso da história do pensamento social e político progressista, emprestando seu nome definidor até a um tipo de orientação socialista. Não é de se surpreender que William Morris, um dos nomes de destaque do socialismo utópico do fim do século XIX na Inglaterra, tenha publicado uma bela edição da *Utopia* de More em 1893, pela editora Kelmscott Press, ainda hoje muito admirada. Quanto ao máximo louvor demonstrado pelo próprio Erasmo[2] pela obra de *sir* Thomas More, é de conhecimento geral que, em 1517, ele recomendou a um de seus correspondentes que providenciasse um exemplar de *Utopia* "se quisesse ver a *fonte de todo o mal político*". Nessas palavras, Erasmo fez uma avaliação e apreciação sumamente adequadas dos méritos verdadeiramente grandes da realização contundente de More. Pois o enredo de *Utopia* – que significa "lugar nenhum" em grego – não pode competir com a crítica extremamente poderosa dos sistemas políticos *realmente existentes* da era cruel do cercamento de terras na Inglaterra, como é posta em destaque nessa obra em termos sumamente explícitos, expondo ferozmente os sistemas repressivos do Estado em geral, representados por ele como a contra-imagem condenada com veemência da *ilha imaginária* idealizada de *Utopia*. É claro que uma obra desse calibre não poderia ser publicada na Inglaterra enquanto seu autor estivesse vivo.

"Um homem para todas as estações"

O autor de *Utopia*, *sir* Thomas More, nasceu na rua Milk, em Londres, no dia 7 de janeiro de 1478. Seu pai foi um advogado muito bem-sucedido que, tempos depois, se tornou juiz no tribunal do rei. Graças à influência do pai, o jovem Thomas chegou à posição privilegiada de associar-se à casa do cardeal Merton, arcebispo de Canterbury e lorde chanceler, que enaltecia ao máximo aos seus convidados os dons notáveis do menino e lhe prometia um grande futuro. Como sabemos, o juízo generoso do cardeal se mostrou plenamente justificado.

Thomas More estudou em Oxford com Colet e Linacre, eruditos iluministas da Renascença, e completou seus estudos de direito nas sociedades de New Inn e de Lincoln's Inn. Sua carreira política teve início com a precoce idade de 24 anos, em 1502, quando se tornou membro do Parlamento, e naquele ano também foi

---

deferiu o apelo de More e o manteve em Londres como homem de confiança para seus propósitos reais autoritários. Com efeito, em 1529, o rei Henrique designou *sir* Thomas More como lorde chanceler, no lugar do cardeal Wolsey.

[2] O ainda jovem Thomas More se encontrou com Erasmo pela primeira vez em 1499, quando este visitou a Inglaterra.

Acumulação primitiva de capital e o mundo da Utopia de Thomas More   303

designado sub-delegado da cidade de Londres, que de fato era um ofício judicial importante. No Parlamento, angariou uma reputação excepcionalmente elevada ao se opor fortemente em 1504 à demanda por mais dinheiro por parte do rei Henrique VII – cujo reinado acabou cinco anos depois, em 1509 – e o fez com um êxito espantoso para um jovem parlamentar. É compreensível que Henrique VIII, que logo em seguida se tornaria rei da Inglaterra, tenha percebido – para-doxalmente naquele tempo por indicação do cardeal Wolsey – sua extraordinária oratória parlamentar e seu potencial serviço político, a ponto de assegurar que estivesse ao seu lado. Por causa disso, após a morte do rei Henrique VII, em 1509, quando Henrique VIII se tornou rei da Inglaterra, o retorno à vida pública não pôde ser postergado por muito tempo.

Ao ser investido das honras da cavalaria em 1514, também foi alçado ao conselho privado do rei e a partir daí sua influência sobre Henrique VIII só aumentou. No mesmo ano de 1514, *sir* Thomas More se tornou *Master of Requests* [espécie de ministro de Estado da Coroa], e, em 1521, foi designado tesoureiro do Erário, um cargo muito elevado. Porém, cargos ainda mais elevados se seguiriam. Em 1523, foi eleito porta-voz da Casa dos Comuns e, em 1525, designado chanceler do Ducado de Lancaster. Contudo, como já foi mencionado, a coroação estranhamente sombria de sua elevada carreira política veio em 1529, na época da morte do cardeal Wolsey, quando foi alçado pelo rei Henrique VIII ao cargo supremo de lorde chanceler, em substituição ao cardeal Wolsey que caíra em desgraça. Porém, essa designação não lhe fez bem. Sua renúncia desse alto cargo foi aceita pelo rei em 1532 e, no mesmo ano, também teve início o seu dissenso irreconciliável do conflito entre o rei e a Igreja, que se desdobrou ainda sob a autoridade tradicional do papa. Assim, o dissenso imperdoável de *sir* Thomas More da conveniência e dos ditames reais acarretou seu descenso rumo ao fim trágico e fatal em 1535. Foi assim que uma carreira política sumamente ilustre, com todas as suas contradições pessoais, foi consumada exatamente duas décadas depois de *sir* Thomas More ter completado sua cortante exposição "*da fonte de todo mal político*" em *Utopia*.

Utopia *versus* século XVI

A obra-prima literária de *sir* Thomas More é ambientada em Bruxelas, no ano de 1515 – no tempo em que ele morou ali em cumprimento da missão que lhe fora confiada pelo cardeal Wolsey –, e tem como enredo seu suposto encontro com um personagem um tanto misterioso chamado Rafael Hitlodeu, cujo nome (novamente com um toque de ironia) significa "conhecedor de bobagens" em grego, com quem ele teria tido algumas conversas. Esse homem, o Hitlodeu fictício, teria viajado para as Américas com Américo Vespúcio em três de suas viagens marítimas, e teria também feito uma viagem por conta própria para algum lugar naquele mesmo quadrante do mundo. Ele contou que, na ocasião em que viajou sozinho, teve a extraordinária sorte de experimentar pessoalmente um modo muito diferente de vida na ilha lendária de Utopia, descrita por ele com riqueza de detalhes a *sir* Thomas More nas longas conversas que tiveram. O que de fato se sabia no tempo em que More escreveu seu livro foi que Américo Vespúcio realmente tinha percorrido as Américas entre 1499 e 1503 e o relato dessas viagens marítimas também fora impresso no ano de 1507 e estava disponível para todos os interessados em lê-lo. Essa evidência tão tangível das viagens de Vespúcio de certo modo visava prover o pano de fundo autenticador da narrativa das viagens marítimas contadas por Hitlodeu.

Com certeza, a inspiração original para tais visões utópicas da vida na filosofia e no pensamento político europeus remonta à *República* de Platão e a seus outros escritos sobre uma concepção idealizada de sociedade, bem como à obra *As leis*. Todavia, no período histórico da *Utopia* de *sir* Thomas More também houve alguns estímulos bem diferentes para engajar-se nesse tipo de projeções imaginárias. Afinal, o continente americano havia sido encontrado por Cristóvão Colombo pouco menos de duas décadas antes, em 1492, e o continente da Austrália nem fora descoberto ainda. Ademais, apesar das viagens exploratórias do próprio Vespúcio, que duraram quatro anos, os continentes da América do Norte e do Sul, bem como as numerosas ilhas próximas ainda estavam longe de serem propriamente conhecidos naquele tempo. Além disso, até meados do século XVIII, os capitães de mar exploradores ainda relatavam suas experiências sobre terem visto pessoas vivendo em alguma ilha remota de maneiras bem diferentes do que na Europa. Como indiquei em meu livro *Para além do capital* [3], os exploradores europeus ficaram por vezes atônitos com a total ausência, nas partes do mundo recém-descobertas, do sistema possessivo de valor que eles consideravam assegurado em seus países. Um dos mais radicais e perspicazes pensadores do Iluminismo francês, Denis Diderot – o mesmo filósofo que insistiu que "se o diarista for miserável, a nação é miserável" [4] – ofereceu uma crítica profunda da alienação capitalista ao estabelecer um contraste entre a maneira de viver das tribos anteriormente desconhecidas de algumas ilhas do Pacífico e a de seu país, um contraste favorável às primeiras. Em um comentário criativo sobre uma comunidade descoberta por um famoso explorador francês, o capitão de mar Bougainville, Diderot indicou algumas das contradições básicas

---

[3] Cf. István Mészáros, *Para além do capital: rumo a uma teoria da transição* (trad. Paulo Cezar Castanheira e Sérgio Lessa, São Paulo, Boitempo, 2011), p. 181.

[4] Cf. Denis Diderot, no verbete *Journalier* [Diarista] na *Encyclopédie* francesa.

Acumulação primitiva de capital e o mundo da Utopia *de Thomas More* 305

do sistema socioeconômico dominante na Europa: a "distinção entre *teu* e *meu*" ("*le distinction du* tien *et du* mien"), a oposição entre "a utilidade bem particular e o bem geral" ("*ton utilité particulière et le bien général*") e a subordinação do "bem geral ao bem particular" ("*le bien général au bien particulier*")[5]. Sumamente notável é que encontramos pensamentos similares na *Utopia* de Thomas More mais de dois séculos antes.

Também é relevante mencionar, no mesmo contexto, que *sir* Thomas More não estava desacompanhado na tentativa de projetar algum tipo de visão idealizada em contraste com os desenvolvimentos históricos que se davam no mundo. Devemos lembrar aqui que, nos séculos XVI e XVII, afirmou-se – por meio do imenso dinamismo do processo capitalista de reprodução da sociedade – uma transformação social e econômica fundamental que começou a submeter não só a Europa, mas o mundo inteiro a seu poder. Inevitavelmente, essa transformação só podia ser um processo intensamente contraditório. Muita coisa teve de ser superada antes que as determinações inerentes ao novo metabolismo reprodutivo da sociedade conseguissem se estabilizar, demolindo implacavelmente tudo o que se atravessava em seu caminho. Essa é a razão pela qual a assim chamada "acumulação primitiva" do capital é inseparável da extrema crueldade em escala social anteriormente inimaginável[6].

Os antagonismos brutais do cercamento de terras altamente lucrativo ridicularizados na *Utopia* de More são um exemplo paradigmático tanto da escala dessas transformações quanto da desumanidade implicada. Logo mais, veremos a avaliação crítica de More a respeito delas. Porém, neste ponto, é necessário destacar igualmente que, no decurso de uma transformação histórica de dimensões tão monumentais, também aparece no horizonte alguma visão do futuro como alternativa potencial – mesmo que de modo ainda vago –, antes que o processo global esteja consolidado. É por isso que Thomas More não foi o único que se dispôs a oferecer suas projeções utópicas nesse período histórico. Para nomear apenas dois desses exemplos a serem considerados mais tarde, devemos ter em mente os nomes do inglês *sir* Francis Bacon de Verulâmio e do italiano Tommaso Campanella, os quais também esboçaram visões utópicas mais de um século depois da execução de *sir* Thomas More, acusado arbitrariamente de "alta traição". Ainda examinaremos mais de perto suas concepções utópicas.

---

[5] Denis Diderot, "Supplément au Voyage de Bougainville", em *Oeuvres Philosophiques* (org. Paul Vernière, Paris, Garnier, 1956), p. 482.

[6] Karl Marx, *Capital*, v. 1 (Londres, Penguin, 1976), p. 871 [ed. bras.: *O capital: crítica da economia política*, Livro 1: *O processo de produção do capital*, trad. Rubens Enderle, São Paulo, Boitempo, 2013, p. 827-8].

"Ovelhas estão devorando pessoas"

Nas palavras de Rafael Hitlodeu, a ilha imaginária de Utopia foi conquistada por "Utopus", cujo nome original era "Abraxa". Ele se tornou o *"legislador"* daquela ilha e foi reverenciado com grande devoção, do mesmo modo que nos é relatado a respeito dos lendários legisladores do mundo antigo nas obras de Platão e Aristóteles, entre outros.

Logo na primeira conversa mais longa entre More e Hitlodeu, representada na forma de uma crítica inequívoca das intrigas políticas e dos costumes da Inglaterra, Hitlodeu deixa claro que ele não poderia servir a nenhum príncipe, porque

> a maioria dos príncipes se aplica mais aos *negócios da guerra* do que às *artes úteis da paz*; [...] geralmente eles estão mais focados em *adquirir novos reinos*, de modo correto ou errado, do que em *governar bem* os que já possuem. E entre os ministros dos príncipes não há nenhum que não seja tão sábio que não precise de aconselhamento ou pelo menos que não se julgue tão sábio a ponto de imaginar que não precisa dele; e, se ainda assim solicitam algum, é apenas daqueles pelos quais o príncipe nutre um grande favor pessoal, ao qual se empenham por comprometer com seus interesses por meio de bajulações e lisonjas.[7]

Ademais, logo de saída o interlocutor de More também nos oferece uma ríspida condenação da punição absurdamente severa infligida aos ladrões que são, eles próprios, vítimas das graves condições materiais a que estão sujeitos, quando diz:

> Essa maneira de punir ladrões não era nem *justa* em si mesma nem *boa para a coisa pública*; assim, devido ao excesso de severidade, o remédio não fez efeito; o simples furto não é um crime tão grave que devesse *custar a vida a um homem*, pois nenhuma punição, por mais severa que seja, é capaz de coibir de roubar quem *não consegue achar outro meio de subsistência*. [...] Punições terríveis foram instituídas por lei contra ladrões, mas seria bem melhor fazer *boas provisões* pelas quais cada qual seja enquadrado em um método de como viver e assim ser preservado da *necessidade fatal de roubar e morrer por causa disso*.[8]

---

[7] Cf. a *Utopia* de Thomas More, com apresentação de Henry Morley, em *Ideal Commonwealths* (Nova York, The Colonial Press, 1901), p. 8. Esse volume inclui a *Utopia* de More, a *Nova Atlântida* de Bacon, a *Cidade do sol* de Campanella e a *Oceana* de Harrington. A partir de agora, este volume será citado apenas como *Ideal Commonwealths*.

[8] *Ideal Commonwealths*, cit., p. 10. Destaques de Mészáros.

Acumulação primitiva de capital e o mundo da Utopia *de Thomas More*   307

Naturalmente, o autor de *Utopia* não se limitou a simplesmente expressar sua simpatia pelos ladrões injustamente executados, mas prosseguiu expondo as causas econômicas e políticas subjacentes à pena capital absurdamente ineficaz, mas cruel, imposta às vítimas da "necessidade fatal" pelo Estado. Isso é feito em uma conversa que Hitlodeu alega ter tido na Inglaterra com o mesmo cardeal Merton, que outrora enaltecera sobremaneira o jovem Thomas More. É assim que Hitlodeu descreve tais causas, em sua acusação devastadora de todo o sistema que surgiu diretamente dos *cercamentos de terras* imposto pelo Estado:

"Não penso que essa necessidade de roubar surja somente das [exigências da guerra para ter de reserva numerosas mãos desocupadas]; há outra causa para isso, mais peculiar à Inglaterra."

"E qual é?", perguntou o cardeal.

"O *aumento das pastagens*", disse eu, "pelo qual as vossas ovelhas, que são naturalmente mansas e facilmente mantidas sob controle, podem agora ser descritas *como devoradoras de homens, despovoando não só vilarejos, mas também cidades*; pois onde quer que se descubra que as ovelhas de algum torrão produzem uma lã mais macia e mais cara do que a ordinária, ali a alta e a baixa nobreza e até aqueles homens santos, os abades, *não contentes com as rendas antigas* que suas fazendas geravam, não satisfeitos com viver a bel-prazer e *não trazer nenhum benefício à coisa pública*, resolvem infligir dor em vez de fazer o bem. Eles *detêm o curso da agricultura*, destruindo casas e cidades, mantendo apenas as igrejas e *cercando terras* para albergar nelas suas ovelhas. [...] Eles transformam *os melhores lugares de moradia em ermos*; pois quando um patife insaciável, que é uma praga para seu país, resolve cercar muitos milhares de acres de terra, os *possuidores* e também os *arrendatários* são *despejados de suas posses*, por meio de ardis ou pela força bruta ou vencidos pelo cansaço advindo do tratamento cruel, eles são *forçados a vender as terras* [por pouco dinheiro]. [...] Quando esse pouco dinheiro acaba, pois logo terá sido gasto, o que lhes resta senão roubar e ser enforcados (sabe Deus com que justiça) ou andar por aí mendigando? E, se eles fizerem isso, são jogados na prisão como *vagabundos ociosos*; *eles até trabalhariam com gosto*, mas não conseguem encontrar ninguém que os contrate; pois não haverá mais oportunidade de trabalho agrícola, para o qual foram criados, se não restar mais solo arável. [...] Em muitos lugares, isso igualmente *aumenta o preço do cereal*. O *preço da lã* também aumentou tanto que as pessoas pobres que estavam acostumadas a fazer suas roupas não são mais capazes de comprá-las; e *isso também torna muitas delas ociosas*. [...] Porém, mesmo supondo que as ovelhas se multipliquem sempre dessa maneira, *não é provável que seu preço caia*; embora não possam ser chamadas de *monopólio*, por não serem açambarcadas por *uma só pessoa*, elas se

308 *Para além do Leviatã*

encontram em tão poucas mãos, e estas são tão ricas, que não *ficam pressionadas a vendê-las* antes de decidirem fazer isso, de modo que nunca fazem isso *enquanto não tiverem aumentado o preço tanto quanto possível.*"[9]

Assim, vemos aqui claramente identificada toda uma gama de contradições que absurdamente geram e reforçam umas às outras. De fato, poucos parágrafos depois, Thomas More também lança luz sobre os efeitos ruins da *escassez* gerada pela *miséria*, bem como as consequências morais do *luxo* igualmente em absurda contradição com a miséria. Voltamos a citar as duras palavras condenatórias de Hitlodeu:

O luxo igualmente irrompe a passos largos em vosso meio, fazendo avançar sua pobreza e sua miséria; há uma excessiva vaidade em termos de vestuário e altos custos em termos de dieta; e isso não só nas famílias nobres, mas até entre os comerciantes, entre os próprios fazendeiros e entre todas as classes de pessoas. Vós também tendes muitas casas infames e, além das que são conhecidas, as tabernas e cervejarias não são melhores; some-se a essas, dados, cartas, tabuleiros, futebol, tênis e argolas, onde *o dinheiro se esvai rapidamente*; e aqueles que se iniciam neles acabam tendo de recorrer *a roubar por uma provisão.*

Deveis banir essas pragas e dar ordens para que aqueles que despovoaram tantas terras reconstruam os vilarejos que demoliram ou deixem suas terras para aqueles que querem fazer isso; restrinjam esses açambarcamentos dos ricos, que são quase tão ruins quanto os *monopólios*; não deem tantas oportunidades para a ociosidade; permitam que a *agricultura* se restabeleça e que a *fabricação da lã seja regulamentada*, para que assim haja *trabalho* para os contingentes de pessoas ociosas *que a necessidade força a ser ladrões* ou que, já sendo vagabundos ociosos ou servos sem serventia, logo decerto se tornarão ladrões. Se não encontrardes um remédio para esses *males*, de nada adiantará se *gabar da severidade com que punis o roubo*, que, embora possa ter a *aparência* de justiça, não é nem *justa nem conveniente*. Pois se permitis que as pessoas sejam *mal-educadas* e que suas maneiras *sejam corrompidas desde a infância*, e então as punis pelos crimes para os quais sua primeira educação *os dispôs*, que mais se pode concluir disso senão que *primeiro produzis ladrões para depois puni-los?*[10]

É claro que não se poderia esperar seriamente que alguma das recomendações articuladas aqui por Rafael Hitlodeu fosse adotada nas condições expostas por *sir* Thomas More. O que tornava as coisas ainda mais difíceis de deslindar e remediar era a circunstância de que, enquanto algumas das contradições ressaltadas por More

---

[9] Ibidem, p. 12-3. Destaques de Mészáros.
[10] Ibidem, p. 14. Destaques de Mészáros.

Acumulação primitiva de capital e o mundo da Utopia *de Thomas More*   309

se deviam a determinações que havia muito prevaleciam na ordem sociopolítica estabelecida, outras – incluindo as desumanidades assustadoras expressivamente encapsuladas na sentença *"agora ovelhas estão devorando pessoas"* – sinalizavam o poder do capital que avançava triunfantemente, manifesto em sua acumulação implacável, em sua concentração irresistível e dominação autoexpansionista e usurpadora de tudo. Imaginar que alguma autoridade política bem-intencionada pudesse efetivamente opor-se a esses problemas por meio de sua *"regulamentação"* benevolente seria totalmente ilusório, diante da magnitude dos problemas em jogo, mesmo que alguma força política – talvez um príncipe verdadeiramente esclarecido e seus assessores não corruptos, como o próprio *sir* Thomas More – tivesse permissão para operar a favor de mudanças positivas. Por isso, não é de se surpreender que, nas linhas finais da *Utopia*, quando o autor fala com as próprias palavras da constituição da ilha lendária descrita por Hitlodeu, lê-se isto: "Não posso concordar inteiramente com tudo que ele [Rafael Hitlodeu] relatou; no entanto, há muitas coisas na comunidade de Utopia que eu mais *desejo* do que *espero* que possam ser seguidas em nossos governos"[11]. Assim, o contraste entre *desejo* e *esperança* – ainda que se trate de um *desejo* genuinamente sentido – é apresentado como a mensagem final relutantemente resignadora da *Utopia* de More.

A conspiração dos ricos

Dado o caráter socialmente muito diferente das velhas e das novas contradições identificadas na *Utopia* de More, os remédios propostos para elas também tiveram de ser muito diferentes. Em relação às que são características da ordem social há muito estabelecida, encontramos em *Utopia* a recomendação franca de medidas em princípio adotáveis por qualquer governo politicamente esclarecido. Muitas das referidas observações críticas feitas por Hitlodeu se enquadram nessa categoria. Ademais, podem ser acrescentadas a elas também a maior parte dos comentários críticos do próprio More sobre lei e justiça que constam em *Utopia*. Às vezes, as ressalvas de Thomas More assumem forma bastante explícita. Por exemplo, ele abertamente condena como *obviamente absurda* a lei que sentencia ladrões à morte.

O autor de *Utopia* formula sua crítica a esse respeito nos seguintes termos:

> Penso que condenar ladrões à morte *não é legítimo*; é claro e óbvio que *isso é um absurdo* e tem *consequências ruins* para a *comunidade* que um ladrão e um assassino recebam punições iguais; pois, se um ladrão vê que o risco que ele corre é o mesmo, se ele é condenado por roubo como se fosse culpado de assassinato, isso naturalmente

---

[11] Ibidem, p. 99. Destaques de Mészáros.

310 *Para além do Leviatã*

o incitará a matar a pessoa que, de outro modo, ele teria apenas roubado; [...] de modo que *aterrorizar* demasiadamente *os ladrões os incita à crueldade*.[12]

No mesmo sentido, a recomendação de More para abandonar a multiplicação sem fim de leis pode em princípio ser perfeitamente adotada por qualquer governo racional. Pois, como foi mencionado, Platão já protestara contra a grotesca ilusão dos legisladores que, com suas leis, continuavam a cortar algumas cabeças da Hidra sem perceber nem se importar com o fato de que, fazendo isso, apenas ajudavam a Hidra a gerar muitas cabeças mais[13]. Todavia, é muito duvidoso que a ideia da "boa constituição e poucas leis"[14], enquanto complemento positivo da crítica plenamente justificada da perversa proliferação de leis, seja capaz de oferecer uma solução viável nessa questão. Uma solução historicamente sustentável exigiria uma transformação incomparavelmente mais radical da ordem sociopolítica do que poderia ser visada pelo impacto de tais ajustes legislativos. Porém, "as ilusões jurídicas" são mantidas por um tempo excessivamente longo por estarem estreitamente associadas a poderosos interesses assegurados de cunho material.

Numa questão similar, quando pensamos em outra recomendação importante da *Utopia* de More, concernente ao modo como os habitantes de Utopia tratam as atitudes religiosas, novamente é fácil de concordar que sua adoção seria em princípio benéfica a qualquer governo esclarecido. Nesse aspecto, More sem dúvida tinha em mente os problemas de seu país e sua época. Como sabemos, no fim, o próprio Thomas More foi vítima da contradição irreconciliável entre o Estado de Henrique VIII e a Igreja de Roma. Em contraste com as tribulações religiosas de sua época, More enalteceu a circunstância de que, em Utopia, onde havia várias religiões muito distintas, ninguém jamais era punido por suas convicções religiosas[15].

Em comparação com as irracionalidades da ordem antiga, as contradições associadas a determinações sociais do capital em seu estágio inicial de desenvolvimento,

---

[12] Ibidem, p. 16. Destaques de Mészáros.

[13] De fato, uma das versões do mito da Hidra alegou que ela podia gerar nada menos que *mil cabeças* de cada uma que lhe era cortada. Porém, até isso parece insignificante quando comparado com a proliferação sem fim de leis inventadas por Estados realmente existentes.

[14] Como lemos na página 72 de *Ideal Commonwealths*: "Eles têm apenas *poucas leis* e sua constituição é tal que *eles não precisam de muitas*. Eles condenam com veemência outras nações, cujas leis associadas com os comentários a elas inflam tantos volumes; porque eles pensam ser algo irrazoável obrigar as pessoas a obedecer a um corpo de leis *tão volumoso e tão obscuro* que não possa ser lido nem entendido por todos os sujeitos implicados. Eles não têm *advogados* entre eles, pois pensam que se trata de um tipo de pessoas cuja profissão é encobrir assuntos e torcer as leis; e, por isso, consideram bem melhor que cada qual *defenda a própria causa* e a confie ao juiz, como em outros lugares o cliente a confia ao advogado. Por esse meio, ambos eliminam muitas *demoras* e encontram *a verdade mais seguramente*" (destaques de Mészáros).

[15] Cf. a discussão de questões religiosas especialmente em *Ideal Commonwealths*, p. 83-8.

Acumulação primitiva de capital e o mundo da Utopia de Thomas More   311

na época da *Utopia* de More – correspondendo às vicissitudes brutais da acumulação primitiva e do cercamento de terras –, não podiam ser confrontadas e postas de lado de um modo relativamente direto. O contraste com a selvageria socioeconômica do capital, que se desdobrava irresistivelmente, era demasiado grande e chocante para isso, especialmente quando confrontado com as concepções que faziam reminiscência das visões utópicas da Antiguidade clássica, principalmente da Grécia, e com as tentativas de mediação de valores exemplificadas nessas visões da época de More pelos eruditos esclarecidos da Renascença, incluindo Erasmo, Linacre e o próprio Thomas More[16].

Esse contraste é articulado explicitamente por More por meio das palavras de Hitlodeu, já mais para o fim de *Utopia*, quando este diz o seguinte:

> Eu lhe descrevi, da maneira mais detalhada que me foi possível, a constituição daquela comunidade [*commonwealth*] que não só considero *a melhor* no mundo, mas de fato também *a única que verdadeiramente merece esse nome*. Em todos os outros lugares é visível que, enquanto as pessoas falam do bem comum [*commonwealth*], cada qual busca *somente o próprio bem* [*own wealth*]; porém, *onde ninguém tem propriedade*, todos buscam zelosamente o *bem público*: e, de fato, não admira que os homens ajam de maneiras tão diferentes; porque em outras comunidades [*commonwealths*], cada qual sabe que, a não ser que supra a si mesmo, necessariamente morrerá de fome, por mais florescente que seja a comunidade [*commonwealth*]; assim, ele vê a *necessidade de preferir seus interesses aos públicos*; mas em Utopia, onde cada qual tem *direito a tudo*, todos estão cientes de que, se houver o cuidado de manter os *depósitos públicos cheios*, nenhuma pessoa privada terá falta de nada; pois entre eles não há *distribuição desigual*, de modo que *ninguém é pobre*, ninguém passa necessidade; e, embora *ninguém tenha coisa nenhuma, todos são ricos*; pois o que pode enriquecer mais um homem do que levar uma vida serena e alegre, *livre de ansiedade?*[17]

---

[16]   Durante sua estada em Oxford, Thomas More se dedicou particularmente ao estudo da língua e cultura gregas. Isso está eloquentemente refletido em sua *Utopia* em um ponto em que Hitlodeu alega ter dado alguns livros – incluindo *muitas* obras de Platão e *algumas* de Aristóteles – aos habitantes de Utopia, e ele comenta isso dizendo: "Eles buscam incansavelmente o conhecimento; pois, depois que lhes demos algumas dicas sobre o aprendizado e a disciplina dos gregos, os únicos a respeito dos quais os instruímos (pois sabemos que *nada havia entre os romanos*, exceto suas histórias e seus poetas, que eles valorizariam muito), foi admirável ver com que avidez se lançaram a aprender essa língua. [...] De fato, estou inclinado a pensar que eles aprenderam aquela língua com tanta facilidade porque ela tem alguma relação com a deles. Eu acredito que eles foram *uma colônia dos gregos*" (ibidem, p. 65). Desse modo, Thomas More tenta estabelecer algum tipo de relação familiar entre o modo de vida utopiano e os valores altamente apreciados da Antiguidade grega.

[17]   *Ideal Commonwealths*, cit., p. 95. Destaques de Mészáros.

312 *Para além do Leviatã*

Desse modo, a narrativa da ilha utópica de More é proposta como um remédio viável para as incompatibilidades fundamentais das tendências fetichistas que se desdobravam no âmbito do desenvolvimento capitalista inicial. Os habitantes de Utopia são retratados pelo autor como elogiáveis em termos de valores humanos em total sintonia com os melhores ideais da Antiguidade grega. As visões críticas expressas, seja por meio dos comentários de Hitlodeu, seja na voz do próprio Thomas More, equivalem a um altissonante *não* às desumanidades experimentadas e à capitulação "até daqueles homens santos, os abades, não contentes com as rendas antigas", que ignoram insensivelmente o bem público e "resolvem infligir dor em vez de fazer o bem"[18].

Para More não há, no mundo realmente existente, sinal de movimento social com força suficiente para prover uma *alternativa positiva* historicamente viável às tendências denunciadas. Em consequência, ele só pode dizer um *não* enfático ao mal com que se deparou. O *equivalente positivo* a ele só pode ser descrito por Thomas More na forma de uma *sociedade imaginária "feita sob medida"*, da qual se diz que funciona de modo ideal em alguma ilha lendária. Isso se dá dessa forma sobretudo porque as manifestações fetichistas de malevolência em evolução – como "ovelhas que devoram pessoas e despovoam não só vilarejos, mas também cidades" – são até mais absurdas que a lei obviamente absurda que aplica a ladrões menores a mesma pena prevista para assassinos.

A força malévola condenada por Thomas More – apontada por ele na forma do predomínio da *propriedade privada*, bem como na busca viciosa de *dinheiro* e *ouro* – parece ser um tanto misteriosa em termos de seu poder aparentemente incontrolável, mas, na visão de More, chegou a hora de sua necessária abolição, pois favorece unicamente os ricos e prejudica de muitas maneiras os pobres trabalhadores que são "esfalfados por *um emprego enfadonho e infrutífero*"[19]. O resultado inevitável da dominação destrutiva da propriedade privada e do dinheiro é a privação extrema para aqueles que merecem coisa bem melhor. Porém, apesar de sua contribuição vital para o bem público, eles "têm de levar uma vida tão miserável que a condição dos animais é muito melhor que a deles"[20]. Assim, as palavras de Rafael Hitlodeu ao fim de *Utopia* expressam uma condenação absoluta da ordem existente totalmente injusta e de suas leis opressoras:

> O elemento mais rico com frequência se empenha por reduzir o custo da contratação de trabalhadores, não só por meio de suas *práticas fraudulentas*, mas também por meio das *leis* que eles *arranjaram* com esse objetivo; assim é uma coisa *sumamente injusta*

---

[18] Ibidem, p. 12.
[19] Ibidem, p. 96.
[20] Idem.

por si só conceder remuneração tão reduzida a quem merece tanto da esfera pública e, no entanto, eles deram a essas privações o *nome e a cor da justiça, arranjando leis* que as regulamentam. Por isso, devo dizer que, esperando clemência, não sou capaz de ter nenhuma outra noção de todos os outros *governos* que vejo ou conheço, a não ser que eles são uma *conspiração dos ricos*, que, a *pretexto* de administrar a *coisa pública*, buscam exclusivamente alcançar seus *fins privados* e idealizam todos os jeitos e artifícios que conseguem descobrir; em primeiro lugar, para que consigam *preservar sem correr riscos tudo que adquiriram de maneira tão perversa*, e, em seguida, para que consigam pôr os pobres a labutar e trabalhar para eles *pelo custo mais baixo possível* e *oprimi-los* o quanto queiram. E quando conseguem prevalecer, como não poderia deixar de ser, em estabelecer essas artimanhas mediante a *demonstração de autoridade pública*, que é considerada como o *representante de todo o povo*, então elas passam a ser *consideradas leis*[21]. Contudo, esses homens perversos, depois de movidos por uma cobiça absolutamente insaciável, dividirem *entre eles o que teria servido para suprir bem o restante do povo*, ainda estão longe da felicidade de que gozam os utopianos: pois quando o *uso do dinheiro* bem como a *avidez por ele* tiverem sido *extintos, elimina-se com eles* muita ansiedade e grandes oportunidades de mau comportamento. E quem não vê que as fraudes, os furtos, os roubos, as desavenças, os tumultos, as contendas, as sedições, os assassinatos, as traições e feitiçarias, que de fato são mais *punidas* que *refreadas* pela severidade da lei, seriam todos excluídos *se o dinheiro deixasse de ser valorizado* pelo mundo? Medos, preocupações, cuidados e precauções humanas acabariam todos ao mesmo tempo com o *valor do dinheiro*: *acabaria até* a *pobreza mesma*, para cuja atenuação o dinheiro parece sumamente necessário.[22]

Desse modo, graças aos costumes e às instituições exemplares da ilha utópica feitos sob medida, pode-se alegar que *equidade e justiça verdadeira* existem como realidades tangíveis e compensadoras em algum lugar no mundo descoberto por Hitlodeu, em contraste contundente com as miseráveis condições de existência daqueles que "estão empregados no trabalho tão necessário que nenhuma comunidade poderia subsistir um ano sem eles"[23].

A questão-chave identificada por More tendo em vista o remédio exigido é a ausência de *propriedade* e *dinheiro* entre os utopianos, em contraste com o mundo estabelecido, no qual interesses privados prevalecem em relação ao bem público e a medida de todas as coisas é o *dinheiro* juntamente com a adoração do *ouro*. Os

---

[21] Teóricos de Estado de cunho político liberal, incluindo os melhores entre eles, que idealizam a "democracia representativa" poderiam aprender muita coisa dessas palavras ditas com indignação por Rafael Hitlodeu sobre o Estado-Leviatã, que está muito longe de ter uma natureza representativa.

[22] *Ideal Commonwealths*, cit., p. 96-7. Destaques de Mészáros.

[23] Ibidem, p. 96.

314   Para além do Leviatã

utopianos valorizam o ouro somente na proporção de seu *uso* e preferem o *ferro* a ele[24]. Para conter a influência corruptora do ouro, este é tratado por eles com desprezo, como uma marca de infâmia, e sua rejeição é exemplificada com a prática de fazer seus *urinóis* de ouro[25]. Ademais, dado que na sua sociedade não há mãos ociosas, como foi regulamentado com base na distribuição igualitária sem a possibilidade de ser expropriado por alguma propriedade privada, eles têm *abundância* de tudo que *precisam*, embora trabalhem só seis horas por dia[26].

> O fim principal de sua constituição é regulamentar o trabalho com base nas necessidades do bem público e conceder às pessoas o tempo necessário para o melhoramento de *suas mentes*, no que eles pensam que consiste a *felicidade* da vida.[27]

As virtudes da distribuição igualitária são bem ilustradas também pelo exemplo ali relatado de uma fome ocorrida em outro país, onde muitas pessoas perderam a vida desnecessariamente. Thomas More formula isso assim:

> Muitos milhares morreram de fome; e, se no fim daquele ano uma investigação fosse feita nos *silos de todos os ricos que entesouraram* o grão, se descobriria que havia o suficiente para suprir todo o consumo das pessoas que morreram na miséria; e se tivesse sido distribuído entre eles, ninguém teria sentido os efeitos terríveis daquela escassez; teria sido muito fácil suprir todas as necessidades da vida se aquela bendita coisa chamada *dinheiro*, que se finge ter sido inventada para obtê-las, não fosse realmente a única coisa *que as impediu de serem obtidas!*[28]

Tudo isso se soma na famosa definição de governo em *Utopia* como a "*conspiração dos ricos*". Trata-se de uma expressão contundente que teve uma ressonância positiva sem tamanho na história do pensamento político desde sua primeira formulação. De fato, essa definição de governo se tornou a sentença mais memorável da obra de More do início do século XVI entre todos os representantes principais do socialismo utópico.

Thomas More fala muitas vezes em sua *Utopia* com grande desaprovação do "*monopólio*". Naturalmente, o tipo de monopólio mais danoso para a sociedade é o

---

[24] Ibidem, p. 51.

[25] Ibidem, p. 53. Ironicamente, na nossa sociedade, os parasitas "podres de rico" do "dinheiro do petróleo" ou outras formas de negócio de exploração podem se dar o luxo de ter não só seus urinóis, mas também suas banheiras feitas de ouro e decoradas com pedras preciosas, desprezadas pelos utopianos de Thomas More.

[26] *Ideal Commonwealths*, cit., p. 41.

[27] Ibidem, p. 44. Destaques de Mészáros.

[28] Ibidem, p. 97-8.

Acumulação primitiva de capital e o mundo da Utopia de Thomas More   315

monopólio da propriedade legalmente santificada que controla a produção, o qual, na realidade, é inseparável das práticas legislativas dos ricos de "arranjar leis para si mesmos" no interesse de proteger sua propriedade e a exploração das pessoas que trabalham ao custo mais baixo possível em dinheiro. No tempo da redação de *Utopia*, não se vislumbrava nenhuma alternativa positiva para regulamentar a reprodução social daquele modo no mundo realmente existente, que forçosamente foi condenado pelas palavras de Hitlodeu e de More. Foi por isso que o equivalente positivo ao mal denunciado teve de ser situado por Thomas More em uma remota ilha imaginária.

Os limites da utopia de More

Todavia, o problema é que, apesar dos numerosos aspectos esclarecidos da visão utópica de Thomas More, encontramos em sua obra um labirinto de contradições. Isso inclui até mesmo sua sugestão – assemelhando-se a uma espécie de "*overseas aid* [ajuda de além-mar]" nos termos atuais do "*Welfare State* [Estado de bem-estar]" – de que *um sétimo* da riqueza excedente dos utopianos fosse dada aos pobres de outros países[29], também encontramos em sua obra uma miscelânea de contradições. Estas podem ser resumidas sob duas ideias principais. Em primeiro lugar, o caráter hierárquico retrógrado de algumas das ideias acalentadas por More, também herdadas de Platão e Aristóteles, e, em segundo lugar, a projeção absolutamente ingênua das soluções socioeconômicas recomendadas por ele.

Concernente à natureza hierárquica retrógrada de algumas das ideias de More apresentadas em *Utopia*, devemos recordar que nessa sociedade existe a *escravidão* e, para More, ela é perfeitamente aceitável em virtude de uma variedade de funções, desde servir às famílias utopianas, o que é visto como algo bem normal, realizar os serviços mais sujos em toda parte, bem como prover uma forma extrema de punição em que se entrega à escravidão as pessoas condenadas. E isso de modo algum é tudo em termos de hierarquia imposta. Lamentavelmente muito semelhante à Antiguidade grega idealizada, "*as mulheres servem aos seus maridos e as crianças, aos seus pais*"[30] e "*os maridos têm o poder de corrigir suas esposas*"[31]. De fato, More nos diz também que "nenhuma beleza recomenda tanto a esposa ao seu marido quanto a *probidade* de sua vida, e *de sua obediência*"[32]. Ao mesmo tempo, em termos de regulamentação de todos os aspectos da vida dos utopianos, as regras mais importantes são preordenadas pela constituição fundamental de sua sociedade estabelecida pelo "*legislador Utopus*" com autoridade

---

[29] Ibidem, p. 50.
[30] Ibidem, p. 45. Destaques de Mészáros.
[31] Ibidem, p. 70.
[32] Ibidem, p. 71.

316   *Para além do Leviatã*

absoluta. É claro que questionar qualquer parte dela seria não só inadmissível, mas totalmente inconcebível. Dessa forma, o poder de tomada de decisão em assuntos cruciais está completamente divorciado do organismo social. Também os senadores, magistrados e sacerdotes são investidos de seus mandatos visando validar os ditames idealizados do legislador original.

Quanto às projeções ingênuas de Thomas More sobre instituir uma ordem socioeconômica equitativa e justa, basta mencionar o seguinte:

- Sua principal preocupação é a reconstituição saudável da *agricultura* gravemente danificada pelo impacto devastador do absurdo e cruel cercamento de terras;
- Ele imagina que a *"distribuição igualitária"* dos bens tirados do depósito comum *"sem dinheiro nem intercâmbio"* pode assegurar vida equitativa e feliz;
- Ele equipara a *abundância* para o povo em Utopia ao fato de que "entre eles ninguém é pobre *por necessidade*", o que pode muito bem equivaler apenas à *distribuição igualitária da miséria*;
- Defende a abolição do *dinheiro*, mas, contradizendo-se, o mantém para todos os tipos de propósitos *bélicos*;
- Cativado pela noção da *"distribuição igualitária"*, não tem discernimento da grande relevância da *produção* combinada com o dinamismo antagônico das tendências capitalistas de desenvolvimento que estavam começando a se desdobrar.

Neste ponto, certamente temos de recordar também a era histórica que impôs tais limitações aos pensadores utópicos. Cito a avaliação e apreciação clássicas de sua obra feita por Engels:

> Vimos que os utopistas foram utopistas porque não podiam ser outra coisa numa época em que a produção capitalista ainda estava tão pouco evoluída. Eles foram forçados a compor os elementos de uma nova sociedade a partir de seu pensamento, porque esses elementos ainda não haviam se tornado visíveis de modo geral na velha sociedade; para obter os traços básicos de sua nova construção, só lhes restou o apelo à razão, justamente porque ainda não podiam apelar à história concomitante.[33]

---

[33] Friedrich Engels, *Anti-Dühring* (Londres, Lawrence & Wishart, 1975), p. 314-5 [ed. bras.: *Anti-Dühring: a revolução da ciência segundo o sr. Eugen Dühring*, trad. Nélio Schneider, São Paulo, Boitempo, 2015, p. 303]. Alguns capítulos do *Anti-Dühring* também foram publicados por Engels como panfleto popular com o título de *Socialismo utópico e socialismo científico*.

De fato, também é sumamente relevante mencionar aqui que Engels discute nessa passagem a obra de três grandes pensadores utópicos do início do século XIX: Saint-Simon, Fourier e Robert Owen. Ao ler Thomas More, devemos lembrar que o mundo de *Utopia* foi descrito por ele *três séculos antes.*

18

Maquiavel e Campanella rumo a Giambattista Vico

Com o poder do capital se desdobrando dinamicamente, apareceram no horizonte da filosofia alguns novos e importantes desafios. Em sentido crucial, isso forçosamente representou o fim do *sistema de valor do escolasticismo* que prevalecera por longo tempo e que pôde usar como suporte, sob as condições da Idade Média, também a vasta rede educacional-institucional da Igreja, o que haveria de mudar radicalmente com o desdobramento irresistível do sistema do capital. Ao mesmo tempo, as conquistas e os requisitos *tecnológicos* da ordem econômica capitalista cada vez mais poderosa inevitavelmente promoveram, no interesse da *produtividade* crescente do sistema, a concomitante reorientação da filosofia para pesquisas *científicas seculares*. Naturalmente, esse tipo de transformação material acarretaria o questionamento crítico de muitos dogmas religiosos em sua forma mais incisiva, em associação com a necessária redefinição de *moralidade* e *política* em todos os domínios, desde a vida cotidiana dos indivíduos até o quadro mais amplo de referência de suas comunidades nacionais e suas interações mútuas, incluindo, é claro, suas organizações estatais e a *atividade bélica*.

Nesse sentido, é compreensível que, por serem contemporâneos ativos desses desenvolvimentos, todos os três grandes pensadores cujos nomes estão indicados no título deste capítulo, Maquiavel, Campanella e Vico, forçosamente representaram um contraste perigoso às doutrinas ideológicas anteriormente dominantes e suas regras correspondentes, bem como ao contexto institucional outrora projetado para impô-las.

Como vimos no capítulo anterior, o autor de *Utopia, sir* Thomas More, teve de morrer como mártir por sua fé, por causa do conflito irreconciliável entre essa fé e seus vínculos institucionais com a autoridade monárquica. Todavia, a relação conflituosa com frequência violenta entre Igreja e política podia se afirmar também no sentido contrário, e isso de fato ocorreu. No decorrer de sua vida, Maquiavel sofreu com isso – ainda que, diferentemente de alguns outros, não pela via da execução, mas na forma de tortura e prisão, bem como

320 *Para além do Leviatã*

de banimento. E, mais que isso, por séculos após a sua morte ele foi grosseiramente mal interpretado e violentamente denunciado por sua política e seus princípios morais profundamente perspicazes.

Poucas décadas após a morte de Maquiavel, o filósofo Tommaso Campanella foi obrigado a passar nada menos que 27 anos de sua vida na prisão, vários deles sob a autoridade religiosa politicamente ordenada da Inquisição espanhola. Ademais, Campanella compartilhou sua admiração pela filosofia natural com aquele que talvez tenha sido o maior filósofo de seu tempo, Giordano Bruno, que foi executado em Roma mediante imolação por ordem da Igreja. Sintomaticamente, um dos heróis de Maquiavel, Girolamo Savonarola, também foi executado por imolação, em Florença, por ordem arbitrária da mesma Igreja de Roma.

E o terceiro de nossos grandes filósofos, Giambattista Vico, fez algo, sem dúvida, imperdoável aos olhos dos fanáticos religiosos, a saber, destacou, em sua obra pioneira *A nova ciência*, o *caráter histórico* inerente ao desenvolvimento social e o poder dos seres humanos de *moldar a própria história* – a seu ver, eles são os *artífices da história*, de um modo análogo a Deus, que é descrito por Vico como o *artífice da natureza*.

Em suas implicações de longo alcance, nada poderia ser considerado mais pecaminosamente herético do que projetar a transformação social como potencialmente controlada por seres humanos. Pois isso evidentemente contradizia a visão de uma ordem predeterminada desde sempre e a ser obedecida sem questionamentos, do tipo administrado por uma Igreja autoritária. De fato, *horribile dictu* [horrível de dizer], a ideia de a história ser feita e conscientemente controlada por seres humanos poderia, em seu devido transcurso, tornar-se até mesmo uma precursora reconhecida e reverenciada da concepção materialista da história.

O príncipe e *Discursos* de Maquiavel

O italiano Nicolau Maquiavel (Niccolò Macchiavelli) foi um contemporâneo muito próximo do inglês *sir* Thomas More. Nasceu em Florença, nove anos antes de More, em 1469, e morreu em 1527, apenas poucos anos antes da execução do inglês em 1535. Logo, More viveu 57 anos e Maquiavel, 58.

As duas obras fundamentais de Maquiavel diretamente relevantes para nós são *O príncipe*, um livrinho concluído em 1513, dois anos antes da *Utopia* de More, e a obra bem mais extensa intitulada *Discursos sobre a primeira década de Tito Lívio*, escrita entre 1512 e 1517 pelo Maquiavel já banido.

É difícil até de imaginar um pensador que tenha sido tão mal interpretado e condenado com mais crueldade que Nicolau Maquiavel na história da filosofia e do pensamento político. Por longo tempo, a palavra "maquiavélico"

Maquiavel e Campanella rumo a Giambattista Vico   321

de fato não foi usada para se referir a um corpo de ideias políticas e morais identificáveis, mas como um *termo abusivo* que condenou não só Nicolau Maquiavel, o diabo encarnado, mas, ao mesmo tempo, todos os que viessem a nutrir alguma simpatia pelos pensamentos arbitrariamente proclamados como repreensíveis pelos próprios abusadores, que se expressaram a partir de sua pretensa estatura moral e com frequência em sua indumentária religiosa importante por si mesma. Para obter o efeito condenatório desejado *por definição*, não se requeria nada além do próprio termo abusivo. Esperava-se que esse método, contendo um procedimento *circularmente falacioso*, funcionasse, *como de costume*, tanto para decretar o que deveria ser rejeitado como simultaneamente para afirmar a legitimidade e a sabedoria da posição a partir da qual a rejeição havia sido proclamada.

É possível notar a total contradição entre os acusadores abusivos de Maquiavel e o real estado de coisas, verificando algumas passagens sobre religião escritas pelo filósofo e ator político italiano. Pois, na verdade, Maquiavel apoiou de modo sumamente eloquente o *papel positivo* que a religião desempenhou em seu julgamento na *República romana*, graças ao *uso próprio* dado a ela, a seu ver, por seus governantes. Em consequência, *Numa Pompílio*, sucessor de Rômulo escolhido pelo Senado, recebeu o máximo louvor de Maquiavel. Nesse sentido, ele escreve em seus *Discursos sobre a primeira década de Tito Lívio*:

> Constatando a ferocidade do povo e desejando reduzi-lo à *obediência cívica* por meio das artes da paz, Numa recorreu à *religião como o instrumento necessário acima de todos os outros* para a manutenção de *um Estado civilizado* e a constituiu de tal maneira que nunca houve por tantos séculos *tanto temor a Deus* como houve na República. Foi a religião que facilitou tudo que o Senado e os grandes homens de Roma se propuseram a empreender. [...] Os cidadãos tinham mais receio de *quebrar um voto* do que de *transgredir a lei*.[1]

E Maquiavel continua seu *Discurso* sobre o papel da religião no mesmo espírito. Este é seu teor:

> Igualmente será percebido por quem presta atenção à história romana o quanto a religião ajudou a controlar os exércitos, a encorajar a plebe, a produzir homens bons e envergonhar os maus. Assim, se surgisse a pergunta sobre qual foi o governante ao qual Roma mais deve, Rômulo ou Numa, penso que Numa facilmente obteria o

---

[1]   Nicolau Maquiavel, *The Discourses* (trad. Leslie J. Walker, org. Bernard Crick, Londres, Penguin, 1970), p. 139 [Tradução a partir do texto em inglês. Cf. Nicolau Maquiavel, *Discursos sobre a primeira década de Tito Lívio* (org. Patrícia Fontoura Aranovich, São Paulo, Martins Fontes, 2007)].

primeiro lugar. [...] Rômulo não achou necessário apelar para a autoridade divina; para Numa, porém, isso foi tão *necessário* que *alegou* ter sessões privadas com uma ninfa que o assessorou quanto ao conselho que deveria dar ao povo. Ele fez isso porque quis introduzir *novas instituições*, às quais a cidade não estava acostumada, e *duvidava se sua autoridade seria suficiente para isso.*[2]

Como podemos ver, algumas condições objetivas vitalmente importantes de tomada de decisão política viável são enfatizadas aqui, plenamente de acordo com visões morais recomendáveis expressas no interesse da República romana e seu povo. Isso também se aplica à análise subsequente que Maquiavel faz da situação difícil de Numa, alinhado com outros grandes legisladores historicamente admirados:

De fato, jamais houve um legislador que, ao *introduzir leis extraordinárias em um povo*, não tenha *recorrido a Deus*, pois *senão elas não teriam sido aceitas,* já que muitos benefícios de que um homem prudente está consciente não são tão evidentes à *razão* a ponto de poder *convencer* outros deles. Daí que os homens sábios, para contornar essa dificuldade, recorreram a Deus. Foi o que fez *Licurgo*; foi o que fez *Sólon* e foi o que fizeram muitos outros visando ao mesmo fim. Por isso, maravilhando-se da bondade e prudência de Numa, o povo romano acatou todas as suas decisões. [...] Portanto, considerando tudo isso, concluo que a *religião* introduzida por Numa figurou entre as *causas principais* do êxito de Roma, pois ela trouxe consigo *boas instituições*; boas instituições levam a *boa fortuna*; e da boa fortuna decorrem os *resultados bem-sucedidos dos empreendimentos*. E, do mesmo modo que a *observância do culto divino é a causa da grandeza das repúblicas*, a negligência dela é a *causa de sua ruína*. Pois onde falta *o temor a Deus*, sucede que o respectivo reino fica em ruínas ou se mantém pelo *temor suscitado por um príncipe*, que compensa *o medo suscitado pela religião.*[3]

Do mesmo modo:

Os príncipes e as repúblicas que quiserem permanecer *livres da corrupção* devem, antes de tudo, manter incorruptas as cerimônias de sua religião e venerá-las sempre; pois não há indicativo mais seguro do declínio de um país do que a *negligência visível do culto divino.*[4]

---

[2] Ibidem, p. 140. Destaques de Mészáros.
[3] Ibidem, p. 141. Destaques de Mészáros.
[4] Ibidem, p. 142. Destaques de Mészáros.

Também devemos nos lembrar que Maquiavel fala em termos altamente elogiosos de *Savonarola*. Ele escreve o seguinte a respeito desse sacerdote derrotado e queimado:

Não pareceu às pessoas de Florença que eles tenham sido ignorantes ou rudes [*rozzi*], mas foram persuadidos pelo *frei Girolamo Savonarola* de que ele conversara com Deus. Não proponho decidir aqui, se isso de fato aconteceu ou não, porque de um homem dessa magnitude é preciso falar com reverência; o que digo, porém, é que uma vasta quantidade de pessoas acreditou que isso aconteceu, sem que tivessem visto ele fazer algo fora do comum para que acreditassem; pois a sua vida, seu ensino e o assunto sobre o qual ele pregava eram suficientes para ganhar-lhes a confiança. Então, que ninguém perca a esperança de ser capaz de realizar aquilo que foi realizado por outros; porque, como dissemos em nosso prefácio, *os homens nascem, vivem e morrem em uma ordem que permanece sempre a mesma.*[5]

As afirmações nas últimas duas linhas não são "erráticas" nem "aberrações marginais" a serem ignoradas de modo resoluto e com razão, como dão a entender algumas interpretações modernas, incluindo a de Bernard Crick, em sua introdução ao texto de Maquiavel – de resto, em muitos aspectos, elogiável – à edição da Penguin dos *Discursos*. Essas linhas de Maquiavel são profundamente apreciadas por outros, principalmente por Hobbes, mesmo quando insistem que se deva dar toda a atenção às *circunstâncias em mutação*. A verdadeira questão para eles – e eles enfatizam quão difícil é resolver esse problema de maneira satisfatória e sustentável – é como encontrar os *remédios necessários* que sejam adequados tanto aos eventos e às circunstâncias históricas em mutação quanto simultaneamente à "*ordem* permanente" e à "*natureza*" que devem ser *respeitadas*, e por meio do devido respeito, convertidas no *princípio orientador* necessário nas circunstâncias necessariamente mutáveis.

Nesse sentido, Maquiavel sublinha vigorosamente – como um princípio operativo vital da política – o seguinte: "Por isso, a *segurança de uma república* ou de um reino não depende de que seu governante o governe com prudência *enquanto estiver vivo*, mas de que ele o organize de tal maneira que, *após a sua morte*, ele possa *continuar existindo*"[6].

Por conseguinte, em uma era muito tumultuada – precisamente como foi a de Hobbes –, a preocupação vital é *assegurar e manter a continuidade*. Esse é o modo pelo qual esses grandes pensadores conceituaram sob suas condições históricas a *dialética* imensamente complexa e difícil *de mudança e continuidade*, apreendendo

---

[5] Idem. Destaques de Mészáros.
[6] Idem. Destaques de Mészáros.

324   *Para além do Leviatã*

como o *"übergreifendes Moment"*[7] *para o seu tempo* o *imperativo da continuidade* que corresponde, na visão deles, aos requisitos da "natureza" e da "natureza humana" sob as circunstâncias prevalecentes.

O papel da *religião* – como *"instituição"* e *"instrumento"* necessários – é "apropriado" a esse propósito, mesmo que os legisladores e os filósofos que interpretam suas ações não creiam em doutrinas religiosas em particular, muito menos em *milagres* alegados pela religião[8]. Para Maquiavel, "a base da vida de toda religião está enraizada *em alguma de suas principais instituições*. [...] [Os governantes deveriam encorajar a observância religiosa,] mesmo que estejam *convictos de que ela é falaciosa*"[9]. De acordo com essa visão, é fato absolutamente *grave* que, no período em que Maquiavel escreveu seu livro, "a Itália tinha perdido toda a devoção e toda a religião" e que a Igreja "manteve e mantém a Itália dividida", resultando em "desunião e fraqueza"[10].

Então é óbvio que o sistema de valores de Maquiavel esteja intensamente preocupado com remediar as graves contradições da época, para as quais as forças retrógradas apoiadas por seus detratores com efeito contribuem deliberadamente. Daí a hostilidade autojustificadora dos mesmos para com ele. De fato, Maquiavel não só afirma resolutamente o papel positivo da religião na República romana, mas também o defende para as condições históricas de seu tempo, atribulado por graves crises. Na opinião de Maquiavel, a religião teve um efeito sumamente benéfico na República romana porque ali lhe foi dado o *"uso apropriado"*, em nítido contraste com a sua época, em que o poder da Igreja "mantém a Itália *dividida*", resultando em *"desunião e fraqueza"*. Não obstante, como já pudemos ver em citação anterior, Maquiavel insiste em manter uma *perspectiva positiva*, ao afirmar: *"Que ninguém perca a esperança* de ser capaz de realizar *aquilo que foi realizado por outros"*. Colocar-se à altura do desafio foi algo que se logrou com êxito no passado, como provam os registros históricos de Roma, e pode voltar a ser logrado no futuro. As perigosas condições da Itália exigiam unidade e força – no interesse da defesa exitosa do país. Se a religião cumpriu seu papel da maneira que lhe é própria, de acordo com seu contexto institucional correto, em vez de causar desunião e fraqueza,

---

[7]   Isto é, "o momento de extrema importância".

[8]   Vale a pena lembrar a afirmação de More de que, na ilha lendária de *Utopia*, as pessoas rejeitam as superstições, mas aceitam, a exemplo do cristianismo em geral, os *milagres* em sintonia com sua fé. De fato, até hoje no cristianismo, quando alguém é recomendado à *santidade* – a exemplo do próprio Thomas More, que não só foi recomendado, mas também elevado a ela –, um dos requisitos qualificadores é a alegada prova de que ele ou ela realizou algum milagre. More teve de se qualificar para sua santidade em 1935 também nesse quesito. E os pontos de vista que ele expressou em *Utopia* sobre milagres não puderam ser usados contra ele.

[9]   Nicolau Maquiavel, *The Discourses*, cit., p. 142-6.

[10]   Ibidem, p. 144-5.

Maquiavel e Campanella rumo a Giambattista Vico   325

um desfecho favorável estava assegurado. *Defender seu país* é uma boa causa absolutamente inegável. É isso que Maquiavel afirma com grande paixão mais para o fim dos *Discursos*[11]. E ninguém deveria acusar Maquiavel de recomendar a *fraude*. Pois o termo usado por ele para os métodos admissíveis a serem usados contra o inimigo é "*astuzia*", equivocadamente traduzido para o inglês pelo sacerdote jesuíta Leslie J. Walker como "*fraude*", criando, desse modo, um quadro totalmente falso. Em italiano, "*astuzia*" de fato não significa "fraude" – a palavra italiana para isso é "*fraudulenza*" –, mas "*astúcia*" ou "*esperteza*", o que é perfeitamente aceitável[12] como arma estratégica quando o que está em jogo é tão vital quanto a defesa exitosa do próprio país. Em contraste com isso, a "*fraude*" seria moralmente repreensível e também politicamente instável, nos termos do próprio Maquiavel.

Isso vale igualmente para os pontos de vista expressos na outra grande obra de Maquiavel, *O príncipe*, que talvez tenha sido ainda mais mal usado e mais falsificado do que seus *Discursos*. Contudo, quando lemos seus juízos morais e políticos sobre algumas das questões cruciais discutidas nas duas obras, achamos as similaridades contundentes. Por conseguinte, quando recorremos ao exemplo literalmente vital em que Maquiavel fala da ordem sustentável que deve ser criada em seu país em prol de sua defesa na grave crise e desunião que inevitavelmente afeta todo o povo, devemos nos lembrar da seguinte passagem, localizada a poucas páginas do fim do livro *O príncipe* e escrita no mesmo espírito de suas palavras no último capítulo de seus *Discursos*. Este é o teor da referida passagem:

> Ponderando cuidadosamente sobre o tema dos discursos anteriores e perguntando-me se o tempo presente é propício a um novo príncipe e se estão dados os fatores que ofereceriam a oportunidade para um príncipe sábio e virtuoso introduzir uma nova ordem de coisas que traga honra para ele e faça bem ao povo deste país, parece-me que são tantas as coisas que concorrem para favorecer um novo príncipe que nunca vi um tempo mais apropriado do que o presente. E, como eu disse, se foi necessário que o povo de Israel fosse feito cativo para que a capacidade de Moisés se manifestasse; que os persas tivessem de ser oprimidos pelos medos para descobrirem a grandeza da alma de Ciro; e que os atenienses tivessem de ser dispersos para ilustrar a capacidade de Teseu; então, no tempo presente, para que se descubra a virtude de um espírito italiano, foi necessário que a Itália ficasse reduzida ao extremo em que se encontra, que tivesse de ser mais escravizada que os hebreus, mais oprimida que os persas, mais

---

[11] Ver, em particular, ibidem, p. 513-6.
[12] Hegel de fato usa esse termo com bastante frequência como um alto elogio digno da Divindade, ao falar sobre a "*Astúcia da Razão*", associada, em sua concepção, com o "*Espírito do Mundo*".

326 *Para além do Leviatã*

espalhada que os atenienses; sem cabeça, sem ordem, golpeada, espoliada, esfacelada, invadida; e tivesse de suportar todo tipo de desolação.[13]

Portanto, Maquiavel é perfeitamente consistente ao dizer, como vimos antes, que "onde falta *o temor a Deus*, sucede que o respectivo reino fica em ruínas ou se mantém pelo *temor suscitado por um príncipe*, que compensa *o medo suscitado pela religião*"[14].

Desse modo, atribuindo o contexto correto e o uso apropriado a religião e política, Maquiavel inaugura uma maneira radicalmente nova de avaliar matérias morais e políticas em um espírito verdadeiramente emancipador. Logo, é interessante concluir esta seção com uma citação de *O príncipe moderno*, obra escrita por outro grande pensador e ator político italiano, Antonio Gramsci, sob condições de grande privação na prisão de Mussolini. Estas são as suas palavras:

> A característica fundamental de *O príncipe* é não ser um tratado sistemático, mas um livro "vivo", no qual a ideologia política e a ciência política são fundidas na forma dramática de um mito [...], como criação da fantasia concreta que atua sobre *um povo disperso e pulverizado* visando levantar e organizar *sua vontade coletiva*. A característica *utópica* de *O príncipe* reside no fato de o príncipe não ter existido na realidade histórica, não ter se apresentado ao povo italiano de modo diretamente objetivo, mas ter sido uma abstração puramente doutrinária, o símbolo de um líder, o *condottiere* ideal [...]. E o argumento é conduzido com lógica rigorosa, com *distanciamento científico*; na conclusão, o próprio Maquiavel se torna o povo, não o povo em um sentido "geral", mas o povo que Maquiavel convenceu com o tratado precedente, cuja expressão consciente ele próprio se torna e sente que é, o povo com o qual ele se sente identificado: de modo que o todo da obra "lógica" é apenas um reflexo do povo, um raciocínio interno que tem lugar dentro da consciência popular e termina em um grito urgente e exaltado.[15]

Essas palavras põem em perspectiva apropriada o grande significado da obra de Nicolau Maquiavel, inclusive para nosso tempo.

---

[13] Nicolau Maquiavel, *The Prince* (Londres, J. M. Dent/Everyman, 1992), p. 194 [Tradução a partir do texto em inglês. Cf. Nicolau Maquiavel, *O príncipe*, trad. Maurício Santana Dias, São Paulo, Penguin Companhia, 2010].

[14] Idem, *The Discourses*, cit., p. 141. Destaques de Mészáros.

[15] Antonio Gramsci, *The Modern Prince and Other Writings* (trad. Louis Marks, Londres, Lawrence & Wishart, 1967), p. 135-6. Destaques de Mészáros.

A *Cidade do Sol* de Campanella

Como está claramente indicado pelos 27 anos que foi forçado a passar na prisão, também Tommaso Campanella teve uma vida dolorosamente atribulada. Viveu catorze anos a mais que Thomas More e treze anos a mais que Maquiavel, mas durante a maior parte de sua vida adulta, sofreu a mais severa detenção, repetidamente suportando também a tortura.

Nasceu em 1568 em Stilo, na região italiana da Calábria, onde ingressou na ordem dominicana com quinze anos e morreu em 1639, em um convento dominicano de Paris, aos 71 anos. Nos cinco primeiros anos em que viveu em Paris, pôde trabalhar sem perturbações, por ser respeitado e acolhido pelo cardeal Richelieu, que se encontrava lá naquela época. Todavia, seu tempo de prisão começou quatro décadas antes de morrer, o que significa que, após os longos anos de estudo – primeiro estudou teologia em Cosenza e depois filosofia no convento de Morgentia em Abruzzo –, Campanella só pôde usar treze anos para o propósito escolhido por ele de contribuir para a causa do Iluminismo moral e político antiescolástico, inspirado pelo espírito filosófico renascentista de Nicolau de Cusa e Bernardino Telésio.

A obra utópica *Cidade do Sol* (*Civitas solis*), objeto de nosso interesse imediato, foi concluída por Campanella em 1602, mas publicada somente em 1623. O autor também escreveu algumas obras filosóficas mais complexas, entre as quais *Philosofia sensibus demonstrata* [Filosofia demonstrada pelos sentidos], escrita em 1691, ainda bem jovem, em defesa da filosofia da natureza de Bernardino Telésio e em rejeição frontal do escolasticismo. Ironicamente, na época de Campanella, devido às grandes contradições entre as nações rivais, as causas políticas diretas e os interesses materiais correspondentes a elas complicaram enormemente as diferenças ideológicas pelas quais os representantes filosóficos do lado acusado tiveram de sofrer. Por conseguinte, durante a prisão de Campanella pela Inquisição espanhola, nem o apelo do papa ao rei espanhol a favor de sua libertação conseguiu produzir o resultado que se esperava. A razão disso foi que a evolução triunfante do capitalismo trouxe consigo também a intensificação dos antagonismos nacionais.

A *Cidade do Sol* de Campanella traz o seguinte subtítulo: *Diálogo político entre um grão-mestre dos cavaleiros hospitalários e seu hóspede, um capitão de mar genovês*. Porém, a obra dificilmente poderia ser chamada propriamente de diálogo. Quase todo o tempo o capitão de mar conta sua história, obviamente na tradição da *Utopia* de More, com algumas interjeições de admiração e palavras de aprovação interpostas pelo cavaleiro grão-mestre de tempos em tempos. Os pontos principais da obra de Campanella podem ser resumidos de modo bastante breve. Basta citar a caracterização geral da Cidade do Sol e de sua gente pelo capitão:

328 *Para além do Leviatã*

Essa estirpe de homens veio da Índia, fugindo da espada dos magos, casta de saqueadores e tiranos que devastou seu país, e eles decidiram *levar uma vida filosófica em comunhão uns com os outros*. [...] Eles têm todas as coisas em comum e sua distribuição é feita pela *autoridade dos magistrados*. Artes, honrarias e prazeres lhes são comuns e eles as mantêm de tal maneira que *ninguém pode se apropriar de algo para si mesmo*. Eles dizem que toda *propriedade privada* é adquirida e aumentada pela seguinte razão: para que cada um de nós tenha só para si um lar, esposa e crianças. Disso *brota o amor a si mesmo*. [...] Porém, depois que *descartamos o amor a si*, permanece tão somente o *amor ao Estado*. [...] Eles têm tudo de que *necessitam*, pois o recebem *da comunidade*, e o magistrado cuida para que ninguém receba mais do que merece. Ademais, os magistrados governam bem, de modo que ninguém na fraternidade pode causar dano a outro.[16]

Desse modo, são proporcionadas a nós as principais características definidoras da vida na Cidade do Sol, com a eliminação da propriedade privada e seu amor a si mesmo, capacitando, por essa via, as pessoas para viverem numa comunhão filosoficamente louvável, sob as regras estritamente disciplinadoras dos magistrados ideais – que governam bem. Como na *Utopia* de More, uma vida regulamentada sob autoridade estrita é considerada o modo feliz de viver. As punições aos transgressores são muito severas, mas suportadas sem questionamento, pois são aceitas por eles como *corretivos*, não como *punições*[17]. Dessa forma, encontramos nessa cidade não só magistrados ideais, mas também pessoas ideais que não só aceitam sentenças severas como corretivos bem-vindos, mas também em seu trabalho diário consideram as ocupações mais pesadas e mais exigentes como as mais respeitadas[18]. Até em termos de amor, há um nítido contraste em suas vidas quando comparadas com as de outros lugares. Pois "eles não conhecem o amor oriundo de um desejo ardente; somente o oriundo da amizade"[19].

O sumo sacerdote, Hoh, é a autoridade absoluta, também chamado pelo nome de "Metafísico", ou seja, uma espécie de "rei filósofo" platônico sem esse título formal. Seu interesse precípuo é a preservação do Estado e a *absolvição* de seus pecados.

Ele oferece sacrifício a Deus para que este *perdoe o Estado* e o *absolva* dos seus pecados e para que o ensine e defenda. Uma vez por ano, os sumos sacerdotes de cada Estado subordinado confessam seus pecados diante de Hoh. Em consequência, ele

---

[16] *Ideal Commonwealths*, cit., p. 147-8. Destaques de Mészáros.
[17] Ibidem, p. 74.
[18] Ibidem, p. 165.
[19] Ibidem, p. 157.

não ignora os malfeitos das províncias e imediatamente os remove com todos os remédios humanos e celestes.[20]

Assim, também os problemas do Estado e de seus "Estados subordinados" provinciais daquele tempo histórico atribulado são de certo modo reconhecidos por Campanella, mas prontamente resolvidos na forma da confissão cristã de pecados e imediatamente absolvidos por meio de "remédios humanos e celestes" (não especificados).

Na *Utopia* de More, como vimos, há escravidão, mas não na *Cidade do Sol*. Na *Utopia*, as pessoas trabalham poucas horas se comparado com a regra geral inclusive em nosso tempo. Na *Utopia*, elas trabalham *seis horas* diárias, e na *Cidade do Sol* até menos, ou seja, apenas *quatro horas*. Mas se diz que são capazes de produzir o que necessitam. Todavia, também Campanella diz "aquilo de que *necessitam*", o que pode muito bem significar nada mais que a distribuição da miséria compartilhada entre todos, embora seja chamada de *abundância* em outra passagem[21] e justificada pela *aceitação* por parte das pessoas ideais daquilo que os magistrados *concedem* a elas como "merecido", ou melhor, como "não mais do que o merecido".

Muitos aspectos dessas filosofias e concepções de Estado utópicas só podem ser enunciados na forma de determinações *negativas* de seus desejos imaginários, contrariamente às ilusões de seus autores de estarem oferecendo a visão de uma ordem positivamente coerente. Pois eles são incapazes de avaliar a base sociometabólica sobre a qual se reproduzem as sociedades realmente existentes, incluindo a deles. Por isso, precisam inventar equivalentes irreais do tipo gesticular como alternativa ao modo como é percebida a ordem criticada por eles. Nessa linha, naturalmente também na *Cidade do Sol* de Campanella, "pouco valor se atribui a ouro e prata entre eles, exceto como material para seus recipientes e ornamentos, que são comuns a todos. [...] Ademais, a estirpe é administrada *para o bem da comunidade*, e não para o de *indivíduos privados*, e os magistrados devem ser obedecidos"[22].

Essa é a base sobre a qual a harmonia universal é projetada por Tommaso Campanella em seu tratado antiescolástico escrito com nobres intenções. No fim, a filosofia metafísica que está na raiz de sua concepção de Estado é sumarizada por ele deste modo:

> Nós nascemos e vivemos por acaso; mas no que se refere a Deus, de quem somos instrumentos, fomos formados por presciência e desígnio, e para um fim elevado.

---

[20] Ibidem, p. 174. Destaques de Mészáros.
[21] Ibidem, p. 167.
[22] Ibidem, p. 156. Destaques de Mészáros.

330   *Para além do Leviatã*

[...] A não entidade é incompatível com a entidade infinita de Deus. Eles [os fiéis na Cidade do Sol] afirmam dois princípios da metafísica: a entidade, que é o Deus supremo, e o nada, que é a falta de entidade. O mal e o pecado vêm da propensão para o nada; a causa do pecado não é eficiente, mas está na deficiência. [...] Nós não sabemos o que fazemos, quem sabe é Deus de quem somos instrumentos.[23]

Essa é de fato a mensagem final da *Cidade do Sol* de Campanella. Que tempos foram esses em que homens que sustentaram crenças tão profundas sobre Deus tiveram de ser aprisionados e torturados em nome da inquisição de Deus!

A *Ciência Nova* de Vico

Como já foi mencionado, Giambattista Vico pôs no centro de sua teoria a ideia pioneira de que os seres humanos são os artífices de sua história. Sublinhando concomitantemente também as contradições contidas no processo histórico em desenvolvimento, a saber, as contradições entre as metas particularistas estabelecidas pelos sujeitos humanos e sua realização efetiva, foi assim que formulou a questão, antecipando, portanto, inequivocamente a concepção histórica hegeliana da "*Astúcia da Razão*":

O mundo da sociedade civil certamente foi feito por homens. [...] Quem quer que reflita sobre isso não pode deixar de admirar-se que os filósofos tenham dispendido todas as suas energias no estudo do mundo *da natureza*, que, *por ter sido criado por Deus*, só Ele conhece; e que eles tenham negligenciado o estudo do mundo *das nações*, ou *do mundo civil*, que, *por ter sido criado por homens, estes poderiam vir a conhecê-lo*. [...] Esse mundo, sem dúvida, emanou de uma mente com frequência diversa, às vezes *até contrária*, e sempre *superior* aos *fins particulares* que os homens propuseram para si mesmos; esses fins estreitos se tornaram meios para servir a fins mais amplos, sendo sempre empregados para preservar a raça humana nesta Terra. Os homens pensam que estão satisfazendo seus desejos bestiais e abandonam sua prole e então inauguram a castidade que dá origem às *famílias*. Os pais pensam que estão exercendo seu poder paternal irrestrito sobre seus clientes e então os sujeitam aos *poderes civis* que dão origem às *cidades*. As ordens reinantes dos homens nobres pensam que estão abusando de sua *liberdade senhorial* em relação aos *plebeus* e então são obrigados a submeter-se às leis que estabelecem a *liberdade popular*. Os povos livres pensam que estão sacudindo *o jugo de suas leis* e então se tornam *súditos de monarcas*.[24]

---

[23] Ibidem, p. 179.
[24] Giambattista Vico, *The New Science* (Ithaca, Cornell University Press, 1970), p. 52-3 e 382-3. Destaques de Mészáros.

Podemos notar uma mudança radical da visão da história do mundo inspirada pela religião, cujo ápice ganha expressão na grande obra *Cidade de Deus*, de Santo Agostinho, para uma *concepção fundamentalmente secular*, na qual explicações para as mudanças identificáveis não são mais fornecidas em termos de "bem" e "mal" ou "pecaminosidade", *eternizados por definição*, diferentemente da afirmação de Santo Agostinho, segundo a qual, "na correnteza torrencial da história humana, duas correntes se encontram e se misturam: a corrente do mal que emana de Adão e a do bem que provém de Deus"[25]. Como vimos, até no tempo da *Cidade do Sol* de Campanella, as contradições do Estado ainda são indicadas como "pecados" e "resolvidas" ingenuamente mediante *confissão* ao sumo sacerdote Hoh/Metafísico, que oferece sacrifícios a Deus com o intuito de que o Estado seja *perdoado* e *absolvido* de seus pecados. A concepção de Vico se move por uma via muito diferente. Ele chama atenção para o "mundo das nações" e para o "mundo civil", em cujos termos devem ser explicadas e alteradas as transformações sociais e históricas em evolução. E, após Vico, esse continuará sendo o princípio norteador vital nessas matérias.

Os séculos XVII e XVIII também produziram suas contradições econômicas, sociais e políticas cada vez mais intensas e as teorias de Estado correspondentes projetadas para superá-las. Todavia, a despeito das soluções oferecidas por todas essas teorias de Estado, as crises continuaram a se aprofundar e de fato explodiram na forma de sublevações sociais em massa, atingindo seu clímax na Revolução Norte-Americana e na Revolução Francesa, no fim do século XVIII, com suas reverberações e seus principais confrontos armados se estendendo pelo século XIX sobre grande parte da Europa.

Naturalmente, essas crises também trazem consigo algumas concepções utópicas fundamentais de um tipo secular novo, que começa a priorizar não só os antagonismos de classes de cunho político e cultural, mas os materialmente emba-sados. Compreensivelmente, de início, as novas teorias utópicas seculares tentam acomodar sua visão no interior de uma perspectiva antifeudal, mas no devido curso, inevitavelmente, em razão do acirramento dos antagonismos de classes, passam a se voltar também para a difícil condição da *classe trabalhadora* em seu confronto com a dominação *burguesa* da economia e da sociedade. Esses problemas, como estão refletidos nas abordagens seculares qualitativamente diferentes, são objeto dos capítulos restantes sobre o utopismo moderno[26].

---

[25] Santo Agostinho, *City of God* (Nova York, Doubleday & Co., 1958), p. 523.

[26] Mészáros se refere aqui aos quatro capítulos projetados sobre utopias modernas do que seria o primeiro volume de *Para além do Leviatã*, um deles intitulado "De Bacon e Harrington a Thomas Paine e Robert Owen" (o atual capítulo 19), e mais três capítulos que seguiriam a este, mas não chegaram a ser completados: "A busca da verdade sob o Iluminismo escocês", "De Kant e Lessing a Tomásio e o princípio esperança de Bloch" e "Utopias pessimistas da ordem inescapável do capital". (N. E.)

19
De Bacon e Harrington a Thomas Paine e Robert Owen

Bacon e Harrington pertenciam à alta nobreza e ofereceram suas concepções utópicas em sintonia com as limitações dessa perspectiva. Francis Bacon era barão de Verulâmio e visconde de Saint Alban, filho mais novo de *sir* Nicholas Bacon, que, como destacado anticatólico, foi designado lorde guardião do Grande Selo e encarregado dos assuntos da Igreja pela rainha Elisabeth. O filósofo e estadista Francis Bacon viveu nas últimas quatro décadas do século XVI e nas primeiras três do século XVII, entre 1561 e 1626. O outro pensador utópico inglês recém--mencionado, James Harrington, viveu inteiramente no século XVII, entre 1611 e 1677. Era o filho mais velho de *sir* Sapcotes Harrington de Exton, em Rutlandshire. Digno de nota é que, em sua época, a família Harrington "produziu nada menos que 8 duques, 3 marqueses, 70 condes, 27 viscondes e 36 barões, sendo 16 deles cavaleiros da Ordem de Garter"[1].

Nos casos de Bacon e Harrington, estamos falando de uma época de desenvolvimentos cada vez mais dramáticos, marcados, no caso de James Harrington, precisamente pelos confrontos armados prolongados da guerra civil. E isso de modo nenhum foi o auge das transformações históricas em curso. Pois o século XVIII trouxe a Revolução Norte-Americana e a Revolução Francesa e o acirramento do antagonismo de classes entre as partes constituintes do "Terceiro Estado" na França, bem como seus paralelos socioeconômicos e políticos em outros lugares, a saber, o antagonismo entre a burguesia e a classe trabalhadora. Por isso é compreensível que também o pano de fundo social dos representantes intelectuais das novas tendências subsequentes à época de Bacon e Harrington, que começavam a apresentar algumas concepções utópicas próprias, teve de mudar com esses desenvolvimentos, movendo-se cada vez mais do horizonte criticamente bem limitado da nobreza

---

[1]   Henry Morley, "Introduction", em *Ideal Commonwealths* (Nova York, The Colonial Press, 1901), p. vii.

334 *Para além do Leviatã*

antiescolástica e antifeudal rumo à defesa da visão estratégica alternativa da classe trabalhadora por meio das várias concepções do socialismo utópico.

A *Nova Atlândida* de Bacon

As obras filosóficas mais conhecidas de Francis Bacon são: *The Advancement of Learning* [O progresso do conhecimento], publicada em 1605, *Novum Organum* [Novo método], publicada em 1620, e uma versão ampliada de *The Advancement of Learning* em latim, intitulada *De augmentis scientiarum* [Do progresso das ciências], publicada em 1623. Após sua morte, também foram publicadas suas obras no campo da teoria e prática do direito: *Maxims of the Law* [Máximas da lei], em 1630, *Elements of the Common Laws of England* [Elementos das leis comuns da Inglaterra], também em 1630, e *Readings on the Statute of Uses* [Leituras do estatuto consuetudinário], em 1642. Sua obra utópica inacabada, *The New Atlantis* [Nova Atlântida], também só seria publicada postumamente, em 1629, três anos após sua morte.

É de suma relevância mencionar aqui que Francis Bacon teve uma carreira política proeminente. Após seus estudos em Cambridge e Gray's Inn, tornou-se membro da Câmara dos Comuns em 1584. Em 1603, recebeu o título de cavaleiro em reconhecimento de sua subserviência à Coroa; em 1607, foi promovido ao cargo de procurador-geral; em 1613, tornou-se fiscal-geral; em 1616, conselheiro real; em 1617, lorde guardião; e, em 1618, lorde chanceler.

Logo, em termos políticos, *sir* Francis Bacon foi uma personagem inteiramente acrítica, para dizer o mínimo. Por isso, seria absolutamente surpreendente encontrar uma crítica social e politicamente progressista em sua utópica *Nova Atlântida*. De fato, a não ser por umas poucas observações mais genéricas, como suas palavras em defesa da instituição do casamento[2], uma crítica social significativa está totalmente ausente dessa obra. A melhor maneira de caracterizá-la talvez seja como uma forma de *utopismo tecnológico*, alinhado com a abordagem filosófica geral de Bacon a favor do *conhecimento experimental* a ser buscado pelo método da indução excludente, em contraste com o escolasticismo e a lógica dedutiva. Em *Nova Atlântida*, Bacon alega que esse ideal já foi alcançado nessa terra remota – sendo que a inspiração

---

[2] Eis um exemplo: "Entre eles [isto é, entre o povo da Nova Atlântida], não há excitação, não há casas dissolutas, não há cortesãs, nem nada desse tipo. Sim, eles se admiram demonstrando repulsa porque na Europa se permitem tais coisas. Dizem que entre vós o casamento foi destituído de sua função, pois ele é ordenado como remédio para a concupiscência ilegítima, enquanto a concupiscência natural parece ser um estímulo para o casamento. Porém, quando temos à mão um remédio mais agradável para a vontade corrupta, o casamento quase chega a ser banido". Cf. Francis Bacon, "The New Atlantis", em *Ideal Commonwealths*, cit., p. 125.

original para ele veio de fato dos representantes da filosofia natural da primeira fase da Renascença.

Essa alegação é apresentada por Bacon mediante a citação das palavras do personagem dotado de maior autoridade no vasto território recém-descoberto da Nova Atlântida. Ele não descreve aquele lugar como uma ilha relativamente pequena, como faz a *Utopia* de Thomas More, mas como um país imenso situado nos mares do sul, a sudoeste do Peru, com uma circunferência, segundo ele, de 9 mil milhas. Essas são as palavras do sumário das conquistas alegadas, citadas por *sir* Francis Bacon: "A finalidade de nossa fundação é *o conhecimento das causas* e dos movimentos secretos das coisas; e a *dilatação dos limites do império humano*, visando à efetuação de todas as coisas possíveis"[3].

Depois de fazer esse enunciado geral, Bacon oferece, em *Nova Atlântida*, uma longa lista de feitos e façanhas que supostamente foram realizados naquele mundo remoto, correspondendo ao que, em sua visão, poderia ser proporcionado pela aplicação da ciência experimental com base no que poderia ser fornecido pelos cinco sentidos humanos individualmente. E essa enumeração das conquistas feita por Bacon sempre é associada a esta afirmação repetida pela alta autoridade citada: "Temos isto e aquilo que vocês não têm".

Por exemplo:

> Também temos casas acústicas, onde praticamos e demonstramos todos os sons e como gerá-los. Temos harmonias que vocês não têm, tons em intervalos de quarta e menores ainda. Diversos instrumentos musicais que vocês tampouco conhecem, alguns mais melodiosos do que os de vocês, acompanhados de sinetas e campainhas suaves e melodiosas. Transformamos os sons baixos em sons altos e profundos, do mesmo modo os sons altos em sons brandos e agudos. [...] Temos também perfumarias, nas quais nos reunimos para práticas olfativas. Multiplicamos aromas, o que pode parecer estranho: imitamos aromas, fazendo com que sejam exalados por misturas diferentes daquelas que os compõem. Igualmente fazemos diversas imitações de sabor, de modo que enganam o paladar de qualquer pessoa. [...] Temos ainda casas de máquinas, onde são preparadas máquinas e instrumentos de todos os tipos de movimentos. Ali imitamos e praticamos a feitura de movimentos mais rápidos do que qualquer um que vocês tenham a partir de seus mosquetões ou de qualquer máquina que possuem; [...] para torná-los mais potentes e mais violentos do que os de vocês, sobrepujando seus maiores canhões e basiliscos.[4]

---

[3] Ibidem, p. 129.

[4] Ibidem, p. 134-5.

Naturalmente, esse tipo de enumeração poderia continuar para sempre, dado que recebemos de Bacon nessa obra uma mistura muito bizarra de sugestões praticáveis bastante sobrecarregada com fragmentos de fantasia completamente inútil. Não admira, portanto, que o lorde de Verulâmio não tenha conseguido compô-los de modo coerente como algo cientificamente instrutivo e produtivo, como ele teria gostado, muito menos conseguiu fazer com que se somassem em sua prometida utilidade rumo à "dilatação dos limites do império humano". O utopismo tecnológico da *Nova Atlântida* de *sir* Francis Bacon teve de permanecer fantasiosamente inacabado por causa da ausência completa de sua dimensão social progressista.

A *Oceana* de Harrington

Em contraste com *sir* Francis Bacon, James Harrington era um homem da mais alta integridade, preocupado com o social. Seu mundo utópico não foi nem uma pequena ilha imaginária nem um território baconiano remoto do tamanho de um continente, mas um lugar na Europa transfigurado em comunidade [*commonwealth*] ideal. Para ser mais preciso,

> O *Commonwealth de Oceana* era a Inglaterra. Harrington denominou a Escócia de Marpésia; a Irlanda de Panopeia. Londres ele chamou de Empório; o Tâmisa, de Halciônia; Westminster, de Hiera; Westminster Hall, de Panteão; o Palácio de Saint James era Alma; Hampton Court era Convalo; Windsor, Monte Célia. Com Hemisua Harrington se referiu ao rio Trento. Soberanos do passado da Inglaterra ganharam novos nomes em Oceana: Guilherme, o Conquistador, tornou-se Turbo; rei João, Adoxo; Ricardo II, Dicotomo; Henrique VII, Panurgo; Henrique VIII, Corauno; Elisabeth, Partênia; e James I, Morfeu. Ele se referiu a Hobbes como Leviatã e a Francis Bacon como Verulâmio. Ele mudou o nome de Oliver Cromwell para Olfeu Megaletor.[5]

Entre os Estados realmente existentes, James Harrington tinha a maior simpatia por Veneza, que obteve boa qualificação em vista do futuro. Essa qualificação foi claramente expressa na última página de sua obra utópica, na qual ele escreve: "O mar dita a lei para o crescimento de Veneza, mas o crescimento de Oceana dita a lei para o mar"[6]. E com isso Harrington quis indicar que a forma verdadeiramente viável de governo no futuro só poderia ser o tipo de comunidade de Oceana.

---

[5] James Harrington, "Oceana", em *Ideal Commonwealths*, cit., p. xi.
[6] Ibidem, p. 416.

James Harrington também teve de sofrer a guerra civil nas ilhas britânicas. Por intermédio de suas conexões familiares com a alta nobreza, já conhecia o rei Carlos I e, em 1646, foi designado para ser um dos assistentes do rei caído. No entanto, logo foi dispensado daquele papel pelo Parlamento com base em alguma suspeita sem fundamento. Contudo, enquanto ainda estava a serviço do rei, como homem de princípios que era, não tentou esconder dele sua preferência pela forma de governo do *Commonwealth*. O rei "gostava da companhia de Harrington e, considerando-o um homem engenhoso, preferia conversar com ele a conversar com outros do seu gabinete: com frequência eles dialogavam sobre o governo; mas, quando sucedia falarem de um *commonwealth*, o rei parecia não querer tolerar isso"[7]. Contudo, plenamente de acordo com seu caráter, James Harrington sempre manteve seu profundo respeito pelo rei Carlos I e foi uma das pessoas que o acompanhou até o cadafalso para confortá-lo.

Naturalmente, por ter uma forma de governo qualitativamente diferente, Oceana tinha, na opinião de Harrington, particular relevância contra a grave crise da guerra civil. Em 1656, quando o livro estava sendo preparado para publicação, tendo o autor a intenção de dedicá-lo a Oliver Cromwell, o homem que poderia implementar na prática a mensagem positiva do extenso livro de Harrington, o manuscrito foi confiscado e poupado somente mediante a intervenção da filha de Cromwell, sra. Claypole, diante de seu pai. Por isso, foi possível publicar *Oceana* em 1656, como originalmente pretendido. Todavia, em 1661, por ordem do rei Carlos II, James Harrington foi detido com base na alegação absurda de que tentara derrubar a Constituição – agindo sozinho, sem nenhuma organização – e jogado na prisão sem julgamento por um período bastante longo. Só foi solto depois que a sua saúde de fato tinha sido destruída e morreu em setembro de 1677, aos 66 anos.

Uma das grandes preocupações de James Harrington foi que, "quando as pessoas são reduzidas *à miséria e ao desespero*, elas mesmas se tornam *seus políticos*, como certos animais que, quando estão enfermos, se tornam seus médicos e são levados por um *instinto natural* a ter o desejo pelas ervas que promovem sua cura apropriada"[8]. Ele quis prover uma solução duradoura para esse problema por meio de sua visão da comunidade [*commonwealth*] ideal, prevenindo tanto a *miséria e o desespero* das pessoas quanto a necessidade de recorrer ao remédio – a seu ver, impraticável – de as pessoas mesmas se tornarem *seus políticos*. Pois estava convicto de que *instinto natural* e *paixão* não podem prover a base durável para um governo viável, necessitando, em vez disso, de uma constituição bem formulada para prover a estabilidade do Estado, baseada na "*liberdade de consciência*"[9] e na *razão*.

---

[7] Ver o relato de Antony a Wood, em ibidem, p. ix-x.

[8] James Harrington, "Oceana", em *Ideal Commonwealths*, cit., p. 321. Grifos de Mészáros.

[9] Perto do fim de sua obra, Harrington insistiu que foi sumamente apropriado propagar o espírito do *commonwealth* exemplar no resto do mundo e escreveu que, "se a essa propagação da *liberdade*

338   *Para além do Leviatã*

Todavia, os que estavam encarregados das instituições estabelecidas do Estado obviamente eram hostis tanto a sua caracterização da possibilidade da "miséria e do desespero das pessoas" quanto a sua visão de como demovê-las de ingressar no estágio político graças à constituição racional do *Commonwealth*, baseado nos princípios da "liberdade civil" e da "liberdade de consciência". A temeridade de exercitar sua liberdade de consciência em *Oceana* foi suficiente para condenar James Harrington ao encarceramento permanente, sem nem mesmo ter permissão de defender-se em um julgamento.

Os direitos do homem de Paine

Com a Revolução Norte-Americana e a Revolução Francesa, o século XVIII toma um rumo muito mais radical do que aquele que poderia estar contido no quadro de referências de uma perspectiva antifeudal. No caso da Revolução Norte-Americana, essa questão se tornou muito mais complicada devido à circunstância de que a luta armada entre os adversários inevitavelmente significaria o fim da dominação política/militar pela Coroa inglesa na América do Norte e, no devido curso dos acontecimentos, também a redefinição das relações entre os Estados em uma escala internacional muito mais ampla, tanto na direção do Oriente, implicando diretamente muitos países da Europa, quanto na direção dos países situados no continente sul-americano. Ao mesmo tempo, visto que grandes massas do povo se envolveram mais ou menos diretamente nos embates militares, a transformação social e histórica que se desdobrou nas últimas décadas do século XVIII também se apresentou como desafio e esperança de encontrar soluções sustentáveis para os interesses sociais conflitantes sem que constantemente explodissem confrontos armados entre os participantes. Como consequência, por essa via, as dimensões inerentemente sociais e a dimensão político-militar se tornaram não só estreitamente entrelaçadas, mas também bastante confusas.

Um dos intelectuais sumamente representativos e por um longo período muito influente que ofereceu sua solução para esse desafio foi o inglês Thomas Paine, que desde o início apoiou a causa da Revolução Norte-Americana e também a da Revolução Francesa, ferozmente denunciada em seu país. Defendeu firmemente a crença totalmente ilusória de que seria possível eliminar inteiramente a guerra por meio de um *acordo racional* entre as nações burguesas em conflito para resolver seus desacordos por meio de arbitragem e mediação no quadro de referência de uma

---

civil (tão natural para esse *commonwealth* que não pode ser omitida) for adicionada a propagação da *liberdade de consciência*, esse império, essa patronagem do mundo, será o reino de Cristo" (ibidem, p. 382). Destaques de Mészáros.

instituição internacional designada para esse fim. Isso se mostrou impossível até na fase heroica das revoluções burguesas, quando surgiram as primeiras obras de Paine, para não mencionar as variantes posteriores dessas instituições internacionais de mediação, desde a "Santa Aliança" de Metternich e a "Liga dos Três Imperadores", estabelecida por Bismarck, até a "Liga das Nações", inspirada no sonho kantiano da "paz perpétua" vindoura.

Thomas Paine recorreu à memória histórica do rei francês Henrique IV, que – já em 1610 – "propôs um plano para abolir a guerra na Europa. Esse plano consistiu em constituir um Congresso Europeu ou, como os autores franceses o estilizam, uma República Pacífica, mediante a designação de delegados das várias nações que atuariam como um tribunal de arbitragem em quaisquer disputas que possam surgir entre uma nação e outra"[10]. Nesse sentido, Paine tendeu a mitificar as nações em sentido positivo e, em sentido oposto, os governos das mesmas nações. Escreveu o seguinte:

> Dado que a guerra é o sistema de governo da estrutura antiga, essa animosidade que as nações entretêm reciprocamente não é senão aquilo que a política de seus governos estimula para acompanhar o espírito do sistema. Cada governo acusa o outro de perfídia, intriga e ambição, como meio de inflamar a imaginação de sua respectiva nação e incitá-la a promover hostilidades. O homem não é o inimigo do homem, a não ser por meio de um sistema falso de governo. Por isso, em vez de clamar contra a ambição dos reis, o clamor deveria ser direcionado contra o princípio desses governos; e, em vez de procurar reformar o indivíduo, a sabedoria de uma nação deveria se dedicar a reformar o sistema.[11]

O problema é que, do ponto de vista da burguesia, inclusive na *fase ascendente* de desenvolvimento do sistema, não há como surgir uma compreensão real dos *antagonismos internos objetivos* do sistema como *antagonismos de classes*. Em suas conceituações ideológicas, eles devem ser transformados em *características individuais moralmente repreensíveis*, como corrupção, intriga, ambição, perfídia etc., e então projetados de um modo similar ao mítico como características que definem globalmente o sistema criticado. E, desse modo, todos os problemas podem ser convenientemente confinados à dimensão estritamente *política*, sem suscitar a difícil questão das relações de propriedade materialmente dominantes. Tudo isso é bastante proeminente nos diagnósticos de Thomas Paine. Assim, ele escreve que "a força motriz dessa espécie de governo necessariamente é a corrupção"[12].

---

[10] Thomas Paine, *The Rights of Man* (Nova York, Everyman, 1994), p. 136.
[11] Ibidem, p. 137.
[12] Ibidem, p. 131.

340 *Para além do Leviatã*

É difícil até imaginar uma resposta mais *otimista* às duas revoluções burguesas do século XVIII – a norte-americana e a francesa – do que aquela que encontramos na obra *Direitos do homem*, de Paine. Suas antecipações utópicas do futuro são irrestritamente *positivas* e totalmente *ilusórias*. No fim da primeira parte de seu livro, ele escreve o seguinte:

> Pelo que podemos ver agora, não se deveria considerar improvável nenhum tipo de reforma no *mundo político*. É uma era de revoluções, em que tudo pode ser almejado. A intriga das cortes pela qual é mantido o sistema da guerra pode provocar uma Confederação de Nações que venha a aboli-la; e um Congresso Europeu para patrocinar o progresso do governo livre e promover a civilização das nações entre si constitui em um evento com maior probabilidade de acontecer do que foram as revoluções e alianças entre a França e a América do Norte.[13]

Não há como ter uma visão mais ingênua do que a de Thomas Paine a respeito da *Constituição* recomendada com tanto entusiasmo. Ele escreveu o seguinte: "Uma Constituição não é o ato de um governo, mas de um povo que constitui um governo; e governo sem Constituição é poder sem direito"[14].

Ele simplesmente – e ilusoriamente – contrastou o "princípio hereditário" enquanto "*escravidão*" com uma visão totalmente idealizada de *representação* e afirmou categoricamente que "*governo representativo é liberdade*"[15]. Por trás dessas ilusões ingênuas encontramos a definição ilusória correspondente da "*natureza do homem*" formulada por Paine, que decreta – em sintonia com a "conclusão" aprioristicamente postulada de – que "se não fosse *corrompido pelo governo*, o homem seria *naturalmente* amigo *do homem*"[16]. Porém, nesse ponto, Paine também postula que aquilo que no passado "servia aos propósitos da tributação, agora obedece aos ditames da razão, do interesse [isto é, do autointeresse burguês] e da humanidade"[17]. Dessa forma, "pelo que podemos antever, toda a Europa pode vir a formar uma só grande república e o homem se tornar inteiramente livre"[18]. De fato, por essa via, supõe-se que *todas as dimensões* de uma condição ideal da ordem sociopolítica sejam plenamente realizadas. Pois a transformação otimista imaginária "se enraíza em todo e qualquer caráter e condição que pertence ao homem e permeia o indivíduo, a nação e o mundo"[19].

---

[13] Ibidem, p. 138.
[14] Ibidem, p. 182.
[15] Ibidem, p. 202.
[16] Ibidem, p. 210.
[17] Ibidem, p. 211.
[18] Idem.
[19] Idem.

Nessa concepção de *Os direitos do homem*, de autoria de Thomas Paine, a identidade circularmente assumida de "razão e interesse comum" é a garantia do sucesso. Paine consegue até oferecer – nos mínimos detalhes – uma forma relativamente esclarecida de elaborar um orçamento, simpática à condição dos "pobres", bem como à eliminação exitosa da guerra por meio do comércio *universalmente benéfico*. Já não existiria a questão de desigualdades dolorosas que se afirmam por meio de *relações de poder* sociais/estruturais realmente existentes. A projetada *Aliança* bem-sucedida entre América do Norte, Grã-Bretanha e França é o modelo que Thomas Paine apresenta para o "comércio geral do mundo"[20], combinado com a abertura do continente sul-americano para esse processo. Simón Bolívar naturalmente foi muito mais realista, no mesmo período histórico, quando temeu que esse tipo de desenvolvimento trouxesse a dominação do imperialismo norte-americano sobre toda a região, incluindo o seu país.

Os socialistas utópicos: Owen e Fourier

Como de fato aconteceu, a realidade se recusou a se adequar à ilusão de Thomas Paine de uma felicidade universal por meio do ajuste vagamente definido do *domínio político*, sem nenhuma *mudança substancial* na dominação e exploração estruturalmente arraigadas da ordem social. No decurso das guerras napoleônicas e em consequência delas, o sistema socioeconômico burguês emergente conseguiu se estabilizar, mantendo a exploração da parte subordinada do Terceiro Estado – sua esmagadora maioria –, enquanto "trocava o pessoal" da classe dominante do feudal para o burguês. Todavia, os antagonismos de classes de modo nenhum desapareceram dessa maneira. Pelo contrário, eles tenderam a se intensificar e também não demoraria muito até que tivessem sua expressão na forma da projeção de uma visão alternativa radicalmente diferente de ordem social sustentável nos escritos dos socialistas utópicos. Três nomes são particularmente importantes nesse sentido para a fase inicial desse desenvolvimento: Charles Fourier (1737-1809), Henri Saint-Simon (1760-1825) e Robert Owen (1771-1858).

Charles Fourier expôs por meio de sátira impiedosa as contradições absurdas e a hipocrisia da sociedade "civilizada" em que a abundância da produção excessiva de *commodities* era inseparável da miséria das massas. Ele também insistiu que, "numa dada sociedade, o grau da emancipação feminina é o parâmetro natural para a emancipação geral"[21]. Saint-Simon, por sua vez, enfatizava a necessidade

---

[20] Ibidem, p. 277.
[21] Citado em Friedrich Engels, *Anti-Dühring* (Londres, Lawrence & Wishart, 1975), p. 357 [ed. bras.: *Anti-Dühring: a revolução da ciência segundo o sr. Eugen Dühring*, trad. Nélio Schneider, São Paulo, Boitempo, 2015, p. 293].

342 *Para além do Leviatã*

de uma ordem socialista em que *todos trabalham* e em que a existência parasitária dos "*ociosos*" que vivem de suas rendas tenha sido permanentemente relegada ao passado. E o terceiro entre esses socialistas utópicos mais antigos, Robert Owen, estava diretamente envolvido, em New Lanark, na Escócia, com a gestão de uma forma menos espoliadora de produção[22], tentando também organizar os trabalhadores em um "Grande Sindicato Nacional Consolidado" em 1834 para que defendessem seus interesses. Em 1825, com seus apoiadores, Owen estabeleceu uma comunidade utópica em Indiana chamada New Harmony, e outras na Inglaterra, incluindo uma em Hampshire, chamada Harmony Hall, que sobreviveu até 1845.

Com esse tipo de desenvolvimento intelectual, a crítica social passou do remédio ilusório de visar às mudanças exigidas mediante as noções vagamente definidas dos "direitos do homem", restritas ao domínio político, para a necessidade de transformar a *ordem social mesma* de um modo estruturalmente significativo. Fourier foi devastadoramente sarcástico nesse tocante ao expor a vacuidade de falar meramente em termos de direitos ilusoriamente projetados que ignoravam as questões tangivelmente identificáveis:

> Ele não debateria, como formulou, sobre aqueles "*devaneios renovados dos gregos, esses direitos do homem* que se tornaram tão ridículos". Controvérsias políticas só engendrariam sublevações sangrentas como a Revolução Francesa se os homens civilizados persistissem em negligenciar o "*primeiro direito, o único direito útil, o direito de trabalhar*".[23]

De fato, o discurso de Thomas Paine sobre os direitos do homem estava associado à divinização da Constituição norte-americana como modelo de solução ideal dos dolorosos problemas sociais e políticos. Ele declarou que a Constituição norte-americana esclarecida representou o triunfo sobre a *escravidão* manifesta nos modos de governar do passado, decretando, ao mesmo tempo, como já vimos, que "o governo representativo é liberdade". Na realidade, contudo, alguns "pais fundadores" da Revolução Norte-Americana e nomes de destaque de seu governo representativo se sentiram muito à vontade para continuar levando sua existência

---

[22] Como Engels assinalou sobre Robert Owen, "enquanto seus concorrentes tinham jornadas de trabalho de 13 a 14 horas diárias, em New Lanark se trabalhava apenas 10,5 horas. Quando certa vez uma crise do algodão obrigou a parar a fábrica por quatro meses, os trabalhadores continuaram a receber seu salário integral. Nesse processo, o estabelecimento mais que duplicou seu valor e, até o último momento, gerou lucros abundantes para os proprietários. Owen não se contentou com tudo o que havia conseguido. A seu ver, a existência que ele tinha proporcionado a seus trabalhadores não era nem de longe humanamente digna: 'As pessoas eram minhas escravas'" (ibidem, p. 360 [ed. bras.: p. 296]). Destaques de Mészáros.

[23] Charles Fourier, *The Utopian Vision of Charles Fourier: Selected Texts on Work, Love, and Passionate Attraction* (org. Jonathan Becher e Richard Bienvenu, Boston, Beacon, 1972), p. 30.

privilegiada, independentemente dos dogmas fundamentais de sua constituição sobre liberdade e igualdade, como *possuidores de escravos* em sua ordem social hierárquica estruturalmente arraigada. Eles não conseguiram ver nada de errado nisso.

Todos esses problemas permaneceram como desafios importantes para o futuro. A questão absolutamente fundamental era a *tomada de decisão* por todos, incluindo aqueles que continuavam *a ser excluídos dela* inclusive na forma "*representativa*" de governo. Robert Owen formulou isso de modo honesto e belo quando, ao falar de seus trabalhadores, disse que "*eles estão à minha mercê*". Mesmo que a promessa vazia do "governo representativo" pudesse ser cumprida, em vez de ser sistematicamente violada, como sucede na realidade, isso não faria a menor diferença. Ninguém deveria estar "à mercê do capital" – ou mesmo de suas personificações mais esclarecidas de tomada de decisão, como controladores de um modo estruturalmente alienado de tomada de decisão da sociedade, não só na política, mas também na produção material e cultural.

Os socialistas utópicos começaram a levantar esses problemas em conjunto com um movimento da classe trabalhadora cada vez mais organizado, começando com os cartistas na Inglaterra até as várias forças militantes de sublevações revolucionárias posteriores em muitos e diversos países. As crônicas históricas falam de vitórias e derrotas nos séculos que se seguiram aos diagnósticos críticos dos pensadores utópicos mais antigos. Sumamente relevante nesse aspecto é que, a despeito até das piores derrotas, a questão vital da emancipação social baseada na igualdade substantiva que já apareceu e foi derrotada durante a Revolução Francesa com François Babeuf e sua "sociedade de iguais" nunca pôde ser eliminada da agenda social do nosso tempo.

20
Tomásio e o princípio esperança de Bloch[1]

O apêndice ao livro de Ernst Bloch sobre *Direito natural e dignidade humana*, que trata da obra de Cristiano Tomásio (1655-1728), é a melhor parte daquele volume, escrita com devoção e paixão reais. O próprio título já é revelador, indicando uma intenção programática e esperançosa da parte de Bloch de poder continuar seu trabalho em seus novos arredores, após retornar para a Alemanha Oriental de seu exílio nos Estados Unidos. O título é "Cristiano Tomásio, um erudito alemão sem miséria"[2].

Escrito em 1949, mais ou menos na mesma época em que Theodor Adorno e Max Horkheimer se decidiram pela Alemanha Ocidental, onde colaboraram com as autoridades de ocupação norte-americanas (colocando-se a serviço de sua propaganda), Bloch ressaltou, em sua excelente análise de toda a trajetória de Tomásio, o significado da propensão deste para o Iluminismo alemão e as dicas desse "erudito alemão sem miséria" em relação à "utopia social sem propriedade" e, ao mesmo tempo, sua (de Bloch) fé e defesa de um *futuro socialista* para a humanidade.

Bloch criticou incisivamente as visões absurdas de Horkheimer sobre o Iluminismo, contrastando-as com a posição de Lukács[3]. No ensaio, abundantemente documentado com citações das obras de Tomásio, Bloch não mencionou *os*

---

[1] Os últimos três capítulos a que se refere o "Plano original de *Para além do Leviatã*" pensado por Mészáros (ver apêndice I) não chegaram a ser terminados. O primeiro e o terceiro desses capítulos finais aparentemente nem chegaram a ser redigidos em rascunho. No entanto, esse não foi o caso do segundo capítulo (listado como "seção 3.7" no volume planejado), originalmente intitulado "De Kant e Lessing até Tomásio e o princípio esperança de Bloch". Embora não haja vestígios discerníveis da primeira seção desse capítulo, sobre "Kant e Lessing", a segunda seção, sobre "Tomásio e o princípio esperança de Bloch", foi extraída do esboço chamado de "segunda versão" (*Crítica ao Leviatã: reflexões sobre o Estado*) e está sendo publicada aqui como capítulo final do presente volume e como conclusão apropriada dele. Ver a introdução. (N. E.)

[2] Ernst Bloch, *Natural Law and Human Dignity* (Cambridge, MA, MIT Press, 1986), p. 281-316.

[3] Ibidem, p. 170-3.

346   *Para além do Leviatã*

nomes de Adorno e Horkheimer, mas as visões estéreis (e culturalmente pródigas) destes estão implicitamente criticadas[4]. Sabemos que Adorno considerou os escritos e o pensamento de Bloch como "obsoletos". Até mesmo o tradutor do volume, Dennis J. Schmidt, rejeitou esse juízo como completamente equivocado[5]. Não há de fato comparação entre a relevância da obra de Bloch e a da "indústria cultural" pusilânime da "teoria crítica" a serviço da autopromoção, exemplificada em Adorno.

Bloch escreveu a respeito de Tomásio que "ele *nunca dobrou o joelho* [...]. Ele se postou no meio de toda a *miséria alemã* e *assumiu posição contra ela*"[6]. Isso está em nítido contraste com Adorno (e alguns outros da Escola de Frankfurt) que "dobraram os joelhos" durante suas vidas inteiras, com oportunismo e acomodação nauseantes.

O tipo de dispensa irresponsável do Iluminismo, praticada por *Adorno/Horkheimer*, é energicamente condenado por Bloch, mesmo que não os nomeie explicitamente, ao enfatizar que "a era imperialista trata de todo o Iluminismo apenas *depreciativamente* e com categorias como *superficial, raso, trivial, banal* e assim por diante – de modo que não pode haver dúvida a respeito *do aviltamento da tarefa social*"[7].

Tomásio é caracterizado por Bloch como o oposto completo, e "opositor da *platitude cheia de si e arrogante* que tem uma 'visão' de tudo, exceto do *princípio de Tomásio*: 'Que existe só uma verdade. Que essa verdade consiste no conhecimento vivo do verdadeiro bem'". E, de novo, na sentença seguinte encontramos uma caracterização apropriada do tipo de filosofar pretensioso representado por Adorno, como "um *obscurantismo astuto* e, com ele, o clericalismo dogmático que *inquestionavelmente sabe tudo*"[8].

Tanto Bloch quanto Lukács acreditavam piamente que era necessário "*assumir posição contra a miséria alemã*", como defendeu Marx em seu tempo. A "teoria crítica" capituladora e acomodativa com sua "platitude cheia de si e arrogante"[9], pretensiosamente propagandeada, mas socialmente evasiva, representava o polo oposto de sua posição.

Estas são as primeiras linhas do comovente ensaio de Bloch sobre Tomásio:

> É tempo de comemorar um homem *direito*. Ele se sentia justificadamente desconfortável em seus arredores dormentes e servis. Se tivessem achado um jeito, eles teriam

---

[4]   Bloch faz referência crítica a Horkheimer em outra parte de *Direito natural e dignidade humana*. Cf. Ernst Bloch, *Natural Law and Human Dignity*, cit., p. 169-70. (N. E.)

[5]   Dennis J. Schmidt, "Introduction", em Ernst Bloch, *Natural Law and Human Dignity*, cit., p. xxiii.

[6]   Ernst Bloch, *Natural Law and Human Dignity*, cit., p. 311. Destaques de Mészáros.

[7]   Ibidem, p. 312. Destaques de Mészáros.

[8]   Idem. Destaques de Mészáros.

[9]   Duas palavras entre parênteses foram excluídas por serem indecifráveis. (N. E.)

destruído esse inovador importuno. Porém, isso não aconteceu; em vez disso, uma vez mais, um espírito honrado, um que é *tão honrado quanto espirituoso* e que fala de progresso, torna a si mesmo inevitável no longo prazo.[10]

Como foi escrito pouco depois de seu retorno à Alemanha Oriental em 1949, esse estudo meticuloso de Tomásio pode também ter sido a preleção inaugural de Bloch na Universidade de Leipzig, onde ocupou a cadeira de filosofia. A mesma cidade de onde Tomásio tinha sido forçado a fugir dos obscurantistas, por causa de suas visões iluministas progressistas e, de muitos modos, sumamente radicais.

Bloch não tenta idealizar Tomásio. Não esconde suas limitações nem em termos históricos nem em intelectuais. Porém, destaca os aspectos inovadores frequentemente surpreendentes da obra de Tomásio, mostrando as conexões profundamente assentadas na tradição do Iluminismo alemão em sua especificidade e ressaltando também o desenvolvimento orgânico de sua teoria do direito natural nos termos dos movimentos intelectuais e sociais do seu tempo. São feitas citações precisas das principais obras de Tomásio, deixando muito claros os termos da análise de Bloch. Ao mesmo tempo, também fica muito claro por que Bloch considera a obra desse ancestral intelectual altamente relevante para as preocupações do mundo contemporâneo, no qual a *emancipação social* e a *"retidão" dos direitos humanos* andam juntas.

A razão principal pela qual Bloch defende a relevância de Tomásio – sua antecipação da necessidade de uma ordem social *comunal sem propriedade* – é ressaltada nas citações feitas nas notas juntadas a *"Bloch em louvor de Tomásio"*. Nesse aspecto, é preciso formular certos pontos adicionais. Alguns dos aspectos importantes de Tomásio são enfatizados por Bloch da seguinte maneira:

> Grotius dissera que a lei da razão seria válida mesmo que não houvesse Deus – embora isso seja impossível –; Tomásio intensificou esse princípio, dizendo que não se poderia falar de direito natural se houvesse um Deus acima do ser humano. [...] Dentre as obrigações tradicionais para com Deus, só permanecem válidas aquelas que são *válidas de acordo com a razão*, a saber, aquelas que se manifestam no *cumprimento de obrigações em relação a si mesmo e a outros*. Desse modo, a filosofia do direito é retirada da vizinhança da teologia.[11]

De acordo com Bloch,

---

[10] Ibidem, p. 281. Destaques de Mészáros.
[11] Ibidem, p. 296-8. Destaques de Mészáros.

348   *Para além do Leviatã*

Tomásio radicaliza até o próprio Grotius. Em lugar de uma proximidade em relação à religião, há apenas uma *proximidade em relação à moralidade*, cujo conteúdo é *terreno* no melhor sentido do termo. [...] Ele [Tomásio] caracterizou o "dever" do conjunto social como *felicidade e paz*. [...] A paz é fundada no *puro positivum da intenção*. [...] O mandamento do *honestum* da eticidade reside no *positivum* da intenção, no *forum internum*, e tem o seguinte teor [nas palavras de Tomásio]: "Não seja um hipócrita, aplique a você mesmo a perfeição que você exige dos demais. [...] Ninguém é um bom *politicus* se não for de fato um *ethicus*".[12]

Bloch enfatiza que isso é uma antecipação do princípio kantiano articulado na *paz perpétua*.

A crítica de Bloch ao direito natural – incluindo a posição de Tomásio – é resumida assim: "As limitações gerais que o direito natural de Tomásio compartilha com todo direito natural burguês moderno são evidentes: a suposição de uma natureza humana estática e um ideal humano não mediado, cujo 'bem universal' é impossível em uma sociedade de classes antagonística"[13].

Porém, a *Introdução à ciência da ética* de Tomásio oferece outro elemento considerado por Bloch como "as consequências socialistas dos direitos humanos"[14]! De acordo com Tomásio:

O que segue agora é a comunhão indissolúvel de todos os bens e, de modo similar, toda conduta e todo comportamento racionais, como testemunho completo de que, doravante, o amor racional atingiu sua perfeição. [...] Por essa razão, toda propriedade tem de desaparecer e *tudo deve ser mantido em comum*, porque todas as formas de propriedade nasceram da falta de amor e da desunião. Detalhamos isso em outro lugar e mostramos que, desde o princípio do mundo tem havido uma *comunhão de bens* [...] e que, inclusive nos primórdios do cristianismo, quando o amor cristão ainda retinha o ardor que lhe é próprio, *todos os bens eram mantidos em comum entre os primeiros cristãos*. [...] Deus queria que *ninguém fosse nem pobre nem rico*.[15]

E, depois de citar Tomásio, Bloch prossegue:

Tomásio se refere ao livro de utopia social escrito por Vairasse, *A história dos severambos* (1672), mas no conteúdo desta e de muitas outras passagens, ele vai *além do direito natural burguês* por meio *do direito natural das seitas revolucionárias*, com o qual Tomásio tinha muita familiaridade, e por meio do *objetivo comunista primitivo*

---

[12]   Ibidem, p. 298. Destaques de Mészáros (exceto o negrito).
[13]   Ibidem, p. 313. Destaques de Mészáros.
[14]   Idem.
[15]   Idem. Destaques de Mészáros.

que elas continham. Tomásio não descreve a *sociedade da propriedade comunal* em uma novela utópica, mas em sua *doutrina da ética, uma obra erudita* que demonstrou a seriedade da dedução corrente naquele tempo. Isso foi *um ato de grande audácia,* especialmente na Alemanha, a terra onde as *guerras camponesas* dificilmente haviam sido esquecidas; tratou-se de audácia mesmo quando se reconhece que foi o amor cristão que abriu o caminho e não a revolta como em Müntzer. "Primeiro levem o amor às pessoas e então as questões relativas à propriedade ou *à comunhão de bens se resolverão por si sós*"[16] (*Sobre o modo de amar racionalmente ou virtuosamente...* ou *Introdução à ciência da ética*", p. 310) – isto é ingênuo, mas não é verdade que a ingenuidade chega até Ludwig Feuerbach?[17]

Bloch comenta ainda:

Hoje o mesmo tipo de pessoa representado por Tomásio [...] teria uma resposta nas *tentativas reais* no *socialismo da propriedade comunal;* ele teria *meio mundo como modelo*[18] e como resposta à questão que se refere ao mundo público – "que forma ele teria se não houvesse propriedade?". Aliás, para o homem que, partindo do direito natural, tirou a *conclusão da humanidade real* isso não seria um problema; isso só é um problema, que Tomásio chamou de escrúpulo, para aqueles que "ficaram enredados na propriedade" até sua vontade e seu intelecto ficarem *acorrentados.* Para Tomásio, o direito fundamental inato é o direito à felicidade; uma comunidade verdadeira deveria trazer consigo felicidade completa sem impedimentos e o meio básico para atingir esse fim é a *abolição da propriedade.*[19]

É relevante retornar aqui a uma citação do livro de Bloch sobre *Direito natural e dignidade humana* a respeito de Tomásio, à qual já se fez referência:

Para Tomásio, o mandamento do *honestum,* da eticidade, reside no *positivum* da intenção, no *forum internum,* e tem o seguinte teor: "Faça a você mesmo aquilo que você quer que o outro faça a si mesmo". Ou, de acordo com o comentário que

---

[16] Mészáros colocou um ponto de exclamação duplo neste ponto da margem esquerda (um sinal que ele às vezes usava para indicar discordância com um ponto particular de alguma citação em seu esboço escrito à mão), claramente dirigido, neste caso, às palavras "se resolverão por si sós", vistas como representando uma visão idealista. (N. E.)

[17] Ibidem, p. 314. Destaques de Mészáros.

[18] Aqui, Mészáros pôs um ponto de exclamação triplo na margem esquerda de seu esboço, indicando discordância em relação à caracterização que Bloch faz das sociedades pós-revolucionárias da época em que escrevia, as quais já não existiam na época em que Mészáros escrevia. Não obstante, os princípios representados por Tomásio e Bloch permaneciam necessários nas lutas presentes e futuras por uma sociedade de igualdade substantiva. (N. E.)

[19] Idem. Destaques de Mészáros.

350 *Para além do Leviatã*

Tomásio anexa a isso: "Não seja um hipócrita, aplique a você mesmo a perfeição que você exige dos demais".[20, 21]

Visto nos termos de seu desenvolvimento histórico, a partir da fase *ascendente* da burguesia, foi possível identificar aqui que o *ciclo inteiro se completa*.

A relação entre lei e eticidade sempre foi problemática nas teorias burguesas do direito (lei/*Recht*). A ideia de harmonizar o *externum* (com seu sistema de *obrigações* e *sanções*) e o *internum* jamais foi concretizada nem mesmo *articulada* de modo coerente. Porém, na fase ascendente, ela foi *indicada* como um *postulado* e até como um *desafio*. Bloch estabelece a conexão (ainda que de forma exagerada) entre o princípio citado de Tomásio e Kant[22]. (Não há sinal em Kant da defesa da *vida comunal* e da dispensa da propriedade de Tomásio. Mas pelo menos ele *postula* o ideal do *político moral*.) Ainda assim, não há o menor sinal [em Kant] da condenação dos que não conseguem viver à altura do princípio tomasiano do *honestum* despontando da (ou conformando-se às exigências da) *forma interna* hipócrita.

Há aqui um contraste fatídico com *a depravação moral* – em plena conformidade com o papel *facilitador/promotor* do direito *"democrático liberal"* no tempo (nosso tempo) da consumação da *fase descendente* do desenvolvimento histórico do capital. Hipocrisia e cinismo são as características proeminentes da contradição fatídica de *eticidade e direito* em nosso tempo. Não há espaço nem mesmo para o *postulado* sumamente abstrato do *"político moral"*. Pelo contrário, evidencia-se uma espécie de "contrasseleção", recompensando o diametralmente oposto. Tony Blair é um exemplo flagrante.

---

[20] Ibidem, p. 298. Destaques de Mészáros (exceto o negrito).

[21] Em sua introdução às *Institutas da jurisprudência divina* de Tomásio, Thomas Ahnert escreve o seguinte: "O terceiro nível de obediência ao direito natural era o *honestum* (honesto), o qual exigia que os humanos se livrem de paixões corruptas e sejam guiados pelo amor racional em prol da própria felicidade e do próprio bem-estar. Tomásio sumarizou o principal mandamento do *honestum* assim: 'Façam entre vocês o que vocês gostariam que outros fizessem a si mesmos'. O *honestum* representou o grau mais elevado de conformidade com o direito natural". Cf. Thomas Ahnert, "Introduction", em Christian Thomasius, *Institutes of Divine Jurisprudence* (Indianapolis, Liberty Fund, 2011), p. xxiii. (N. E.)

[22] Idem.

István Mészáros na Boitempo, em junho de 2011.

Com a equipe da editora em 2011.

Com Ivana Jinkings, quando mencionou pela primeira vez
o plano de escrever sobre o Estado.

Na Escola Nacional Florestan Fernandes, do Movimento dos Trabalhadores Rurais Sem Terra (MST).

Cartaz do seminário internacional "A crise vista pelos marxismos do século XXI".

Anúncio de lançamento de *O desafio e o fardo do tempo histórico*.

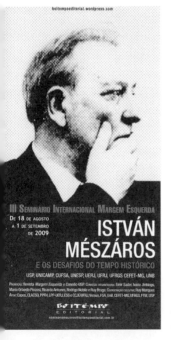

Cartaz do III Seminário Internacional Margem Esquerda.

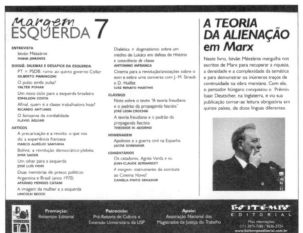

Anúncio de lançamento de *A teoria da alienação em Marx* e do sétimo número da revista *Margem Esquerda*, com entrevista de Mészáros.

III Seminário Internacional Margem Esquerda: "István Mészáros e os desafios do tempo histórico", na Universidade de São Paulo (USP), 2011.

Palestra de Mészáros no auditório lotado do curso de História da USP, encerrando o evento.

Com François Chesnais, em intervalo do Seminário. Ao fundo, Brett Clark e Jorge Beinstein.

Palestra no Teatro da Universidade Católica de São Paulo (Tuca), com capacidade para 700 pessoas, em 2013.

Em Belo Horizonte, a convite da professora Ester Vaisman (autora da foto), em 2013.

Com integrantes do Instituto de Estudos e Pesquisas do Movimento Operário IMO/UECE em Fortaleza, Ceará, 2013.

Fachada da casa de Mészáros em Ramsgate, Inglaterra, 2016.

Detalhe da sala de estar, onde um boneco de Marx (presente da Boitempo) aparece em destaque.

O quarto de hóspedes, repleto de livros.

Bandeirola do MST em estante do quarto.

Detalhe da biblioteca, localizada no porão da casa de Ramsgate.

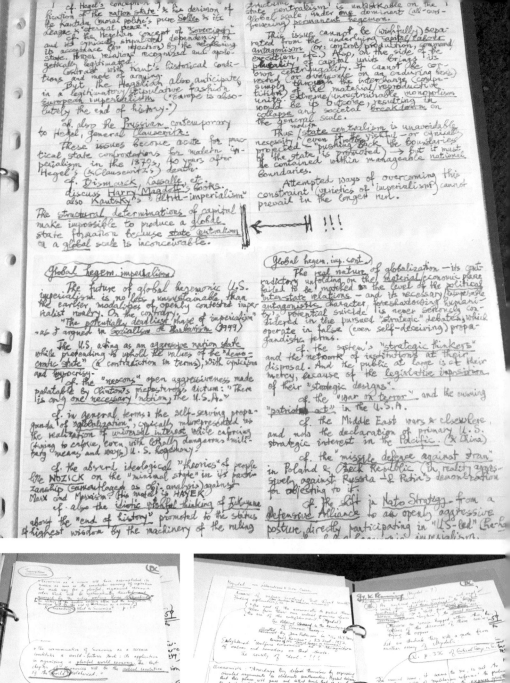

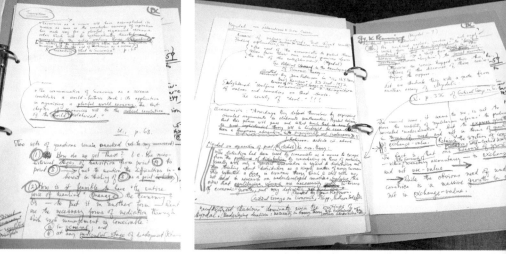

Escritos preliminares para sua obra magna, *Para além do capital*.

Com uma das muitas pastas nas quais organizava as anotações que serviriam de base para seus livros.

Método de catalogação usado nas pastas do arquivo.

Primeiros rascunhos e estudos preparatórios de *Para além do Leviatã*.

Com *Caio Prado Júnior: uma biografia política*, de Luiz Bernardo Pericás.

Detalhe de sua mesa de trabalho.

Fachada da casa onde István e Donatella viveram. Rochester, Inglaterra, 2016.

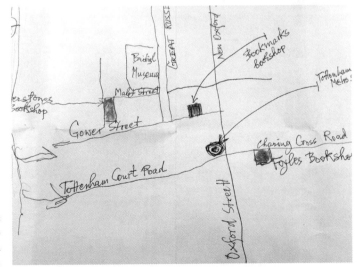

Livrarias de Londres em mapa desenhado por Mészáros, em maio de 2016.

Panorâmica do cemitério de Rochester, por Sergio Romagnolo.

Ivana Jinkings no túmulo de Mészáros meses após a sua morte, em 2017.

Ao lado da companheira de toda a sua vida.

Acervo István Mészáros

Herder, Johann Gottfried. *Sämmtliche Werke* (16 volumes). Carlsruhe, Bureau der Deutschen Classiker, 1820.

Lukács, György. *Irástudók Felelössége*. Moscou, Foreign Language Press, 1944.

Lukács, György. *A Különösség mint Esztétikai Kategória*. Budapeste, Akadémiai Kiadó, 1957.

Lukács, György. *Irodalom és demokrácia*. Budapeste, Szikra Kiadá, 1948.

Lukács, György. *Die Theorie des Romans*: Ein geschichtsphilosophischer Versuch über die Formen der Grossen Epik. Berlim, Paul Cassirer, 1920.

Machiavelli, Niccolò. *Opere di Niccolò Machiavelli* (9 volumes). Milão, Giovanni Silvestri, 1820.

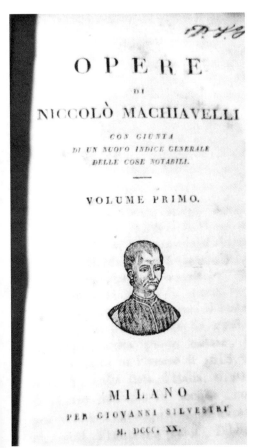

Machiavelli, Niccolò. *Opere di Niccolò Machiavelli*. Primeiro volume. Milão, Giovanni Silvestri, 1820.

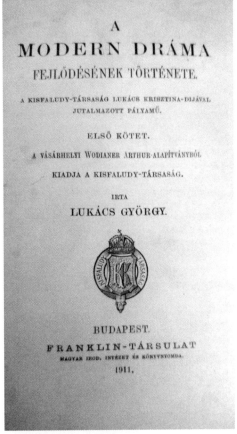

Lukács, György. *A modern dráma*: Fejlödésének története. Budapeste, Franklin-Társulat, 1911.

Hume, David. *Essays and Treatises on Several Subjects* (2 volumes). Londres, T. Cadell, 1772

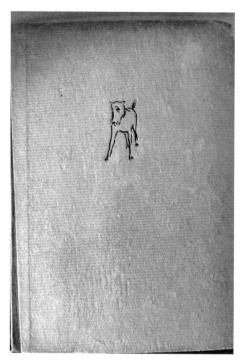
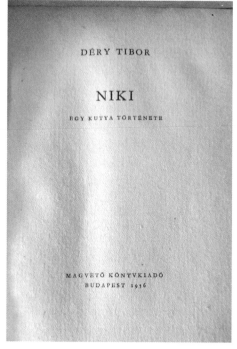

Déry, Tibor. *Niki*: Egy kutya története. Budapeste, Magvető Könyvkiadó, 1956.

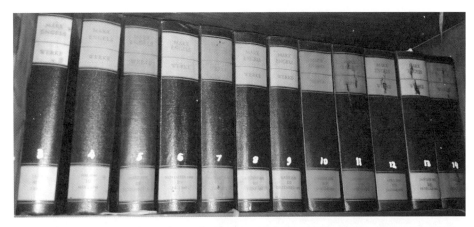

Marx, Karl; Engels, Friedrich. *Marx-Engels-Werke* (44 volumes). Berlim, Dietz Verlag.

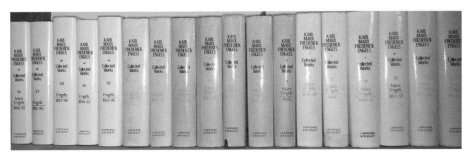

Marx, Karl; Engels, Friedrich. *Collected Works* (50 volumes). Londres, Lawrence & Wishart.

Dickens, Charles. *The Charles Dickens Library* (18 volumes). Londres, The Educational Books, 1912.

Scott, Walter. *The Waverley Novels* (24 volumes). W. P. Nimmo/Hay & Mitchell, 1880-1900.

No vinil, *"Lukács György"* (1885-1971), da série Magyar Pantheon, lançado pelo selo Hungaroton, 1970.

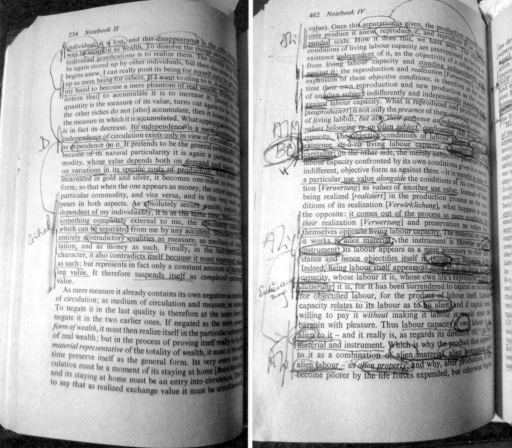

Exemplar dos *Grundrisse* com anotações de Mészáros.

Exemplares da coleção de vinis de István Mészáros.

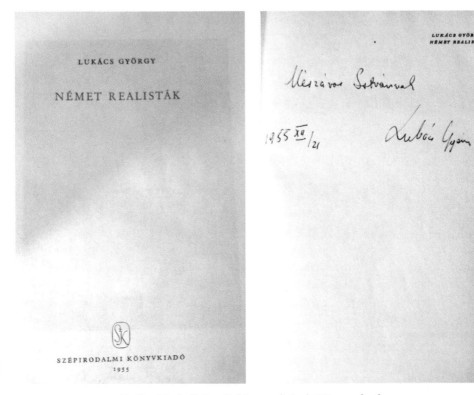

Dedicatória de György Lukács na edição de *Német realisták*.

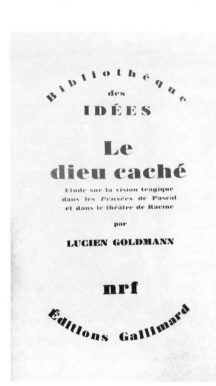 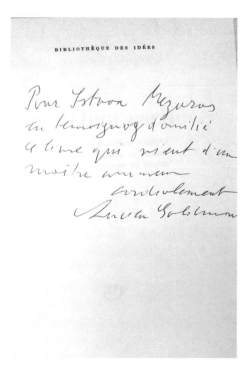

Dedicatória de Lucien Goldmann na edição de *Le dieu caché*.

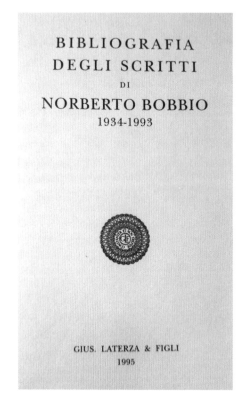 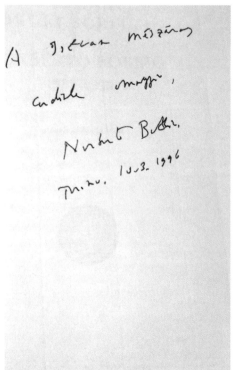

Dedicatória de Norberto Bobbio na edição de *Bibliografia degli scritti*.

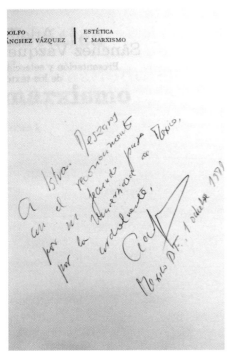

Dedicatória de Adolfo Sánchez Vázquez na edição de *Estética y marxismo*.

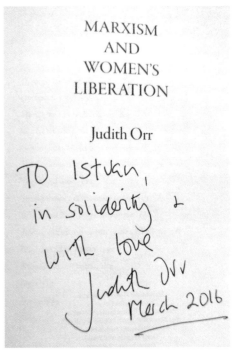

Dedicatória de Judith Orr na edição de *Marxism and Women's Liberation*.

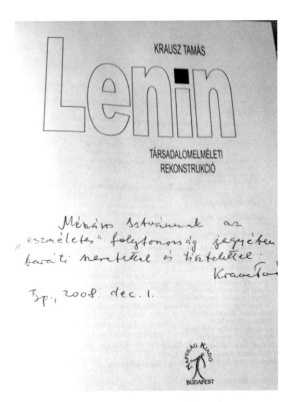

Dedicatória de Tamás Krausz na edição de *Lenin*.

Dedicatória de Octavio Ianni na edição de *A era do globalismo*.

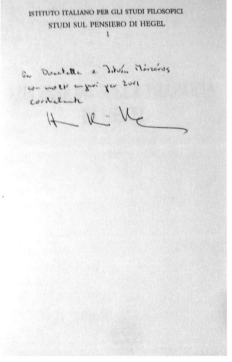

Dedicatória de Hans Heinz Holz na edição de *Riflessioni sulla filosofia di Hegel*.

 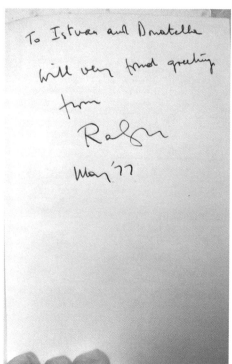

Dedicatória de Ralph Miliband na edição de *Marxism and Politics*.

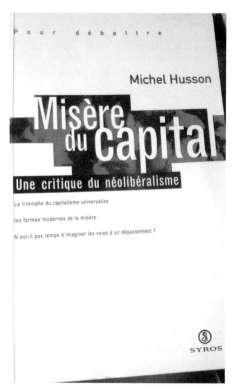 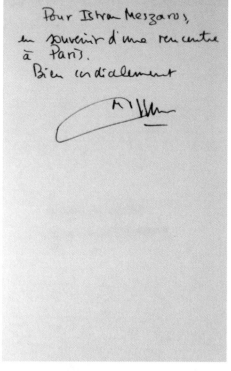

Dedicatória de Michel Husson na edição de *Misère du capital*.

Trecho de um manuscrito sobre o escritor húngaro Tibor Déry, preso depois da supressão da Revolução de 1956.

Carta a Harry Magdoff, coeditor da *Monthly Review* e amigo de Mészáros, 4 de julho de 2003.

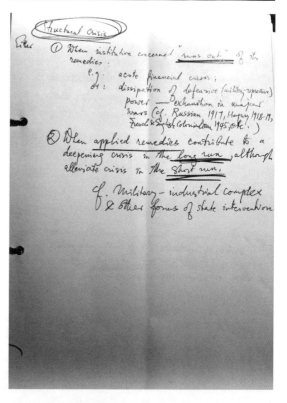

Possível plano provisório da obra *A teoria da alienação em Marx*, lançada em 1970 e vencedora do Deutscher Memorial Prize.

Anotações de Mészáros sobre a crise estrutural.

Documento de fundação do periódico *Eszmélet*.

Primeiro e segundo números do *Eszmélet*, fundado em 1956 por Lukács, Aurél Bernáth, Tibor Déry, Gyula Illyés e Zoltán Kodály. A publicação teve Mészáros como editor-chefe, mas foi interrompida pela Revolução de 1956. Dois números apenas foram publicados por Mészáros, já no exílio. O periódico foi retomado em 1989 e tem hoje Tamás Krausz como editor

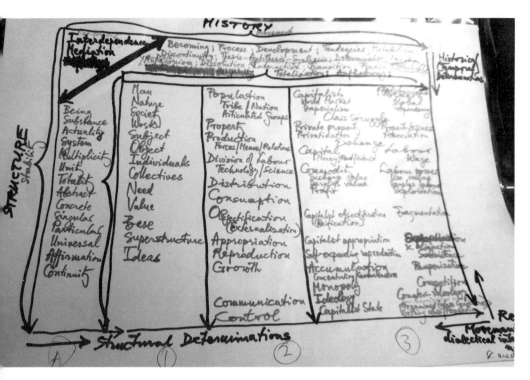

Quadro sobre a relação dialética entre estrutura e história.

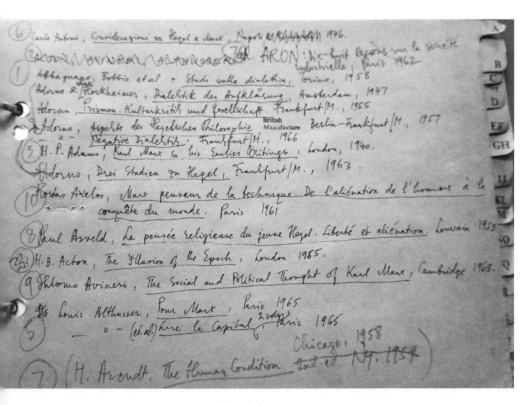

Lista de leituras.

MARX HOJE: Importancia e atualidade
da teoria da alienação (10/05/06)

"O capitalismo não se carateriza simplesmente pela alienação e reificação, mas também pela <u>maximização</u> da tendência à alienação, a tal punt que é a existência mesma da humanidade que está agora em jogo." (p. 228, Boitempo ed.)

"... hoje — como a forma concebivelmente mais extrema de alienação auto-imposta — a própria sobrevivencia da humanidade esta ameaçada" (p. 14)

"<u>both militarily and by the destruction of nature</u>."

(English Preface to 5th edition of MTA

Marx was the first, far before anybody else, who diagnosed and powerfully illuminated these developments.

And yet they say: "<u>Marx is dead</u>"; repeatedly. Some years ago, the cf. Title page of <u>TIME</u> magazine, asserting it on the authority of the "New French Philosophe When I saw it, I was reminded of what happened in the "<u>Hall of Fame</u>" of Vienna Universit The busts of famous people, with a line or two captio reporting what they said.

The caption on <u>NIETZSCHE'S</u> bust read:
"GOD IS DEAD" signed: NIETZSCHE.
One day the caption mysteriously disappeared and a new caption appeared in its place. I read:
"Nietzsche is dead. signed GOD."

Anotações para palestra de lançamento, no Brasil, do livro *A teoria da alienação em Marx*.

Farewell to Daniel

We are here to say farewell to Daniel Singer: greatly loved and respected by us all.

Personally I was united with him by our deep friendship and comradeship for many years; indeed, for three crucial decades of our lives. In all these years – which coincided with the eruption and ongoing structural crisis of our social order – my wife and I shared completely with Daniel and Jeanne not only our concerns and preoccupations but also our most cherished ideals and aspirations.

Daniel's life was rich in adventure and achievement. Born in Warsaw in 1926, he had to face much adversity from an early age. The first great trauma in his life was the arrest and deportation of his father, Bernard Singer, to one of Stalin's worst labour camps, in the icy Soviet far north of Vorkuta. Shortly thereafter the Singer family had to escape the lethal dangers of the Nazi horrors. And later still they had to come to terms with the cruel circumstance that there could be no chance for them of living in the country of Daniel's birth, Poland.

Yet, none of this broke Daniel's character or darkened his vision of the world. Despite all adversity, he retained to the very end his indomitably positive spirit, helping through its manifestations – in his writings and in generous personal contact – countless numbers of people who had to witness and suffer, especially in the last decade, the turn of most unhappy historical developments. His many devoted readers at *The Nation* will now realize what a tremendous loss the absence of his forcefully encouraging voice – the voice of "the sanest interpreter of things European for American readers" in Gore Vidal's words – represents for them.

Daniel had an exemplary sense of proportion which could put everything – even the most disheartening events – in historical perspective. This is why, notwithstanding the critical distance which he always maintained from Stalinist developments in Russia and elsewhere, including his native country, the adversaries of socialism could never receive even one word of comfort, nor derive one gram of ammunition for their cold war efforts, from his books and numerous other writings.

Everything he wrote, often "against the current", was written with great clarity of vision as well as with an infectious passion and a defiant commitment to the cause of the much needed positive transformation of our conditions of living. A reviewer of his book on the French May upheavals wrote in *The New Republic:* "If Marx had been living in Paris during May 1968, he might have written this book." The values embraced by the author of *Prelude to Revolution* were clearly spelled out in 1969 in Daniel's overall judgement: "Internationalist and egalitarian, spontaneous and libertarian, the May Movement suddenly recalled what socialism once stood for and showed what it could mean again in our times. It accomplished next to nothing, yet holds a promise for the future." Thirty years later, in *Whose Millennium?*, the consistency and coherence of Daniel's vision and the unshakability of his passionate commitment was underlined through the renewed advocacy of one of the most vital ingredients of a socialist future, with these words: *"Egalitarianism – not to be confused with levelling and uniformity – must be the very heart of any progressive project."*

Despite everything, he was right in stressing in 1969 that "The main message of the May crisis is unmistakable: A revolutionary situation can occur in an advanced capitalist country." The fact that by themselves the upheavals "accomplished next to nothing", in Daniel's own words, could not diminish their significance, when viewed in a broader historical perspective. For, as he also stressed in the same book: "Che Guevara died heroically in Bolivia, yet the next serious Latin American upheaval may take place in, say, Mexico or Venezuela." Those who read in these days the London *Economist* can testify how worried the eager London propagandists of capital are in their frequent editorial columns about the upheavals which have actually taken place in Venezuela and can potentially reverberate from there in other parts of Latin America.

Daniel had to be, and always was, defiant of complacency and of all pressures and temptations of nowadays all too widespread accommodation. Talking about his last book, *Whose Millennium?*, he wrote that "Its writing was inspired by a passionate reaction against the ruling gospel preaching that profit provides the only possible social relationship between human beings, and the market the only guarantee for democracy." To accomplish the task undertaken in this book he had to confront head on all those who abandoned their erstwhile commitment to the cause of a better future under the pretence of being "realists". He wrote with eloquent defiance that *"if any attempt to change society, and not just mend it, is branded angrily and contemptuously as utopian, then, turning the insult into a badge of honour, we must proudly proclaim that we are all utopians."*

At the same time he insisted that what he was advocating was a *"realist utopia"*, and underlined the "burden of responsibility" that goes with it in these terms: "There is no promise that a social transformation will happen in the near future, no guarantee, for that matter, that it will happen at all. Historical maturity, political awareness, and plenty of other factors affect the forecast and its realization. Still, our society contains the elements of its *potential* transformation, and in this interaction of the existing and the possible – a possibility perceived realistically, but lying beyond the confines of our society – lies the burden of our responsibility and the mainspring of political action."

As we know, he was deeply concerned about the possibility of a positive transformation in his native country, Poland, and dedicated a moving book to it: *The Road to Gdansk*, representing at the time a kind of "home-coming" that was in reality denied to him because of the "force of circumstance". His anguish therefore was all the greater when the original promise and hope shining well beyond the Polish borders was bitterly disappointed, first through the Russian clampdown, and later – with an even more disheartening finality – through the disintegration of the movement from which in its time so much could be rightly expected.

Daniel has achieved so much, against great adversity. This would have been impossible without the loving support he received from Jeanne throughout their lifelong marriage and partnership. Their bond was so strong and complete that it is hard even to imagine what a wound must have caused his death in Jeanne. Daniel deeply touched so many lives, inspiring not only respect and shared views but also lasting comradeship and love. He had a great gift of communication at all levels, the

---

Discurso de Mészáros por ocasião do falecimento de Daniel Singer em dezembro de 2000.

intellectual, political, moral, as well as the personal. Many, many people, well beyond his close family, will greave over his untimely death, my children and grandchildren among them.

Daniel was a profoundly committed socialist from his youth, and he remained one to the last moment of his life. Even a few weeks ago, when we were still hoping that he might succeed in overcoming his fatal illness, he was planning how to face the next task which he was setting to himself. We were also planning our work together, which now cannot be. He was fully aware of the immensity of the tasks in front of us and of the obstacles that must be overcome. He knew very well that so much depended on how the young responded in the near future to the shared historical challenge. This is why he wrote that *"On the ground littered with broken models and shattered expectations, a new generation will now have to take the lead."* In my last conversation with him, two days before he died, he was stressing again the vital importance of working with the younger people in order to make possible the realization of the "progressive project" from the success or failure of which the very survival of humanity depends.

When someone like Daniel dies, the gap of what needs to be done becomes wider in front of us. He cannot help us any longer, except by indicating that it is now our responsibility to carry on in every way we can also on his behalf. This is the "burden of responsibility" which we now must confront soberly and with serenity. I, for one, will be proud to carry my own share of it for as long as I am around.

István Mészáros

Paris, Montparnasse Cemetery, December 9, 2000.

Plano de trabalho sobre marxismo e direito na Universidade de York.

Manuscrito sobre o socialismo e a Hungria.

Manuscrito de *O conceito de dialética em Lukács*.

Plano de trabalho sobre vida e obra de Lukács.

Um primeiro esboço, escrito nos anos 1970, de *Para além do capital*.

GEORG LUKÁCS
BUDAPEST V.
BELGRÁD RKP. 2. V. EM. 5.
TELEFON: 185-366

BUDAPEST, 1.Dez.1955

Ich höre, dass Sie sich für meine genaue
Meinung über meinen Schüler István Mészáros
interessieren. Ich finde dieses Interesse
legitim und begründet und gebe Ihnen darum
sehr gerne Auskunft. Ich kann dies umso
leichteren Herzens tun , als ich Mészáros
seit 7-8 Jahren genau kenne. Er war mein
Schüler an der Universität und hat dann
unter meiner Leitung die Aspirantur beendet
und mit einer ganz hervorragenden Disserta-
tion den Rang eines Kandidaten der Philosophie
erworben. /Dieser Titel entspricht im allge-
meinen dem Doktortitel in den meisten Ländern./
Ich habe während dieser Zeit Mészáros als
einen hochbegabten jungen Gelehrten kennengelernt, vor dem eine grosse wissenschaftliche
Laufbahn steht. Darüber hinaus hat sich während dieser Jahre zwischen uns ein nahes per-
sönliches Verhältnis ausgebildet; er verkehrt
viel in meinem Haus und meine Frau teilt in
jeder Hinsicht meine sehr günstige Meinung
über ihn. Denn ich habe ihn in diesen Jahren
nicht nur als einen begabten, sondern auch
als einen sehr charaktervollen, hochanstän-
digen jungen Mann kennengelernt.

Georg Lukács

Carta de recomendação de Mészáros, escrita por Lukács em 1955.

APÊNDICES

Apêndice I

Plano original dos três volumes de *Para além do Leviatã*

VOLUME 1 – O DESAFIO HISTÓRICO
Capítulo 1 – Dos limites relativos aos limites absolutos: anacronismo histórico do Estado
1.1. Constituição histórica e realidade antagonística do Estado
1.2. A liberdade é parasita da igualdade: denominador comum das formações políticas antagonísticas e a determinação qualitativa do tempo disponível
1.3. Da igualdade primitiva à igualdade substantiva – *via* escravidão
1.4. A crise estrutural cada vez mais profunda do capital e o Estado
1.5. O ciclo histórico está se fechando – o desafio de assegurar uma saída
Capítulo 2 – A montanha que *devemos* conquistar
2.1. O fim da política liberal-democrática
2.2. O "fenecimento" do Estado?
2.3. As limitações ilusórias do poder do Estado
2.4. A afirmação da lei do mais forte
2.5. Eternizando suposições da teoria do Estado liberal
2.6. O canto do cisne não intencional de Hegel e o Estado-nação
2.7. A ordem sociometabólica do capital e o Estado
2.8. Conclusão
Capítulo 3 – Utopias antigas e modernas: de Platão e Aristóteles até Kant e além
3.1. Da caverna de Platão até a luz mortiça de *As leis*
3.2. Igualdade no espelho quebrado da justiça: o significado da *Politeia* aristotélica
3.3. Acumulação primitiva e o mundo de pesadelo da *Utopia* de More
3.4. Maquiavel e Campanella a caminho de Giambattista Vico

386   *Para além do Leviatã*

3.5. De Bacon e Harrington até Thomas Paine e Robert Owen
3.6. A busca da verdade sob o Iluminismo escocês
3.7. De Kant e Lessing até Tomásio e o princípio esperança de Bloch
3.8. Utopias pessimistas da ordem inescapável do capital
3.9. Olhando para frente
Adendos
    I. Costumes, tradição e lei expressa: limites históricos da superestrutura legal e política
    II. Igualdade substantiva e democracia substantiva

VOLUME 2 – A DURA REALIDADE
Capítulo 4 – Hobbes assombra a humanidade
Capítulo 5 – Religião, moralidade e política: formas de advogar a tomada de decisão legítima
Capítulo 6 – Revolução e restauração: promessas do Iluminismo descarriladas
Capítulo 7 – A teoria hegeliana do Estado: a visão inversa de igualdade e liberdade
Capítulo 8 – Projeções e realidade do liberalismo e utilitarismo

VOLUME 3 – A ALTERNATIVA NECESSÁRIA
Capítulo 9 – "Dixi et salvavi animam meam": a crítica de Marx ao Estado e as guerras globais do imperialismo monopolista
Capítulo 10 – Estado e revolução de Lênin em seu contexto histórico – e no nosso
Capítulo 11 – A hora da verdade: a crise estrutural da política e sua negação orientada no Estado
Capítulo 12 – A alternativa crítica: reestruturação radical do metabolismo social com base na igualdade substantiva
Conclusão – Veredas de transição
    1. Aposentando a Hidra definitivamente: o papel da jurisprudência crítica
    2. Articulando a ação em massa extraparlamentar
    3. Valores contestáveis e tomada de decisão viável: a constituição da solidariedade na casa planetária

Apêndice II

Limites históricos da superestrutura jurídica e política[1]

Ao falar sobre o surgimento da renda, por exemplo, Marx ressalta a importância vital de:

1. um excedente suficientemente amplo da força de trabalho, e
2. a produtividade natural da terra, como condições necessárias para introduzir a renda.

Ao mesmo tempo, acrescenta que: "Tal possibilidade não cria a renda, o que só ocorre pela coerção, que torna a possibilidade uma realidade. Mas a própria possibilidade está ligada a condições naturais subjetivas e objetivas"[2].

A partir dessas considerações, ele avança para uma avaliação do papel da *tradição* e do surgimento da *lei*, em termos dos requisitos do metabolismo social fundamental, ao dizer:

> Porém, está claro que nas situações naturais e não desenvolvidas em que se fundamenta essa relação social de produção e o modo de produção a ela correspondente, a tradição tem de desempenhar um papel predominante. Ademais, é nítido que aqui, como sempre, à parte dominante da sociedade interessa consagrar o que já existe, conferindo-lhe o caráter de lei, e fixar como legais as barreiras estabelecidas pelo uso e pela tradição. Abstraindo de todo o resto, isso se produz por si só tão logo a

---

[1] Texto publicado em István Mészáros, *Estrutura social e formas de consciência II: A dialética da estrutura e da história* (trad. Rogério Bettoni, São Paulo, Boitempo, 2011), p. 92-104.

[2] Karl Marx, *Capital*, vol. 3 (Moscou, Foreign Languages Publishing House, 1967), p. 792 [ed. bras.: *O capital*, Livro 3: *O processo global da produção capitalista*, trad. Rubens Enderle, São Paulo, Boitempo, 2017, p. 853.

reprodução constante da base das condições prevalecentes, da relação que lhe serve de base, assume com o passar do tempo uma forma regulada e ordenada; essa regra e essa ordem são, elas mesmas, um fator imprescindível de qualquer modo de produção que queira alcançar solidez social e independência em relação ao mero acaso ou à arbitrariedade. Essa regra e essa ordem são exatamente a forma em que se consolidam socialmente esse modo de produção e, assim, a forma de sua relativa emancipação em relação à mera arbitrariedade e ao mero acaso. Elas atingem essa forma no caso de estancamento tanto do processo de produção quanto das relações sociais que a ele correspondem, isto é, pela mera reprodução reiterada desse processo. No caso de essa reprodução ter perdurado por certo tempo, ela se cristaliza como costume e tradição e termina consagrada como lei expressa.[3]

Como podemos ver, enquanto a categoria verdadeiramente extraeconômica da *coerção patente* não precisa de nenhuma explicação histórica (o exercício espontâneo da força bruta sobre a base da força natural diferenciada é suficiente para colocá-la em movimento), a manifestação da coerção *legalizada* (isto é, coerção legalmente sancionada e institucionalmente imposta) é uma questão completamente diferente.

Para explicar a gênese da lei, é necessário colocar em jogo vários fatores bem diferentes, desde os requisitos elementares do metabolismo social enquanto tal até mecanismos superestruturais muito mais mediados. "Reprodução continuada", "regulação e ordem", "solidez social" e "independência do mero acaso ou da arbitrariedade" são todos requisitos vitais de qualquer modo de produção, independentemente de seu grau relativo de desenvolvimento histórico. Portanto, "regulação" e "reprodução ordenada" surgem como os imperativos materiais elementares da estabilidade social enquanto tal, anteriores a qualquer regulação legal concebível. A lei em si deve ser primeiro estabelecida sobre a mesma base material antes que possa determinar a forma específica em que a interação social subsequente pode ocorrer legitimamente. Como ponto de partida para uma explicação teoricamente viável, não é possível assumir mais que o mero fato da "*repetição*" como condição necessária de qualquer reprodução societal bem-sucedida. (Até este ponto, obviamente, isso pode ser corretamente assumido, posto que é simplesmente inconcebível imaginar qualquer modo de reprodução socioeconômica, não importa quão "inovador", na qual a "repetição" – ou a "continuidade" – não exerça um papel significativo.)

A prática social (e a categoria correspondente) da "repetição" representa o necessário ponto de partida em direção ao estabelecimento da lei, por meio da mediação de "*usos*", "*costumes*" e "*tradição*". Uma vez que a reprodução é reforçada e estabilizada por meio da repetição continuada de seus processos fundamentais, ao ponto de se tornarem "usos e costumes" bem estabelecidos da sociedade dada – com

---

[3]   Ibidem, p. 793 [ed. bras.: ibidem, p. 853-4].

Apêndice II 389

isso garantindo e salvaguardando a "forma regulada e ordenada" de reprodução no interesse da estabilidade social –, a transição das *determinações materiais diretas* (sujeitas ao domínio do "mero acaso ou da arbitrariedade") para a intervenção ativa dos constituintes *superestruturais* é, de fato, alcançada de modo bem-sucedido. Pois, na medida em que os usos e costumes *"cristalizam-se"* e adquirem o poder de *tradição*, a porta para codificar formalmente a normatividade aceita de modo mais ou menos geral (e, de todo modo, efetivamente operante) da tradição em lei expressa está totalmente aberta, com a possibilidade da manipulação das crenças associadas a todas as formas de costume e tradição. Pela mesma lógica, aqueles que estejam em alguma posição central no que diz respeito à implementação de costumes e tradição (como guardiães das práticas rituais associadas, por exemplo) *ipso facto* não apenas têm um *interesse* próprio em reforçar a própria posição relativamente privilegiada, como também a *capacidade* para o fazer.

Outro ponto de grande importância é que a existência de um sistema regulador de costumes e tradição torna não só possível (e relativamente fácil) estabelecer a "lei expressa" como o cão de guarda da ordem dominante, como também que a tradição facilite a tarefa desta última ao exercer muitas de suas funções controladoras, reduzindo assim ao mínimo a necessidade de uma intervenção repressiva direta (legal) em áreas sobre as quais os costumes e a tradição possam manter o controle efetivo. Consequentemente, há sempre uma relação dialética entre a tradição e a lei, porque:

1. Nenhuma sociedade pode regular a si mesma de modo duradouro somente pelo poder da "lei expressa";
2. Há uma "via de mão dupla" entre lei e tradição na medida em que uma pode reforçar a outra; ou assumir algumas funções da outra quando esta falha em exercê-las de modo efetivo; ou dar início a algumas novas funções e depois atribuí-las à outra etc.;
3. Quanto mais bem-sucedidamente abrangentes forem os costumes e a tradição, menos a lei explícita ou codificada precisa de regulação;
4. O quadro amplo da lei em si é poderosamente condicionado pelo sistema existente de costumes e tradição (isto é, nenhum sistema legal pode se opor diametralmente ao sistema estabelecido de costumes e tradição sem perder a própria credibilidade e eficácia);
5. Grandes mudanças socioeconômicas dão início a transformações correspondentes na tradição e na lei da mesma maneira, mas o efetivo desdobramento e implementação de tais mudanças podem ser atrasados por um período de tempo considerável pelo poder de inércia da tradição;
6. Por definição, a lei pode responder mais rapidamente que a tradição às determinações socioeconômicas básicas (e, em geral, à necessidade de uma mudança social significativa); contudo, devido às interdeterminações

390 *Para além do Leviatã*

mencionadas no item 4, o ritmo em que a lei pode efetivamente responder aos requisitos da grande mudança social não pode ignorar as limitações (e potencialidades) da tradição em si como uma parte integrante da transformação geral;

7. *Em última análise*, na relação dialética entre *lei* e *tradição*, esta é estruturalmente mais importante, mesmo que a rigor, estritamente, a lei tenha assumido a posição dominante no curso da história. Essa consideração vital com respeito à inversão histórica alienante da primazia estrutural objetiva da tradição sobre a superestrutura jurídica e política resulta no fato de que a transcendência progressiva da lei expressa – concebida por Marx de modo a eliminar sua dimensão negativa, repressiva: inseparável da lei e do "*Staatswesen*"[4] independentemente articulados enquanto tais – é concebível somente se a sociedade puder transferir todas as funções reguladoras da lei expressa à "autoatividade" (isto é, os "costumes e tradição" conscientes ou espontâneos) do corpo social em si.

Também está claro, a partir da explicação marxiana, que a superestrutura deve ser constituída e articulada dentro do quadro de costumes e tradição *bem antes* de poder assumir a forma de "superestrutura jurídica e política". A proeminência das determinações jurídicas e políticas no exercício das funções essenciais do metabolismo social é característica das *sociedades de classe*, incluindo o longo período histórico de transição da formação social capitalista para a "fase superior da sociedade socialista" (ou comunista). Segundo Marx, somente esta pode trazer uma mudança radical a esse respeito, quando – para além das primeiras restrições reguladoras – a interação autodeterminada dos indivíduos sociais é governada pelo princípio: "A todos de acordo com suas necessidades", em vez de pela regra institucionalizada de um sistema legal separado e sua correspondente "forma-Estado", seja ela do tipo mais esclarecido.

Uma vez que a superestrutura assume a forma característica de "superestrutura jurídica e política" no curso do desenvolvimento histórico – uma forma apropriada a vários modos de reprodução "ordenada" dentro dos confins da divisão hierárquico-estrutural do trabalho –, o todo da superestrutura, até mesmo suas dimensões mais

---

[4] O termo geralmente usado por Marx, *Staatswesen* – em vez de simplesmente *Staat*, isto é, "Estado" –, traduzível aproximadamente por "ordenamento estatal", refere-se a diversas funções específicas exercidas pelas instituições estatais que articulam as relações materiais de soberania e dependência em uma forma política. Muitas dessas funções são absolutamente vitais para o processo de reprodução social, mas de modo algum na forma que assumem nas sociedades de classe. Portanto, o projeto da transformação socialista é definido por Marx, a esse respeito, como a restituição das funções metabólicas vitais do "*Staatswesen*" separado para o corpo social em si, superando [*superseding*] com isso seu caráter alienado.

Apêndice II 391

mediadas (crenças religiosas, práticas artísticas, concepções filosóficas etc.) devem ser sujeitas a suas determinações, embora, obviamente, no sentido dialético anteriormente visto do termo. Pois a superestrutura jurídica e política é, pela própria natureza, uma estrutura "totalizante", que a tudo abrange. Ela desce até os níveis mais fundamentais do intercâmbio social, regulando o metabolismo social em si ao impor e salvaguardar as relações de propriedade do modo de produção dado.

Devemos relembrar, nesse contexto, a caracterização de Marx da ordem capitalista concluída como uma totalidade historicamente constituída e, enquanto tal, um "sistema orgânico"[5]. Dentro do quadro desse "sistema orgânico", tudo deve estar em consonância com as necessárias *pressuposições práticas* do modo dominante de produção, baseado em uma forma pervertida de "*universalidade*". Trata-se, na realidade, de uma pseudouniversalidade, posto que ela é determinada negativamente, pela via da exclusão, de modo que a cidadania, por exemplo, é circunscrita em referência às barreiras e condições de desqualificação; e, da mesma maneira, o conceito pseudopositivo de "conformidade com a lei" é definido nos termos das condições de sua violação, com um conjunto de sanções mais ou menos arbitrariamente estipuladas. Tudo isso, obviamente, em perfeito acordo com os ditames das *relações de propriedade exclusivísticas* (em vez de apenas privadas) que atribuem o controle sobre as funções reprodutivas vitais a uma pequena minoria, em agudo contraste com as relações de propriedade *comunais* genuínas e que a tudo incluem, que abarcam todos os membros da sociedade.

Como o desenvolvimento de tais formações sociais ocorre sobre as fundações materiais (e premissas reguladoras) da sociedade de classe estruturalmente dividida, aquelas partes do "sistema orgânico" em questão possuem a maior relevância estratégica – e uma capacidade correspondente de estender seu poder sobre todas as esferas – e são as mais diretamente envolvidas na reprodução dos *parâmetros estruturais* iníquos e condições operacionais do complexo social geral. Essa é a principal razão de a superestrutura *jurídica e política* adquirir sua importância primordial no curso do desenvolvimento histórico.

Paralelamente à consolidação da posse da propriedade exclusivística e ao surgimento da necessidade por parte da ordem dominante de uma redefinição radical da universalidade, no sentido já mencionado, a superestrutura jurídica e política torna-se o "*übergreifendes Moment*" (e, no fim, um constituinte unilateralmente dominante) da superestrutura como um todo. Afinal, nenhuma outra parte da superestrutura pode satisfazer essa necessidade – absolutamente vital, do ponto de vista da ordem dominante – com uma eficiência prática comparável.

---

[5] Karl Marx, *Grundrisse* (Londres, Penguin, 1973), p. 86-7 [ed. bras.: *Grundrisse*, trad. Mario Duayer e Nélio Schneider, São Paulo, Boitempo, 2011, p. 217].

392 *Para além do Leviatã*

A religião e a arte, por exemplo, devem sustentar suas reivindicações à universalidade comunalmente compartilhada e que potencialmente a tudo inclui e (da qual, em princípio, nem mesmo os membros do Estado estrangeiro mais hostil podem ser excluídos), por mais ilusórios e "de outro mundo" que possam ser os seus termos, caso não queiram contradizer sua autodefinição e, portanto, perder sua autenticidade e credibilidade. Da mesma maneira, o papel prático que lhes é permitido representar deve ser, de modo geral, subsidiário, com respeito aos parâmetros estruturais e às condições operacionais da sociedade estabelecida. Quanto mais isso é verdade, de fato, maior a complexidade das interconexões reprodutivas dentro de um quadro socioeconômico cada vez mais integrado e, no fim, globalmente entrelaçado.

Nesse sentido, pode-se dizer sem erro que diversas dimensões da superestrutura se tornam "marginalizadas" e condenadas a um papel essencialmente de apoio no curso do desenvolvimento histórico, em proporção direta ao surgimento da superestrutura jurídica e política. Ao mesmo tempo, a "razão prática" sob todos esses aspectos deve permanecer sujeita aos requisitos normativos materialmente determinados, diretamente manifestos na função coordenadora e "totalizante" do "*übergreifendes Moment*" jurídico e político. Não é de modo algum acidental, a esse respeito, que precisamente aquelas dimensões da superestrutura não jurídica/política, que acabam por ser as mais sensíveis do ponto de vista do processo de reprodução societal, sejam submetidas ao controle direto da cada vez mais poderosa superestrutura jurídica e política (em contraste com o passado pré-capitalista, quando eram muito mais diretamente influentes), conforme evidenciado não só na relação entre o Estado moderno e as Igrejas (não obstante todo o discurso sobre sua separação), mas também na forma pela qual as instituições artísticas e educacionais da sociedade estão sendo controladas.

Como vimos, o domínio normativo da lei e da política torna-se possível somente em um estágio relativamente recente do desenvolvimento histórico. A constituição original e a prolongada transformação dos princípios reguladores necessários para a reprodução social contínua podem ser identificadas nos seguintes termos:

1. Exposição das comunidades primitivas ao domínio do acaso e da arbitrariedade; *coerção patente* como a única força reguladora factível, com todo seu *desperdício* e *instabilidade*; total ausência de normatividade;
2. Surgimento de fatores estabilizadores por meio da *repetição*, sobre a base de "tentativa e erro", representando os primeiros passos – *espontâneos* – na direção da emancipação do acaso e da arbitrariedade;
3. Consolidação das realizações positivas da repetição na forma de *usos específicos* – instrumentalmente orientados;

Apêndice II   393

4. Coordenação de uma multiplicidade de usos recorrentes dentro de um corpo coerente de *costumes*; a normatividade ainda está primeiramente preocupada com os requisitos objetivos da produção e reprodução, isto é, com a imposição de necessidades predominantemente instrumentais; isso continua sendo o caso por um longo período de tempo, mesmo que os imperativos associados à reprodução das condições operacionais de produção (articuladas como um conjunto de costumes bem definidos) introduzam um forte elemento de normatividade social, preparando o solo para uma divisão social do trabalho muito mais problemática;

5. Integração dos costumes mais variados e há muito estabelecidos na *tradição universalmente respeitada* da comunidade dada, representando um modo de regulação que enfatiza fortemente os *valores* transmitidos de geração em geração, com o reforço ritual que envolve a participação ativa de todos; sociedades reguladas pela normatividade da tradição podem permanecer, por um período indefinido de tempo, em caráter completamente igualitário, como mostram os registros históricos, embora o entrincheiramento das novas modalidades reguladoras abra as portas para o desenvolvimento de formas separadas de imposição institucional e para as hierarquias estruturais que as acompanham;

6. Surgimento da *lei expressa*; a tradição *seletivamente* elevada ao *status* de lei, com suas *sanções* e órgãos separados de imposição das leis a serviço da *ordem dominante*; os interesses minoritários exploradores da formação social estabelecida, codificados como "a lei", redesenhando autointeressadamente os limites do intercâmbio social legítimo e redefinindo o significado de "sociedade", "comunalidade" e "universalidade" de acordo com os requisitos apriorísticos da *dominação estrutural*, de modo que o conceito de "organismo social" adquira um significado profundamente conservador e apologético; ao mesmo tempo, as forças sociais potencialmente dissidentes são estritamente (e punitivamente) subordinadas ao novo sistema, um tanto abstrato e instrumentalmente imposto, de coordenação geral e normatividade; daí a articulação inevitavelmente *negativa* do quadro regulador jurídico e político.

Dessa forma, enquanto é indubitavelmente verdade que os vários "momentos" aqui referidos se tornam não só praticamente, mas também formalmente *subsumidos* à superestrutura jurídica e política plenamente articulada, eles permanecem, não obstante, direta ou indiretamente *operacionais* dentro do quadro totalizador desta, por mais desagradável que isso possa soar para aqueles que continuam a idealizar e "eternizar" o triunfo do "Leviatã" como equivalente à existência humana civilizada em si, desde os primeiros teóricos do "contrato social" aos apologistas atuais do

394   *Para além do Leviatã*

Estado capitalista. Pois a máquina reguladora jurídica e política historicamente recente simplesmente não poderia cumprir suas funções metabólicas vitais sem colocar efetivamente em jogo também todos os outros momentos – estruturalmente mais fundamentais –, redefinidos como partes subordinadas da própria autoconstrução "ordenada". Até mesmo a *coerção patente* permanece uma parte integrante da superestrutura jurídica e política (não importa quão "refinada"), por mais conveniente que pudesse ser ignorar esse fato no que tange à ordem socioeconômica estabelecida, posto que ela acaba por entrar em conflito com a automitologia dos interesses dominantes. Como Marx corretamente observou: "Os economistas burgueses têm em mente apenas que se produz melhor com a polícia moderna do que, por exemplo, com o direito do mais forte. Só esquecem que o direito do mais forte também é um direito, e que o direito do mais forte subsiste sob outra forma em seu 'Estado de direito'"[6].

Com efeito, o direito do mais forte – isto é, o necessário domínio daqueles que detêm e/ou controlam os meios de produção – deve prevalecer, em última instância a qualquer custo, posto que a estabilidade das *relações* de produção (o suporte material da superestrutura jurídica e política) é crucial para a reprodução bem-sucedida das condições operacionais de produção, como vimos. A lei e as instituições de sua imposição são eminentemente compatíveis com tal papel sob as condições do antagonismo social: quando, isto é, o gerenciamento das estruturas reprodutivas essenciais da sociedade permanece irreconciliavelmente contestado. Como consequência, somente a superação [*supersession*] dos antagonismos sociais poderia eliminar a *coerção patente* e a violência institucionalizada, por mais "civilizadas" e liberalmente "sofisticadas" que possam ser, as quais devem ser pelo menos "implícitas" – e, em momentos de grande crise, abertamente reativadas – em todas as formas de "lei expressa"[7].

---

[6] Ibidem, p. 88 [ed. bras.: ibidem, p. 43].

[7] O surgimento do fascismo a partir da crise do capitalismo liberal-democrático na Itália e na Alemanha fala por si a esse respeito, assim como a violenta destruição do regime democrático de Allende no Chile, em 1973, ou a tentativa conspiratória, por ninguém menos que o presidente da República italiana, Pietro Segni – supostamente o guardião da Constituição –, de derrubar a "república constitucional", ou mesmo, um pouco depois, uma outra tentativa, com o mesmo objetivo em mente, por parte do primeiro-ministro Tambroni: as duas falharam não por falta de empenho, mas graças à bem-sucedida mobilização das forças populares. Bem menos conhecida, mas igualmente grave em seu impacto geral, foi a destruição do sindicalismo militante nos Estados Unidos com a ajuda da violência armada, apoiada pelas instituições estatais não só na forma de fechar os olhos para os atos ilegais dos exércitos privados, mas também por meio da intervenção direta dos próprios órgãos impostores da lei na luta para suprimir qualquer oposição radical ao domínio do capital.
As leis antissindicalistas na Grã-Bretanha, sob o governo de Margaret Thatcher, somente seguiram a bem estabelecida tradição para criar um quadro atualizado em que o "pleno poder da lei" pudesse ser "legitimamente" exercido contra o trabalho no caso de crise e confronto, como demonstraram

Tudo isso, no entanto, não altera o fato de que o momento historicamente primordial e ontologicamente fundamental – e, nesse sentido, "absoluto" – é a necessidade de *regulação ordenada*, em benefício do avanço socioeconômico e da expansão e satisfação das carências historicamente produzidas a partir desse avanço, e não sua *forma específica*. Muito menos quando a forma em questão pode apenas assegurar a requerida reprodução ao custo social devastador de reproduzir, ao mesmo tempo, as hierarquias e os antagonismos estruturais da ordem estabelecida, tanto numa escala crescente quanto com intensidade cada vez maior, o que traz graves implicações para o futuro.

O aspecto mais problemático do modo de regulação social historicamente evoluído e, até o momento, dominante (do qual muitos outros derivam) é que a *apropriação* cai sob o domínio da propriedade, e da legalidade alienada que sustenta tal propriedade na forma de poder político separadamente constituído, controlada pela minoria. Com efeito, um dos círculos viciosos que podemos identificar nessa esfera é que a superestrutura jurídica e política separadamente articulada implica necessariamente o domínio material da propriedade exclusivística/controlada pela minoria (e a correspondente modalidade de apropriação iníqua em todos os planos) e vice-versa. Portanto, nas sociedades de classe, a forma jurídica e política é tanto um regulador do intercâmbio social quanto um usurpador a serviço dos usurpadores da riqueza social. E até mesmo depois da pretendida ruptura pós-revolucionária com o passado, extricar a nova sociedade dos "produtores associados" das amarras dessas

---

claramente as armas usadas contra os mineiros em sua greve de um ano de duração. Um caso mais recente – do magnata da imprensa Rupert Murdoch e suas empresas autometamorfoseantes contra o sindicato dos tipógrafos – salientou o caráter opressivo da lei criada para facilitar o desempenho do truque do *"capitalista evanescente"* com a finalidade de emascular o movimento sindicalista. O ponto é que, graças à lei em questão, os capitalistas envolvidos em disputas sindicais podem agora "desaparecer", por meio do conveniente recurso de uma ficção legal, e reaparecer de uma única vez em uma forma apropriadamente transubstanciada – sob uma diferente razão social; os *mesmos* capitalistas, confrontando *os mesmos trabalhadores* – ao que a outrora legítima disputa sindical dos trabalhadores torna-se subitamente *ilegal*, de modo que o pleno poder da lei pode ser revertido contra eles. Dessa forma, a violência institucionalizada e legalmente imposta é apenas o outro lado da moeda da "lei expressa" enquanto tal.

Também devemos notar aqui que o truque do *capitalista evanescente*, levado a cabo com a ativa cumplicidade da lei, é apenas a adaptação *"legal"* da *prática material* bastante consagrada e muito difundida da fraudulência capitalista – a normalidade da "sociedade civil" capitalista – em relação aos requisitos reguladores das relações de classe em mutação na esfera da política. Pois há uma óbvia *homologia estrutural* entre a ficção legal que permite que empresas capitalistas "deixem de existir" para reaparecerem quase instantaneamente – sob um novo nome, com os mesmos "atores" controlando a exploração continuada, às vezes abertamente, às vezes apenas dos bastidores –, mas graças à sua reconstituição fictícia, convenientemente liberadas, aos olhos da lei, de suas responsabilidades materiais e obrigações legais anteriores. Portanto, a primazia da base material afirma a si própria também sobre esse terreno, produzindo recursos legislativos para a dominação política no modelo das ubíquas estruturas materiais capitalistas.

396 *Para além do Leviatã*

determinações, que tendem a resistir ou subverter precisamente sua autodefinição prática enquanto produtores associados, representa um dos maiores desafios.

Não é de modo algum surpreendente, portanto, que enquanto a forma legal permanece dominante, as iniquidades estruturais da apropriação discriminatória são reproduzidas com ela. Isso é particularmente revelador à luz de algumas grandes reviravoltas testemunhadas pela história moderna. Pois, no curso dos levantes revolucionários, esforços conscientes às vezes são feitos para introduzir alguns princípios verdadeiramente igualitários para a regulação da produção e da apropriação – como, por exemplo, durante a fase inicial da Revolução Russa – que posteriormente são revertidos, em paralelo à reconstituição do Estado, que surge mais poderoso do que nunca da crise. Tais reversões, enraizadas no círculo vicioso entre a legalidade separada e a apropriação iníqua, destacam a inútil insuficiência de explicar esses problemas nos termos da "burocratização pós--revolucionária" – e categorias associadas – que, quando muito, apenas evitam a questão. Não se pode reduzir toda uma gama de determinações objetivas estruturais a defeitos subjetivos[8].

Historicamente, o surgimento e a consolidação da superestrutura jurídica e política seguem paralelamente à conversão da apropriação comunal em proprie-dade exclusivística. Quanto mais extensivo o impacto prático desta sobre a modalidade prevalecente de reprodução social (especialmente na forma de proprie-dade privada fragmentada), mais pronunciado e institucionalmente articulado deve ser o papel totalizador da superestrutura jurídica e política. Dessa forma, não é de modo algum acidental que o Estado *capitalista* centralizador e que burocrati-camente a tudo invade – e não um Estado definido em vagos termos geográficos como o "moderno 'Estado' ocidental" – adquira sua preponderância no curso do desenvolvimento da produção generalizada de mercadorias e da instituição prática das relações de propriedade em consonância com ela, não obstante a mitologia de seus beneficiários do "livre mercado" e do "*laissez-faire*". Uma vez que essa cone-xão é omitida, como de fato, por razões lógicas, tem de ser no caso daqueles que conceituam esses problemas a partir de um ponto de vista da ordem dominante, terminamos com o mistério de como o Estado assume o caráter que acaba por ter sob as circunstâncias da produção generalizada de mercadorias. Um mistério que se torna uma completa mistificação quando Max Weber tenta desvendá-lo ao sugerir

---

8   O lendário senso de realismo de Lênin nunca lhe permitiria oferecer explicações sobre o modelo da "revolução traída". Contudo, ele próprio teve de encarar alguns dilemas intransponíveis sobre a relação entre o poder estatal pós-revolucionário e os produtores associados em suas recomendações concernentes ao que ele chamou de "distribuição centralizada da força de trabalho". Para uma discussão desses problemas, ver meu ensaio "Poder político e dissidência nas sociedades pós-revolucionárias", *Revista Ensaio*, n. 14, 1985, republicado na parte 4 de *Para além do capital*.

que "foi o trabalho dos juristas que deu origem ao moderno 'Estado' ocidental"[9]. O idealismo de Hegel pelo menos nos oferecia os bons serviços do "Espírito do Mundo" na explicação de tais milagres monumentais, e não o brumoso "*Kopfarbeit* [trabalho cerebral]" de juízes embriagados.

Quanto mais plenamente articulada é a superestrutura jurídica e política, mais intimamente ela abarca e domina não só as práticas materiais, mas também, simultaneamente, as mais variadas "formas ideais" de consciência social. Como resultado, as formas teóricas, filosóficas, artísticas etc. de atividade não podem refletir diretamente, ou responder às necessidades e demandas da base social. Elas devem fazê-lo via a *mediação* necessariamente *enviesada* da superestrutura jurídica e política.

Dois grupos de questões são particularmente importantes em relação a isso. O *primeiro* diz respeito à natureza das mediações práticas dentro do quadro capitalista da reprodução social, e o *segundo* à perversa configuração geral dessa formação como um "sistema orgânico".

Como esses problemas são discutidos bem detalhadamente em *Para além do capital*, será suficiente dizer aqui, de forma breve, com respeito ao primeiro grupo, que as mediações em questão – as quais afetam negativamente a produção de todas as formas e modalidades da consciência social – são as *mediações de segunda ordem* estruturalmente invalidadas e reificadas de TRABALHO ASSALARIADO, PROPRIEDADE PRIVADA e INTERCÂMBIO, impondo-se por meio do poder controlador do capital (que surge de seu monopólio sobre os meios de produção) e a correspondente divisão social hierárquica do trabalho. Naturalmente, dado o modo pelo qual a sociedade de classe é constituída sobre contradições objetivas (mantidas juntas por uma multiplicidade de determinações engastadas), a superestrutura jurídica e política regula e reforça formalmente essa rede de mediações de segunda ordem alienadas, angariando em sua tarefa também a contribuição de todas as outras partes da superestrutura, e desempenha, portanto, um papel vital na reprodução bem-sucedida de todo o sistema.

Quanto ao segundo grupo de problemas, o que é diretamente relevante no presente contexto é que o papel praticamente crucial da superestrutura jurídica e política no processo geral de reprodução – que a transforma no "*übergreifendes Moment*" da superestrutura inteira – confere à superestrutura jurídica e política um *status* altamente privilegiado no "sistema orgânico" da ordem social estabelecida. Como resultado, as outras partes da superestrutura não podem ter acesso aos meios necessários da própria atividade sem o selo de aprovação (explícito ou implícito) da superestrutura jurídica e política. Nesse sentido, o "sistema orgânico"

---

[9] Max Weber, em H. H. Gerth e C. Wright Mills (orgs.), *Max Weber: ensaios de sociologia* (Rio de Janeiro, LTC, 1982), p. 343.

do capital se articula também no plano da superestrutura como uma complexa rede de subordinações e subjugações, ainda que os intelectuais tendam a se esquecer das relações paradoxais da dependência superestrutural na qual estão, enquanto indivíduos, inevitavelmente inseridos.

Em ambos os casos, portanto, a "emancipação plena" da arte, da filosofia etc. do domínio do capital é inseparável do "fenecimento" da superestrutura jurídica e política enquanto tal. Uma vez que, sob o sistema prevalecente, como já mencionado, as partes não jurídicas/políticas da superestrutura só podem ter acesso às condições de seu funcionamento efetivo por meio da mediação necessariamente enviesada da superestrutura jurídica e política, há uma tensão *prima facie* entre as duas. Sob circunstâncias favoráveis, essa tensão pode assumir a forma de contestação crítica emancipatória. Com efeito, pode-se corretamente afirmar que há um interesse emancipatório genuíno no lado da arte, da teoria social crítica etc., oposto à superestrutura jurídica e política, sempre que esta mantiver sua preponderância normativa no processo global de reprodução. Tal interesse emancipatório, entretanto, deve estar localizado em uma capacidade de ação social empiricamente identificável como sua portadora, em vez de hipostasiado em um terreno ideal/intelectual ficticiamente autoapoiador, como costuma acontecer com os representantes da Escola de Frankfurt, incluindo a desesperada, ainda que misteriosamente emancipatória, "dimensão estética" de Marcuse[10]. Ademais, posto que, por sua natureza, a "lei expressa" não pode nunca adquirir o caráter de *autoatividade*, de modo que ela deve colocar-se acima de todos os membros da sociedade em suas espúrias reivindicações à validade universal, a realização prática da emancipação socialista almejada por Marx é, em princípio, impensável dentro das restrições estruturais da superestrutura jurídica e política enquanto tal. Em outras palavras, de acordo com a concepção marxiana, a superestrutura jurídica e política, não só em sua forma capitalista como também *em todas as formas concebíveis*, deve ser considerada o alvo necessário da prática social emancipatória.

Em relação a essas considerações, torna-se claro por que os limites históricos da superestrutura jurídica e política devem ser traçados com muito cuidado, tanto com respeito ao passado quanto como na direção do futuro. Afinal, como ninguém pode seriamente contestar, nenhuma sociedade é capaz de reproduzir adequadamente a si mesma e avançar em sua capacidade de satisfazer uma gama crescente de carências (*needs*) humanas sem criar instituições e estruturas normativas confiáveis, de acordo com os requisitos reguladores cumulativos de um metabolismo social cada vez mais complexo e entrelaçado. Nesse sentido, uma vez que a fase regulada pelas determinações materiais mais brutas é deixada para trás, o intercâmbio social

---

[10] Ver Herbert Marcuse, *Die Permanenz der Kunst* (Munique, Carl Hanser, 1977) [ed. bras.: *A dimensão estética*, trad. Maria Elisabete Costa, São Paulo, Martins Fontes, 1977].

Apêndice II 399

é inconcebível sem a intervenção crescente dos fatores superestruturais, com suas correspondentes formas de normatividade. Tampouco é concebível eliminar a normatividade enquanto tal numa sociedade socialista. Com efeito, seu papel, ao contrário, está fadado a aumentar com o controle das necessidades (*necessities*) materiais e a remoção bem-sucedida das restrições externas. Pois a *reciprocidade* plenamente reconhecida dos indivíduos sociais interagentes enquanto "produtores associados" implica necessariamente, como sua precondição, a *normatividade interna* de um novo modo de ação, orientado para, e almejando a reprodução de, um quadro societal geral conscientemente adotado a partir do qual o predomínio apriorístico (materialmente prejulgado e invalidado) dos interesses parciais tenha sido removido no curso do desenvolvimento histórico.

Portanto, enquanto a "nova forma histórica" – a designação de Marx para uma sociedade verdadeiramente socialista – é totalmente impensável sem sua superestrutura propriamente articulada, a questão é de fato outra no que se refere à superestrutura jurídica e política. Pois a normatividade desta, muito longe de ser *interna* e, portanto, apropriada para o exercício da reciprocidade conscientemente perseguida e plenamente equitativa, é, na verdade, uma normatividade *externa* e alienada *par excellence*.

Com respeito ao passado, o limite histórico da superestrutura jurídica e política é definido pelo radical deslocamento e dominação (embora, por razões já indicadas, de modo algum a liquidação) das primeiras formas – em seus primórdios participativas e que a tudo abrangem – de normatividade. Além disso, no decorrer de sua longa história, a superestrutura jurídica e política é caracterizada pela reprodução prática de um outro círculo vicioso um tanto paradoxal. Por meio desse círculo ela *sustenta* o domínio da propriedade controlada pela minoria, e, ao mesmo tempo – no que diz respeito à sua *sanção* última, que fundamenta materialmente (pelo menos em princípio) seu poder de dominação sobre todos os indivíduos particulares –, *ela própria é sustentada pela propriedade*, na forma de sua negação seletivamente exercida do direito de determinados indivíduos de desfrutarem de sua propriedade e das liberdades associadas a suas posses, sem abalar, ainda que minimamente, sua subserviência à classe ou classes dominantes no nível das relações coletivas.

Quanto ao futuro, o limite histórico da superestrutura jurídica e política só pode ser traçado em termos práticos pela crise estrutural do modo de intercâmbio social que deve se basear na propriedade controlada pela minoria como a principal força motivadora de seu sistema de reprodução produtiva. Pois, na medida em que as condições operacionais da produção social permanecem atadas às hierarquias estruturais da divisão social do trabalho estabelecida, o círculo vicioso ao qual acabamos de nos referir está fadado a ser reproduzido com elas, mesmo que numa forma alterada.

400 *Para além do Leviatã*

Isso significa que, sob tais circunstâncias, o domínio da normatividade alienante da lei – profundamente enraizada nos próprios processos reprodutivos – não pode ser superado (*superseded*). Ao mesmo tempo, também está claro que a retenção da normatividade alienante da superestrutura jurídica e política é totalmente incompatível com a ideia da emancipação socialista. Não é surpreendente, portanto, que o projeto marxiano tivesse de ser explicitado desde o início como uma crítica revolucionária do Estado. Uma crítica que almejava a completa transcendência do Estado já nos primeiros escritos de Marx (como a *Crítica da filosofia do direito de Hegel*, entre outros), reiterando o mesmo ponto com grande ênfase na avaliação da significância histórica da Comuna de Paris e em algumas passagens da *Crítica do Programa de Gotha* que almejam a necessária superação (*supersession*) histórica da forma-Estado e a transcendência radical da lei (ou "lei expressa") enquanto tal. Portanto, não pode haver nenhuma concessão no que se refere ao "fenecimento do Estado" e à progressiva "*Aufhebung*" da superestrutura jurídica e política – em prol de uma superestrutura qualitativamente redefinida e correspondentemente reestruturada. Nos termos da visão marxiana, qualquer acomodação nesse ponto resulta no abandono da ideia de uma transformação socialista da sociedade como um todo.

É por esse motivo que a preocupação com a relação entre a base material e a superestrutura das várias formações sócio-históricas ocupa um lugar tão importante na concepção marxiana.

Como vimos, de acordo com Marx, a "superestrutura", em seu sentido primordial, é *radicalmente diferente* da superestrutura articulada como "superestrutura jurídica e política". O surgimento e a consolidação de um quadro jurídico e político separado, ao qual todas as outras partes da superestrutura têm de estar sujeitas, devem-se a determinações e fatores sócio-históricos muito mais recentes que a constituição original da *superestrutura como costumes e tradição*. De maneira apropriada, portanto, esta assume uma significância particular na avaliação das questões em jogo. Pois ela continua sendo o constituinte estrutural e ontologicamente fundamental, não obstante a posição dominante da lei e da política ao longo da história das sociedades de classe.

Por fim, é o modo marxiano de traçar a linha de demarcação entre a *superestrutura* ontologicamente intranscendível e a superestrutura *jurídica e política* historicamente limitada que torna possível prever o "fenecimento" do Estado e o fim da dominação da vida social por parte da legalidade separada e da normatividade abstrata, com todo o potencial emancipatório inerente a tal "fenecimento", no que diz respeito tanto às práticas materiais primordiais quanto às correspondentes práticas reguladoras e superestruturais dos "produtores livremente associados".

Apêndice III

Igualdade substantiva e democracia substantiva[1]

O problema das determinações substantivas se refere a mudanças fundamentais a serem implementadas em uma sociedade futura, que, para se tornar historicamente sustentável, precisa ter a igualdade substantiva como princípio norteador vital do seu metabolismo social. Da mesma forma, nem é preciso dizer que alguns outros conceitos reguladores (como o da democracia substantiva) não podem ser dissociados desse requisito, no sentido de que todos eles precisam ser concebidos e implementados no espírito da igualdade substantiva.

Para mim, é da maior importância política, tanto na teoria quanto na prática, contrastar nossa concepção do metabolismo social radicalmente diferente do futuro – sem o qual a humanidade não sobreviverá – com as formas existentes. É por isso que uso a expressão "substantivamente democrático" (e, é claro, "democracia substantiva", cujas características definidoras fundamentais a tornam indissociável da "igualdade substantiva") em contraste inclusive com a concepção de democracia, que já foi genuinamente liberal e que, sob nenhuma condição, poderia ser substantiva, mesmo que tenha conseguido ser mais ou menos substancial, em um sentido político limitado. Nesse sentido limitado, a política pode ser mais ou menos "substancialmente democrática" sob um regime liberal, mas jamais poderá ser substantivamente democrática. No caso do contraste feito aqui por mim, não pode haver política "mais ou menos substantivamente democrática" ou "mais ou menos substantivamente igual". Ou ela é substantivamente democrática e substantivamente igual ou não é. Em outros termos, em último caso, ela de modo algum

---

[1] Texto publicado na revista *Margem Esquerda*, n. 25, out. 2015, p. 59-65. Disponível em: <https://blogdaboitempo.com.br/2017/12/19/meszaros-igualdade-substantiva-e-democracia-substantiva/>. Acesso em: 22 jul. 2021.

402   *Para além do Leviatã*

é substantiva. Em contraposição, sob certas condições históricas é perfeitamente legítimo falar de relações políticas/sociais "mais ou menos substancialmente democráticas" ou "mais ou menos substancialmente iguais".

É nesse sentido que usei a expressão "substantiva" em *Para além do capital*[2], e continuo a usá-la aqui, em *Para além do Leviatã*. De fato, já discuti esses problemas nos mesmos termos em meu livro *A teoria da alienação em Marx*[3], que comecei a escrever no ano de 1959, em Londres. De qualquer modo, a profunda preocupação que tenho com a substância crucial desse assunto, na verdade, remonta explicitamente ao outono de 1951, a uma conversa que tive com György Lukács, na época em que o governo húngaro aumentou o preço dos itens vitais "alimentação" e "vestuário" em 300% e os salários em apenas 18% a 21%.

Naquele tempo, tivemos uma discussão sobre essa medida na Associação Húngara de Escritores com Márton Horváth (que atacou Lukács com veemência no "Debate sobre Lukács" dos anos 1949-1951), membro do Politburo do partido, responsável pelos assuntos culturais/ideológicos. Alguns de meus amigos escritores e colegas recitaram a resposta que Horváth queria ouvir, dizendo que o povo aprovou entusiasticamente a referida mudança. Eu me mantive em silêncio total, mas ele se voltou para mim e perguntou: "E você, camarada Mészáros, o que você ouviu?". Minha resposta foi esta: "Eu não sei que parte do país meus amigos visitaram, mas onde eu vivo, que é um distrito da classe trabalhadora, as pessoas estão praguejando e maldizendo o partido e o governo".

Como lhe era típico, ele respondeu: "Camarada Mészáros, espera-se que você os lidere, não que siga atrás deles!". Isso mostrou que ele sabia muito bem o que o povo em geral estava pensando; o que ele queria saber era como os escritores propagandeariam a decisão do partido. Dada a grande diferença entre a receita dos trabalhadores e a dos principais escritores, o aumento dos preços dos alimentos e do vestuário não afetou significativamente os escritores, mas atingiu duramente os trabalhadores. O aumento de 18% a 21% no salário dos escritores proporcionou-lhes uma compensação razoável, ao passo que os trabalhadores sofreram uma redução importante no atendimento a suas necessidades, principalmente de suprimentos essenciais de alimentação e vestuário, como resultado de seus salários inadequados.

No dia seguinte, contei a Lukács essa experiência desconcertante na Associação dos Escritores e ele riu comigo num tom irônico e até sarcástico, sinalizando que desaprovava o comportamento de Horváth. E então explicou para mim que uma solução mais equitativa seria impossível, pois requereria somas elevadas com que a

---

[2]   István Mészáros, *Para além do capital: rumo a uma teoria da transição* (trad. Paulo Cezar Castanheira e Sérgio Lessa, São Paulo, Boitempo, 2011).

[3]   Idem, *A teoria da alienação em Marx* (trad. Nélio Schneider, São Paulo, Boitempo, 2016).

economia não conseguiria arcar. Naquele tempo, a única coisa que consegui dizer foi: "Entendo isso, mas deve haver outra maneira". Naquela altura da vida, eu não tinha a menor ideia do que poderia e deveria ser essa "outra maneira" e de como se poderia realizar na prática uma alternativa real às enormes desigualdades existentes. Eu só sabia que deveria "haver outra maneira". Naturalmente, eu também sabia que as massas do povo estavam praguejando e maldizendo e que delas faziam parte meus camaradas de classe e companheiros de infância.

Precisei de algumas décadas de trabalho duro, em um período de fortes agitações e reviravoltas históricas, para entender as complexas ramificações históricas e sociais da diferença vital entre o que é chamado de "mais igualdade" (que significa nenhuma igualdade real) e o requisito historicamente irreprimível da igualdade substantiva.

As sociedades democráticas liberais frequentemente afirmam sua pretensão de legitimidade política insuperável, proclamando sua intenção de instituir reformas políticas que favoreçam a "democracia representativa", "mais igualdade" (acoplada com "taxação progressiva" etc.) e prometendo proteger a sociedade da "interferência excessiva do Estado". Na realidade, poucas dessas pretensões e intenções resistem a um exame sério. Mas as sociedades do tipo soviéticas pós-revolucionárias tampouco lograram viver à altura dos princípios que haviam proclamado e acabaram retrocedendo ao mais desigual dos moldes capitalistas (ver Gorbatchov etc.). Ao derrubar temporariamente o Estado capitalista, elas foram capazes de introduzir por certo tempo algumas reformas sociais limitadas, mas não a mudança estrutural necessária que surgiu no horizonte histórico na forma do desafio objetivo para a realização da igualdade substantiva.

Na verdade, a questão da *igualdade substantiva* está ligada a um certo número de assuntos vitais, que posso apenas mencionar sumariamente aqui. Diz respeito ao capital como tal (isto é, ao sistema do capital em sua totalidade), não apenas ao capitalismo.

Diz respeito igualmente ao Estado do sistema do capital como tal (isto é, ao Estado do capital em toda a sua variedade conhecida e factível), e não apenas ao Estado capitalista. Em outras palavras, trata-se da questão da redefinição e reprodução permanente historicamente viável do metabolismo social em sua totalidade e não apenas da derrubada do domínio político estabelecido.

As ilusões associadas à noção de "democracia direta" etc. precisam ser avaliadas nessa linha, dentro do quadro de referência do modo radicalmente redefinido de reprodução societária. A razão disso é que as projeções irrealizáveis da "democracia direta" permanecem irrealizáveis precisamente por estarem presas na armadilha das limitações estruturais do domínio político vigente, enquanto o desafio histórico inevitável é a transformação radical de todos os níveis do metabolismo social de uma maneira não hierárquica. A política pode iniciar mudanças sociometabólicas importantes e até fundamentais, mas não pode constituí-las por si só. Ela pode afetar

404 *Para além do Leviatã*

de maneira significativa as condições da reprodução material, mas ela própria é dependente – inclusive quanto ao modo de articular suas demandas por uma mudança importante – da natureza do quadro de referência reprodutivo de ordem material dado ou visado (bem como, é claro, de seu correspondente cultural e ideológico).

Mudanças políticas estratégicas são sempre formuladas nos termos de tal quadro estrutural de ordem material, não importando que ele não esteja explicitado ou até tenha sido cinicamente camuflado, como pode ser visto em relação às condições da história passada, marcada pelos dados objetivos da determinação e da espoliação classistas. E quando se considera, em nosso tempo, um processo de tomada de decisão globalmente política de cunho socialista para o futuro, ela precisa definir os próprios termos de referência práticos em conformidade com o quadro de referência reprodutivo de ordem material previsto para a nova sociedade. A ação "diretamente política" significa muito pouco nesse aspecto, se é que significa algo, ao passo que a ação materialmente substantiva faz toda a diferença ("debaixo dos tetos de nossas casas", como já exigia Babeuf).

Em função de sua viabilidade histórica, esse tipo de redefinição de política e sociedade requer que o capital seja erradicado totalmente do metabolismo social. Sem isso não pode haver igualdade substantiva (ou democracia substantiva). Naturalmente esse requisito acarreta também a erradicação total (ou o "fenecimento") do Estado como o conhecemos. O metabolismo reprodutivo do capital não pode ser erradicado sem isso, pois, em seu âmago, o Estado é necessariamente hierárquico. Ele foi historicamente constituído como o expropriador e usurpador da tomada de decisão global do processo de reprodução societária. Além disso, o quadro de referência reprodutivo de cunho material da ordem metabólica social do capital não poderia funcionar nem minimamente sem os processos de tomada de decisão hierárquica estruturalmente arraigados do Estado correspondente do capital.

Uma consideração adicional precisa igualmente receber a devida ênfase neste ponto: a capacidade de restauração do capital. Pois, por sua natureza, o capital só pode ser inexoravelmente onipotente, já que não é capaz de reconhecer qualquer limite. Daí o absurdo completo da fantasia de Gorbatchov (e de qualquer outra similar), postulando uma "sociedade de mercado controlada". (Como bem sabemos, essa fantasia pode ter muitas variedades ilusórias, especialmente em condições de severas crises econômicas.)

Considerando todo esse quadro, a única solução historicamente sustentável para o futuro é a reconstituição radical do metabolismo social no espírito do princípio orientador da igualdade substantiva. Isso só poderá ser visualizado bem além da irrealizável terra do nunca e do lugar nenhum "substancialmente mais equitativo" da esperança piedosa. De modo algum causa surpresa que, no curso do desenvolvimento histórico conhecido, apregoado nos termos dos postulados ilusórios da concepção democrático-liberal da "redistribuição mais equitativa da riqueza" (em nome do "Estado de bem-estar" ou do que quer que seja), as promessas feitas não deram em absolutamente nada. As relações sociais resultantes não só não são "substancialmente mais equitativas", como não são nem sequer um pouquinho mais equitativas. Pelo contrário, temos testemunhado a obscena concentração cada vez maior da riqueza. Tanto que até mesmo alguns economistas políticos neoclássicos decentes, como Thomas Piketty, expuseram-na em seus escritos, mesmo que não tenham apresentado qualquer solução.

Reorganizar a sociedade, transferindo o poder da tomada de decisão aos produtores livremente associados, é o único modo viável de introduzir o planejamento significativo. Isso é condição absoluta, totalmente incompatível com a natureza inerente do capital devido à sua centrifugalidade estruturalmente insuperável. Essa dimensão do metabolismo social fundamental de nossa ordem estabelecida – principalmente sua incompatibilidade com o planejamento global, mas não com o "planejamento" parcial/gerador de antagonismos das grandes corporações – é agravada pelo requisito sistêmico do metabolismo reprodutivo de ordem material do capital que tende inexoravelmente para a globalização materialmente invasiva, sem que haja qualquer processo factível correspondente de tomada de decisão global no plano político legitimador do Estado. Pois trata-se de nada menos que um absurdo completo se (ou quando) os apologistas da ordem metabólica social estabelecida do capital visarem (visam) a um sistema global de seu gosto sem um processo de planejamento globalmente viável e historicamente sustentável.

É claro que um processo de planejamento racional não antagônico em um plano global e abrangente é inconcebível sem a correspondente modalidade apropriada de intercâmbio entre as células constitutivas – ou "microcosmos" – da ordem social englobante. Nesse sentido, o planejamento globalmente viável só é factível sobre a base de um processo de reprodução societal lateralmente coordenado (isto é, verdadeiramente não hierárquico). Essa é uma questão paradigmática de reciprocidade social, no centro da qual encontramos o requisito histórico da igualdade substantiva. Sem planejamento, o inevitável intercâmbio global na nossa reprodução societária presente e futura não pode ser considerado historicamente sustentável. Ao mesmo tempo, o planejamento em escala global é inconcebível sem a remoção das desigualdades hierárquico-estruturais tão evidentes em nosso mundo.

Quanto a esse aspecto, uma vez mais, defender o "substancial" (em termos de alguma mudança postulada, mas irrealizável) não significa absolutamente nada, pois seu quadro de referência orientador e a correspondente medida que delimita os melhoramentos de seus projetos permanece sendo a ordem hierárquica existente, estruturalmente arraigada. O assim chamado "mais equitativo" pode até ser, em um sentido parcial, "relativamente mais substancial" que sua variedade anterior, mas ele inevitavelmente falha – como fica amplamente comprovado no desenvolvimento histórico real – no sentido vital de que não representa nenhum desafio verdadeiro

à ordem social existente no que se refere a seus parâmetros estruturais autossus-
tentadores e autojustificadores, muito bem ilustrados pela proclamada pretensão
liberal do "mais equitativo". (Ver as projeções originais – feitas por liberais como
o lorde Beveridge e outros – a respeito do "Estado de bem-estar" e sua realização
histórica patética e liquidação definitiva até mesmo nos poucos países capitalistas
privilegiados.) Para sair dessa ordem social estruturalmente desigual, necessitamos
de uma igualdade substantiva qualitativamente diferente como princípio orientador
e também da medida apropriada de sua realização.

Esse é o único modo pelo qual a questão da transição para uma transformação
socialista da ordem metabólica social pode adquirir um significado apropriado:
fornecendo também os critérios, bem como a medida pela qual poderão ser
confirmadas as realizações particulares rumo a uma sociedade substantivamente
equitativa em sua totalidade.

Por razões historicamente compreensíveis, os movimentos políticos particulares que tentam afirmar suas políticas certamente têm de prometer resultados
tangíveis a seus potenciais seguidores. Esse é um problema muito difícil, pois
tende-se a impor as demandas postas pelas expectativas de curto prazo dos movimentos políticos, em vez de operar com a perspectiva historicamente sustentável
de longo prazo. Na verdade, porém, a transformação estrategicamente viável não
é factível sem a plena observância dos requisitos objetivos e subjetivos de longo
prazo. Infelizmente, contudo, a distinção entre "estratégia e tática" frequentemente
é usada para justificar a negligência em relação ao longo prazo, quando se diz que
"isso ou aquilo" foi pensado "apenas taticamente", embora se encontrasse em
contradição direta ao longo prazo estrategicamente viável.

O fato é que a adoção de tais táticas pode provocar um descarrilamento sério
da necessária estratégia de longo prazo. Além disso, não haverá estratégia viável
sem um quadro de referência apropriado às determinações globais das tendências e
potencialidades de longo prazo historicamente determináveis. É por isso que nossa
preocupação com o contraste entre substantivo e substancial é de importância vital.
Quando se enxerga uma transformação socialista historicamente sustentável, não se
pode abandonar o princípio orientador radical e a medida da igualdade substantiva,
de acordo com os quais pode ser constantemente avaliado o período de transição
para uma ordem metabólica social fundamentalmente diferente.

Tudo isso é perfeitamente compatível com as opiniões de Marx. Porém, em
nosso período histórico, o quadro de referência conceitual deve ser articulado no
sentido aqui exposto, refletindo as condições agravadas e cada vez piores da irreversível
fase descendente de desenvolvimento do capital, com sua tendência para a destruição
global da humanidade, que só poderá ser evitada por meio da constituição de uma
ordem sociometabólica substantivamente equitativa. Nossa crítica ao Estado deve
ser concebida a partir dessa perspectiva.

Apêndice IV

Como poderia o Estado fenecer?[1]

A história dos Estados pós-capitalistas, em agudo contraste com as expectativas originais, nos confronta com alguns pesados problemas que podem ser resumidos como se segue:

1. Reconhecer que não houve sinais de "fenecimento" do Estado significa nada além de uma subestimação evasiva da realidade, pois os acontecimentos reais não apenas não corresponderam às expectativas como se moveram na direção oposta, fortalecendo maciçamente o poder do político sobre (e contra) o corpo social. A antecipada curta duração da fase histórica da ditadura do proletariado, seguida de um processo sustentado de "fenecimento" – até o ponto da retenção das funções puramente administrativas –, não se materializou. Ao contrário, o Estado assumiu o controle sobre todas as facetas da vida social, e a ditadura do proletariado foi promovida ao *status* de ser a forma política permanente de *todo* o período histórico de transição.

2. Para agravar as coisas, o próprio Estado capitalista – contrariando novamente as expectativas – não se tornou um Estado extremamente autoritário: o tipo fascista de formação estatal permaneceu episódico na história do capitalismo até o presente. Se não se deve subestimar o perigo de ditaduras de direita como soluções a períodos de crise aguda, tais soluções, apesar disso, parecem estar em grave desacordo

---

[1] István Mészáros, "Como poderia o Estado fenecer?", em *A montanha que devemos conquistar* (trad. Maria Izabel Lagoa, São Paulo, Boitempo, 2015), p. 113-71 [esta é uma versão revisada do texto primeiramente publicado em *Para além do capital: rumo a uma teoria da transição* (trad. Paulo Cezar Castanheira e Sérgio Lessa, São Paulo, Boitempo, 2011), p. 561-602].

com as exigências objetivas do processo capitalista de produção e circulação em suas fases relativamente tranquilas de desenvolvimento. A "sociedade civil", há muito estabelecida e articulada ao redor do poder econômico estruturalmente arraigado dos capitais privados em competição, assegura e preserva a dominação capitalista do Estado político e, por meio dele, da sociedade como um todo. Qualquer reversão de tais relações de poder em favor do Estado autoritário em período de crise aguda é, na verdade, uma faca de dois gumes, que tanto ameaça quanto defende a ordem estabelecida ao romper o mecanismo *normal* de dominação estrutural e colocar em jogo a colisão frontal das forças antagônicas no lugar da esmagadora inércia da situação anteriormente aceita. A relação normalmente prevalecente entre "sociedade civil" e Estado político amplia em muito o poder ideológico de mistificação do Estado político burguês – por se apresentar como o modelo insuperável de não interferência e liberdade individual – e, por meio de sua própria inércia, constitui um obstáculo material paralisante a qualquer estratégia de transição. Impõe ao seu adversário socialista o imperativo de prometer "liberdade da dominação do Estado" em futuro próximo, apesar de, na verdade, o poder socialista sustentado do Estado pós-capitalista (cujas modalidades estão muito longe de terem sido sequer tocadas, para não dizer completamente exauridas, por referências sumárias à "ditadura do proletariado") contra a "sociedade civil" herdada, estruturalmente capitalista, ser uma condição *sine qua non* da mudança estrutural necessária.

3. Declarar que "agir no interior de formas políticas pertence à velha sociedade" (em vista da continuidade da existência de uma esfera política separada) é tão verdadeiro em suas perspectivas últimas quanto inadequado para os problemas de transição. Já que o *ato* de libertação não pode ser separado do *processo* de libertação, e desde que o Estado político, apesar de condicionado, é também e simultaneamente um fator condicionante vital, a emancipação socialista da sociedade da regência opressiva da esfera política necessariamente pressupõe a transformação radical da política propriamente dita. Isso significa que a pretendida transcendência do Estado apenas pode ser realizada por meio da instrumentalidade pesadamente condicionante do próprio Estado. Se esse é o caso – e na verdade o é –, como poderemos escapar do círculo vicioso? Pois, mesmo que seja um consenso que o Estado político em suas características essenciais pertence à velha sociedade, a questão permanece: como transformar o Estado herdado em uma genuína formação *transicional* da estrutura que se tornou abrangente e

necessariamente *autoperpetuante* no processo do desenvolvimento capitalista? Sem uma identificação realista das mediações teóricas necessárias e as forças materiais/sociais envolvidas em tal mudança transicional, o programa de abolir a política pela reorientação socialista da política está destinado a ser muito problemático.

4. Questionar a validade do marxismo devido à sua concepção do Estado é uma questão de grandes implicações. Mas isso de modo algum é comparável às disputas periféricas e tendenciosamente explicadoras do óbvio, ou seja, o fato de terem as revoluções socialistas irrompido em países capitalistas subdesenvolvidos em vez de nos desenvolvidos. Como argumentei em meu *Para além do capital*, a ideia de Marx de "desenvolvimento desigual" poderia dar conta de discrepâncias a esse respeito. E, de todo modo, sua teoria se preocupava primariamente com a evidente necessidade de revoluções socialistas, e não com as circunstâncias e as modalidades inevitavelmente alteradas em seu desdobramento prático. Em contrapartida, fosse inválida a teoria marxiana do Estado, o marxismo como um todo se tornaria completamente insustentável, em vista da centralidade de sua crença na reciprocidade dialética entre base e superestrutura, entre as fundações materiais da sociedade e sua esfera política. (É precisamente nesse sentido que a denominada "crise do marxismo" tem sido repetidamente interpretada no passado recente, saltando de um pânico apressado para conclusões apriorísticas a partir da mera asserção da crise, em vez de enfrentar seus elementos de uma perspectiva positiva.) O que torna a questão particularmente aguda, neste momento crítico da história, é que ela carrega implicações políticas *diretas* para as estratégias de todos os movimentos socialistas existentes, tanto no Ocidente como no Oriente. Nesse sentido, não é apenas o valor heurístico da teoria social que se coloca em questão, mas algo incomparavelmente mais tangível e imediato. É por isso que hoje se torna inevitável um exame cuidadoso da teoria marxiana do Estado, à luz dos desenvolvimentos pós-revolucionários.

1. Os limites da ação política

A concepção de política mais antiga de Marx foi articulada na forma de uma tripla negação, visando colocar em perspectiva as potencialidades e limitações do modo político de ação. Compreensivelmente, dadas as circunstâncias do que ele chamou "miséria alemã", a ênfase tinha de ser colocada na severidade de tais limitações.

410 *Para além do Leviatã*

Nesse aspecto, apesar de todas as mudanças surgidas nos escritos posteriores de Marx, a definição predominantemente negativa de política permaneceu um tema central de sua obra até o fim de sua vida.

A negação de Marx foi dirigida a três objetos claramente identificáveis, e as conclusões derivadas de suas avaliações fundem-se no imperativo[2] de identificar os elementos constitutivos de um modo de ação social radicalmente diferente.

- O primeiro objeto de sua crítica foi o próprio subdesenvolvimento alemão e a vacuidade de uma ação política sob os limites de um capitalismo semifeudal: um mundo situado, em termos do calendário político francês, bem antes de 1789, segundo ele.
- Seu segundo objeto de negação foi a filosofia política de Hegel, que elevou ao nível de "ciência" as ilusões de produzir uma mudança muito necessária, enquanto permanecia de fato nos limites da matriz política anacrônica.
- E, finalmente, o terceiro alvo do ataque de Marx eram as limitações até mesmo da política francesa, mais avançada, que apesar de ser "contemporânea" do presente, em termos estritamente políticos, era, todavia, desesperadamente inadequada para o imperativo de uma transformação social radical, sob as condições de um antagonismo social crescente.

Assim, a lógica interna da avaliação crítica de Marx das limitações políticas da *Alemanha* impulsionou-o, desde sua primeira postura crítica e rejeição simples das restrições políticas locais, a um questionamento radical da natureza e dos limites inerentes à *ação política propriamente dita*. Por essa razão, era necessária uma ruptura com seus primeiros camaradas políticos já num estágio inicial de seu desenvolvimento. Para eles, a crítica de Hegel apenas tornaria a política alemã um pouco mais "contemporânea do presente". Em contraposição, para Marx era apenas o preâmbulo de um modo muito diferente de ação política que se iniciava pela rejeição consciente das determinações mutiladoras da ação social pela necessária unidimensionalidade de *toda política* "propriamente dita". A tarefa de compreender a "anatomia da sociedade burguesa" – pela avaliação crítica da economia política – era o próximo passo lógico, no qual a contrapartida positiva à sua tripla negação tinha de estar situada num plano material. Isso para evitar as ilusões, não apenas de Hegel e seus epígonos, mas também dos socialistas franceses contemporâneos, que tentaram impor sua visão política restrita como orientação ao movimento emergente da classe trabalhadora.

---

[2] Marx falou até mesmo de um "imperativo categórico", no contexto da discussão do sujeito social – o proletariado –, que considerou não apenas adequado como necessário à tarefa de uma mudança estrutural. Ver sua *Crítica da filosofia do direito de Hegel* (trad. Rubens Enderle e Leonardo de Deus, São Paulo, Boitempo, 2005).

Falando da predisposição política de seus camaradas socialistas, Marx reclamou que

> até os políticos radicais e revolucionários já não procuram o fundamento do mal na *essência do Estado*, mas numa determinada *forma de Estado*, no lugar da qual eles querem colocar outra forma de Estado. Do ponto de vista político, o *Estado* e o sistema de sociedade não são duas coisas diferentes. *O Estado é o sistema de sociedade.*[3]

Para Marx, era imperativo *sair* do "ponto de vista político" para poder ser verdadeiramente crítico do Estado. Ele insistiu que

> quanto mais poderoso é o Estado e, portanto, quanto mais *político* é um país, tanto menos está disposto a procurar no princípio do Estado, portanto, *no atual ordenamento* da sociedade, do qual o Estado é a expressão ativa, autoconsciente e oficial, o fundamento dos males *sociais* e compreender-lhes o princípio geral. O intelecto político é político exatamente na medida em que pensa *dentro* dos limites da política. Quanto mais agudo ele é, quanto mais vivo, tanto *menos é capaz* de compreender os males *sociais*. O período clássico do intelecto político é a Revolução Francesa. Bem longe de descobrir no princípio do Estado a fonte dos males sociais, os heróis da Revolução Francesa descobriram antes nos males sociais a fonte das más condições políticas. Desse modo, Robespierre vê na grande miséria e na grande riqueza um obstáculo à democracia pura. Por isso, ele quer estabelecer uma frugalidade espartana geral. O princípio da política é a *vontade*. Quanto mais unilateral, isto é, quanto mais perfeito é o intelecto político, tanto mais ele crê na onipotência da vontade e tanto mais é cego diante dos limites naturais e espirituais da vontade e, consequentemente, tanto mais é incapaz de descobrir a fonte dos males sociais.[4]

Política e *voluntarismo* estão, portanto, enredados um no outro, e a irrealidade de remédios políticos baseados no desejo emana do "substitucionismo" inerente à política enquanto tal: seu *modus operandi* necessário, que consiste em assumir, ela própria, o *social*, negando a ele, assim, qualquer ação reparadora que não possa estar contida na própria estrutura – auto-orientada e autoperpetuante. Dentro dos limites da política, a oposição ao "substitucionismo" de Stálin, que advoga a substituição de um "burocrata" por um "líder político iluminado", ainda que bem-intencionado, é outra forma de voluntarismo político. Segundo Marx, a questão é

---

[3] Karl Marx, "Critical Marginal Notes on an Article by a Prussian", em MECW (1975), v. 3, p. 197 [ed. bras.: "Glosas críticas marginais ao artigo 'O rei da Prússia e a reforma social. De um prussiano'", *Práxis*, trad. Ivo Tonet, Belo Horizonte, n. 5, out.-dez. 1995, p. 79-80].

[4] Ibidem, p. 199 [ed. bras.: p. 81-2]. Pode-se ver aqui muito claramente com quanta força Marx se opõe a qualquer posição mecanicista e reducionista.

412 *Para além do Leviatã*

qual categoria é de fato abrangente, a política ou a social? A política, dada a forma como se constitui, não pode evitar a substituição da autêntica universalidade da sociedade pela própria parcialidade, impondo assim os próprios interesses sobre os dos indivíduos sociais, e apropriando-se, para si mesma, do poder de arbitrar os interesses parciais conflitantes em nome de sua universalidade usurpada.

Política não substitucionista, portanto, implicaria toda uma ordem de mediações sociais – e, claro, a existência de forças sociais/materiais correspondentes –, o que para nós representa um agudo problema, mas que estava ausente do horizonte histórico dentro do qual Marx situou-se durante toda a sua vida. Daí a manutenção da definição predominantemente negativa da política, inclusive em seus últimos escritos, apesar de sua sóbria apreciação do envolvimento necessário na política (opondo-se ao "abstencionismo"[5] e à "indiferença à política"[6]), seja para os propósitos de negação, seja para agir, mesmo após a conquista do poder, "dentro das formas antigas".

Marx percebeu que a contradição entre o social e o político seria inconciliável. Dado o caráter antagônico da própria base social, perpetuada como tal pela estrutura política, o Estado seria irredimível e, portanto, descartado, pois

> diante das consequências que brotam da natureza associal dessa vida civil, dessa propriedade privada, desse comércio, dessa indústria, dessa rapina recíproca das diferentes esferas civis, diante de tais consequências, a impotência é a lei natural da administração. Com efeito, essa fragmentação, essa infâmia, essa escravidão da sociedade civil são o fundamento natural onde se apoia o Estado moderno, assim como a sociedade civil da escravidão era o fundamento no qual se apoiava o Estado antigo. A *existência do Estado* e a existência da *escravidão* são inseparáveis. [...] Se ele [o Estado moderno] quisesse eliminar a vida privada, deveria *eliminar a si mesmo*, uma vez que ele só existe como antítese desta.[7]

Assim, a ênfase na necessidade de abolir o Estado para resolver as contradições da sociedade civil articula-se à ideia de que o Estado e a política em geral, como os conhecemos, são, pela própria natureza, incapazes de abolir a si mesmos.

O imperativo de abolir o Estado foi colocado em evidência, mas não em termos voluntaristas. Ao contrário, Marx nunca perdeu a oportunidade para reiterar a completa futilidade dos esforços voluntaristas. Para ele era claro, desde o início, que nenhum fator material pode ser "abolido" por *decreto*, incluindo o próprio

---

[5] Ver Karl Marx e Friedrich Engels, "Fictitious Splits in the International: Circular from the International Working Men's Association", jan.-mar. 1872, em Institute of Marxism-Leninism of the C.C., C.P.S.U. (1968), *The General Council of the First International 1871-1872: Minutes*, v. 5 (2. ed., Moscou, Progress, 1974), p. 356-409.

[6] Ver Karl Marx, "Indifference to Politics", jan. 1873, em MECW (1988), v. 23.

[7] Idem, "Critical Marginal Notes on the Article by a Prussian", cit., p. 198 [ed. bras.: p. 80-1].

Estado, um dos mais poderosos de todos os fatores materiais. Falando da tentativa da Revolução Francesa de abolir o pauperismo por decreto, pôs o foco nas limitações inevitáveis da política como tal: "Qual foi a consequência da determinação da Convenção? Que houvesse uma determinação a mais no mundo e que um ano depois mulheres esfomeadas cercassem a Convenção. E, no entanto, a Convenção era o máximo da energia política, da força política e do intelecto político"[8].

Se o Estado era assim tão impotente diante dos problemas sociais tangíveis, cujo alegado controle constituía sua tênue legitimação, como se poderia conceber que confrontasse todo o peso das próprias contradições para abolir a si mesmo no interesse do progresso social geral? E, se o próprio Estado não for capaz de realizar tal tarefa, qual força da sociedade terá condições de fazê-lo? Essas eram as questões que deveriam ser respondidas, uma vez que foram postas na agenda histórica pelo crescimento do próprio movimento socialista. As respostas amplamente diferentes que encontramos nos anais da época testemunham as estratégias qualitativamente diferentes daqueles que estavam engajados na luta.

2. Os principais traços da teoria política de Marx

No que se refere ao próprio Marx, a resposta fora substancial e claramente formulada no início da década de 1840, com repetidas advertências contra o voluntarismo e o dogmatismo, *leitmotifs* de sua visão política. Os principais pontos da resposta de Marx podem ser resumidos como se segue:

1. o Estado (e a política em geral, como um domínio separado) deve ser *transcendido* por meio de uma transformação radical de toda a sociedade, mas não pode ser *abolido* nem por decreto, nem por toda uma série de medidas político-administrativas;
2. a revolução que se aproxima não pode ser simplesmente uma revolução política; deve ser uma revolução *social* para não ficar aprisionada dentro dos limites do sistema autoperpetuador de exploração socioeconômica;
3. revoluções sociais buscam remover a contradição entre parcialidade e universalidade que as revoluções políticas do passado sempre reproduziram, submetendo a sociedade como um todo à regência da parcialidade política[9], no interesse das seções dominantes da "sociedade civil";

---

[8] Ibidem, p. 197 [ed. bras.: p. 79].

[9] "A Alemanha, vista como deficiência do presente político constituído em um mundo particular, não será capaz de se livrar de suas limitações especificamente alemãs sem se livrar das limitações *gerais* do seu presente *político*. Não é a revolução radical, a emancipação humana geral que constituem um sonho utópico para a Alemanha, mas, ao contrário, é a revolução *parcial*, meramente política,

414 *Para além do Leviatã*

4. o sujeito social da emancipação é o proletariado porque é forçado, pela maturação das contradições antagônicas do sistema do capital, a subverter a ordem social dominante, ao mesmo tempo que é incapaz de impor a si próprio como uma nova parcialidade dominante – uma classe dominante mantida pelo trabalho de outras – sobre toda a sociedade;

5. lutas políticas e socioeconômicas constituem uma unidade dialética, e, consequentemente, a negligência da dimensão socioeconômica despoja a política de sua realidade;

6. a ausência de condições objetivas para a implementação das medidas socialistas ironicamente pode apenas levar adiante as políticas dos adversários na eventualidade de uma conquista prematura do poder[10];

---

a revolução que deixa em pé os pilares da casa", Karl Marx, "Contribution to Critique of Hegel's Philosophy of Law. Introduction", em MECW (1975), v. 3, p. 184; aqui em tradução livre.

[10] Esse ponto é bem ilustrado pelo confronto entre Marx e Schapper: "Eu tenho sempre resistido às opiniões momentâneas do proletariado. Somos devotados a um partido que, *afortunadamente* para ele, ainda não pode chegar ao poder. Se o proletariado chegasse ao poder, as medidas que ele introduziria seriam pequeno-burguesas e não diretamente proletárias. Nosso partido pode chegar ao *poder* apenas quando as condições lhe permitirem colocar em prática *sua própria* visão. Louis Blanc é o melhor exemplo do que ocorre quando se chega prematuramente ao poder. Na França, além disso, não é apenas o proletariado que toma o poder, mas também os camponeses e a pequena-burguesia, tendo que levar adiante não as suas, mas as medidas *deles*". Karl Marx, "Meeting of the Central Authority", 15 set. 1850, em MECW (1978), v. 10, p. 628-9.

Esse sóbrio realismo não poderia ser mais contrastante com o voluntarismo bombástico de Schapper, que na mesma reunião diz: "A questão em exame é se nós próprios cortaremos algumas cabeças logo no início ou se serão nossas próprias cabeças que cairão. Na França, os trabalhadores chegarão ao poder e, portanto, também na Alemanha. Se este não fosse o caso, eu de fato iria para minha cama; caso no qual eu poderia gozar de uma posição material diferente. Se atingirmos o poder, poderemos tomar tais medidas, que são necessárias para assegurar o domínio do proletariado. Eu sou um apoiador fanático desta visão. [...] Certamente serei guilhotinado na próxima revolução; apesar disso irei para a Alemanha [...]. Não compartilho a visão segundo a qual a burguesia na Alemanha tomará o poder, e neste ponto eu sou um entusiasta fanático – se não fosse não daria nenhum tostão por todo o assunto" (ibidem, p. 628). Como podemos ver, Schapper (que morreu em idade avançada, deitado na própria cama) apoia sua concepção voluntarista de política dizendo e repetindo que ele "fanaticamente acredita" nela. Marx está certo em sublinhar, em oposição a Schapper e outros como ele, que "a revolução não é vista como o produto de *realidades* da situação, mas como resultado de um esforço de *vontade*. Quando teríamos de dizer aos trabalhadores: vocês têm quinze, vinte, cinquenta anos de guerra civil pela frente para alterar a situação e a *treinar* vocês mesmos para o *exercício do poder*, se diz: devemos tomar o poder *imediatamente*, ou então voltar para nossas camas. Tal como os democratas abusaram da palavra 'povo', agora a palavra 'proletariado' tem sido usada como uma mera frase. Para tornar esta frase efetiva será necessário descrever todos os pequeno-burgueses como proletários e consequentemente representar na prática a pequena burguesia e não os proletários. O processo revolucionário *real* teria de ser substituído por *lemas* revolucionários. Este debate finalmente tornou claras as diferenças em princípio que estão por trás do choque de personalidades" (ibidem, p. 626-7).

Apêndice IV   415

7. a revolução social bem-sucedida não pode ser local ou nacional – apenas revoluções políticas podem se confinar a uma situação limitada, de acordo com a própria parcialidade –, e sim *global/universal*, o que implica a transcendência necessária do Estado em escala *global*.

Os elementos dessa teoria constituem, claramente, um todo orgânico e não podem ser separados um a um, pois cada um se refere a todos os demais e só adquirem seu significado pleno graças a suas interconexões recíprocas. Isso é razoavelmente óbvio se consideramos os pontos 1, 2, 5, 6 e 7 juntos, já que tratam, todos, das inevitáveis condições objetivas de transformação social, concebida como uma complexa totalidade social com dinamismo interno próprio. Os pontos 3 e 4 são aqueles que não se encaixam, já que propor a resolução da contradição entre parcialidade e universalidade parece ser uma injustificada intrusão da lógica hegeliana no sistema de Marx, e o 4 é uma tradução imperativa dessa categoria lógica abstrata em uma entidade pseudoempírica.

É verdade que os adversários de Marx interpretaram sua teoria negando realidade objetiva ao conceito de proletariado e "invalidando" sua teoria como um todo devido a essa "inverificabilidade" etc. Contudo, o procedimento de Marx é perfeitamente legítimo, mesmo que a conexão com Hegel não possa – nem deva – ser negada. A similaridade entre a "classe universal" de Hegel (a burocracia idealizada) e o proletariado de Marx é, no entanto, superficial, porque seus discursos pertencem a universos completamente diferentes. Hegel deseja preservar (de fato, glorificar) o Estado, inventando a classe burocrática "universal" como um *Sollen* quintessencial (um "dever-ser"); esta cumpre a função de conciliar as contradições dos interesses em guerra ao preservá-los, protegendo e assegurando desse modo a permanência da estrutura estabelecida da sociedade em sua forma antagônica. Marx, em completo contraste, está preocupado com a *transcendência* do Estado e da política como tal, identificando a paradoxal universalidade do proletariado (uma universalidade ainda-não-dada, ainda-para-ser-realizada) como uma *parcialidade* que necessariamente se *autoextingue*.

Assim, enquanto a "classe universal" fictícia de Hegel é uma entidade *sem classe* (e, como tal, uma contradição em termos), o proletariado de Marx é completamente "conforme à classe" (e, nesse sentido, inevitavelmente parcial) e real. Em sua "tarefa histórica", tem uma *função* universalizante e objetivamente fundada. Ao mesmo tempo, sua parcialidade é também única, já que não pode ser convertida em uma condição *de domínio exclusivo* da sociedade. Consequentemente, para "dominar", o proletariado deve generalizar a própria condição de existência: a saber, a incapacidade de dominar, como uma parcialidade, às expensas de outros grupos sociais e classes. (Obviamente, isso está em contraste total com a burguesia e outras classes dominantes que no passado dominaram precisamente ao excluir

416 *Para além do Leviatã*

e subjugar outras classes.) É nesse sentido que a "ausência do caráter de classe" (*classlessness*) – o estabelecimento de uma sociedade sem classes – está ligada ao peculiar domínio de classe "da parcialidade que se autoextingue", cuja medida de sucesso é a generalização de um modo de existência totalmente incompatível com o domínio de classe (exclusivamente a favor de si mesma).

O domínio da parcialidade sobre a sociedade como um todo é sempre sustentado pela política como o complemento necessário à iniquidade das relações materiais de poder estabelecidas. Isso explica a impossibilidade de a sociedade emancipar-se do domínio da parcialidade sem transcender radicalmente a política e o Estado. Em outras palavras, se age *politicamente*, o proletariado permanece na órbita da parcialidade (com sérias implicações para o próprio proletariado, que é necessariamente afetado pelo domínio da própria parcialidade), enquanto a realização da revolução *social* advogada por Marx envolve inúmeros outros fatores, muito além do nível político, com a maturação das condições objetivas relevantes.

Naturalmente, o proletariado, enquanto existir, estará situado, em qualquer ponto particular da história, numa distância maior ou menor da realização de sua "tarefa histórica"; a avaliação da composição sociológica variável da classe, de sua relação com outras forças, junto a suas realizações e seus fracassos relativos etc., exige investigações detalhadas segundo circunstâncias específicas. No presente contexto, é necessário simplesmente reforçar as ligações que não podem ser rompidas entre os pontos 3 e 4 elencados anteriormente e o restante da teoria política de Marx. Por um lado, é precisamente sua categoria de universalidade objetivamente fundada que coloca a política em perspectiva: por se mover "para fora" da política (o que significa para além das restrições impostas pelo "pensar no interior da estrutura da política"). Isso deve ser feito para se ter a capacidade de *negar* a parcialidade crônica da política; e deve--se fazê-lo não em âmbito lógico-metafísico abstrato, mas a partir da única e exclusiva universalidade não fictícia (que não tem o caráter de um *Sollen*), isto é, do *metabolismo* fundamental da sociedade, o *social*. (Tal compreensão da universalidade é tanto histórica como trans-histórica, na medida em que sublinha as condições necessariamente mutáveis do sociometabolismo, enquanto indica também os limites além dos quais mesmo os meios e modos mais poderosos desse metabolismo – capital, por exemplo – perdem sua vitalidade e justificação histórica.) Por outro lado, o proletariado, como uma realidade socioeconômica real, era, bem antes de Marx, um dos principais atores no cenário histórico que demonstrou sua habilidade em gravitar para uma "revolução no interior da revolução" já na sequência imediata de 1789, ao tentar adquirir um papel independente em interesse próprio, contrastando com sua posição até então subordinada no interior do Terceiro Estado. Desse modo, já em 1792, nega o marco político recentemente conquistado, no exato momento de seu nascimento, como observou com perspicácia Pierre Barnave do ponto de vista da ordem burguesa emergente. Nesse sentido, negar a realidade do proletariado é um curioso passatempo do século XX.

- O fato de Marx ter associado teoricamente o proletariado à necessidade da revolução *social* e à condição de universalidade não era uma exigência funcional dúbia de um sistema ainda dependente de Hegel, mas uma profunda percepção do novo caráter histórico-mundial do antagonismo social entre capital e trabalho. A progressão das trocas entre tribos locais até a história mundial, da ação confinada a uma esfera extremamente limitada até outra que reverbera através do mundo, não é uma questão de transformações conceituais; antes, diz respeito ao desenvolvimento real e à integração recíproca de estruturas cada vez mais abrangentes e complexas. Essa é a razão pela qual soluções de tipo parcial – que são perfeitamente possíveis, na verdade inevitáveis, em estágios anteriores – no curso do desenvolvimento histórico-mundial devem ser substituídas por outras cada vez mais abrangentes, com uma tendência última para soluções "hegemônicas" e para a universalidade. A caracterização que Marx faz do proletariado, portanto, reflete e articula a mais elevada intensidade de confrontos hegemônicos com a impossibilidade histórica de soluções parciais em estágios determinados dos desenvolvimentos capitalistas e globais.
- Mesmo que de forma mistificada, a teoria de Hegel incorpora essa problemática. Ele reconhece plenamente o imperativo de uma solução "universal" que deveria superar as colisões das parcialidades em guerra. Todavia, é graças ao "ponto de vista da economia política" (isto é, o ponto de vista do capital), compartilhado com seus grandes antecessores ingleses e escoceses, que Hegel foi forçado a transubstanciar os elementos percebidos de uma realidade inerentemente contraditória na figura-fantasia, "universalmente" reconciliatória e pseudoempírica, do altruísta burocrata-estatal. Mas mesmo tais mistificações não podem obliterar as realizações de Hegel, devido às quais ele se encontra num nível de teorização política qualitativamente superior ao de qualquer outro antes de Marx, inclusive Rousseau. Aqueles que tentaram condenar Marx (e que também tentavam censurar sua obra) por seu alegado "hegelianismo", ao mesmo tempo que glorificavam Rousseau, esquecem-se de que, em comparação com o paradigma do *imperativo categórico* da "vontade geral" deste, é a objetividade que, apesar de seu subjetivismo preconceituoso, impulsiona Hegel em sua tentativa de dar corpo à categoria de universalidade política sob a forma de uma força social real. Por mais desanimada e contraditória que tenha sido, essa tentativa hegeliana de circunscrever sociologicamente a vontade política foi um sinal

418   *Para além do Leviatã*

dos tempos e como tal refletia um desafio histórico objetivo, representando um enorme avanço na direção correta.

- Retornando aos principais aspectos da teoria política de Marx tomada no seu todo, torna-se claro que nenhum dos outros pontos faz sentido se o sujeito social da transformação revolucionária for abandonado. Pois o que poderá significar um Estado que pode apenas ser "transcendido" e não "abolido" (tanto em uma situação nacional limitada como em uma escala global) se não houver força social que deseje e seja capaz de empreender essa tarefa? O mesmo se dá com todos os outros pontos. A distinção entre revolução social e política tem algum conteúdo apenas se um sujeito, ou sujeitos, socialmente existente(s) possa(m) *realmente* conferir a ela sentido, por meio dos objetivos precisos e das estratégias de sua ação e por intermédio da nova ordem social que emerge dessa ação. Do mesmo modo, é impossível predicar uma reciprocidade íntima abrangente entre política e economia antes de um estágio razoavelmente avançado do desenvolvimento econômico/ social; isso pressupõe que as principais forças da sociedade estejam recíproca e realmente engajadas numa confrontação inextrincavelmente política tanto quanto econômica. Do mesmo modo, as revoluções são "prematuras" ou "atrasadas" apenas em termos da dinâmica específica dos sujeitos em questão, definidas por referência ao alcance das circunstâncias objetivas e às exigências enormemente variáveis da ação consciente. As revoluções camponesas do passado, por exemplo, foram definidas como "prematuras" não apenas devido a algum engajamento voluntarista em confrontações violentas, mas, ao contrário, em vista da assombrosa insuficiência *crônica* de seu sujeito em relação a seu próprio objetivo: algum tipo de "conspiração histórica das circunstâncias" que impôs às massas camponesas o destino de lutar pela causa de outros – e mesmo de vencê-las em algumas ocasiões – enquanto sofriam pesadas derrotas para si mesmas. Por outro lado, várias revoluções coloniais, nos anos do pós-guerra, parecem ser "atrasadas" mesmo quando "prematuras", e são derrotadas mesmo quando parecem vitoriosas, pois sob as relações de força historicamente constituídas e ainda dominantes o sujeito revolucionário "subdesenvolvido" é definido pela sua dependência maciça das estruturas herdadas do "neocolonialismo" e do "neocapitalismo".

- Naturalmente, as interconexões que acabamos de ver são não menos evidentes no sentido inverso. Isso porque o "proletariado", como um conceito vital da teoria de Marx, deriva seu significado precisamente daquelas condições e determinações objetivas que são articuladas, com base na realidade social dinâmica que refletem, aos pontos brevemente resumidos algumas páginas atrás. Sem eles, as referências ao proletariado significam nada mais que "lemas" vazios, tão desdenhosamente condenados por Marx em sua polêmica contra Schapper e outros[11].

Portanto, a transcendência do Estado e quem a desencadeia, o proletariado (ou, para utilizar um termo teoricamente mais preciso: o trabalho, o antagonista estrutural do capital), estão inseparavelmente interligados e constituem o ponto central da teoria política de Marx. Não há qualquer romantismo em sublinhar sua importância desse modo: apenas um alerta destinado àqueles que querem expurgá-lo da estrutura conceitual de Marx, que deveriam perceber quanta coisa mais – de fato quase todo o resto – teria de ser jogada ao mar com eles.

3. Revolução social e voluntarismo político

É inquestionável a validade fundamental da abordagem de Marx sobre a política no que diz respeito aos *parâmetros absolutos* – os critérios *últimos* – que definem e circunscrevem estritamente seu papel na totalidade das atividades humanas. As dificuldades estão em outro lugar, como veremos mais à frente. O núcleo da concepção política de Marx – a asserção de que a política (com ênfase particular na versão associada ao Estado moderno) *usurpa* o poder social de decisão que ela *substitui* – é e permanece completamente inatacável, pois abandonar a ideia segundo a qual a política socialista deve se preocupar, em todos os passos, mesmo nos menores, com a tarefa de *restituir* ao corpo social os poderes usurpados inevitavelmente despoja a política de transição de sua orientação e de sua legitimação estratégicas, e assim necessariamente *reproduz*, de uma nova forma, o "substitucionismo burocrático" herdado, em vez de recriá-lo, com base em algum místico "culto à personalidade". Consequentemente, a política socialista ou segue o caminho aberto por Marx – *do substitucionismo à restituição* – ou deixa de ser política socialista e, em lugar de "abolir a si própria" no processo, transforma-se em autoperpetuação autoritária.

É verdade que há muitas questões e muitos dilemas não respondidos que devem ser examinados em seu contexto adequado. Nessa medida, será particularmente importante avaliar em que extensão e de que modo as condições históricas cambiantes, assim como as agudas pressões do antagonismo social em desdobramento, podem modificar de maneira significativa a estratégia política marxista sem destruir seu núcleo. Mas, antes que possamos nos voltar para essas questões, é necessário examinar mais de perto a relação de Marx com seus adversários políticos, uma vez que isso afetou a formulação de sua teoria do Estado.

---

[11] Ver, a respeito, István Mészáros, *Para além do capital*, cit., p. 517, n. 10.

420 *Para além do Leviatã*

Em agudo contraste com o "falso positivismo" de Hegel, Marx nunca deixou de realçar o caráter essencialmente *negativo* da política. Detendo esse caráter, a política é adequada para realizar as funções *destrutivas* da transformação social – tal como a "abolição da escravidão assalariada", a expropriação dos capitalistas, a dissolução dos parlamentos burgueses etc., realizáveis todas por decreto –, mas não as tarefas *positivas*, que devem resultar da própria reestruturação do sociometabolismo. Devido à sua *parcialidade* intrínseca (outro modo de dizer "negativa"), a política não poderia deixar de ser o *meio* mais inadequado para servir à finalidade desejada. Ao mesmo tempo, a medida de aproximação dessa finalidade deveria ser precisamente o grau em que se poderiam descartar completamente os meios restritivos, de tal modo que os indivíduos sociais pudessem finalmente ser capazes de operar em relação direta uns com os outros, sem a intermediação mistificadora e restritiva "do manto da política".

Já que a subjetividade negadora da vontade, que corre solta na política, pode dizer "sim" apenas quando diz "não", a utilidade da política em si era considerada extremamente limitada mesmo após a conquista do poder. Não é surpreendente, desse modo, que a *Crítica do Programa de Gotha* esperasse dela, na sociedade de transição, não mais que uma intervenção negativa, demandando que agisse "desigualmente" a favor dos fracos, de tal modo que as piores desigualdades herdadas do passado pudessem ser removidas mais rapidamente. Pois, enquanto o socialismo exige a maior transformação *positiva* na história, a modalidade negativa da política (classe *contra* classe etc.) a faz, por si própria, completamente inadequada para essa tarefa.

Marx conceituou o modo de superar a relação problemática entre política e sociedade sobrepondo conscientemente à revolução política sua dimensão social oculta. Ele insistiu que,

> se uma *revolução social* com uma alma política é uma paráfrase ou um absurdo, uma revolução política com uma alma *social*, ao contrário, é racional. A revolução em geral – a *derrocada* do poder existente e a dissolução das velhas relações – é um *ato político*. Por isso, o socialismo não pode se efetivar sem a revolução. Ele tem necessidade deste ato político na medida em que tem necessidade da *destruição e da dissolução*. No entanto, tão logo tem início sua atividade *organizativa*, tão logo apareça seu *próprio objetivo*, sua alma, o socialismo se desembaraça de seu *revestimento político*.[12]

Dessa posição privilegiada em sua avaliação crítica de Proudhon e Stirner, Schapper e Willich, Lassalle e Liebknecht, Bakunin e seus associados, bem como dos autores do *Programa de Gotha*, Marx procedeu ao estabelecimento dos contornos mais gerais de uma estratégia livre de elementos voluntaristas.

---

[12] Karl Marx, "Critical Marginal Notes on the Article by a Prussian", cit., p. 206 [ed. bras.: p. 90-1].

Para Marx, a necessidade da revolução não era nem um determinismo econômico (de que ele é frequentemente acusado) nem um ato soberano de vontade política arbitrária (de que, curiosamente, ele também é acusado). Aqueles que o julgam nesses termos apenas provam que são, eles próprios, incapazes de pensar sem o esquematismo pré-fabricado de falsas alternativas. Para Marx, a revolução social corresponde a algumas funções determinadas. Ela deve emergir com base em algumas condições objetivas (que constituem seus pré-requisitos necessários), de modo a ir muito além delas no curso de seu desenvolvimento, transformando radicalmente tanto as circunstâncias como o povo envolvido na ação. Considerando-se as teorias pré-revolucionárias do voluntarismo anarquista ou mesmo suas práticas, igualmente arbitrárias e muito mais danosas, reducionistas e substitucionistas do "burocratismo" pós-revolucionário, foram precisamente essa objetividade e essa complexidade dialéticas da revolução social que desapareceram por meio de sua redução procustiana a ato político unidimensional.

A primeira questão, portanto, diz respeito à compreensão da natureza tanto da revolução social como de seu sujeito. Bakunin concebeu este último como um

> Estado geral revolucionário composto de indivíduos devotados, enérgicos e inteligentes [...]. O número desses indivíduos não deveria ser muito grande. Para a organização internacional de toda a Europa, *uma centena* de revolucionários séria e firmemente unida seria suficiente.[13]

A esse mito do "Estado geral revolucionário" corresponderia, naturalmente, uma concepção mítica da própria revolução, bem como de suas massas. Da revolução, dizia-se estar "lentamente amadurecendo na *consciência instintiva* das massas populares" (não nas condições objetivas da realidade social), e o papel das "massas instintivas" limitava-se a ser o "exército da revolução" (a "bucha de canhão", como Marx corretamente exclamou)[14]. A condenação por Marx de tais visões não poderia ter sido mais cáustica: "Ele não compreende absolutamente nada de revolução social, apenas de sua retórica política; as condições econômicas simplesmente não existem para ele [...]. O poder da vontade, não as condições econômicas, é a base da sua revolução social"[15]. Marx tachou as visões de Bakunin de "asneiras de colegial" e reiterou que

---

[13] Citado em Karl Marx e Friedrich Engels, "The Alliance of Socialist Democracy and the International Working Men's Association", abr.-jul. 1873, em MECW (1988), v. 23, p. 469-70.

[14] Idem.

[15] Karl Marx, "Notes on Bakunin's Statehood and Anarchy", dez. 1874-jan. 1875, em MECW (1989), v. 24, p. 518.

422 *Para além do Leviatã*

uma revolução social radical está associada às condições históricas definidas de desenvolvimento econômico; estas são suas premissas. É possível, portanto, apenas onde o proletariado industrial, ao lado da produção industrial capitalista, reúna, pelo menos, uma fração importante das massas do povo. E para ter qualquer chance de vitória deve ser capaz, *mutatis mutandis*, de fazer diretamente pelos camponeses no mínimo tanto quanto fez a burguesia francesa, na sua revolução, para o campesinato francês. É uma ideia maravilhosa imaginar que o regime dos trabalhadores implica a opressão do trabalho rural.[16]

* * *

As determinações objetivas multidimensionais da revolução social, que prenunciam uma escala de tempo longa ("quinze, vinte, cinquenta anos", como Marx colocou, contra as românticas fantasias de Schapper), também implicavam a necessidade de novos levantes e a impraticabilidade de acomodações. Pois,

1. dado o patamar social historicamente alcançado do antagonismo entre capital e trabalho, não há possibilidade de "emancipação parcial" e "libertação gradual"[17];
2. a classe dominante tem muito a perder; não irá ceder por vontade própria; deve ser derrubada por uma revolução[18];
3. a revolução não pode ter sucesso em uma base estreita; requer a "produção em uma *escala de massa*" *da consciência revolucionária*, de tal modo que a classe revolucionária como um todo possa ter "sucesso em livrar-se de todo o esterco milenar e se tornar capaz de fundar uma sociedade nova" – o que é possível pela *prática* das transformações revolucionárias reais[19];
4. aprender como dominar dificuldades, responsabilidades, pressões e contradições do exercício do poder requer um envolvimento ativo no próprio processo revolucionário, numa escala de tempo dolorosamente ampla[20].

---

[16] Idem.

[17] Ver Karl Marx, "Contribution to Critique of Hegel's Philosophy of Law", cit.

[18] Cf. Idem, *The German Ideology*, em MECW (1975), v. 5, p. 53 [ed. bras.: *A ideologia alemã*, trad. Rubens Enderle, Nélio Schneider e Luciano Cavini Martorano, São Paulo, Boitempo, 2007, p. 42].

[19] Cf. ibidem, p. 52-3 [ed. bras.: p. 43].

[20] Ver, a respeito, não apenas as polêmicas de Marx contra Schapper, mas também suas análises da Comuna de Paris de 1871 em *A guerra civil na França* (trad. Rubens Enderle, São Paulo, Boitempo, 2011).

Como se pode ver, necessidade social no conceito marxiano não é um determinismo mecânico qualquer. Muito pelo contrário: trata-se de uma compreensão dialética do que necessita e pode ser realizado com base nas tendências da realidade objetivamente em desenvolvimento. Em si, ela é inseparável da consciência que se ajusta às condições cambiantes e às sóbrias lições do mundo que tenta transformar. As variedades do voluntarismo anarquista, de Proudhon a Bakunin[21], são diametralmente opostas a tal visão, já que são incapazes de compreender a pesada dimensão econômica da tarefa. Elas substituem as condições objetivas por suas imagens subjetivas de fervor pela agitação mesmo quando falam sobre a "força das circunstâncias". Marx, por outro lado, articula sua concepção em termos de uma escala completamente diferente, divisando para um longo tempo no futuro o papel de *oposição* para o movimento da classe trabalhadora antes que a questão do *governo* por fim emergisse[22].

Os limites intrínsecos das formas políticas (mesmo das mais avançadas), em contraste com a dimensão metabólica fundamental da revolução social, são resumidos numa passagem-chave da análise de Marx da Comuna de Paris. Lê-se:

> Assim como a máquina e o parlamentarismo estatal não são a *vida real* das classes dominantes, mas apenas os órgãos gerais organizados de sua dominação – as garantias, formas e expressões políticas da velha ordem das coisas –, assim também a Comuna não consiste no *movimento social* da classe trabalhadora e, portanto, no movimento de uma regeneração geral do gênero humano, mas sim nos *meios* organizados de ação. A Comuna não elimina a luta de classes, através da qual as classes trabalhadoras realizam a abolição de todas as classes e, portanto, de toda [dominação de] classe (porque ela não representa um interesse particular, mas a liberação do "trabalho", isto é, a condição *fundamental e natural* da vida individual e social que apenas mediante *usurpação*, fraude e controles artificiais pode ser exercida por poucos sobre a maioria), mas ela fornece o meio racional em que essa luta de classe pode percorrer suas diferentes fases da maneira mais racional e humana possível.
>
> [...]
>
> As classes trabalhadoras sabem que têm de passar por diferentes fases da luta de classes. Sabem que a *substituição* das condições *econômicas* da escravidão do trabalho

---

[21] "O sr. Bakunin apenas traduziu as anarquias de Proudhon e Stirner para o idioma bárbaro dos tártaros." Karl Marx, "Notes on Bakunin's Statehood and Anarchy", cit., p. 521.

[22] "É evidente que uma sociedade secreta deste tipo, que visa formar não o partido do *governo* futuro, mas *o partido de oposição do futuro* teria pouca atração para indivíduos que, por um lado, velam por sua insignificância pessoal empertigando-se no manto teatral do conspirador e, por outro, desejam satisfazer suas estreitas ambições no *dia* da próxima revolução, e que desejam acima de tudo tornar-se importantes no momento, apanhar sua parcela dos ganhos de demagogia e serem bem-vindos entre os impostores e charlatães da democracia." Karl Marx, "Revelations Concerning the Communist Trial in Cologne", dez. 1852, em MECW (1979), v. 11, p. 449.

424 *Para além do Leviatã*

pelas condições do trabalho livre e associado só pode ser o *trabalho progressivo do tempo* (essa transformação econômica), que isso requer não apenas uma mudança da *distribuição*, mas uma nova organização da *produção* – ou, antes, requer a liberação (desobstrução) das formas sociais de produção no atual trabalho organizado (engendrado pela indústria atual), libertando-as dos grilhões da escravidão, de seu atual caráter de classe – e o estabelecimento de sua harmoniosa coordenação nacional e *internacional.* Elas sabem que essa obra de *regeneração* será continuamente atrasada e impedida pela resistência de direitos adquiridos e egoísmos de classe. Elas sabem que a atual "ação espontânea das leis naturais do capital e da propriedade fundiária" só pode dar lugar à "ação *espontânea* das leis da economia social do trabalho livre e associado" mediante um *longo processo* de desenvolvimento de novas condições, tal como ocorreu com a "ação espontânea das leis econômicas da escravidão" e com a "ação espontânea das leis econômicas da servidão". Mas elas sabem, ao mesmo tempo, que grandes passos podem ser dados desde já pela forma comunal de organização política e que é chegada a hora de iniciar esse movimento para elas mesmas e para o gênero humano.[23]

Com todas as suas imensas complicações, portanto, a primeira tarefa está apenas se *iniciando* ali onde o subjetivismo político imagina que as solucionou definitivamente.

A questão em jogo é a criação das "novas condições": a transcendência e a superação da "ação espontânea da lei natural do capital" – e não sua simples "abolição" política, que é inconcebível – e o desenvolvimento, que se arrasta por um longo tempo, de uma *nova espontaneidade*, "a ação espontânea das leis da economia social", como modo radicalmente reestruturado do novo sociometabolismo. A expressão "regeneração geral da humanidade" e "trabalho de regeneração", somada a uma repetida ênfase na necessidade de "fases diferentes" de desenvolvimento por meio de um "trabalho progressivo do tempo", indica claramente que, nesse aspecto, o poder da política deve ser muito limitado. Portanto, esperar a geração de uma nova espontaneidade (ou seja, uma forma de intercâmbio social e modo de atividade de vida que se torna uma "segunda natureza" para os produtores associados) por algum decreto político, mesmo que seja ele o mais esclarecido, é uma contradição em termos. Pois, enquanto a *distribuição* é imediatamente receptiva à mudança por decreto (e, mesmo assim, apenas em uma extensão estritamente limitada pelo nível de produtividade socialmente atingido), as condições materiais de *produção,* assim como sua organização hierárquica, permanecem, no dia seguinte à revolução, exatamente as mesmas que antes. É isso que, por um longo tempo, praticamente

---

[23] Karl Marx, *A guerra civil na França*, cit., p. 131-2.

impossibilita aos trabalhadores tornarem-se "produtores livremente associados", tal como previsto antecipadamente, mesmo sob circunstâncias politicamente mais favoráveis.

Além disso, a limitação de que a "regeneração" socialista "da humanidade" exige também "harmoniosa coordenação nacional e internacional" coloca novamente a política em perspectiva, pois é da natureza do voluntarismo político deturpar também essa dimensão do problema, pois trata a não realização das exigências marxianas como uma deficiência simplesmente política pela qual suas próprias políticas não podem ser responsabilizadas. É a famosa "argumentação em círculo", com sua autojustificação automática, ao passo que, na verdade, a "harmoniosa coordenação nacional e internacional" se refere às condições vitais do próprio trabalho: o profundo inter-relacionamento das estruturas econômicas objetivas em escala global.

É essa, portanto, a verdadeira natureza do "trabalho de regeneração", a verdadeira magnitude de sua objetividade multidimensional. A dominação do capital sobre o trabalho é de caráter fundamentalmente *econômico*, não político. Tudo o que a política pode é fornecer as "garantias políticas" para a continuação da dominação já materialmente estabelecida e enraizada estruturalmente. Consequentemente, a dominação do capital não pode ser quebrada no nível da política, mas apenas as garantias de sua organização *formal*. Isso explica por que Marx, mesmo em suas referências mais positivas à estrutura política da Comuna de Paris, a define *negativamente* como "alavanca para *desarraigar* o fundamento econômico sobre o qual descansa a existência das classes e, por conseguinte, da dominação de classe", vendo a tarefa positiva "na emancipação econômica do trabalho"[24]. E, mais adiante, no mesmo trabalho, Marx compara a força pública organizada, o poder do Estado da sociedade burguesa a uma *máquina* política que perpetua pela força a escravidão social dos produtores de riqueza pelos seus apropriadores, a *dominação econômica do capital sobre o trabalho*:

> Seu caráter político mudou simultaneamente com as mudanças econômicas da sociedade. No mesmo passo em que o progresso da moderna indústria desenvolvia, ampliava e intensificava o antagonismo de classe entre o capital e o trabalho, o poder do Estado foi assumindo cada vez mais o caráter de poder nacional do capital sobre o trabalho, de uma força política organizada para a escravização social, de uma simples máquina do despotismo de classe.[25]

---

[24] Ibidem, p. 59.
[25] Ibidem, p. 182.

426 *Para além do Leviatã*

Novamente, fica bastante claro qual deveria ser o objetivo fundamental da transformação socialista.

Devemos sublinhar aqui que os adversários de Marx falharam completamente em compreender a necessária interligação entre *Estado, capital e trabalho*, e a existência de planos e dimensões absolutamente diferentes de mudança possível. Dada sua relação de autossustentação recíproca, Estado, capital e trabalho poderiam apenas ser eliminados simultaneamente, como resultado de uma transformação estrutural radical de todo o sociometabolismo. Nesse sentido, nenhum dos três poderia ser "derrubado nem abolido", mas apenas "transcendido e superado". Esse limite, por sua vez, necessariamente traz consigo a extrema complexidade e a temporalidade de longo prazo de tais transformações.

Ao mesmo tempo, todos os três têm uma dimensão imediatamente acessível à mudança, sem o que a própria ideia de uma transformação socialista seria nada mais que um sonho. Ela consiste na especificidade social de suas formas de existência historicamente prevalecentes, quer dizer, no nível atingido de concentração e centralização do capital ("monopólio/imperialista", "semifeudal", "colonial dependente", "subdesenvolvido", "orientado pelo complexo-industrial-militar", ou o que quer que seja); na correspondente variedade das formações estatais específicas (do Estado bonapartista à Rússia tsarista logo antes da revolução, e dos Estados "liberais" que dirigem os impérios francês e britânico até o fascismo e até as variedades atuais de ditadura militar empenhadas no "desenvolvimento" neocapitalista, sob a tutela de nossas grandes democracias); e, finalmente, em todas as formas e configurações específicas mediante as quais o "trabalho assalariado", em íntima conjunção com a forma dominante de capital, redesenham as práticas produtivas de cada país, permitindo que o capital funcione como um sistema global verdadeiramente interligado.

Era nesse nível de especificidade sócio-histórica que se deveria ver, como um primeiro passo, a intervenção direta sob a forma "derrubada/abolição". Mas o sucesso dependia de compreender a dialética do historicamente específico com o trans-histórico, ligando o necessário primeiro passo do que poderia ser imediatamente derrubado com a tarefa *estratégica* de uma longa e sustentável "transcendência/superação" do próprio capital (e não apenas do capitalismo), do Estado em todas as suas formas (e não apenas do Estado capitalista) e da *divisão do trabalho* (e não apenas do trabalho assalariado). E, apesar de a revolução *política* poder ter sucesso nas tarefas imediatas, apenas a revolução *social* concebida por Marx – com seu "trabalho" positivo de "regeneração" – pode prometer realizações duradouras e transformações estruturais verdadeiramente irreversíveis.

Crítica da filosofia política de Hegel

O argumento definitivo de Bakunin em favor da abolição imediata do Estado era uma referência à natureza humana, a qual, alegava ele, seria tentada pela existência do Estado a perpetuar o domínio da minoria privilegiada sobre a maioria. Desse modo curioso, o "anarquismo libertário" expôs sua ascendência liberal-burguesa, com todas as suas contradições. Pois a teoria liberal do Estado foi fundada na contradição autoproclamada entre a presumida *harmonia* total das *finalidades* (as finalidades necessariamente desejadas pelos indivíduos, em virtude de sua "natureza humana") e a total *anarquia dos meios* (a escassez *necessária* de mercadorias e recursos, o que faz com que lutem e, por fim, destruam uns aos outros pelo *bellum omnium contra omnes*, a não ser que de algum modo eles tenham sucesso em estabelecer sobre e acima de si próprios uma força repressora *permanente*, o Estado burguês). Assim, *Deus ex machina*, o Estado foi inventado para transformar "anarquia em harmonia" (para harmonizar a anarquia dos meios com o postulado, que confunde realidade com desejo, da harmonia das finalidades), reconciliando o violento antagonismo dos dois fatores *naturais* – "natureza humana" e escassez material – graças à absoluta permanência de seu próprio "artifício", para utilizar uma expressão de Marx. O fato de que a "natureza humana" estipulada fosse somente um pressuposto egoísta, e a "escassez", uma categoria inerentemente *histórica*, tinha de permanecer oculto na teoria liberal sob as múltiplas camadas de *circularidade*. Foi esta última que permitiu aos representantes do liberalismo moverem-se com liberdade, para a frente e para trás, e a partir das premissas arbitrárias, estabelecendo sobre os fundamentos aprioristicos de tal circularidade ideológica a "eterna legitimidade" do Estado liberal em direção às conclusões almejadas.

Bakunin, em sua versão da relação estipulada entre o Estado e a "natureza humana" arbitrariamente postulada, simplesmente inverteu a equação, alegando que a tendência *natural* à dominação de *classe* (que noção mais absurda!) desaparecerá, de algum modo misterioso, com a imediata abolição revolucionária por decreto do Estado. E, já que a política elitisticamente concebida do "Estado geral" continuou a ser a estrutura de referência do ato ilusório de autoabolição de Bakunin, que toma desejo por realidade, as referências à "natureza humana", mais uma vez, poderiam apenas servir ao propósito de legitimar a circularidade autoperpetuante da política.

Marx, em comparação, insistiu que o ato político de decretar a autoabolição não é mais que uma autocontradição, já que apenas a radical reestruturação da *totalidade* da prática social pode atribuir à política um papel cada vez menor. Ao mesmo tempo, ele sublinhou que desafiar criticamente as concepções predominantes e arbitrárias de "natureza humana" – pois a "natureza humana" na realidade nada

428 *Para além do Leviatã*

mais era que a "comunidade de homens"[26], o "conjunto das relações sociais"[27] – era uma condição elementar para escapar da camisa de força da circularidade política herdada.

* * *

Naturalmente, a circularidade em questão não era apenas um constructo filosófico mas, como veremos em um momento, o reflexo teórico da perversidade prática da autorreprodução política da sociedade de classes através dos tempos. É por isso que Marx a manteve à frente de suas preocupações também em sua *Crítica da filosofia do direito de Hegel*.

Comentando a definição de Hegel de monarquia ("O povo, sem seu monarca e sem a articulação do todo que precisamente por isso se relaciona com ele necessária e imediatamente, é a massa informe, que já não é um Estado")[28], Marx escreveu: "Tudo isso é uma tautologia. Se um povo tem um monarca e uma articulação necessária e diretamente relacionada com ele, quer dizer, se ele está organizado como monarquia, então ele, uma vez excluído dessa articulação, é uma massa informe e uma simples representação geral"[29].

Se um grande filósofo como Hegel incorre em tais violações da lógica, deve haver nisso mais que mera "confusão conceitual", esse *trouvaille* pseudoexplicatório da "filosofia analítica" que "explica" o que denomina "confusão conceitual", afirmando circularmente a presença da confusão conceitual.

De tautologia em tautologia, o salto de Hegel – da definição que acabamos de ver da monarquia para a determinação circular da esfera política, e da caracterização tautológica da "classe universal" para fornecer a "racionalidade do Estado" pela sua mera asserção – é um traço marcante, mas de modo algum exclusivo, de sua filosofia política. Sob tudo isso encontramos as determinações ideológicas que induzem a teoria liberal como um todo a inferir, a partir de premissas insustentáveis,

---

[26] "Mas a *comunidade* da qual o trabalhador está isolado é uma comunidade cuja característica e abrangência são inteiramente diferentes das da comunidade *política*. Essa comunidade, da qual o trabalhador está separado por seu trabalho, é a própria vida, a vida física e espiritual, a moralidade humana, a atividade humana, o prazer humano, a essência humana. A essência humana é a verdadeira comunidade humana. E, assim como o desesperado isolamento dela é incomparavelmente mais universal, insuportável, pavoroso e contraditório do que o isolamento da comunidade política, assim também a supressão desse isolamento e até uma reação parcial, uma revolta contra ele, é tanto mais infinita quanto mais infinito é o homem em relação ao cidadão e a vida humana em relação à vida política". Karl Marx, "Critical Marginal Notes on the Article by a Prussian", cit., p. 204-5 [ed. bras.: p. 89].

[27] Cf. Karl Marx e Friedrich Engels, "Feuerbach", em *A ideologia alemã*, cit.

[28] G. W. F. Hegel, citado em Karl Marx, *Crítica da filosofia do direito de Hegel*, cit., p. 49.

[29] Idem.

Apêndice IV 429

as conclusões desejadas (e vice-versa), de modo a ser capaz de "eternizar" as relações de produção burguesas junto a suas correspondentes formações estatais.

O específico de Hegel foi que, vivendo em uma conjuntura histórica que exibia uma forma aguda de explosão dos antagonismos sociais – da Revolução Francesa às guerras napoleônicas e à aparição do movimento da classe trabalhadora como uma força hegemônica que visa a seu modo de controle sociometabólico como uma alternativa radical ao já existente –, ele tinha de enfrentar abertamente as muitas contradições que permaneceram ocultas de seus antecessores. Se Hegel foi mais inventivo em sua filosofia do que aqueles antecessores, foi porque, em larga medida, tinha de ser muito menos "inocente" na tentativa de abranger e integrar em seu sistema uma ordem muito maior de problemas e contradições com que eles nem sequer poderiam sonhar. Se, ao fim, ele só conseguiu realizá-lo de um modo lógico/abstrato, frequentemente circular/definicional e intelectualizado, isso se deveu primariamente aos tabus insuperáveis do "ponto de vista econômico-político" da burguesia. O que ele teve de pagar, por compartilhar esse ponto de vista, foi a fusão mistificadora das categorias da *lógica* com as características objetivas do *ser*, tentando conjurar o impossível, a saber, a "conciliação" final das contradições antagônicas da realidade sócio-histórica percebida.

* * *

A caracterização hegeliana da "classe universal" é um exemplo gráfico de tal circularidade e confusão ideológica. "O estamento universal, que se dedica mais de perto ao serviço do governo, tem imediatamente em sua determinação o universal como fim de sua atividade essencial."[30]

Pela mesma razão, a "classe não oficial", ao "renunciar a si própria", demonstra sua adaptabilidade para se encaixar no esquema hegeliano das coisas, de modo a adquirir um verdadeiro significado político. Mas, como Marx corretamente comenta, o ato político alegado da "classe não oficial" é uma "completa transubstanciação", pois "nele, a sociedade civil deve separar-se de si completamente como sociedade civil, como estamento privado, e deve fazer valer uma parte de seu ser, aquela que não somente não tem nada em comum com a existência social real de seu ser, como antes a ele se opõe diretamente"[31].

Desse modo, a universalidade fictícia (pela essência estipulada) da "classe universal" traz com ela a redefinição igualmente dúbia das forças reais da "sociedade civil", de tal modo que as contradições do mundo social deveriam ser conciliadas, de acordo com a "Ideia", no domínio idealizado do Estado hegeliano.

---

[30] Ibidem, p. 119.
[31] Ibidem, p. 94.

430   *Para além do Leviatã*

Como afirma Marx, "A burocracia é um círculo do qual ninguém pode escapar"[32]. Isso porque ela constitui o centro operativo de um constructo circular que reproduz, ainda que de modo desnorteante, a perversidade real do mundo burguês. Ou seja, o Estado político, visto como uma abstração da "sociedade civil", não é uma invenção de Hegel, mas o resultado dos desenvolvimentos capitalistas. Nem "fragmentação", "atomismo", "parcialidade", "alienação" etc. são ficções da imaginação de Hegel, não importa o quanto ele as trate idealisticamente, mas características objetivas do universo social dominante, como é o desafio da "universalidade" anteriormente mencionado. De fato, Marx não dá as costas para essa problemática. Ele a reorienta para seu fundamento objetivo, insistindo que "a supressão da burocracia só pode se dar contanto que o interesse universal se torne *realmente* – e não, como em Hegel, apenas no pensamento, na abstração – interesse particular, o que é possível apenas contanto que o interesse *particular* se torne realmente *universal*"[33].

Em outras palavras, o círculo da burocracia (e da política moderna em geral) é um círculo muito real, do qual se deve organizar um escape igualmente real.

Marx também reconhece que: "O mais profundo em Hegel é que ele percebe a separação da sociedade civil e da sociedade política como uma *contradição*. Mas o que há de falso é que ele se contenta com a *aparência* dessa solução e a faz passar pela coisa mesma"[34]. O fato de Hegel não poder encontrar uma saída para a contradição percebida é, novamente, não sua limitação pessoal, pois a prática de simplesmente presumir uma relação necessária entre uma "sociedade civil" (esgarçada por suas contradições) e o Estado político (que resolve ou, ao menos, mantém em equilíbrio essas contradições) era, como vimos, um traço característico da teoria liberal em geral, cumprindo, graças à sua circularidade a-histórica, uma função apologética/social muito necessária. Quando Hegel "pressupôs a *separação* da sociedade civil e do Estado político (uma situação moderna) e a desenvolveu como *momento necessário da Ideia*, como verdade absoluta racional"[35], ele meramente adaptou a prática geral da teoria liberal às exigências específicas do próprio discurso filosófico.

A grande deficiência na abordagem de Hegel é o modo como ele trata a necessidade da "mediação" (embora não se possa realçar o suficiente que a dificuldade de mediação existe para ele como um problema constantemente recorrente, enquanto na teoria liberal em geral ela tende a ser estreitamente reduzida à questão de uma instrumentalidade "equilibrante", mais ou menos já feita, quando não é completamente ignorada). Hegel percebe que, se o Estado deve cumprir as funções vitais de totalização e conciliação a ele atribuídas em seu sistema, deve ser

---

[32] Ibidem, p. 66.
[33] Ibidem, p. 67.
[34] Ibidem, p. 93.
[35] Ibidem, p. 91.

Apêndice IV   431

constituído como uma entidade *orgânica,* adequadamente fundida à sociedade e não mecanicamente superposta a ela. Nesse espírito, ele prossegue afirmando que

> é uma preocupação primordial do Estado que a *classe média* deva ser desenvolvida, mas isso apenas pode ser feito se o Estado for uma unidade orgânica como aquela aqui descrita, isto é, pode ser feito apenas *concedendo autoridade a esferas de interesses particulares,* que são relativamente independentes, e nomeando um exército de funcionários cuja arbitrariedade pessoal seja quebrada contra tais corpos autorizados.

Contudo, o problema é que o quadro que se nos apresenta não passa de uma versão estipulada/idealizada da formação estatal política da "sociedade civil" dividida, que preserva todas as divisões e contradições existentes enquanto, de modo conveniente, conjura suas destrutividades últimas. Marx coloca em seu comentário anexado a essas linhas: "Certamente, apenas em uma tal organização o povo pode aparecer como *um* estamento, o *estamento médio*; mas é uma organização aquilo que se mantém em funcionamento mediante o equilíbrio dos privilégios?"[36].

Desse modo, a solução divisada é até mesmo autocontraditória (definindo "organicidade" em termos de um "equilíbrio" instável de forças hostis centrífugas), para não mencionar seu caráter fictício que atribui um remédio *permanente* com base numa conflitualidade real sempre crescente. Nessa *Aufhebung,* que confunde realidade com desejo, das crescentes contradições sociais por meio do círculo mágico de uma burocracia onisciente e da expansão, enviada dos céus, da "classe média", recebemos o verdadeiro modelo de todas as teorias de acomodação social do século XX: de Max Weber à "revolução gerencial", de Max Scheler e Mannheim ao "fim da ideologia", e de Talcott Parsons à "sociedade pós-industrial orientada-pelo--conhecimento" da "modernidade" e "pós-modernidade" como a solução definitiva. (Mas, perceba-se novamente, Hegel apenas diz que essa classe média *"deveria ser* desenvolvida", enquanto os apologetas do século XX alegam que ela *realmente* já se realizou, trazendo consigo o fim de todas as principais contradições sociais[37].)

---

[36] Ibidem, p. 72.

[37] Mannheim, por exemplo, que entusiasticamente aprova a ideia grotesca de Scheler de que a nossa é "a época da equalização" [*Zeitalter des Ausgleichs*], ao mesmo tempo alega que antigas classes antagônicas "estão agora, de uma forma ou de outra, se fundindo uma na outra", em seu *Ideology and Utopia* (Londres, Routledge & Kegan Paul, 1936), p. 251. Ele acrescenta a essa ficção outra pitada de fantasia sobre a *"intelligentsia* que flutua livremente" [*freischwebende Intelligenz*] – um primo em primeiro grau do burocrata "universal" de Hegel –, que supostamente deve "subsumir em si própria todos aqueles interesses nos quais é permeada a vida social" (ibidem, p. 140). Discuti esses problemas em um artigo intitulado "Ideology and Social Science", publicado em 1972 na *The Socialist Register* e reimpresso em meu livro *Philosophy, Ideology and Social Science* (Nova York,

432   *Para além do Leviatã*

Na realidade, o Estado político moderno não se constitui como uma "unidade orgânica", mas, pelo contrário, foi imposto às classes *subordinadas* a partir das relações de poder *materiais* já prevalecentes da "sociedade civil", no interesse preponderante (e não cuidadosamente "equilibrado") do capital. Desse modo, a ideia hegeliana de "mediação" apenas poderia ser uma falsa mediação, motivada pelas necessidades ideológicas de "conciliação", "legitimação" e "racionalização" (esta última no sentido de aceitar e idealizar as relações sociais prevalecentes).

A inconsistência lógica de Hegel emerge do solo de tais motivações. A facticidade e a separabilidade estabelecidas da "sociedade civil" e seu Estado político são simplesmente pressupostas como dadas e, como dadas, mantêm-se separadas; daqui, a tosca circularidade das "tautologias" hegelianas e definições autorreferentes. Ao mesmo tempo, a necessidade de produzir uma "unidade orgânica" gera a "circularidade dialética" mais sutil das mediações (que termina por ser tudo, menos dialética). O cruzamento de referências recíprocas arranjadas ao redor de um termo médio cria a aparência de um movimento e de uma progressão genuína, enquanto de fato reflete e reproduz a autossustentável facticidade dual da ordem social dada ("sociedade civil" e sua formação estatal política), só que agora em uma forma filosófica abstrata dedutivamente "transubstanciada".

Como observa Marx:

> No momento em que os estamentos sociais são, como tais, políticos, não é necessária aquela mediação, e, no momento em que a mediação é necessária, o estamento social não é político, e tampouco o é, portanto, aquela mediação. O proprietário fundiário é uma parte do elemento político-estamental não como proprietário fundiário, mas como cidadão do Estado, enquanto ao contrário (quando ele é cidadão do Estado quando proprietário fundiário ou é proprietário fundiário quando cidadão do Estado), sua qualidade de cidadão do Estado é a sua qualidade de proprietário fundiário: ele não é cidadão do Estado porque proprietário fundiário, mas proprietário fundiário porque cidadão do Estado! Eis aqui, portanto, uma inconsequência de Hegel no interior de seu próprio modo de ver, e uma tal inconsequência é acomodação.[38]

Ao fim, o que desmascara o jogo é o caráter apologético de sua "mediação"; o jogo se revela como uma reconstrução sofisticada da realidade dual a-historicamente presumida – e como tal eternizada – no interior do discurso de Hegel, e absolutamente não como mediação. Como coloca Marx:

St. Martins, 1986), p. 1-56 [ed. bras.: "Filosofia, ideologia e ciência social", em *Ideologia e ciência social*, São Paulo, Ensaio, 1993].

[38] Karl Marx, *Crítica da filosofia do direito*, cit., p. 112.

Hegel concebe, em geral, o *silogismo* como termo médio, como um *mixtum compositum*. Pode-se dizer que, em seu desenvolvimento do silogismo racional, toda a transcendência e o místico dualismo de seu sistema tornam-se evidentes. O termo médio é o ferro de madeira, a oposição dissimulada ente universalidade e singularidade.[39]

A deficiência lógica aqui referida é, portanto, não uma questão de se desconhecer conceitualmente a diferença entre "universalidade" e "singularidade", mas uma perversa necessidade de velar a inconciliável oposição entre elas conforme se confrontam mutuamente na realidade social. Pior ainda, a necessidade de preservar o dado em sua facticidade do minante produz uma reversão do conjunto real de relações à medida que desconsidera o novo potencial universal/hegemônico do trabalho e apresenta de forma deturpada uma *parcialidade subserviente* – a burocracia estatal idealizada – como "universalidade verdadeira". Isso explica por que o grandioso empreendimento do "silogismo racional" hegeliano culmina na modalidade prosaica da racionalização apologética. Compreensivelmente, portanto, a "espada de madeira" da falsa mediação apenas consegue esculpir nas dunas de areia de seu universo conceitual uma representação simbólica do mundo burguês dual. (Isso é ainda mais revelador em vista da rejeição explícita de Hegel – poderia ser pela voz da "má consciência"? – de todas as formas de dualismo filosófico.)

Tudo isso de modo algum é surpreendente. Uma vez que a circularidade recíproca da "sociedade civil" e seu Estado político é presumida como uma premissa absoluta da teoria política, as "regras do jogo" se impõem com determinação férrea. É doloroso acompanhar a estatura de um pensador como Hegel, sob o impacto de tais determinações, reduzindo-se quase ao ponto de escrever "besteiras de colegial". É assim que Marx caracteriza a camisa de força que Hegel se impôs:

> O príncipe deveria, por conseguinte, fazer-se, no poder legislativo, de termo médio entre o poder governamental e o elemento estamental; porém, o poder governamental é justamente o termo médio entre ele e a sociedade estamental, e esta é o termo médio entre ele e a sociedade civil! Como deveria ele mediar aqueles de quem ele tem necessidade, como seu termo médio, para não ser um extremo unilateral? Aqui se evidencia todo o absurdo desses extremos, que desempenham alternadamente ora o papel de extremos, ora o de termo médio [...] É uma complementação recíproca. [...] Tal como o leão no *Sonho de uma noite de verão,* que exclama: "Eu sou um leão e não sou um leão, eu sou Marmelo". Assim, cada extremo é, aqui, ora o leão da oposição, ora o Marmelo da mediação [...] É notável que Hegel, que reduz esse absurdo à sua expressão abstrata, lógica, por isso não falseada, intransigível, o designe, ao mesmo tempo, como o *mistério especulativo* da lógica, como a relação racional,

---

[39] Ibidem, p. 101.

434 *Para além do Leviatã*

como o silogismo racional. Extremos reais não podem ser mediados um pelo outro, precisamente porque são extremos reais. Mas eles não precisam, também, de qualquer mediação, pois eles são seres opostos.[40]

Vendo o naufrágio de Hegel nos recifes de sua falsa mediação, Marx percebeu que era a própria premissa da política que necessitava de uma drástica revisão para se quebrar o círculo vicioso. Enquanto a "mediação" permanecesse presa ao Estado político e sua firme base de apoio, a "sociedade civil" estabelecida, a aspiração crítica da teoria política tinha de ser sistematicamente frustrada, admitindo apenas uma margem institucionalmente limitada de protestos facilmente integráveis. Divisar mudanças *estruturais* em termos das premissas aceitas estava *a priori* fora de questão. Pois a ordem prevalecente consegue reproduzir a si própria ligando a filosofia ao peso morto da imobilidade dualística, restringindo a "mediação" à circularidade interessada do discurso político tradicional.

* * *

Há épocas na história – normalmente em períodos de transição – em que as contradições internas das formações sociais particulares vêm à tona com maior clareza do que em circunstâncias normais. Isso porque, em tais épocas, as forças principais do confronto social em andamento defendem suas demandas rivais mais claramente como alternativas hegemônicas entre si, o que confere não apenas uma maior fluidez, mas também uma maior transparência ao processo social. Quando as forças em disputa se acalmam, em modo de interação mais firmemente regulado (na verdade, em uma larga extensão, tornado rotineiro ou institucionalizado), sob o predomínio de uma delas – e, para os participantes, por um período de tempo que parece indeterminado –, as linhas de demarcação social se tornam cada vez mais obscuras. O conflito, que anteriormente era agudo, perde sua borda cortante e seus animadores parecem ser assimilados ou "integrados", pelo menos naquela hora.

A filosofia de Hegel é o produto de um período histórico de fluidez dramática e relativa transparência. Apropriadamente, ele completou a monumental síntese de *A fenomenologia do espírito* em Iena no período em que Napoleão – o sujeito de suas maiores esperanças de transformação radical nas estruturas sociais anacrônicas do *Ancien Régime* por toda a Europa – estava dispondo suas forças para uma batalha decisiva nas colinas próximas. E, mesmo que no período em que escrevia *Filosofia do direito* houvesse se acomodado em um espírito mais conservador, sua filosofia como um todo enfrentou e corporificou – apesar de suas mistificações – as contradições

---

[40] Ibidem, p. 104.

dinâmicas do mundo ainda-não-estabelecido do capital, junto ao sóbrio reconhecimento do potencial histórico-mundial ameaçador de seu antagonista.

Dada a vastidão da visão hegeliana, e o modo como articula as complexidades incomensuráveis de sua era irrequieta com seus ciclos aparentemente intermináveis de revoluções e levantes contrarrevolucionários, Marx não poderia ter tido um ponto de partida mais fértil em seu "acerto de contas crítico" com a perspectiva do capital. Pois o sistema hegeliano demonstrou – conscientemente, por meio de seus *insights* genuínos, e inconscientemente, graças a suas contradições e mistificações impostas pela classe a que pertencia – o imenso papel que joga a política na autorreprodução ampliada do mundo dominado pelo capital; e *vice-versa*: de que modo elementar a "sociedade civil" do sistema do capital molda e reproduz a formação política à sua própria imagem. O segredo último da assustadora e nua circularidade da sofisticada filosofia política de Hegel é este: o círculo real da reprodução autoampliadora do capital do qual parece não haver saída, graças aos *círculos duais* que se interconectam da "sociedade civil/Estado político" e "Estado político/sociedade civil", com sua *pressuposição* e sua *derivação* recíprocas, e com o capital no âmago de ambos.

Desse modo, o dualismo abstrato da filosofia política de Hegel se revela como expressão sublimada da sufocante realidade de uma circularidade concêntrica-dual por meio da qual o capital politicamente reproduz a si próprio: definindo, *a priori*, os próprios termos e a moldura da "reforma" que promete "superar" (através de alguma "mediação" fictícia) suas profundas deficiências estruturais, sem o menor questionamento do fatal poder imobilizador do próprio círculo político. Isso explica por que a tarefa da emancipação tinha de ser radicalmente redefinida em termos de ruptura com o círculo vicioso da política como tal. Isso devia ser feito, segundo Marx, de modo a tornar possível a continuação da luta contra o poder do capital no nível que de fato importa: muito além das falsas mediações da própria política, no próprio solo material do capital.

5. O deslocamento das contradições do capital

Marx elaborou sua concepção da alternativa socialista no estágio final desse dramático período de transição, pouco antes de o capital conseguir consolidar firmemente em escala global sua posição recém-conquistada: primeiro, quando resolveu suas rivalidades nacionais para o próximo período histórico por meio das guerras napoleônicas; e depois quando estendeu impiedosamente sua esfera de dominação aos cantos mais distantes do planeta por intermédio de seus vários impérios. Seus anos de formação coincidem com a aparição desafiadora da classe trabalhadora como uma força política independente por toda a Europa, culminando com as

436 *Para além do Leviatã*

realizações do movimento cartista na Inglaterra e os levantes revolucionários de crescente intensidade na França e na Alemanha na década de 1840.

Sob tais circunstâncias, a relativa transparência das relações sociais e suas contradições antagônicas favoreceram muito a formulação da síntese abrangente de Marx, que traçou conscientemente a dinâmica das tendências fundamentais de desenvolvimento. Ele sempre procurava a configuração "clássica"[41] de forças e eventos, esclarecendo seu significado estrutural último, mesmo quando partia da cotidianidade bruta de suas manifestações fenomênicas[42]. Sem dúvida, foi sua capacidade de situar o menor dos detalhes no interior de perspectivas as mais amplas que levou Engels a escrever em 1886: "Marx estava acima, viu mais longe e tinha uma visão mais ampla e rápida que todos nós"[43].

Mas claro, para se realizar, essa capacidade tinha de encontrar seu complemento objetivo na própria realidade sócio-histórica dada. Pois, do ponto de vista de um talento individual, por maior que fosse, teria sido fútil ver mais longe e amplamente se tudo o que ele pudesse perceber não passasse de contornos vagos de complexidades confusas, com base em movimentos sociais inconsistentes, tendentes a obscurecer as verdadeiras linhas de demarcação e – preocupado com as estreitas práticas de acomodação e compromisso – evitando como praga toda articulação aberta de seus antagonismos latentes. O deserto intelectual da época da social-democracia reformista é um testemunho eloquente dessa depressiva verdade.

---

[41] Muito antes de analisar as condições "clássicas" do desenvolvimento capitalista na Inglaterra e dos escritos de "economia política inglesa, isto é, o reflexo científico das condições econômicas inglesas" ("Critical Marginal Notes on the Article by a Prussian", cit., p. 192 [ed. bras.: p. 73]), Marx discutiu o redemoinho político da Alemanha nos mesmos termos, insistindo que o país "tem uma vocação tão *clássica* para a revolução *social* quanto é incapaz de uma revolução *política*" (ibidem, p. 202 [ed. bras.: p. 85]), grifos de Marx.

[42] As obras *O 18 de brumário de Luís Bonaparte* e *A guerra civil na França* são exemplos poderosos desse feito marxiano. Em ambas, ele parte da "imediaticidade ainda quente" dos eventos correntes – que amedrontam os historiadores tradicionais – e, integrando-os às tendências históricas prevalecentes nitidamente delimitadas, retira deles alguns *insights* teóricos muito importantes. Os últimos iluminam não apenas os próprios eventos investigados, mas simultaneamente também a época como um todo, assim se transformando em novos elementos e evidências adicionais para apoiar a visão de Marx em constante desenvolvimento. A capacidade de tratar fatos e eventos é inseparável da inflexibilidade apodítica da visão global que o guia (determinando, desse modo, também a metodologia de sua orientação "clássica" na concepção e na apresentação de suas proposições teóricas fundamentais). As condições de possibilidade de tais visões eram precisamente a fluidez e a transparência de uma era de transição – com a relativa abertura e clareza de propósitos das alternativas em disputa – que caracterizaram a confrontação social dos anos de formação de Marx.

[43] Friedrich Engels, "Ludwig Feuerbach and the End of Classical German Philosophy", em Karl Marx e Friedrich Engels, *Selected Works*, v. 2 (Moscou, Progress, 1951), p. 349 [ed. bras.: "Ludwig Feuerbah e o fim da filosofia clássica alemã", em Karl Marx e Friedrich Engels, *Textos*, v. 1, São Paulo, Sociais, 1977, p. 103, n. 1].

Foi a coincidência histórica do tipo e da intensidade das qualidades pessoais de Marx com a transparência dinâmica da época de seus anos de formação que lhe permitiu elaborar os contornos fundamentais – o verdadeiro *Grundrisse* – da alternativa socialista. Ao definir o significado da política socialista como a total restituição dos poderes de decisão usurpados à comunidade de produtores associados, Marx lançou o núcleo sintetizador de todas as estratégias radicais que podem emergir sob as condições variáveis de desenvolvimento. A validade desses contornos se estende a todo o período histórico que vai da dominação mundial do capital à sua crise estrutural e dissolução final, e ao estabelecimento positivo de uma sociedade verdadeiramente socialista em escala global.

Contudo, ao sublinhar a validade da visão global de Marx para a sua época, enfatizar suas ligações orgânicas com a relativa transparência da época que a tornou possível, não se pretende sugerir que as épocas sejam mais que puras bênçãos para a teoria, no sentido de não imporem qualquer limitação para a visão de mundo que se originou de seu solo. Pois, precisamente porque colocam agudamente em relevo as polaridades e alternativas básicas, elas tendem a empurrar para segundo plano tendências e modalidades de ação que apontam em direção à reprodução continuada da ordem social prevalecente; assim como extensos períodos de compromisso e acomodação criam um clima geral de opinião que desencoraja fortemente a articulação da crítica radical, tachando-a, para descartá-la, de "messiânica" ou "apocalíptica".

Marx estava à vontade quando as manifestações da crise atingiram seu momento mais intenso. Pela mesma razão, experimentou grandes dificuldades a partir da década de 1870 (que representa um período de grande sucesso na expansão global do capital). Tais dificuldades foram não apenas de ordem política, em relação a algumas importantes organizações da classe trabalhadora, mas também de ordem teórica, ligadas à avaliação da nova guinada nos acontecimentos. Como reflexo disso, a produção intelectual de seus últimos quinze anos não é comparável com a década e meia anterior, nem mesmo com os quinze anos precedentes.

Não que o Marx maduro tenha alterado sua abordagem. Pelo contrário, sua obra retém a mais extraordinária unidade mesmo sob circunstâncias *internamente* as mais difíceis. Ao longo de toda a sua vida ele procurou tendências e sinais de desenvolvimento que poderiam fornecer evidências cumulativas para a validade de seus "contornos fundamentais". Elas jorravam durante a fase histórica das alternativas mais nítidas, abertas e transparentes; tanto foi assim que, de fato, a duras penas puderam ser contidas no trabalho maciço de explosão criativa de seus primeiros 25 anos. Dada a então prevalecente correlação de forças e a grande fluidez da situação sócio-histórica geral, a possibilidade do colapso estrutural do capital era *objetiva*. Foi essa possibilidade que encontrou sua vigorosa articulação nos escritos correspondentemente dramáticos de Marx. Aqueles eram tempos, quando até o *London Economist* teve de admitir – como Marx citou entusiasticamente em carta

438 *Para além do Leviatã*

a Engels –, em que o capital, por toda a Europa, "escapou por um fio de cabelo do *crash* iminente"[44].

As dificuldades começaram a se multiplicar para ele quando tais possibilidades imediatas retrocederam, abrindo novas válvulas de escape para a estabilização e a expansão que o capital não deixou de explorar em seu desenvolvimento global subsequente. Foi sob tais condições, com alternativas contraditoriamente objetivas no *interior* das classes principais nos dois lados do grande divisor – e não apenas *entre* eles –, que também as divisões internas, nas estratégias práticas do movimento da classe trabalhadora, emergiram com força, induzindo Marx a escrever, ao fim de seus comentários ao Programa de Gotha, com um tom de resignação militante: *dixi et salvavi animam meam*, como vimos.

Dois pontos devem ser firmemente esclarecidos nesse contexto. Primeiro, que o desaparecimento de algumas possibilidades objetivas, historicamente específicas de mudança, não elimina as contradições fundamentais do próprio capital, como modo de controle sociometabólico, e, portanto, não invalida o conjunto da teoria de Marx, que se refere ao último. E, segundo, que uma tentativa de identificar as dificuldades e dilemas em algumas das conclusões de Marx não é a projeção de uma "tentativa de explicar o passado" de sua obra (que seria totalmente a-histórica, portanto inadmissível), mas se apoia em elementos explícitos ou implícitos de seu próprio discurso.

Com certeza, os apologistas da ordem estabelecida saúdam cada escapada da crise como sua vitória final, e como a refutação definitiva do marxismo. Já que eles não podem, nem vão, pensar em termos históricos, também não conseguem compreender que os *limites do sistema do capital* podem de fato se expandir historicamente – por meio da abertura de novos territórios, protegidos por impérios coloniais, ou pelos modos mais modernos de "neocapitalismo" e "neocolonialismo". Do mesmo modo, eles podem se expandir graças à "colonização interna", isto é, pelo estabelecimento implacável de novas válvulas de escape nos próprios países, protegendo as condições de sua expansão sustentada por uma exploração mais intensiva tanto do produtor como do consumidor etc. – sem se livrar dos *limites estruturais* e contradições do próprio capital.

A estrutura teórica de Marx pode facilmente resistir a essas refutações que confundem desejo com realidade, pois se orienta pelas contradições centrais do capital, seguindo seu desdobramento desde os estágios iniciais de desenvolvimento até a dominação global e a desintegração final dessa força controladora da produção social. Na escala de tempo historicamente mais ampla – que vem a ser a temporalidade adequada das categorias básicas investigadas por Marx –, a evidência histórica

---

[44] Carta de Karl Marx a Friedrich Engels, 8 dez. 1857, em Karl Marx e Friedrich Engels, *Marx-Engels-Werke* [doravante MEW], v. 29 (6. ed., Berlim, Dietz, 1987), p. 225.

específica é relevante nessa estrutura de análise quando afeta as relações estruturais básicas. Julgar tal sistema teórico – que se preocupa primariamente com os limites *últimos* do capital e com as condições/necessidades para alcançá-los – na temporalidade de curto prazo, das alegadas "previsões" do que exatamente trará ou não o dia depois de amanhã, é completamente fútil, se não for hostilidade estridente travestida de uma indagação "científica" em busca de "verificação" ou "falsificação".

Marx seria de fato refutado se fosse possível provar que os limites do capital são expansíveis *indefinidamente*, ou seja, que o poder do capital é, ele próprio, ilimitado. Já que provar tal coisa é absolutamente impossível, seus adversários preferem *postulá-lo* como um axioma circular de seu próprio mundo de "engenharia social gradual". Essa, portanto, se converte na medida autoevidente de toda crítica e, como tal, por definição, não pode ser ela mesma o objeto de escrutínio e crítica. Ao mesmo tempo, o marxismo pode ser livremente denunciado e descartado como "ideologia inverificável", "holismo", "dedução metafísica", e sabe-se lá mais o quê.

Mas, mesmo para além dessas visões hostis, persiste uma séria incompreensão quanto à natureza do projeto de Marx. Por um lado, há a expectativa/acusação das implicações preditivas imediatas, ao lado da disputa de sua realização ou não realização, conforme possa ser o caso. Por outro lado, em completo contraste, encontramos a caracterização da concepção de Marx como um sistema que se autoarticula, quase dedutivo, sem conexões empíricas, seguindo regras próprias de "produção intelectual", graças às "descobertas", de algum modo misteriosas, de seu "discurso científico" acerca do "continente da história".

Contra a primeira incompreensão, uma vez que Marx visa à identificação das contradições fundamentais do capital e seus limites últimos, não há como se realçar demais que a caracterização da situação sócio-histórica dada (da qual podem se originar previsões para o futuro próximo) é sempre o objeto de múltiplas limitações, em vista do número virtualmente sem fim das variáveis em operação, e portanto deve ser tratada com extremo cuidado. Isso não é de modo algum uma cláusula escapatória convenientemente pré-fabricada, nem uma tentativa de se proteger das dificuldades em encarar a realidade nas brumas de um discurso autorreferente. A questão é que contradições podem ser *deslocadas* em virtude da inter-relação específica de determinadas forças e circunstâncias, e não pode haver qualquer modo *a priori* de prefigurar as formas concretas e fronteiras históricas particulares de deslocamento, quando, na verdade, as configurações dinâmicas da própria inter-relação são impossíveis de ser fixadas em um molde esquemático, arbitrário.

Dizer isso não implica, de modo algum, uma negação defensiva das aspirações de se fazer previsões e do valor da teoria marxista. A questão do deslocamento se refere à *especificidade* dessas contradições, e não à determinação dos *limites*

440 *Para além do Leviatã*

últimos do sistema do capital. Em outras palavras, as contradições do capital são deslocadas no *interior* de tais limites, e o processo de deslocamento pode continuar apenas até o ponto da *saturação* final do próprio sistema e o bloqueio das válvulas de escape expansionistas (cujas condições podem ser definidas com precisão), mas não infinita nem indefinidamente. Margens de deslocamento são criadas pela multiplicidade de contradições dadas em uma configuração específica e pelo desenvolvimento desigual, mas certamente não pelo *desaparecimento* das próprias contradições. Assim, os conceitos de "deslocamento", "saturação" e "crise estrutural" adquirem seus significados nos termos dos limites últimos do capital como sistema global, e não em termos de qualquer de suas formas transitórias. Deslocamento significa *postergar* (não liquidar) a saturação das válvulas de escape disponíveis e a maturação das contradições fundamentais. Também significa *estender* as fronteiras historicamente dadas do capital, mas não eliminar seus limites estruturais objetivos e explosivos. Em ambos os casos, estamos tratando de processos inerentemente temporais que antecipam um fechamento necessário dos ciclos envolvidos, apesar de, claro, na sua própria escala de tempo. E, enquanto tudo isso coloca as previsões da teoria marxista em sua devida perspectiva, também reafirma sua legitimidade e sua validade com maior ênfase em termos da escala de tempo apropriada.

Quanto ao alegado caráter dedutivo do discurso de Marx – alguns dizem, a mistura infeliz de dedutivismo hegeliano com cientificismo/positivismo/empirismo –, essa questão diz respeito à relação entre realidade e estrutura teórica. Sem dúvida, o método de apresentação de Marx e suas referências positivas a Hegel podem às vezes criar a impressão de um procedimento estritamente dedutivo. Além disso, as coisas são ainda mais complicadas pelo fato de Marx apoditicamente concentrar-se nas condições das determinações fundamentais; nas necessidades que operam em todas as relações sociais; no dinamismo objetivo das contradições que se desdobram; e na explicação dos fatos e ideias – desde que situados nos parâmetros de um fundamento material estritamente definido – em termos de uma sutil, mas não menos objetiva, necessidade de reciprocidade dialética.

Contudo, essa poderosa articulação das conexões necessárias, centrada em algumas categorias fundamentais – por exemplo, capital, trabalho, Estado moderno, mercado mundial etc. –, não significa a substituição da realidade social pela matriz dedutiva de um discurso autorreferente. Nem, de fato, a superposição de um conjunto de categorias abstratas da "ciência da lógica" sobre as relações reais, como acontece no caso de Hegel; categorias cujas conexões e derivações recíprocas são formalmente/dedutivamente/circularmente estabelecidas no solo mistificador de determinações ideológicas complexas, como vimos anteriormente.

O rigor apodítico da análise marxiana que emerge das conexões necessárias de seu sistema de categorias não é a característica *formal* de uma "prática teórica", mas seu modo de abranger a arquitetura *objetivamente* estruturada da totalidade social. As categorias, segundo Marx, não são constructos filosóficos atemporais, mas *DASEINFORMEN*: formas de ser, reflexos condensados das relações e determinações essenciais de sua sociedade. O que define com precisão o caráter teorizável de qualquer sociedade dada é a *configuração específica* de suas categorias objetivas determinantes. Nesse sentido, enquanto várias categorias da moderna sociedade burguesa se originaram em terrenos muito diferentes, algumas delas na verdade estão destinadas a se estender também para as formações pós-capitalistas; é a combinação única de CAPITAL, TRABALHO ASSALARIADO, MERCADO MUNDIAL e o ESTADO MODERNO que, *juntos*, identificam a *formação capitalista* em sua especificidade histórica.

O modo pelo qual algumas categorias cruzam as fronteiras de diferentes formações sociais mostra a dialética objetiva do *histórico* e *trans-histórico* em operação. Isso deve ser abarcado na teoria tanto em termos de seus níveis e escalas objetivamente diferentes de *temporalidade*, como uma característica vital das *estruturas* sociais dadas. (As últimas exibem a correlação entre o histórico e o trans-histórico na forma de *continuidade* na descontinuidade, e *descontinuidade* até mesmo na continuidade aparentemente mais estável.) Na visão de Marx, sublinhar essas articulações e determinações serve para articular, na teoria, o dinamismo histórico do processo social e as características objetivas estruturais de todos os fatores relevantes que, em conjunto, constituem o solo real de todas as condensações e reflexos categoriais. Assim, o contraste entre dedutivismo e todas as concepções passadas da natureza e da importância das categorias não poderia ser maior.

* * *

Os dilemas reais de Marx (que afetaram sua teoria de maneira significativa) referiam-se à questão da crise do capital e às possibilidades de seu deslocamento na medida em que eram visíveis em sua época. Como já mencionado, levantar essa questão não é fazer a projeção *a posteriori* de uma obra articulada sob um ponto de vista muito diferente, mas uma tentativa de entender as consequências teóricas de sua decisão consciente de atribuir uma posição subordinada a certas tendências – já perceptíveis durante sua vida – que parecem a nós possuir um peso relativo muito maior em seu próprio contexto histórico. Esse é um problema de grande complexidade, já que vários fatores muito diferentes nele se articulam para produzir o resultado em questão, e nenhum deles poderia possibilitar uma resposta aceitável se tomado separadamente[45]. Os principais fatores a que nos referimos aqui são:

---

[45] Ver, a esse respeito, as primeiras páginas da seção 6 deste texto, sobre "ambiguidades temporais e mediações que faltam".

442 *Para além do Leviatã*

1. as dramáticas polaridades e alternativas dos anos de formação de Marx (tornando historicamente possível o colapso do capitalismo, em vista de suas saídas de desenvolvimento/expansão muito mais limitadas na época);
2. o método de análise de Marx, emergindo das dramáticas alternativas, foi muito favorecido por elas na exigência de contornos nítidos e pela articulação dos antagonismos centrais (e que pela mesma razão, claro, não favoreceram qualquer método de múltiplas limitações que não ousasse ir além dos detalhes acumulados na "evidência esmagadora");
3. as principais confrontações políticas em que Marx se envolveu (em especial sua luta contra o voluntarismo político anarquista);
4. os principais alvos intelectuais de sua crítica (acima de tudo Hegel e "o ponto de vista da economia política").

Todas essas determinações e motivações combinadas produziram aquela definição negativa de política que vimos anteriormente, trazendo com ela não apenas a rejeição radical da problemática liberal, mas também um extremo ceticismo em relação às possibilidades de deslocar a crise estrutural do capital por muito mais tempo. Deve-se realçar que isso se aplica ao conjunto da obra de Marx, inclusive aos últimos anos, quando ele eliminou de suas cartas algumas expressões excessivamente otimistas[46].

Ao mesmo tempo, nunca é demais repetir, já que geralmente se ignora, que esse problema existia para Marx como um sério *dilema*. E mesmo que o tenha resolvido do modo como o fez, ele estava, apesar disso, plenamente alerta para o fato de que a solução advogada não estava livre de grandes dificuldades.

* * *

Para se avaliar quão envolvente e delicada é essa questão, devemos colocar lado a lado duas de suas cartas: uma bastante conhecida, a outra, estranhamente esquecida. Vários críticos e "refutadores" de Marx adoram citar a primeira, na qual ele informa a Engels que está "trabalhando freneticamente, até tarde da noite" para completar seus estudos econômicos, de modo a ter "elaborado com clareza pelo menos os esboços fundamentais [os *Grundrisse*] antes do dilúvio"[47]. À luz da crise aparentemente crônica de meados da década de 1850 – que não podia ser ignorada ou rapidamente desconsiderada nem mesmo pelo *Economist*, como vimos

---

[46] Comparem-se os três esboços de sua carta, escritos entre o fim de fevereiro e o início de março de 1881, para Vera Zasulitch, com sua última versão, incluídos na íntegra em Karl Marx, *Luta de classes na Rússia* (trad. Nélio Schneider, São Paulo, Boitempo, 2013).

[47] Carta de Karl Marx a Friedrich Engels, 8 dez. 1857, cit., p. 222-5.

Apêndice IV 443

anteriormente –, as expectativas de Marx de um "dilúvio" e seu tom exaltado são perfeitamente compreensíveis.

Contudo, suas reflexões não se detêm aí. Ele captura com grande realismo toda a responsabilidade do empreendimento socialista, tal como deixa perceber em outra carta muito mais negligenciada:

> Não se pode negar; a sociedade burguesa vive seu segundo século XVI, o qual, *espero*, a levará para o túmulo, tal como o primeiro a trouxe à vida. A tarefa histórica da sociedade burguesa é o estabelecimento de um *mercado mundial*, ao menos em seus contornos básicos, em um modo de produção que descansa sobre essa base. Já que o mundo é redondo, parece que isso foi realizado pela colonização da Califórnia e da Austrália e pela anexação da China e do Japão. Para nós, a questão mais difícil é esta: a revolução no continente é iminente e terá, desde o início, caráter socialista; não será ela necessariamente esmagada neste pequeno canto do mundo, já que num terreno muito mais amplo o desenvolvimento da sociedade burguesa está ainda na *ascendente*.[48]

Não se poderia, nem mesmo hoje, resumir de forma mais clara os problemas em jogo, ainda que, de nossa privilegiada perspectiva histórica, as várias tendências de desenvolvimento investigadas por Marx assumam um significado bastante diferente. Na verdade, a viabilidade do capital é inseparável de sua completa expansão em um sistema mundial que tudo abarca. Apenas quando esse processo estiver terminado os limites *estruturais* do capital podem passar a agir com sua intensidade devastadora. Até esse estágio, contudo, o capital mantém o dinamismo inerente em sua ascendência histórica. E, junto a esse dinamismo, o capital retém, claro, também seu poder de vergar, subjugar e esmagar as forças que se lhe opõem em muitos "pequenos cantos" do mundo, desde que seus oponentes socialistas não produzam estratégias para se contrapor ao crescente poder do capital em seu terreno.

Portanto, a questão central é: sob quais condições pode o processo de expansão do capital atingir seu fim em uma escala verdadeiramente global, trazendo com ele necessariamente o encerramento de revoluções esmagadas e deturpadas, abrindo assim a nova fase histórica de uma ofensiva socialista que não pode ser reprimida? Ou, para colocar de outro modo, quais são as modalidades viáveis – embora de modo algum inexauríveis – da revitalização do capital, tanto com respeito a suas válvulas de escape diretas como em relação a seu poder de adquirir novas formas que significativamente estendam suas fronteiras no marco de suas determinações estruturais últimas e de seus limites históricos mais gerais?

---

[48] Carta de Karl Marx a Friedrich Engels, 8 out. 1858, cit., p. 360.

444   *Para além do Leviatã*

A real magnitude do problema se torna mais clara quando nos lembramos de que mesmo hoje – mais de 150 anos após a primeira visão articulada de Marx – o mundo do capital ainda não pode ser considerado um sistema global completamente expandido e integrado, apesar de agora não estar longe de sê-lo. É aqui que podemos ver também que não estamos impondo essa problemática a Marx, como uma compreensão tardia do que deveria ter sido. As tendências objetivas do desenvolvimento real e potencial do capital foram sem hesitação reconhecidas por ele com referência à sua "ascendência" histórica por todo o mundo, em contraste com o que era provável que viesse a acontecer no "pequeno canto" da Europa. As diferenças dizem respeito ao *peso relativo* das tendências identificadas e às temporalidades envolvidas. Pois, enquanto o mundo certamente é redondo, é igualmente verdadeiro que o capital tem o poder de descobrir novos continentes para exploração que estavam anteriormente velados sob a crosta de sua ineficiência relativa e de seu subdesenvolvimento. Só quando não houver mais "continentes escondidos" para serem descobertos, apenas então pode-se considerar o processo da expansão global do capital plenamente realizado e seus antagonismos estruturais latentes – o objeto central das análises de Marx – dramaticamente ativados.

A dificuldade é que o capital pode reestruturar suas válvulas de escape segundo as exigências de uma *totalidade intensiva* quando forem alcançados os limites de sua *totalidade extensiva*. Até esse ponto, também o capital persegue a "linha de menor resistência", tanto se pensarmos as mudanças históricas no modo de explorar as classes trabalhadoras "metropolitanas", como em seus diferentes modos de dominar o mundo colonizado e "subdesenvolvido". Apenas quando o fluxo de "*mais-valor absoluto*" não mais for adequado à sua necessidade de autoexpansão, apenas então o território incomparavelmente mais vasto do "*mais-valor relativo*" será plenamente explorado, removendo os obstáculos, devido à ineficiência original de sua ganância natural, ao livre desenvolvimento do capital. Nesse sentido, o tamanho do "mundo redondo" poderá muito bem ser dobrado, ou multiplicado por dez, dependendo de uma série de outras condições e circunstâncias – inclusive políticas. Similarmente, sob a pressão da própria dinâmica, assim como de vários outros fatores para além de seu controle, o capital pode assumir uma multiplicidade de formas "mistas" ou "híbridas" – e tudo isso ajuda a estender sua sobrevida.

Nessa perspectiva, importa muito pouco que o dilúvio esperado nos anos 1850 e 1860 não tenha se materializado. Primeiro, porque o colapso do capital não tem absolutamente de assumir a forma de um dilúvio (apesar de, em algum estágio, isso não poder ser excluído). E, segundo, porque o que de fato importa – a desintegração estrutural do capital em *todas* as suas formas historicamente viáveis – é uma questão da escala de tempo que corresponda adequadamente à natureza intrínseca dos determinantes e dos processos sociais envolvidos. Se a "impaciência revolucionária" do pensador particular – sua temporalidade subjetiva – entra em conflito com a escala de tempo histórico-objetiva de sua visão, isso por si só não invalida em nada sua teoria. Pois a validade de suas visões vai depender de sua perspectiva histórica global, se captura ou não as tendências fundamentais de desenvolvimento tal como elas se desdobram em não importa qual escala de tempo. Temporalidade subjetiva não deve ser confundida com *subjetivismo*. A primeira – tal como a *vontade* otimista de Gramsci, que ele confronta com o "pessimismo do *intelecto*" – é uma força motivadora essencial que sustenta o indivíduo sob circunstâncias difíceis, a partir dos horizontes de uma visão de mundo que deve ser julgada nos próprios méritos. Subjetivismo, pelo contrário, é uma imagem arbitrária que substitui por si própria a necessária visão abrangente do mundo e vai diametralmente contra as tendências reais de desenvolvimento.

Enquanto na obra de Marx também se pode detectar, sem dúvida, um conflito de intensidade variável entre as escalas de temporalidade subjetiva e objetiva (muito mais intenso nas décadas de 1850 e 1860 do que após a derrota da Comuna de Paris), ele nunca permitiu que mesmo sua esperança mais otimista minasse a arquitetura monumental de seus "contornos fundamentais". Ele alertava com grande realismo que "as antecipações doutrinárias e necessariamente fantásticas do programa de ação para a revolução do futuro nos distraem da luta do presente"[49].

Desse modo, Marx foi capaz de colocar o presente em sua perspectiva apropriada porque o avaliou do ponto de vista global, temporalmente não apressado, da formação social do capital em sua inteireza – da sua "ascendência" à sua gravidez com a "nova forma histórica" –, que é a única em condições de designar o verdadeiro significado de todos os eventos e acontecimentos parciais. E, já que continuamos a viver na órbita das mesmas determinações históricas mais gerais, a concepção geral de Marx é – e permanecerá sendo por muito tempo – o horizonte inevitável de nossas próprias dificuldades.

6. Ambiguidades temporais e mediações que faltam

Em tais horizontes, contudo, o peso relativo das forças e tendências que nos confrontam exige uma redefinição significativa. Para colocar a questão-chave em uma sentença: as *mediações* a que Marx tão teimosamente resistiu não são antecipações de um futuro mais ou menos imaginário, mas realidades ubíquas do presente. Vimos que o modo pelo qual se constituiu o sistema marxiano trouxe com ele tanto a definição radicalmente negativa da política como a abominação das mediações como prática miserável da conciliação e da cumplicidade com a

---

[49] Carta de Karl Marx a Domela Nieuwenhuis, 22 fev. 1881, em MECW (1992), v. 46.

446 *Para além do Leviatã*

ordem estabelecida. A ruptura tinha de ser divisada como a mais radical possível, permitindo, mesmo para a política socialista, um papel extremamente limitado, estritamente transitório. Isso é claramente expresso na seguinte passagem:

> já que o proletariado, durante o período da luta para derrubar a velha sociedade, ainda age com base na velha sociedade e, consequentemente, no interior de formas políticas que pertencem mais ou menos àquela sociedade, durante este período de luta, ele ainda não atinge sua *estrutura final*, e para realizar a sua *libertação* ele emprega meios que serão depois *descartados após a libertação*.[50]

Nessa negatividade sem compromisso para com a política, várias determinações se encontram e reforçam-se reciprocamente. São elas: o desprezo pelos limites políticos da "miséria alemã"; a crítica da concepção política de Hegel, devido à "falsa positividade" de suas reconciliações e mediações; a rejeição de Proudhon e dos anarquistas; as dúvidas extremas acerca de como se desenvolvia o movimento político da classe trabalhadora na Alemanha etc. Compreensivelmente, portanto, a atitude negativa de Marx poderia tão somente endurecer com o passar do tempo, em vez de "amadurecer" positivamente, como diz a lenda.

O fator mais importante da rejeição radical de Marx às mediações foi o caráter histórico global da própria teoria e as condições relativamente prematuras de sua articulação. Longe de corresponder à época do "dilúvio" real, sua concepção foi explicitada muito antes de que se pudesse ver quais as alternativas que o capital poderia perseguir para deslocar suas contradições internas quando elas irrompessem em escala massiva. Por isso, até o fim de sua vida, Marx procurou estratégias capazes de impedir que o capital penetrasse naqueles territórios que ainda não havia conquistado plenamente, de modo a permitir o seu desaparecimento o mais cedo possível, pois, em relação ao amadurecimento das contradições estruturais do capital, não era indiferente até onde iria se estender a esfera de dominação de seu modo de produção. Enquanto se pudessem acrescentar novos países ao domínio existente do capital, o aumento correspondente em recursos materiais e humanos auxiliaria no desenvolvimento de novas potencialidades produtivas e, portanto, postergaria a crise. Nesse sentido, a erupção e a consumação da crise estrutural sujeita às restrições do desenvolvimento capitalista nas décadas de 1850 e 1860 – isto é, sem uma integração econômica efetiva do resto do mundo à dinâmica da expansão do capital global – teriam um significado radicalmente diferente do que enfrentar o mesmo problema no contexto de recursos incomparavelmente mais flexíveis de um sistema mundial completado com sucesso. Se, portanto, houvesse

---

[50] Karl Marx, "Notes on Bakunin's *Statehood and Anarchy*", em MECW (1989), v. 24, p. 521.

Apêndice IV 447

como evitar que importantes territórios fossem absorvidos pelo capital, em princípio, isso deveria acelerar o amadurecimento de sua crise estrutural.

Precisamente por essa razão, é muito significativo que o último projeto importante de Marx se referisse à natureza dos acontecimentos na Rússia, como evidenciado, no rascunho das cartas a Vera Zasulitch, pelo enorme cuidado com que ele tenta definir sua posição em relação aos "modos arcaicos de produção". Em sua defesa corajosa das futuras potencialidades dos modos arcaicos – que contém também a sedutora e polêmica afirmação de que o próprio capitalismo "já atingiu seu estágio de definhamento e logo se tornará nada mais que uma formação 'arcaica'", que depois com razão eliminou de sua carta[51] –, ele ansiava por explorar a viabilidade de uma passagem direta da forma existente do "coletivismo arcaico" à sua forma superior, o socialismo, saltando completamente a fase capitalista. Ao mesmo tempo, ele estava tentando encontrar inspiração política e munição para a revolução social na necessidade postulada de defender a forma de um coletivismo arcaico existente, com todas as suas potencialidades positivas, da destruição pelos processos capitalistas. Em comparação, como resultado dos acontecimentos realmente ocorridos nas décadas seguintes, a abordagem de Lênin foi totalmente diferente. Ele partiu da firme premissa de que a penetração do capitalismo na Rússia tinha sido realizada de modo irreversível e que, portanto, a tarefa era quebrar o "elo mais fraco" da cadeia global, de modo a precipitar a reação em cadeia pela revolução política do sistema do capitalismo mundial.

***

A moldura de referência de Marx era *toda a fase histórica* da formação social do capital, de sua acumulação original até sua dissolução última. Uma de suas preocupações fundamentais era demonstrar o *caráter* inerentemente *transicional* (*Übergangscharakter*) do sistema capitalista *como tal*, em constante polêmica contra a "eternização" desse modo de produção pelos teóricos burgueses. Tal concentração na estrutura histórica mais ampla trouxe consigo, inevitavelmente, uma mudança de perspectiva que enfatizava agudamente os contornos fundamentais e as determinações básicas; da mesma forma, tratava as transformações e mediações parciais como de importância secundária e como diretamente responsáveis, com frequência, pelas detestadas mistificações e conciliações mediadoras.

Em qualquer caso, quando a moldura de referência é toda uma fase histórica, fica muito difícil manter constantemente à vista – quando se trata do presente imediato – que as conclusões sejam válidas em uma escala temporal de longo prazo; e é particularmente difícil fazê-lo no nível do discurso político, que visa à

---

[51] Cf. MEW (4. ed., 1973), v. 19, p. 398.

448 *Para além do Leviatã*

mobilização direta. Se, contudo, essa ambiguidade temporal é deixada sem solução, suas consequências necessárias são ambiguidades no núcleo da própria teoria. Para ilustrar isso, vamos nos concentrar em alguns exemplos diretamente relevantes.

O primeiro deles pode ser encontrado na penúltima citação feita aqui, na qual Marx atribui a política à velha sociedade. Ele fala de uma "estrutura *final*" que deve ser atingida, insistindo ao mesmo tempo que a política "será *descartada* após a *libertação*". Mas a possibilidade de "descartar" a política após a libertação está longe de estar clara. Além disso, a ambiguidade real se refere à própria "*libertação*". Qual é sua temporalidade precisa? Não pode ser apenas a conquista do poder (apesar de, no sentido primário do termo, poder sê-lo), já que Marx a liga à "estrutura *última*" (*schliessliche Konstitution*) do proletariado. Isso significa, de fato, que o ato de libertação (a revolução política) está muito aquém da própria libertação. E as dificuldades não param aqui, pois a "estrutura última" do proletariado é, segundo Marx, sua necessária autoabolição. Consequentemente, somos solicitados a aceitar simultaneamente que a política pode não ser problemática – no sentido de que o proletariado pode simplesmente *usá-la* como *meio* para seu fim soberano, quando então é descartada – ou ser extremamente problemática, por pertencer à "velha sociedade" (e, portanto, inevitavelmente condiciona e constrange todos os esforços emancipatórios), razão pela qual deve ser radicalmente transcendida.

Tudo isso soa um pouco desconcertante. E, contudo, nada há de errado com essa concepção, se sua referência for sua escala temporal de *longo prazo*. As dificuldades começam a se multiplicar quando se tenta torná-la operacional no contexto da temporalidade imediata. Nesse caso, torna-se imediatamente claro que a translação das perspectivas de longo prazo para a modalidade das estratégias imediatamente praticáveis não pode ser feita sem primeiro elaborar as *mediações políticas* necessárias. É a brecha estrutural de tais mediações que está sendo preenchida pelas ambiguidades teóricas, articulando a ambiguidade não solucionada das duas – fundamentalmente diferentes – escalas de tempo envolvidas.

Uma ambiguidade teórica igualmente séria surge em *Salário, preço e lucro*, obra na qual – em comparação com as estratégias sindicais estreitas – Marx recomenda à classe trabalhadora que, "em vez do lema *conservador*: 'um salário justo por uma jornada de trabalho justa', deverá inscrever em sua bandeira esta divisa *revolucionária: 'abolição do sistema de trabalho assalariado!*"[52].

Indubitavelmente, a proposta de Marx de atacar as *causas* dos males sociais, em vez de enfrentar batalhas necessariamente perdidas contra os meros *efeitos* do processo de autoexpansão do capital, é a única estratégia correta a ser adotada.

---

[52] Karl Marx, "Lohn, Preis und Profit" ["Salário, preço e lucro", publicado em inglês sob o título "Value, Price and Profit"], em MEW (1962), v. 16, p. 153, e MECW (1985), v. 20, p. 149 [ed. bras.: "Salário, preço e lucro", em Karl Marx e Friedrich Engels, *Textos 1*, São Paulo, Sociais, 1977, p. 377-8].

Contudo, no momento em que tentamos entender o significado operacional/ prático da "abolição do sistema de trabalho assalariado", trombamos com uma enorme ambiguidade. A escala da temporalidade imediata – a necessária moldura de referência de toda ação política tangível – a define como a abolição da propriedade privada e, portanto, a "expropriação dos expropriadores", o que pode ser realizado por decreto na sequência da revolução socialista. Não é surpreendente, portanto, que o "lema revolucionário" sobre a abolição do sistema de trabalho assalariado tenha normalmente sido assim interpretado.

O problema é, contudo, que muito do "sistema de trabalho assalariado" não pode ser abolido por qualquer decreto revolucionário e, consequentemente, deve ser transcendido na longa escala de tempo da nova forma histórica. Ou seja, imediatamente após a "expropriação dos expropriadores", não apenas os meios, as tecnologias e os materiais de produção herdados permanecem os mesmos, com suas ligações com o sistema de troca, distribuição e consumo dado, mas a própria organização do processo de trabalho permanece profundamente encastoada naquela *divisão social hierárquica do trabalho* que vem a ser a mais pesada opressão herdada do passado. Portanto, na necessária escala temporal de longo prazo – a única capaz de realizar as transformações socialistas *irreversíveis* –, o chamamento marxiano pela "abolição do sistema de trabalho assalariado" não apenas não significa abolição do *sistema de trabalho assalariado* como não significa *abolição*.

O verdadeiro objetivo da estratégia defendida por Marx é a divisão social hierárquica do trabalho, que simplesmente não pode ser *abolida*. Tal como o Estado, ela pode apenas ser *transcendida* por meio da *reestruturação radical* de todos aqueles processos e estruturas sociais pelos quais ela necessariamente se articula. Novamente, como podemos ver, não há nada errado com a concepção global de Marx e com sua temporalidade histórica de longo prazo. O problema surge de sua tradução direta no que ele denomina "divisa revolucionária" a ser inscrita na bandeira de um movimento dado. É simplesmente *impossível* traduzir *diretamente* as perspectivas *últimas* em estratégias políticas praticáveis.

Como resultado, também nesse aspecto, o abismo das *mediações que faltam* é preenchido pela profunda ambiguidade dos termos de referência de Marx quando articulados a suas dimensões temporais. E, apesar de ele estar absolutamente correto em insistir que "a classe trabalhadora deveria não exagerar aos próprios olhos o resultado *final* dessas lutas *diárias*"[53], a reafirmação apaixonada da validade das amplas perspectivas históricas não resolve o problema.

O conflito entre temporalidades revela uma dificuldade inerente à realização da própria estratégia, que não pode ser eliminada por metáforas e ambiguidades, mas apenas pelas mediações materiais e institucionais historicamente viáveis. O

---

[53] Ibidem, em MECW (1985), v. 20, p. 148 [ed. bras.: p. 377].

450 *Para além do Leviatã*

dilema, na sua realidade mais crua, é este: o ato revolucionário de libertação não é absolutamente libertação (ou emancipação) em si, e a "abolição do sistema de trabalho assalariado" está muito longe de ser sua transcendência real.

Pressionado pela inviabilidade histórica das mediações práticas necessárias, Marx é forçado a decidir-se por uma solução que simplesmente reitera o objetivo final como regra geral para guiar a ação imediata. Assim, preenche o fosso entre o horizonte muito distante e aquilo que é praticamente viável no futuro próximo ao dizer que a classe trabalhadora *deve usar* "suas forças organizadas como uma *alavanca* para a emancipação *final* da classe trabalhadora, o que quer dizer a abolição *final* do sistema de trabalho assalariado"[54].

Desse modo, a questão crucial para a política socialista é: como conquistar as *mediações necessárias* e ao mesmo tempo evitar a armadilha das *falsas mediações*, constantemente produzidas pela ordem estabelecida de modo a integrar as forças de oposição. Isso significa que a realidade de um dado conjunto de "más mediações" – com toda a sua "falsa positividade", corretamente condenada por Marx – apenas pode ser combatida por outro conjunto de mediações específicas, de acordo com as circunstâncias cambiantes. Em outras palavras, as pressões para a acomodação da temporalidade *imediata* não podem ser efetivamente transcendidas pela simples reafirmação da validade de seus amplos horizontes históricos. E, embora a formação social do capital (se considerada em sua escala histórica apropriada, englobando toda a época), como diz Marx, tenha caráter indubitavelmente *transitório*, do ponto de vista das forças *imediatamente* engajadas na luta contra sua dominação mortal, está longe de ser transitória. Desse modo, para transformar o projeto socialista em uma *realidade irreversível*, temos de completar muitas "*transições dentro da transição*", tal como em outro aspecto o socialismo se define como "*revoluções dentro da revolução*" que constantemente se renovam.

Nesse sentido, a radical transcendência do Estado é um lado da moeda, representando os horizontes *finais* de toda estratégia socialista. Como tal, deve ser complementada pelo outro lado, a saber, pelo projeto de *mediações* concretas pelas quais a estratégia final pode ser progressivamente traduzida em realidade. A questão é, portanto, como reconhecer, por um lado, as demandas da *temporalidade imediata* sem ser por elas aprisionado; e, por outro, como permanecer firmemente orientado para as perspectivas *históricas* últimas do projeto marxiano sem se afastar das determinações candentes do presente imediato.

Já que, para o futuro previsível, os horizontes da política como tal não podem ser transcendidos, isso significa simultaneamente "negar" o Estado e atuar em seu interior. Como órgão geral da ordem social estabelecida, o Estado é inevitavelmente predisposto a favorecer o presente imediato e resiste

---

[54] Ibidem, p. 149 [ed. bras.: p. 377-8].

à realização das generosas perspectivas históricas da transformação socialista que postulam o "fenecimento" do Estado. Assim, a tarefa se define como um duplo desafio, visando:

1. instituir órgãos não estatais de controle social e crescente autoadministração que podem cada vez mais abarcar as áreas de maior importância da atividade social no curso da nossa "transição na transição"; e, conforme permitam as condições,
2. produzir um deslocamento consciente nos próprios órgãos estatais – em conjunção com o item 1 e por meio das mediações globais e internamente necessárias – de modo a tornar viável a realização das perspectivas históricas últimas do projeto socialista.

Certamente, todos esses processos estão articulados à maturação de algumas condições objetivas. Enfrentar toda a problemática do Estado envolve uma multiplicidade de determinações externas e internas em sua íntima interconectividade, nas quais o Estado é tanto o órgão geral de uma dada sociedade como representa a ligação desta com a totalidade social de sua época histórica. Consequentemente, o Estado é, em um sentido, *mediação por excelência*, já que articula, ao redor de um foco político comum, a totalidade das relações internas – dos intercâmbios econômicos aos laços estritamente culturais – e as integra em vários graus também à estrutura global da formação social dominante.

Já que o capital, durante a vida de Marx, estava muito distante de sua moderna articulação como um sistema verdadeiramente global, sua estrutura geral de comando político, como sistema de Estados globalmente interligados, era muito menos visível em sua precisa mediaticidade. Não é, portanto, de modo algum surpreendente que Marx nunca tenha tido sucesso em sequer rascunhar os meros esboços de sua teoria do Estado, apesar de esta receber um lugar muito preciso e importante no seu sistema projetado como um todo. Hoje, a situação é absolutamente diferente, à medida que o sistema global do capital, sob uma variedade de formas muito diferentes (na verdade contraditórias), encontra seu equivalente político na totalidade das relações interdependentes entre Estados e no interior deles. É por isso que a elaboração da teoria marxista do Estado hoje é ao mesmo tempo possível e necessária. Na verdade, é vitalmente importante para o futuro das estratégias socialistas viáveis.

***

A proposição marxiana de que os homens "devem ao menos mudar de alto a baixo suas condições de existência industrial e política e, consequentemente,

452 *Para além do Leviatã*

toda a sua maneira de ser"[55] permanece mais do que nunca válida como direção estrategicamente necessária do projeto socialista. As derrotas sofridas no século XX aconteceram em larga medida devido ao abandono do verdadeiro alvo da transformação socialista: a necessidade de vencer a guerra da época, indo irreversivelmente para além do capital (o que significa atingir a "nova forma histórica"), em vez de se satisfazer com vitórias efêmeras em algumas batalhas contra as divisões mais fracas do capitalismo (por exemplo, o sistema tsarista na Rússia, economicamente atrasado e derrotado militarmente), permanecendo ao mesmo tempo desesperançosamente aprisionado pelos imperativos alienantes e autoexpansivos do próprio sistema do capital. Na verdade, o que torna as coisas piores nesse aspecto é que a revolução socialista mesmo nos países "capitalistas mais avançados" em nada alteraria a necessidade, e as dificuldades envolvidas, de se ir para além do capital.

O atraso econômico é um dos muitos obstáculos que devem ser superados no percurso para a "nova forma histórica", mas de modo algum o maior deles. Uma vez passadas as piores condições da crise que precipitaram a explosão revolucionária – de modo a tornar novamente possível seguir a "linha de menor resistência" à custa dos outros que se encontram na dependência do "país metropolitano desenvolvido" em questão –, a tentação de reincidir nos modos de funcionamento do sociometabolismo anteriormente estabelecidos em um dos antigos países "capitalistas avançados" não pode ser subestimada. A realização bem-sucedida da tarefa de reestruturar radicalmente o sistema do capital global – com suas multifacetadas e inevitáveis dimensões conflituosas internas e externas – é viável apenas como um imenso empreendimento histórico, sustentado por muitas décadas. Seria tranquilizador pensar, como algumas pessoas de fato sugeriram, que uma vez que os países capitalistas avançados embarcassem na via da transformação socialista a jornada seria fácil. Contudo, geralmente se esquecem, nessas projeções otimistas, de que o que está em jogo é um salto monumental da dominação do capital para um modo *qualitativamente* diferente de controle sociometabólico. E, a esse respeito, o fato de se estar atado por uma malha mais aperfeiçoada de determinações estruturais e de práticas reprodutivas e distributivas do "capitalismo avançado" representa uma vantagem bastante duvidosa.

O imperativo de se ir para além do capital como controle sociometabólico, com suas dificuldades quase proibitivas, é a condição compartilhada pela humanidade como um todo. Pois o sistema do capital, pela própria natureza, é um modo de controle global/universalista que não pode ser

---

[55] Karl Marx, *The Poverty of Philosophy* (Londres, Martin Lawrence, s/d), p. 123. Também pode ser encontrado em MECW (1976), v. 6 [ed. bras.: *Miséria da filosofia: resposta à Filosofia da miséria, do sr. Proudhon*, trad. José Paulo Netto, São Paulo, Boitempo, 2017, p. 128].

historicamente superado, exceto por uma alternativa sociometabólica igualmente abrangente. Assim, toda tentativa de superar os limites de um estágio historicamente determinado do capitalismo – nos parâmetros estruturais necessariamente "orientados para a expansão" e "propensos à crise" do sistema do capital – está destinada mais cedo ou mais tarde ao fracasso, independentemente de quão "avançados" ou "subdesenvolvidos" sejam os países que tentarem fazê-lo. A ideia de que, uma vez que a relação de forças entre os países capitalistas e os pós-capitalistas tenha mudado em favor dos últimos, a via da humanidade para o socialismo será uma jornada tranquila é, na melhor das hipóteses, ingênua. Foi concebida na órbita da "revolução enclausurada", atribuindo os fracassos do sistema do tipo soviético a fatores externos (até quando falava da "sabotagem interna pelo inimigo"). Nela ignoram-se – ou deseja-se descartar – os antagonismos materiais e políticos, necessariamente gerados pela ordem pós-capitalista de extração forçada do trabalho excedente, tanto sob Stálin como depois dele. É a dinâmica *interna* do desenvolvimento que decide finalmente a questão, decidindo potencialmente pelo pior, mesmo sob as mais favoráveis relações externas de forças.

Desse modo, o conceito de *irreversibilidade* da transformação socialista tem significado apenas se se referir ao ponto sem volta da dinâmica interna de desenvolvimento, para além das determinações estruturais do capital, como modo de controle sociometabólico, abarcando plenamente todas as três dimensões do sistema herdado: *capital, trabalho* e *Estado*. O *salto qualitativo* no discurso marxiano – o aforismo bem conhecido de *O 18 de brumário de Luís Bonaparte* sobre "*Hic Rhodus, hic salta!*" – antecipa a época em que a luta, por muito tempo sustentada, para se mover para além do capital se torna *globalmente irreversível* porque está completamente sintonizada com o desenvolvimento interno dos países envolvidos. E na visão de Marx isso se torna possível apenas como resultado do impacto corretivo e cumulativo da autocrítica radical exercida pelo sujeito social da emancipação, o trabalho, que não deve estar apenas nominalmente (como vimos até agora, sob a autoridade das "personificações do capital" pós-capitalistas), mas genuína e efetivamente encarregado do processo sociometabólico.

Claramente, contudo, o processo de transformação socialista – precisamente porque deve abarcar todos os aspectos da inter-relação entre *capital, trabalho* e *Estado* – é concebível apenas como uma forma de reestruturação transitória no poder das mediações materiais herdadas e progressivamente alteráveis. Como no caso do pai de Goethe (mesmo que por razões muito diferentes), não é possível colocar abaixo o prédio existente e erigir outro com fundações completamente diferentes em seu lugar. A vida deve continuar na casa escorada durante todo o curso da reconstrução, "retirando um andar após o outro de baixo para cima, inserindo a nova estrutura, de tal modo que ao fim nada deve ser deixado da

454 *Para além do Leviatã*

velha casa"[56]. Na verdade, a tarefa é ainda mais difícil do que essa. Pois a estrutura de madeira em deterioração do prédio também deve ser substituída no curso de retirada da humanidade da perigosa moldura estrutural do sistema do capital.

Desconcertantemente, a "expropriação dos expropriadores" deixa em pé a estrutura do capital. Tudo o que pode realizar por si é mudar o tipo de personificação do capital, mas não a necessidade de tal personificação. Como ficou demonstrado, não apenas pela significativa continuidade do pessoal de comando da economia e do Estado nas sociedades pós-revolucionárias, mas também pelos movimentos de restauração pós-soviética em toda a Europa oriental, frequentemente o pessoal pode permanecer o mesmo mudando, por assim dizer, apenas a carteira de filiação ao partido. Isso ocorre porque as três dimensões fundamentais do sistema – *capital, trabalho* e *Estado* – são *materialmente* constituídas e ligadas uma a outra, e não simplesmente em uma base legal/política.

Sendo assim, nem o capital, nem o trabalho, nem sequer o Estado podem ser simplesmente *abolidos,* mesmo pela mais radical intervenção jurídica. Não é, portanto, de modo algum acidental que a experiência histórica tenha produzido abundantes exemplos de *fortalecimento* do Estado pós-revolucionário, sem dar sequer o menor passo na direção de seu "fenecimento". O trabalho pós-revolucionário, em seu modo imediatamente viável de existência, tanto em antigas sociedades capitalistas avançadas como em países subdesenvolvidos, permanece diretamente atado à substância do capital, isto é, à sua existência material como determinação estrutural vigente do processo de trabalho, e não à sua forma historicamente contingente de personificação jurídica. A substância do capital, como poder determinante do processo sociometabólico, materialmente encastoado, incorrigivelmente hierárquico e "orientado para a expansão", permanece a mesma enquanto esse sistema – tanto em suas formas capitalistas como nas pós-capitalistas – puder exercer com sucesso as funções controladoras do trabalho historicamente alienadas. Diferentemente, as formas político-jurídicas de personificação, por meio das quais os imperativos objetivos reprodutivos do sistema do capital ("a dominação da riqueza sobre a sociedade", nas palavras de Marx) continuam a ser impostos ao trabalho, *podem* e *devem* variar em consonância com as circunstâncias históricas mutáveis, já que tais variações surgem como tentativas necessárias de remediar algumas perturbações importantes ou a crise do sistema no interior de seus próprios parâmetros estruturais. Isso é verdade não apenas nos casos historicamente raros de mudança dramática de uma forma de reprodução sociometabólica capitalista para uma pós-capitalista, mas também nas mudanças muito mais frequentes, e de caráter completamente temporário, das variedades de capitalismo democrático-liberais para as militar-ditatoriais, e de volta para a forma

---

[56] J. W. Goethe, *Aus meinem Leben: Dichtung und Wahrheit*, em *Goethes Werke*, v. 9 (Berlim/Leipzig/Viena/Stuttgard, Deutsches Verlangshaus Bong & Co., s/d), p. 11.

liberal-capitalista economicamente mais viável. Através dos séculos, a única coisa que deve permanecer constante, no que diz respeito às personificações do capital em todas essas metamorfoses do pessoal de controle, é que sua identidade funcional deve ser sempre definida em *contraposição* ao trabalho.

Devido à inseparabilidade das três dimensões do sistema do capital plenamente articulado – capital, trabalho e Estado –, é inconcebível emancipar o trabalho sem simultaneamente superar o capital e o Estado. Pois, paradoxalmente, o pilar material fundamental de suporte do capital não é o Estado, mas o trabalho em sua contínua dependência estrutural do capital. Na sequência da conquista do poder político, Lênin e outros falaram da inevitável necessidade de "esmagar o Estado burguês" como tarefa imediata da ditadura do proletariado. Ao mesmo tempo, como um alerta, Lukács projetou a imagem do proletariado "virando sua ditadura contra si mesmo", como vimos anteriormente. Todavia, a dificuldade reside no fato de que a conquista do poder de Estado está muito distante de significar o controle sociometabólico da reprodução. É de fato possível esmagar o Estado burguês pela conquista do poder político, pelo menos em uma extensão significativa. Contudo, é quase impossível "esmagar" a dependência estrutural herdada do trabalho em relação ao capital, já que essa dependência é assegurada materialmente pela divisão estrutural hierárquica do trabalho estabelecida. Pode ser alterada para melhor apenas pela reestruturação radical da totalidade do processo sociorreprodutivo, isto é, por meio da reconstrução progressiva do edifício herdado em sua totalidade. Pregar a necessidade – e a correção ética – de uma alta disciplina do trabalho, como Lukács tentou fazer, evita (no melhor dos casos) a questão de quem realmente está no comando das determinações produtivas e distributivas do processo de trabalho pós-revolucionário. Enquanto as funções controladoras vitais do sociometabolismo não forem efetivamente ocupadas e exercidas autonomamente pelos produtores associados, mas deixadas para a autoridade de um pessoal de controle separado (ou seja, um novo tipo de personificação do capital), o próprio trabalho continuará a reproduzir o poder do capital contra si mesmo, mantendo materialmente e, dessa forma, estendendo a dominação da riqueza alienada sobre a sociedade.

Sob tais circunstâncias, é isso que torna totalmente irrealista o palavrório acerca do "fenecimento do Estado". Ou seja, na sequência da "expropriação dos expropriadores" e da instituição de um novo, mas igualmente separado pessoal de controle, a autoridade do último deve ser politicamente estabelecida e imposta na ausência de um direito jurídico anterior para controlar as práticas produtiva e distributiva com base na posse da propriedade privada. Desse modo, o *fortalecimento* do Estado pós-revolucionário não ocorre simplesmente em relação ao mundo *exterior* – o qual, após a derrota das forças intervencionistas

456 *Para além do Leviatã*

na Rússia, era de fato incapaz de exercer um impacto importante no curso dos acontecimentos *internos* –, mas sobre e contra a *força de trabalho*. E, tendo em vista a máxima extração politicamente regulada do trabalho excedente, esse fortalecimento se transforma numa perversa necessidade estrutural, não numa "degeneração burocrática" facilmente corrigível, a ser retificada no plano político graças a uma nova "revolução política". Como demonstrou a implosão do sistema soviético do capital, dado o poder estatal enormemente fortalecido no país, era muito mais fácil tramar *uma contrarrevolução política de cima* do que divisar realisticamente uma *revolução política de baixo* como forma de corrigir as contradições da ordem estabelecida. Mesmo se uma nova revolução política das massas pudesse prevalecer por um momento, ainda assim permaneceria a ser cumprida a tarefa real de reestruturar fundamentalmente o sistema do capital pós-capitalista. Em comparação, a *perestroika* pretendida por Gorbatchov não tinha de reestruturar absolutamente nada no domínio hierárquico/estrutural do controle sociometabólico dado. Sua proclamação da "igualdade de todos os tipos de propriedade" – ou seja, a *restauração jurídica dos direitos da propriedade privada capitalista* para benefício de alguns – operada na esfera das personificações do capital apenas tornava hereditariamente "justificado" (em nome das prometidas "racionalidade econômica" e "eficiência de mercado") o que eles já controlavam *de facto*. Instituir mudanças legal-políticas no plano da titulação de propriedade é uma brincadeira de criança comparada à tarefa penosa e prolongada de superar o modo pelo qual o capital controla a ordem sociorreprodutiva.

O "fenecimento do Estado" – sem o que a ideia de realizar o socialismo não pode ser seriamente contemplada sequer por um momento – é inconcebível sem o "fenecimento do capital" como regulador do processo sociometabólico. O círculo vicioso que, por um lado, prende o trabalho à dependência estrutural do capital e, por outro, o coloca em uma posição subordinada no que concerne à tomada política de decisão por um poder estatal estranho apenas pode ser quebrado se os produtores progressivamente cessarem de reproduzir a supremacia material do capital. Isso eles só podem fazer desafiando radicalmente a divisão estrutural hierárquica do trabalho. É, portanto, de importância fundamental ter em mente que o fortalecimento perverso do Estado pós-capitalista não é uma causa autossustentável, mas uma causa inseparável da dependência estrutural do trabalho em relação ao capital. Essa determinação contraditória do trabalho, sob o comando continuado do capital (mesmo que numa nova forma), se afirma apesar do fato de que o capital sempre foi – e só pode ser – reproduzido como a corporificação do trabalho em forma alienada e autoperpetuadora. Já que, contudo, a determinação antagônica em questão é inerente à *estrutura de comando material do capital*, que apenas é *complementada*, e não *fundada*, no Estado enquanto uma estrutura abrangente de comando político do sistema, o problema da autoemancipação do trabalho não pode ser enfrentado apenas (nem principalmente) em termos políticos. Ao longo da história moderna, as incontáveis "revoluções traídas" fornecem evidências dolorosamente abundantes a esse respeito.

A crítica necessária do poder do Estado, com o objetivo de reduzi-lo e ao fim superá-lo, só tem sentido se for praticamente implementado, em seu ambiente sociometabólico/material-reprodutivo. Pois o "fenecimento" do Estado implica não apenas o "fenecimento" do capital (como o controlador objetivado e reificado da ordem social-reprodutiva), mas também a autotranscendência do trabalho da condição de subordinado aos imperativos materiais do capital imposta pelo sistema prevalecente da divisão estrutural/hierárquica de trabalho e poder estatal. Isso é possível apenas se todas as funções de controle do sociometabolismo – que sob todas as formas de dominação do capital devem estar investidas na estrutura de comando material e política de um poder de tomada de decisão alienado – forem progressivamente apropriadas e positivamente exercidas pelos produtores associados. Nesse sentido, o afastamento estrutural objetivo das personificações do capital (em vez do político-jurídico insustentável por si mesmo) por meio de um sistema de *autoadministração* genuíno é a chave para a reconstrução bem-sucedida das estruturas herdadas.

Desenvolvimentos recentes no Leste da Europa indubitavelmente podem oferecer algumas possibilidades novas de acumulação lucrativa do capital nos países capitalistas ocidentais dominantes, sobretudo na República Federal da Alemanha. No entanto, dada a escala relativamente limitada dessas aberturas econômicas e devido às complicações políticas inseparavelmente associadas a elas, seria ingênuo esperar a solução dos defeitos estruturais do sistema do capital do Ocidente como um todo das novas oportunidades de mercado que emergem no Oriente.

István Mészáros, em visita à editora em junho de 2011, quando veio ao Brasil apresentar a palestra "Crise estrutural necessita de mudança estrutural" (adaptada no capítulo 4 deste livro).

Sobre o autor

István Mészáros nasceu em Budapeste, na Hungria, em 1930, e morreu em Ramsgate, na Inglaterra, em 2017. Graduou-se em filosofia na Universidade de Budapeste, onde foi assistente de György Lukács no Instituto de Estética. Deixou o país após o levante de outubro de 1956 e exilou-se na Itália, onde trabalhou na Universidade de Turim. Posteriormente, ministrou aulas nas universidades de Londres (Inglaterra), St. Andrews (Escócia) e Sussex (Inglaterra). Também lecionou na Universidade Nacional Autônoma do México e na Universidade de York (Canadá). Em 1977, retornou à Universidade de Sussex, onde recebeu, catorze anos depois, o título de Professor Emérito de Filosofia. Permaneceu nessa universidade até 1995, quando se afastou das atividades docentes – mesmo ano em que foi eleito membro da Academia Húngara de Ciências. Reconhecido como um dos principais intelectuais marxistas contemporâneos, recebeu, entre outras distinções, o Premio Libertador al Pensamiento Crítico, em 2008, concedido pelo Ministério da Cultura da Venezuela, por sua obra *O desafio e o fardo do tempo histórico*; o título de Pesquisador Emérito da Academia de Ciências Cubana, em 2006; e o Deutscher Memorial Prize, em 1970, por *A teoria da alienação em Marx*. Sobre a obra do filósofo húngaro, a Boitempo publicou: *István Mészáros e os desafios do tempo histórico* (2011), organizado por Ivana Jinkings e Rodrigo Nobile, com ensaios de diversos autores.

Obras de István Mészáros

Szatira és valóság. Budapeste, Szépirodalmi Könyvkiadó, 1955.
La rivolta degli intellettuali in Ungheria. Turim, Einaudi, 1958. [Ed. bras.: *A revolta dos intelectuais na Hungria: dos debates sobre Lukács e Tibor Déry ao Círculo Petöfi*. Trad. João Pedro Alves Bueno. São Paulo, Boitempo, 2018.]
Attila József e l'arte moderna. Milão, Lerici, 1964.

Marx's Theory of Alienation. Londres, Merlin, 1970. [Ed. bras.: *A teoria da alienação em Marx.* Trad. Nélio Schneider. São Paulo, Boitempo, 2016.]

Aspects of History and Class Consciousness. Londres, Routledge & Kegan Paul, 1971.

The Necessity of Social Control. Londres, Merlin, 1971.

Lukács' Concept of Dialectic. Londres, Merlin, 1972. [Ed. bras.: *O conceito de dialética* em *Lukács.* Trad. Rogério Bettoni. São Paulo, Boitempo, 2013.]

Neocolonial Identity and Counter-Consciousness. Londres, Merlin, 1978.

The Work of Sartre: Search for Freedom and the Challenge of History. Brighton, HarvesterWheatsheaf, 1979. [Ed. bras.: *A obra de Sartre: busca da liberdade e desafio da história.* Trad. Rogério Bettoni. São Paulo, Boitempo, 2012.]

Philosophy, Ideology and Social Science. Brighton, HarvesterWheatsheaf, 1986. [Ed. bras.: *Filosofia, ideologia e ciência social.* Trad. Ester Vaisman. São Paulo, Boitempo, 2008.]

The Power of Ideology. Brighton, HarvesterWheatsheaf, 1989. [Ed. bras.: *O poder da ideologia.* Trad. Magda Lopes e Paulo Cézar Castanheira. São Paulo, Boitempo, 2004.]

Beyond Capital: Towards a Theory of Transition. Londres, Merlin, 1995. [Ed. bras.: *Para além do capital: rumo a uma teoria da transição.* Trad. Paulo Cézar Castanheira e Sérgio Lessa. São Paulo, Boitempo, 2002.]

Socialism or Barbarism: from the "American Century" to the Crossroads. Nova York, Monthly Review, 2001. [Ed. bras.: *O século XXI: socialismo ou barbárie?.* Trad. Paulo Cézar Castanheira. São Paulo, Boitempo, 2003.]

A educação para além do capital. Trad. Isa Tavares. São Paulo, Boitempo, 2005.

O desafio e o fardo do tempo histórico: o socialismo no século XXI. Trad. Ana Cotrim e Vera Cotrim. São Paulo, Boitempo, 2007.

A crise estrutural do capital. Trad. Francisco Raul Cornejo. São Paulo, Boitempo, 2009.

Social Structure and Forms of Consciousness, v. I. *The Social Determination of Method.* Nova York, Monthly Review, 2010. [Ed. bras.: *Estrutura social e formas de consciência,* v. I. *A determinação social do método.* Trad. Luciana Pudenzi e Paulo César Castanheira. São Paulo, Boitempo, 2009.]

Historical Actuality of the Socialist Offensive: Alternative to Parliamentarism. Londres, Bookmark, 2010. [Ed. bras.: *Atualidade histórica da ofensiva socialista: uma alternativa radical ao sistema parlamentar.* Trad. Maria Orlanda Pinassi e Paulo Cézar Castanheira. São Paulo, Boitempo, 2010.]

Social Structure and Forms of Consciousness, v. II. *The Dialectic of Structure and History.* Nova York, Monthly Review, 2011. [Ed. bras.: *Estrutura social e formas de consciência,* v. II. *A dialética da estrutura e da história.* Trad. Caio Antunes e Rogério Bettoni. São Paulo, Boitempo, 2011.]

The Necessity of Social Control: enlarged edition. Nova York, Monthly Review, 2014.

A montanha que devemos conquistar: reflexões acerca do Estado. Trad. Maria Izabel Lagoa. São Paulo, Boitempo, 2015.

Dedicatória do autor no volume I do livro
Estrutura social e formas de consciência, publicado
em 2009: "Para as maravilhosas pessoas da
Boitempo, com calorosos votos para o futuro,
István Mészáros".

Mészáros com o tradutor Nélio Schneider em sua última vinda ao Brasil, em 2013.

O sociólogo John Bellamy Foster, autor do prefácio e organizador desta edição.

Com Ricardo Antunes, autor do texto de orelha e coordenador da coleção Mundo do Trabalho, em Margate, 2015.

O pesquisador Murillo van der Laan durante a avaliação do acervo de Mészáros em Ramsgate, 2018.

István Mészáros durante palestra na Unicamp, em 5 de junho de 2002, onde lançou o livro *Para além do capital* e anunciou a doação de sua biblioteca para a universidade.

Publicado em outubro de 2021, seis meses após a inauguração do Acervo István Mészáros na Unicamp, um conjunto de quase 10 mil obras da biblioteca pessoal de Mészáros – além de cartas, manuscritos, planos de aulas, anotações, discos e móveis –, generosamente oferecido pelo autor àquela universidade há dezenove anos, este livro foi composto em Adobe Garamond Pro, corpo 10,5/12,6, e impresso pela gráfica Rettec, em papel Avena 80 g/m², para a Boitempo, com tiragem de 4 mil exemplares brochura e mil capa dura.